PARASITOLOGIA VETERINÁRIA

Dados Internacionais de Catalogação na Publicação (CIP)
(Câmara Brasileira do Livro, SP, Brasil)

Fortes, Elinor
        Parasitologia veterinária / Elinor Fortes. —
4. ed. rev. e ampl.. — São Paulo : Ícone, 2004.

        Vários ilustradores.
        ISBN 85-274-0777-9

        1. Parasitologia veterinária I. Título.

04-0164   CDD-636.089696

Índices para catálogo sistemático:

1. Parasitologia veterinária : Medicina
        veterinária   636.089696

ELINOR FORTES

Professora de Parasitologia do Instituto de Biociências da UFRGS.
Professora de Parasitologia do Programa de Pós-Graduação em
Ciências Veterinárias da Faculdade de Veterinária da UFRGS.
Ex-Professora de Biologia e Zoologia do Colégio Estadual Júlio de Castilhos da SEC.
Doutora em Veterinária
Doutora em Ciências
Livre Docente em Parasitologia
Pesquisadora do CNPq

PARASITOLOGIA VETERINÁRIA

4ª Edição
Revista, ampliada e atualizada

Ícone editora

Diagramação
Nelson Mengue Surian

Digitação
Luciane Mengue Preto
Nelson Mengue Surian

Revisão
Rosa Maria Cury Cardoso

Todos os direitos reservados pela
ÍCONE EDITORA LTDA.
Rua Lopes de Oliveira, 138 – CEP 01152-010
com Rua Camerino, 26 – CEP 01153-030
Barra Funda – São Paulo – SP
Tel./Fax.: (11) 3666-3095
www.iconelivraria.com.br
E-mail: editora@editoraicone.com.br
edicone@bol.com.br

Em memória de:
HEITOR FÁBREGAS DA SILVA,
meu esposo, colega e incentivador.
LUIZ GONÇALVES FORTES e WILMA FORTES,
meus pais.

Aos meus queridos
ILKA e ANTÔNIO CÂNDIDO,
irmã e sobrinho.

ELINOR FORTES

HOMENAGEM
A TODOS OS PARASITOLOGISTAS,
VIVOS OU FALECIDOS,
QUE COM PERSEVERANÇA E SACRIFÍCIO
CONTRIBUÍRAM PARA LIVRAR DO SOFRIMENTO
A VIDA DO HOMEM E DOS ANIMAIS

PREFÁCIO

A Parasitologia é uma Ciência que sempre despertou grande fascínio entre os estudantes e pesquisadores pela grandeza do seu conteúdo. Os hábitos de vida dos diferentes helmintos, artrópodes e protozoários, seus complexos ciclos evolutivos, suas relações com os hospedeiros determinando danos que podem oscilar desde pequenos desconfortos até a morte destes animais, assim como o controle e a prevenção dos mesmos, constituem motivos de inúmeros trabalhos de pesquisa em todos os continentes.

O Brasil, por sua extensão territorial imensa e por sua posição geográfica, ocupando áreas das regiões tropicais e subtropicais, serve de abrigo para um número incalculável de parasitos, com repercussão na saúde humana e animal. Como conseqüência surgiram em nosso País destacados estudiosos tanto no ramo da Parasitologia Médica quanto no ramo da Parasitologia Veterinária, que mereceram reconhecimento nacional e internacional pela contribuição que deixaram para amenizar os efeitos provocados pelas doenças causadas ou transmitidas por estes agentes.

O livro de Parasitologia Veterinária que a eminente Professora e Médica Veterinária Elinor Fortes nos oferece nesta edição, atualizada e revisada, contém todo um conhecimento básico necessário não só aos estudantes que se iniciam nesta especialidade, como também consolida conceitos para aqueles que há mais tempo lidam com Parasitologia no seu dia a dia. O currículo da Professora Elinor, com a sua experiência docente, sua produção científica, com a incansável orientação a estudantes de graduação e de pós-graduação, certamente estão representados nesta importante obra.

Med. Vet. Eduardo de Bastos Santos
Presidente do CRMVRS

APRESENTAÇÃO

É com imensa satisfação que lançamos a 4ª edição deste livro.

Nossos objetivos continuam sendo o de proporcionar aos estudantes de Veterinária e aos profissionais dessa área, uma fonte útil de informações sobre o agente etiológico, sua taxionomia, morfologia, biologia, quadro clínico, patogenia, diagnóstico e profilaxia das parasitoses mais comuns dos nossos animais domésticos.

No Capítulo 1 são abordadas, além da Introdução à Parasitologia, a Sistemática e as Regras Internacionais de Nomenclatura Zoológica. Os Capítulos 2, 3, 4 e 5 são dedicados à Protozoologia, Helmintologia, Artropodologia e Malacologia, respectivamente. O Capítulo 6 refere-se à Biografia de alguns Parasitologistas e ao Glossário.

A parte prática deste livro é completada com *Diagnóstico de Parasitismo Veterinário* de Rita Pato Hoffmann e, para os acadêmicos de Veterinária, o início do estudo da Parasitologia é amenizado com a execução das *Tarefas Instrucionais Programadas* das mesmas Autoras.

Retornamos a afirmar que quaisquer críticas e sugestões, que venham enriquecer nosso trabalho, complementando assim futuras edições, serão recebidas com a maior gratidão.

Finalizando, reiteramos o nosso desejo de que todos aqueles que se utilizarem de nossa contribuição à Parasitologia, nela encontrem um pouco de amparo à sua vida acadêmica e profissional.

Elinor Fortes

SUMÁRIO

CAPÍTULO 1

INTRODUÇÃO

Os conhecimentos adquiridos através dos tempos sobre a estrutura e as funções dos seres vivos, seus hábitos, onde e como vivem, suas relações entre si e com o meio, suas semelhanças e diferenças, vieram constituir a BIOLOGIA.

O termo Biologia, empregado pela primeira vez em 1801, pelo naturalista francês Lamarck (1744-1829), é originário de dois vocábulos gregos: *bio* e *logos + ia*, que significam, respectivamente, *vida* e *estudo* ou *tratado*. Considerando sua etimologia, pode-se definir Biologia como a ciência (lat. *scientia*, conhecimento) que estuda os seres vivos.

Ser vivo é um conjunto de matéria formado de uma mistura complexa de compostos químicos, que estão em permanente troca com o ambiente.

A permanente troca de matéria e energia que ocorre entre o ser vivo e o ambiente é denominada de *fenômeno biológico* ou *fenômeno vital*.

Sendo a Biologia uma ciência, isto é, um conjunto de conhecimentos racionalmente relacionados entre si para atingir a verdade, segue um método de estudo.

Método de estudo é a maneira pela qual uma ciência coordena adequadamente seus conhecimentos para alcançar seus objetivos.

Em princípio, a ciência é uma só e as divisões estabelecidas tiveram sua origem na impossibilidade de que a mente de uma única criatura humana pudesse conhecê-la profundamente.

Augusto Comte (1798-1857), matemático e filósofo francês, considerou sete ciências e distribuiu-as numa seqüência, partindo da mais simples e geral para a mais complexa e especial. Cada ciência tem seu método de estudo próprio, mas se relaciona também com os das outras ciências. MATEMÁTICA, a mais simples e geral das ciências, tem como método de estudo a *indução* e a *dedução*. A ASTRONOMIA, a *observação*; entretanto, também utiliza a indução e dedução. A FÍSICA e a QUÍMICA têm como método de estudo a *experiência* e a *nomenclatura*, respectivamente. O método de estudo da BIOLOGIA é o da *comparação*. Neste método todo o ser vivo é *compa-*

rado com outros já conhecidos, depois é dado o seu *nome* apropriado, são realizados *experimentos*, cujo objetivo é confirmar ou rejeitar a hipótese lançada, observar sua morfologia, como e onde vive, suas relações com outros seres vivos e com o ambiente, sua semelhança e diferença com outros seres vivos já conhecidos e finalmente chegar-se à conclusão, isto é, a hipótese é confirmada ou rejeitada. A SOCIOLOGIA, que estuda o indivíduo numa comunidade, tem como método de estudo a *pesquisa histórica* e a PSICOLOGIA, a mais complexa e especial das ciências, estuda a mente, os fenômenos psíquicos e o comportamento de um indivíduo, tem como método de estudo o *subjetivo*, mas está intimamente relacionada com as demais ciências.

As ciências servem de base à FILOSOFIA, como está esquematizado no diagrama abaixo.

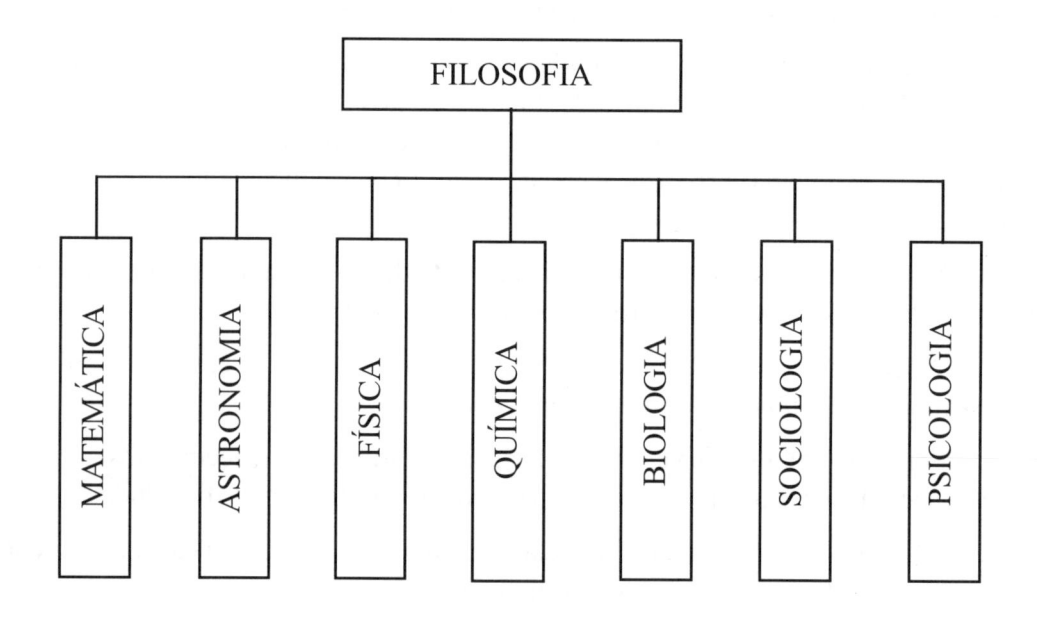

INTRODUÇÃO À PARASITOLOGIA
RELAÇÕES ENTRE OS SERES VIVOS

No meio ambiente, os seres vivos estando intimamente ligados e relacionados entre si e com o meio, estabelecem condições capazes de alterar suas formas de vida.

A finalidade pela qual os seres vivos se relacionam, é a busca de melhores condições de vida, como alimento e abrigo.

As associações podem ocorrer entre indivíduos da mesma espécie, associações intra-específicas e entre indivíduos de espécies diferentes, associações interespecíficas.

1 – Relações intra-específicas

Entre as relações intra-específicas estão as *colônias*, as *sociedades* e o *canibalismo*.

1.1 – As *colônias* são constituídas de indivíduos que se reproduzem por brotação, originando seres solidamente unidos uns aos outros e estabelecendo-se entre eles um intercâmbio contínuo de líquidos orgânicos. Ex.: Poríferos e Cnidários.

Nas colônias mais especializadas existem indivíduos responsáveis pela captura do alimento, outros encarregados da reprodução e outros, ainda, destinados à defesa e à locomoção. Ex.: Halistema (Cnidário) (Figura 1.1).

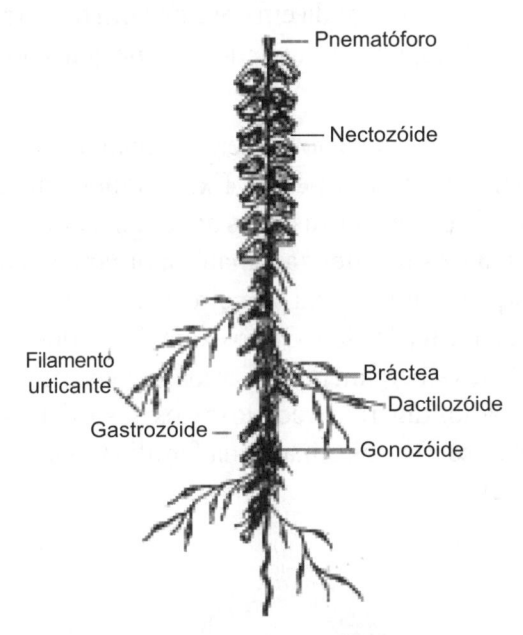

Figura 1.1 Colônia de *Halistema* (Cnidário) segundo Pierantoni, 1942, redesenhado por Ivan.

1.2 – As *sociedades* são formadas de indivíduos da mesma espécie unidos apenas pelo instinto de associação.

1.2.1 – *Sociedades temporárias* são encontradas entre os mamíferos individualistas. Nesse tipo de associação verificam-se casos esporádicos de divisão de trabalho. Ex.: a construção de ninhos e abrigos; a proteção da prole em mamíferos e aves; a vigilância e a captura de alimento, em lobos.

1.2.2 – *Sociedades permanentes* são registradas em muitas espécies de insetos, como os Himenópteros (abelhas e formigas). Na sociedade permanente, os indivíduos que a formam são morfologicamente diferentes, em relação às funções que devem realizar em benefício da comunidade.

1.3 – O *canibalismo* é o caso de um animal se alimentar de outro da mesma espécie.

2 – Relações Interespecíficas

As relações interespecíficas ocorrem entre indivíduos de espécies diferentes e podem proporcionar vantagens mútuas, ou podem acarretar vantagem para um e ser indiferente para o outro, ou ainda, vantagem para um e prejuízo para o outro. Na maioria das vezes, é bastante difícil precisar em qual dessas categorias se inclui uma determinada relação entre duas espécies. Modernamente os autores concordam em empregar os termos:

2.1 – *Simbiose* (gr. *synbiosis*, vida em comum com outro(s)) é o tipo de associação em que uma ou ambas as espécies se beneficiam e na qual não ocorre prejuízo para nenhuma.

2.1.1 – *Mutualismo* é a associação bilateral na qual há troca recíproca de vantagens e é indispensável para ambas as espécies. Ex.: o líquen, que é uma associação de algas e fungos. A alga está dispersa entre as hifas do fungo. O fungo retém a água necessária à fotossíntese da alga e esta sintetiza a matéria orgânica para si e para o fungo. Devido a associação, o líquen é um vegetal pioneiro ao instalar-se sobre rochas que não comportam nenhuma outra forma de vida. Outro exemplo é o dos animais cuja alimentação é à base de celulose. Estes albergam protozoários que vivem e se multiplicam no seu trato digestivo. Os protozoários digerem a celulose e os hospedeiros absorvem os produtos da degradação da celulose. Ex.: os ciliados da família Ophryoscolecidae do rúmen dos herbívoros (Figura 1.2).

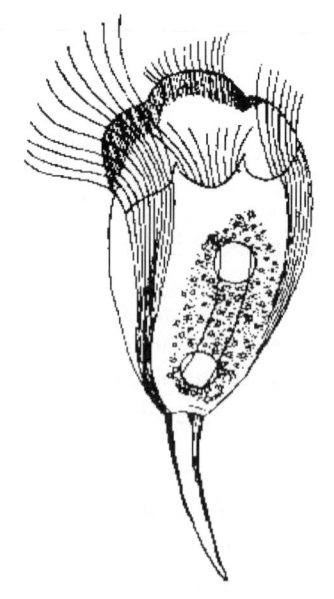

Figura 1.2 *Ophryoscolex inermis*, segundo G. Collin, redesenhado por Ivan.

Os térmitas, insetos da ordem Isoptera, alimentam-se de madeira, mas a grande maioria não tem capacidade de digerir a celulose nela existente. Os flagelados *Trichonympha* do intestino dos térmitas digerem a celulose para si e para seus hospedeiros. Os térmitas submetidos a uma temperatura de 26°C durante 24 horas, para destruir os flagelados, apesar de continuarem a se alimentar de madeira, morrem de inanição depois de aproximadamente 10 dias. Entretanto, podem sobreviver se forem novamente infectados com os flagelados (Figura 1.3).

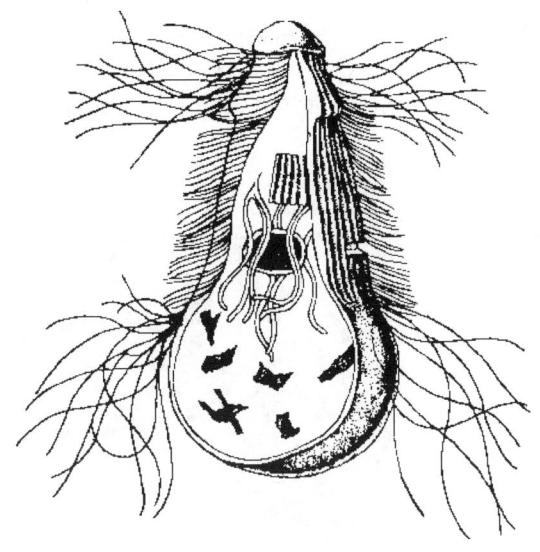

Figura 1.3 *Trichonympha.*

2.1.2 – *Comensalismo* é a associação simbiótica simples, unilateral, menos íntima, na qual uma espécie é beneficiada para sua nutrição, sem que haja reciprocidade de serviços. Ex.: *Echneis remora* (peixe-piolho) que se fixa temporariamente ao tubarão pela nadadeira dorsal transformada em ventosa e aproveitando os restos do alimento do peixe (Figura 1.4).

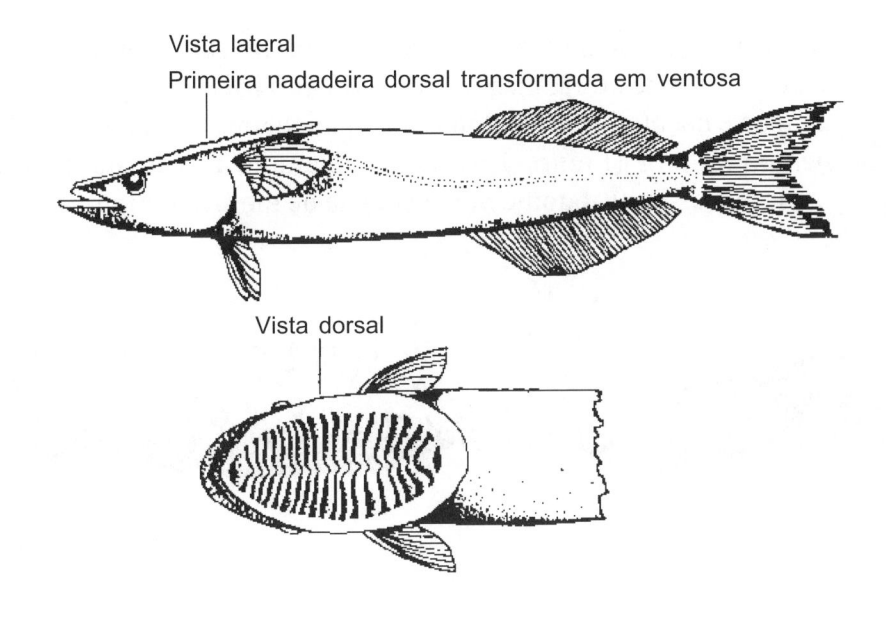

Figura 1.4 *Comensalismo. Echneis remora.* Segundo Rodolpho Von Ihering, 1940, redesenhado por Ivan.

O crustáceo *Eupagurus* carrega, no seu primeiro par de patas, pólipos de *Hydractinia*. O crustáceo é beneficiado pela defesa dos cnidoblastos do cnidário e este aproveita os restos alimentares do crustáceo (mutualismo e comensalismo) (Figura 1.5).

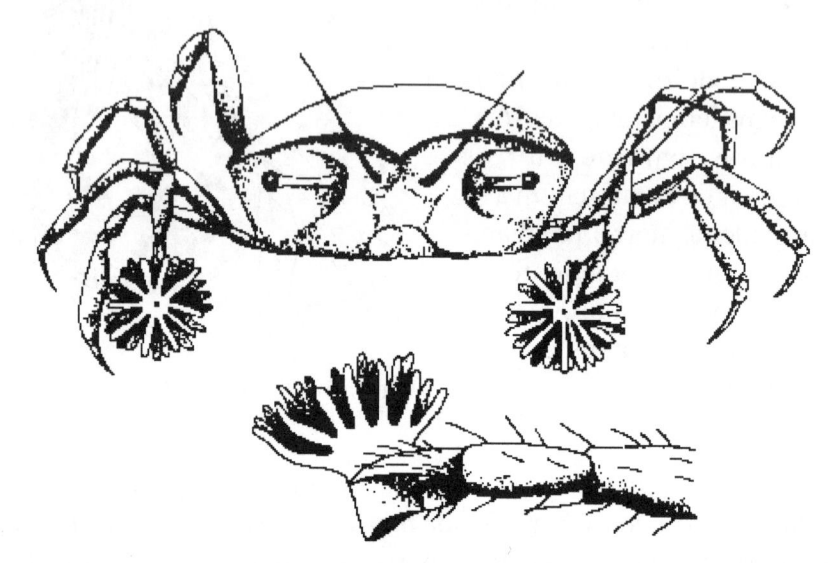

Figura 1.5 Mutualismo e Comensalismo. O crustáceo *Eupagurus* carrega, no seu primeiro par de patas, pólipos de *Hydractinia*. Segundo Duerden, redesenhado por Ivan.

2.1.3 – *Inquilinismo* é também uma associação simbiótica unilateral, na qual uma espécie vive no interior de outra, na qual encontra abrigo. Ex.: O peixe *Fierasfer*, que vive comumente no interior das Holotúrias (Equinoderme), vulgarmente conheci-das como *pepino-do-mar* (Figura 1.6). Outro exemplo é o crustáceo *Pagurus bernhardus*, que protege seu abdome numa concha de molusco (Figura 1.7).

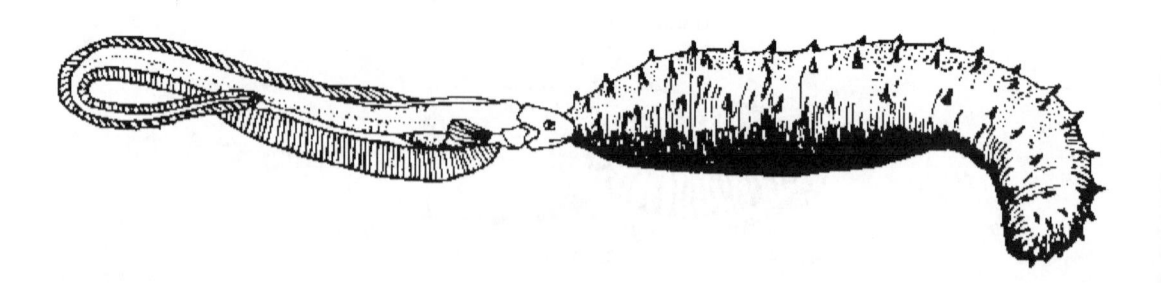

Figura 1.6 Inquilinismo. Peixe *Fierasfer* penetrando em Holotúria, Equinoderme. Segundo o *Guia do Aquário de Nápoles*, redesenhado por Ivan.

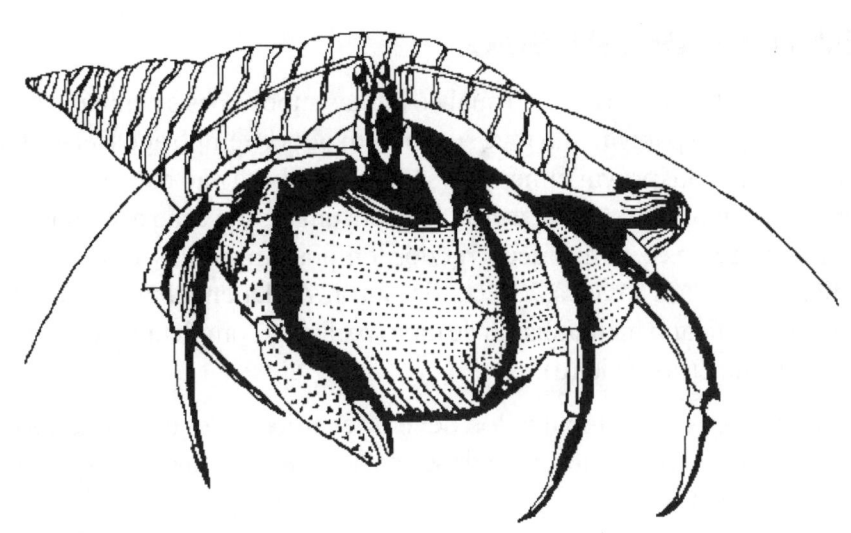

Figura 1.7 Inquilinismo. O crustáceo *Pagurus bernhardus* (Bernardo, o ermitão) com o abdome protegido numa concha vazia de molusco. Segundo Pierantoni, 1942, redesenhado por Ivan.

2.2 – *Parasitismo* – A palavra "parasito", de origem grega, significa "um ser que se alimenta de outro". Parasitismo é a associação essencialmente unilateral, íntima, lenta, direta e estreita, entre duas espécies bem determinadas: o hospedeiro e o parasito. O hospedeiro é indispensável ao parasito que vive a suas custas. A associação é de natureza nutritiva. O parasito retira do hospedeiro o material que necessita para sua sobrevivência.

O que distingue o parasitismo do comensalismo e do inquilinismo é o grau de dependência metabólica, ficando o metabolismo do parasito vinculado ao metabolismo do hospedeiro.

O parasitismo pode ser externo, como o exercido pelos piolhos, pulgas, carrapatos etc., e interno, como o exercido pelos helmintos e protozoários.

2.3 – *Predatismo* é a associação rápida e violenta na qual uma espécie (predador) ataca, abate e devora a outra espécie (presa). Ex.: carnívoros (predadores) e herbívoros (presas).

2.4 – *Esclavagismo* é o ato no qual um animal captura outro que lhe prestará serviço. Ex.: certas espécies de formigas raptam pupas de outras espécies para aproveitá-las, quando adultas, como operárias.

3 – Competição

Competição é a associação que ocorre entre espécies diferentes que ocupam o mesmo habitat. A disputa por melhores condições de vida entre elas manifesta-se até que uma predomine sobre a outra e esta tenderá a se extinguir.

A competição pode também ocorrer entre indivíduos da mesma espécie, embora não chegue a afetá-los.

ORIGEM DO PARASITISMO

O assunto é filosófico e para o qual há muitas suposições e nenhuma comprovação. Acredita-se que o parasitismo teve sua origem pouco tempo após ter-se iniciado a vida na terra e começou, provavelmente, por acaso, embora não haja nada de concreto que comprove tal suposição. Assim, a princípio, era uma associação não prejudicial para duas espécies diferentes e, com o decorrer dos tempos, uma delas, em virtude de suas características, passou a viver às custas da outra. A dependência foi aumentando gradativamente até ficar o metabolismo de uma (parasito) completamente vinculado ao metabolismo da outra (hospedeiro).

Admite-se que os ectoparasitos devem ter tido sua evolução anterior a dos endoparasitos, pois é mais fácil aceitar a adaptação dos seres de vida livre em ectoparasitos do que em endoparasitos.

Supõe-se, ainda, que os parasitos do tubo digestivo, a princípio, eram de vida livre e, por terem sido ingeridos acidental ou intencionalmente por outra espécie, foram capazes de subsistir no novo habitat e adaptar-se a ele.

Convém lembrar que a evolução dos hemoprotozoários dos vertebrados deve ter ocorrido em duas fases: primeiro, sua adaptação no tubo digestivo dos insetos e, depois, a adaptação no sangue ou nos tecidos dos vertebrados, ao serem neles inoculados através da condição que apresentam em perfurar a pele para sugar o sangue.

A atrofia ou o desaparecimento de certos órgãos que o parasito não precisa mais, por não lhes serem necessários para a preparação de alimentos, a fim de assimilá-los ou para ir em sua busca, constituem também forte argumento para comprovar a origem do parasitismo.

ÂMBITO DA PARASITOLOGIA

A *Parasitologia*, em sentido amplo, é o capítulo da Biologia que tem por objetivo o estudo dos parasitos: vírus, bactérias, fungos, protozoários, helmintos, além dos artrópodes parasitos e transmissores de doenças.

A *Parasitologia* estuda o parasito em si mesmo, investigando sua morfologia, sua forma de desenvolvimento, seu habitat, suas condições de nutrição e sua propagação. Procura conhecer as relações que se estabelecem entre o parasito e o hospedeiro, colocando-o em destaque quando se verifica alguma ação patogênica sobre o último. Investiga, também, as reações que o parasito produz no organismo parasitado.

Para facilitar o estudo dos parasitos, a *Parasitologia* foi dividida em três grandes grupos: *Parasitologia* em sentido estrito, refere-se ao estudo dos *animais parasitos*; a *Microbiologia* estuda os *vegetais parasitos* (a *Bacteriologia* e a *Micologia* estudam respectivamente as *bactérias* e os *fungos*) e a *Virologia* preocupa-se com o estudo dos *vírus*.

A Parasitologia em Veterinária é muito importante e, para evidenciá-la, basta citar algumas das doenças causadas por parasitos de origem animal como a coccidiose, toxoplasmose, tripanossomose, babesiose; diversas helmintoses, tais como fasciolose, hidatidose, cenurose, estrongilose; miíases; sarnas e carrapatos.

Certas afecções bacterianas ou afecções devido a vírus, como a anemia infecciosa dos cavalos, peste suína etc. são transmitidas por artrópodes hematófagos.

O estudo da *morfologia* dos parasitos constitui uma base sólida, necessária e indispensável, sem a qual não é possível abordar com êxito nenhum dos distintos problemas que se apresentam ao tratar de parasitoses.

CONCEITOS EMPREGADOS EM PARASITOLOGIA

I – MODALIDADES DE PARASITISMO

De acordo com o *comportamento* biológico os parasitos são classificados:

1 – Em relação ao número de hospedeiros

1.1 – *Monoxeno* (gr. *monos*, um; *xenos*, estranho; por extensão, hospedeiro) é o parasito que necessita de apenas um hospedeiro para completar o seu ciclo de vida. Pode ser parasito tanto na fase larval como na fase adulta. Ex.: berne (larva da *Dermatobia*), *Ascaris* e outros.

1.2 – *Heteroxeno* (gr. *heteros*, outro) é o parasito que necessita de mais de um hospedeiro para completar seu ciclo de vida. O parasito utiliza um hospedeiro para sua fase larval e outro para a sua fase adulta. Ex.: *Babesia bigemina*, *Fasciola hepatica*, *Dioctophyma renale* e outros.

1.3 – *Autoxeno* (gr. *autos*, próprio) é o parasito que no mesmo hospedeiro desenvolve sua fase larval e sua fase adulta. As larvas ocupam uma localização e os adultos outra. Ex.: *Trichinella spiralis*.

2 – Em relação ao tempo de permanência no hospedeiro

2.1 – *Periódico* é o parasito que em apenas uma determinada fase de sua vida é parasito. Ex.: *Oestrus ovis* (fase larval), pulga (adulto).

2.2 – *Temporário* é o parasito que procura o hospedeiro apenas para se alimentar.

2.2.1 – *Temporário intermitente* é o parasito que abandona o hospedeiro após se alimentar. Ex.: mosquitos, *Stomoxys calcitrans*, *Triatoma infestans* e outros.

2.2.2 – *Temporário remitente* é o parasito que permanece no hospedeiro após se alimentar. Ex.: pulgas, piolhos e outros.

2.3 – *Permanente* é o parasito que permanece no hospedeiro durante todas as fases da sua vida. Ex.: *Babesia*, cestódeos, trematódeos e nematódeos.

3 – Em relação à especificidade parasitária

3.1 – *Estenoxeno* (gr. *steno*, estreito) é o parasito que apresenta uma especificidade parasitária restrita a uma determinada espécie de hospedeiro. Ex.: *Taenia saginata*, se for identificada pela sua morfologia, identifica-se imediatamente o hospedeiro.

3.2 – *Eurixeno* (gr. *euris*, amplo) é o parasito que apresenta uma especificidade parasitária ampla, parasitando hospedeiros pertencentes a grupos zoológicos distintos. Ex.: *Toxoplasma gondii* parasita várias espécies de mamíferos e aves.

3.3 – *Oligoxeno* (gr. *oligos*, pouco, pequeno) é o parasito que apresenta especificidade limitada, parasitando animais de famílias ou gêneros próximos. Ex.: *Trypanosoma evansi* parasita o cavalo e o asno. *Echinococcus granulosus* parasita o cão, o chacal e o lobo.

4 – Em relação a maior ou menor exigência ao parasitismo

4.1 – *Acidental* é aquele que sendo saprófito ou saprozóico acidentalmente entra em contato com o hospedeiro no qual não evolui. Ex.: larvas saprozóicas de moscas (bicho das frutas), quando ingeridas acidentalmente com alimentos pelo homem ou animais, são espontaneamente eliminadas vivas com as fezes, podendo causar leves perturbações gastrintestinais.

4.2 – *Facultativo* é aquele que, normalmente de vida livre, ao entrar em contato com um hospedeiro, nele evolui, desempenhando papel de parasito. Ex.: larvas necrófagas de moscas que se nutrem de animais em putrefação. As moscas são atraídas pelo exsudato das lesões nas quais fazem a postura de ovos ou de larvas. As larvas nutrem-se do tecido necrosado, não atacando o tecido vivo. Embora não consideradas parasitos, causam ação irritativa.

4.3 – *Obrigatório* é aquele que pelo menos em uma fase de sua vida necessita de um hospedeiro para completar seu ciclo vital. Ex.: berne, gasterófilos e outros.

5 – Em relação à nutrição

5.1 – *Estenotrófico* (gr. *steno*, estreito; *trophe* nutrir) é o parasito que exige um único tipo de alimento para sua nutrição, podendo ser estenoxeno ou eurixeno. Ex.: piolhos, tanto os da cabeça como os do corpo, nutrem-se exclusivamente de sangue humano (estenoxenos). Mosquitos, moscas hematófagas e triatomídeos alimentam-se exclusiva e obrigatoriamente de sangue, podendo ser sugado de diferentes espécies de vertebrados (eurixenos).

5.2 – *Euritrófico* (gr. *eurys*, amplo) é o parasito que se nutre das mais diversas substâncias que encontra no organismo do hospedeiro. Ex.: as larvas responsáveis por miíases.

6 – Em relação à localização

6.1 – *Ectoparasito* é o que se localiza na superfície externa do hospedeiro, como pele, pêlo e cavidades naturais. Ex.: piolhos, pulgas, carrapatos, ácaros da sarna e outros.

6.2 – *Endoparasito* é o que se localiza nos sistemas circulatório, respiratório, digestivo, urinário, genital, nervoso e musculatura. Ex.: *Babesia, Metastrongylus, Ascaris, Stephanurus, Tritrichomonas, cisticercos* e outros.

6.3 – *Hiperparasito* é o que se localiza em outro parasito. Ex.: cistos com larvas de cestódeos em cestódeos parasitos de peixes.

6.4 – *Parasito auxiliar* é o utilizado para destruir espécies patogênicas. Ex.: certas espécies de himenópteros para combater carrapatos.

7 – Em relação ao habitat

7.1 – *Normal* é o parasito que só consegue completar seu ciclo vital quando a evolução é em seu hospedeiro adequado.

7.2 – *Errático* é o parasito que, vivendo no seu hospedeiro normal, não atinge o órgão adequado, localizando-se em outra região. Ex.: *Ascaris suum*, habitualmente parasito da luz do intestino delgado do porco, pode se introduzir no colédoco, causando obstrução e conseqüentemente uma hepatite obstrutiva.

7.3 – *Extraviado* é o parasito habitual de um determinado hospedeiro que se implanta em outro. Ex.: *Ancylostoma braziliense*, parasito habitual do intestino do cão e do gato, cujas larvas, penetrando através da pele do homem, não conseguem completar seu ciclo vital, ficando seu parasitismo restrito à pele. As larvas do *Ancylostoma braziliense*, vagueando na pele do homem originam, através dos seus constantes movimentos, uma dermatose pruriginosa conhecida por larva *migrans* cutânea.

8 – Em relação às gerações

8.1 – *Monogênico* é o parasito que não apresenta alternância de gerações. Ex.: *Ascaris suum* etc.

8.2 – *Heterogênico* é o parasito que apresenta alternância de gerações. Ex.: *Taenia, Fasciola, Dioctophyma* etc.

9 – Em relação ao tipo de hospedeiro

9.1 – *Normal* é o hospedeiro que oferece melhores condições para a subsistência e evolução do parasito. Ex.: o cão para o *Ancylostoma caninum*, o homem para o *Ancylostoma duodenale* etc.

9.2 – *Anormal* é o hospedeiro mais ou menos excepcional ou ocasional a cujo organismo o parasito pode não estar bem adaptado. Ex.: o homem para o *Toxocara canis*.

9.3 – *Definitivo* é o hospedeiro que alberga o parasito em seu estádio adulto e no qual realiza sua reprodução sexuada. Ex.: o homem para a *Taenia solium*. Entretanto, se o parasito não realiza reprodução sexuada é considerado hospedeiro definitivo, o hospedeiro vertebrado que o alberga. Ex.: o bovino para as espécies de *Babesia*.

9.4 – *Intermediário* é o hospedeiro que alberga o parasito em seu estádio larval ou no qual ele se reproduz assexuadamente. Ex.: o suíno para a *Taenia solium*. Mas se o parasito não realiza reprodução sexuada, é considerado hospedeiro intermediário, o hospedeiro invertebrado que o alberga. Ex.: o carrapato para as espécies de *Babesia*.

9.5 – *Vector* (lat. *vectore*, condutor) é um artrópode, molusco ou outro qualquer veículo que transmite o parasito entre dois hospedeiros.

9.5.1 – *Vector biológico* é aquele no qual o parasito evolui. Ex.: *Lymnaea spp.* para a *Fasciola hepatica*; *Boophilus microplus* para a *Babesia bigemina*.

9.5.2 – *Vector mecânico* é aquele no qual o parasito não evolui. Ex.: *Stomoxys calcitrans* para o *Anaplasma marginale*.

9.5.3 – *Fômite* (lat. *fomites*, isca). É objeto ou substância que esteve em contato suficientemente íntimo com um indivíduo infectado ou com um portador, para reter o agente patogênico e disseminar a doença como: as roupas do médico-veterinário e os utensílios empregados na castração, descorne, marcação, vacinação e sangria.

9.6 – *Vector paratênico* (hospedeiro de transporte) é o hospedeiro no qual a larva permanece em estádio infectante, sem desenvolvimento essencial e sem crescimento. Ex.: minhocas, caramujos, lesmas e artrópodes para o *Syngamus trachea*.

9.7 – *Vector vicariante* (lat. *vicarias*, que substitui) é o hospedeiro excepcional ou ocasional (anormal) no qual o parasito geralmente não está bem adaptado. Quanto mais completa for a adaptação do parasito ao hospedeiro, menor será sua ação patogênica. Assim, os hematozoários do gênero *Trypanosoma*, de um modo geral, quase sempre estão bem adaptados ao parasitismo em certos vertebrados pelos quais são tolerados, mas quando atacam um hospedeiro diferente, anormal, tornam-se patogênicos. Ex.: o *Trypanosoma brucei*, responsável pela nagana africana nos antílopes, que são seus hospedeiros normais, não produz alterações mórbidas notáveis, causando entretanto uma epizootia grave quando ataca o gado que se introduz na região.

9.8 – *Reservatório natural* é o hospedeiro adaptado ao parasito e responsável pela sua disseminação a espécies de valor econômico. Ex.: a *Hydrochoerus cabipara* é o reservatório do *Trypanosoma evansi*.

Segundo a OMS, reservatórios são: o homem, os animais, as plantas, o solo e qualquer matéria orgânica inanimada, onde vive e se multiplica um agente infeccioso, sendo vital para este a presença de tais reservatórios e, possível, a transmissão para outros hospedeiros.

9.9 – *Portador* é o indivíduo infectado que não apresenta sinais, mas que pode transmitir a doença a outro hospedeiro.

II – ADAPTAÇÃO DOS PARASITOS

Todo o ser evolui em função do meio em que vive, para uma melhor sobrevivência e bem-estar.

1 – Adaptações morfológicas

1.1 – *Armadura bucal dos insetos*. De acordo com o seu regime alimentar, pode ser do tipo mastigador, picador, sugador e lambedor.

1.2 – *Locomotor*. Nas pulgas há um desenvolvimento muscular muito grande no terceiro par de patas, permitindo-lhes um salto de até um metro de altura.

1.3 – *Aparelho digestivo*. Existem parasitos que têm o seu aparelho digestivo atrofiado, onde a alimentação se dá por osmose; outros o têm hipertrofiado para melhor absorção alimentar. Ex.: *Fasciola hepatica*.

1.4 – *Aparelho reprodutor*. Quanto mais intenso é o parasitismo, mais desenvolvido é o sistema reprodutor.

2 – Adaptações fisiológicas

2.1 – *Nutrição*. Parasitos hematófagos desenvolveram anticoagulantes para facilitar a sucção do sangue.

2.2 – *Dispersão*. Especialização para melhor difusão da espécie.

2.3 – *Tipos de penetração do parasito:*

2.3.1 – *Oral* é quando o parasito é ingerido passivamente pelo hospedeiro.

2.3.2 – *Cutânea* é quando o parasito penetra ativamente através da pele.

2.3.3 – *Respiratório* é quando o parasito invade o hospedeiro por aspiração.

2.3.4 – *Transovariana* é quando os ovos do hospedeiro já se encontram infectados pelo parasito.

2.3.5 – *Transplacentária* é quando o parasito migra ativamente do hospedeiro prenhe para o feto, ainda no interior do útero.

2.3.6 – *Inoculativa* é quando o parasito é colocado ativamente no hospedeiro, através de agulhas ou hospedeiros hematófagos.

2.3.7 – *Contaminativa* é quando o próprio hospedeiro se contamina, facilitando ou permitindo a penetração do parasito.

2.4 – *Reprodução* — Reprodução é o aumento progressivo de indivíduos. Nos parasitos distinguem-se três tipos de reprodução.

2.4.1 – *Reprodução assexuada* ou *Agâmica*. É a que origina novos indivíduos a partir de um. Este tipo de reprodução apresenta as seguintes modalidades:

a) *Cissiparidade*. Consiste na divisão do organismo em duas ou em várias células-filhas iguais. A divisão simples pode ocorrer no sentido longitudinal (Flagelados), no sentido transversal (Ciliados) e em qualquer sentido (Amebozoários).

b) *Gemiparidade* (Brotamento) consiste na divisão do organismo em duas ou em várias células-filhas desiguais. A célula ou células-filhas podem ou não destacar-se da célula primitiva. Quando não se separam formam as *colônias*.

c) *Partenogênese*. É a formação de novos indivíduos a partir de uma fêmea adulta, sem a presença do macho.

d) *Pedogênese*. É o aparecimento de novos indivíduos a partir de formas jovens (sem maturidade sexual).

e) *Esquizogonia* ou *Divisão múltipla*. Na esquizogonia, o núcleo da célula multiplica-se várias vezes, antes que o citoplasma se divida, apresentando o organismo o aspecto de uma célula com muitos núcleos. O número de núcleos conseqüente dessa divisão é específico. Os núcleos se distribuem na periferia da célula primitiva e quando o seu número alcança o da espécie, os núcleos se liberam rodeados de citoplasma.

As células-filhas resultantes da esquizogonia são denominadas *merozoítos* e a célula primitiva, que originou os merozoítos, *esquizonte*. Esta modalidade de reprodução precede a singamia.

f) *Endogenia*. É a formação de células-filhas em número variável, no interior da célula primitiva. Os novos organismos se liberam somente após o rompimento da célula primitiva.

g) *Esporogonia*. É a formação de células-filhas haplóides após um processo de meiose da célula primitiva. Os organismos resultantes da esporogonia são denominados *esporozoítos*. Esta modalidade de reprodução geralmente é seguida de singamia e a célula primitiva (célula-mãe) é um *esporocisto*.

2.4.2 – *Metagênese*. Diz-se que ocorre metagênese quando a reprodução sexuada é seguida de outra assexuada.

2.4.3 – *Reprodução sexuada* ou *Gâmica* ou *Singâmica*. Neste tipo de reprodução formam-se novos indivíduos a partir de células sexuais produzidas pelos pais. Duas células (masculina e feminina) se unem para originar um novo indivíduo. Até nos protozoários ocorrem processos semelhantes à reprodução sexual dos metazoários. Na *conjugação* dos ciliados (*Paramecium caudatum*) dois indivíduos semelhantes se unem, trocam materiais do micronúcleo e se separam logo a seguir para continuar dividindo-se por divisão binária. A fecundação ocorre nos esporozoasidas (*Eimeria*, *Plasmodium* etc.), em determinadas fases, surgem dois tipos de organismos (macrogametas e microgametas). Estes se unem aos pares, para prosseguir o ciclo biológico.

Nos metazoários (animais pluricelulares), o sexo é o conjunto de caracteres estruturais e funcionais que permitem distinguir o *macho* da *fêmea*. Os dois produzem *célu-*

las sexuais (células germinais). As células produzidas pelos machos são pequenas, móveis e em grande número, os *espermatozóides*. As células produzidas pelas fêmeas são maiores, imóveis e em menor número, os *óvulos*.

As células sexuais se originam em órgãos denominados *gônadas*, os espermatozóides nos *testículos* e os óvulos nos *ovários*. Os testículos e os ovários são os órgãos sexuais primários. A maioria dos animais tem órgãos secundários associados às gônadas, constituindo o *aparelho reprodutor*. Estes órgãos podem ser *únicos*, *pares* ou *múltiplos*.

Quando um mesmo indivíduo tem os órgãos femininos e masculinos funcionantes, podendo ou não ocorrer autofecundação, diz-se que é *monóico* (hermafrodita). Ocorre *protandria* quando os órgãos masculinos amadurecem antes dos femininos e *protogenia* quando os órgãos femininos amadurecem antes dos masculinos.

III – AÇÃO DOS PARASITOS

A ação dos parasitos sobre o hospedeiro permite conhecer a patogenia das doenças parasitárias. Os sinais que expressam as alterações mórbidas são o resultado de dois organismos: parasito e hospedeiro que, exercendo atividades diferentes, tendem para uma adaptação biológica, embora em atividades inteiramente opostas.

1 – *Ação mecânica* é a que, sem lesar diretamente o órgão, se manifesta por obstrução, compressão e traumatismo.

1.1 – *Obstrutiva* é a que se manifesta pela presença do parasito obstruindo vasos e órgãos ocos, dificultando seu funcionamento. Ex.: acúmulo de *Ascaris* no intestino.

1.2 – *Compressiva* é a que se manifesta quando o aumento de volume de um órgão comprime outros órgãos, causando sinais referentes ao problema do órgão comprimido. Ex.: o cisto hidático localizado no fígado, pulmões ou outros órgãos, onde cresce exageradamente, provoca modificações estruturais nos órgãos vizinhos, decorrendo daí sinais graves.

1.3 – *Traumática* é a lesão de tecido que os parasitos causam ao se fixarem e ao se alimentarem no hospedeiro.

1.3.1 – *Destrutiva* é a ocasionada por contato demorado do parasito com os tecidos do hospedeiro. Ex.: as larvas de *Ancylostoma* ao penetrarem pela pele.

1.3.2 – *Pungitiva* é a provocada pela picada de artrópodes hematófagos. Ex.: picada de mosquitos, barbeiros, mutucas, borrachudos etc.

2 – *Ação tóxica* é a que ocorre em conseqüência da introdução no hospedeiro de secreções e excreções produzidas pelo parasito ou de substâncias que constituem seu corpo.

2.1 – *Exotoxina* é a substância que o parasito produz durante sua vida e que é responsável pelo aparecimento de sinais no hospedeiro. Pela ação de exotoxinas podem ser alteradas as paredes dos capilares surgindo edemas, como na durina.

2.2 – *Endotoxina* é o conjunto de substâncias que o parasito libera ao morrer, provocando problemas ao hospedeiro.

2.3 – A ação tóxica pode ser exercida no local ou à distância.

2.3.1 – *Ação tóxica local* é a causada pelas toxinas no ponto onde o parasito se encontra. Ex.: a destruição do tecido renal causada pela ação histolítica do *Dioctophyma renale*.

2.3.2 – *Ação tóxica geral* ou à *distância* é a provocada pelas toxinas ao se difundirem no organismo. Ex.: a saliva tóxica de ação neurotrópica dos carrapatos (Ixodides).

3 – *Ação espoliadora* é a ocasionada pelos parasitos ao absorverem as substâncias nutritivas do organismo do hospedeiro.

3.1 – *Direta* é a causada quando os parasitos se nutrem de células, tecidos etc. Ex.: artrópodes hematófagos (mosquitos, moscas, carrapatos).

3.2 – *Indireta* é a causada pelos parasitos que utilizam para sua subsistência substâncias alimentícias já elaboradas. Ex.: parasitos que vivem no trato gastrintestinal.

4 – *Ação irritativa* é a provocada pela presença constante de parasitos nos órgãos do hospedeiro. Ex.: a ação dos lábios do *Toxocara* e das ventosas dos cestódeos, no intestino.

5 – *Ação infecciosa* é a entrada de agentes patogênicos, como bactérias, fungos e vírus, através das lesões causadas pelos parasitos.

6 – *Ação antigênica* é a resultante das secreções e excreções dos parasitos. A resposta do organismo do hospedeiro aos estímulos antigênicos são os vários tipos de anticorpos.

7 – *Ação anóxica* (gr. *an*, privado, sem, não; *ox*, oxigênio) é a provocada pelos parasitos que consomem O_2 da hemoglobina ou que destroem eritrócitos. Ex.: a *Babesia* na babesiose.

8 – *Ação enzimática* é a causada pelas larvas de determinados nematódeos para penetrarem através da pele; a ação de trofozoítos de Protozoários para obter alimentos assimiláveis.

IV – PERÍODOS

Em medicina, *período* é cada um dos espaços de tempo que uma doença deve sucessivamente percorrer. Tem início com a entrada do parasito no hospedeiro e termina com a cura ou com a morte dele.

Os períodos são denominados: *períodos clínicos* e *períodos parasitológicos*.

Períodos clínicos são os relativos às reações do hospedeiro face ao ataque dos parasitos e *períodos parasitológicos* os relativos aos parasitos frente ao hospedeiro.

1 – Períodos clínicos

1.1 – *Período de incubação* é o que se interpõe entre o espaço de tempo de invasão do parasito no hospedeiro e o aparecimento do primeiro sinal clínico.

1.2 – *Período agudo* é o espaço de tempo, após a invasão do parasito no hospedeiro, onde os sinais clínicos são mais acentuados. É o período decisivo, o hospedeiro ou se restabelece ou entra no período crônico ou morre.

1.3 – *Período crônico* é aquele que sucede ao período agudo. Os sinais clínicos diminuem. O número de parasitos permanece nos mesmos níveis, embora possa ser rompido tanto para o parasito como para o hospedeiro.

1.4 – *Período de convalescença* é o decurso que segue ao período onde os sinais são mais acentuados, evoluindo para a cura.

1.5 – *Período latente* é o período assintomático, sem sinais, embora os parasitos não tenham sido totalmente destruídos.

1.6 – *Período de recaída* é o que surge após o término do período latente, no qual os sinais estavam ocultos, por ocorrer um aumento da carga parasitária.

2 – Períodos parasitológicos

2.1 – *Período pré-patente* (PPP) é a fase que decorre desde a entrada do parasito no hospedeiro até a manifestação dos seus ovos, cistos ou outras formas do seu ciclo evolutivo, evidenciados por processos laboratoriais específicos.

2.2 – *Período patente* (PP) é o decurso de tempo durante o qual os parasitos podem ser facilmente demonstrados, por técnicas diversas. O período patente termina quando os ovos, cistos ou outras formas do seu ciclo biológico não podem mais ser reveladas.

2.3 – *Período subpatente* (PSP) é aquele em que não é possível revelar a presença do parasito através de seus ovos, cistos ou outro estado do seu ciclo evolutivo. A este período segue-se novamente um novo período patente.

V – INFECÇÃO E INFESTAÇÃO

Há controvérsia dos autores sobre o significado dos termos *infecção* e *infestação*. Até há pouco tempo consideravam *infecção* as doenças causadas por protozoários e *infestação* as doenças ocasionadas por artrópodes e helmintos. Modernamente foi sugerido o termo *infecção* para a doença devido a presença de parasitos internos, como protozoários e helmintos e *infestação* a ocasionada por parasitos externos, como artrópodes.

VI – PROFILAXIA

Profilaxia (gr. *pro* + *phyláxis*, precaução, proteção). Capítulo da medicina que tem por objetivo estabelecer as medidas de *prevenção* de doenças. Baseia-se na *quarentena, controle* e *erradicação.*

Quarentena – (Espaço de tempo de 40 dias). Período de detenção a que são sujeitos os animais, pessoas, mercadorias e bagagens, procedentes de local atacado por doença infecciosa. É a principal medida de prevenção contra a penetração de uma doença.

Controle – Parte da profilaxia que trata da redução do número de casos de uma doença.

Erradicação – Parte da profilaxia que consiste na eliminação completa e total do agente específico.

SISTEMÁTICA

O número de seres vivos na natureza é muito grande e os seus caracteres e os fenômenos que neles se observam são tão complexos e numerosos que, para facilitar seu estudo, foi necessário agrupá-los em categorias segundo sua morfologia, fisiologia e filogenia, vindo constituir a *sistemática.*

O termo *Sistemática* origina de *sistema* e foi empregado pela primeira vez por Lineu (1707-1778) em sua obra *Systema Naturae.* O botânico Candolle, 1813, usa o termo *Taxionomia* (gr. *taxis*, ordem; *nomos*, lei).

Os objetivos da Sistemática são: identificar, denominar e classificar os seres VIVOS.

Identificar é comparar o ser vivo que se observa com aquele que se conhece, através das suas semelhanças e diferenças. É relacionar o ser vivo com aqueles já registrados em publicações científicas.

Denominar é dar nomes adequados aos seres vivos e constitui a Taxionomia.

Classificar é reunir os seres vivos em grupos, baseando-se nos caracteres de semelhança, descendência ou ambos. A ordenação é em seqüência hierarquicamente seriada e os grupos são constituídos por seres vivos estrutural e biologicamente semelhantes. Existem dois tipos de classificação: a *natural* e a *artificial.* A classificação natural toma em consideração a morfologia externa, a anatomia, a fisiologia, a ontogenia, a filogenia e a ecologia. A classificação artificial considera apenas a morfologia externa.

CONCEITO DAS CATEGORIAS ZOOLÓGICAS

Caráter biológico. Todo o ser vivo apresenta uma série de *detalhes morfológicos* e *fisiológicos* que o *caracteriza*. Cada um desses detalhes é um *caráter biológico*.

Espécie biológica. Muitos, entre os seres vivos, apresentam coincidência na maioria dos caracteres, tornando-os tão *semelhantes* entre si que se torna difícil individualizá-los.

A causa dessa semelhança é que *descendem* de indivíduos que possuem a mesma semelhança com eles e entre si. Esta categoria é a *espécie biológica* ou simplesmente *espécie*.

Espécie é a unidade biológica básica para classificação. É o conjunto de indivíduos que são semelhantes tanto entre si como com os seus ascendentes e, descendentes, são férteis entre si e com prole fértil.

Em princípio, o cruzamento entre indivíduos de espécies diferentes é negativo. Entretanto há casos em que o resultado é positivo e o indivíduo resultante é denominado *híbrido*.

Os híbridos, na maioria das vezes, são estéreis. Entre cruzamentos interespecíficos com híbridos indefinidamente férteis, pode-se citar os procedentes do cruzamento de caprinos, o doméstico (*Capra hircus*) com o do Himalaia (*C. ibex*) e os dos canídeos, o cão doméstico (*Canis familiaris*) com o cachorro do mato (*C. brasiliensis*) ou com a raposa (*C. vulpes*) e/ou com o chacal (*C. thou*) e vice-versa, respectivamente.

Como exemplo de cruzamento interespecífico com híbridos parcialmente estéreis, o caso do cruzamento do eqüino (*Equus caballus*) com asinino (*E. asinus*), originando machos estéreis (burro) e fêmeas parcial ou totalmente férteis (mula).

Subespécie ou *raça* é o grupo de indivíduos que apresenta, dentro da espécie, alguma característica particular, que se transmite por herança às gerações seguintes.

Variedade é o grupo de indivíduos que apresenta, dentro da espécie, alguma característica particular não estável. As características diferenciais, que aparecem geralmente por influência de fatores do meio ambiente (clima, alimentação etc.), podem desaparecer ao modificar-se o meio ou se manifestar nos descendentes.

Gênero é o grupo formado por várias espécies que possuem caracteres comuns. Um gênero pode ter uma, poucas ou numerosas espécies.

Como a seqüência é o agrupamento de caracteres afins, surge então a família, ordem, classe, filo e reino, que são as principais categorias usadas na classificação.

A disposição dos animais nestas categorias sistemáticas é mais ou menos arbitrária, mas tem valor na indicação de parentescos.

Freqüentemente podem ser usadas categorias intermediárias. As categorias para classificação, dispostas em ordem sistemática, são as seguintes:

REINO

Sub-reino

PHYLUM

Subphylum

CLASSE

Subclasse

ORDEM

Subordem

Superfamília

FAMÍLIA

Subfamília

TRIBO

GÊNERO

Subgênero

ESPÉCIE

Subespécie

REGRAS INTERNACIONAIS DE NOMENCLATURA ZOOLÓGICA

Nomes vulgares. Cada país tem seus próprios nomes comuns para os animais. Por exemplo, o carneiro é denominado *Schafbock*, na Alemanha; *sheep*, na Inglaterra e Estados Unidos; *montone*, na Itália; *baran*, na Polônia; *mouton*, na França e *carnero*, na Espanha.

Num mesmo país, uma determinada espécie pode ser designada por diferentes nomes regionais. Além disso, também o macho, a fêmea e os indivíduos jovens às vezes recebem nomes especiais.

Nomes científicos. Para serem evitadas confusões na designação dos animais, foram adotados nomes científicos que seguem a determinadas regras, propostas pelo Prof. Raphael Blanchard (médico e naturalista francês, 1857-1919). Estas regras foram promulgadas no I Congresso Internacional de Zoologia, realizado em Paris no ano de 1889. O livro que serviu de base foi a décima edição do *Systema Naturae*, 1758, de Carl Lineu (médico e naturalista sueco, 1707-1778).

Regras de nomenclatura:

Espécie. O nome da espécie é latino ou latinizado, binominal, grifado e escrito com letra minúscula. Ex.: *Ancylostoma caninum*. O nome da espécie é formado por duas palavras, a primeira representa o gênero e a segunda a espécie.

Subespécie. O nome da subespécie é latino ou latinizado, trinominal, grifado, escrito com letra minúscula e seguindo imediatamente o nome da espécie. Ex.: *Felis catus domesticus*.

Gênero. O nome do gênero é uninominal. É um substantivo latinizado no nominativo singular, escrito com letra maiúscula e grifado. Ex.: *Echinococcus*.

Subgênero. O nome do subgênero é também um substantivo latinizado, escrito com letra maiúscula e grifado. Quando um gênero possui subgênero, este deve ser colocado entre parênteses e entre o nome do gênero e o da espécie. Ex.: *Strongylus (Delafondia) vulgaris*.

Os nomes de algumas das categorias sistemáticas mais altas têm terminações padronizadas e são formulados acrescentando-se a terminação adequada ao radical do nome do gênero tipo, como por exemplo:

- gênero tipo: *Strongylus*. Superfamília sufixo *oidea*, Strongyloidea.

- gênero tipo: *Metastrongylus*. Família, sufixo *idae*, Metastrongylidae (proparoxítona).

- gênero tipo: *Metastrongylus*. Subfamília, sufixo *inae*, Metastrongylinae (paroxítona).

- gênero tipo: *Anopheles*. Tribo, sufixo *ini*, Anophelini.

Quando uma espécie é dedicada em homenagem a uma pessoa do sexo masculino, o nome desta espécie é formado acrescentando-se *i* e se for do sexo feminino, *ae* ao nome da pessoa. Ex.: *cruzi, joanae*.

Uma espécie mencionada, mas não denominada, é designada por "sp." Por exemplo: *Toxocara sp*. refere-se a uma espécie de *Toxocara*; mais de uma espécie "spp.". Ex.: *Toxocara spp*. refere-se a mais de uma espécie de *Toxocara*.

É considerado autor de um nome científico a pessoa que publicar em primeiro lugar aquele nome numa revista científica, seguido de uma diagnose.

O nome do autor deve ser escrito logo após o nome científico e sem interposição de qualquer sinal de pontuação.

O ano da descrição segue o nome do autor e é separado dele por vírgula. Ex.: *Trypanosoma cruzi* Chagas, 1909. *Fasciola hepatica* Lineu, 1758.

Quando uma espécie for redescrita por outro autor devido a uma incorreção, o nome do autor que a descreveu é colocado entre parênteses e logo a seguir, sem a interposição de qualquer sinal de pontuação, é escrito o nome do autor responsável pela nova combinação. Ex.: *Dipetalonema gracile* (Rudolphi, 1809) Diesing, 1861.

Lei da prioridade. Para cada gênero e espécie é sempre adotado o nome mais antigo pelo qual foram designados, sempre que este nome tenha sido publicado numa revista científica e acompanhado de uma descrição que permita reconhecer o animal.

Uma vez publicado o nome científico (gênero ou espécie), não poderá ser rejeitado, nem mesmo pelo autor, por impropriedade ou repetição. (Quando o nome da espécie e, eventualmente, o nome da subespécie são semelhantes ao nome do gênero).

Um nome genérico é rejeitado como *homônimo*, quando já foi utilizado para outro gênero.

Um nome específico é rejeitado como *homônimo* quando já foi utilizado para designar outra espécie do mesmo gênero.

Os diversos nomes empregados para um mesmo gênero ou uma mesma espécie são os sinônimos desse gênero ou espécie.

De acordo com as regras estabelecidas em Congresso de Nomenclatura Zoológica, as descrições de espécies e subespécies devem vir acompanhadas das seguintes indicações:

- local e data do material típico;

- material típico consta do número de exemplares, sexo desses exemplares e o nome do colecionador;

- indicação da coleção onde se encontra o material típico depositado e a respectiva numeração.

Tipo. É o exemplar único sobre o qual o autor baseia sua descrição, também chamado de *Holótipo*.

Parátipos. São os outros exemplares além do tipo.

Alótipo. É qualquer exemplar do sexo oposto ao do holótipo.

Neótipo. É o novo exemplar selecionado quando o holótipo for extraviado.

SISTEMÁTICA – REINO ANIMAL E REINO PROTISTA

REINO	SUB-REINO	FILO	SUBFILO	CLASSE
ANIMAL	METAZOA	CHORDATA	VERTEBRATA	Mammalia Aves Reptilia Amphibia Pisces Cyclostomata
			PROTOCHORDATA	Cephalochordata Urochordata Hemichordata
		ECHINODERMATA		Ophiuroidea Asteroidea Echinoidea Holothuroidea Crinoidea
		MOLLUSCA		Amphineura Cephallopoda Lamellibranchia Scaphopoda Gastropoda
		ARTHROPODA		Arachnida Insecta Chilopoda Diplopoda Crustacea Pentastomida ou Linguatulida
		ANNELIDA		Hirudinea Oligochaeta Polychaeta
		NEMATHELMINTHES		Nematoda Gordiacea
		ACANTHOCEPHALA		
		PLATYHELMINTHES		Turbelaria Trematoda Cestoda
		CNIDARIA		Anthoza Scyphozoa Hydrozoa
		PORIFERA		Demospongia Hexactinellida Calcarea
PROTISTA	PROTOZOA	CILIOPHORA		Ciliata Acineta (Suctoria)
		APICOMLEXA		Sporozoasida Piroplasmasida
		SARCOMASTIGHOPORA		Sarcodina Mastighopora

Os animais que interessam à Parasitologia estão incluídos nos filos *Mollusca*, *Arthropoda*, *Nemathelminthes*, *Acanthocephala*, *Platyhelminthes*, *Ciliophora*, *Apicomplexa* e *Sarcomastigophora*.

CAPÍTULO 2

PROTOZOOLOGIA

A Protozoologia é o capítulo da Zoologia que se preocupa com o estudo dos protozoários.

Deve-se a Ernesto Henrique Haeckel (1866), célebre biólogo alemão, a concepção do reino *Protista* (gr. *protistos,* o primeiro de todos), constituído por organismos unicelulares, tanto vegetais quanto animais, isto é, com metabolismo auto ou heterotrófico.

Os Protistas são seres inferiores, de estrutura primitiva, unicelulares ou formando colônias de células semelhantes – homomorfas.

Os protistologistas, tomando em consideração a estrutura do protozoário (membrana, presença ou não de clorofila e tipo de nutrição), separam os Protistas em *Protófitos,* os de natureza vegetal e em *Protozoários,* os de natureza animal.

Muitas vezes é muito difícil fazer a distinção entre Protófitos e Protozoários. Por exemplo, muitos mastigóforos (flagelados) são autotróficos, possuem clorofila e membrana celulósica, são classificados como fitomastigóforos (fitoflagelados); outros são heterotróficos, desprovidos de clorofila e membrana celulósica, são classificados como zoomastigóforos (zooflagelados), e existem, ainda, outros que providos de clorofila são simultaneamente auto e heterotróficos.

Nas classificações clássicas os Protozoários constituem um sub-reino do reino animal.

APRESENTAÇÃO

Protozoa, palavra derivada do grego e que significa *protos,* primeiro e *zoon,* animal.

CONCEITOS BÁSICOS

- Número – milhares.
- Habitat – meio úmido.
- Dimensão – a grande maioria microscópica.
- Simetria – simétrica ou assimétrica.

- Forma – variável.
- Estrutura – unicelular.
- Organelas – dinâmicas e estáticas.
- Nutrição – autotrófica (holofítica), heterotrófica (holozóica) e mixotrófica.
- Respiração – aeróbia e anaeróbia.
- Ingestão – membrana e citóstoma.
- Excreção – exosmose e vacúolos e excretores.
- Egestão – citopígio ou citoprocto e membrana.
- Secreção – extracelular e intracelular.
- Regeneração – somente em presença de material nuclear.
- Forma de resistência – encistamento.
- Formas de vida – livre, simbiótica e parasitária.
- Reprodução – assexual e sexual.

CONCEITOS ESPECÍFICOS

Número – Aproximadamente 65.000 espécies de protozoários foram descritas das quais 10.000 são de vida parasitária.

Habitat – Cada espécie de protozoário vive num determinado meio úmido próprio, como oceanos, águas doces ou salobras; no solo ou em substâncias orgânicas em decomposição. Outros vivem sobre ou dentro de vegetais e de todos os tipos de animais, desde protozoários até o homem.

Dimensão – A unidade de medida usada em protozoologia é o micrômetro. Um micrômetro (μ) é igual a 0,001 mm. A grande maioria dos protozoários é microscópica, variando desde 0,5 μ (Ex.: trofozoítos de *Plasmodium falciparum)* até 250 μ de comprimento; porém, às vezes possuem dimensões macroscópicas como, por exemplo, *Spirostomum* sp., 3mm, *Porospora gigantea,* 16mm.

As formas coloniais, como *Carchesium, Ophrydium,* são geralmente maiores que as formas solitárias.

Simetria – Geralmente os protozoários são assimétricos; alguns possuem uma simetria definida: bilateral, radial ou esférica.

Forma – A forma dos protozoários é muito variável, dependendo da rigidez do envoltório do seu corpo. Existem protozoários que possuem uma forma constante (oval, esférica, alongada, elipsóide); há, ainda, os que mudam de forma de acordo com seu estádio ou o meio ambiente em que vivem.

Estrutura – A estrutura dos protozoários se refere, como em qualquer célula, à membrana, ao citoplasma e às suas porções diferenciadas – as organelas e o núcleo.

Membrana – Envolvendo o citoplasma de todos os protozoários existe uma membrana delgada – a *membrana plasmática* ou *citoplásmica*. A microscopia eletrônica demonstra que esta membrana é formada por duas camadas mais escuras e uma central transparente, constituída de lipídios e protídios. Esta estrutura trilaminada conhecida como "membrana unidade" é típica de todas as membranas citoplasmáticas e é encontrada desde os protozoários até os metazoários superiores.

A membrana citoplásmica pode ser tênue como nos amebozoários ou elástica e flexível como nos mastigóforos.

Citoplasma – O citoplasma dos protozoários é constituído de uma substância de consistência semifluida, coloidal, como em todas as células, e que pode ser diferenciada em *ectoplasma*, parte externa, densa, mais ou menos hialina e pouco granulosa, e em *endoplasma*, parte interna, fluida e mais granulosa.

A microscopia eletrônica demonstra que não há diferenças acentuadas entre ecto e endoplasma, com exceção da presença de vacúolos no endoplasma.

Na substância citoplásmica observam-se:

• *Centríolo* ou *centrossomo* – O *centríolo*, intensamente corável, quando visível aparece como um corpúsculo disposto ao lado, sobre e até no interior do núcleo. Sua função é específica e comanda a divisão celular.

• *Complexo de Golgi* – Admite-se que intervém em certas secreções.

• *Mitocôndrias* – Conjunto de partículas de enzimas respiratórias que oxidam as substâncias orgânicas. As mitocôndrias são encontradas também nas células dos metazoários e das plantas. Os protozoários anaeróbios não possuem mitocôndrias. Portanto, a presença ou ausência de mitocôndrias está intimamente ligada à aerobiose ou à anaerobiose.

• *Ribossomos* – Pequeninas partículas de ribonucleoproteína dispersas ou agrupadas em roseta. Os ribossomos intervêm na síntese das proteínas.

• *Retículo endoplasmático* – É o sistema vacuolar que estabelece comunicação por todo o citoplasma, desde a membrana até o núcleo.

• *Vacúolos* – Os protozoários apresentam vacúolos que são diferenciados fisiologicamente em vacúolos contráteis e vacúolos alimentares. Os vacúolos contráteis são de posição variável e são encontrados em protozoários de vida livre. Os vacúolos alimentares são responsáveis pela digestão das partículas nutritivas.

• *Lisossomos* – O lisossomo, revelado pela microscopia eletrônica, tem o mesmo tamanho da mitocôndria e é responsável pelo englobamento das enzimas digestivas que decompõem moléculas grandes, como por exemplo as dos protídeos, lipídios e ácidos nucléicos, em formações menores que podem ser oxidadas pelas enzimas oxidantes das mitocôndrias. Segundo Christian de Duve, da Universidade Católica de Louvain, o lisossomo é um mecanismo de defesa. A membrana do lisossomo mantém separadas as enzimas digestivas do citoplasma. Uma vez rompida sua membrana, e as enzimas agora livres, ocasionam a rápida extinção (lise) da célula.

Núcleo – Os protozoários são chamados de *eucarióticos,* porque seu núcleo está encerrado numa membrana que os distingue das bactérias, *procarióticos* cuja substância nuclear está difusa no citoplasma. Os elementos morfológicos do núcleo dos protozoários são: membrana nuclear, nucleoplasma ou suco nuclear, nucléolo e cromatina.

A microscopia eletrônica revela que o núcleo de todos os protozoários está envolvido por uma membrana constituída por dois folhetos separados por um espaço claro. A membrana nuclear apresenta poros, cujo número é específico. Estudos realizados por Maggio e cols., 1963, provam que estes poros estão obstruídos e portanto não há ligação entre o núcleo e o citoplasma. Entretanto, segundo Rey, 1973, a membrana nuclear apresenta poros cujo número é específico e como exemplo cita *Trichonympha* que possui 80 poros, de 45 µ de diâmetro, por micrômetro quadrado.

O folheto externo se continua em canalículos que vão ter ao retículo endoplasmático.

Internamente encontra-se o nucleoplasma ou suco nuclear, substância finamente granulosa, fluida, de aspecto homogêneo e que contém diferentes corpúsculos. O suco nuclear é constituído por água com proteína e ácido nucléico. Os corpúsculos são um ou mais *plasmossomos* ou *nucléolos* e os *cariossomos. Os nucléolos* são chamados de *plasmossomos* porque se coram como o citoplasma, contém RNA e são responsáveis pela síntese de proteínas e estão ligados à constituição dos ribossomos. Os *plasmossomos* ou *nucléolos* desaparecem por ocasião da divisão celular. Os *cariossomos* coram-se pelos corantes de cromatina e não desaparecem por ocasião da divisão celular.

A cromatina distribui-se de maneira difusa no núcleo quando a célula está em "estado de repouso", isto é, no processo de crescimento entre duas divisões. Na fase que precede a divisão, a cromatina se enrola para constituir os cromossomos, que são sempre em número fixo para cada espécie e serão igualmente distribuídos a cada célula-filha. Os *plasmossomos* ou *nucléolos* e os *cariossomos* estão imersos no nucleoplasma.

A classificação dos núcleos em *vesiculoso* e *compacto* está na dependência da quantidade de cromatina existente em relação ao nucleoplasma.

No *vesiculoso,* geralmente esférico, há um corpo mais ou menos central, o *endossomo,* desprovido de cromatina que está situado na periferia do núcleo. Este tipo de núcleo é encontrado nos Sarcodina e Mastigophora.

No *compacto,* de várias formas, não há endossomo, mas sendo rico em cromatina e pobre em nucleoplasma, faz com que a cromatina se distribua por todo o núcleo, dando um aspecto maciço. Este tipo de núcleo é observado nos Sporozoasida e macronúcleo dos Ciliophora.

Há, ainda, o núcleo *difuso* no qual a cromatina não está encerrada pela membrana nuclear, mas espalhada pelo citoplasma, como no Ciliophora *Dileptus anser.*

Quanto ao número de núcleos, os protozoários podem ser *mononucleados,* a grande maioria; *binucleados* com dois núcleos, idênticos como na *Giardia,* ou de tamanhos diferentes como no *Paramaecium.* Se forem de tamanhos diferentes, há o micronúcleo e, como o termo diz, é pequeno, diplóide e divide-se por meiose seguida de cissiparidade e é responsável pelo controle da reprodução do protozoário. O *macronúcleo é* grande, divide-se mitoticamente e intervém nas funções vegetativas do protozoário. Há os protozoários multinucleados, com numerosos núcleos semelhantes, como a *Opalina ranarum.*

Organelas – As organelas são estruturas dos protozoários que se diferenciam para realizar determinadas funções. Podem ser esquematizadas conforme chave abaixo:

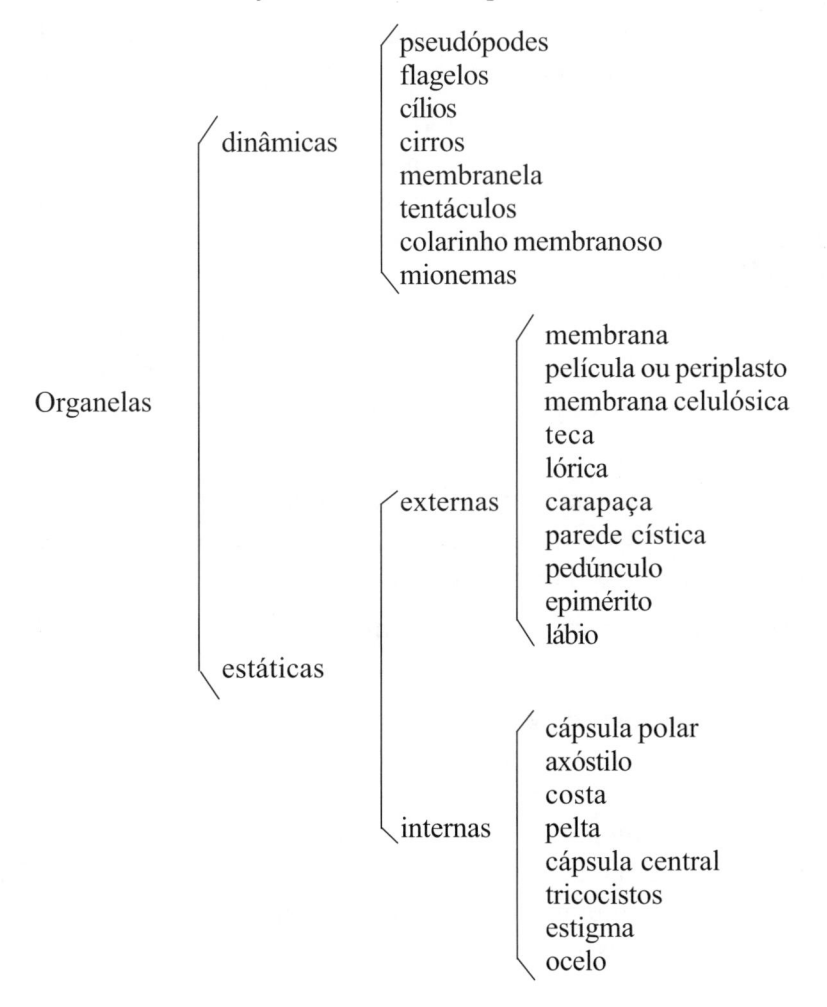

Organelas

dinâmicas
- pseudópodes
- flagelos
- cílios
- cirros
- membranela
- tentáculos
- colarinho membranoso
- mionemas

estáticas
- externas
  - membrana
  - película ou periplasto
  - membrana celulósica
  - teca
  - lórica
  - carapaça
  - parede cística
  - pedúnculo
  - epimérito
  - lábio
- internas
  - cápsula polar
  - axóstilo
  - costa
  - pelta
  - cápsula central
  - tricocistos
  - estigma
  - ocelo

Organelas dinâmicas – As organelas dinâmicas são de função motora (locomoção) e que ao mesmo tempo permitem a captura e apreensão dos alimentos. Também são receptoras sensitivas.

Pseudópodes – Os pseudópodes são expansões citoplasmáticas externas e transitórias que se formam em qualquer parte da superfície do corpo dos protozoários, geralmente daqueles que não possuem membrana. Podemos distinguir quatro tipos de pseudópodes: lobópodes, filópodes, mixópodes (rizópodes, reticulópodes) e axópodes.

Os lobópodes são pseudópodes representados por prolongamentos relativamente grossos, constituídos de ectoplasma e endoplasma, tipicamente arredondados na extremidade e algumas vezes ramificados. Os lobópodes são encontrados nas amebas e flagelados. São curtos e largos.

Os filópodes são expansões mais ou menos filamentosas, formadas exclusivamente de ectoplasma, podendo ser ramificados, mas as ramificações não se anastomosam. Característicos dos Radiolários. São finos e longos.

Os mixópodes são filamentosos, ramificados e se anastomosam, dando um aspecto reticulado. Típicos dos Foraminíferos. São finos, longos e anastomosados.

Os axópodes são projeções semipermanentes. Apresentam uma formação axial, em torno da qual existe uma delgada camada de citoplasma. São finos, longos e reforçados internamente por um eixo, o qual é composto de muitos filamentos que penetram profundamente no endoplasma e terminam perto do núcleo do protozoário. Característicos dos Heliozoários e Radiolários.

Entre os quatro tipos de pseudópodes não há diferenciação, pois existem pseudópodes transacionais entre dois de qualquer deles. Por exemplo, há pseudópodes que se assemelham mais a lobópodes que a filópodes, embora constituídos somente de ectoplasma.

Deve-se ter cuidado ao usar os tipos de pseudópodes como característica em considerações taxionômicas, já que eles podem mostrar uma forma e aparência diferentes daquela específica para cada classe a que pertencem.

Flagelo – O flagelo é uma extensão filamentosa permanente do citoplasma, muito fina e vibrátil.

Num flagelo distinguem-se duas partes: um filamento axial elástico, o *axonema,* e a *bainha citoplasmática* contrátil, que envolve o axonema. O axonema observado ao microscópio eletrônico demonstra que é constituído por nove fibrilas duplas periféricas e duas centrais simples. As fibrilas centrais terminam na periferia da célula, e as fibrilas periféricas atingem o ectoplasma, formando aí uma pequena dilatação denominada *cinetossomo* (blefaroplasto, grânulo basal). Em determinadas espécies, posterior ao cinetossomo, existe uma estrutura arredondada ou em forma de bastonete, com afinidades mitocondriais e com ADN, denominada *cinetoplasto.* Sua parede é formada por duas membranas e com saliências lamelares internas. A forma do cinetoplasto pode ser globosa (nos tripomastigotas) e de disco, apresentando côncava a face voltada para o flagelo e convexa a face oposta (nos amastigotas, promastigotas e epimastigotas).

Há espécies que apresentam *corpo parabasal,* situado próximo ao núcleo, mas de função discutida. Alguns autores atribuem-lhe o significado de contribuir, junto com o cinetoplasto, para o movimento do flagelado.

O número de flagelos varia de um a oito; entretanto, podem existir em grande número em determinadas espécies.

A divisão do flagelo é por divisão binária no sentido longitudinal. Inicia-se com a divisão do cinetossomo que se alonga, sofre uma constrição e se separa em duas metades: uma delas conserva o flagelo e a outra gera um novo flagelo.

A porção que apresenta a extremidade livre do flagelo é considerada *região anterior* do protozoário e é para esta que ele se desloca (Figura 2.1).

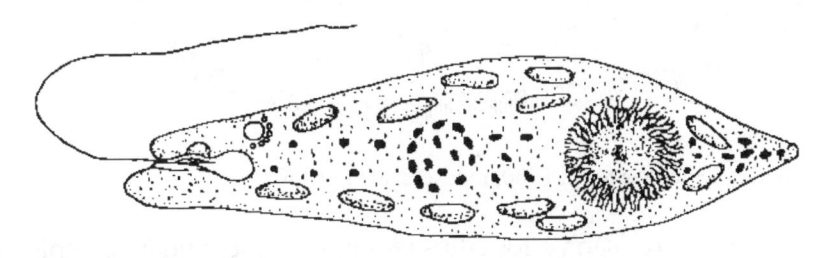

Figura 2.1 Flagelado. Segundo Storer, 1960, redesenhado por Jefferson.

O flagelo está mais freqüentemente inserido na extremidade anterior do corpo do protozoário, mas pode ocupar uma posição posterior ou lateral quando o organismo possui mais flagelos.

O movimento do flagelo é semelhante ao de um chicote e determina movimentos ondulatórios ou serpeantes e dirige o protozoário para frente.

Flagelo com membrana ondulante – Alguns protozoários, tais como os do gênero *Trypanosoma* e *Tritrichomonas,* possuem um cinetossomo muito grande, colocado antes ou depois do núcleo. O axonema do flagelo, que nasce no cinetossomo, corre ao longo do corpo do protozoário e levanta uma orla do periplasto, formando uma *membrana,* até onde o flagelo fica livre. O movimento do flagelo determina ondulações na membrana, daí a designação de *membrana ondulante* (Figura 2.2).

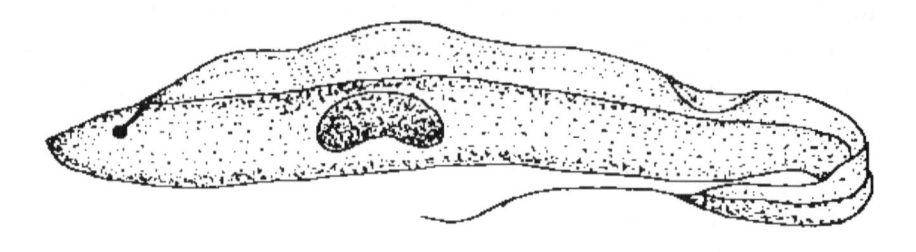

Figura 2.2 Mastigóforo com membrana ondulante. Segundo Storer, 1960, redesenhado por Jefferson.

Cílios – Os cílios são estruturalmente semelhantes aos flagelos, porém mais curtos e sempre em maior número. A localização dos cílios varia de acordo com as espécies e podem revestir toda a superfície do corpo ou estarem concentrados em determinadas regiões (Figura 2.3).

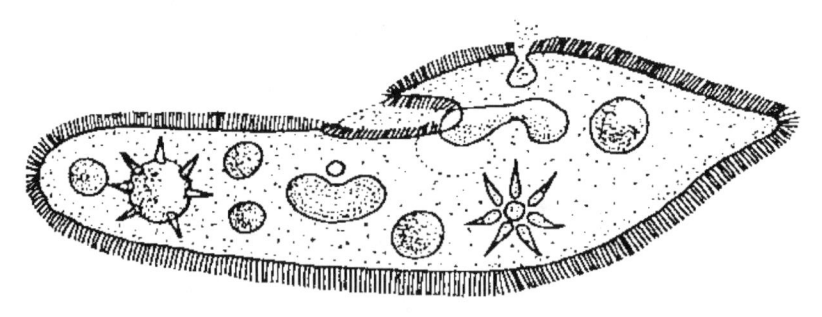

Figura 2.3 Ciliado. Segundo Storer, 1960, redesenhado por Jefferson.

Cirros – Os cirros são vários cílios reunidos que se fundem completamente em uma só estrutura.

Membranela – A membranela é constituída de cílios dispostos em fileira dupla que se fundem completamente em uma placa.

Tentáculos – Os tentáculos são prolongamentos tubulares do citoplasma terminando em disco. São organelas responsáveis pela captura do alimento e de função preênsil ou sugadora. Os tentáculos são encontrados nos Suctórios.

Colarinho membranoso – O colarinho membranoso é uma organela com função de captura de alimentos. Em alguns flagelados há um colarinho membranoso envolvendo a base do flagelo.

Mionemas – Os mionemas são fibrilas altamente contráteis, dispostos no citoplasma entre o ecto e o endoplasma, que se dirigem longitudinal e transversalmente e, muito provável, em espiral. São responsáveis pelas propriedades de flexão e extensão do protozoário.

Organelas estáticas – As organelas estáticas exercem as funções de sustentar o citoplasma, manter-lhe a forma, proteger e fixar o protozoário.

Organelas estáticas externas

Membrana – É a condensação do citoplasma na periferia do protozoário. Pode ser tênue (amebas) ou elástica e expansível (flagelados).

Película ou *Periplasto* – O periplasto é encontrado na maioria dos protozoários. É um envoltório mais espesso que lhes assegura, em condições normais, uma forma constante do corpo, como nos flagelados e ciliados.

Membrana celulósica (casca) – A membrana celulósica existe em vários flagelados semelhantes a plantas (fitomastigíneos).

Teca – A teca pode ser de pseudoquitina (tectina). Muitos foraminíferos têm a propriedade de combinar a secreção quitinosa com carbonato de cálcio e produzir tecas complicadas com um ou muitos poros.

Lórica – A lórica é um estojo de substância orgânica (quitina) segregada pelo próprio protozoário. Ex.: coanoflagelados.

Carapaça – A carapaça é mais resistente do que a lórica e é formada de pseudoquitina ou quitina, juntando-se ainda partículas estranhas ou impregnando-se de carbonato de cálcio. Torna-se, então, muito resistente, apresentando lojas, com paredes perfuradas por numerosos orifícios. Existe em muitos protozoários aquáticos. Ex.: *Globigerina bulloides.*

Parede cística – A parede cística é constituída quando o protozoário está em condições que são adversas ao seu desenvolvimento. O protozoário, ao segregar a parede cística, sofre redução de tamanho, pois se liberta de todos os resíduos alimentares e de qualquer produto de secreção, acumula material de reserva, como o glicogênio, originando o cisto. A parede cística é, em geral, dupla. Externamente pode ser lisa ou rugosa. A forma pode ser esférica, oval ou piriforme. Os cistos são formas de resistência do protozoário.

Pedúnculo – O pedúnculo é um alongamento da célula contendo um feixe de mionemas envolvido por uma bainha de citoplasma, apresentando-se às vezes ramificado, como nas colônias. O pedúnculo é uma organela de fixação. Ex.: *Vorticella.*

Epimérito – O epimérito é uma coroa de ganchos situada na parte anterior do corpo do protozoário. O epimérito é uma organela de fixação. Ex.: *Gregarina* (Figura 2.4).

Lábio ou Rebordo citostômico – O lábio é uma condensação do citoplasma em torno do citóstoma, no interior do qual se movimenta um curto flagelo, flagelo citostômico. É uma organela de sustentação. Ex.: Gênero *Chilomastix.*

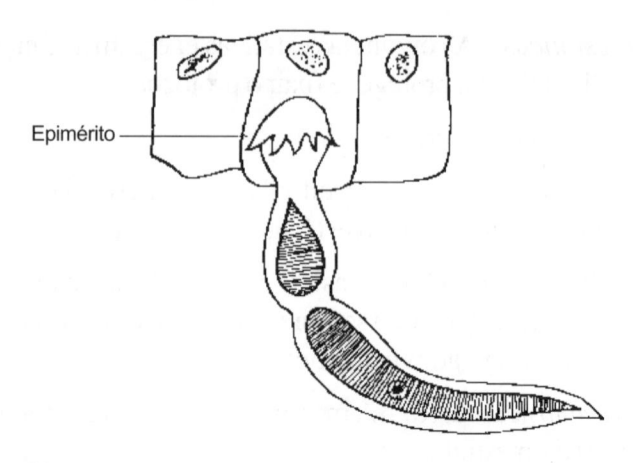

Figura 2.4 *Gregarina blattarum.*

Organelas estáticas internas

Cápsula polar – A cápsula polar é uma vesícula no interior do protozoário dentro da qual existe um filamento enrolado em espiral e capaz de sofrer extrusão (ser lançado para fora). É organela de fixação. Ex.: *Myxobolus ciprini, Nosema apis.*

Axóstilo – O axóstilo é um eixo rígido, hialino, que se inicia no cinetossoma, atravessa longitudinalmente o corpo do protozoário e termina livremente em ponta, na extremidade posterior. É uma organela de sustentação. Ex.: *Trichomonas, Giardia* (Figura 2.5).

Costa – Costa é uma estrutura delgada, provavelmente de natureza esquelética, contida no citoplasma, sustentando a membrana ondulante. Ex.: *Trichomonas* (Figura 2.5).

Pelta – A pelta é uma estrutura rígida, lembrando um escudo, situada na extremidade anterior dos *Trichomonas*. Os flagelos anteriores e um flagelo interno, diferenciado, que serve de sustentação, o axóstilo, emergem do protozoário em conexão com a pelta. Esta estrutura pode ser evidenciada através de impregnação argêntica pelo processo de Bodian (Figura 2.5).

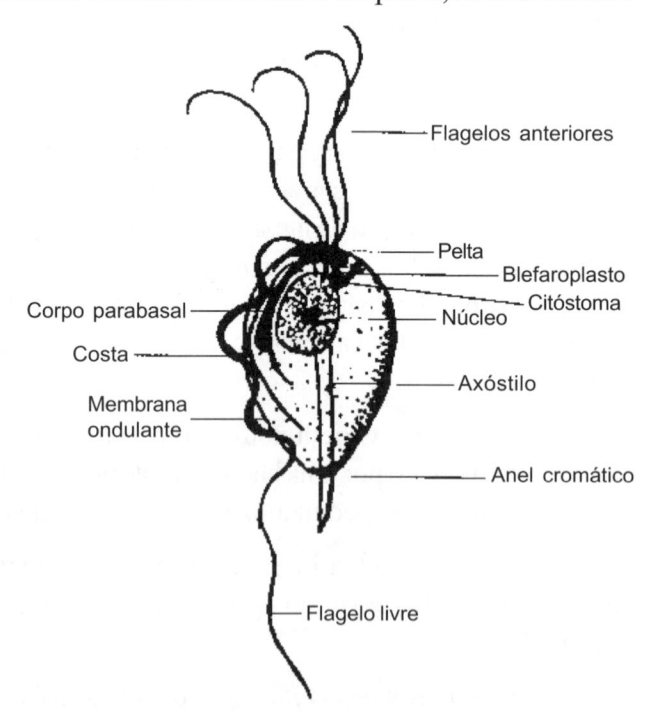

Figura 2.5 *Trichomonas.* Estruturas segundo Levine, 1961, redesenhado por Ivan.

56

Corpo parabasal – O corpo parabasal é constituído por uma série de filamentos.

Cápsula central – A cápsula central é esférica e porosa, encontrada no interior do citoplasma. Divide internamente o corpo desses animais em duas partes: extracapsular e intracapsular. Os raios que partem da cápsula central porosa podem ser chamados de espículos. A cápsula é constituída de sílica ou de sulfato de estrôncio. É uma organela de sustentação. Ex.: *Acanthometra* (Radiolários).

Tricocistos – Os tricocistos são estruturas de sustentação situadas no ectoplasma. Sob a ação de certos estímulos, os tricocistos expandem-se e formam filamentos compridos, os quais se estendem para o exterior. A forma varia nos diferentes ciliados podendo ser piriforme, fusiforme ou cilíndrica. Sua função é pouco conhecida, entretanto considera-se que os tricocistos são organelas de defesa, de ataque ou de adesão a objetos. Ex.: *Paramaecium*.

Estigma – O estigma tem a forma de um ponto, é o "olho" do protozoário. É uma organela para a percepção da intensidade da luz. Geralmente o estigma posiciona-se na parte anterior do corpo do protozoário. A cor parece ser devido a presença de pigmento carotenóide, astaxantina. Sua natureza exata é desconhecida.

Ocelo – O ocelo, maior que o estigma, é composto de lentes amilóides e pigmento escuro, que algumas vezes troca de forma. Ocorre em certos dinoflagelados.

Biologia

Nutrição – Os protozoários que vivem em líquidos ou fluidos orgânicos nutrem-se por *osmose,* isto é, absorvem as substâncias orgânicas do meio no qual se encontram através da membrana e se realiza por *fagocitose* (ingestão de partículas alimentares) e por *pinocitose* (englobamento de gotículas). Pode ser:

Holozóica (Heterotrófica) – Os protozoários nutrem-se de matéria orgânica já elaborada. Esta nutrição envolve a captura do alimento, ingestão, digestão, assimilação e eliminação das porções não digeríveis.

A maneira de capturar e ingerir os alimentos é variável de acordo com a organização do protozoário, podendo ser através de pseudópodes, de flagelos ou de cílios. Estas duas últimas organelas, por seus movimentos, fazem com que as partículas nutritivas cheguem até o orifício oral. Nas amebas, as partículas nutritivas englobadas pelos pseudópodes podem penetrar no protozoário através de qualquer região – orifício oral temporário – e daí ao citoplasma. Nos flagelados e ciliados que possuem um orifício oral permanente ou *citóstoma* para entrada de alimentos, estes podem ir direto ao citoplasma ou seguir por um canal – *citofaringe,* presente em certos ciliados, e daí ao citoplasma, formando o *vacúolo alimentar* onde vai se processar a digestão. Em determinados ciliados há uma área circundando o citóstoma denominada *peristoma*.

Holofítica (Autotrófica) – Neste tipo de nutrição os protozoários sintetizam hidratos de carbono simples a partir do bióxido de carbono, água e mediante a clorofila contida nos cromatóforos (que não diferem daqueles dos vegetais) e na presença da luz do sol realizam a fotossíntese, utilizando substâncias inorgânicas como matéria-prima. São osmotróficos (osmose de líquidos). Ex.: Fitoflagelados.

Saprozóica (Heterotrófica) – Neste tipo de nutrição é utilizada a matéria orgânica de origem animal, em decomposição.

Saprofítica (Heterotrófica) – Neste tipo de nutrição é utilizada a matéria orgânica, de origem vegetal, em decomposição.

Mixotrófica – Alguns protozoários são capazes de utilizar ao mesmo tempo, ou em ocasiões diferentes, mais de um tipo de nutrição. Ex.: *Ochromonas* spp.

Respiração – A respiração dos protozoários pode ser:

Aeróbia – É a absorção do oxigênio livre através da superfície do corpo por meio de difusão. Ex.: protozoários do sangue.

Anaeróbia – É a absorção do oxigênio liberado de processos metabólicos. Ex.: protozoários intestinais.

Excreção – Os produtos solúveis resultantes do metabolismo do protozoário são excretados, através do ectoplasma, no meio externo – exosmose ou através dos vacúolos contráteis ou vacúolos alimentares.

Egestão – A porção do alimento não digerida no vacúolo nutritivo é eliminada do corpo do protozoário através de um orifício temporário ou através de um permanente – *citopígio*.

Secreção – Os protozoários produzem secreções extracelulares como lórica, carapaça, e secreções intracelulares (sob forma líquida) como substâncias de ação tóxica ou verdadeiras toxinas, capazes de provocar no hospedeiro reações celulares e humorais.

Regeneração – A capacidade de regenerar as partes perdidas é variável nas diferentes espécies de protozoários, entretanto é necessário sempre a presença de material nuclear.

Forma de resistência – Quando as condições se tornam adversas, o protozoário se desidrata e constitui o *cisto*, produto de secreção periférica do corpo, que se enrijece em contato com o ar. Os cistos constituem as formas de resistência e de disseminação.

Formas de vida – Certos protozoários são de vida livre, como a *Euglena viridis, Paramaecium caudatum, P. aurelia* etc. Outros são de vida simbiótica, como os ciliados da família Ophryoscolecidae do rúmen dos herbívoros e os mastigóforos *Trichonympha* spp. do tubo digestivo dos térmitas etc. Numerosas espécies são de vida parasitária como *Entamoeba histolytica, Histomonas meleagridis, Trypanosoma cruzi, T. equiperdum, T. evansi, Babesia bigemina, Eimeria spp., Toxoplasma gondii* etc.

Reprodução

```
                                                                   ┌ Em qualquer sentido
Assexual           ┌ Cissiparidade        ┌ Simples              │ Longitudinal
(agâmica)          │ (Divisão igual)       │                      └ Transversal
                   │                       │
                   │                       └ Múltipla             ┌ Esquizogonia
                   │                                              └ Esporogonia
                   │
                   │                       ┌ Simples              ┌ Externa
                   │ Gemiparidade          │                      └ Interna – Endodiogenia
                   │ Brotação              │
                   │ (Divisão desigual)    │                      ┌ Externa
                   │                       └ Múltipla             └ Interna – Endopoligenia
                   │ Endomixia
                   └ Plasmotomia

                   ┌ Autogâmica
Sexual             │ Conjugação
(singâmica)        └ Fecundação           ┌ Isogâmica
                                          └ Anisogâmica (Heterogâmica)
```

A reprodução dos protozoários pode ser por via assexual e por via sexual. Mais correto seria dizer-se que os protozoários apresentam fenômenos multiplicativos (assexual) e fenômenos gâmicos (sexual).

Assexual ou agâmica

Nestes fenômenos a multiplicação do protozoário consiste na divisão do núcleo e do citoplasma. Esta pode ser por cissiparidade, gemiparidade, endomixia e plasmotomia.

A *cissiparidade* (divisão igual) *simples* consiste na divisão de um indivíduo em dois iguais. O plano de divisão pode ser em qualquer sentido, como nos amebozoários; longitudinal, como nos flagelados e transversal, como nos ciliados.

A *cissiparidade* (divisão igual) *múltipla* ocorre principalmente no filo Apicomplexa. Neste processo o núcleo sofre várias divisões para depois o citoplasma se dividir. Há duas modalidades de cissiparidade múltipla: *esquizogonia* e *esporogonia.*

Na *esquizogonia* (gr. *schizo,* dividir, *zoon,* animal; *gonos,* crescimento + suf. *ia*) a célula-mãe denominada *esquizonte* (gr. *onto,* ser) realiza mitose (esquizogonia) e as células-filhas, resultantes da divisão completa da célula-mãe, são os *merozoítos;* a esquizogonia precede a uma reprodução sexual

Na *esporogonia* a célula-mãe denominada *oocisto* (zigoto) realiza meiose (esporogonia) e as células-filhas resultantes da divisão completa da célula-mãe são os *esporozoítos;* a esporogonia sucede a uma reprodução sexual.

A *gemiparidade, gemação* ou *brotação* é um processo de divisão desigual simples ou múltipla, externa ou interna.

Na *gemiparidade externa – simples* ou *múltipla,* uma ou várias pequenas células-filhas são formadas para depois se separarem da célula-mãe e continuarem seu desenvolvimento. Este tipo de multiplicação só ocorre em ciliados não parasitos.

Na *gemiparidade interna simples* denominada *endodiogenia,* duas células-filhas são formadas dentro da célula-mãe e só se tornam livres após a destruição da célula-mãe.

Na *gemiparidade interna múltipla* denominada *endopoligenia,* várias células-filhas se originam dentro da célula-mãe e só ficam livres após a destruição da célula-mãe.

A *endomixia* ocorre em *Paramaecium aurelia* e outros ciliados não parasitos e consiste numa reorganização nuclear com a desintegração do macronúcleo e duas divisões consecutivas dos dois micronúcleos, resultando oito micronúcleos dos quais seis desaparecem. O paramécio se divide e cada paramécio filho recebe um micronúcleo. Este se divide duas vezes, resultando quatro micronúcleos e dois destes se convertem em macronúcleos. Cada paramécio agora apresenta dois macronúcleos e dois micronúcleos e ele e seus micronúcleos se dividem, resultando quatro paramécios normais (com um macronúcleo e dois micronúcleos). No *P. aurelia* a endomixia ocorre geralmente de 25 a 30 dias e no *P. caudatum* de 50 a 60 dias. Entretanto, a literatura cita que alguns clones de *P. aurelia* e outras espécies realizam a bipartição sem ocorrer a endomixia.

A *plasmotomia* é um tipo de multiplicação que ocorre quando um protozoário, como a *Opalina ranarum,* parasito do reto de rãs, é polinucleado. Na primavera, por ocasião da desova das rãs, as opalinas se multiplicam rapidamente por cissiparidade simples até originarem indivíduos com dois a seis núcleos, para então se encistarem. Aqui termina a plasmotomia. Prosseguindo o ciclo evolutivo, os cistos vão ao exterior junto com as fezes dos anfíbios, podendo então serem ingeridos por suas larvas junto com plantas aquáticas. Quando isto ocorre, os cistos são dissolvidos pelo suco digestivo do hospedeiro e liberados indivíduos, de tamanhos diferentes, que tomam forma de clava, cada um com um único núcleo – gametas. Os gametas se fundem aos pares (fecundação anisogâmica), surgindo o zigoto que evolui para adulto através do crescimento da célula e com sucessivas divisões nucleares.

Sexual ou Gâmica

A *autogamia* ocorre em amebozoários e consiste numa divisão meiótica do núcleo, resultando dois núcleos filhos sem bipartição do citoplasma. Logo após, segue-se a fusão dos dois núcleos filhos e o protozoário, agora revigorado, continua a se dividir por cissiparidade simples.

A *conjugação,* encontrada em ciliados, na qual dois indivíduos se unem temporariamente para troca da metade do material nuclear. O macronúcleo degenera e desaparece e o micronúcleo sofre meiose depois uma nova divisão, resultando quatro micronúcleos haplóides. Três dos micronúcleos degeneram e desaparecem e o restante se divide. Deste, dois micronúcleos em cada ciliado, um vai através da ponte citoplasmática para o ciliado contíguo, enquanto o outro micronúcleo permanece estacionário. O micronúcleo migrador fusiona-se com o estacionário, os ciliados separam-se e tem início a reorganização. O núcleo realiza três divisões sucessivas, resultando oito núcleos. Desses, quatro permanecem como micronúcleos e quatro se desenvolvem em macronúcleos. Dos quatro micronúcleos, três degeneram, restando um único micronúcleo. O ciliado se divide, havendo distribuição dos macronúcleos e divisão do micronúcleo. Nova divisão com distribuição dos macronúcleos e multiplicação dos micronúcleos, resultando ao final quatro ciliados revigorados, cada um com um macro e um micronúcleo.

Na *fecundação* ocorre a fusão de dois gametas para originar um zigoto. Se os gametas forem morfo e fisiologicamente semelhantes, a fecundação é do tipo *isogâmica;* mas se os gametas forem morfo e fisiologicamente diferentes, a fecundação é *anisogâmica* ou *heterogâmica*. Os gametas grandes são os macrogametas e os pequenos são os microgametas. Os gametas se originam de células especiais *gametócitos,* os *macrogametócitos* e os *microgametócitos*. O processo da formação dos gametas é denominado de *gametogonia*. O zigoto, quando se multiplica por divisão, origina *esporozoítos*. Os diferentes tipos de reprodução serão descritos detalhadamente com as diversas espécies.

SISTEMÁTICA DO REINO PROTISTA

(Segundo Levine, Norman, D., 1985)

PHYLUM	SUBPHYLUM	CLASSE	SUBCLASSE	FAMÍLIA	GÊNERO
SARCOMASTIGOPHORA	SARCODINA	LOBOSASIDA		ENDAMOEBIDAE	*Entamoeba*
	OPALINATA			OPALINIDAE	*Opalina*
	MASTIGOPHORA	ZOOMASTIGOPHORASIDA		MONOCERCOMONADIDAE	*Histomonas*
				TRICHOMONADIDAE	*Trichomonas*
					Tritrichomonas
				TRYPANOSOMATIDAE	*Trypanosoma*
					Leishmania
				HEXAMITIDAE	*Giardia*
APICOMPLEXA		SPOROZOASIDA	COCCIDIASINA	BABESIIDAE	*Babesia*
				THEILERIIDAE	*Theileria*
				PLASMODIIDAE	*Plasmodium*
					Heamoproteus
				EIMERIIDAE	*Eimeria*
					Isospora
				SARCOCYSTIDAE	*Sarcocystis*
					Toxoplasma
					Neospora
					Besnoitia
				CRYPTOSPORIDIIDAE	*Cryptosporidium*
CILIOPHORA		KINETOFRAGMINOPHORASIDA	VESTIBULIFERASINA	BALANTIDIIDAE	*Balantidium*
				PYCNOTRICHIDAE	*Buxtonella*
				OPHRYOSCOLECIDAE	*Ophryoscolex*

Phylum SARCOMASTIGOPHORA Honigberg e Balamuth, 1963

(gr. *sarkós,* carne; *mastix,* chicote; *phoros,* portador)

Protozoa ou Protista, caracterizados por apresentarem:

- Flagelos, pseudópodes ou ambos como organelas de locomoção.

- Núcleo único com exceção da *Opalina.*

- Reprodução sexual, quando ocorre, por singamia.

- O filo Sarcomastigophora subdivide-se em três subfilos; Sarcodina, Opalinata e Mastigophora.

Subphylum SARCODINA Schmarda, 1871

Conceitos básicos

- Sarcomastigophora com pseudópodes.

- Nutrição holozóica.

- Reprodução assexual por divisão binária em qualquer sentido.

- Capacitados a formarem cistos.

- A maioria de vida livre.

Classe LOBOSASIDA

Conceitos básicos

- Sarcodina com pseudópodes lobópodes mais ou menos filiformes.

- Geralmente com um único núcleo.

Família ENDAMOEBIDAE

Conceitos básicos

- Endamoebidae é a única família da classe Lobosasida em que há representantes de vida parasitária.

- Vivem no trato digestivo de vertebrados e invertebrados.

- Pseudópodes do tipo lobópodes.

- Quatro gêneros são encontrados no homem e animais domésticos, mas somente um destes com espécie parasita.

- Diferenciação dos gêneros baseada na estrutura do núcleo.

- Gênero *Entamoeba*. Núcleo único com grânulos de cromatina na face interna de sua membrana. Cariossomo pequeno de situação central ou não.

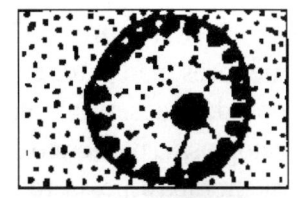

- Gênero *Iodamoeba*. Núcleo único com cariossomo muito grande.

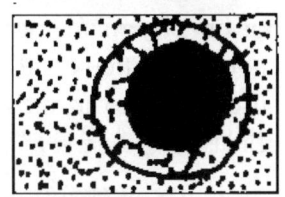

- Gênero *Endolimax*. Núcleo único com cariossomo grande e de diversas formas.

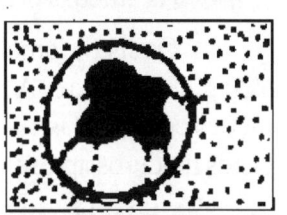

- Gênero *Dientamoeba*. Com dois núcleos.

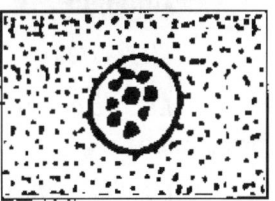

Gênero *Entamoeba* Casagrandi e Barbagallo, 1895

Entamoebidae com núcleo único e vesicular e um pequeno cariossomo central ou excêntrico. Apresenta um número variável de grânulos de cromatina na periferia. Cistos com um a oito núcleos.

E. coli, cistos com oito núcleos.

E. histolytica e *E. hartmanni,* cistos com quatro núcleos.

E. bovis e *E. suis,* cistos com dois núcleos.

E. gingivalis, cistos ainda não registrados.

Entamoeba histolytica Schaudinn, 1903

(gr. *enta,* para dentro, *amoide,* mudança)

Sinonímia – *Amoeba coli, A. dysenteriae, Entamoeba tetragena, E. dispar, E. venaticum, E. nuttalli, E. pitheci, E. caudata* e *Entamoeba histolytica.*

Nome da doença – Amebiose, entamebiose, disenteria amebiana.

Estrutura – Os trofozoítos grandes, patogênicos, medem de 20 a 30 μ e os menores, não patogênicos, medem de 12 a 15 μ de comprimento. A locomoção é por pseudópodes. O citoplasma apresenta-se diferenciado em ectoplasma e endoplasma. O ectoplasma periférico é hialino e o endoplasma é granular. O núcleo é esférico com dupla membrana espessa, revestida no lado interno por finos grânulos de cromatina e perfurada por um sistema de poros. O cariossomo é pequeno e de situação central. O retículo endoplasmático é rudimentar, as mitocôndrias são presentes e o complexo de Golgi é ausente. Os trofozoítos possuem vacúolos alimentares contendo hemácias, leucócitos e células.

As amebas pré-císticas são de forma oval ou arredondada.

Os cistos (amebas císticas) são esféricos, de parede lisa, refráteis, medindo de 10 a 20 μ de diâmetro. A parede cística é visível no exame a fresco, mas não o é em preparações coradas. Os cistos imaturos possuem um único núcleo e os maduros, quatro. Os cistos maduros apresentam corpos cromidiais e glicogênio.

Biologia

Hospedeiros – Homem, caninos, felinos e raramente suínos.

Localização – Intestino grosso, algumas vezes fígado, pulmão e raramente cérebro e baço.

Ciclo evolutivo – A multiplicação da *E. histolytica* é no estádio de trofozoíto por cissiparidade simples. À medida que ocorre a multiplicação, alguns trofozoítos tornam-se esféricos, eliminam os vacúolos alimentícios e vão constituir os cistos. A parede cística é constituída e o núcleo sofre agora duas divisões consecutivas, resultando um cisto com quatro núcleos – cisto maduro. A seguir ocorre o excistamento e a divisão dos núcleos e citoplasma vão originar oito pequeninas amebas. Cada uma delas cresce para um trofozoíto. Sua evolução se completa em, mais ou menos, 12 horas. Foi constatado que há trofozoítos grandes e pequenos de *E. histolytica.*

As formas grandes, conhecidas como *magna,* invadindo o epitélio da mucosa intestinal, causam lise de suas células. Alimentam-se de hemácias e células, multiplicam-se por cissiparidade simples e, sem a formação de cistos, desenvolvem um ciclo patogênico.

As formas pequenas, conhecidas como *minuta,* fagocitam partículas alimentícias e bactérias, multiplicam-se indefinidamente por cissiparidade simples na luz do intestino grosso. Entretanto, em certas ocasiões, modificam suas atividades, não emitindo pseudópodes e não se alimentando, sofrem desidratação e conseqüentemente redução de tamanho vindo a constituírem os cistos.

As formas grandes são patogênicas e as pequenas, responsáveis pela disseminação da amebíase.

Etiologia – A infecção se dá pela ingestão de cistos de *Entamoeba* contidos em alimentos e água de bebida.

Quadro clínico – A infecção apatogênica não apresenta sinais, enquanto a patogênica cursa com disenteria hemorrágica ou mucosa e dores abdominais.

Patogenia – A patogenia decorre da destruição do epitélio. O intestino grosso apresenta ulcerações em toda sua extensão. Na ausência da invasão bacteriana há uma reação tecidual, mas em infecções complexas há hiperemia, inflamação e infiltração de neutrófilos. Alguns podem atingir, via sangüínea, fígado, gânglios linfáticos, pulmão, cérebro e pele, causando abscessos amebianos. As lesões extra-intestinais são relativamente raras e na maioria das vezes são somente diagnosticadas após a morte do hospedeiro.

Diagnóstico – No diagnóstico da disenteria amebiana empregam-se os exames a fresco. O material examinado é o muco que acompanha as fezes.

Nas fezes pastosas ou moldadas pesquisam-se as formas císticas que no exame a fresco aparecem somente quando maduras e coradas pelo lugol. É aconselhável usar os métodos de Faust ou Ritchie para um diagnóstico seguro.

Profilaxia – As medidas profiláticas fundamentais são:

- educação sanitária do homem;

- saneamento do ambiente impedindo que o solo e a água sejam contaminados;

- tratamento da água por floculação ou filtração a fim de que os cistos fiquem retidos;

- lavar bem as mãos com água e sabão após o uso de sanitários e antes de tocar em alimentos;

- lavar as verduras e frutas que forem ingeridas cruas, sugerindo-se que fiquem de molho numa solução de vinagre;

- evitar bebidas com gelo em zonas poluídas;

- instalações sanitárias e rede de esgoto e

- combate aos insetos, como moscas e baratas, que podem veicular os cistos.

Subphylum OPALINATA

Sarcomastigophora outrora considerada pertencente ao filo Ciliophora pois seriam formas inferiores de ciliados, sistemática baseada por terem seu corpo revestido completamente por cílios vibráteis, dispostos obliquamente. Modernamente os autores concordam que seu complexo nuclear e seu ciclo evolutivo mostram diferenças fundamentais que os separam dos ciliados. O mais coerente é que sejam Sarcomastigóforos, com um grande número de flagelos como os dos Hipermastigíneos. Os pequeninos flagelos estão dispostos obliquamente. No citoplasma granuloso são observados numerosos núcleos semelhantes. A reprodução assexual é por cissiparidade simples longitudinal e a sexual por singamia anisogâmica. Citóstoma e vacúolos contráteis ausentes.

Família OPALINIDAE Stein, 1860

Com as características do subfilo Opalinata.

Apresenta quatro gêneros e muitas espécies comensais e parasitos do intestino de anfíbios e peixes marinhos.

Opalina ranarum Purkinje e Valentin, 1835

É o gênero e a espécie mais importantes da família Opalinidae. É visível a olho nu e parasita o reto dos anfíbios. A reprodução assexual é por plasmotomia seguida de reprodução sexual singâmica por anisogamia, já referida (Figura 2.6).

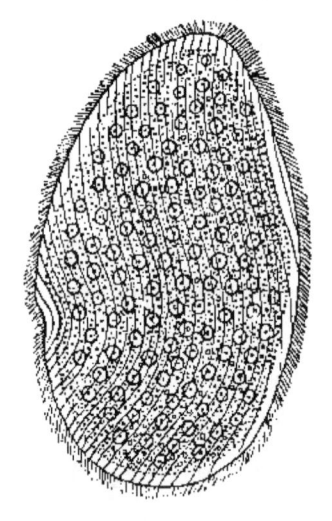

Figura 2.6 *Opalina ranarum.* Segundo Zeller, redesenhado por Ivan.

Subphylum MASTIGOPHORA Diesing, 1866

(gr. *mastix,* chicote; *phoros,* portador)

Conceitos básicos

*   Sarcomastigophora extracelulares ou intracelulares.

*   Forma variável com a espécie e dentro de uma mesma espécie, de acordo com o estádio evolutivo.

- Locomoção por flagelos e mionemas.

- Axóstilo, pelta, costa, membrana ondulante, citóstoma e cinetoplasto podem estar presentes.

- Reprodução assexual por divisão binária longitudinal.

- Reprodução sexual apenas em alguns grupos.

Classe ZOOMASTIGOPHORASIDA

Mastigophora caracterizada pela ausência de cloroplastos.

Família MONOCERCOMONADIDAE

(gr. *monos,* único; *kerkos,* cauda; *monas, ados,* unidade)

Conceitos básicos

- Zoomastigophorasida com um a cinco flagelos anteriores.

- Flagelo posterior completamente livre ou com sua extremidade proximal aderida à face dorsal por uma maior ou menor porção.

- Costa ausente.

- Pelta e axóstilo presentes.

- Corpo parabasal em forma de "V".

Gênero *Histomonas* Tyzzer, 1920

(gr. *histo,* tecido; *monas,* unidade)

Monocercomonadidae amebóide, às vezes de forma redonda ou alongada. Núcleo único. Flagelo nascendo do cinetossomo próximo ao núcleo. Pelta e axóstilo presentes. Com uma única espécie, *H. meleagridis.*

Histomonas meleagridis (Smith, 1895) Tyzzer, 1920

Nome da doença – Histomonose, êntero-hepatite, cabeça preta.

Estrutura – Pleomórfico, variando de forma de acordo com sua localização e o estádio evolutivo. É amebóide, arredondado ou alongado. Diâmetro variando de 4 a 30 µ. Núcleo único, circular ou piriforme. Mitocôndria ausente. Com um único flagelo fino, partindo do corpo parabasal próximo ao núcleo. Pelta, axóstilo e o corpo parabasal em forma de "V", presentes. O estádio em tecidos não apresenta flagelo, entretanto mostra o corpo parabasal próximo ao núcleo.

São identificados quatro estádios (formas): invasor, vegetativo, resistente e flagelado.

Estádio invasor – É encontrado nas lesões recentes dos cecos e fígado e na periferia das lesões antigas. É muito ativo, medindo de 8 a 17 μ de comprimento, amebóide e com pseudópodes. Citoplasma claro e refrigente. Nutrição por fagocitose.

Estádio vegetativo – É encontrado no centro das lesões cecais e fígado. Extracelular. Mede de 12 a 15 μ por 12 a 21 μ, menos ativo que o estádio precedente, apresentando inclusões citoplasmáticas. Citoplasma claro. É representado por formas grandes que provocam a destruição dos tecidos. Nutrição por pinocitose e difusão, com secreção de enzimas proteolíticas.

Estádio resistente – Não forma cistos. Mede de 4 a 11 μ de diâmetro e se apresenta encerrado numa membrana espessa. Citoplasma contendo pequenos grânulos. Alguns pesquisadores afirmam que não há este estádio.

Estádio flagelado – Localiza-se na luz dos cecos. É amebóide, com diâmetro de 5 a 30 μ. Geralmente com um único flagelo, entretanto, pode apresentar até quatro. Tem de um a quatro corpos parabasais em forma de "V". Pelta e axóstilo presentes. Este estádio é chamado de trofozoíto (Figura 2.7).

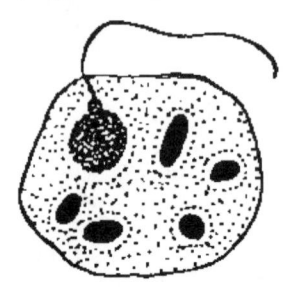

Figura 2.7 *Histomonas meleagridis.* Segundo Wenrich, 1943, J. Morph, 72:279, redesenhado por Ivan.

Biologia

Hospedeiros – Peru, galinha, pavão, galinha d'angola, faisão, aves silvestres e codorna.

Localização – Cecos e fígado.

Ciclo evolutivo – Reprodução assexual por divisão binária e sexual desconhecida.

Os galináceos se infectam pela ingestão de um grande número de trofozoítos. Os trofozoítos vão aos cecos, invadem a parede cecal e, multiplicando-se, ocasionam as lesões típicas. Mais tarde, por via sangüínea, atingem o fígado onde também se multiplicam causando lesões semelhantes.

O período de incubação é de 15 a 21 dias.

A infecção por ingestão de trofozoítos é dificultada por serem eles destruídos antes de chegarem aos cecos, devido ao pH ácido do papo, da moela e do intestino.

Etiologia – O modo de transmissão mais importante é através dos ovos do nematódeo *Heterakis gallinarum,* parasito dos cecos dos galináceos.

O nematódeo é um meio de trânsito através das partes ácidas do tubo digestivo. O *Heterakis,* alimentando-se do conteúdo cecal, ingere *Histomonas* e este, através de seus movimentos amebóides, invade as células epiteliais do intestino, onde se multiplica. Há ruptura das células intestinais o que permite que o *Histomonas* chegue ao pseudoceloma e penetre no sistema reprodutor. Atingindo a zona germinal do ovário, multiplica-se extracelularmente. Penetra nos oócitos, nutre-se, sofre divisão binária, infecta os ovos e ocorre a redução de tamanho (10 µ). Os estádios, no *Heterakis,* são semelhantes aos encontrados nos tecidos das aves, porém de tamanho reduzido.

Os ovos de *Heterakis* protegem e conservam viáveis, por três anos, o *Histomonas* no meio exterior. O protozoário, não tendo a capacidade de formar cisto, morreria em poucas horas se eliminado com as fezes. Esses ovos liberam larvas que são veiculadoras do protozoário.

A minhoca pode transmitir e disseminar *Heterakis* e *Histomonas.* A transmissão do *Histomonas* através de artrópodes é mecânica e de menor importância.

Quadro clínico – Fastio, depressão, asas e cabeça pendentes, fezes amareladas. Às vezes a crista e as barbelas apresentam-se cianóticas. Esses sinais são comuns a outras doenças de aves, não sendo específicos à histomonose.

Patogenia – A histomonose ataca perus de todas as idades; as galinhas são menos suscetíveis, podendo ocorrer surtos nos animais jovens. A galinha é o reservatório do protozoário.

A mortalidade em perus atinge de 50 a 100%; nas galinhas raramente excede a 25%.

As principais lesões da histomonose ocorrem nos cecos e fígado.

Cecos – A infecção pode ocorrer em um ou nos dois cecos. A princípio, há formação de úlceras contendo os parasitos. Com a evolução, podem perfurar a mucosa cecal e provocar aderência ou peritonite. A mucosa torna-se espessa, necrótica, recoberta por um exsudato amarelo característico. Há formação de massas caseosas que aderindo à parede cecal causam sua obstrução. Os cecos apresentam-se inflamados, hipertrofiados e aderidos à parede abdominal.

Fígado – As lesões hepáticas são patognomônicas. São em forma de círculo, em depressão (1 cm), situadas na superfície, inicialmente de cor vermelho-clara, para tornarem-se mais tarde amareladas e finalmente verde-amareladas. Essas áreas necróticas não são encapsuladas. Outros órgãos, como rins e pulmões, ocasionalmente podem ser afetados.

Lesões histológicas – Hiperemia, hemorragia, infiltração leucocitária, necrose, macrófagos, células gigantes e o parasita.

As aves que se recuperam da histomonose tornam-se imunes à reinfecção. A suscetibilidade diminui com a idade.

Diagnóstico

Clínico – O exame clínico não elucida o diagnóstico, pois os sinais apresentados na histomonose não são característicos da doença. Entretanto, deve-se associar a cor amarelada das fezes com os dados da necropsia.

Laboratorial – Constatação e identificação de ovos de *Heterakis gallinarum* em exame parasitológico de fezes pelo Método de Flutuação. Este exame não acusa a presença de qualquer forma de *Histomonas*.

Diferencial – O diagnóstico diferencial é feito através de exame histológico comparativo entre leucose, neoplasia, tuberculose e infecções micóticas.

Necropsia – Em necropsia deve-se proceder ao exame macroscópico das lesões hepática e cecal e ao exame microscópico do raspado da mucosa, para pesquisa de *Histomonas* e diferenciar da coccidiose. Exame histológico das lesões.

Família TRICHOMONADIDAE

Conceitos básicos

*   Zoomastigophorasida com quatro a seis flagelos anteriores.
*   Flagelo posterior com membrana ondulante.
*   Costa e axóstilo presentes.
*   Corpo parabasal ligado a um ou mais filamentos.

Gênero *Tritrichomonas* Kofold, 1920

(gr. *tri*, três; *thrix, trikhós*, cabelo; *monas*, unidade)

Trichomonadidae com três flagelos anteriores e pelta ausente.

Tritrichomonas foetus (Riedmüller, 1928) Wenrich e Emmerson, 1933

Sinonímia – *Trichomonas bovinus, T. bovis, T. mazzanti, T. uterovaginalis, T. vitulae.*

Nome da doença – Tricomonose.

Estrutura – Corpo piriforme ou fusiforme com três flagelos anteriores e um recurrente que corre ao lado da margem da membrana ondulante, estendendo-se até a extremidade posterior, com uma parte livre. Membrana ondulante, do mesmo comprimento do corpo, disposta dorsalmente e um filamento acessório em situação paralela ao flagelo recurrente. Costa presente e pelta ausente. Núcleo oval, grande e situado no terço anterior do corpo. Axóstilo hialino e rígido, com uma extremidade alargada, o capítulo e uma ponta afilada. Na região de onde emerge do corpo, o axóstilo está circundado por um anel de cromatina. O corpo parabasal cilíndrico está localizado entre o núcleo e a costa. O citóstoma é visível em alguns exemplares, no lado ventral (Figura 2.8).

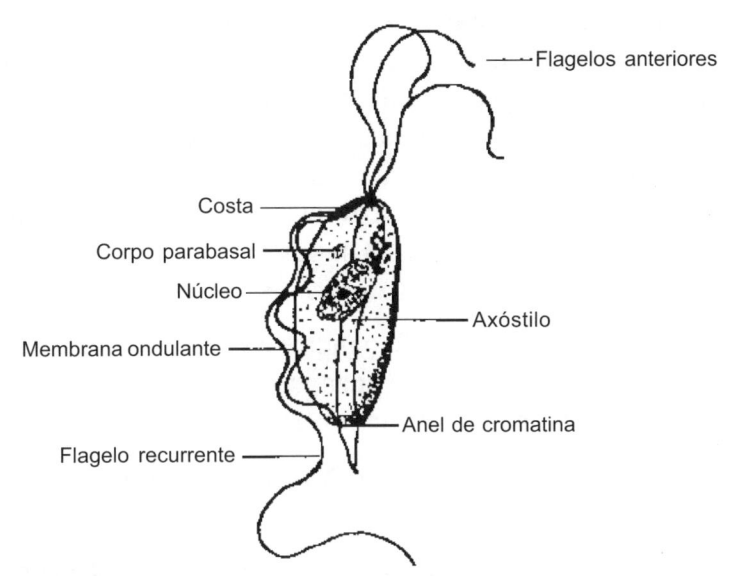

Figura 2.8 *Tritrichomonas foetus*. Segundo Wenrich e Emmerson, 1933, J. Morph. 55:193, redesenhado por Ivan.

Dimensão – Mede de 10 a 25 µ de comprimento por 3 a 15 µ de largura.
Biologia

Hospedeiro – Bovinos.

Localização – Trato genital: na fêmea, vagina e útero; no macho localizam-se em maior número na glande e no prepúcio, e em menor número nos testículos, epidídimo e vesículas seminais.

Ciclo evolutivo – A tricomonose bovina é uma doença venérea. Os touros infectados transmitem os flagelados a vacas não infectadas e vice-versa. Também pode ser transmitida pela inseminação artificial. A transmissão dos parasitos é feita normalmente através do coito, entretanto são observadas infecções em novilhas virgens. A infecção pode ser conseqüência natural do contato com animais infectados ou ainda através de insetos.

Na fêmea infectada, o parasito multiplica-se (divisão binária) inicialmente na vagina, ocasionando vaginite. Quatorze a 18 dias após a infecção, há grande quantidade de parasitos. Depois invadem o útero, podendo desaparecer ou não da vagina. No útero, multiplicam-se, resultando, nas vacas prenhes, perturbações na placenta e as secreções uterinas com parasitos chegam à vagina, infectando o touro por ocasião da cópula.

Etiologia – A tricomonose bovina, doença venérea, é transmitida através do coito. Também pode ser transmitida pela inseminação artificial e por exame ginecológico das vacas. Em condições naturais é rara a transmissão não venérea.

Quadro clínico e Patogenia – Após a contaminação da fêmea, os tritricômonas introduzidos na vagina multiplicam-se, ocasionando vaginite, que pode provocar um corrimento muco-purulento; seu número aumenta rapidamente para atingir o máximo 14 a 18 dias da infecção. Depois, através da cerviz, alcançam o útero, podendo ou não desaparecer da vagina, determinando, neste caso, a formação de catarro e inflamação. Como conseqüência da invasão uterina, há descolamento da placenta, morte do feto e aborto precoce durante a primeira e a décima-sexta semana da gestação. O feto é muito pequeno e sua eliminação passa desapercebida. O aborto após o sexto mês de gestação é mais raro.

Quando não ocorre o aborto, o feto morre e sofre maceração no útero. Surge piometria. O útero pode conter uma regular quantidade de um fluido branco acinzentado, inodoro, quando não contaminado por bactérias, e rico em tritricômonas.

A cerviz se mantém fechada e o fluido só escapa quando o animal se deita. Ocorre anoestro e presume-se a prenhez da vaca.

Se a placenta e as membranas fetais forem totalmente eliminadas após o aborto, a vaca se recupera e a cura é espontânea. Geralmente este é o curso mais comum. Entretanto, se não houver expulsão da placenta e membranas, vai ocorrer endometrite purulenta ou catarral crônica, resultando em esterilidade.

Nas vacas, os sinais provocados pela tricomonose variam. Primeiro aparece uma tumefação inflamatória da vulva, seguida de vaginite com corrimento de material mucoso claro contendo grumos, nos quais são encontrados os parasitos. Esses sintomas desaparecem em cinco dias e podem passar desapercebidos. Posteriormente apresenta endometrite e um dos tipos de aborto descrito. As fêmeas tornam-se imunes após a recuperação da infecção; entretanto, se a imunidade for fraca, pode ocorrer reinfecção. É observada a irregularidade dos períodos de cio.

No touro, os parasitos são facilmente encontrados na cavidade do prepúcio, embora os testículos, epidídimo e vesículas seminais possam ser parasitados.

No decurso da doença podem ser constatados balanite, orquite, epididimite e desinteresse pela cobertura de vacas em cio.

A cura espontânea é rara. Geralmente o touro permanece infectado durante toda a vida, mesmo submetido a tratamento. Contudo, sua capacidade de fecundação não é atingida.

Diagnóstico

Clínico – Deverão ser considerados os dados fornecidos através de:

- anamnese e sinais clínicos;

- vaginite;

- esterilidade temporária;

- aborto durante o primeiro terço de gestação;

- piometria;

- ausência de reagentes à vibriose e à brucelose; e

- produção espermática normal.

Laboratorial – Pesquisa do parasito. A coleta do material será realizada com pipeta de inseminação e pera de borracha:

nas fêmeas
- muco vaginal – coletado na véspera ou antevéspera do cio
- descargas purulentas do útero

no feto recentemente abortado
- coleta do líquido alantóideo ou do conteúdo do abomaso

nos machos
- lavagem prepucial com solução fisiológica
- raspagem e sucção sobre a parte interna do prepúcio e superfície do pênis

Exame direto – O exame do material deve ser feito imediatamente após a coleta. Examinar ao microscópio entre lâmina e lamínula, de preferência a 37°C.

Caso não se possa examinar o material na hora da coleta, aconselha-se o emprego de cultura do protozoário com o meio de Riek, procedendo-se ao exame após o período de incubação.

Exame indireto – Mucoaglutinação. Válido como indicativo de doença em caráter coletivo.

Interpretação – O resultado é positivo quando for identificado o parasito pelo seu tamanho, forma e movimento ondulatório característico, não-direcional.

Quando o resultado for negativo no primeiro exame de um macho, não confirmar antes de repetir seis exames com intervalos de uma semana; no caso de fêmeas, só é considerado negativo depois de três exames, e ocorrerem dois cios regulares e uma prenhez completa.

Profilaxia – Sobre o anteriormente referido, pode-se concluir que é necessário um conjunto de medidas, inclusive o tratamento bastante dispendioso dos animais positivos para *T. foetus,* a fim de interromper sua propagação.

As medidas fundamentais consistem:

- na utilização de inseminação artificial em fêmeas sadias;

- no não aproveitamento do sêmen de touros positivos para *T. foetus,* para inseminação artificial, pois o congelamento do sêmen em presença de glicerol não mata os parasitos;

- no tratamento dos animais positivos para o parasito;

- na eliminação de touros e vacas de exploração, mesmo os de alto valor, que já foram positivos para tritricômonas;

- na exigência de exame parasitológico de touros e vacas a serem adquiridos; e

- no envio para matadouro os touros positivos para *T. foetus.*

Família TRYPANOSOMATIDAE Doflein, 1901

Conceitos básicos

- Zoomastigophorasida tipicamente foliáceos ou arredondados.

- Cinetossomo ou grânulo basal de posição variável: anterior, posterior ou próximo ao núcleo, de acordo com o estádio evolutivo.

- Cinetoplasto posterior ao cinetossomo.

- Microtúbulos, sob a membrana externa, em número variável com as espécies e estádios evolutivos em que se apresenta.

- Membrana ondulante presente em determinados gêneros.

- Núcleo grande.

- Reprodução assexuada por cissiparidade simples e, às vezes, por cissiparidade múltipla, formando roseta (Figura 2.9).

- Parasitos de insetos, outros são heteroxenos, parasitando vertebrados e tendo como vector, insetos.

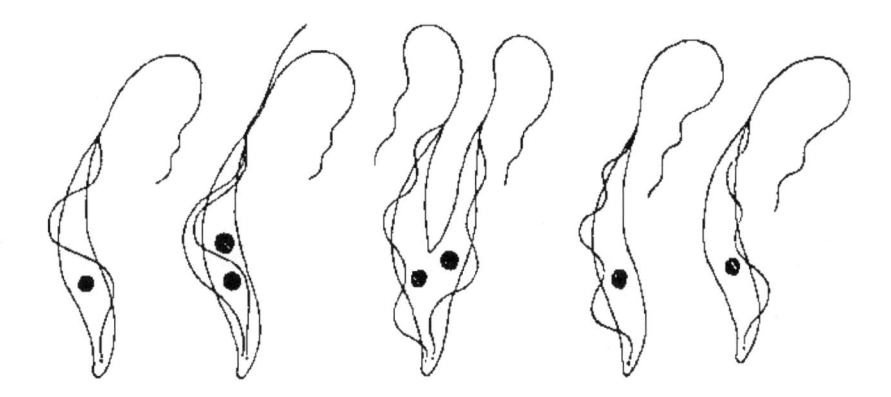

Figura 2.9 Cissiparidade simples de tripanossomos. Segundo Wenyon, ligeiramente modificado, redesenhado por Ivan.

Gênero *Trypanosoma* Gruby, 1843

(gr. *trypanon,* furador; *soma,* corpo)

Tripanosomatidae de aspecto foliáceo. Flagelo na margem da membrana ondulante. Núcleo único. Durante seu ciclo evolutivo pode apresentar formas estruturalmente distintas, denominadas *estádios* (Figura 2.10). Modernamente os estádios têm a seguinte terminologia: *amastigota:* corpo arredondado, sem flagelo livre; *pró-mastigota:* corpo alongado, com flagelo na extremidade anterior; *epimastigota:* o cinetossomo é próximo e anterior ao núcleo e o flagelo sai livremente, não havendo membrana ondulante; *opistomatisgota:* o flagelo é próximo e posterior ao núcleo e sai livremente, sem membrana ondulante; *tripomastigota:* o cinetossomo está na extremidade posterior e o flagelo desloca-se para a extremidade oposta, a anterior, na borda da membrana ondulante.

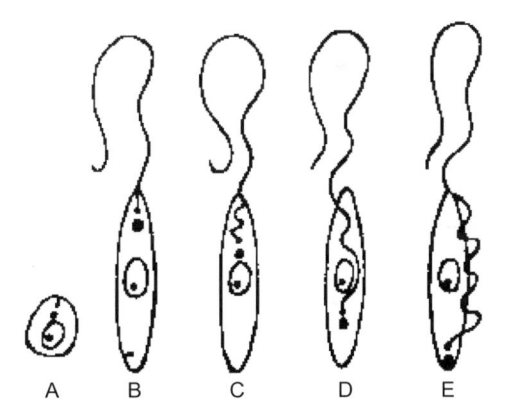

Figura 2.10 Diferentes formas de Trypanosomatidae. A) Amastigota. B) Pró-mastigota. C) Epimastigota. D) Opistomastigota. E) Tripomastigota. Segundo Levine, 1973, redesenhado por Ivan.

Reprodução assexual por divisão binária.

A transmissão do estádio infectante de um hospedeiro vertebrado a outro pode ser por meio inoculativo ou contaminativo, durante a alimentação de vetores invertebrados, transferência mecânica por vetores e por transmissão durante o coito.

As espécies do gênero *Trypanosoma* são heteroxenas, exigindo para completar seu ciclo evolutivo um hospedeiro vertebrado e um invertebrado, com desenvolvimento específico do parasito em cada um deles. Ocorrem exceções nas espécies *T. evansi* e *T. equiperdum,* nas quais a transmissão também pode ser mecânica ou através do coito.

Trypanosoma (Trypanozoom) brucei evansi (Steel, 1885) Balbiani, 1888

Sinonímia – *T. aegyptium, T. annamense, T. cameli, T. elephantis, T. equinum, T. hippicum, T. marocanum, T. ninae kohl-yakimov, T. soudanense, T. venezuelense.*

Nome da doença – Mal das cadeiras.

Estrutura – O axonema do flagelo origina-se de um diminuto cinetossomo. O cinetoplasto é invisível ao microscópio óptico, entretanto, pode ser evidenciado pela ação de corantes, como os diminazenes ou se submetidos ao resfriamento. É monomórfico, isto é, possui um único estádio evolutivo, tripomastigota.

Dimensão – Varia de 15 a 34 µ de comprimento, apresentando em média comprimento de 24 µ. Sua dimensão está na dependência do seu hospedeiro e de sua distribuição geográfica (Figura 2.11).

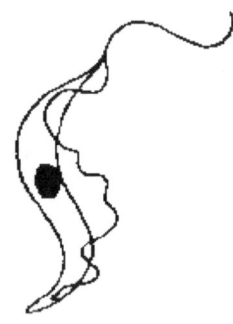

Figura 2.11 *Trypanosoma evansi.* Segundo Bruce, redesenhado por Ivan.

Biologia

Hospedeiros – Eqüinos, bovinos, caprinos, suínos, caninos, felinos e capivaras. Embora não tenham sido observadas no Brasil infecções naturais em bovinos, já o foram no Panamá e Colômbia.

Vetores mecânicos – Tabanídeos, *Stomoxys calcitrans* e morcegos das espécies do gênero *Desmodus* – hematófago.

Localização – Sangue e linfa.

Ciclo evolutivo – O *T. evansi* é transmitido mecanicamente por tabanídeos, pela mosca picadora *Stomoxys calcitrans* e morcegos hematófagos. O parasito permanece na probóscida sob a forma de tripomastigota sendo viável por oito horas. A capivara *Hydrochoerus* é o reservatório natural e é suscetível à infecção. A inoculação do parasito é feita através da picada dos insetos, atingindo a corrente circulatória. Segue-se a fase de multiplicação, com um período pré-patente de quatro a 10 dias, surgindo depois a parasitemia. Considera-se também que o parasito possa ser transmitido vias mucosa e transplacentária.

Etiologia – A transmissão do *T. evansi* é mecânica e ocorre através da picada de tabanídeos, de *Stomoxys calcitrans* e de morcegos hematófagos.

Quadro clínico – Febre. Observa-se alternância de acessos febris e a temperatura pode chegar a 41°C . Geralmente é fatal nos eqüinos não tratados.

Os transtornos locomotores consistem, a princípio, em uma vacilação lateral da garupa, de onde vem o nome de "mal das cadeiras". Com um passo cambaleante, o eqüino arrasta um ou outro membro posterior, cai ao dar voltas e levanta-se do solo com dificuldade. Ao final apresenta paraplegia (paralisia do trem posterior). Surgem edema nas pernas, infiltrações articulares leves, urticária, pequenas placas cutâneas de 3 a 4 cm de diâmetro, ao nível das quais cai o pêlo e aparecem crostas (queratite). Surgem ainda complicações oculares (conjuntivite). Há esplenomegalia, aumento dos nódulos linfáticos, parênquima hepático com infiltração de leucócitos, petéquias e inflamação dos rins.

A morte vem por esgotamento, num prazo que oscila entre uma semana a seis meses do início da infecção; entretanto, há ocasiões em que a evolução é mais lenta.

Patogenia – A liberação de toxinas pelo parasito provoca febre e anemia. O primeiro sinal é devido à atuação do sistema nervoso central e o segundo à hemólise e à redução na produção de hemácias. As toxinas também atuam no acréscimo do ácido lático no sistema circulatório, causando intoxicação.

A associação dos fatores patogênicos evoluem para a paresia e após para a paraplegia.

As lesões que se evidenciam durante a necropsia consistem em esplenomegalia, exsudatos serofibrinosos das cavidades pleural, pericardíaca, peritoneal e articulações; hemorragia, anemia, hipertrofia e congestão do baço; nefrite hemorrágica; exsudado gelatinoso no canal raquiano.

Diagnóstico

Clínico – O diagnóstico clínico é realizado através de anamnese e quadro clínico.

Laboratorial – O diagnóstico laboratorial pode ser realizado através de exame de sangue a fresco, distensão ou esfregaço delgado corado, fluido de linfonodos em camada delgada ou gota espessa e punção do gânglio submaxilar. Melhores resultados são obtidos através de duas técnicas, utilizadas conjuntamente, como a inoculação em animais de laboratório (camundongos e ratos) e centrifugação em tubos de microhematócrito (Método de Woo).

Diferencial – Este é feito entre a encefalomielite e o "mal das cadeiras" pela duração da infecção. A primeira é de curso rápido e a segunda de curso longo.

Profilaxia – Como não há maneira de serem imunizados os eqüinos contra o "mal das cadeiras", é aconselhável a adoção das seguintes medidas:

- tratamento dos doentes;

- combate aos vectores;

- incineração das carcaças dos animais mortos, a fim de se evitar a contaminação dos carnívoros que possam a vir delas se alimentar;

- proteção dos eqüinos ao ataque dos vectores, untando sua pele com graxa, óleo de alcatrão ou terebintina;

- evitar o pastoreio dos eqüinos em áreas propícias ao desenvolvimento dos insetos vectores.

Trypanosoma (Trypanozoom) brucei equiperdum **Doflein, 1901**

Nome da doença – Mal do coito, durina.

Estrutura – Os parasitos apresentam cinetoplasto bem definido. Esta espécie é tipicamente monomórfica e semelhante ao *T. evansi* (Figura 2.12).

Figura 2.12 *Trypanosoma equiperdum.* Segundo Neveu-Lemaire, redesenhado por Ivan.

Dimensão – Mede de 15 a 34 μ de comprimento por 2,4 a 2,6 μ de largura.
Biologia

Hospedeiro – Eqüino.

Localização – Trato urogenital.

Ciclo evolutivo – A transmissão do *T. equiperdum* é realizada mecanicamente através do coito e raramente por insetos. O asno é o reservatório natural da infecção.

Uma vez localizado na mucosa urogenital do macho ou da fêmea, o agente passa para os capilares com a ajuda dos seus movimentos, exercendo sua ação patogênica no animal então infectado.

O contágio ocorre por ocasião do coito, sob a forma de tripomastigota em descargas mucosas.

O período pré-patente é de duas a 12 semanas ou até de vários meses e o seu curso é de seis meses a dois anos.

Etiologia – É uma doença venérea transmitida pelo coito.

Quadro clínico e Patogenia – A infecção propaga-se em três períodos, mas a ordem em que aparecem nos animais doentes não é necessariamente a que segue. Muitas vezes se superpõem uns aos outros.

No primeiro período a genitália apresenta-se edematosa. No cavalo, geralmente, aparecem os primeiros sinais entre 11 e 20 dias após o coito infectante, observando-se edema dos órgãos genitais, com aumento de secreções, febre, emaciação, reação à pressão da região renal, eriçamento do pêlo e atitude de urinar. Na égua, as primeiras manifestações surgem cinco a seis dias após o coito infectante e são muito discretas, surgindo edema e ulcerações na mucosa vaginal. Estas lesões são acompanhadas de prurido. Apresenta febre, inapetência e descargas mucosas vaginais, dando a impressão de estar sempre em cio. O edema vulvar e vaginal estende-se até a região mamária. Há despigmentação de áreas circunscritas da vagina e do pênis.

O segundo período, após a semana de infecção, é caracterizado por urticária, manifestação de placas cutâneas pruriginosas de 2,5 a 10 cm de diâmetro nos flancos e, posteriormente, no tronco. Observam-se as "manchas de sapo", que se caracterizam por uma descoloração circunscrita da pele da vulva e do ânus. Neste período a égua pode abortar.

No terceiro período, fase final da infecção, tem início a paralisia dos músculos faciais e oculares, generalizando-se após a todos os músculos esqueléticos (incoordenação motora) e seguida de morte do animal.

A necropsia revela carcaça emaciada, atrofia muscular, infiltração edematosa da parede abdominal e tecidos perianais, ulcerações generalizadas, infiltração serosa nos nervos do tronco, principalmente dos lombares e do sacro.

O exame histológico mostra infiltração celular, edema e degeneração desses nervos.

Diagnóstico – Geralmente o quadro clínico, associado aos dados de anamnese, são suficientes para emitir um diagnóstico.

Raramente o parasito é encontrado no sangue, assim como o exame das serosidades dos edemas e das placas proporcionam também resultados inseguros.

Preferentemente examinam-se serosidades genitais através da execução de raspado superficial da uretra ou da mucosa vaginal, por meio do método direto.

Profilaxia – Consiste nas seguintes medidas fundamentais:

- tratamento dos doentes;

- castração dos positivos para *T. brucei equiperdum;*

- inspeção dos reprodutores a serem adquiridos ou a serem importados.

Trypanosoma Megatrypanum theileri Laveran, 1902

(dedicada a Theiler)

Sinonímia – *T. americanum, T. falshawi, T. franki, T. himalaynum, T. indicum, T. lingardi, T. muktesari, T. rutherfordi, T. sheini, T. shönebeeki, T. transvaliense e T. wrublewskii.*

Essa espécie foi descoberta e descrita independentemente, em 1902 por A. Theiler em sangue de bovinos do Transvaal e por Laveran e Bruce.

Estrutura – A extremidade posterior do corpo é longa e afilada. O núcleo ovalado é de posição mediana. O cinetoplasto relativamente grande está a uma certa distância da extremidade posterior. A membrana ondulante é proeminente e o flagelo livre representa um quarto do comprimento do tripanossoma (Figura 2.13).

Figura 2.13 *Trypanosoma theileri.* Segundo Levine, 1973, redesenhado por Ivan.

Dimensão – Mede 60 a 70 µ de comprimento por 4 a 5 µ de largura, entretanto já foram registrados exemplares com até 120 µ de comprimento e formas muito pequenas, com um comprimento de 25 µ.

80

Biologia

Hospedeiros

Definitivo (vertebrado) – Bovinos.

Intermediário (invertebrado) – Tabanídeos.

Localização – Sangue dos bovinos e intestinos dos tabanídeos.

Ciclo evolutivo – As formas de tripomastigota e epimastigota ocorrem no sangue. A multiplicação é por cissiparidade simples. Nos tecidos e linfa de nódulos é encontrada a forma de epimastigota que também se multiplica por cissiparidade simples.

T. theileri é transmitida ao bovino pela contaminação das membranas das mucosas com tripomastigotas que evoluíram no intestino dos tabanídeos.

Quadro clínico e Patogenia – Geralmente a *T. theileri* não é patogênica, entretanto, em casos de tensão pode provocar aborto e até mesmo causar a morte.

Diagnóstico – Ordinariamente não é visualizada em distensões de sangue, sendo necessário seu cultivo.

Profilaxia – Combate aos Tabanídeos com uso de inseticidas.

Gênero *Leishmania* Ross, 1903

(dedicado a W.B. Leishman)

Trypanosomatidae que se apresenta sob duas formas; protomastigota e amastigota. A protomastigota caracteriza-se por ter um corpo alongado, com as duas extremidades afiladas, sendo a anterior mais larga, um núcleo e um cinetoplasto anterior, do qual parte o axonema e seguindo-se o flagelo. A protomastigota é encontrada no intestino do hospedeiro invertebrado (intermediário). A forma de amastigota, encontrada nas células do hospedeiro vertebrado (definitivo) tem aspecto ovalado ou esférico, com núcleo e cinetoplasto do qual parte o anoxema, mas sem flagelo (Figura 2.14).

Dimensão – O estádio de amastigota mede de 2,0 a 6,0 μ de comprimento por 1,5 a 2,0 μ de largura. O promastigota tem uma dimensão de 14 a 20 μ de comprimento por 1,5 a 4,0 μ de largura e o flagelo com aproximadamente 30 μ de comprimento.

Ciclo evolutivo – A *Leishmania,* no hospedeiro vertebrado é encontrada sob a forma de amastigota nos macrófagos e outras células no SFM (Sistema Fagocitário Mononuclear) antigo SER da pele, baço, fígado, medula óssea, nódulos linfáticos, mucosa e, também nos leucócitos, onde reproduzindo-se por cissiparidade simples causa a destruição das células referidas.

O hospedeiro invertebrado, mosquitos *Phlebotomus* para o velho mundo e *Lutzomyia* para o novo mundo, se infecta por ocasião do seu repasto sangüíneo no vertebrado, ingerindo as leishmanias sob a forma de amastigota. Estas vão ter ao seu intestino, onde se transformam em protomastigotas e por cissiparidade simples longitudinal, se multiplicam rapidamente. Um grande número, portanto, é produzido no inseto, que por regurgitamento inocula no hospedeiro vertebrado, por ocasião da picadura, as leishmanias.

Quadro clínico e Patogenia – O período pré-patente não é fácil de precisar e varia, em média, de semanas a meses entretanto, às vezes, pode ser mais de um ano. Geralmente, há febre, esplenomegalia, ascite, emagrecimento exagerado e anemia. Há descamação da pele e ulcerações cutâneas. É uma doença crônica com baixa mortalidade; entretanto, a forma aguda é geralmente fatal.

Diagnóstico

Clínico – Os sinais clínicos nem sempre permitem um diagnóstico seguro, sendo aconselhado proceder-se à pesquisa de leishmanias.

Laboratorial – Este diagnóstico oferece condições mais precisas e deve-se proceder ao exame de esfregaços de amostras de biópsias de polpa de baço, fígado, nódulos linfáticos superficiais e medula óssea, gota espessa de sangue ou em distensão corada pelo Giemsa e examinados ao microscópio.

Preferentemente deve-se proceder a raspagem profunda das lesões cutâneas, muito freqüentes em cães, até ser provocada uma leve sangria ou punção, nas lesões fechadas. Com o material obtido são feitos esfregaços em lâminas e corados pelo Giemsa ou Pappenheim.

A *Leishmania* pode ser cultivada no meio de N.N.N. A inoculação, preferencialmente, é feita em hamster jovem, via peritonial.

Profilaxia – As medidas profilácticas que se impõem para o controle da leishmaniose, podem ser assim enumeradas:

• combater os mosquitos, hospedeiros intermediários, com o uso de inseticidas nas habitações e destruição de seus criadouros;

• fazer o levantamento sorológico de todos os cães de zona endêmica;

• eliminar os cães doentes e suspeitos;

• proceder a educação sanitária do homem.

O gênero *Leishmania* apresenta várias espécies como as que parasitam lacertílios da Ásia e África; as espécies parasitos dos cães, raposas, gatos, cavalos, asnos, murídeos domésticos e selvagens; a espécie típica da cobaia e as espécies de leishmanias do homem.

Embora as espécies de leishmania sejam morfologicamente distinguidas com dificuldade, métodos modernos de taxionomia comprovaram a existência de mais de dez espécies de acordo com sua distribuição geográfica, epidemiologia e aspectos clínicos da doença que causam no homem.

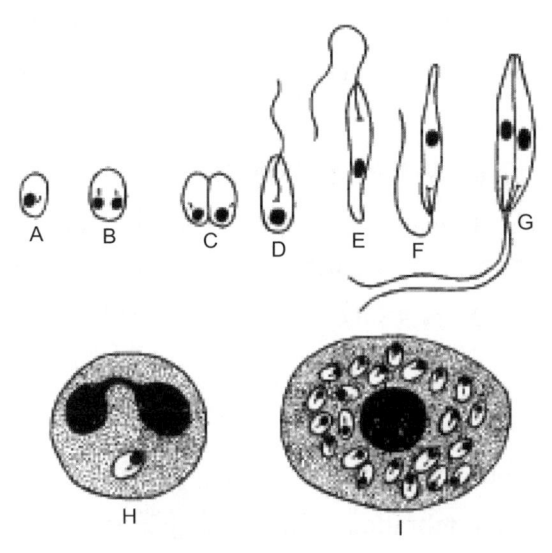

Figura 2.14 *Leishmania donovani.* A) Amastigota. B e C) Amastigota em divisão. D, E, F) Promastigota. G) Promastigota em divisão. H) Leucócito com *Leishmania* (amastigota). I) Monócito com numerosas leishmanias amastigotas. Segundo Laveran, redesenhado por Ivan.

Três dessas espécies são parasitos do cão.

Classicamente são admitidas três espécies de *Leishmania:*

Leishmania donovani (Laveran e Mesnil, 1903) Ross, 1903

Esta espécie foi estudada quase que simultaneamente em 1903, por Leishman e Donovan, na Índia.

Nome da doença – Calazar (que significa pele negra), leishmaniose visceral, dum-dum.

Distribuição geográfica – Índia, área do Mediterrâneo, Oriente Próximo, China e Américas (do México à Argentina).

Biologia

Hospedeiros

Definitivos (vertebrados) – Principalmente o homem e os caninos. Entretanto os felinos, os eqüinos, os ovinos e os roedores silvestres também podem desempenhar a função de hospedeiro definitivo.

83

Intermediário (invertebrado) – Mosquitos *Phlebotomus e Lutzomyia.*

Localização – Nos vertebrados a *L. donovani* é encontrada nos mononucleares, nas células endoteliais dos capilares das vísceras, principalmente das do baço, fígado, medula óssea, mucosa intestinal, gânglios mesentéricos, células endoteliais dos rins, cápsulas das supra-renais, pulmões e meninges, sob a forma de amastigota.

Nos invertebrados é encontrada no tubo digestivo, sob a forma de promastigota.

Leishmania tropica (Wright, 1903) Lühe, 1906

Nome da doença – Leishmaniose cutânea, leishmaniose muco-cutânea, botão do Oriente, botão de Aleppo, botão de Biskra, leishmaniose tegumentar difusa.

Distribuição geográfica – Sul da Europa, Área do Mediterrâneo, África e Ásia.

Biologia

Hospedeiros

Definitivos (vertebrados) – Homem, caninos e roedores silvestres.

Intermediários (invertebrados) – Mosca do gênero *Stomoxys* e mosquitos do gênero *Phlebotomus.*

Localização – Nos vertebrados é encontrada sob a forma amastigota nos monócitos e em outras células do SFM, na pele e nas lesões cutâneas, em nódulos linfáticos e nas membranas das mucosas.

Nos invertebrados, está sob a forma de promastigota, no tubo digestivo.

Leishmania braziliensis Viana, 1911

Nome da doença – Leishmaniose tegumentar americana, leishmaniose cutâneo mucosa, espúndia, uta, úlcera de Bauru.

Distribuição geográfica – América do Sul.

Biologia

Hospedeiros

Definitivos (vertebrados) – Homem, caninos e asininos.

Intermediário (invertebrado) – Mosquito do gênero *Lutzomyia*

Localização – Nos hospedeiros vertebrados, a forma amastigota é encontrada em elementos histocitários da pele.

No hospedeiro invertebrado é encontrada, sob a forma de promastigota, no tubo digestivo.

Família HEXAMITIDAE

Conceitos básicos

- Zoomastigophorasida com seis a oito flagelos.
- Dois núcleos.
- Axóstilos e corpos parabasais às vezes presentes.
- Simetria bilateral.

Gênero Giardia **Kunstler, 1882**

(dedicado a Giard)

Hexamitidae de corpo piriforme. Extremidade anterior arredondada e a posterior afilada. Superfície dorsal convexa. Superfície ventral apresentando anteriormente um disco redondo, com um recorte na parte inferior, que exerce função de ventosa. É através do disco que a *Giardia* se fixa à superfície das células intestinais. Dois núcleos anteriores, dois axóstilos paralelos e medianos, oito flagelos sendo dois anteriores, dois medianos, dois ventrais e dois posteriores. Após a ventosa, há um ou dois corpos curvos ou arredondados, intensamente corados, cuja natureza é ainda discutida.

Existem várias espécies de *Giardia* como a *G. lamblia,* do homem; *G. canis,* do cão e *G. duodenalis,* do coelho, registradas em nosso país, além das espécies *G. bovis,* de bovinos, *G. cati,* do gato, *G. caprae,* de caprinos e *G. equi,* de eqüinos.

Giardia canis **Hegner, 1922**

Nome da doença – Giardiose.

Estrutura – A *Giardia canis* apresenta-se sob duas formas distintas: a móvel, com trofozoítos flagelados, e a imóvel, com cistos infectantes.

Os trofozoítos são convexos dorsalmente, com disco suctor na face ventral. Apresentam simetria bilateral e corpo piriforme ou ovóide, com 12 a 17 μ de comprimento por 7 a 10 μ de largura. Possuem quatro pares de flagelos dispostos simetricamente e assim distribuídos: um par anterior, um par mediano, um par ventral e um par posterior. Os flagelos têm origem em uma série de cinetossomos. Na região posterior do disco suctorial existem dois corpos curvos, bem corados, de natureza desconhecida, mas que alguns autores denominam de corpos parabasais. Há dois núcleos ovóides laterais e dois axóstilos. A região anterior é arredondada e a posterior afilada. Não existe citóstoma (Figura 2.15).

Os cistos são ovalados com 9 a 13 μ de comprimento por 7 a 9 μ de largura; contêm dois a quatro núcleos e fibrilas remanescentes das organelas do trofozoíto (Figura 2.16).

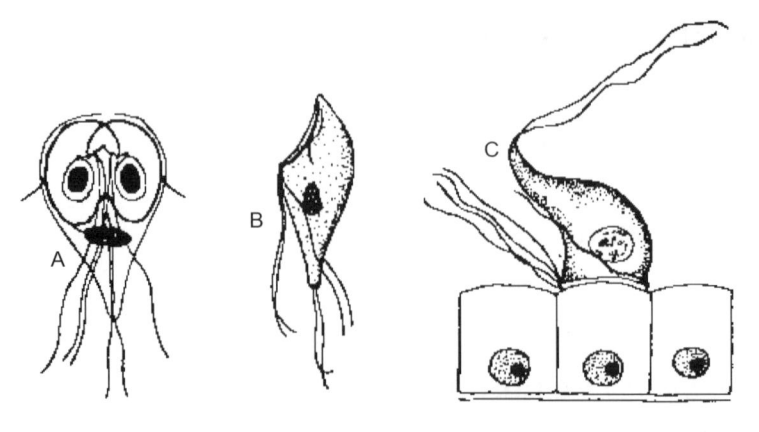

Figura 2.15 *Giardia.* A) Vista ventral, segundo Felice, 1952, redesenhado por Ivan. B) Vista lateral. C) Sobre célula epitelial.

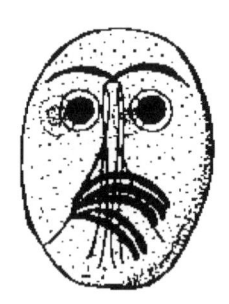

Figura 2.16 *Giardia.* Cisto, segundo Becker e Frye, 1929, redesenhado por Ivan.

Biologia

Hospedeiro – Caninos.

Localização – Intestino delgado.

Ciclo evolutivo – A transmissão do protozoário é feita através da ingestão de alimento ou de água contendo cistos. Vetores não são importantes na transmissão da infecção. O excistamento ocorre nas criptas do duodeno, sendo que cada cisto origina dois trofozoítos por um processo complicado de cissiparidade simples longitudinal.

Os trofozoítos se fixam às células epiteliais pelo disco suctorial e utilizam produtos de digestão. A adesão pelo disco impede que sejam arrastadas para fora pelos movimentos peristálticos. Quando fixos, agitam seus flagelos.

No intestino, os trofozoítos se encistam. Recolhem os flagelos, encurtam o corpo e segregam um cisto resistente e hialino em torno de si. Cada giárdia encistada tem quatro núcleos e dois discos suctores.

Os cistos maduros são eliminados pelas fezes, sendo infectantes e muito resistentes. Podem permanecer viáveis no meio ambiente por duas semanas.

Etiologia – A transmissão ocorre pela ingestão de cistos de *Giardia* contidos em alimentos e água.

Quadro clínico – Provavelmente a maioria das infecções passa desapercebida, mas em animais jovens são associadas à diarréia crônica como conseqüência da adesão de um grande número de trofozoítos de giárdia às criptas intestinais, pelos seus discos suctoriais, ocasionando irritação superficial ou agravar uma inflamação já existente.

Patogenia – O mecanismo da má absorção e a diarréia provocada pela infecção por giárdia não estão bem esclarecidos. Os trofozoítos que permanecem na mucosa intestinal, fisicamente impedem a absorção de gorduras que ocorrem nesse nível. Há evidência que a irritação é devido a atividade dos discos suctoriais. É possível que o funcionamento das enzimas do intestino delgado possa ser alterado pela presença dos trofozoítos, por mecanismo direto ou por mudança do pH. Áreas de baixo pH favorecem o crescimento da giárdia.

Diagnóstico

Clínico – Pelos sinais.

Laboratorial – Pela identificação de trofozoítos ou cistos nas fezes; nas diarréicas, a giárdia é vista em sua forma vegetativa ou trofozoíto, utilizando-se o Método Direto (exame a fresco). A necropsia revela as mucosas estomacal e intestinal intumescidas e com pontos hemorrágicos.

Profilaxia – A profilaxia da giardiose deve ser baseada nas seguintes medidas:

- tratamento dos cães parasitados;

- proceder a desinfecção das fezes dos cães positivos, para prevenir a disseminação dos cistos de giárdia;

- não permitir que fezes de cães positivos fiquem expostas, pois constituem um ótimo meio de disseminação de cistos, podendo contaminar coleções de água destinada à irrigação de hortas além de contaminarem reservatórios de água para o consumo.

Phylum APICOMPLEXA

Conceitos básicos

- Protozoa ou Protista com todos os representantes de vida parasitária.

- Possuem complexo apical, que geralmente consiste em anel polar, róptrias (toxonemas), micronemas, túbulos subpeliculares e conóide; microporo geralmente presente.

- Núcleo único.

- Flagelos e cílios ausentes, exceto os microgametas de determinados grupos, que são flagelados.

- Geralmente há formação de cistos.

- Reprodução sexual, quando ocorre, por singamia.

- Com a classe Sporozoasida.

Classe SPOROZOASIDA

Conceitos básicos

- Aplicomplexa piriformes, arredondados ou amebóides.

- Conóide, quando presente, com a forma de um cone truncado.

- Pseudópodes, quando presentes, usados para nutrição e não para a locomoção.

- Flagelos presentes somente em microgametas de alguns grupos.

- Locomoção por flexão e deslizamento.

- Reprodução assexual e sexual.

- Oocistos com esporozoítos infectantes originários de esporogonia.

- Monoxenos ou heteroxenos.

Subclasse COCCIDIASINA

Conceitos básicos

- Sporozoasida com gametas intracelulares.

- Ciclo evolutivo, geralmente, com merogonia, gametogonia e esporogonia.

Ordem EUCOCCIDIORIDA

Conceitos básicos

- Coccidiasina com merogonia sempre presente.

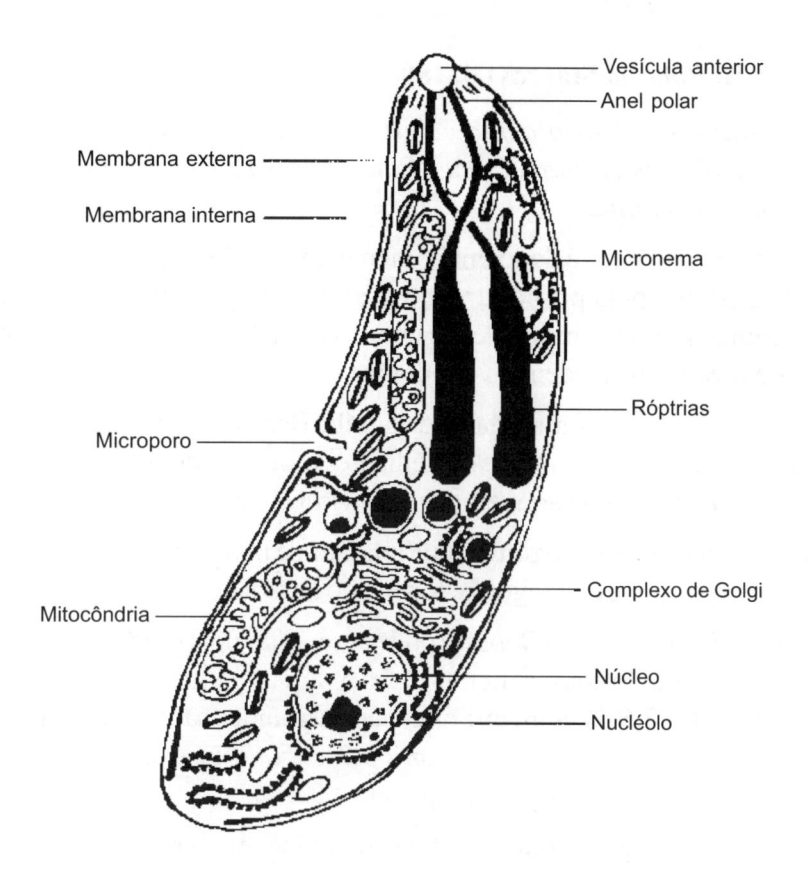

Figura 2.17 Apicomplexa. Seção longitudinal de um merozoíto.

Família BABESIIDAE Poche, 1913

Conceitos básicos

- Eucoccidiorida de forma arredondada, piriforme ou amebóide.

- Complexo apical reduzido a um anel polar, róptrias e túbulos subpeliculares.

- Micronemas presentes em alguns estádios.

- Conóide presente em algumas espécies.

- Microporo às vezes presente.

- Estádios em eritrócitos e outros em linfócitos, histiócitos e eritroblastos.

- Desprovidos de pigmentos.

- Multiplicação por cissiparidade simples e esquizogonia.

- Ciclo evolutivo indireto, heteroxeno.

Gênero *Babesia* Starcovici, 1893

Sinonímia – *Piroplasma, Nuttalia, Babesiella, Rangelia, Rossiella, Microbabesia, Nicollia, Achromaticus, Pattonella, Francaiella, Lushia, Sogdianella, Entopolypoides e Smithia.*

O nome do gênero é dado em homenagem a Babés, Victor, nascido em Viena, 1854, que constatou pela primeira vez a presença do parasito no sangue de bovinos africanos com hemoglobinúria. Desde então, cerca de 25 espécies de babésias foram registradas em vários hospedeiros vertebrados.

Este gênero é o mais importante da família Babesiidae. Suas espécies transmitidas por carrapatos, são estruturalmente semelhantes e causam quase os mesmos efeitos nos hospedeiros, embora sejam variáveis quanto à virulência.

Neste gênero, os trofozoítos multiplicam-se nos eritrócitos por divisão binária, formando pares, ou por esquizogonia, formando tétrades.

Praticamente o gênero *Babesia* pode apresentar dois grupos de espécies: as grandes, com mais de 3 μ de comprimento (2,5 a 5 μ) e as pequenas, com menos de 3 μ de comprimento (1,0 a 2,5 μ). Somente as espécies grandes são suscetíveis ao tratamento com Azul de Tripam. *B. bigemina, B. canis e B. caballi* são exemplos de espécies grandes e *B. equi* é exemplo de espécie pequena.

As espécies do gênero *Babesia* são cosmopolitas e ocorrem onde existem carrapatos.

Nome da doença – Babesiose, piroplasmose, tristeza parasitária.

Estrutura – Os trofozoítos nos eritrócitos são piriformes, arredondados, ovalados ou irregulares. Geralmente aparecem aos pares, unidos pela extremidade mais afilada; entretanto, são observados, às vezes, em um só eritrócito, um número maior de parasitos. Possuem núcleo, nucléolo, micronemas, retículo endoplasmático e anel polar. Complexo de Golgi, mitocôndrias e róptrias, ausentes.

As formas esféricas, no ovário do carrapato, encontram-se circundadas pela membrana da célula do hospedeiro (Figura 2.18).

Biologia

Hospedeiros

Definitivos (vertebrados): bovinos, ovinos, eqüinos, suínos, caninos, felinos e galiformes (galinha, peru e faisão).

Intermediário (invertebrado): Ixodides (carrapatos).

Localização – Eritrócitos.

Ciclo evolutivo – A transmissão de vertebrado a vertebrado é através da inoculação da babésia pelo carrapato.

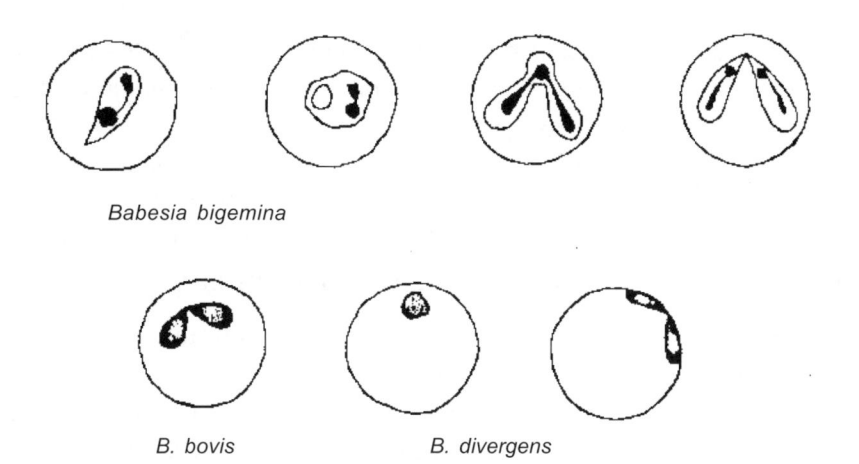

Babesia bigemina

B. bovis   *B. divergens*

Figura 2.18 Espécies de *Babesia* de bovinos em eritrócitos, *Babesia bigemina*. (Segundo Nuttal e Graham-Smith, 1908.) *B.Bovis* e *B. divergens*. Segundo Davies, Joyner e Kendall, 1958, redesenhado por Ivan.

No hospedeiro vertebrado os parasitos penetram nos eritrócitos e se transformam em trofozoítos. A multiplicação é por divisão binária ou por esquizogonia. Em determinadas espécies são formados dois trofozoítos piriformes, inicialmente unidos e depois separados, que destruindo o eritrócito ficam livres e penetram em novos eritrócitos. Em outras espécies surgem quatro trofozoítos constituindo tétrades. Este ciclo se propaga indefinidamente e os vertebrados permanecem infectados durante toda a sua vida. O desenvolvimento do ciclo no carrapato se processa de dois modos, segundo a espécie da babésia e do carrapato.

Nos carrapatos de um hospedeiro, há ingestão das babésias pelas fêmeas dos carrapatos, seguindo a penetração e multiplicação nas células epiteliais do intestino, tomando então a forma de clava, caem na hemocele, havendo penetração e multiplicação nas células dos tubos de Malpighi, nos ovários, penetração nos oócitos e conseqüentemente infecção dos ovos; desenvolvimento na hemocele das larvas originárias dos ovos infectados, das ninfas e dos adultos provenientes dessas larvas; penetração e multiplicação nas glândulas salivares e transmissão ao vertebrado por ocasião da sucção de sangue pelo carrapato.

No ciclo evolutivo descrito acima, o carrapato adulto infecta-se mas não transmite a doença, o que será feito pela geração seguinte. A transmissão é de geração à geração (transovariana).

Nos carrapatos de mais de um hospedeiro, os parasitos também podem ser transmitidos pelos diversos estádios de uma mesma geração; as babésias podem ser ingeridas por uma larva do carrapato e transmitidas pela ninfa ou, se ingeridas por uma ninfa, transmitidas pelo adulto. A modalidade de transmissão de estádio a estádio só ocorre em carrapatos que exigem para seu ciclo evolutivo mais de um hospedeiro.

Na transmissão das babésias de estádio a estádio, os parasitos ingeridos por ocasião do repasto sangüíneo não se multiplicam no epitélio intestinal e atingindo a hemocele, reproduzem-se por divisão múltipla, originando os pseudocistos com 14 a 35 µ de diâmetro (cerca de 200 organismos envolvidos pela membrana da célula parasitada do hospedeiro). Os pseudocistos rompem-se e os parasitos liberados, medindo 2 a 3 µ de diâmetro, invadem e multiplicam-se nos músculos, por diversas divisões binárias, constituindo um grande número de parasitos medindo de 9 a 12 µ de comprimento.

Os músculos do carrapato permanecem inalterados durante as metamorfoses. Quando o estádio posterior inicia sua alimentação no hospedeiro, os parasitos migram até as glândulas salivares e, penetrando nas suas células, reproduzem-se por repetidas divisões binárias, originando um grande número de estádios infectantes com 1 µ de comprimento, que serão transmitidos ao hospedeiro vertebrado.

Hospedeiros	**Espécies de *Babesia***
Bovinos	*Babesia bigemina, B. bovis* (sin. *B. argentina, B. berbera), B divergens* e *B. major.*
Ovinos	*B. motasi, B. foliata* e *B. taylori.*
Eqüinos	*B. caballi* e *B. equi.*
Caninos	*B. canis, B. vogeli* e *B. gibsoni.*
Suínos	*B. trautmani* e *B. perroncitoi.*
Felinos	*B. felis.*
Galináceos	*B. moshkovskii.*

Babesia bigemina (Smith & Kilborne, 1893)

Sinonímia – *Piroplasma bigemina.*

Nome da doença – Babesiose, piroplasmose, febre bovina do Texas, tristeza parasitária.

Biologia

Hospedeiros

Definitivo (vertebrado): Bovinos.

Intermediário (invertebrado): *Boophilus microplus.*

Localização – Eritrócitos (do bovino) do sangue capilar e periférico e raramente nos órgãos.

Quadro clínico – Na babesiose causada pela *B. bigemina* podem ocorrer duas formas: uma aguda e outra crônica.

Forma aguda – O PPP é de oito a 15 dias. Febre, com temperatura de 40 a 41,5°C, hemoglobinúria, anemia, icterícia, anorexia e edemas.

Esta forma evolui em até 10 dias e leva o animal à morte. Os animais jovens são mais resistentes e a convalescença é rápida.

Forma crônica – O PPP é de dois a seis meses e não há sinais clínicos como febre, hemoglobinúria e icterícia, porém é evidenciada uma anemia e um emagrecimento lento e progressivo.

Patogenia – A patogenicidade da babesiose é maior nos animais adultos. A febre está associada ao aparecimento do parasito na corrente circulatória.

Do 8° ao 15° dia após a infecção, os bovinos apresentam intensa parasitemia e a destruição dos eritrócitos é responsável pela anemia hemolítica.

A hemoglobina liberada é transformada em pigmento biliar e o excedente é depositado nos tecidos, resultando a icterícia. O excesso da hemoglobina é eliminado pela urina, ocasionando a hemoglobinúria. A morte deve-se à obstrução dos capilares dos órgãos viscerais pelas hemácias parasitadas, parasitos e detritos celulares. A associação destes fatores produz metabólitos tóxicos e anoxia, cujos efeitos são letais.

As lesões observadas na necropsia são esplenomegalia; hepatomegalia com coloração amarelada, vesícula biliar com bílis espessa; rim cianótico; mucosa do abomaso e do intestino, edematosa, ictérica e com petéquias; tecido conjuntivo intramuscular subcutâneo e subseroso, edematoso e ictérico; gordura amarela e gelatinosa; sangue aquoso.

Profilaxia – Como a *B. bigemina* é transmitida por carrapatos, a infecção pode ser evitada pelo controle de carrapatos, banhando-se o gado, freqüentemente, com carrapaticida.

A fim de se evitar a contaminação de um local endêmico é empregada a premunição de animais jovens, isto é, serão submetidos a inoculação subcutânea de sangue infectado, controle do quadro clínico e tratamento adequado para prevenção de morte.

Babesia bovis (Babés, 1888) Starcovici, 1893

Sinonímia – *Babesia argentina, B. berbera, B. divergens, Piroplasma argentinum, B. bovis.*

Nome da doença – *Babesiose, piroplasmose.*

Estrutura – Sua forma é esférica, ovalada ou piriforme e estas formas, geralmente, são encontradas nas bordas dos eritrócitos. O núcleo se apresenta como um pequeno ponto. As formas em pêra medem 2 μ de comprimento com as extremidades afiladas unidas e as extremidades arredondadas divergentes. Às vezes, o citoplasma apresenta-se muito reduzido.

Dimensão – Mede, a forma oval, 2,4 por 1,5 μ.

Biologia

Hospedeiros

Definitivo (vertebrado): Bovinos.

Intermediário (invertebrado): *Boophilus microplus*.

Localização – Nos eritrócitos da circulação capilar e raramente na circulação periférica dos bovinos.

Ciclo evolutivo – Semelhante ao da *B. bigemina*.

Quadro clínico – O PPP vai de cinco a 25 dias, surgindo depois febre de 41ºC, hemoglobinúria, anemia, mucosas pálidas e icterícia.

Patogenia – Semelhante à causada pela *B. bigemina*.

Diagnóstico – Semelhante ao descrito para *B. bigemina*.

Profilaxia – A mesma empregada para a *B. bigemina*.

Babesia canis (Piana e Galli – Valério, 1895)

Sinonímia – *Piroplasma canis, P. ross, P. vitalii, Plasmodium canis*.

Nome da doença – Babesiose canina, piroplasmose canina, peste de sangrar, nambiuvu.

Estrutura – É uma espécie grande. Os merozoítos nos eritrócitos são piriformes e geralmente apresentam um vacúolo no citoplasma.

Os estádios maduros nos eritrócitos geralmente apresentam anel polar, túbulos subpeliculares, ribossomos e retículo endoplasmático.

Dimensão – Nos eritrócitos a *B. canis* piriforme mede de 4 a 5 μ de comprimento e a amebóide mede de 2 a 4 μ de diâmetro.

Biologia

Hospedeiros

Definitivo (vertebrado): Caninos.

Intermediários (invertebrados): *Rhipicephalus sanguineus* (o mais comum), *Dermacentor, Hyaloma* e *Haemaphysalis*.

Localização – Eritrócitos do cão.

Ciclo evolutivo – O ciclo evolutivo no *Rhipicephalus sanguineus* já foi referido anteriormente, assim como a transmissão de geração à geração e a de estádio a estádio.

Quadro clínico e Patogenia – O PPP é de 10 a 20 dias, seguido de febre 39ºC em conseqüência da parasitemia, destruição dos eritrócitos, resultando em anemia, icterícia e sobrevindo a morte. Pode ou não ocorrer hemoglobinúria.

A babesiose canina é altamente patogênica. São suscetíveis tanto os cães jovens como os adultos.

Ocorre espleno e hepatomegalia. O coração apresenta-se pálido e amarelado. Rins amarelados, nefrite. Músculos pálidos e ictéricos. Intestino, coração e brônquios hemorrágicos. Acúmulo de líquidos nas cavidades pleural, pericárdica e peritoneal.

Diagnóstico

Clínico – Pelos sinais.

Laboratorial – Pesquisa de babésias em exame microscópico de distensão de sangue, corada pelo método de Giemsa ou May-Grünwald-Giemsa.

Profilaxia – Combate ao carrapato.

Babesia caballi (Nuttall e Strickland, 1910)

Sinonímia – *Piroplasma caballi.*

Nome da doença – Babesiose, piroplasmose.

Estrutura – É uma espécie grande e do tipo da *B. bigemina.* Nos eritrócitos tem o aspecto arredondado, ovalado ou piriforme e estes unidos pelas extremidades afiladas. Apresentam róptrias, microtúbulos e retículo endoplasmático.

Dimensão – A forma ovalada mede 1,5 por 3,0 μ e a piriforme tem uma dimensão de 2 a 5 μ de comprimento.

Biologia

Hospedeiros

Definitivo (vertebrado): Eqüinos.

Intermediários (invertebrados): *Amblyomma spp, Rhipicephalus sanguineus* e *Anocentor nitens.*

Localização – Eritrócitos dos eqüinos e células epiteliais do tubo digestivo dos invertebrados.

Ciclo evolutivo – Semelhante ao descrito anteriormente.

Quadro clínico e Patogenia – O PPP é de seis a 10 dias e a doença manifesta-se por uma prostração, perda de apetite e febre. A temperatura pode passar de 40°C e assim pode permanecer durante uma semana. Às vezes é observada hemoglobinúria. Anemia e icterícia também são observadas. Gastroenterite não é rara. É freqüente a paresia do trem posterior em conseqüência de acidentes nervosos.

Diagnóstico

Clínico – Pelos sinais e presença de carrapatos vetores.

Laboratorial – Pesquisa de babésias em exame microscópico de distensão de sangue, corada pelo método de Giemsa ou May-Grünwald-Giemsa, coletado durante o primeiro acesso febril.

Não pode deixar de ser mencionado que uma diminuição da hemoglobina e do número de eritrócitos, acompanhada de um aumento de sedimentação dos eritrócitos, constituem uma evidente prova dessa babesiose.

Diferencial – Com a *anemia infecciosa* na qual não ocorre icterícia nem hemoglobinúria.

Profilaxia – A mesma indicada para a *B. bigemina*. Basicamente a luta consiste no combate aos carrapatos vetores.

Babesia equi (Laveran, 1901)

Sinonímia – *Piroplasma equi, Nuttallia equi, N. asini, N. minor, Achromaticus equi.*

Nome da doença – Babesiose, piroplasmose, nutaliose.

Estrutura – A *B. equi* é uma espécie relativamente pequena. Nos eritrócitos tem o aspecto arredondado, amebóide ou piriforme. Geralmente são encontradas quatro babésias piriformes unidas pelas extremidades afiladas e dispostas de modo característico em forma de cruz. Também não é raro serem observadas até oito *B. equi* em um eritrócito.

Dimensão – Mede somente 2 a 3 μ.

Biologia

Hospedeiros

Definitivo (vertebrado): Eqüinos.

Intermediários (invertebrados): *Amblyomma spp., Rhipicephalus sanguineus* e *Anocentor nitens.*

Localização – Eritrócitos dos eqüinos.

Ciclo evolutivo – No eritrócito o merozoíto da *B. equi* divide-se originando quatro merozoítos filhos.

A seqüência do ciclo evolutivo já foi referida na parte geral do gênero *Babesia*.

Quadro clínico – O PPP é de 10 a 21 dias. O primeiro sinal clínico é a elevação da temperatura, com uma febre intermitente. Mucosas pálidas e ictéricas. Respiração acelerada. Hemoglobinúria. Constipação. Não ocorre paresia do trem posterior. Hemorragias leves na mucosa nasal, oral e ocular.

Geralmente a doença regride em sete a 12 dias, mas em casos agudos a morte sobrevém em um a dois dias ou pode se tornar crônica arrastando-se por semanas ou mesmo meses, antes da cura.

Patogenia – A necropsia revela carcaça anêmica, ictérica, emaciada e edematosa. Acúmulo de fluido nas cavidades pericárdicas e peritoneal. Espleno e hepatomegalia. Estômago e intestino hemorrágicos.

Diagnóstico

Clínico – Pelos sinais.

Laboratorial – Pela identificação das babésias em exame microscópico de distensão de sangue corada pelo método de May-Grünwald-Giemsa.

Profilaxia – Combate ao carrapato.

Caracterização de certas espécies de *Babesia*

Espécies que ocorrem no Brasil	Hospedeiro vertebrado	Hospedeiro invertebrado	Modalidade de transmissão da infecção no hospedeiro invertebrado	Nome da doença
B. bigemina	Bovino	*Boophilus microplus*	Geração à Geração	Babesiose Piroplasmose
B. bovis	Bovino	*Boophilus microplus*	Geração à Geração	Babesiose Piroplasmose
B. equi	Eqüino	*Amblyomma* spp. *Rhipicephalus saguineus*	Geração à Geração e Estádio a Estádio	Nutaliose
B. canis	Canino	*Rhipicephalus sanguineus*	Geração à Geração e Estádio a Estádio	Babesiose canina Nambiuvu Peste de sangrar Piroplasmose canina

Família THEILERIIDAE Du Toit, 1918

Conceitos básicos

- Eucoccidiorida de forma arredondada, ovalada ou bacilar.

- Complexo apical reduzido somente a algumas roptrias.

- Micrópila presente só em estádios nos eritrócitos.

- Alguns estádios em eritrócitos e outros em linfócitos, histiócitos e eritroblastos.

- Multiplicação por esquizogonia nos linfócitos, histiócitos e eritroblastos, seguindo-se invasão dos eritrócitos.

- Multiplicação por cissiparidade nos eritrócitos.

- Ciclo evolutivo indireto, heteroxeno.

Gênero *Theileria* Bettencourt, França e Borges, 1907

(dedicado a A. Theiler)

Theileridae que se multiplicam por esquizogonia nos linfócitos, histiócitos e eritroblastos, depois invadem os eritrócitos onde se multiplicam por cissiparidade.

Theileria parva (Theiller, 1904) Bettencourt, França e Borges, 1907

Sinonímia – *Piroplasma kochi, P. parvum, Theileria kochi e T. lawrenci.*

Nome da doença – Teileirose bovina, febre da costa leste.

Estrutura – A forma, nos eritrócitos, é arredondada, oval ou bacilar e mede de 1,5 a 2,0 μ de comprimento por 0,5 a 1,0 μ de largura. Vários parasitos podem ser encontrados em um único eritrócito. A multiplicação, por esquizogonia processa-se normalmente nos linfócitos e casualmente nas células endoteliais. Os esquizontes, também denominados de corpos azuis de Koch, evoluem nos linfócitos e às vezes nas células endoteliais dos gânglios linfáticos e baço.

Há dois tipos de esquizontes. Os macroesquizontes, com grânulos de cromatina, medindo de 0,4 a 2,0 μ de diâmetro, vão originar os macromerozoítos de 2,0 a 2,5 μ de diâmetro. Os microesquizontes, com grânulos de cromatina, medindo de 0,3 a 0,8 μ de diâmetro, vão originar os micromerozoítos de 0,7 a 1,0 μ de diâmetro.

Os merozoítos, nos eritrócitos, apresentam uma única membrana e uma micrópila, através do qual ocorre a pinocitose. Os merozoítos exoeritrocíticos, resultantes da esquizogonia nas células linfóides, apresentam dupla membrana e ausência de micrópila. Os dois tipos de merozoítos têm dois vacúolos e núcleo desprovido de nucléolo (Figura 2.19).

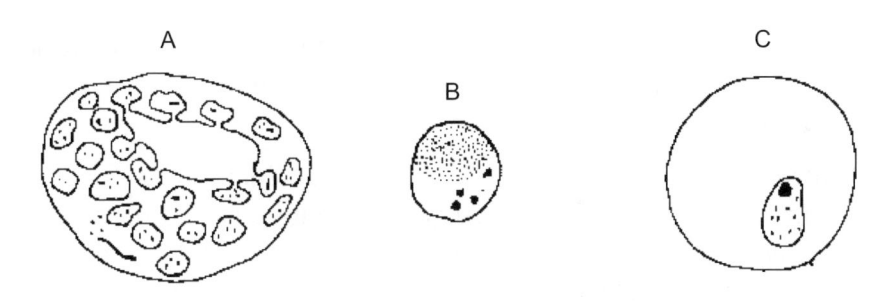

Figura 2.19 *Theileria parva.* A) Leucócito com microesquizonte com micromerozoítos livres e alguns unidos pelo corpo residual. B) Micromerozoíto. C) Hemácia com micromerozoíto (piroplasma). Segundo Jarret e Brocklesby, 1966, redesenhado por Ivan.

Biologia

Hospedeiros

Definitivos (vertebrados): bovinos, zebuínos e bubalinos.

Intermediários (invertebrados): *Rhipicephalus spp. e Hyalomma spp.*

Localização – Linfócitos e eritrócitos.

Ciclo evolutivo – Para sua evolução são necessários dois hospedeiros: o bovino e o carrapato.

O carrapato, hospedeiro intermediário, adquire a infecção quando, ao se alimentar em um bovino, ingere eritrócitos parasitados. A maioria dos parasitos ingeridos morre. Aqueles que sobrevivem, depois de atravessarem a parede intestinal, atingem a cavidade celomática, migram às glândulas salivares, onde sofrem divisão binária e são injetados no bovino por ocasião do repasto sangüíneo. A transmissão do parasito no carrapato é de estádio a estádio e nunca transmissão transovariana. Quando a larva se infecta, transmite à ninfa e quando a ninfa se infecta, transmite ao adulto. O parasito só tem a capacidade de sobreviver, no carrapato, por uma única muda.

O bovino, hospedeiro definitivo, se infecta quando o carrapato, durante a tomada de sangue, injeta o parasito que, transportado pelos vasos linfáticos, vai ter aos tecidos linfáticos, gânglios linfáticos e baço, onde origina esquizontes. Este, por esquizogonia, vai dar dois tipos de esquizontes, os macroesquizontes responsáveis pelos macromerozoítos que repetem a esquizogonia, até que um grande número de células linfóides são parasitadas. Após várias gerações, o núcleo do macroesquizonte se multiplica sem ocorrer a divisão celular. Este processo induz a produção de microesquizontes, conseqüentemente micromerozoítos e piroplasmas. O mecanismo pelo qual são formados os microesquizontes não está bem esclarecido.

Quadro clínico e Patogenia – A teileriose é uma doença grave na qual 90 a 100% dos bovinos infectados morrem. Os animais jovens são mais resistentes que os adultos. O zebu *(Bos indicus)* tem alta resistência natural; entretanto, entre aqueles provenientes de áreas não endêmicas introduzidos em áreas endêmicas, a mortalidade é bastante elevada.

O período de incubação é de 10 a 25 dias, em média 13 dias, findo o qual surge febre. Os primeiros sinais clínicos são a perda do apetite, emaciação, parada da ruminação, descarga nasal, lacrimejamento, edema das pálpebras e orelhas; taquicardia, diarréia sanguinolenta, edema de pulmão e morte.

A necropsia revela tumefação ganglionar, rins hemorrágicos. Úlceras no abomaso, intestino delgado e grosso, caracterizadas por uma área central necrosada, limitada externamente por uma zona hemorrágica.

Na forma subaguda os sinais clínicos são menos pronunciados.

Diagnóstico

Clínico – Pelos sinais.

Laboratorial – Identificação do parasito em distensão de sangue dos gânglios linfáticos ou do baço.

Profilaxia – Combate ao carrapato.

Família PLASMODIIDAE Mesnil, 1905

Conceitos básicos

- Eucoccidiorida desprovidos de conóide.

- Anel polar, rópterias, micronemas, microtúbulos subpeliculares e micrópila presentes.

- Heteroxenos. Merogonia no hospedeiro vertebrado e esporogonia no hospedeiro invertebrado.

- Zigoto móvel (oocineto).

- Cada microgametócito origina oito microgametas flagelados.

- Insetos hematófagos responsáveis pela transmissão.

Gênero *Plasmodium* Marchiafawa e Celli, 1885

(gr. *plasma,* substância, plasma; *idion,* lat. *idius,* diminutivo).

Plasmodiidae cujo citoplasma apresenta grânulos de pigmentos pretos, denominados de hemozoína. Parasitos de eritrócitos do homem e de diversos vertebrados, principalmente aves.

Plasmodium juxtanucleare Versiani e Gomes, 1941

Sinonímia – *P. japonicum*

Nome da doença – Malária das galinhas.

Estrutura – Os merozoítos são esféricos, ovalados ou amebóides. São relativamente pequenos e normalmente em contato com o núcleo do eritrócito. Cada um origina, geralmente, quatro merozoítos. Os gametócitos são esféricos, ovalados ou piriformes. A célula do hospedeiro apresenta-se distorcida (Figura 2.20).

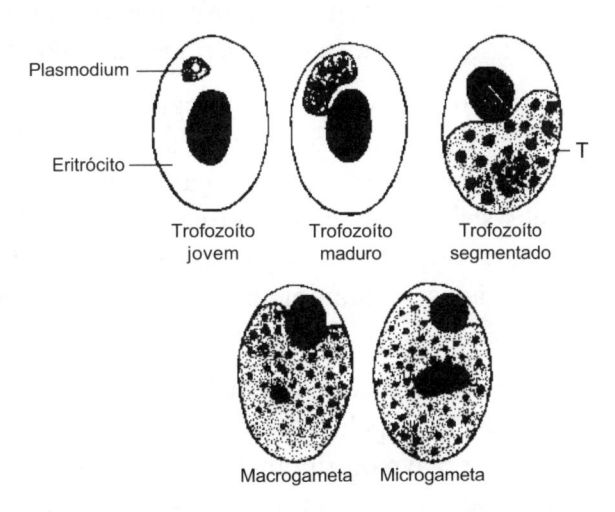

Figura 2.20 Diversos estádios de *Plasmodium* em eritrócitos de galináceos. Aumento de 2.800 vezes. Segundo N. Levine, 1973, redesenhado por Ivan.

Biologia

Hospedeiros

Definitivos (invertebrados): *Culex pipiens* e C. *annulus*. São refratárias as espécies de *Aedes* e *Anopheles*.

Intermediário (vertebrado): Galiformes.

Ciclo evolutivo – Nos galináceos o ciclo endógeno tem início com a inoculação dos plasmódios, na forma de esporozoítos, pela saliva do mosquito quando pica, para o seu repasto sangüíneo. Os esporozoítos são delgados, com extremidades afiladas, dotados de movimentos rápidos, deixam o tecido subcutâneo e atingem a circulação e depois as células do SFM, onde se multiplicam. Depois os esporozoítos ganham a circulação – fase eritrocítica – e nos eritrócitos, incorporam por pinocitose ou pela micrópila o citoplasma da célula parasitada e são então denominados de trofozoítos (gr. *trophe,* nutrir; *zoon,* animal). Os trofozoítos se desenvolvem rapidamente, o núcleo cresce e são agora denominados de merozoítos, ocupando quase toda a célula parasitada. Tem início a multiplicação, que começa com transformação do núcleo. Esta forma é designada de esquizonte (gr. *schizo,* dividir; *ontos,* ser) e realiza a esquizogonia. As células-filhas resultantes são denominadas de merozoítos e cada um deles invade um novo eritrócito, recomeçando a absorção do alimento e esquizogonia.

Depois de várias esquizogonias surgem formas sexuadas, designadas gametócitos. Os gametócitos maduros assemelham-se aos esquizontes, porém apresentam um só núcleo. Há dois tipos de gametócitos: os grandes denominados de gametócito feminino ou macrogametócito, com citoplasma denso, núcleo compacto e pequeno; gametócito masculino ou microgametócito com citoplasma menos denso e núcleo difuso. Os gametócitos geralmente permanecem nos eritrócitos até serem ingeridos pelos mosquitos.

O mosquito, hospedeiro definitivo, ao sugar sangue durante seu repasto, ingere eritrócitos com todas as formas de plasmódios, mas só os gametócitos prosseguem sua evolução. As demais formas degeneram e morrem. Os gametócitos, uma vez no intestino médio do *Culex,* graças aos seus movimentos, tornam-se livres dos eritrócitos. O gametócito feminino amadurece e origina o macrogameta. O gametócito masculino origina vários microgametas que dotados de movimentos muito ativos vão em busca do macrogameta.

O núcleo do macrogameta dirige-se à superfície, onde vai ocorrer a formação de uma saliência. O microgameta é atraído pelo macrogameta, penetra na saliência e os dois núcleos se fundem para originar o ovo ou zigoto. O zigoto é móvel e denominado de oocineto. O oocineto migra, graças aos seus movimentos de contração e distensão até a parede do intestino médio. Aí instalado, contrai-se e torna-se esferóide com diâmetro menor que um eritrócito, é cercado por uma cápsula, constituindo um oocisto. O oocisto cresce rapidamente por ocorrer esporogonia (cissiparidade múltipla que sucede a uma reprodução sexuada) com a formação de esporozoítos. O número de esporozoítos é muito grande, cerca de 10 mil por oocisto. É a fase esporogônica.

Os esporozoítos livres dos oocistos invadem o organismo do *Culex* e a grande maioria atinge as glândulas salivares onde aguarda o momento de serem transferidos aos galináceos por ocasião da picada, recomeçando o ciclo.

Quadro clínico – Não há sinais clínicos aparentes. A temperatura mantém-se normal. Entretanto, geralmente uma semana antes da morte a crista apresenta-se pálida.

Patogenia – Esta espécie é altamente patogênica, ocasionando esplenomegalia, acúmulo de líquido na cavidade pericardial, elevada parasitemia e distorção dos eritrócitos.

Diagnóstico – Exame laboratorial de distensão de sangue para pesquisa do *Plasmodium* e observação dos eritrócitos. Na necropsia observar o baço e a cavidade pericardial.

Profilaxia – Combate ao inseto vetor.

Gênero *Haemoproteus* Kruse, 1890

(gr. *haima*, sangue; *proteus*, primeiro)

Plasmodiidae pigmentados. Gametócitos presentes nos eritrócitos, em forma de halteres, isto é, são afilados e contornam o núcleo da célula do hospedeiro. Parasitam aves, répteis e anfíbios. Esquizogonia nas células endoteliais dos vasos sangüíneos de diversos órgãos. Esporogonia no organismo de dípteros (hipoboscídeos, mosquito pólvora e *Chrysops)*.

Haemoproteus columbae Kruse, 1890

Estrutura – Os gametócitos alongados, em forma de salsicha e pigmentados, circundam o núcleo do eritrócito. Às vezes é constatada a presença de até dois gametócitos no mesmo eritrócito. A gametogonia é semelhante a do *Plasmodium*. Os microgametas têm dois flagelos (Figura 2.21).

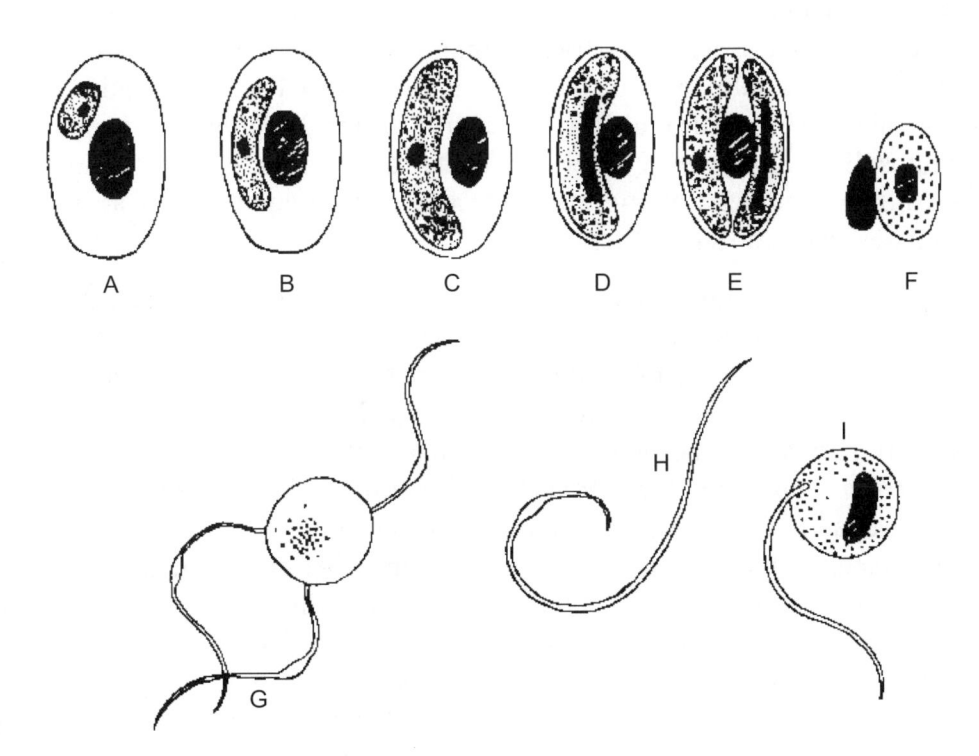

Figura 2.21 *Haemaproteus columbae.* A e B) Formas jovens. C) Macrogametócito. D) Microgametócito. E) Macrogametócito e microgametócito numa mesma hemácia. F) *Haemoproteus* livre, junto a uma hemácia. G) Formação de microgametas. H) Microgameta livre. l) Fecundação de um macrogameta por um microgameta. Aumento de 1.500 vezes. Segundo A. Laveran, redesenhado por Ivan.

Dimensão – Ao penetrarem nos eritrócitos, com aspecto de anel, medem de 1 a 2 μ de diâmetro, e quando maduros atingem a 10 μ de comprimento.

Biologia

Hospedeiros

Definitivos (invertebrados): Hipoboscídeos, mosquito pólvora e tabanídeos *(Chrysops).*

Intermediários (vertebrados): Pombo e diversas aves silvestres.

Localização – Esquizontes nas células endoteliais dos vasos sangüíneos de diversos órgãos dos pombos.

Gametócitos no tubo digestivo, cavidade geral e glândulas salivares dos insetos hematófagos.

Ciclo evolutivo – Os esporozoítos, inoculados com a saliva, quando o inseto hematófago pica para sugar o sangue, penetram nas células epiteliais dos vasos sangüíneos do pombo, crescem e transformam-se em esquizontes. São registrados principalmente nos pulmões como também no fígado e no baço. Os esquizontes por esquizogonia (cissiparidade múltipla) originam, cada um deles, um grande número de merozoítos. É o *ciclo esquizogônico* e se repete várias vezes. A célula endotelial se rompe e libera os merozoítos que, atingindo a corrente circulatória e se acumulando nos capilares, causarão sua obliteração.

Os merozoítos liberados invadem, cada um deles, um eritrócito, onde crescem e se transformam em gametócitos. Pode ocorrer que mais de um merozoíto penetre em um eritrócito. Os gametócitos circundam o núcleo da célula invadida e amadurecem. Os microgametócitos apresentam um citoplasma hialino e núcleo com grânulos de cromatina. Os macrogametócitos têm um citoplasma denso e núcleo compacto. A *esporogonia* tem início com o amadurecimento dos gametócitos e ocorre nos insetos citados. Cada microgametócito vai originar quatro microgametas, e cada macrogametócito vai produzir um único macrogameta. Após a fecundação está constituído o *zigoto* ou *oocineto*. Os oocinetos migram até atingirem a parede do intestino médio onde penetram, amadurecem e originam os oocistos (com 36 μ de diâmetro) que por esporogonia vão produzir os esporozoítos (10 μ de comprimento). Os esporozoítos deixam os oocistos e migram até as glândulas salivares onde aguardam a oportunidade de serem transferidos e prosseguir o ciclo.

Quadro clínico – Geralmente não há manifestação clínica de sinais aparentes. Às vezes as aves emagrecem.

Patogenia – A *H. columbae* não é patogênica.

Família EIMERIIDAE Poche, 1913

Conceitos básicos

- Coccidiasina com ciclo evolutivo direto – monoxeno – fecal-oral.

- Oocistos com 0 a n esporocistos e cada um com um ou mais esporozoítos.

- Merogonia e gametogonia nas células dos hospedeiros.

- Esporogonia (meiose), geralmente fora do corpo do hospedeiro.

- Microgametas com dois ou três flagelos.

- Os gêneros são diferenciados pelo número de esporocistos nos oocistos e o número de esporozoítos nos esporocistos.

- Com os gêneros *Eimeria* e *Isospora*.

Gênero *Eimeria* Schneider, 1875

(dedicado a Eimer)

Eimeriidae cujos oocistos possuem quatro esporocistos e cada esporocisto com dois esporozoítos.

Hospedeiros – Mamíferos, aves, répteis, anfíbios, peixes e ocasionalmente artrópodes.

Estrutura – A estrutura característica de um oocisto esporulado de *Eimeria* pode ser observada na Figura 2.22. A parede do oocisto compõe-se de duas camadas lisas, limitada por uma membrana. Pode haver uma micrópila protegida pelo opérculo. O oocisto não esporulado possui um núcleo e o esporulado apresenta quatro esporocistos e cada um com dois esporozoítos; grânulo polar presente. Os esporocistos são ovóides com corpo residual e corpo de Stieda. Os esporozoítos têm forma de banana, um núcleo e um grânulo refrátil em cada extremidade. Os merozoítos são formados por esquizogonia dentro da célula hospedeira. Ambos, o merozoíto e o esporozoíto, têm anel polar, conóide, micronemas, róptrias, micrópila, túbulos subpeliculares, núcleo, vesícula anterior, mitocôndrias, complexo de Golgi, retículo endoplasmático e grânulo polar (Figura 2.22).

Eimeria tenella (Railliet e Lucet, 1891) Fantham, 1909

Sinonímia – *Eimeria avium, E. bracheti, Coccidium tenellum, C. globosum.*

Nome da doença – Coccidiose cecal.

Estrutura – Os oocistos são ovóides e medem 14 a 41 µ por 9 a 25 µ, com média de 23 a 19 µ.

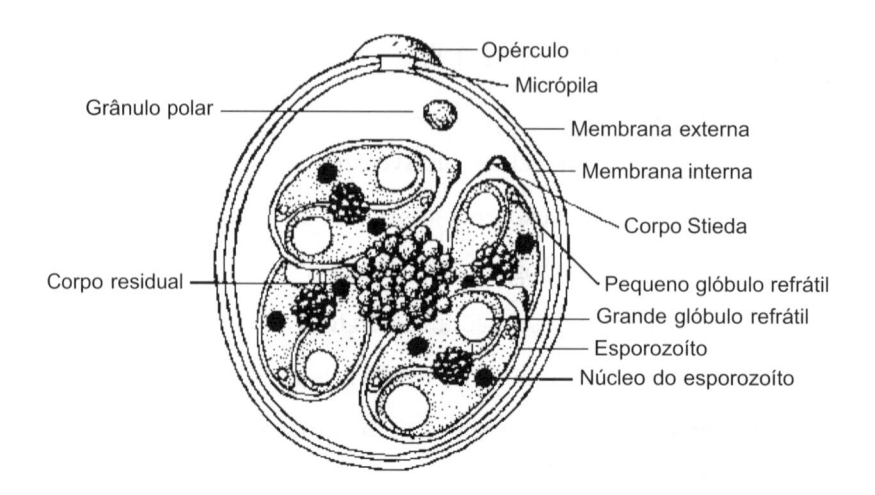

Figura 2.22 Estruturas de oocisto esporulado de *Eimeria*. Segundo N. Levine, 1973, redesenhado por Ivan.

Os microgametócitos maduros (gametócitos masculinos) contêm pequenos núcleos com dupla membrana porosa, dispostos na periferia do citoplasma. Possuem complexo de Golgi, mitocôndrias e retículo endoplasmático. Cada núcleo transforma-se em um microgameta. Os microgametas possuem dois flagelos, medem 16 μ de comprimento, com núcleo longo, mitocôndrias e aparelho basal de perfuração. Os macrogametócitos (gametócitos femininos) contêm um núcleo grande, vesicular e central, mitocôndrias, retículo endoplasmático, complexo de Golgi e grânulos eosinófilos.

Biologia

Hospedeiro – Galináceos.

Localização – Cecos.

Ciclo evolutivo – Os oocistos eliminados com as fezes dos galináceos são imaturos (não esporulados). No meio ambiente ocorre a esporulação dos oocistos, sendo necessário para isso a presença de oxigênio livre, uma temperatura de 25 a 30°C e umidade relativa do ar de 70 a 80%. Os oocistos (diplóides) sofrem esporogonia (meiose), resultando quatro esporocistos. Dois esporozoítos evoluem em cada esporocisto. O tempo de esporulação é de dois a três dias. Os oocistos esporulados são infectantes e podem permanecer viáveis durante mais ou menos três meses.

Quando o oocisto esporulado for ingerido pela ave, a parede do oocisto é destruída na moela, liberando os esporocistos. Os esporozoítos são liberados no intestino delgado pela ação da tripsina e da bílis sobre os esporocistos. A penetração dos esporozoítos na célula da mucosa cecal é feita de dois modos: pela superfície do epitélio das vilosidades intestinais ou por entre duas células epiteliais da mucosa intestinal, dirigindo-se à lâmina própria, onde são englobados por macrófagos e levados por eles às glândulas intestinais.

Os esporozoítos deixam os macrófagos e penetram nas células epiteliais das glândulas e vão se localizar abaixo do núcleo da célula hospedeira. Uma vez dentro da célula do epitélio glandular, cada esporozoíto arredonda-se, origina o trofozoíto, depois o esquizonte e inicia-se o processo da reprodução assexuada denominada esquizogonia ou merogonia (cissiparidade múltipla).

A primeira geração de esquizontes forma em seu interior um número variável de merozoítos, segundo a espécie. No caso de *E. tenella* são formados cerca de 900 merozoítos de cada esquizonte de primeira geração, medindo cada um 2 a 4 μ de comprimento. O tamanho e o número de merozoítos do esquizonte é predeterminado geneticamente para cada espécie. Os merozoítos são encontrados dois a três dias após a infecção. Os merozoítos rompem a célula hospedeira, atingem a luz dos cecos e invadem novas células epiteliais, arredondando-se para formar uma segunda geração de esquizontes que se localiza acima do núcleo celular. Varia também em número segundo a espécie. No caso de *E. tenella* são formados cerca de 200 a 350 merozoítos de segunda geração com aproximadamente 16 μ de comprimento. Estes são encontrados cinco dias após a infecção.

Alguns merozoítos da segunda geração penetram em novas células intestinais e vão formar uma terceira geração de esquizontes que se localiza abaixo do núcleo celular, produzindo quatro a 30 merozoítos de terceira geração, com 7 μ de comprimento. Outros merozoítos de segunda geração são fagocitados e digeridos por macrófagos.

Muitos merozoítos de segunda geração penetram em novas células e dão início à fase sexuada do ciclo vital, conhecida como gametogonia ou gamontogonia. A maioria desses merozoítos se transforma em gametócitos femininos ou macrogametócitos os quais simplesmente crescem até se tornarem maduros, formando então os macrogametas. Alguns se transformam em gametócitos masculinos ou microgametócitos. Ambos os gametócitos localizam-se abaixo do núcleo celular. Dentro de cada microgametócito é formado um grande número de microgametas pequenos e biflagelados. Os microgametas rompem a célula hospedeira e vão fertilizar os macrogametas. Da fertilização resulta o zigoto que, desenvolvendo uma parede dupla em torno de si, dá origem ao oocisto. Os oocistos rompem as células hospedeiras e caem na luz do intestino, saindo ao exterior com as fezes em forma não infecciosa por não estarem esporulados.

O período pré-patente (PPP) é de sete dias, variando conforme a espécie de *Eimeria*.

A duração do PPP depende de vários fatores como peristaltismo intestinal, idade do hospedeiro e amostra dos oocistos.

O período pré-patente varia, devido não só ao desenvolvimento assincrônico das gerações assexuais mas, também, porque muitos merozoítos e esporozoítos ou ficam retidos no conteúdo intestinal por alguns dias ou são eliminados com as fezes. A produção de oocistos está na dependência de seis fatores: potencial reprodutivo (número de oocistos eliminados em relação ao número de oocistos ingeridos), imunidade, fator de saturação, competição com outras espécies, regime e idade do hospedeiro.

A coccidiose é uma infecção autolimitante. A reprodução assexuada não continua indefinidamente. Em *E. tenella* são produzidas três gerações de merozoítos; em outras espécies podem ocorrer uma, duas ou mais gerações. Segue-se a reprodução sexuada, surgindo os oocistos, que são eliminados pelas fezes e cessa a infecção. A reinfecção só ocorrerá se houver ingestão de oocistos esporulados, mas condicionada ao grau de imunidade.

As espécies de *Eimeria* têm grande especificidade de hospedeiro e dentro do hospedeiro têm preferência de localização ao nível do tubo digestivo ou outro órgão. Assim uma espécie que parasita galináceos não infecta outra espécie animal.

Quadro clínico – Asas caídas, anorexia, perda de peso, quebra de penas, inatividade, debilidade, anemia e diarréia sanguinolenta.

Os primeiros sinais aparecem no quarto dia após a infecção quando a segunda geração de esquizontes (grandes) libera os merozoítos, ocasionando ruptura do tecido. No quinto e sexto dias ocorre copiosa hemorragia, entrando em declínio e surgindo oocistos nas fezes, sete dias depois da infecção. Os sinais surgem antes da eliminação dos oocistos, período em que o exame parasitológico de fezes é negativo. O pique de eliminação dos oocistos é no oitavo e nono dias; no décimo-primeiro dia há diminuição, perdurando a eliminação de pequena quantidade de oocistos por vários meses. Haverá recuperação se os pintos sobreviverem até o oitavo ou nono dia após a infecção.

Patogenia – Esta espécie é a mais patogênica de todos os coccídios dos galináceos. A patogenicidade está relacionada à espécie de *Eimeria,* ao número de oocistos ingeridos, à idade da ave, à presença e à severidade de outras doenças, à eficácia do coccidiostático, ao estado nutricional e ao nível da medicação na ração.

A principal lesão é a enterite diarréica sanguinolenta. As lesões dependem do estádio da doença. O parasito destrói as células epiteliais do intestino e conseqüentemente é responsável por reduzir a quantidade da ração consumida (conversão alimentar pobre), diminuição da resistência orgânica, redução do peristaltismo intestinal e perda de peso. Predispõe à severa infecção bacteriana secundária e induz a subseqüente exsudação do plasma e perda de sangue por hemorragias (mortalidade).

Importância – A importância da coccidiose em relação à patogenia decorre de ser uma infecção de criações de confinamento e de animais jovens. Os animais adultos são portadores.

Diagnóstico – Convém lembrar que a coccidiose pode ser confundida com outras doenças, o que dificulta seu diagnóstico.

Clínico – O diagnóstico clínico da coccidiose é feito através dos sinais observados e de uma rigorosa anamnese.

Laboratorial – O diagnóstico laboratorial é realizado pelo exame parasitológico de fezes e das lesões de necropsia.

Os métodos mais usados para exame parasitológico de fezes são o método de Willis e o método de Sheather. O resultado tem importância relativa devido a relação sinais/patogenia.

Na necropsia observar as lesões macro e microscópicas.

Lesões macroscópicas. Hemorragia na luz do ceco, espessamento cecal, mucosa esbranquiçada e coágulos de sangue.

Lesões microscópicas. Estas lesões são observadas pela execução de raspados da mucosa intestinal com identificação das formas evolutivas (esquizontes, merozoítos, oocistos) ou pela realização de cortes histológicos.

Diferencial – O diagnóstico diferencial é feito através de exame comparativo entre enterite necrótica, enterite ulcerativa, enterite não específica, mixotoxicose, salmonelose, histomoniose, monocitose, cólera crônica, infecção por helmintos e intoxicações agudas. Todas estas doenças provocam enterite com diarréia hemorrágica ou não.

Espécies de *Eimeria* registradas no Brasil

Hospedeiro	Espécie de *Eimeria*	Localização no hospedeiro
Bas taurus	*E. auburnensis*	Porção média e posterior do intestino delgado
	E. bovis	Intestino delgado e grosso
	E. brasiliensis	Desconhecida. Oocistos nas fezes
	E. zuernii	Intestino delgado e grosso
Ovis aries	*E. ahsata*	Intestino delgado
	E. faurei	Intestino delgado
	E. intricatra	Intestino delgado e grosso
	E. ovina (sin. *E. arloingi*)	Intestino delgado
	E. ovinoidalis (sin. *E. ninakohlyakimovae*)	Intestino delgado e grosso
	E. parva	Merozoítos no intestino delgado e estádios sexuais no ceco e cólon

Capra hircus	*E alijevi* (sin. *E. parva*)	Intestino delgado e grosso
	E. apsheronica (sin. *E. faurei*)	Intestino delgado
	E. arloingi	Intestino delgado
	E. caprina	Desconhecida. Oocistos nas fezes
	E. caprovina	Desconhecida. Oocistos nas fezes
	E. christensis (sin. *E. ahsata*)	Intestino delgado
	E. crandalis (sin. *E. hirci*)	Duodeno
	E. faurei	Intestino
	E. granulosa	Intestino
	E. jolchijevi	Desconhecida. Oocistos nas fezes
	E. ninakohlyakimovae	Porção posterior do intestino delgado, ceco e cólon
	E. ovina	Intestino
	E. pallida	Desconhecida. Oocistos nas fezes
Sus scrofa	*E. deblieck* [sin. *E. brumpti, E. jalina, E. polita, E. scrofae, Coccidium suis* (difere por apresentar micrópila)]	Células epiteliais da porção anterior do intestino delgado
	E. neodebliecki (sin. *E. brumpti* e *E. debliecki* em parte)	Desconhecida. Oocistos nas fezes
	E. perminuta	Desconhecida. Oocistos nas fezes
	E. porci (sin. *E. debliecki* em parte)	Desconhecida. Oocistos nas fezes
	E. suis (sin. *E. brumpti* e *E. debliecki* em parte)	Desconhecida. Oocistos nas fezes

Oryctolagus cuniculus	*E. magna*	Intestino delgado
	E. media	Intestino delgado e em infecções maciças no intestino grosso
	E. perforans (sin. *Coccidium perforarans, E. mana, E. lugdummensis*)	Células epiteliais das vilosidades e criptas do intestino delgado
	E. stiedai	Fígado. Células epiteliais do duto biliar
Gallus galhus	*E. acervulina*	Porção anterior do intestino delgado
	E. maxima	Intestino delgado
	E. necatrix	Esquizontes de primeira e segunda geração, no intestino delgado; terceira geração, gametócitos e gametas, no ceco
	E. tenella (sin. *E. avium, E. bracheti, Coccidium tenellum, C. globosum*)	Cecos
Meleagris gallopavo	*E. meleagridis*	Intestino delgado. Não patogênica.
Anser cireneus	*E. parvula*	Porção posterior do intestino delgado
	E. truncata	Rim
Felis catus domesticus	*E. media*	

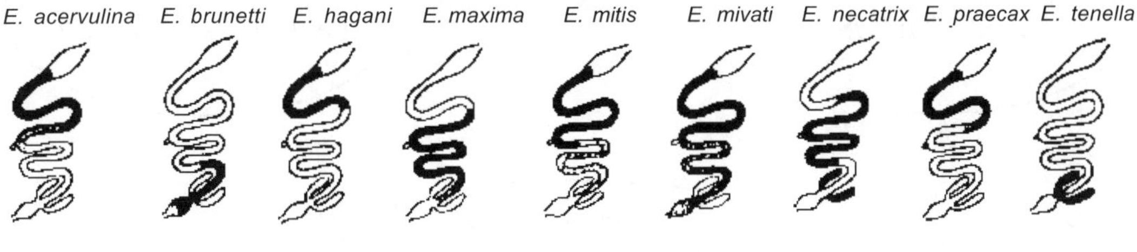

E. acervulina E. brunetti E. hagani E. maxima E. mitis E. mivati E. necatrix E. praecax E. tenella

Figura 2.23 Localização das lesões causadas por coccidiose aviária. Segundo Reid, 1964, redesenhado por Ivan.

Diagrama do Ciclo Evolutivo de *Eimeria tenella*

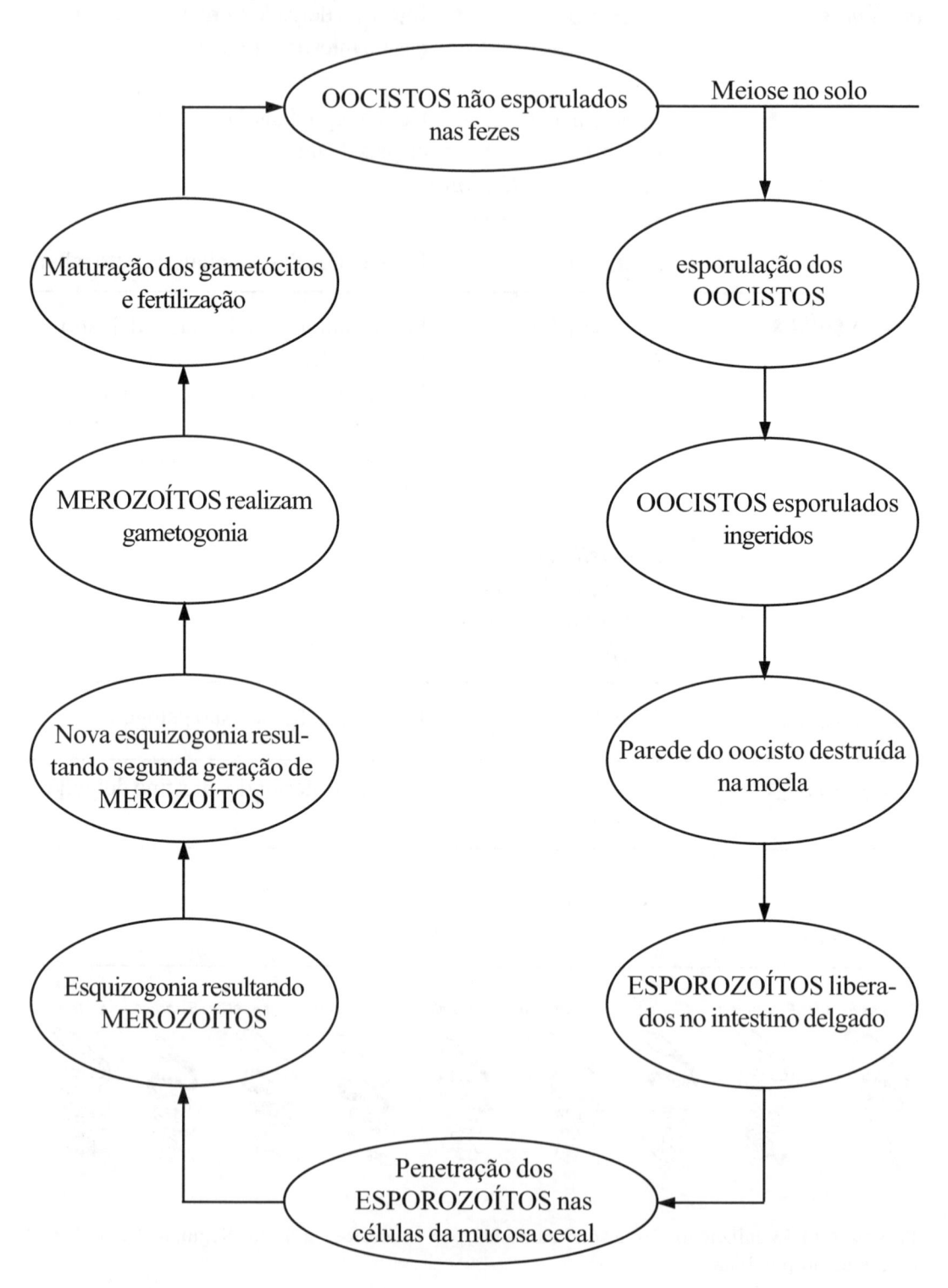

Gênero *Isospora* Schneider, 1881

(gr. *iso,* igual; *spora,* semente)

Eimeriidae cujos oocistos possuem dois esporocistos e cada esporocisto com quatro esporozoítos.

Isospora canis Neméseri, 1959

Sinonímia – *Diplospora bigemina* em parte, *Isospora felis* do cão, *I. bigemina* em parte, *Levinea canis, Cystoisospora canis.*

Estrutura e Dimensão – Os oocistos são elípticos ou levemente ovalados e medem 32 a 42 μ de comprimento por 23 a 36 μ de largura; sua membrana externa é lisa e esverdeada; são desprovidos de micrópila, grânulo polar e corpo residual, entretanto, existe um pequenino lóbulo na membrana interna da sua parede, localizado na sua extremidade mais larga. Os esporozoítos medem de 18 a 28 μ de comprimento por 15 a 19 μ de largura, são elípticos, com a membrana lisa e incolor, em forma de salsicha e com um glóbulo refringente. A esporulação ocorre em dois dias a uma temperatura de 20°C (Figura 2.24).

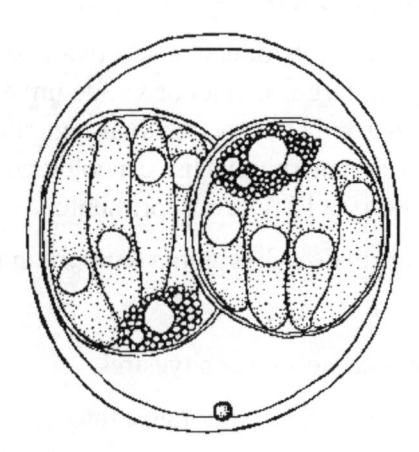

Figura 2.24 Estrutura de oocisto esporulado de *Isospora canis.* Segundo Levine e Ivens, 1965, redesenhado por Ivan.

Biologia

Hospedeiro – Caninos.

Vetores paratênicos – Camundongos e ratos.

Localização – Extremidade posterior do intestino delgado e intestino grosso de caninos.

Ciclo evolutivo – O cão se infecta através da ingestão de oocistos esporulados contidos em alimento ou água, ou pela ingestão de vetores paratênicos contaminados. Os esporozoítos liberados invadem, segundo Wenyon e Sheather, 1925, as células epiteliais do intestino grosso. O esquizonte, com até 5 μ de diâmetro, origina oito merozoítos. Os merozoítos são encontrados principalmente no epitélio e um pequeno número na lâmina própria, mas nunca nas células epiteliais; os gametócitos, nas células epiteliais, subepiteliais do tecido conetivo das vilosidades do intestino delgado e mucosa do intestino grosso. Há três gerações de esquizontes.

Os primeiros macro e microgametócitos podem ser detectados no sétimo dia da infecção. Cada microgametócito origina numerosos microgametas biflagelados.

O PPP é de 9 a 11 dias.

Sinais clínicos e Patogenia – Não há sinais aparentes por ser levemente patogênica.

Isospora felis Wenyon, 1923

Sinonímia – *Diplospora bigemina, Isospora bigemina* em parte, *I. rivolta, I. cati, Lucetina felis, Cystoisospora felis, Levinea felis.*

Estrutura e Dimensão – Os oocistos são ovalados e medem 32 a 53 μ de comprimento por 26 a 43 μ de largura; sua cor vai de um amarelado a um castanho pálido; são desprovidos de micrópila e corpo residual e, geralmente, sem grânulo polar. Os esporozoítos são elípticos com membrana lisa e incolor; corpo de Stieda ausente; têm forma de salsicha e medem de 10 a 15 μ de comprimento.

A esporulação ocorre em dois dias a uma temperatura de 20°C.

Biologia

Hospedeiros – Felinos domésticos e silvestres.

Hospedeiros paratênicos – Camundongo e rato.

Localização – Intestino delgado, ceco e ocasionalmente cólon.

Ciclo evolutivo – Os felinos se infectam pela ingestão de oocistos esporulados contidos em alimentos ou água, ou através da ingestão do hospedeiro paratênico contaminado com cistos. Os esporozoítos, uma vez livres, invadem as células do hospedeiro e se localizam próximo ao núcleo das células epiteliais das vilosidades do íleo e, ocasionalmente, do duodeno e jejuno. Há três gerações de esquizontes.

Os gametócitos surgem depois de oito a nove dias da infecção

No camundongo, embora ocorram infecções generalizadas, sua multiplicação é limitada. A *I. felis* encista-se nos gânglios linfáticos do mesentério. O estágio cístico é monozóico, isto é, contém um único zoíto. A *I. felis* é viável em camundongos durante 23 meses, após a inoculação experimental.

O PPP é de sete a oito dias depois da ingestão de camundongos infectados e o PP é de 10 a 11 dias.

Patogenia – Pouco patogênica.

Isospora rivolta (Grassi, 1879) Wenyon, 1923

Sinonímia – *Coccidium rivolta, Lucetina rivolta, I. rivoltae, I. rivoltai, Cystoisospora rivolta.*

Biologia

Hospedeiros definitivos: Felinos domésticos e silvestres.

Hospedeiros paratênicos experimentais – Camundongo, rato, hamster, caninos, pinto e bovinos.

Localização – Intestino delgado, ceco e cólon do hospedeiro definitivo.

Dimensão dos oocistos esporulados – Medem de 21 a 28 μ de comprimento por 18 a 23 μ de largura.

Ciclo evolutivo – Semelhante ao da *I. felis.*

Quadro clínico e Patogenia – Assintomática e apatogênica aos dois hospedeiros.

Isospora ohioensis, Dubey, 1975

Sinonímia – *Cystoisospora ohioensis, Levinea ohioensis, Isospora rivolta* do cão, em parte, *Diplospora bigemina* em parte, *Lucetina rivolta* do cão, em parte.

Biologia

Hospedeiro definitivo – Canino.

Hospedeiro paratênico – Camundongo.

Dimensão do oocisto esporulado – Varia de 19 a 27 μ de comprimento por 18 a 23 μ de largura.

Ciclo evolutivo – Semelhante ao *I. canis.* Esquizogonia e gametogonia no epitélio do intestino delgado e grosso do cão.

O PPP é de quatro a seis dias.

Quadro clínico e Patogenia – A infecção por *I. ohioensis* é assintomática e apatogênica ao canino e ao camundongo.

Família CRYPTOSPORIDIIDAE Léger, 1911

Conceitos básicos

- Coccidiasina monoxenos.

- Parasitos obrigatórios de vertebrados, porém sem especificidade de hospedeiro.

- Evolução na periferia da célula do hospedeiro ou na sua borda estriada, mas não no seu interior.

- Oocistos e esquizontes com uma saliência, em qualquer região de sua superfície, com a função de órgão de adesão.

- Oocistos sem esporocistos.

- Microgametas desprovidos de flagelos.

Gênero *Cryptosporidium* Tyzzer, 1907

(gr. *kryptós,* oculto)

Com as características da Família.

Em 1907 Tyzzer registrou um coccídio nas células das glândulas gástricas do camundongo, designando-o de *Cryptosporidium muris* e, mais tarde, em 1911, constatou nas células do intestino delgado, também do camundongo, um coccídio menor, que descreveu como *Cryptosporidium parvum.* Outras espécies foram constatadas em diversos animais e no homem, e as observações sobre as pesquisas referentes quanto a sua biologia e confirmada a diminuta especificidade parasitária em relação aos hospedeiros, levaram os pesquisadores a considerarem todas essas espécies como sinonímia de *C. muris* e *C. parvum.*

ARAÚJO, F. A. P. de, *et all* (1996) descrevem a ocorrência de *C. parvum* e *C. muris* em búfalos no estado do Amapá. SILVA, N. R. S. da *et all* (1996) registram infecção mista por C. *parvum* e C. *muris* em eqüinos de Porto Alegre, RS.

Cryptosporidium muris Tyzzer, 1907

Sinonímia – C. *agni,* C. *bovis,* C. *cuniculus,* C. *felis,* C. *garnhami,* C. *parvum,* C. *rhesi,* C. *wrairi.*

Nome da doença – Criptosporidiose.

Estrutura – Os oocistos são esféricos ou ovóides, com quatro esporozoítos alongados e livres no seu interior quando eliminados com as fezes. Medem aproximadamente 5 x 4,5 μ.

Os esporozoítos delgados medem de 5,5 a 6 μ de comprimento e apresentam o núcleo próximo à extremidade anterior.

Os estádios endógenos são encontrados na superfície das células epiteliais do trato gastrintestinal, entretanto, também podem ser encontrados na faringe, esôfago, vesícula biliar, ductos pancreáticos e parênquima pulmonar.

Os esquizontes medem de 3 a 5 μ de diâmetro e originam oito merozoítos que medem de 2,5 a 5 μ x 0,5 a 0,7 μ.

Os microgametócitos são menores que os esquizontes e originam 16 microgametas de 1 a 2 μ de comprimento por 0,4 μ de largura, desprovidos de flagelos. Os macrogametas são mais largos que os microgametas.

A estrutura do *Cryptosporidium* está na dependência da sua localização, pois podem ser registradas formas endógenas nos tecidos e oocistos nas fezes e exterior.

Biologia

Hospedeiros – Homem e vários animais como rato doméstico, macaco, bovinos, ovinos, caprinos, eqüinos, suínos, caninos, felinos e transmitido experimentalmente ao hamster, rato de laboratório e aves.

Localização – Células do intestino delgado e grosso e ocasionalmente no estômago.

Ciclo evolutivo – O ciclo evolutivo, com uma duração de dois a oito dias, é monoxeno e típico dos coccídios. Ocorre um tipo de multiplicação assexuada (cissiparidade múltipla) denominada de esquizogonia ou mesogonia com duas gerações de esquizontes e outro, de multiplicação sexuada (gametogonia ou gamontogonia) com a formação de macro e microgametócitos.

Os microgametas fecundam os macrogametas originando 80% de oocistos com quatro esporozoítos de parede espessa, que são eliminados, já infectantes, ao exterior; e 20% de oocistos, de parede delgada, que rompendo-se dentro do hospedeiro, reiniciam assim o ciclo sem irem ao exterior, provocando sua auto-infecção. (CHERMETE; BOUFASSA-OUZROUT, 1988).

Quadro clínico e Patogenia – Os sinais clínicos desta doença são decorrentes da imunodeficiência e atinge animais neonatos e jovens. O *Cryptosporidium,* atingindo as células epiteliais do intestino, é envolvido pelas microvilosidades, originando um vacúolo que causa a atrofia dessas estruturas e enterite. Febre moderada, diarréia e má absorção são sinais decorrentes da infecção.

Em humanos foi relatada pela primeira vez em 1976, por NINE *et all,* que através de uma biópsia retal em uma criança de três anos, identificaram o protozoário.

Diagnóstico

Clínico – O diagnóstico clínico da criptosporidiose é realizado através do quadro sintomático.

Laboratorial – O diagnóstico laboratorial é realizado através de exame parasitológico de fezes pelos métodos Willis e Sheather.

Na necropsia observar as lesões macro e microscópicas.

Profilaxia – É recomendada a adoção das seguintes medidas profiláticas:

•	água limpa em bebedouros adequados, isto é, com uma altura que impeça os animais nele defecarem;

•	comedouros dispostos de tal maneira que não possam ser contaminados pela cama;

•	higiene dos estábulos, estrebarias, pocilgas, galinheiros e canis, procedendo-se a remoção das camas e ninhos para sua incineração;

•	tratamento dos animais parasitados;

•	eliminação dos hospedeiros positivos em conseqüência da auto-infecção;

•	educação sanitária, isto é, relatar casos de criptosporidiose diarréica em pessoas que mantiveram contato com bovinos infectados. O conhecimento desse fato é muito recente, o que mostra que há muito a ser pesquisado sobre o parasito e seus efeitos.

Os trabalhos publicados no Brasil são recentes. Em 1989, GARCIA *et all* descreveram um surto de criptosporidiose em terneiros latentes em Minas Gerais e que esses animais mantiveram a eliminação de oocistos por oito meses, após a recuperação.

Cryptosporidium parvum Tyzzer, 1911

Levine, em 1961, denominou essa espécie de C. *tyzzeri* (Figura 2.25).

Hospedeiros – Rato e aves. No Rio Grande do Sul esta espécie foi registrada em ovinos, eqüinos e coelhos.

Dimensão – Os oocistos medem de 5 a 4,5 μ de diâmetro.

Família SARCOCYSTIDAE

Conceitos básicos

•	Coccidiasina heteroxenos.

•	Oócitos nas células intestinais do predador.

•	Estádios assexuais nos tecidos do hospedeiro intermediário (pré-predador).

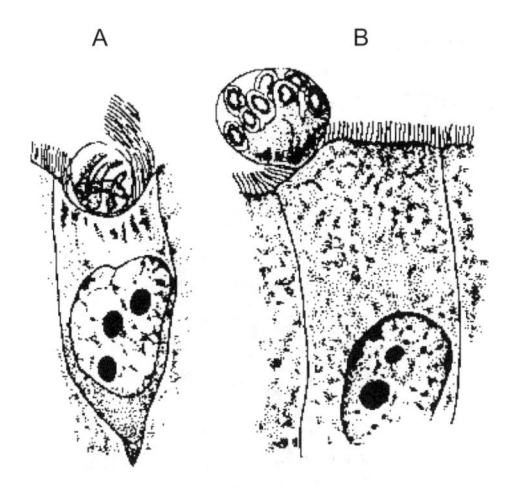

Figura 2.25 Localização do *Cryptosporidium parvum* no intestino de um rato. Segundo Tyzzer, 1912. A) Oocisto maduro com quatro esporozoítos. B) Esquizogonia.

- Oocistos com dois esporocistos e cada um com quatro esporozoítos, no intestino do hospedeiro predador (hospedeiro definitivo).

- Hospedeiros definitivo e intermediário (predador e pré-predador) – vertebrados.

- Com os gêneros: *Besnoitia, Frenkelia Sarcocystis, Toxoplasma* e *Neospora.*

Gênero *Sarcocystis* Lankester, 1882

(gr. *sarkos,* carne; *kystis,* vesícula)

Sinonímia – *Isospora.*

Sarcocystidae com cistos polizóicos alongados e septados, nos músculos esqueléticos e cardíaco do hospedeiro intermediário, cujo tamanho varia de acordo com o hospedeiro e podendo ser visíveis até a olho nu (Figura 2.26).

Nome da doença – Sarcocistose.

Biologia

Hospedeiros

Definitivos – Caninos e felinos (predador).

Intermediários – Bovinos, ovinos, suínos, eqüinos, pequenos roedores, aves, répteis e homem (presa).

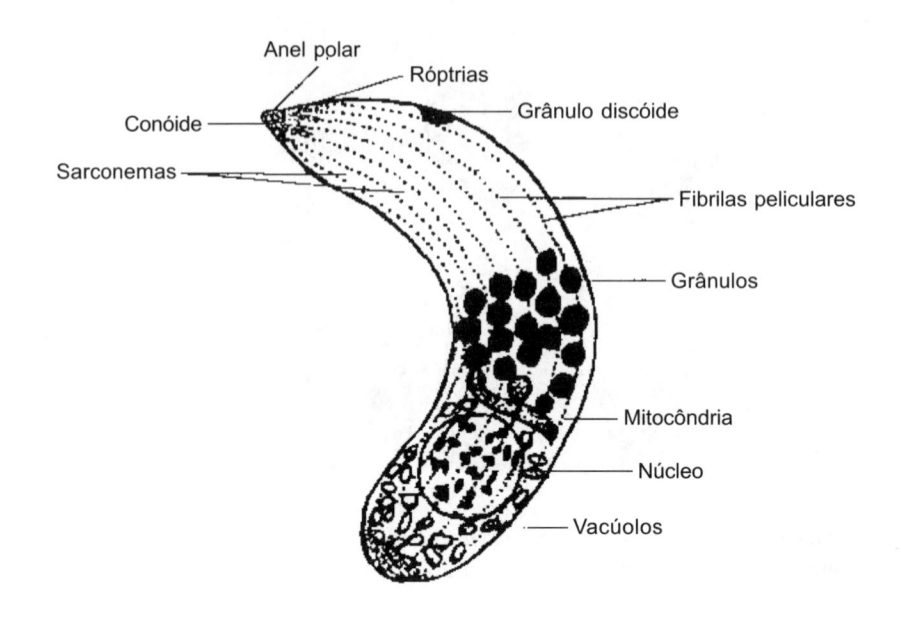

Figura 2.26 *Sarcocystis.* Trofozoíto. Segundo Ludvik, 1958, redesenhado por Ivan.

	Espécie	Hospedeiro intermediário
C	*S. capracanis*	Caprino
	S. cruzi	Bovino
	S. ovicanis	Ovino
Ã	*S. miescheriana*	Suíno
O	*S. tenella*	Ovino
	S. bertrami	Eqüino
	S. fayeri	Eqüino
	S. bigemina	Desconhecido
	S. horvathi	Galináceo
G	*S. hirsuta*	Bovino
A	*S. medusiformis*	Ovino
	S. porcifelis	Suíno
T	*S. muris*	Rato
O	*S. rileyi*	Aves
	S. gigantea	Ovino
	S. cuniculi	Coelho

Nenhuma das espécies do gênero *Sarcocystis* é patogênica ao hospedeiro definitivo. As espécies *S. cruzi, S. ovicanis* e *S. porcifelis* são altamente patogênicas para o bovino, ovino e suíno (hospedeiros intermediários).

A prevalência das espécies varia de país para país e de região para região.

Até o momento não foi registrada espécie de *Sarcocystis* patogênica para o homem. Entretanto têm sido assinaladas anorexia, náuseas, dor abdominal e diarréia em pacientes naturalmente infectados por *S. hominis* e *S. porcihominis*.

Estrutura e ciclo evolutivo – Todas as espécies de *Sarcocystis* são semelhantes na estrutura e requerem obrigatoriamente dois hospedeiros para completar seu ciclo evolutivo (heteroxenos obrigatórios).

Os hospedeiros definitivos (carnívoros, predador) infectam-se quando ingerem formas encistadas presentes na musculatura dos hospedeiros intermediários. Os hospedeiros intermediários (herbívoros, presa) adquirem a infecção por ingestão de pasto contaminado com esporocistos ou oocistos esporulados eliminados pelas fezes dos hospedeiros definitivos.

Os esporozoítos, liberados no intestino delgado do hospedeiro intermediário, penetram na mucosa intestinal e, através da rede capilar sangüínea e linfática, invadem diversos tecidos. A endodiogenia ocorre nas células endoteliais dos vasos sangüíneos da maioria dos órgãos, 15 a 30 dias após a infecção. O período é de multiplicação rápida (fase proliferativa), conhecida como fase aguda. Nessa fase, os capilares dos órgãos parasitados apresentam fragilidade, aumento de permeabilidade, oclusão vascular e dificuldade nas trocas metabólicas, decorrendo hemorragias locais, edema, congestão e infiltração de células inflamatórias (linfócitos e macrófagos). Esta fase precede à evolução dos cistos típicos nos músculos e cérebro.

O comprimento do cisto varia de micrômetros a centímetros, de acordo com o hospedeiro e a espécie de *Sarcocystis*. Os cistos são alongados e septados, isto é, divididos em compartimentos internos. A estrutura e a espessura da parede dos cistos variam com a espécie de *Sarcocystis* e em cada espécie, com o estádio de sua maturação. Internamente, na região periférica do cisto, são observados parasitos esféricos, denominados *metrócitos*. Por endodiogenia surgem duas células-filhas em cada metrócito. Após diversas endodiogenias, os metrócitos originam *bradizoítos,* os quais têm forma de banana ou salsicha. Os bradizoítos de *Sarcocystis* são semelhantes aos merozoítos coccidianos, com exceção de que possuem um maior número de micronemas. Conóide e róptrias presentes. O núcleo está situado na extremidade posterior, mais arredondada. Possuem grânulos citoplasmáticos e mitocôndria. Os metrócitos, não infectantes aos hospedeiros definitivos, assemelham-se estruturalmente aos bradizoítos, entretanto não possuem róptrias e nem micronemas.

Os hospedeiros definitivos (carnívoros) infectam-se pela ingestão de cistos intramusculares maduros (com bradizoítos) dos hospedeiros intermediários infectados (herbívoros). A parede do cisto é rompida pela ação de enzimas proteolíticas, liberando os bradizoítos, que invadem as células da lâmina própria da mucosa do intestino delgado. Os gametas surgem dois a seis dias após a infecção, sem a formação prévia de esquizontes.

Os gametas masculinos fecundam os gametas femininos, resultando oocistos não esporulados, na lâmina própria, sete dias após a infecção. Os oocistos esporulam na lâmina própria, produzindo, cada um, dois esporocistos nove dias após a infecção e cada esporocisto origina quatro esporozoítos nos quais está ausente o corpo de Stieda.

A parede do oocisto é frágil e delgada e, geralmente, se rompe liberando os esporocistos na lâmina própria da mucosa intestinal. Dessa forma, numerosos esporocistos esporulados, incolores e elípticos, são usualmente eliminados com as fezes dos carnívoros e são infectantes unicamente aos hospedeiros intermediários.

A gametogonia e a esporogonia, por não provocarem qualquer reação, não são patogênicas aos hospedeiros definitivos.

Quadro clínico – Febre (temperatura de 41 a 41,7°C). Anemia. Diminuição do nível de proteína no soro (perda da função renal, glomerulonefrite). Perda de apetite.

Emaciação e morte (miosite, encefalite).

Patogenia – Geralmente o *Sarcocystis* não é patogênico. Às vezes há perturbações gastrintestinais após a ingestão de cistos, como vômito, diarréia e perda de apetite. Os cistos destroem as fibras musculares e durante sua evolução causam atrofia das células vizinhas. Ocorre reação inflamatória em torno dos cistos, seguida de necrose e calcificação.

Diagnóstico

Clínico – Pelos sinais.

Diferencial – O diagnóstico diferencial não é fácil e pode ser confundido com outras doenças e com a intoxicação por samambaia.

Convém associar com o diagnóstico dos carnívoros realizando-se exame de fezes (Método de Flutuação) para identificação de esporocistos.

Laboratorial – Exame de sangue para teste de enzimas (há aumento de transaminases no soro, devido à necrose do miocárdio) e hemograma.

Biópsia – Para cortes histológicos, a fim de serem identificados os cistos.

Necropsia – Identificação das lesões na fase aguda e cistos na fase crônica.

Profilaxia – A profilaxia da sarcocistose, considerando seu ciclo evolutivo, depende de serem adotadas as seguintes medidas fundamentais:

- prevenir a infecção do predador, evitando que ingira carne crua dos hospedeiros intermediários;

- aperfeiçoar os métodos de matança, impedindo o acesso de cães aos matadouros;

- não deixar carcaças de animais abatidos no campo, evitando-se que sejam consumidas pelos cães;

- esclarecer aos habitantes rurais sobre a doença.

Características Biológicas das Espécies de *SARCOCYSTIS spp.*

Hospedeiro definitivo	Cão				Gato			
Espécies	S. cruzi	S. ovicanis	S. miescheriana	S. bertrami	S. fayeri	S. hirsuta	S. tenella	S. porcifelis
Hospedeiro intermediário	bovinos	ovinos	suínos		eqüinos	bovinos	ovinos	suínos
Período pré-patente (dias)	9-10	8-9	9-10	8	12-15	7-9	11-14	5-10
Patogenicidade em relação ao hospedeiro intermediário	Patogênica	Patogênica	Desconhecida	Desconhecida	Apatogênica	Apatogênica	Apatogênica	Patogênica

Gênero *Toxoplasma* Nicolle e Manceaux, 1908

(gr. *toxo,* arco; *plasma,* forma)

Sarcocystidae apresentando no seu ciclo evolutivo uma fase enteroepitelial e outra extra-intestinal no gato *(Felis catus domesticus)* e outros felídeos; fase exclusivamente extra-intestinal no homem, mamíferos e aves. Merogonia tanto no hospedeiro definitivo como no hospedeiro intermediário. Oocistos formados nas células intestinais do hospedeiro definitivo e esporulação no exterior. Infecção pela ingestão de oocistos esporulados, ou de carne de animais contaminados, ou via transplacentária. Com a única espécie eurixênica, *Toxoplasma gondii.*

Toxoplasma gondii Nicolle e Manceaux, 1909

Toxoplasma gondii é um coccídeo intestinal do gato (hospedeiro definitivo) e com uma série de hospedeiros intermediários. O *Toxoplasma* infecta o homem e um grande número de animais domésticos e selvagens. A infecção já foi registrada em aproximadamente 300 espécies de mamíferos (carnívoros, herbívoros, insetívoros, roedores e primatas) e 30 espécies de aves. Devido a ampla distribuição do *Toxoplasma gondii* na natureza levou Jacobs, 1957, afirmar que "o homem vive num mar de infecção toxoplásmica". O nome *Toxoplasma* é conseqüente a sua forma de arco. Os organismos pertencentes ao gênero *Toxoplasma* foram descritos independentemente, em 1908, por Splendore, num coelho de laboratório em São Paulo, Brasil e por Nicolle e Manceaux num roedor norte-africano, *Ctenodactylus gondi,* usado na pesquisa de *Leishmania* no

Instituto Pasteur da Tunísia. No ano de 1909, Nicolle e Manceaux criaram o novo gênero *Toxoplasma,* com a espécie *Toxoplasma gondii* para o parasito descrito por eles anteriormente. Splendore designou de *Toxoplasma cuniculi* o parasito que registrara no coelho. Atualmente todos os autores concordam quanto a existência de uma só espécie do gênero *Toxoplasma.* Todos os nomes dados a organismos semelhantes passaram a sinônimos como *T. cuniculi,* do coelho, *T. caviae,* da cobaia, *T. canis,* do cão e *T. avium,* das aves.

Nome da doença – Toxoplasmose.

Estrutura – O *T. gondii* é um isosporóide que apresenta três estádios principais durante seu ciclo evolutivo: oocisto, taquizoíto e bradizoíto.

Oocisto – A evolução do zigoto origina o estádio de oocisto, caracterizado por apresentar a película composta de duas membranas e possuir, quando maduro, dois esporocistos, cada um contendo quatro esporozoítos. Oocistos não esporulados (imaturos) são subesféricos a esféricos. Oocistos esporulados (maduros) são subesféricos a elípticos.

Taquizoítos (gr. *tachi,* rápido) – Os taquizoítos têm forma de meia-lua e núcleo central medindo 6 µ de comprimento por 2 µ de largura. A extremidade anterior é pontiaguda e a posterior arredondada. Apresentam complexo apical. Um grupo de vários taquizoítos (até 30 no máximo) cercado por um vacúolo parasitóforo foi denominado de *pseudocisto.* O termo de pseudocisto foi empregado porque não há uma verdadeira película circundando os taquizoítos e hoje é chamado *agrupamento frouxo.* Os agrupamentos frouxos são de duração temporária e se dispersam quando a célula parasitada se rompe.

Bradizoítos (gr. *bradi,* lento) – Os bradizoítos são semelhantes aos taquizoítos, diferindo por apresentarem o núcleo próximo à extremidade posterior e serem de multiplicação lenta. Biologicamente, os bradizoítos são menos suscetíveis à destruição por enzimas proteolíticas do que os taquizoítos. À medida que os bradizoítos se multiplicam por sucessivas endodiogenias, crescem os cistos teciduais intracelulares. A dimensão dos cistos varia de acordo com o número de bradizoítos que contêm. Cistos jovens, com quatro bradizoítos, medem 5 µ e cistos velhos, contendo milhares de bradizoítos, atingem a 100 µ de diâmetro. Os cistos são de contorno circular. Aqueles que não se rompem, provavelmente, não são prejudiciais e podem persistir durante toda a vida do hospedeiro.

Cistos – Os cistos são encontrados nas vísceras, no cérebro, músculos esqueléticos e cardíaco. Nos casos crônicos, é encontrado um maior número de cistos e o hospedeiro adquire imunidade. São ainda desconhecidas as causas que induzem a formação de cistos. Os cistos teciduais são em maior número, na forma crônica da infecção, depois que o hospedeiro adquiriu imunidade. Entretanto, foram constatados cistos teciduais em animais após três dias de infecção (Dubey e Frenkel, 1976).

Biologia

Hospedeiros

Definitivo – Gato.

Intermediários – Mamíferos e aves.

Ciclo Evolutivo – Os gatos eliminam pelas fezes oocistos, após a ingestão de qualquer um dos três estádios infectantes de *Toxoplasma:* taquizoítos (em agrupamentos frouxos), bradizoítos (em cistos) e esporozoítos (em oocistos).

O PPP (período pré-patente) está na dependência do estádio infectante do *Toxoplasma* ingerido. Após a ingestão de taquizoítos ou oocistos, menos de 50% dos gatos eliminam oocistos, depois de cinco a 10 dias e 20 a 25 dias, respectivamente; entretanto, três a cinco dias após a ingestão de cistos (bradizoítos), 100% dos gatos eliminam oocistos.

Depois da ingestão de cistos pelo gato, sua parede é dissolvida por enzimas proteolíticas no estômago e intestino delgado. Os bradizoítos penetram nas células epiteliais do intestino delgado, principalmente íleo, e tem início uma série de gerações de *Toxoplasma,* por reprodução assexual. No interior dessas células os parasitos, designados agora de trofozoítos, crescem e se transformam em esquizontes e por um processo de reprodução assexuada por endopoligenia originam quatro a 29 merozoítos. Os merozoítos têm uma dimensão de 3,5 a 4,5 por 1 μ, são fusiformes encurvados, invadem outras células epiteliais, prosseguindo o processo de multiplicação assexuada.

O processo sexuado tem início no quinto dia após a infecção. Alguns merozoítos originam macrogametócitos subesféricos que ao amadurecerem dão os macrogametas. Outros merozoítos são microgametócitos esferoidais. Por ocasião da microgametogênese, o núcleo do microgametócito se divide, produzindo 10 a 12 núcleos. O núcleo migra até a periferia do parasito nas saliências formadas na parede do parasito-mãe. O microgameta, de 3 μ de comprimento, é biflagelado. Os microgametas deixam as células da parede intestinal, caem na luz do intestino e são atraídos pelos macrogametas. A fecundação ocorre na célula da parede intestinal com a união dos dois núcleos. O ovo resultante é o zigoto, que depois de segregar a parede cística origina o *oocisto.* Os oocistos caem na luz do intestino ao serem rompidas as células da parede intestinal.

Os oocistos não esporulados têm forma subesférica a esférica, dupla membrana e não possuem micrópila. A esporulação ocorre fora do corpo do gato, num período de um a cinco dias após a sua eliminação, estando na dependência da oxigenação e temperatura do meio externo. Os oocistos esporulados são subesféricos a elípticos. Cada oocisto esporulado tem dois esporocistos elípticos e cada um deles contém quatro esporozoítos. Os gatos jovens podem eliminar oocistos durante cerca de 30 dias, depois dos quais não ocorre mais eliminação. Os oocistos esporulados são relativamente resistentes e são viáveis no solo durante vários meses.

Enquanto se propaga o ciclo enteroepitelial, os bradizoítos liberados dos cistos penetram na parede intestinal do gato e multiplicam-se à maneira de taquizoítos. O *Toxoplasma*, disseminado pela linfa e sangue, pode ser encontrado em tecidos extra-intestinais do gato. Os taquizoítos multiplicam-se em várias células originando os agrupamentos frouxos.

Esses, ao se romperem, liberam os taquizoítos que invadem novas células, multiplicam-se, causando sua destruição. É a fase aguda da doença. Geralmente o hospedeiro se restabelece desses microfocos de necrose e o parasito vai iniciar a formação de cistos teciduais. Geralmente os cistos são formados no cérebro e músculos esqueléticos, são circulares e encerram centenas de organismos denominados bradizoítos.

Os gatos podem ser considerados hospedeiros completos porque também apresentam o ciclo extra-intestinal (tecidual) de taquizoítos em agrupamentos frouxos e bradizoítos em cistos. Os animais de sangue quente e o homem são os *hospedeiros intermediários* porque neles ocorre somente o ciclo extra-intestinal (tecidual). O ciclo enteroepitelial ocorre somente nos gatos e outros felinos (Figura 2.27).

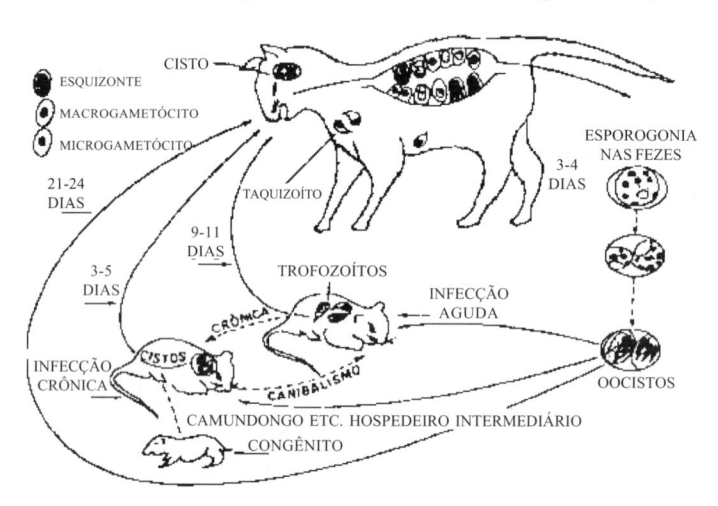

Figura 2.27 Ciclo evolutivo de *Toxoplasma gandii*. Segundo Frenkel, Dubey e Miller, 1970, redesenhado por Ivan.

Quadro clínico – Geralmente as infecções toxoplásmicas não apresentam sinais para ambos os hospedeiros: definitivo e intermediário.

Epidemiologia – O homem e os hospedeiros intermediários se infectam de diversas maneiras: pela ingestão de oocistos através de alimentos ingeridos crus ou mal lavados, pelo hábito de levar as mãos sujas à boca e através de alimentos contaminados com oocistos disseminados pelos hospedeiros paratênicos (de transporte) como moscas, baratas e minhocas. Ingestão de carnes mal cozidas e mal-assadas contendo cistos. Via transplacentária: 50% dos fetos se contaminam quando as mulheres adquirem a infecção toxoplasmática pouco antes de engravidarem ou durante a gestação.

Os cistos sobrevivem ao frio durante várias semanas mas não resistem ao congelamento; também são destruídos quando submetidos a temperaturas superiores a 66°C.

Profilaxia – Sendo o gato o principal fator de disseminação da toxoplasmose, todas as medidas devem ser voltadas para o objetivo de erradicar a infecção felina. Só assim será possível conseguir-se o controle do parasito.

Como medidas profiláticas recomendáveis podem ser citadas:

- carne e leite não devem ser ingeridos crus, tanto pelo homem quanto pelo gato;
- combate aos ratos;
- eliminação de gatos errantes e abandonados;
- exame de fezes dos gatos para pesquisa de esporocistos e oocistos;
- prevenção da infecção humana, com a realização de campanhas de educação sanitária, para esclarecer à comunidade contra os perigos da toxoplasmose. A campanha deverá ser feita também nas escolas para esclarecimento às crianças.

Gênero *Neospora caninum* Dubey, 1988

Histórico

Os organismos pertencentes ao gênero *Neospora* foram reconhecidos pela primeira vez em 1984, como os principais responsáveis por aborto em bovinos. A neosporose bovina surgiu como importante doença, pela ocorrência em 1987 de um aborto, num tambo no Novo México. No ano de 1988 os referidos organismos foram descritos como um novo gênero e conseguido o seu cultivo *in vitro* e, também, o desenvolvimento de um teste sorológico para distinguir o *Neospora caninum* do *Toxoplasma gondii,* pois até então as duas espécies, devido suas semelhanças estruturais, eram consideradas uma única espécie.

A neosporose não é uma nova doença, pois estudos retrospectivos confirmam uma doença neurológica em cães de Norvay, EUA, associada ao *Toxoplasma gondii,* mas por não terem sido detectados anticorpos do referido parasito nos cães afetados, um novo gênero *Neospora* e espécie *N. caninum* foram propostos para o citado parasito canino.

Os estudos sobre o parasito *in vitro* elucidaram os testes de diagnóstico, o reconhecimento do seu papel no aborto e, finalmente, esclarecido seu ciclo evolutivo – após 10 anos.

Recentes pesquisas revelam a estrutura, o ciclo evolutivo, a biologia, os hospedeiros, os sinais clínicos, o diagnóstico, o controle do *Neospora* e da neosporose em animais.

A publicação desses resultados no Jornal Internacional de Parasitologia (28-1998), dedicado inteiramente à biologia da neosporose, é como um tributo ao progresso realizado por muitos pesquisadores internacionais. Embora a *N. caninum* e a *T. gondii* sejam estrutural e antigenicamente semelhantes, são biologicamente distintas. Por exemplo, *N. caninum* é responsável, como a maior causa, de aborto no gado, entretanto *T. gondii* não o provoca. *N. caninum* não é considerada patogênica à espécie humana, mas *T. gondii* pode causar perda de visão ou até a morte do homem.

Os organismos do gênero *Neospora* são responsáveis por uma infecção no gado que contaminará o feto durante a prenhez. Em algumas vacas a infecção fetal pode resultar em aborto. Entretanto, muitas vacas contaminadas podem gerar terneiros aparentemente saudáveis, mas congenitamente infectados. Esses terneiros transmitirão a doença à próxima geração, mantendo assim a infecção no rebanho.

Até o presente nenhum caso de infecção humana por *N. caninum* foi registrado. Entretanto, por terem esses organismos uma relação com *T. gondii* e sua ampla disposição de hospedeiro potencial, a possibilidade de infecção humana por *N. caninum* não está descartada. Foi pesquisada sorologicamente a possível presença de *N. caninum* em mulheres de Danish as quais apresentavam repetidos abortos de causas desconhecidas.

O protozoário parasito *Neospora caninum* foi identificado em cães com encefalomielite e miosite, doença associada a várias espécies de animais como bovinos, ovinos, caprinos e eqüinos.

Gênero *Neospora* Dubey, 1988

(gr. *neo,* novo; *spora,* semente, esporo, esporângio)

É um protozoário, da família Sarcocystidae, parasitando intracelularmente nos estágios de taquizoítos e cistos, tecidos dos hospedeiros intermediários e durante muito tempo relatado como *Toxoplasma gondii.* Foi inicialmente descrito em cães e depois em bovinos, ovinos, caprinos e eqüinos.

É responsável pela neosporose, recentemente reconhecida infecção protozoárica, de ampla distribuição universal e referida como a principal causadora de abortos no gado da América do Norte e Nova Zelândia ocorrendo, também, na Argentina, Brasil, Canadá, Alemanha, Espanha, Itália e Suécia.

Neospora caninum Dubey, 1988

Neospora caninum é um coccídeo que foi identificado em cães com meningoencefalomielite e miosite, dermatite fistulosa e ulcerativa. Esta espécie é estruturalmente diferente de *Toxoplasma gondii,* formando merozoítos em vários tecidos dos cães, principalmente do cérebro e da medula, *Neospora caninum* foi identificada no citoplasma de células do hospedeiro sem um vacúolo parasitóforo. Ocorre endodiogenia. Apresenta mais de 11 róptrias e não reage com o soro anti-*T. gondii,* no teste de imunoperoxidase.

Nome da doença – Neosporose.

Estrutura – A espécie *N. caninum* é um protozoário do Sistema Nervoso Central e apresenta cistos teciduais de forma arredondada à elíptica, medindo até mais de 107 µ de diâmetro e a parede cística com até mais de 4 µ de espessura.

Bradizoítos (gr. *bradi,* lento)

Os *bradizoítos* localizados nos cistos medem em média 6,9 µ de comprimento por 1,5 a 2 µ de largura e dispostos de 5 a 8 por 1 a 2 µ.

Taquizoítos (gr. tachi, rápido)

Os *taquizoítos* apresentam uma dimensão de até mais de 6 µ de comprimento por 2 µ de largura.

Biologia

Hospedeiros

Definitivo – Caninos.

Intermediário – Bovinos, ovinos, caprinos, eqüinos e caninos.

Ciclo evolutivo – Já está comprovado que o cão desempenha o papel de hospedeiro definitivo e, também, de hospedeiro intermediário. Os cães eliminam com as fezes oocistos não esporulados após a ingestão de cistos teciduais. Ocorre um ciclo assexual, antes do ciclo sexual, no intestino do cão. É desconhecido o período de tempo que os oocistos são excretados. Os oocistos esporulam no ambiente para se tornarem infectantes. Os oocistos medem cerca de 10 a 11 µ de diâmetro e contêm dois esporocistos, cada um com quatro esporozoítos, após a esporulação.

Quando os oocistos são ingeridos por um hospedeiro intermediário são liberados os esporozoítos infectantes no trato intestinal. Os esporozoítos de *N. caninum* penetram nas células e mudam para taquizoítos. Os taquizoítos se multiplicam rapidamente, causam dano ao tecido e difundem a infecção nos tecidos do hospedeiro. A forma dos taquizoítos está na dependência do estágio da evolução, podendo ser ovóide, semilunar ou globosa e com uma dimensão de 3 a 7 x 1 a 3 µ. Multiplicam-se por endogenia e podem chegar até 100 numa simples célula. Em cães infectados são encontrados taquizoítos em células nervosas, em macrófagos, em fibroblastos, em células endoteliais vasculares, em células epiteliais renais, em células do fígado e em outras células do corpo.

Taquizoítos eventualmente podem penetrar em células e mudarem para bradizoítos, os quais são encontrados em cistos teciduais, cuja forma varia de redonda à oval, medindo cerca de 110 µ de comprimento e encontrados somente em tecido nervoso (cérebro, medula e retina). O tecido da parede do cisto é liso e com o máximo de 4 µ (geralmente com 1 a 2 µ) de espessura, dependendo do grau da infecção.

Os taquizoítos provocam infecção em cães, mas não ocasionando excreção de oocistos, lembrando que somente bradizoítos de cistos teciduais são responsáveis pela excreção de oocistos, por cães.

Bradizoítos, de estádios latentes, medem de 6 a 8x 1 a 2 µ; os bradizoítos de cistos teciduais são resistentes à solução ácida de pepsina e podem sobreviver em torno de 14 dias a 4° C, mas tornam-se não infectantes em 24 horas a uma temperatura de -20° C (temperatura normal de congelador). Os bradizoítos em cistos teciduais podem provocar a excreção de oocistos por cães.

Quadro clínico – Os casos mais graves ocorrem em cães jovens, congenitamente infectados. Esses cães desenvolvem uma paresia do trem posterior que evolui para uma paralisia progressiva. Os membros posteriores são mais afetados do que os anteriores. Podem ocorrer outras disfunções como dificuldade em engolir, paralisia do maxilar, músculos flácidos, atrofiados e deficiência cardíaca. A paralisia dos membros posteriores em cães é sinal de alerta e, esses cães, podem sobreviver por meses. A causa da paralisia é desconhecida. A doença pode ser local ou generalizada, e virtualmente abrange os órgãos, inclusive a pele.

A neosporose também pode ocorrer em cães adultos com até 15 anos de idade e neles os sinais clínicos são muito variados e apresentando, a maioria, distúrbios neurológicos, mas morte súbita, polimiosite, miocardite e dermatite também podem ocorrer.

Cadelas infectadas transmitem o parasito a seus fetos e a sucessivas gestações.

Patogenia – A espécie *N. caninum* causa a morte de células, devido a multiplicação ativa de taquizoítos. É responsável pela produção, em poucos dias, de grandes lesões necróticas.

Revela-se ser um patógeno primário porque nenhum outro agente etiológico pode ser identificado em cães com neosporose mortal, que é um contraste à toxoplasmose em cães, a qual é geralmente associada a uma doença infecciosa por vírus.

N. caninum pode causar grave doença neurológica em cães, pela destruição de uma variedade de células nervosas, incluindo as do cérebro e medula e, sua presença, em grande número altera a condutibilidade das células afetadas.

Os cistos teciduais geralmente não provocam reação do hospedeiro. É desconhecido por quanto tempo os cistos teciduais persistem no sistema nervoso central, embora permaneçam viáveis por um ano, em camundongos experimentalmente infectados.

A formação de granulomas circundando cistos teciduais degenerados e presença de bradizoítos sugerem que houve ruptura de cistos teciduais. O número de oocistos ou cistos teciduais ingeridos correspondem à gravidade da infecção.

Diagnóstico

Clínico – O parasito *Neospora* faz com que o aborto ocorra aos 5-6 meses de gestação, o feto pode morrer no útero e ser absorvido, mumificado, autolisado, nascer vivo mas doente ou nascer clinicamente normal mas cronicamente infectado. Nos rebanhos os abortos podem de ser numerosos, esporáticos ou epidêmicos. *N. caninum* induz que os abortos ocorram em um ano. Vacas com anticorpos de *N. caninum* (soro positivas) são mais suscetíveis ao aborto do que as soro negativas.

Vacas positivas para *N. caninum* apresentam sinais de ataxia, decréscimo do reflexo patelar, exoftalmia e assimetria dos olhos.

Profilaxia – É recomendado, além da remoção de todos os tecidos potencialmente infectados, como fetos abortados e placentas do ambiente, que servem como fonte de infecção para os hospedeiros suscetíveis; que seja evitado o acesso de cães aos logradouros onde é criado o gado, a fim de não serem contaminadas suas pastagens com oocistos do *Neospora* eliminados com suas fezes.

Em adição, a contaminação de alimentos e água por outros animais, pode ser minimizada.

Gênero *Besnoitia* Henry, 1913

(dedicado a Besnoit)

Sarcocystidae heteroxenos. Esporulação dos oocistos, eliminados pelo hospedeiro definitivo, externa; merogonia no hospedeiro intermediário. Merozoítos com forma de banana ou ovalada, com uma extremidade pontiaguda. Cistos polizóicos (vários cistozoítos), de parede extremamente espessa, são formados exclusivamente no hospedeiro intermediário. O único hospedeiro definitivo conhecido é o gato.

Besnoitia besnoiti (Marotel, 1912) Henry, 1913

Sinonímia – *Isospora besnoiti, Sarcocystis besnoiti, Gastrocystis besnoiti, Globidium besnoiti.*

Biologia

Hospedeiros

Definitivos – Felinos.

Intermediários – Bovinos.

Dimensão do oocisto esporulado – Varia de 14 a 16 μ de comprimento por 12 a 14 μ de largura.

Diagrama do ciclo evolutivo do *Toxoplasma gondii*

GATO – HOSPEDEIRO COMPLETO

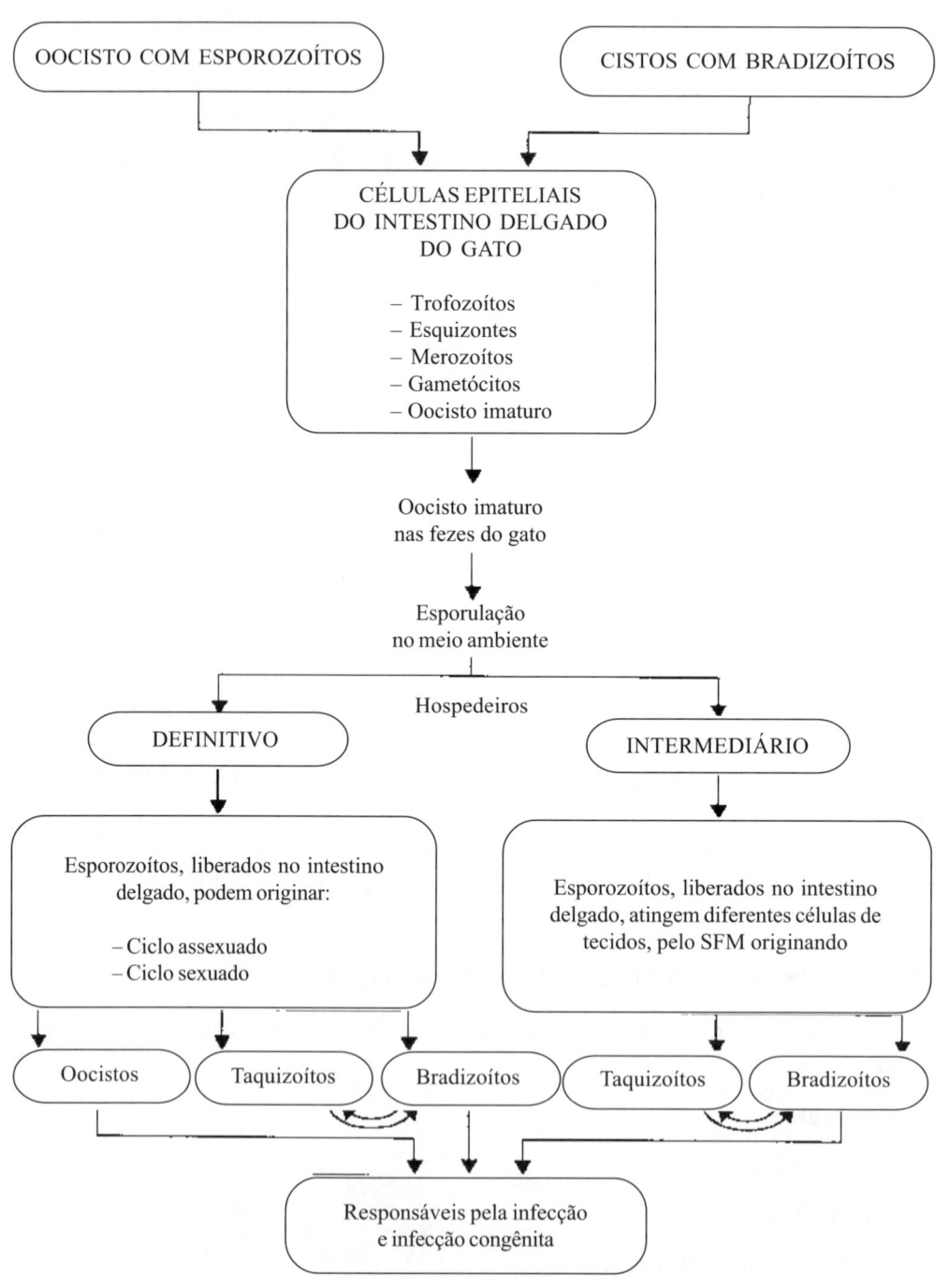

Ciclo evolutivo – Os oocistos não esporulados são eliminados com as fezes do gato e a esporulação ocorre em sete a oito dias. Ingeridos pelo hospedeiro intermediário os esporozoítos liberados atravessam a parede intestinal e invadindo as células endoteliais dos vasos sangüíneos, dão a primeira geração de merozoítos. Estes, penetrando nas células da epiderme, derme, tecido conjuntivo, esclerótica, mucosa nasal, faringe, laringe, traquéia e outros tecidos, continuam proliferando originando cistos, de paredes espessas, com 100 a 500 μ de diâmetro.

O PPP (período pré-patente) oscila entre quatro a 25 dias.

Quadro clínico e Patogenia – *B. besnoiti* aparentemente não é patogênica ao gato – hospedeiro definitivo. Entretanto, nos bovinos, é responsável por um grave quadro patológico. São consideradas duas fases: a aguda e a crônica.

Fase aguda – Esta é caracterizada pelo aumento de temperatura que oscila entre 41 a 42°C, fotofobia, anasarca, edema dos gânglios linfáticos, lacrimejamento, mucosa nasal congestionada e com cistos, o mesmo observado na faringe e laringe. Esta fase tem a duração de seis a dez dias e é sucedida pela segunda fase. Dependendo da virulência da cepa, pode ocorrer uma infecção generalizada e a morte sobrevir em aproximadamente sete dias.

Fase crônica – Fase caracterizada por lesões cutâneas. A pele torna-se grossa e rugosa (pele de elefante) e há queda de pêlo.

Diagnóstico

Clínico – Pelo quadro clínico.

Laboratorial – Pela presença de oocistos em exame de fezes do gato e através da constatação de cistos característicos em material necropsiado.

Diferencial – É feito através do exame de raspado da pele, a fim de eliminar suspeita de sarna.

Importância – *B. besnoiti* é importante sob ponto de vista econômico, pelos prejuízos que causa com a desvalorização do couro e perda do gado.

Profilaxia – Evitar a promiscuidade de gatos com bovinos, a fim de prevenir a transmissão desse parasito, além de proceder a eliminação ou isolamento dos animais infectados.

PHYLUM CILIOPHORA DOFLEIN, 1910

(lat. *cilium,* pestana; *phoros,* portador)

Conceitos básicos

•   Protozoa, os mais evoluídos em organização.

•   Corpo com forma definida e estrutura complexa.

•   Com numerosos cílios vibráteis, ao menos durante um estádio do seu ciclo evolutivo.

- Dois núcleos, o macronúcleo responsável por atividades citoplasmáticas e o micronúcleo responsável pelos processos reprodutivos.
- Reprodução assexual por cissiparidade transversal.
- Reprodução sexual por conjugação ou autogamia.
- Citóstoma presente ou ausente.

Classe KINETOFRAGMINOPHORASIDA

Conceitos básicos

- Ciliophora cujos cílios orais e somáticos são levemente distintos.

Subclasse VESTIBULIFERASINA Puytorac et alii, 1974

Conceitos básicos

- Kinetofragminophorasida com vestíbulo geralmente presente.
- Vida livre ou parasitária, principalmente do trato digestivo de vertebrados e invertebrados.

Família BALANTIDIIDAE

Conceitos básicos

- Vestibuliferasina com vestíbulo de situação anterior.
- Citóstoma no fundo do vestíbulo.
- Cílios – todos semelhantes.
- Parasitos do trato digestivo de vertebrados e invertebrados.
- Ciclo evolutivo direto – monoxeno.

Gênero *Balantidium* Claparède e Lachmann, 1858

(gr. *balantion,* bolsa, saco; dim. *balantidion)*

Conceitos básicos

- Balantidiidae de forma subcilíndrica, elíptica ou oval.
- Micronúcleo simples.
- Macronúcleo alongado.
- Vacúolo contrátil.
- Citopígio na porção anterior.

Balantidium coli (Malmsten, 1857) Stein, 1862

Sinonímia – *Balantidium aragoi, B. cunhamunizi, B. philippinensis, B. rhesum, B. simile, B. suis e B. wenrichi.*

Nome da doença – Balantidiose, disenteria balantidiana.

Estrutura – Corpo totalmente revestido por cílios dispostos em séries longitudinais espiraladas. A extremidade mais atenuada é a anterior. Nela observa-se uma depressão em forma de funil, o *peristoma,* com longos cílios na sua borda esquerda. A coordenação dos batimentos dos cílios é responsável pela sua locomoção rápida e da condução de partículas alimentares ao citóstoma. A digestão ocorre nos vacúolos nutritivos. A porção não assimilada é expulsa pelo citopígio, poro situado na extremidade posterior. Possui dois vacúolos pulsáteis: um anterior e outro posterior; dois núcleos: um macro e outro micro. O macronúcleo é ovalado e menor que a metade do corpo do protozoário, quando em repouso, e em forma de rim quando prestes a se dividir. O micronúcleo, de função reprodutora, está situado numa concavidade do macronúcleo (Figura 2.28).

Dimensão – Os trofozoítos são ovóides e medem de 30 a 150 μ por 25 a 120 μ. Os cistos são esféricos e medem de 40 a 60 μ de diâmetro.

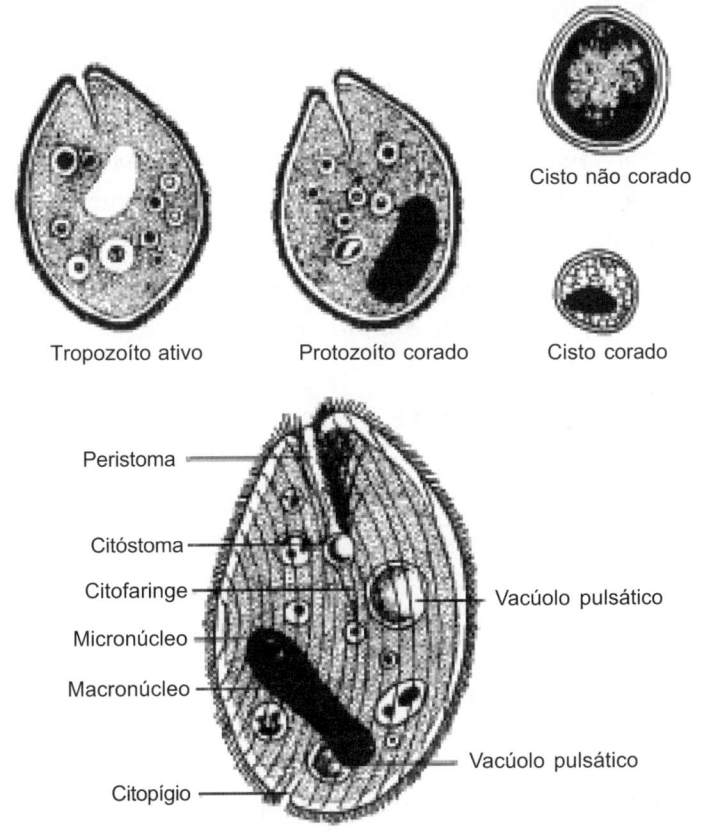

Cisto não corado

Cisto corado

Tropozoíto ativo   Protozoíto corado

Peristoma

Citóstoma

Citofaringe

Micronúcleo

Macronúcleo

Vacúolo pulsático

Vacúolo pulsático

Citopígio

Figura 2.28 *Balantidium coli.* Segundo Wenyon, redesenhado por Ivan.

Biologia

Hospedeiros – Suínos, homem, raramente caninos e felinos.

Localização – Luz do ceco e cólon.

Ciclo evolutivo – A reprodução do trofozoíto é por divisão binária transversal, ocorrendo no ceco do hospedeiro. Pela reprodução sexual, por conjugação há formação dos cistos que são eliminados pelas fezes e são as formas infectantes (Figura 2.28).

Quadro clínico – Depende da intensidade da infecção. Os animais apresentam diarréia com muco e sangue.

Patogenia – Geralmente o *Balantidium coli* é comensal do intestino grosso dos suínos, alimentando-se de fungos, protozoários, bactérias, grãos de amido, detritos orgânicos e hemácias. Habitualmente não invade a mucosa intacta do intestino. Entretanto, se algum organismo determinar uma lesão, o *B. coli,* então, graças a seus movimentos ciliares e girando sobre seu eixo, será um segundo invasor, sendo responsável por lesões necróticas, semelhantes as causadas pela *Entamoeba histolytica.* O parasito produz hialuromidase que irá auxiliá-lo na sua capacidade invasora e patogenicidade (essa enzima não tem propriedade de iniciar uma lesão), invadindo a mucosa, provoca hiperemia e congestão, ocasionando ulcerações associadas à enterite.

Diagnóstico

Clínico – Pelos sinais.

Laboratorial – Exame parasitológico de fezes, pelo Método de Willis-Mollay, para identificação dos cistos; cortes histológicos das úlceras intestinais, por ocasião da necropsia, para identificação do parasito.

Profilaxia – A profilaxia consiste em evitar que os hospedeiros ingiram alimento ou água contaminados com cistos de *Balantidium.*

Família PYCNOTRICHIDAE

Conceitos básicos

•   Vestibuliferasina com um longo sulco em direção ao citóstoma, localizado próximo à região mediana ou na extremidade posterior do corpo.

•   Parasitos herbívoros.

Gênero *Buxtonella* Jameson, 1926

(dedicado a Buxton)

Pycnotrichidae de corpo ovalado com a superfície estriada longitudinalmente e recoberta de cílios densos e de tamanho médio. Apresenta a extremidade posterior curvada em direção à anterior. Citóstoma subterminal e situado na extremidade mais afilada. Macronúcleo reniforme e micronúcleo esférico.

Buxtonella sulcata Jameson, 1926

Comensal do ceco dos bovinos. Os trofozoítos medem de 60 a 138 μ de comprimento por 46 a 100 μ de largura e apresentam um macro-núcleo oval medindo 18 a 36 μ.

Os cistos são ovalados ou esféricos, de cor amarelada e sua parede constituída por duas membranas.

Bozhenko, 1925, descreveu esta espécie como *Infundibulorium cameli,* os protozoários encontrados em fezes diarréicas de camelos, que podem ser *Buxtonella sulcata.* Assim sendo, o nome deveria ser *Infundibulorium cameli,* de acordo com a Lei da Prioridade.

Família OPHRYOSCOLECIDAE Claus

Conceitos básicos

- Vestibuliferasina com tufos de cílios circundando a região oral.

- Cílios retráteis.

- Extremidade posterior do corpo provida ou não de apêndices caudais.

Gênero *Ophryoscolex* Stein, 1858

Ophryoscolecidae de corpo ovalado, truncado na extremidade anterior. Região oral com cílios em membranela, dispostos em espiral, desde o citóstoma até a faringe. Membranelas dorsais anteriores dispostas até o meio do corpo. Três lâminas esqueléticas estendendo-se por todo o comprimento do lado ventral direito. Macronúcleo alongado e micronúcleo próximo ao centro do macronúcleo. Possuem de nove a 15 vacúolos contráteis dispostos em um círculo anterior e outro posterior.

Ophryoscolex inermis Stein, 1858

O corpo é delgado e com a extremidade posterior levemente arredondada e desprovida de espinhos.

Dimensão – Mede de 170 a 190 μ de comprimento por 65 a 100 μ de largura (Figura 1.2).

Hospedeiro – Principalmente caprinos.

Localização – Rúmen.

Ophryoscolex purkinjei Stein, 1858

Apresenta um espinho principal curto e forte do qual partem três pequeninos espinhos que circundam a extremidade posterior do corpo. Apresenta ainda um espinho bífido. Os espinhos anteriores visualmente são trifurcados. Possui nove vacúolos contráteis.

Ophryoscolex caudatus Eberlein, 1895

Esta espécie assemelha-se a *O. purkinjei,* diferindo por ser o espinho da extremidade posterior longo e não bífido.

Hospedeiros – Ovinos e bovinos.

Localização – Rúmen.

Os Ophryoscolecidae vivem e se multiplicam no rúmen dos herbívoros, digerindo a celulose e permitindo assim que os hospedeiros absorvam os produtos da degradação da celulose. Estes protozoários são úteis e exemplificam caso de mutualismo.

CAPÍTULO 3

HELMINTOLOGIA

A Helmintologia é o capítulo da Zoologia que se preocupa com o estudo dos helmintos.

Pela designação de *vermes,* Lineu (1758) e os biologistas daquela época denominavam todos os animais metazoários de corpo alongado e desprovidos de apêndices. O termo verme é empregado tanto para os vermes planos como para os cilíndricos lisos ou cilíndricos segmentados. Diferem entre si por numerosas características estruturais e biológicas de modo que pertencem a diferentes Ramos ou Filos do reino animal como Annelida, Nemathelminthes, Acanthocephala e Platyhelminthes.

A helmintologia é um capítulo muito vasto da Zoologia, que trata dos vermes ou helmintos tanto sob o ponto de vista zoológico como patológico. *Zoológico,* quando estuda a morfologia, a biologia e a sistemática dos helmintos; *patológico,* quando estuda a patogenia desses helmintos no homem, no animal e no vegetal. A helmintologia compreende além do estudo zoológico dos helmintos, o estudo das helmintoses (verminoses), isto é, as doenças por eles causadas, os meios usados para cura e as medidas profiláticas que devem ser empregadas para evitá-las.

O objetivo é estudar a helmintologia médica veterinária, isto é, será enfocado o estudo dos helmintos parasitos que ocorrem nos nossos animais domésticos, estudo que, tanto sob o ponto de vista higiênico como econômico, torna-se cada vez mais importante.

A helmintologia é um ramo importante da parasitologia, demonstrado pelos exemplos que se seguem: a cenurose dos ovinos; a distomatose hepática dos ruminantes domésticos que ocasiona grande mortalidade nas regiões úmidas e, principalmente, quando as estações são com muita chuva; a hidatidose do homem, ruminantes e suínos; as estrongiloses gastrintestinais e pulmonares dos ruminantes, que recrudescem com as estações chuvosas, dizimando rebanhos; a estrongilose eqüina, responsável pela formação de aneurismas e nódulos hepáticos e pulmonares, muito comum nas regiões úmidas, com grande índice de mortalidade; a ancilostomose canina, atacando principalmente cães jovens, verdadeira epizootia mortal, conhecida ainda como anemia dos cães; a espirocercose dos cães, freqüente em regiões de clima quente, quase sempre mortal; a triquinose suína que pode ser transmitida ao homem; também as aves domésticas são igualmente sujeitas a numerosas helmintoses. Estes poucos exemplos mostram o papel desempenhado pelos helmintos, tanto sob o ponto de vista social como econômico.

Cabe ao médico veterinário combater as helmintoses, seja atacando os parasitos no organismo de seus hospedeiros, seja durante a sua evolução de vida livre no meio ou nos seus hospedeiros intermediários ou, ainda, nos seus vetores.

PHYLUM PLATYHELMINTHES

(gr. *platy,* plano; *helmins, helminthes,* vermes)

Os vermes mais inferiores são os Platyhelminthes. Seu corpo é delgado e deprimido. Este filo compreende três classes:

TURBELARIA – Vida livre. Seu habitat é água doce, salgada ou terra úmida. Corpo não segmentado, tegumento ciliado e tubo digestivo incompleto.

TREMATODA – Parasitos externos ou internos. Corpo não segmentado e tubo digestivo incompleto.

CESTODA – Parasitos intestinais dos vertebrados. Corpo segmentado e tubo digestivo ausente.

Conceitos básicos

• Simetria bilateral; triploblásticos; acelomados; corpo deprimido dorso-ventralmente.

• Epiderme ciliada nos Turbelaria; revestida por cutícula e com ventosas, acúleos ou ambos, para adesão e fixação no hospedeiro, em Trematoda e Cestoda.

• Capas musculares bem desenvolvidas; espaços entre os órgãos internos obliterados por tecido conjuntivo.

• Tubo digestivo ausente (Cestoda) e, quando presente, incompleto (Trematoda), isto é, em fundo de saco, com boca mas sem ânus.

• Aparelhos circulatório e respiratório ausentes.

• Aparelho excretor formado por numerosas células ciliadas ou células em flama; capilares que partem delas; vasos mais grossos que recebem os capilares; vesícula excretora e poro excretor.

• Sistema nervoso formado por um par de gânglios anteriores ou anel nervoso que conecta de um a três pares de nervos longitudinais ventrais.

• Hermafroditas (monóicos); fecundação interna; ovos microscópicos e cada um deles circundado por várias células vitelinas e protegidos por uma casca; desenvolvimento direto (Turbelaria e Trematoda Monogenea) e desenvolvimento indireto com uma ou várias fases larvárias (Trematoda Digenea e Cestoda); em alguns, reprodução assexual.

- Dimensão: de meio milímetro a 20 metros.

Classe CESTODA Rudolphi, 1808

(gr. *kestós,* fita; *odes,* semelhante, forma)

Apresentação – Os cestódeos são platelmintos com aspecto de fita, o que lhes valeu o nome.

Vulgarmente são conhecidos por *solitárias.* Em inglês denominam-se *tapeworms,* em alemão *Bandwurms* e em francês *ruban vers.*

Conceitos básicos

- Platyhelminthes com aspecto de fita.
- Corpo segmentado.
- Cutícula lisa (desprovida de cílios).
- Tubo digestivo ausente.
- Órgãos de adesão: ventosas; órgãos de fixação: acúleos. Ambos situados na extremidade anterior.
- Hermafroditas (monóicos). Cada segmento do corpo com um ou dois grupos de órgãos reprodutores masculinos e femininos.
- Adultos parasitos do intestino delgado de vertebrados.
- Larvas em vertebrados e invertebrados.
- Heteroxeno.
- Biohelmintos (necessitam de um hospedeiro para completarem seu ciclo evolutivo).

Morfologia externa – O corpo dos cestódeos é deprimido (achatado no sentido dorso-ventral) e com aspecto de fita.

É considerada face ventral aquela na qual se abre o útero, e se este orifício não existir, face ventral é a mais próxima ao ovário.

O corpo segmentado apresenta três regiões: *escólex, colo* e *estróbilo* (Figura 3.1).

Escólex – É a porção anterior, mais ou menos globosa, cilíndrica ou cônica e destinada à adesão e à fixação do cestódeo à superfície interna da parede intestinal.

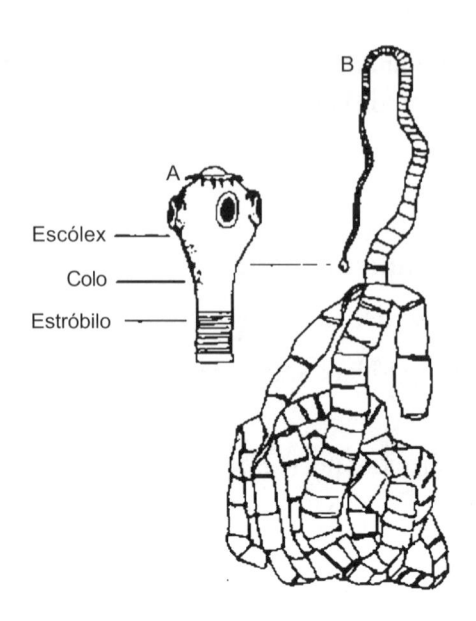

Figura 3.1 Cestoda. *Taenia solium.* A) Extremidade anterior. B) Indivíduo completo.

No escólex existem:

Órgãos de adesão. Os órgãos de adesão obedecem a quatro tipos fundamentais: *ventosas,* musculosas, sésseis, em número de quatro, de contorno circular ou elíptico, dispostas simetricamente na porção mais grossa; *botridias* ou *bótrias,* musculosas, pedunculadas, em número de duas ou quatro, de acordo com o gênero, em forma de orelha; *pseudobotridias,* depressões alongadas, em número de duas, uma dorsal e outra ventral; *tentáculos,* em número de quatro expansões revestidas por acúleos e com a capacidade de se distender e de se retrair, sofrendo então um invaginamento como dedo de luva (Figura 3.2).

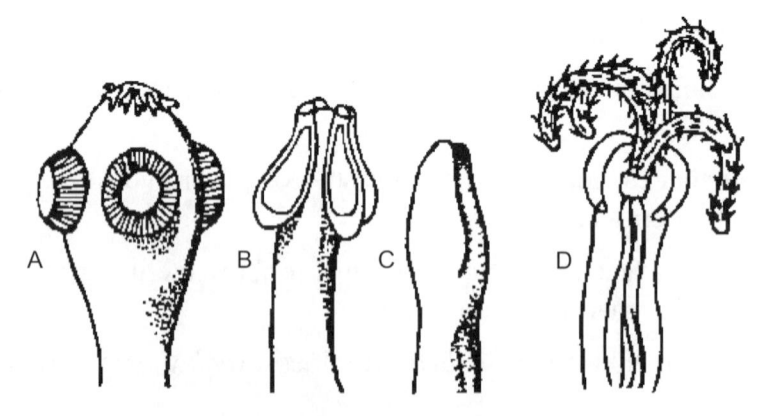

Figura 3.2 Tipos de escóleces de Cestoda. A) Com quatro ventosas. B) Com quatro botrídias; C) Com duas pseudobotrídias. D) Com quatro tentáculos. Segundo Pessôa, 1974, redesenhado por Ivan.

142

Órgãos de fixação. Os órgãos de fixação são o *rostro* ou *rostellum,* estrutura anterior, muscular saliente, protrátil, situado entre as ventosas; *acúleos,* formações quitinosas orientadas em diversos sentidos e situados no rostro e/ou nas ventosas, dispostos em coroa ao redor dele, em uma ou mais séries. A forma e a dimensão dos acúleos são muito importantes para a sistemática. Os acúleos, em geral, apresentam-se em forma de foice e constam de *lâmina,* parte livre; *cabo* ou *porção basal,* parte longa, obtusa, encaixada no rostro ao qual se prende por meio de fibras musculares e *guarda,* parte saliente, curta, situada entre o cabo e a lâmina, provida de fibras musculares para movimentar os acúleos. As proporções dessas três partes são específicas (Figura 3.3).

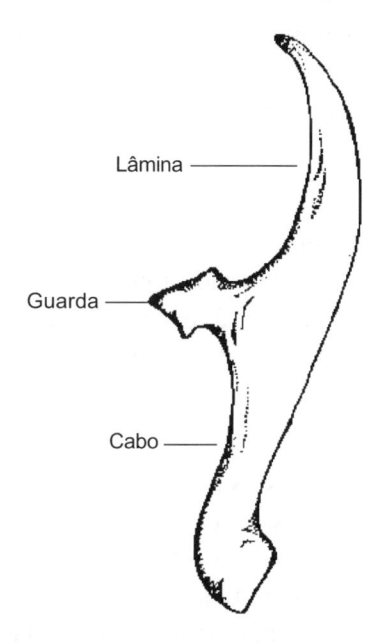

Lâmina

Guarda

Cabo

Figura 3.3 Partes constituintes de um acúleo. Segundo César Pinto, redesenhado por Ivan.

Colo – É a parte mais fina, não segmentada, que une o escólex ao estróbilo, cuja morfologia e estrutura são muito simples. A região posterior do colo é a zona do crescimento, determinado pela multiplicação das células embrionárias dessa região.

Estróbilo (tronco ou *corpo) –* É formado por uma cadeia de segmentos denominados *proglótides,* variáveis em número, forma e tamanho, de acordo com as espécies. As proglótides mais próximas ao colo são as mais jovens; à medida que se afastam do colo tornam-se mais velhas. Quanto ao grau de maturidade, distinguem-se *proglótides jovens* ou *imaturas,* sem órgãos sexuais e constituindo o terço anterior; *proglótides maduras* com órgãos sexuais diferenciados e formando o terço médio; *proglótides grávidas,* apresentando útero contendo ovos e os demais órgãos sexuais degenerados, formam o terço posterior. São as últimas proglótides do estróbilo que são eliminadas. Esta eliminação ocorre de diversos modos, de acordo com as ordens.

O processo é denominado de *apólise,* quando são destacadas as proglótides grávidas; *anapólise,* quando não se destacam; *hiperapólise (Tetrarhynchus,* parasito de peixes) quando se destacam precocemente e *pseudo-apólise* quando as proglótides, através do *tocóstoma,* liberam os ovos e só depois é que se destacam, ocorrendo eliminação tardia das proglótides *(Diphyllobothrium latum).*

As proglótides podem ser quadradas ou retangulares. Se retangulares, os lados maiores podem ser ou do comprimento ou da largura do estróbilo.

Tegumento – O tegumento que reveste a superfície do corpo dos cestódeos é formado por um citoplasma de natureza sincicial, sem núcleos, mas com mitocôndrias, vacúolos, vesículas, e providos de numerosos poros através dos quais se realiza a nutrição. Externamente o tegumento apresenta microvilosidades (microtríquias) revestidas pela membrana plasmática. Tais formações, aumentando bastante a superfície cuticular, facilitam a absorção dos alimentos.

Morfologia interna

Parênquima – O parênquima é o tecido de enchimento e preenche todos os espaços entre os diferentes órgãos. No parênquima existem corpúsculos calcáreos, que medem de 0,3 a 3 mm de diâmetro, responsáveis pela cor esbranquiçada dos cestódeos, dificultando o estudo da sua morfologia interna. Quando se necessita observar sua anatomia, recorre-se à diafanização, com o emprego do ácido acético para a dissolução dos corpúsculos calcáreos.

Sistema muscular – É constituído pelos músculos subcuticulares, pelos músculos radiais e circulares formando as ventosas e pelos músculos do rostro. Os músculos das proglótides são constituídos, no plano mais externo, por feixes de fibras longitudinais e no plano mais interno, por feixes de fibras circulares. Os feixes de fibras musculares longitudinais constituem a zona cortical e os feixes de fibras musculares circulares constituem a zona medular. Entre as duas zonas estão intercalados feixes de fibras musculares oblíquas. Todos os órgãos estão situados na zona medular (Figuras 3.4 e 3.5).

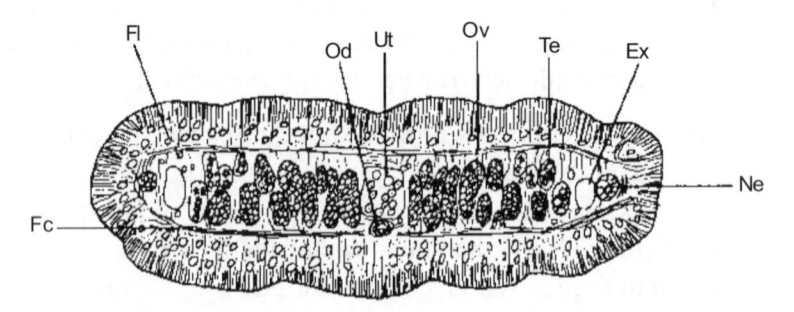

Figura 3.4 Secção transversal de uma proglótide de *Taenia solium.*: Fc) fibras circulares; Ut) útero, Ov) ovário; Te) testículos; Ex) excretor; Ne) nervoso, Od) oviducto; Ov) Ovário; Fl) fibras longitudinais. Segundo Shipley, A. E. & McBride, E. W. *Zoology,* 1901, redesenhado por Paulo.

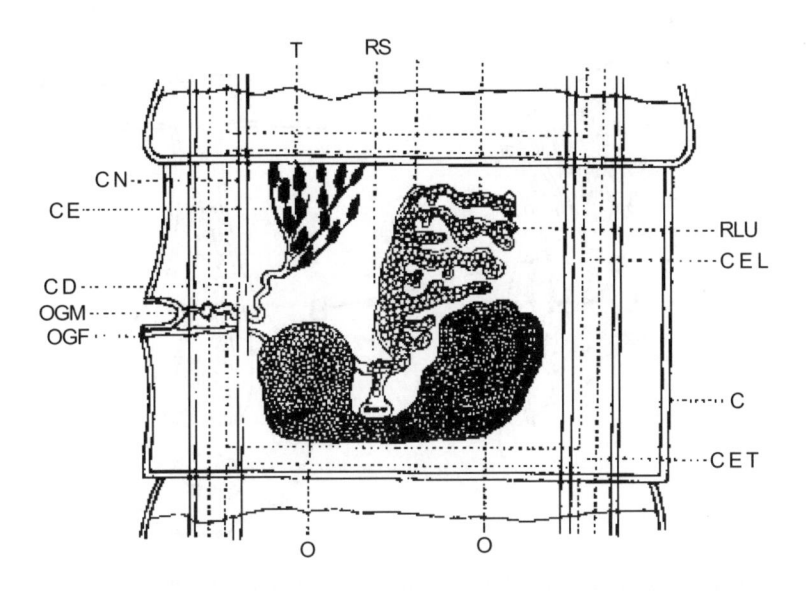

Figura 3.5 Morfologia interna de ciclofilídeo: CN) cordão nervoso; CE) canal eferente; CD) canal deferente; OGM) orifício genital masculino; OGF) orifício genital feminino; O) ovário; T) testículos; RS) receptáculo seminal; RLU) ramificações laterais uterinas; CEL) canal excretor lateral; CET) canal excretor transversal; C) cutícula. Segundo Railliet, redesenhado por Ivan.

Aparelho digestivo – Ausente. A nutrição é por osmose, através do tegumento cuticular.

Aparelhos respiratório e circulatório – ausentes.

Aparelho excretor ou osmorregulador – Consta de numerosos *solenócitos* ou *células em flama,* com cílios vibráteis, mergulhados no parênquima, que vão ter a canalículos que desembocam em dois pares de *canais coletores* laterais longitudinais. Destes, um par é ventral e de maior calibre e o outro é dorsal. Cada um dos pares é ligado por um canal transversal situado na parte posterior de cada proglótide, formando uma comissura anelar transversal. Anteriormente, no escólex, todos os canais longitudinais se unem através de uma comissura, anastomosando-se.

A circulação é póstero-anterior nos canais dorsais, e ântero-posterior nos canais ventrais, de onde vai para o exterior. Aos canais dorsais e ventrais vão ter os canalículos procedentes dos solenócitos ou células em flama, para assegurar o equilíbrio hídrico dos platelmintos (Figura 3.6).

Sistema Nervoso – É formado por um par de gânglios, unidos por conetivos, em forma de anel, situado no escólex. Daí partem vários cordões nervosos longitudinais, sendo que dois desses nervos são mais calibrosos e estendem-se externamente por todo o estróbilo, paralelo aos canais excretores. Vários filetes nervosos partem desses nervos longitudinais para enervarem os diferentes órgãos.

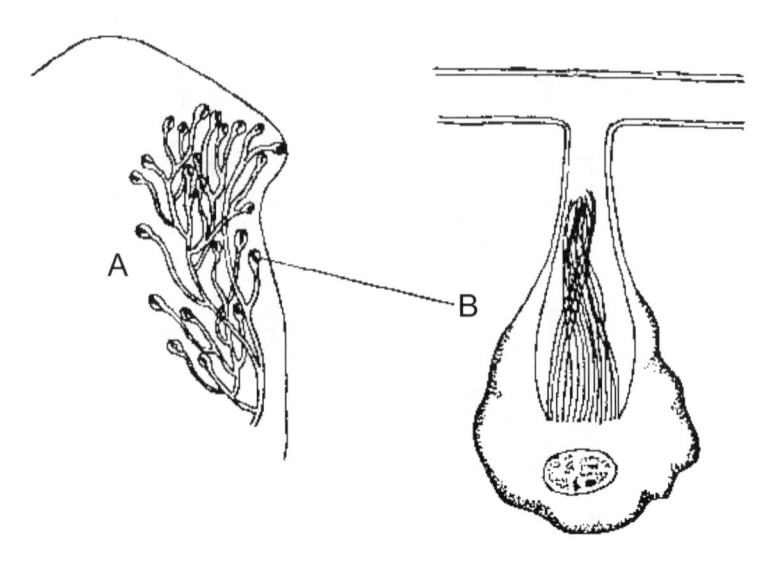

Figura 3.6 A) Aparelho excretor. B) Célula em flama. Segundo Lankster, redesenhado por Paulo.

Aparelho genital (Figura 3.7).

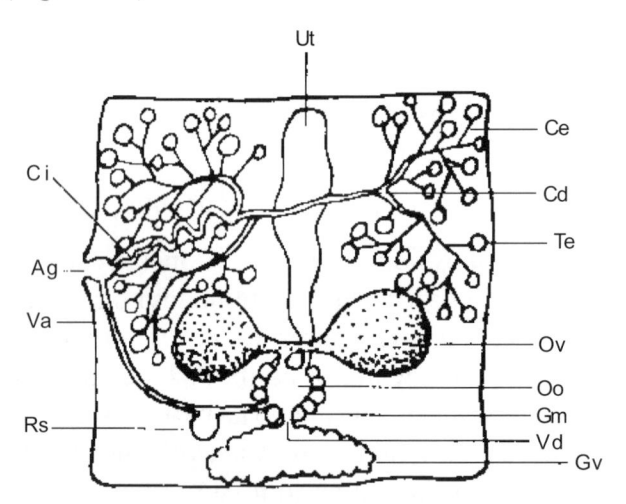

Figura 3.7 Proglótide com as diferentes estruturas: Ut) útero; Ov) ovário; Oo) oótipo; Gm) glândula de Mehlis; Gv) glândula vitelina; Rs) receptáculo seminal; Va) vagina; Te) testículos; Ce) canal eferente; Cd) canal deferente; Ci) cirro; Ag) átrio genital; Vd) viteloducto.

Aparelho genital masculino – É constituído por testículos, esparsos no parênquima, cujo número varia com as diferentes espécies; *canais eferentes,* canalículos que partem dos testículos e vão ter a um conduto único; *canal deferente,* geralmente enovelado, de comprimento variável, podendo apresentar uma dilatação, *vesícula seminal;* o canal deferente comumente termina no órgão copulador protrátil denominado *cirro;* vesícula seminal e cirro podem estar protegidos pela *bolsa de cirro.* O canal deferente

146

termina num orifício, *orifício* ou *poro genital masculino,* situado próximo ao feminino, no *átrio*. O átrio é o vestíbulo onde vão ter o cirro e a vagina. Nos Cyclophyllidea, o átrio genital é lateral (situado na margem), podendo ser simples ou duplo e, quando simples, pode ser alternado ou não. Nos Pseudophyllidea, o átrio genital é ventral.

As glândulas genitais masculinas crescem no plano da face dorsal.

Aparelho genital feminino – Consta de *ovário* único ou duplo. Quando único pode ser bilobulado ou multilobulado e na maioria dos cestódeos está situado posteriormente; *oviducto* é o canal que parte do ovário e cuja dilatação vai constituir o *oótipo* onde ocorre a fecundação; o oótipo é envolvido pela glândula de *Mehlis* que segrega produtos que servem para lubrificar os ovos; *glândulas vitelogênicas* produtoras de vitelo, formadas por células vitelinas com núcleo, massa de vitelo e grânulos destinados a formar a casca, denominados de *glóbulos da casca*. Os glóbulos da casca são expelidos das células vitelinas à medida que cercam o ovo e entram em coalescência formando uma membrana que irá constituir a casca; o *oótipo* tem comunicação com o *receptáculo seminal,* que é uma dilatação da vagina, e com o útero; a *vagina* termina no orifício genital feminino que se abre próximo ao orifício genital masculino, no átrio genital. O *viteloducto* conduto das glândulas vitelinas, comunica-se com o oótipo. A forma do útero é variável e pode ser *persistente* ou *temporário:* persistente, quando permanece cheio de ovos e temporário, quando desaparece e os ovos ficam em estruturas especiais. A forma mais primitiva do útero é a de um saco tubular, situado medianamente na proglótide, sempre no sentido da sua maior dimensão. O útero cheio de ovos pode apresentar diversos aspectos, como emitir ramificações laterais que mantêm conexão com o útero, mas que podem individualizar-se, formando bolsas fechadas e repletas de ovos, chamadas *cápsulas ovígeras.* Nos casos de útero persistente, a forma do útero ramificado, tubular ou reticular é muito importante para a sistemática. Em certos grupos, nas proglótides maduras o útero que se atrofia comunica-se com um órgão especial saciforme, de tecido fibroso, destinado a receber os ovos, designado de *órgão paruterino.* O processo pelo qual se formam os órgãos paruterinos é ainda desconhecido. O útero é o único órgão sexual que geralmente persiste na proglótide grávida, degenerando os demais órgãos, com exceção dos Pseudophyllidea. Nos Cyclophyllidea não existe postura de ovos por faltar um orifício que comunique o útero com o exterior. As proglótides grávidas, destacadas do estróbilo por contração e distensão, rompem-se, liberando os ovos no interior do hospedeiro ou somente no exterior, depois da sua eliminação e dissecação. Nos Pseudophyllidea há um orifício de postura denominado *tocóstomo,* em comunicação com exterior, situado ventralmente.

As glândulas genitais femininas desenvolvem-se na face ventral.

Biologia

Localização – Os cestódeos adultos são parasitos do intestino delgado de mamíferos, aves, répteis, anfíbios e peixes, à parede do qual se aderem por meio das ventosas.

Os cestódeos, enquanto vivos, não são digeridos pelos sucos digestivos do meio onde vivem. Na forma larval, parasitam diversos órgãos de vertebrados, tais como tecido subcutâneo, músculos, fígado, pulmão, cérebro etc., e também tecidos de numerosos invertebrados, principalmente insetos e crustáceos.

Nutrição – Os cestódeos, desprovidos de tubo digestivo, encontram uma alimentação fácil e assimilável no meio em que vivem, cercados de abundante líquido nutritivo do hospedeiro. Esses líquidos penetram nos tecidos dos cestódeos por osmose.

Reprodução – Os cestódeos são monóicos (hermafroditas). Os órgãos genitais apresentam desenvolvimento variável, de acordo com a posição da proglótide no estróbilo. Os órgãos masculinos aparecem antes e conseqüentemente amadurecem mais cedo, ocorrendo o fenômeno da *protandria*. A fecundação pode ser cruzada, entre proglótides situadas em níveis diferentes do estróbilo e mesmo entre proglótides pertencentes a dois estróbilos da mesma espécie. Os cestódeos são muito prolíferos.

A disposição dos órgãos genitais na proglótide é muito importante para a sistemática.

Copulação e Fecundação – A autocopulação da proglótide é rara, pois ocorre protandria. A fecundação parece se realizar normalmente entre diferentes proglótides do mesmo estróbilo, a mais anterior atuando como masculino e a posterior como feminino. Também é viável a copulação entre proglótides de dois estróbilos da mesma espécie quando se encontram juntos no mesmo hospedeiro.

Ciclo evolutivo – O ciclo evolutivo não é o mesmo para todos os cestódeos.

Nos Cyclophyllidea o ovo não operculado é dotado de três membranas e a segmentação, a gastrulação e a embriogênese ocorrem no útero. O embrião possui três pares de acúleos e é conhecido como *embrião hexacanto* ou *oncosfera* (Figura 3.8 A, B e C).

Nos Pseudophyllidea o ovo é operculado e só forma o embrião, denominado coracídio, no meio externo, em presença de água e, além dos três pares de acúleos, tem revestimento externo ciliado (Figura 3.8 D).

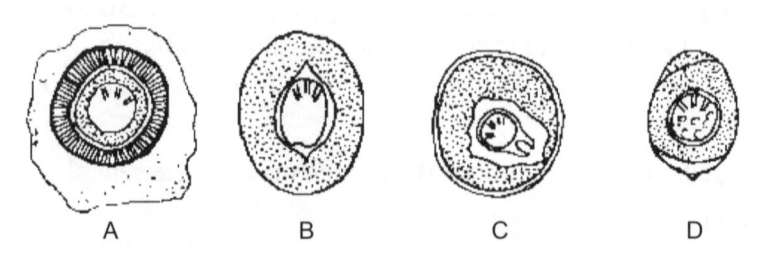

A   B   C   D

Figura 3.8 Tipos de ovos. A) Taeniidae. B) Hymenolepididae. C) Anoplocephalidae. D) Pseudophyllidea.

O desenvolvimento posterior varia de acordo com as ordens dos cestódeos.

Nos Cyclophyllidea, o ovo, no meio externo, é ingerido por um determinado hospedeiro intermediário, que pode ser um animal vertebrado ou invertebrado, no qual o embrião hexacanto eclode no intestino desse hospedeiro. O embrião livre atravessa a parede intestinal, graças a ação de seus acúleos, e ganha o aparelho circulatório ou linfático, estabelecendo-se num ponto qualquer do organismo de seu hospedeiro intermediário. Chegado ao seu destino, transforma-se em larva. A larva pode estar numa vesícula cheia de líquido, que apresenta uma membrana externa e uma membrana interna germinativa.

A parede da vesícula sofre uma invaginação que vai formar o escólex e, ao fundo dessa invaginação, surge o rostro com seus acúleos e ventosas. O escólex, que a princípio está dirigido para o interior da vesícula, se reverte, como um dedo de luva, na luz da parte invaginada a fim de proteger acúleos e ventosas, e assim permanece até ser ingerido pelo hospedeiro definitivo.

As diversas formas larvais vivem durante um certo tempo no hospedeiro intermediário, mas sofrem uma degenerescência calcária se não chegarem vivas ao hospedeiro definitivo.

As larvas dos Cyclophyllidea chegadas ao hospedeiro definitivo, desinvaginam o escólex; a vesícula, quando existe, atrofia-se e tem início a proglotização com o aparecimento da primeira proglótide ao nível do colo. Depois forma-se uma segunda proglótide, entre o colo e a primeira proglótide e assim por diante, de modo que depois de algum tempo há muitas centenas de proglótides formadas naqueles de grandes dimensões.

Nos Pseudophyillidea existem duas formas larvais distintas, cada uma parasitando um hospedeiro intermediário diferente. O embrião *coracídio* deixa o ovo pela abertura do opérculo, mede de 40 a 50 μ de diâmetro, nada ativamente e morre se não for ingerido por um microcrustáceo dos gêneros *Cyclops* (Figura 3.9), *Diaptomus* ou *Daphnia* (Figura 3.10). O coracídio, atingindo o intestino do microcrustáceo, atravessa a parede intestinal graças a seus três pares de acúleos e chega à cavidade geral originando a larva *procercóide*. Depois de aproximadamente 20 dias apresenta a forma alongada, medindo 500 μ de comprimento, com uma tromba protrátil na extremidade anterior e um apêndice esférico, com os três pares de acúleos na extremidade posterior. A cutícula é revestida por pequenos espinhos que desaparecem mais tarde.

O microcrustáceo infectado, se for ingerido pelo segundo hospedeiro intermediário (peixes, anfíbios, répteis), é digerido, liberando a procercóide que continua viva. Esta perde seu apêndice esférico, deixa o tubo digestivo do seu novo hospedeiro e migra pelos tecidos para atingir o tecido subcutâneo, músculos, fígado ou outro órgão, onde origina a segunda forma larval – *plerocercóide.*

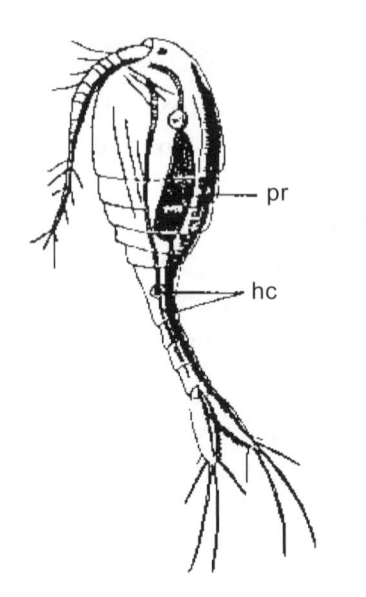 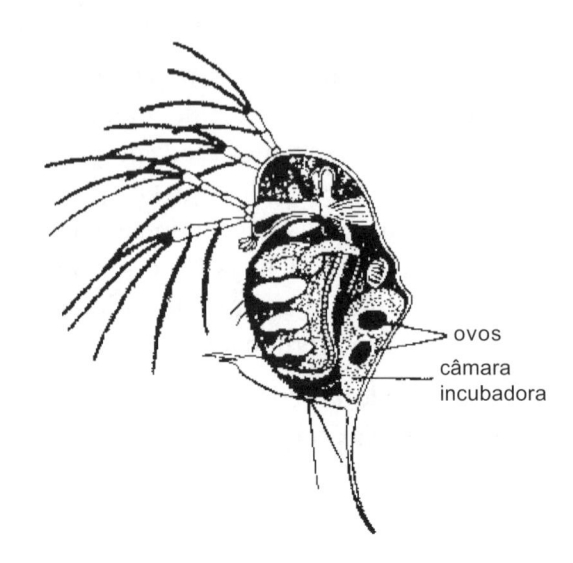

Figura 3.9 *Cyclops* – (vista lateral) com duas larvas hexacantas (he) – e uma procercóide (pr). Segundo Rosen, redesenhado por Ivan.

Figura 3.10 *Daphnia*. Fêmea com dois ovos na câmara incubadora. Redesenhado por Ivan.

A plerocercóide, ao término de seu desenvolvimento, é alongada, com o escólex semelhante ao da forma adulta, medindo de 1 a 3 cm quando em peixes, anfíbios e ofídios e com até 20 cm quando em mamíferos. Esta é a forma larval infecciosa que quando ingerida com o segundo hospedeiro intermediário vai originar o adulto no intestino do hospedeiro definitivo (Figura 3.11).

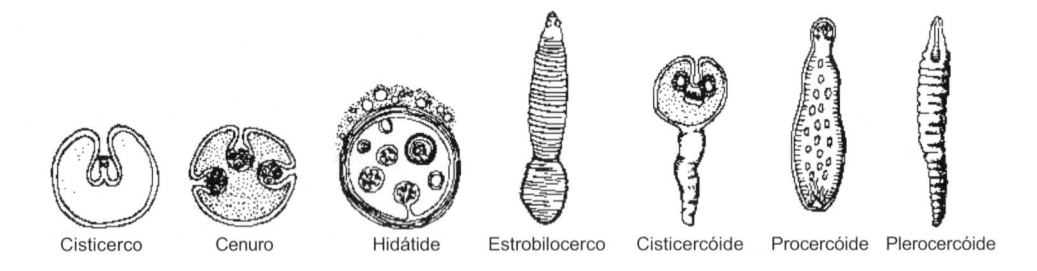

Cisticerco   Cenuro   Hidátide   Estrobilocerco   Cisticercóide   Procercóide   Plerocercóide

Figura 3.11 Tipos de larvas.

Larvas com vesícula bem constituída

Cisticerco – A membrana germinativa produz um só escólex.

Cenuro – A membrana germinativa produz vários escóleces.

Hidátide ou *Cisto hidático* – A membrana germinativa produz numerosos escóleces que se originam no interior de vesículas secundárias.

Larvas com vesícula rudimentar

Cisticercóide – Apresenta rudimento de vesícula e somente o rostro invaginado na larva.

Cercocisto – Cisticercóide com cauda.

Criptocisto – Cisticercóide sem cauda.

Estrobilocerco – A extremidade anterior com fenda na qual está invaginado o escólex; extremidade posterior com uma pequena vesícula e corpo semelhante a estróbilo.

Larvas destituídas de vesícula

Procercóide – Larva pequena, com apêndice caudal esférico, contendo seis acúleos (ocorre em invertebrados, crustáceos).

Plerocercóide – Larva alongada, em forma de fita, com a extremidade anterior invaginada (ocorre em vertebrados).

Sistemática

A classe Cestoda subdivide-se em quatro ordens:

- Cyclophyllidea. Cestódeos com quatro ventosas. Parasitos do homem e dos animais domésticos.

- Pseudophyllidea. Cestódeos com duas pseudobotrídias. Parasitos do homem e dos animais domésticos.

- Tetraphyllidea. Cestódeos com quatro botrídias. Parasitos do homem e dos animais domésticos.

- Trypanorhyncha. Cestódeos com quatro botrídias e quatro tentáculos espiníferos. Parasitos de peixes marinhos.

ORDEM	FAMÍLIA	GÊNERO
CYCLOPHYLIDEA	TAENIIDAE	*Taenia* *Hydatigera* *Multiceps* *Echinococcus*
	HYMENOLEPIDIDAE	*Hymenolepis*
	DAVAINEIDAE	*Davainea* *Raillietina*
	DILEPIDIDAE	*Dypylidium* *Choanotaenia*
	ANOPLOCEPHALIDAE	*Anoplocephala* *Paranoplocephala* *Moniezia* *Thysanosoma*
PSEUDOPHYLLIDEA	DYPHYLLOBOTHRIIDAE	*Diphyllobothrium* *Spirometra*
TETRAPHYLLIDEA TRYPANORHYNCHA		

Diagrama do ciclo evolutivo de CYCLOPHYLLIDEA

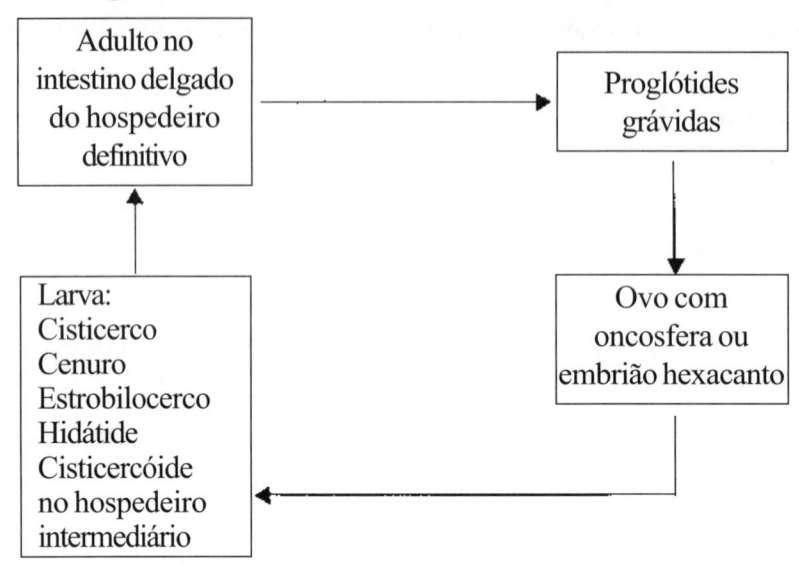

Diagrama do ciclo evolutivo de PSEUDOPHYLLIDEA

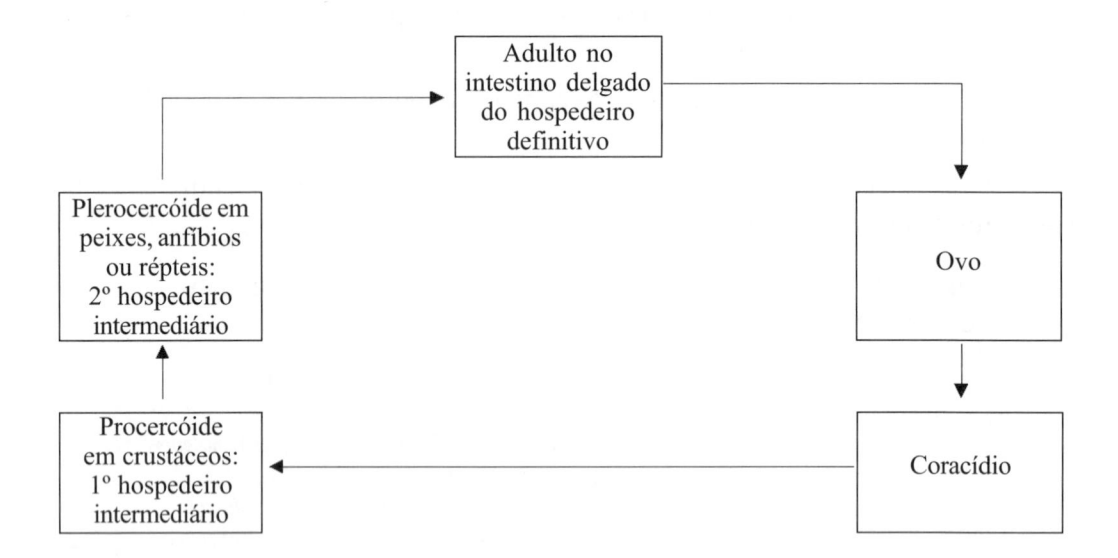

Ordem PSEUDOPHYLLIDEA Carus, 1983

Conceitos básicos

- Cestoda com duas pseudobotrídias.
- Poros genitais ventrais.

- Tocóstomo presente.

- Embrionamento do ovo no exterior.

- Ovo operculado.

Ciclo evolutivo – Os ovos são expulsos para o meio exterior e na água produzem o embrião. Este é ciliado, móvel – o *coracídio*. O primeiro hospedeiro é um microcrustáceo dos gêneros *Cyclops, Diaptomus* e *Daphnia,* que ingere o coracídio. Na cavidade geral do primeiro hospedeiro intermediário origina-se a larva *procercóide.*

A infecção do segundo hospedeiro intermediário – peixes, anfíbios e répteis – ocorre pela ingestão do microcrustáceo infectado pelas larvas procercóides.

As procercóides atravessam a parede intestinal do segundo hospedeiro e vão se encistar nos músculos e em vários órgãos, transformando-se em larvas *plerocercóides* ou *esparganos.*

Este segundo hospedeiro intermediário contaminado, quando ingerido pelo homem e animais vai originar o helminto adulto (Figuras 3.12 e 3.13).

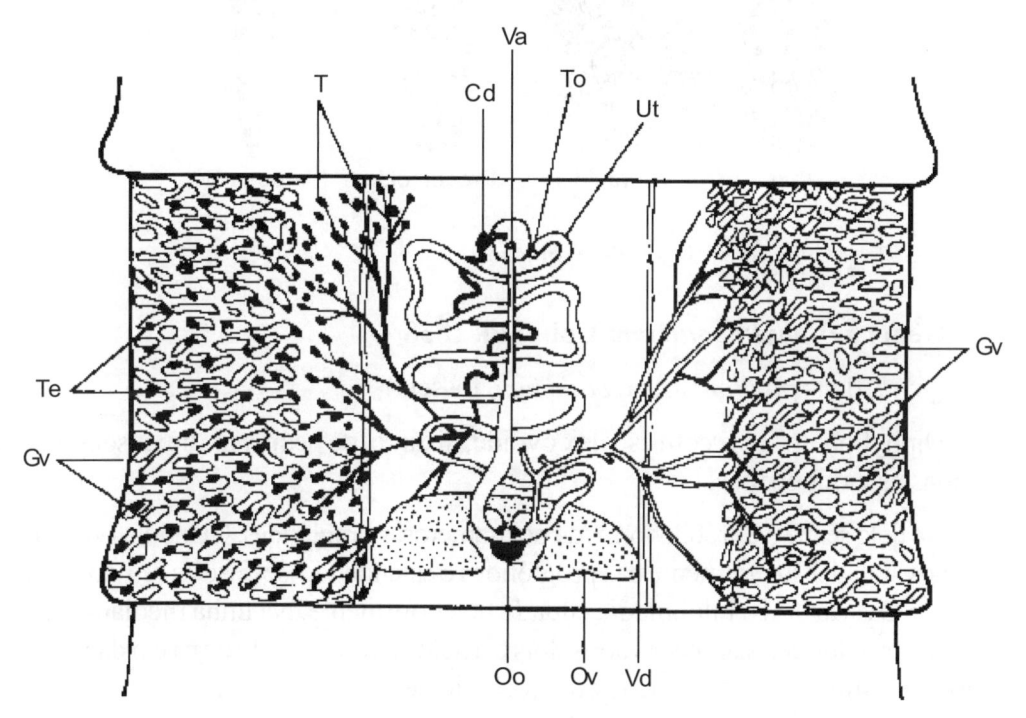

Figura 3.12 Proglótide de Pseudophyllidea. Os testículos foram omitidos no lado direito da figura e os vitelodutos, no lado esquerdo da figura. Te) testículos; Cd) canal deferente; Va) vagina; Ut) útero; Gv) glândulas vitelinas; Vd) viteloducto; Ov) ovário; Oo) oótipo; To) tocóstomo.

Família DIPHYLLOBOTHRIIDAE Lühe, 1909

Conceitos básicos

- Pseudophyllidea com escólex globoso e inerme. Triangular no gênero *Ligula*.

- Duas pseudobotrídias bem nítidas.

- Colo presente. Ausente no gênero *Ligula*.

- Proglotização (segmentação) do estróbilo bem distinta ou só visível no terço anterior.

- Ovário geralmente único.

- Orifícios genitais ventrais e medianos.

- Adultos parasitos do intestino dos mamíferos, aves e répteis (Figura 3.12).

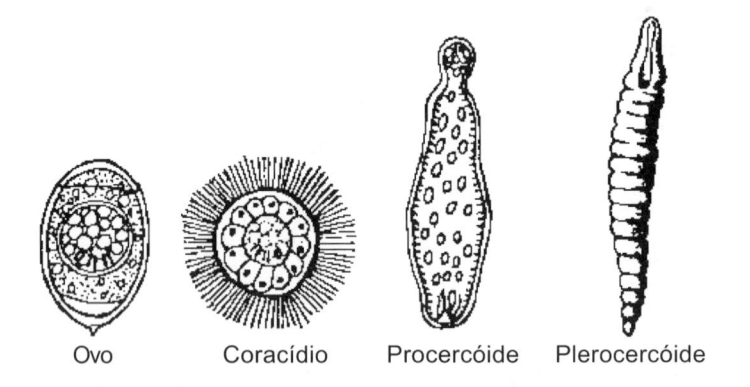

| Ovo | Coracídio | Procercóide | Plerocercóide |

Figura 3.13 *Pseudophyllidea.* Fases de evolução.

Gênero *Diphyllobothrium* Cobbold, 1858

(gr. *di,* dois; *phyllon,* folha; *bothrium,* fosseta)

Diphyllobothriidae com escólex ovóide, distinto, de pequenas dimensões, provido de duas pseudobotrídeas.

Ao colo segue o estróbilo formado por numerosas proglótides. Glândulas vitelínicas e testículos situados lateralmente nas proglótides e estendendo-se desde a região anterior à posterior. Ovário único bilobulado, situado posteriormente. Na linha mediana da face ventral das proglótides são observados dois orifícios genitais: o do cirro e o da vagina e logo após o orifício do útero – tocóstomo (orifício de postura).

Ocorre pseudo-apólise, isto é, as proglótides só se destacam após a liberação dos ovos através do tocóstomo (gr. *tokos,* parto; *stoma,* boca, orifício).

Ovos com extremidades arredondadas.

Diphyllobothrium latum (Lineu, 1758)

Sinonímia – *Dibothriocephalus latus* Lühe, 1899

Morfologia – O escólex é oval, medindo aproximadamente 2 a 3 mm de comprimento por 700 µ a 1 mm de largura, apresenta duas pseudo-botrídias, uma dorsal e outra ventral, em toda sua extensão.

O colo visível tem seu comprimento variável, pois está na dependência da contração e distensão do cestódeo.

O estróbilo é formado por proglótides bem nítidas no terço anterior, no terço médio aumentam de largura e as últimas proglótides são diminutas por se apresentarem retraídas em conseqüência da ovipostura.

Na linha mediana da face ventral há dois orifícios genitais: o anterior, formado pelo canal deferente e vagina, e o posterior, o orifício de postura, o tocóstomo.

Os testículos, situados dorsalmente, são numerosos, de 700 a 800.

Dimensão – o *Diphyllobothrium latum* mede de 7 a 15 m de comprimento.

Biologia

Hospedeiros

Definitivos – Homem, caninos, felinos e suínos.

Intermediários – O primeiro hospedeiro é um microcrustáceo dos gêneros *Cyclops* (Figura 3.9), *Diaptomus* e *Daphnia* (Figura 3.10). O segundo hospedeiro intermediário é desempenhado por peixes.

Localização – Adultos fixos à mucosa do intestino delgado dos hospedeiros definitivos. Larvas *procercóides* na cavidade geral do primeiro hospedeiro intermediário e as larvas *plerocercóides* encistadas em músculos e diferentes órgãos do segundo hospedeiro intermediário.

Ciclo evolutivo – Os ovos, não embrionados, são expulsos pelo tocóstomo das proglótides grávidas e vão ao exterior junto com as fezes do hospedeiro definitivo, que elimina diariamente milhares de ovos. Para prosseguir a evolução, os ovos devem ser depositados na água, onde embrionam, originando o *coracídio,* embrião ciliado e móvel. Este, ingerido por um microcrustáceo dos gêneros *Cyclops, Diaptomus* ou *Daphnia,* primeiro hospedeiro intermediário, atravessa a parede intestinal e na cavidade geral vai originar a larva *procercóide.* O segundo hospedeiro intermediário – peixes – se infecta pela ingestão de microcrustáceos parasitados com larvas *procercóides.* Digeridos os microcrustáceos, as procercóides livres perdem seu apêndice esférico, atravessam a parede intestinal, sofrem encistamento nos músculos e em vários órgãos do hospedeiro, originando as larvas *plerocercóides.* Estas larvas medem de 1 a 2 cm de comprimento e com escólex semelhante ao adulto.

O hospedeiro definitivo se infecta ao ingerir peixes com larvas plerocercóides, que originarão o adulto no seu intestino delgado e em cinco a seis semanas estarão sexualmente maduros.

Etiologia – O homem, hospedeiro definitivo, contrai a verminose ao ingerir a larva plerocercóide de *Diphyllobothrium* existente no fígado, músculos ou outros órgãos de peixes, quando consumidos insuficientemente cozidos.

Quadro clínico – Em infecções leves, os sinais são pouco evidentes. Em infecções maciças são observadas manifestações de anemia, náuseas, vômito, quando o verme pode ser eliminado pela boca; diarréia e constipação alternadas, dores abdominais, tosse e até ataques epileptiformes.

Patogenia – A manifestação patogênica mais importante da difilobotriose é a anemia. Acredita-se que em certas condições, o *Diphyllobothrium* é capaz de segregar uma substância tóxica que, atingindo a circulação, destrói as hemácias.

Diagnóstico

Clínico – Pelos sinais.

Laboratorial – Exame parasitológico de fezes pelo Método de Sedimentação, para a pesquisa de ovos. Às vezes são encontrados fragmentos de proglótides.

Profilaxia

Educação sanitária do povo com o esclarecimento do ciclo evolutivo, para ser evitado que o homem defeque fora de instalações sanitárias, impedindo assim a infecção dos microcrustáceos e conseqüentemente a dos peixes.

• Os excretos do homem não devem ser lançados em rios ou lagos, antes de serem tratados.

• O homem infectado elimina diariamente, com as fezes, milhares de ovos de *Diphyllobothrium*.

• Inspeção sanitária do pescado, a fim de que os peixes parasitados não sejam liberados para o consumo.

• Os microcrustáceos não devem ser destruídos pois constituem fonte de alimento dos peixes.

• A carne de peixe não deve ser consumida crua, malpassada ou mal cozida.

Gênero *Spirometra* Mueller, 1937

(gr. *speira,* lat. *spira,* espiral; gr. *metra,* útero)

Diphyllobothriidae cujos representantes são muito semelhantes ao *Diphyllobothrium*. Diferem, entretanto, pelo aspecto de seus ovos que apresentam as extremidades afiladas; alças uterinas formando uma espiral de duas a sete voltas; o cirro, a vagina e o útero terminam em três aberturas distintas.

O nome genérico *Spirometra,* conhecido pelos trabalhos de Mueller, é empregado pela maioria dos autores.

Arandas Rêgo (1961) considera que o nome genérico *Luheela* Baer, 1924 tem prioridade sobre *Spirometra.*

Spirometra mansonoides Mueller, 1935

(nome da espécie dedicada a Manson)

Morfologia – A principal característica desta espécie é a forma do útero, com uma constrição no ramo anterior, na altura da linha mediana, continuando-se com uma câmara de expulsão lateral.

Dimensão – A forma adulta atinge até 25 cm de comprimento. O tamanho das larvas plerocercóides está na dependência do hospedeiro; assim, as dos anfíbios a dimensão vai de 1 a 3 cm e as encontradas em mamíferos atingem até 50 cm.

Biologia

Hospedeiros

Definitivos – Carnívoros, felinos e ocasionalmente caninos.

Intermediários – Microcrustáceos; *Cyclops,* primeiro hospedeiro. Anfíbios, répteis, mamíferos, inclusive o homem, segundo hospedeiro.

Localização – Adultos fixos à mucosa do intestino delgado dos hospedeiros definitivos. Larvas procercóides na cavidade geral do primeiro hospedeiro intermediário *Cyclops* e as larvas plerocercóides encistadas, *esparganos,* no tecido subcutâneo ou músculos do segundo hospedeiro intermediário.

Ciclo evolutivo – Os ovos não embrionados são eliminados pelo tocóstomo (orifício de postura) das proglótides grávidas e vão ao exterior junto com as fezes do hospedeiro definitivo – gato. Para a continuação do ciclo, os ovos devem ser depositados na água, para o embrionamento. Depois de algumas semanas, na dependência da temperatura, o embrião ciliado – coracídio, medindo de 40 a 50 μ de diâmetro, deixa o ovo pela abertura do opérculo, nada ativamente e morre se não for ingerido por um microcrustáceo – *Cyclops.* O coracídio, atingindo o intestino do microcrustáceo, atravessa a parede intestinal, graças a seus acúleos, e chega à cavidade celomática, originando a larva procercóide.

O segundo hospedeiro intermediário se infecta pela ingestão de microcrustáceos com larvas procercóides.

Uma vez digeridos os microcrustáceos, as procercóides, agora livres, perdem seu apêndice esférico e, atravessando a parede intestinal, migram até atingirem o tecido muscular ou subcutâneo do segundo hospedeiro intermediário, onde podem permanecer vivos até mais de 10 anos, originando a larva plerocercóide ou espargano.

O hospedeiro definitivo (gato) se infecta ao ingerir anfíbios, répteis ou mamíferos (camundongos, ratos) contaminados com larvas plerocercóides ou esparganos, e em aproximadamente 20 dias os helmintos atingem a forma adulta e tem início a eliminação dos ovos com as fezes do gato.

Quadro clínico e Patogenia – O gato geralmente alberga três ou quatro helmintos adultos, mas já foram encontrados até 10 exemplares. Estes, absorvendo grande quantidade de vitamina B12, causam anemia.

Os sinais clínicos, a sintomatologia e a patogenia da larva plerocercóide ou espargano no homem está condicionada ao órgão parasitado.

• Esparganose ocular – No Vietnã e Tailândia é hábito o uso de pedaços de carne fresca de rã, de ação antiflogística (antiinflamatória), sobre olhos irritados. Após alguns dias, as pálpebras apresentam-se edematosas e dolorosas. O edema é tão acentuado que o paciente fica impossibilitado de abrir o olho. Três a cinco meses depois surge um nódulo, de 1 a 3 cm, geralmente no tecido subconjuntival sob a pele.

• Esparganose subcutânea – A mais freqüente. O paciente apresenta um nódulo indolor pruriginoso de 3 a 4 cm de diâmetro, no tecido subcutâneo do braço, da coxa, da região subcostal, e da inguinoabdominal, como já foi constatado em Porto Alegre, Rio Grande do Sul. Geralmente os nódulos de esparganos subcutâneos são móveis.

• Esparganose visceral – A larva espargano pode migrar a um órgão. Já foi constatado na bexiga urinária; na artéria pulmonar direita, causando intensa hemorragia; nos rins, provocando hemorragia e peritonite; e na parede do intestino delgado. Aí se alojam e evoluem para nódulos fibrosos.

• Esparganose linfática – A larva plerocercóide invade os vasos ou gânglios linfáticos.

Diagnóstico

Clínico – Pelos sinais e sintomatologia.

Laboratorial – Exame parasitológico de fezes do gato pelo Método de Sedimentação, para pesquisa de ovos. Em caso de morte, necropsia para pesquisa de helmintos adultos no intestino delgado.

Excisão dos nódulos para pesquisa de larvas plerocercóides (esparganos).

Profilaxia

• Educação sanitária do povo, isto é, deve ser esclarecido o ciclo evolutivo do *Spirometra.*

- Evitar o uso tópico da carne crua de rã em determinadas afecções cutâneas, método de cura usado no oriente e entre índios sul-americanos.

- Evitar a ingestão de carne crua de rãs e répteis como é hábito na Coréia.

- Evitar a ingestão de águas paradas, como a de lagos etc., geralmente com uma população muito grande de *Cyclops,* que constituem alimento dos peixes.

Ordem CYCLOPHYLLIDEA Braum, 1900

Conceitos básicos

- Cestoda com escólex apresentando quatro ventosas.

- Poros genitais laterais.

- Tocóstomo ausente.

- Proglótides grávidas somente com útero contendo ovos embrionados.

- Ovo não operculado.

Cinco famílias interessam à Parasitologia Veterinária: Taeniidae, Hymenolepididae, Davaineidae, Dilepididae e Anoplocephalidae.

Família TAENIIDAE Ludwig, 1886

Conceitos básicos

- Cyclophyllidea com escólex apresentando *rostelo* ou *rostro* armado de acúleos em forma de foice, dispostos em dupla coroa. Excepcionalmente há uma só coroa de acúleos ou rostro rudimentar e inerme.

- Acúleos de tamanhos diferentes. Os da série superior, mais longos, medindo de 160 a 180 μ, que aqueles da série inferior, mais curtos, medindo 120 a 140 μ de comprimento, embora estarem em planos diferentes, as extremidades livres dos acúleos ficam no mesmo plano.

- Ventosas inermes.

- Orifícios genitais simples e alternados.

- Proglótides jovens mais largas que longas; proglótides maduras quadrangulares e proglótides grávidas mais longas que largas.

- Testículos numerosos.

- Útero persistente em forma de tubo longitudinal mediano emitindo numerosas ramificações, quando grávido.

- Oncosfera – embrião hexacanto – envolta por duas membranas ligadas por septos quitinosos e cimentados por uma substância calcária, cuja disposição oferece uma aparência estriada radialmente.

- Fase larval: cisticerto, cenuro, hidátide e estrobilocerco.

POSIÇÃO DOS POROS GENITAIS			
L A T E R A I S	CYCLOPHYLLIDEA		
	ALTERNADOS	UNILATERAIS	BILATERAIS
M E D I A N O S	PSEUDOPHYLLIDEA		

Gênero *Taenia* Lineu, 1758

(gr. *tainia*, lat. *tenia*, fita, faixa)

Taeniidae com escólex geralmente armado, entretanto pode ser inerme. O estróbilo é formado por numerosas proglótides. Massas testiculares anteriores aos ovários e ocupando toda a região medular. Útero saciforme estendendo-se no sentido do comprimento da proglótide e emitindo ramificações laterais quando grávido.

As larvas são cisticercos *(Cysticercus)*.

Taenia solium Lineu, 1758

Morfologia – O escólex é globoso, medindo aproximadamente 1 mm de diâmetro. O rostro ou rostelo curto é provido de uma dupla série de acúleos (cujo número vai de 22 a 32, daí ser chamada de "tênia armada"). Os acúleos são de tamanhos diferentes.

A série superior é constituída de acúleos maiores que medem de 160 a 180 μ de comprimento, e os da série inferior medem de 120 a 140 μ de comprimento. Como os da série superior são mais longos que os da série inferior, as extremidades livres dos acúleos ficam no mesmo plano. As quatro ventosas arredondadas têm 400 a 500 μ de diâmetro.

O colo é curto e delgado.

O estróbilo, em continuação ao colo, é constituído de 700 a 1000 proglótides.

As papilas genitais, visíveis a olho desarmado, posteriores à linha mediana, dispõem-se de maneira regularmente alternada. O número de massas testiculares vai de 150 a 200 em cada proglótide. O ovário bilobulado com lobo acessório, é anterior à glândula vitelina que está situada no extremo posterior da proglótide. A proglótide grávida apresenta o útero com ramificações laterais dendríticas (ramificadas) em número de sete a 10 e com 30.000 a 40.000 ovos. Os ovos medem de 30 a 40 μ de diâmetro (Figura 3.14).

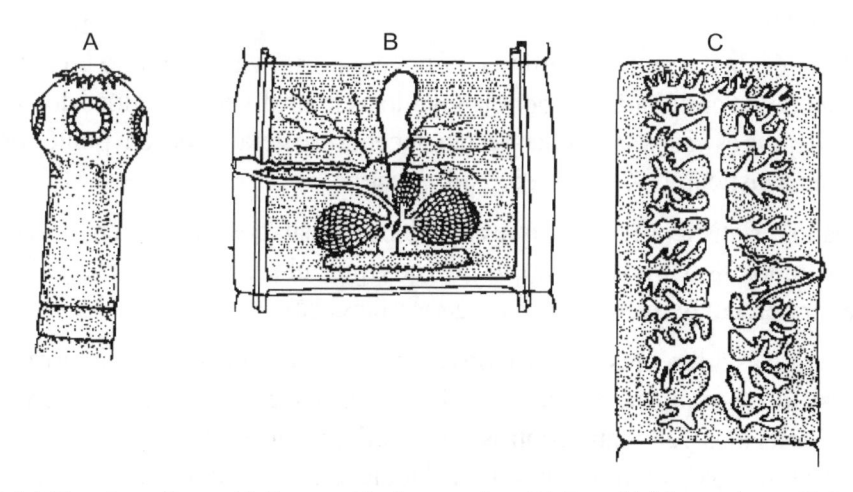

Figura 3.14 *Taenia solium.* A) Extremidade anterior. B) Proglótide madura. C) Proglótide grávida.

Dimensão – A *Taenia solium* mede de 2 a 3 m de comprimento, podendo, entretanto, atingir até 8 m de comprimento por 5 a 8 mm de largura.

Biologia

Hospedeiros

Definitivo – Homem.

Intermediários – Suínos e raramente caninos, felinos, ruminantes, eqüinos e o homem.

Localização – Adultos fixos à mucosa do intestino delgado do homem (hospedeiro definitivo). Larvas cisticercos *(Cysticercus cellulosae)* no tecido conjuntivo interfascicular dos músculos sublinguais, nos músculos mastigadores, no diafragma, no músculo cardíaco e no cérebro dos hospedeiros intermediários.

Ciclo evolutivo – As proglótides grávidas são eliminadas em cadeia, em número de três a seis, com as fezes do homem (hospedeiro definitivo). Quando depositadas no solo, sofrem dessecamento, liberando então os ovos embrionados que se espalham no ambiente contaminando as pastagens e a água.

Os ovos, no exterior, são viáveis até 12 meses, aproximadamente.

Para prosseguir o ciclo evolutivo, os ovos devem ser ingeridos pelo suíno (hospedeiro intermediário). Entretanto, podem evoluir em hospedeiros intermediários anormais como o cão, gato, macaco e o homem.

Os ovos chegam ao estômago sem serem atacados pelos sucos digestivo e gástrico. A eclosão ocorre no duodeno, pelo estímulo do suco pancreático, depois de 24 a 72 horas de ingeridos. O embrião hexacanto, agora livre, graças a seus acúleos, atravessa a parede intestinal e pelos vasos da mucosa ou da submucosa atinge a circulação.

Através da corrente sangüínea, pela veia porta, vai do fígado ao coração, aos pulmões, à grande circulação e é por ela levado às mais diversas regiões do organismo. Abandona depois os vasos sangüíneos estabelecendo-se geralmente em pontos prediletos, onde origina o cisticerco *(Cysticercus cellulosae).*

Dados estatísticos revelam que em suínos parasitados pelo *Cysticercus cellulosae* foram registrados 78,6% no coração, 77,5% nos músculos mastigadores e 75% na língua e, em menor percentagem, em outros órgãos e carcaça.

Quanto às diferentes localizações do cisticerco no hospedeiro intermediário, há controvérsia dos pesquisadores, afirmando alguns que a causa é um tropismo eletivo a determinados tecidos. Entretanto, outros pesquisadores sugerem que o embrião hexacanto, detido nos capilares de menor diâmetro, estabelece-se nas regiões circunvizinhas. Esta hipótese é rejeitada porque o embrião, como elemento vivo, não apresenta nenhuma inflexibilidade de forma.

O embrião, chegado ao tecido eleito, perde seus acúleos, torna-se vesiculoso, cresce e num determinado ponto de sua parede há um invaginamento que, por brotação, originará o escólex.

Em aproximadamente três meses o cisticerco está constituído e é denominado de *Cysticercus cellulosae,* vulgarmente chamado de "pipoca" ou "canjiquinha" devido sua semelhança com as mesmas.

O *Cysticercus cellulosae,* completamente desenvolvido, é constituído por vesícula, colo e escólex (Figura 3.15).

A vesícula, medindo de 6 a 20 mm de comprimento por 5 a 10 mm de largura, com aspecto translúcido, cor leitosa, contém um líquido límpido semelhante ao líquido cerebrospinal, com sais e proteínas.

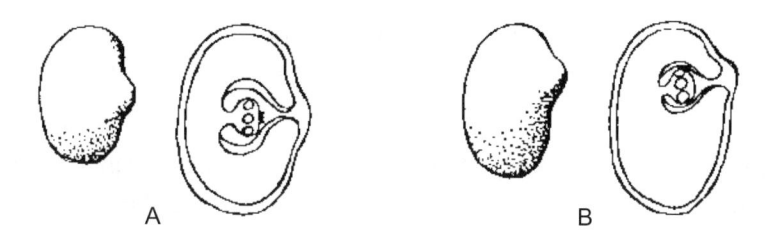

Figura 3.15 Cisticercos. A) *Cysticercus cellulosae.* B) C. bovis. Segundo Euzéby, 1968, redesenhado por Ivan.

O cisticerto deixa ver no seu interior uma estrutura denominada *recptaculum capitis,* semelhante a um funil, que envolve o colo e o escólex e se apresenta, na superfície do cisticerco, como uma pequenina mancha opaca, branca, que corresponde ao local onde o escólex está invaginado. Essa mancha opaca é uma depressão no centro da qual há um orifício – *hilo* – por onde o escólex se desenvaginará.

O hilo está situado na linha equatorial

O colo segue à depressão e está invaginado em si mesmo.

O escólex, ligado ao colo, é semelhante ao da tênia adulta, com quatro ventosas e rostro provido de duas séries de acúleos.

O escólex e o colo podem ser desinvaginados da vesícula por uma leve pressão.

O cisticerco apresenta-se contornado por uma cápsula cística originária da reação irritativa dos tecidos circunvizinhos do hospedeiro intermediário.

O *Cysticercus cellulosae* atinge sua maturidade em 60 a 80 dias e sua longevidade é de semanas a anos no hospedeiro intermediário e assim permanece até passar para o homem.

Depois de certo tempo (oito meses, em média), os cisticercos sofrem degenerescência calcária se não forem ingeridos pelo hospedeiro definitivo.

O homem (hospedeiro definitivo) se infecta ao ingerir carne de porco malcozida ou mal-assada, contendo cisticercos vivos.

Quando o cisticerco chega ao intestino, o escólex desinvagina-se, estimulado pela ação dos sucos digestivos, fixa-se e adere-se à mucosa do duodeno pelos acúleos e ventosas, perde a vesícula e começam a ser formadas as proglótides. Em aproximadamente três meses o homem começa a eliminar proglótides grávidas pelas fezes.

Geralmente o homem alberga somente uma tênia, daí a designação de "solitária". Entretanto, já foram registrados casos em que um indivíduo albergava 59 tênias.

Os autores concordam que a primeira tênia que parasita o homem provoca uma resposta imunitária a outros cisticercos que atinjam o intestino, não permitindo sua evolução. A imunidade é específica. Assim, o homem que alberga uma *T. solium* pode ser parasitado também por uma *T. saginata*. Uma vez eliminada a tênia não existe então mais imunidade.

Etiologia – O homem (hospedeiro definitivo) se infecta ao ingerir carne de porco malcozida ou malpassada, contendo cisticercos *(Cysticercus cellulosae)* vivos.

O suíno (hospedeiro intermediário) se infecta ao ingerir alimento ou água contaminados com ovos embrionados de *Taenia solium*. O homem pode contrair a cisticercose ao ingerir ovos de *T. solium,* levados diretamente à boca através de mãos sujas ou contidos em verduras e frutos consumidos crus e mal lavados; também são registrados casos de auto-infecção por antiperistaltismo.

A presença de *Cysticercus cellulosae,* no homem, pode ocorrer em diversos órgãos.

Quadro clínico – Geralmente o parasitismo é constatado somente por ocasião da eliminação de proglótides junto com as fezes.

Os sinais variam de acordo com a idade e o estado de saúde do hospedeiro definitivo. Se a tênia for albergada por um indivíduo forte e sadio, não há sinais aparentes e o parasitismo só é observado quando forem encontradas proglótides nas suas fezes. Mas se a infecção ocorrer em crianças ou pessoas debilitadas, os sinais mais freqüentes são anorexia ou apetite exagerado, perturbações digestivas, náuseas, vômitos, diarréia alternada com constipação, sensação de dor, de fome, perda de peso, manifestações nervosas e alérgicas, às vezes convulsões e ataques epileptiformes.

Patogenia – A ação patogênica da *Taenia solium* no homem, seu hospedeiro definitivo, é mínima. A espoliação é pouco significativa assim como a ação traumática exercida pelos acúleos e ventosas. Entretanto, os contínuos movimentos do rostro provido de acúleos podem provocar irritação das terminações nervosas do plexo simpático e, como conseqüência, surgirem os reflexos.

As manifestações nervosas, alérgicas, convulsões e, às vezes, até ataque epileptiforme, acredita-se que seriam o resultado da absorção, por parte do hospedeiro definitivo, de produtos tóxicos da tênia.

Depois de um certo tempo (em média três meses) os cisticercos sofrem degenerescência calcária.

Diagnóstico

Clínico – Geralmente é o próprio paciente que faz o diagnóstico ao constatar a presença de proglótides que são expulsas, em número de três a seis, em suas fezes.

Laboratorial – Em casos de suspeita de teníase, é preciso pesquisar proglótides nas fezes. Procede-se a tamisação. Nesta técnica, o bolo fecal é dissolvido em água e, após, tamisado (passar em peneira de malhas finas) para o encontro de proglótides.

O exame de fezes pelo Método de Sedimentação, para pesquisa de ovos, pode ser tentado.

Geralmente não são encontrados ovos nas fezes, exceto quando as proglótides, ao transporem o esfíncter anal, são comprimidas e o útero, fazendo saliência na solução de continuidade da superfície da apólise, sofre ruptura, eliminando ovos.

Inspeção – No animal morto a constatação de cisticercos, principalmente no coração, músculos mastigadores, língua e outros órgãos.

O diagnóstico dos cisticercos *in vivo* não é fácil. Se estiverem localizados nos músculos mastigadores e língua, podem ser identificados pela palpação e inspeção e se apresentam como nódulos de cor branca, do tamanho de um grão de milho.

Profilaxia – A combinação dos itens abaixo enumerados vão constituir a base para a prevenção da infecção pela *T. solium,* tais como:

• educação sanitária do homem – isto é, deverá ser cientificado sobre o ciclo evolutivo da referida *Taenia,* para não defecar no mato, atrás da casa etc. como é costume entre os moradores da zona rural, locais esses, preferencialmente, freqüentados por suínos coprófagos;

• tratamento do indivíduo parasitado, por ser ele o disseminador da cisticercose do suíno;

• uso de instalações sanitárias com fossas ou rede de esgoto;

• criação de suínos em pocilgas;

• inspeção sanitária dos matadouros; as carcaças com cisticercos devem ser rejeitadas e incineradas, a fim de não serem liberadas para o consumo;

• eliminação e cremação de órgãos com cisticercos;

• a ingestão de carne de suínos e produtos derivados (salsicha, lingüiça etc.) bem cozidos ou assados;

• limpeza dos logradouros freqüentados pelo hospedeiro intermediário, pois os ovos da tênia são viáveis durante várias semanas no campo, na água, nos esgotos e no esterco úmido.

Taenia saginata Goeze, 1782

Sinonímia – *Taeniarhynchus saginata*

Morfologia – O escólex é cubóide, com 1,5 a 2 mm de largura, desprovido de rostro e acúleos, daí ser denominado de "tênia desarmada". As ventosas medem 800 μ de diâmetro.

O colo é longo e delgado.

O estróbilo é formado por 1.200 a 2.000 proglótides. As papilas genitais são irregularmente alternadas. O número de massas testiculares vai de 300 a 400 em cada proglótide. O ovário é bilobulado. A proglótide grávida apresenta o útero com ramificações laterais dicotômicas, em número de 15 a 20. Cada proglótide contém até 80.000 ovos. Os ovos da *T. saginata* e os da *T. solium* são indistinguíveis (Figura 3.16).

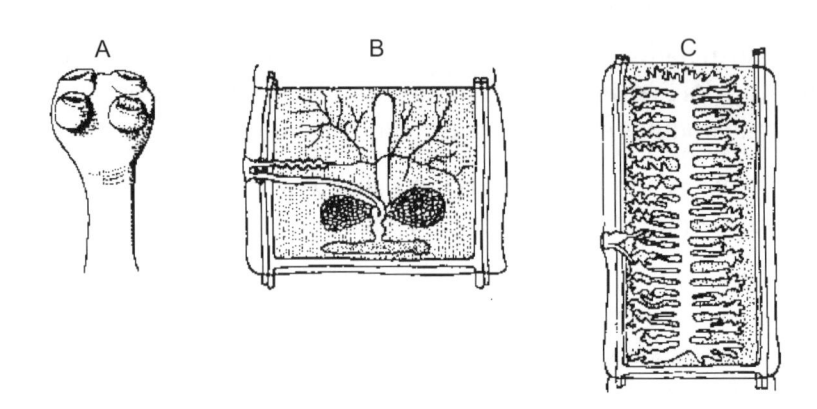

Figura 3.16 *Taenia saginata.* A) Extremidade anterior. B) Proglótide madura. C) Proglótide grávida. Figuras adaptadas de várias fontes, redesenhadas por Jefferson.

Dimensão – A *Taenia saginata* mede de 3 a 8 m de comprimento, podendo atingir até 12 m por 5 a 7 mm de largura.

Biologia

Hospedeiros

Definitivo – Homem.

Intermediários – Bovinos, raramente ovinos e caprinos e excepcionalmente o homem.

Localização – Adultos, no intestino delgado do homem (hospedeiro definitivo). Cisticercos, nos músculos, nos pulmões e no fígado dos hospedeiros intermediários.

Ciclo evolutivo – O ciclo evolutivo da *T. saginata* é, em princípio, semelhante ao da *T. solium*. Entretanto, convém frisar que as proglótides grávidas destacam-se isoladamente do estróbilo e, dotadas de movimentos próprios de "mede-mede", deixam o intestino, chegam até o ânus e ao exterior independente do ato de defecação.

A larva, *Cysticercus bovis,* é semelhante a *C. cellulosae,* porém menor (Figura 3.15 B). Mede de 4 a 6 mm de comprimento por 3 a 5 mm de largura. O hilo está situado mais próximo a um dos pólos. O escólex, semelhante ao da tênia adulta, é inerme, isto é, sem rostro e acúleos. O líquido contido na vesícula é de cor avermelhada. Localiza-se nos músculos, nos pulmões e no fígado dos bovinos (hospedeiros, intermediário).

O *C. bovis,* ingerido com carne crua de bovinos, como quibe ou presunto, ou não submetida a uma cocção suficiente, como nas carnes malpassadas, chegando ao intestino do homem, realiza a mesma evolução do *C. cellulosae.* Após três meses a tênia é adulta e começa a eliminação de proglótides.

Etiologia – O homem (hospedeiro definitivo) se infecta ao ingerir cisticercos contidos em carne de bovino crua ou malpassada. O bovino (hospedeiro intermediário) se infecta ao pastar em campos contaminados com ovos de *T. saginata* ou beber água poluída com embrióforos da tênia mencionada. O homem também pode contrair a cisticercose, pela ingestão de ovos de *T. saginata* contidos em verduras e frutos consumidos crus e mal lavados, ou levados diretamente à boca através de mãos sujas.

Quadro clínico – Normalmente não há sinais aparentes. Entretanto, o paciente pode apresentar um quadro clínico semelhante ao da *T. solium.*

Patogenia – Semelhante a da *T. solium.*

Diagnóstico

Clínico – Freqüentemente é o próprio paciente que constata a presença de proglótides na cama, em suas roupas íntimas e no bolo fecal, que, por serem dotadas de movimentos próprios, conseguem deixar a massa fecal.

Laboratorial – Idêntico ao da *T. solium.*

Profilaxia – Semelhante a descrita para a *T. solium.* Deve ser procedida a inspeção sanitária das carcaças de bovinos, inclusive naquelas provenientes de abatedouros clandestinos, a fim de ser evitado que seja dada ao consumo quando com cisticercos. A carne de bovino não deve ser ingerida crua, malcozida ou malpassada.

Taenia hydatigena Pallas, 1766

Morfologia – O escólex é reniforme com 1 mm de largura, tem o rostro longo e delgado, provido de uma dupla coroa de acúleos, em número de 26 a 44. Os acúleos maiores medem de 170 a 220 μ e os menores, de 110 a 160 μ de comprimento.

O colo tem a largura do escólex.

O estróbilo é constituído de proglótides cujas papilas genitais são irregularmente alternadas. Há de 600 a 700 testículos em cada proglótide madura. O útero grávido apresenta 5 a 10 ramificações dendríticas laterais. Cada proglótide grávida contém 30.000 ovos aproximadamente. Os embrióforos medem 31 a 36 μ de diâmetro (Figura 3.17).

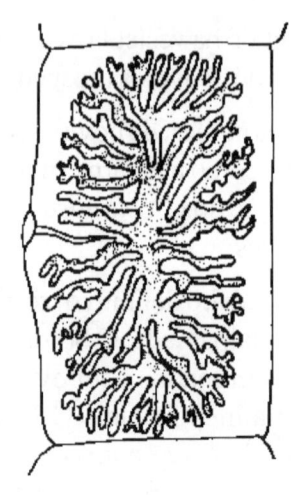

Figura 3.17 *Taenia hydatigena.* Proglótide grávida. Aumento de 6 vezes. Segundo Leuckart, redesenhado por Jefferson.

Dimensão – A *Taenia hydatigena* tem uma dimensão de 0,75 a 2 m de comprimento, podendo alcançar até 5 m por 5 a 7 mm de largura.

Biologia

Hospedeiros

Definitivo – Caninos.

Intermediários – Ovinos, bovinos, caprinos e suínos.

Localização – Adultos no intestino delgado (duodeno) do cão, seu hospedeiro definitivo. Cisticercos, *Cysticercus tenuicollis,* no fígado, na cavidade peritoneal e raramente na pleura e no pericárdio dos hospedeiros intermediários.

Ciclo evolutivo – Os ovos, contendo o embrião hexacanto (oncosfera), ingeridos junto com o pasto, eclodem no intestino delgado do ovino ou de outro hospedeiro intermediário, depois de sofrerem a ação dos sucos digestivos e gástrico liberando a oncosfera. Esta, graças a seus acúleos, invade os vasos da mucosa e submucosa, atinge a circulação sangüínea e, pela veia porta, vai ao fígado. Normalmente deixa o sistema porta e estabelece-se no fígado. Raramente ganha a veia cava posterior e daí é distribuída aos mais diversos pontos da economia, localizando-se principalmente no parênquima hepático, na cavidade peritoneal, na pleura e no pericárdio depois de aproximadamente 30 dias. A oncosfera, uma vez localizada em seu setor, perde os acúleos, vacuoliza-se e cresce. O cisticerco, *Cysticercus tenuicollis,* está completamente formado após 60 dias (Figura 3.18).

O *Cysticercus tenuicollis* é constituído por uma vesícula de proporções avantajadas, medindo cerca de 5 cm de diâmetro, com um colo longo, na extremidade do qual está o escólex. O colo e o escólex estão invaginados na vesícula a qual contém um líquido límpido como água de rocha. Quando o cisticerco está alojado em músculos, a compressão dos mesmos não permite seu inteiro desenvolvimento, podendo então ser confundido com o *C. cellulosae.*

Figura 3.18 *Cisticercus tenuicollis* com escólex desinvaginado. Segundo Railliet, redesenhado por Jefferson.

Segundo Gemmel *(Advances in Parasitology)* ovinos parasitados por C. *tenuicollis* podem apresentar resistência à hidatidose.

O hospedeiro definitivo, cão, se infecta ao ingerir carcaças de ovinos ou outros ruminantes parasitados com C. *tenuicollis.* No duodeno ocorre o desinvaginamento do escólex, devido a ação estimulante dos sucos digestivos. O cisticerco perde a vesícula, e o escólex, pelos movimentos de extensão e retração das ventosas e do rostelo, adere-se à mucosa da parede duodenal e tem início a formação das proglótides na porção posterior do colo. Somente após 70 a 80 dias da ingestão do cisticerco, a *Taenia hydatigena* está completamente formada e inicia a expulsão de proglótides.

Quadro clínico – Os sinais decorrem do número de tênias que o cão alberga.

Quando o número de tênias parasitos for pequeno, não há sinais aparentes; entretanto, se as tênias forem em grande número, o cão apresenta cólica (inflamação do intestino) e depravação do apetite. Pode apresentar distúrbios nervosos, ataques epileptiformes e, às vezes, até sinais semelhantes aos da raiva.

Patogenia – Um grande número de tênias, *Taenia hydatigena,* causa irritação e inflamação da mucosa intestinal. Quando o número de tênias é excessivo (novelos de tênias) pode ocorrer obstrução e até perfuração intestinal.

Diagnóstico

Clínico – Pelos sinais e constatação de proglótides nas fezes. Às vezes observa-se até um emaranhado de tênias pendentes do ânus. Geralmente os cães arrastam-se, friccionando o ânus contra o solo. Também têm o hábito de esfregar a região nasal contra objetos sólidos.

Laboratorial – Pesquisa de proglótides e ovos de tênia em exame parasitológico de fezes, pelo Método de Sedimentação.

Profilaxia – Basicamente semelhante às anteriormente referidas e lembrando a observância dos seguintes itens:

•   inspeção rigorosa das carcaças de ruminantes para evitar a difusão da *T. hydatigena;*

•   controle e tratamento, com vermífugo adequado, do cão portador de *T. hydatigena;*

•   destruição das proglótides e fezes do cão, por substâncias cáusticas ou por incineração, a fim de prevenir a contaminação dos ruminantes;

•   evitar que o cão consuma vísceras (fígado) cruas de ruminantes;

•   banhar com freqüência os cães a fim de destruir proglótides que por acaso possam estar no seu corpo.

Taenia pisiformis Bloch, 1780

Morfologia – O escólex é globoso, quadrangular, medindo 1 a 1,5 mm de largura. As ventosas são de contorno circular, o rostro é provido de uma coroa de 34 a 48 acúleos com 225 a 295 μ de comprimento os maiores e os menores, medindo de 132 a 177 μ.

O colo, de 1 a 2 mm de comprimento, é um pouco mais estreito que o escólex.

O estróbilo é constituído por 200 proglótides em média. A partir do terço médio, as proglótides, com a região posterior mais larga que a anterior, apresentam ângulos salientes, o que lhes confere um aspecto serreado. As papilas genitais, bem visíveis, são irregularmente alternadas. Há de 400 a 500 massas testiculares. O útero grávido apresenta 8 a 15 ramificações dendríticas laterais. A bolsa do cirro estende-se até a margem mediana dos vasos excretores longitudinais e, em algumas proglótides, à medula. A vagina é estreita e curvada posteriormente. Os embrióforos medem de 35 a 40 μ por 30 a 35 μ de largura (Figura 3.19).

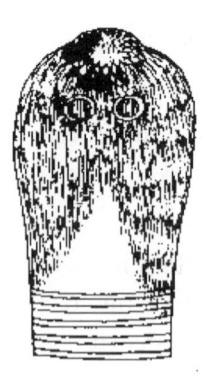

Figura 3.19 *Taenia pisiformis.* Escólex. Segundo Neumann, redesenhado por Jefferson.

Dimensão – A *Taenia pisiformis* mede de 0,30 a 1 m de comprimento, entretanto pode atingir até 2 m de comprimento por 5 mm de largura.

Biologia

Hospedeiros

Definitivos – Caninos e ocasionalmente felinos.

Intermediários – Coelho e rato.

Localização – Adultos no intestino delgado do hospedeiro definitivo. Forma larval, *Cysticercus pisiformis,* no fígado e na cavidade peritoneal dos hospedeiros intermediários.

Ciclo evolutivo – Em princípio, é semelhante ao dos tenídeos.

As proglótides grávidas, eliminadas com as fezes do hospedeiro definitivo (cão), liberam os ovos, após o dessecamento.

Os hospedeiros intermediários (coelho e rato) se infectam pela ingestão de alimentos contaminados com ovos da *Taenia pisiformis.* Pela ação dos sucos digestivos, o embrião hexacanto eclode, atravessa a parede intestinal e, pela circulação sangüínea, é levado ao fígado. Após cinco dias da ingestão do embrióforo, são constatadas no fígado pequeninas larvas de 1 mm de comprimento e que depois de 12 dias atingem a 3 mm. Estas larvas crescem e em 25 dias medem 1 cm de comprimento, provocando hipertrofia do local onde se encontram. Dotadas de movimentos, deixam o parênquima hepático e se estabelecem na cavidade peritoneal, onde vão constituir o cisticerco, *Cysticercus pisiformis.*

O *Cysticercus pisiformis,* com 4 a 7 mm de diâmetro, é constituído por uma vesícula que encerra um líquido cristalino e com todas as demais características de um cisticerco. Conserva-se vivo na cavidade peritoneal uma semana após a morte do seu hospedeiro.

O hospedeiro definitivo, cão, contrai a *T. pisiformis* ao ingerir vísceras cruas de coelho ou de lebre com *C. pisiformis.*

O cisticerco, ingerido pelo seu hospedeiro definitivo, pela ação da pepsina, sais biliares e suco pancreático, desinvagina seu escólex no duodeno, perde a vesícula e, pelos movimentos de extensão e retração das ventosas e rostro, o escólex adere-se à mucosa duodenal e inicia-se a produção de proglótides. Após 60 a 70 dias da ingestão do cisticerco, o cão começa a eliminar proglótides.

Experimentos realizados (Waele, 1933 e 1934) provaram que o glicolato é tóxico para o *C. pisiformis* e esta substância, não existindo na bílis do cão permite o desenvolvimento do parasito.

Quadro clínico e Patogenia – No cão (hospedeiro definitivo), o quadro clínico é semelhante ao provocado pela *Taenia hydatigena.* No coelho (hospedeiro intermediário), a gravidade da infecção está na dependência do número de cisticercos que alberga. Quando os cisticercos forem numerosos e se apresentarem como cacho de uva, o coelho mostra-se caquético e a morte sobrevém. A larva, ao migrar pelo fígado antes de atingir a cavidade peritoneal, causa sérios danos a seu hospedeiro.

Diagnóstico

Clínico – Pelos sinais clínicos e constatação de proglótides nas fezes do cão. No coelho, a caquexia e, pela anamnese, possibilidade de contaminação de alimentos com fezes de cão.

Laboratorial – Constatação de ovos de tênia em exame parasitológico de fezes do cão, pelo Método de Sedimentação. Necropsia de coelho para pesquisa de *Cysticercus pisiformis* na cavidade peritoneal e no fígado.

Profilaxia – Pelo conhecimento do ciclo evolutivo, deduz-se que as primeiras medidas profiláticas, consistem em:

- tratamento do cão infectado com vermífugo específico;

- destruição das proglótides e fezes, eliminadas pelo cão, por substâncias cáusticas ou por incineração, a fim de evitar a infecção de coelhos e ratos;

- evitar que o cão ingira roedores;

- combater os ratos.

Taenia ovis (Cobbald, 1869)

Morfologia – O escólex é provido de um rostro armado com 24 a 36 acúleos grandes e pequenos, dispostos em dupla série, medindo de 156 a 188 μ os grandes, e 96 a 128 μ, os pequenos. O número de testículos é de 300 aproximadamente, e sua distribuição não atinge a margem posterior da proglótide. O útero grávido apresenta 20 a 25 ramificações laterais (Figura 3.20).

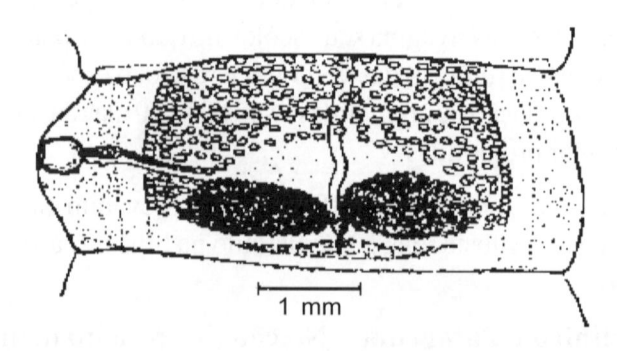

1 mm

Figura 3.20 *Taenia ovis.* Proglótide madura. Segundo B. H. Ransom, redesenhado por Jefferson.

Dimensão – A *Taenia ovis* mede de 0,45 a 2 m de comprimento.

Biologia

Hospedeiros

Definitivo – Caninos.

Intermediários – Ovinos e caprinos.

Localização – O adulto vive fixo à mucosa do intestino delgado do cão. Larvas cisticercos nos músculos, em diferentes órgãos, no coração e na pleura do diafragma dos ovinos e dos caprinos.

Ciclo evolutivo – O ciclo evolutivo é análogo ao das outras tênias. O *Cysticercus ovis* assemelha-se ao C. *cellulosae* pela forma e tamanho, diferindo pelas dimensões dos acúleos. O cisticerco completa sua evolução em três meses, medindo então 3,5 a 9 mm de comprimento por 2 a 4 mm de largura. A forma adulta, no cão, torna-se madura em sete semanas.

Quadro clínico e Patogenia – Geralmente não há sinais clínicos aparentes, tanto do cão como dos ovinos e caprinos. Os cisticercos são constatados por ocasião da necropsia.

Diagnóstico

Laboratorial – Pesquisa de proglótides e ovos de *T. ovis* em exame parasitológico de fezes do cão.

Inspeção – Exame das carcaças de ovinos e caprinos abatidos para pesquisa da presença de *Cysticercus ovis*.

Profilaxia – Se forem constatados *Cysticercus ovis* (principalmente em abates domiciliares) em ovinos e caprinos, as medidas de controle recomendadas, além da educação sanitária do homem, são:

- exame de fezes dos cães do local de criação de ovinos e caprinos;
- tratamento dos cães positivos para *T. ovis* com vermífugo adequado;
- não alimentar cães com vísceras cruas de ovinos e caprinos;
- cremação dos órgãos cisticercosos.

Gênero *Hydatigera* Lamurck, 1816

(gr. *hydatis,* vesícula cheia d'água; *gera,* gerar)

Taeniidae com ventosas salientes. Poros genitais irregularmente alternados. Testículos numerosos. Ovário bilobado posteriormente. Útero grávido constituído por um tronco mediano e numerosas ramificações digitiformes laterais. Adultos em carnívoros; larva do tipo estrobilocerco em roedores.

Hydatigera taeniaeformis Batsch, 1786

Sinonímia – *Taenia taeniaeformis, T. crassicollis, T. felis, Raditaenia taeniaeformis*

Morfologia – O escólex é cilíndrico com 1,5 mm na maior dimensão, tem rostro curto e provido de uma dupla coroa de acúleos, cujo número vai de 25 a 50. Os acúleos maiores medem 380 a 420 μ e os menores 250 a 270 μ. As ventosas são arredondadas e muito salientes. O colo é curto e da mesma largura do escólex. O estróbilo é constituído por proglótides muito curtas no terço anterior; as seguintes são cuneiformes e as do terço posterior medem 8 a 10 mm de comprimento por 5 a 6 mm de largura. As massas testiculares são numerosas. O ovário é posterior e bilobado. O útero grávido tem 15 a 18 ramificações digitiformes laterais. Os embrióforos medem de 30 a 36 μ (Figura 3.21).

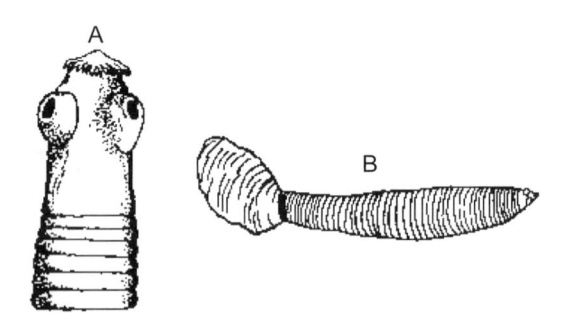

Figura 3.21 *Hydatigera taeniaeformis.* A) Extremidade anterior. B) Larva do tipo estrobilocerco. Segundo De Bayon, H.B., 1927, redesenhado por Ivan.

Dimensão – A *Hydatigera taeniaeformis* tem uma dimensão de 15 a 60 cm de comprimento por 5 a 6 mm de largura.

Biologia

Hospedeiros

Definitivos – Felinos e ocasionalmente caninos.

Intermediários – Rato e quirópteros (morcegos).

Localização – A tênia, no estádio adulto, parasita o intestino delgado do gato, hospedeiro definitivo. Estrobilocercos, *Cysticercus fasciolaris,* no fígado e cavidade abdominal do rato e quirópteros, hospedeiros intermediários.

Ciclo evolutivo – Os gatos parasitados eliminam com as fezes proglótides grávidas que liberam os ovos embrionados, após o dessecamento. Estes ovos, ingeridos pelo rato e quirópteros junto com os alimentos, vão originar o estrobilocerco, com um tropismo todo especial para o fígado e cavidade abdominal.

O *Cysticercus fasciolaris* em ratos desencadeia a seu redor neoformações edematosas e sarcomatosas.

O *Cysticercus fasciolaris* maduro é bem característico. É alongado e na extremidade anterior, com 4 a 5 mm de largura, há uma fenda na qual está invaginado o escólex. Segue-se ao colo uma série de segmentos semelhantes às proglótides da tênia adulta conectada com a vesícula, que tem cerca de 7 mm de diâmetro (Figura 3.21).

O *Cysticercus fasciolaris* apresenta-se enovelado dentro de um cisto provocado pela reação do hospedeiro. A forma característica valeu-lhe o nome vulgar de estrobilocerco *(estróbilo,* segmentado; *cerco,* cauda).

O estrobilocerco (C. *fasciolaris)* ingerido pelo gato, ao comer rato ou morcego parasitado, vai originar a tênia. A vesícula e os segmentos da larva são digeridos e o escólex, com suas ventosas e acúleos, adere-se à mucosa intestinal e tem início a formação das proglótides e em 42 dias torna-se adulta.

Quadro clínico – Infecções maciças pela *Hydatigera taeniaeformis* provocam inapetência, diarréia alternada com constipação, apatia, convulsões epileptiformes e morte.

Patogenia – A *Hydatigera taeniaeformis* provoca inflamação da mucosa intestinal e, às vezes, até sua perfuração, o que é constatado em necropsias. Das teníases dos gatos, esta é a mais grave.

Diagnóstico

Clínico – Pelos sinais e constatação de proglótides nas fezes do gato.

Laboratorial – Exame parasitológico de fezes, pelo Método de Sedimentação, para pesquisa de ovos. Pesquisa macroscópica de proglótides nas fezes.

Profilaxia – Fundamentalmente as medidas profiláticas são semelhantes às já descritas anteriormente e insistindo para que todas as medidas de controle e prevenção sejam observadas como:

•	exame parasitológico de fezes do gato e, em caso positivo, administração de vermífugo adequado;

•	destruição por produtos cáusticos ou por incineração, das proglótides nas fezes do gato;

•	combate aos ratos e morcegos.

Gênero *Multiceps* Goeze, 1782

(lat. *multus,* muito; *ceps,* cabeça)

Taeniidae com rostro provido de ventosas salientes. Proglótides do terço posterior quadrangulares ou mais longas que largas e imbricadas.

Orifícios genitais unilaterais e dispostos alternadamente. Ovário bilobado; glândula vitelina posterior ao ovário e alongada no sentido transversal. Útero grávido constituído por um tronco mediano e com ramificações laterais; ovos com casca espessa. Adultos em carnívoros; larva, do tipo cenuro, em ovinos.

Multiceps multiceps Leske, 1780

Morfologia – O escólex é piriforme com 800 μ de diâmetro. O rostro é provido de uma coroa dupla de 22 a 32 acúleos grandes e pequenos. Os acúleos grandes medem de 150 a 170 μ de comprimento e os pequenos de 90 a 130 μ.

O colo longo é mais estreito que o escólex.

O estróbilo é constituído por proglótides cuja margem posterior apresenta aspectos diversos. Assim, as proglótides do terço anterior são retas, mas as dos terços médio e posterior têm a margem posterior com ângulos salientes. As papilas genitais são irregularmente alternadas. As massas testiculares são em número de 200 em cada proglótide. O útero grávido tem 9 a 26 ramificações dendríticas laterais. Os embrióforos medem de 31 a 36 μ de diâmetro (Figura 3.22 – A).

Dimensão – A *Multiceps multiceps* mede de 0,40 a 1 m de comprimento por 5 mm de largura.

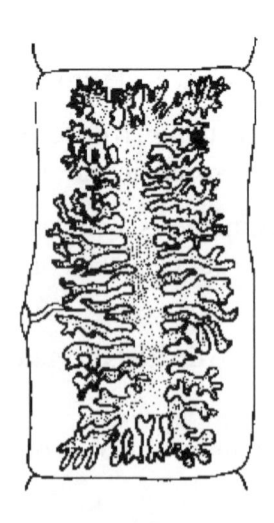

Figura 3.22 – A Proglótide grávida. Segundo Leuckart, redesenhado por Jefferson.

Biologia

Hospedeiros

Definitivo – Caninos.

Intermediários – Ovinos, bovinos, caprinos, eqüinos, suínos e ocasionalmente o coelho e o homem.

Localização – A forma adulta parasita a última porção do intestino delgado do cão, hospedeiro definitivo. A forma larval, cenuro *(Coenurus cerebralis),* no encéfalo dos hospedeiros intermediários (Figura 3.22 – B).

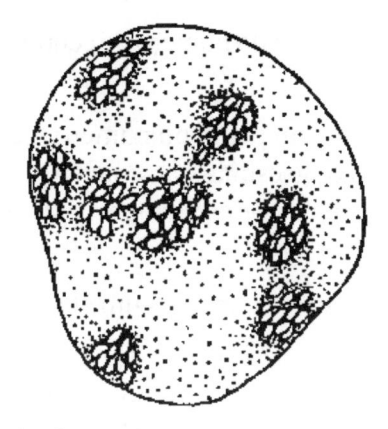

Figura 3.22 – B *Coenurus cerebralis.*

Ciclo evolutivo – O cão parasitado elimina as proglótides grávidas com as fezes. No meio externo, ao se desintegrarem, liberam os ovos embrionados que vão contaminar as pastagens dos campos. Os herbívoros, hospedeiros intermediários, se infectam ao ingerirem os ovos contidos no pasto. Pela ação dos sucos digestivos, o embrião hexacanto (oncosfera), agora livre e depois de atravessar a parede intestinal graças aos seus acúleos, ganha a circulação sangüínea e é levado a diversos pontos da economia. Os embriões que atingirem o encéfalo prosseguirão a evolução, não acontecendo o mesmo com aqueles que se localizarem em outros órgãos. No encéfalo os embriões vão se transformar na larva cenuro. A princípio observam-se no encéfalo pequeninos pontos amarelos, as vesículas. As vesículas aumentam de volume e surgem escóleces no seu interior. O cenuro continua aumentando de volume e novos escóleces vão se formando até aproximadamente sete a oito meses da ingestão do embrióforo, que então está completamente formado.

O cenuro, *Coenurus cerebralis,* ao término da sua evolução, mede aproximadamente 6 cm de comprimento por 4 cm de largura. A parede é delgada e translúcida e encerra um líquido límpido e incolor.

A vesícula apresenta sua superfície com pequeninos pontos esbranquiçados, irregularmente distribuídos, que correspondem aos escóleces invaginados. O número dos escóleces é variável e apresentam-se também em diversos níveis de evolução. Já foram contados até 500 escóleces num cenuro.

O cão, hospedeiro definitivo, se infecta ao ingerir cenuros existentes no encéfalo de herbívoros. O cenuro, no intestino do cão, dissolvida a vesícula, originará de cada escólex por produção de proglótides, uma *Multiceps multiceps* que depois de 30 dias da ingestão começará a eliminar proglótides.

Quadro clínico – No cão, os sinais da *M. multiceps* são semelhantes aos das outras teníases. Nos ovinos, a cenurose, também chamada de torneio ou vertigem, é em conseqüência da localização do *Coenurus cerebralis* no encéfalo.

Os sinais estão na dependência do número de cenuros que o hospedeiro intermediário alberga.

Quando os cenuros forem em pequeno número, de um a cinco, os herbívoros apresentam alterações oculares como estrabismo convergente ou divergente, vertigem e queda. A marcha em círculo valeu o nome da doença de *torneio*. Às vezes os animais parasitados correm em linha reta.

Em 30 a 40 dias a morte sobrevém após um ataque epileptiforme ou devido a uma paralisia cerebral.

Ovinos ou outros herbívoros parasitados por um grande número de cenuros, de 8 a 10, apresentam-se apáticos, tristes e sonolentos. Emagrecimento exagerado e perturbações da visão são freqüentes. A marcha é cambaleante, quedas freqüentes, dificuldade para se erguer, arrastam-se e acabam permanecendo deitados. Não há sinais de torneio. A morte ocorre depois de 30 dias em conseqüência a uma encefalite.

Patogenia – A *Multiceps multiceps* (forma adulta) é responsável por uma teníase no cão. A forma larval, *Coenurus cerebralis,* é grave nos ovinos ou em outros herbívoros.

A patogenia está relacionada ao número de cenuros que parasitam o hospedeiro.

Diagnóstico

Clínico – No cão, pelos sinais das teníases e a constatação de proglótides nas fezes. Nos ovinos, pelos sinais.

Laboratorial – Exame parasitológico de fezes do cão, pelo Método de Sedimentação, para pesquisa de ovos. Nos ovinos, constatação das lesões no encéfalo por ocasião da necropsia.

Profilaxia – Como as demais medidas profiláticas de teníases citadas, estas devem se basear:

• no controle e tratamento do cão portador de *Multiceps* com anti-helmínticos adequados;

- na destruição das fezes e proglótides, eliminadas pelo cão, com substâncias cáusticas ou por incineração;

- em evitar que cães ingiram cérebro cru de ovinos ou de outros animais com cenurose.

Gênero *Echinococcus* Rudolphi, 1801

(gr. *echinos,* espinho; lat. *coccus,* grão)

Taeniidae de pequeninas dimensões. Não apresentam mais de quatro ou cinco proglótides, das quais a última é a grávida. Testículos pouco numerosos, laterais e anteriores aos órgãos femininos. Poros genitais irregularmente alternados. Ovário bilobado, mediano e situado na extremidade posterior da proglótide; glândula vitelina pós-ovariana. Útero longitudinal mediano com evaginações laterais muito curtas. Adultos em carnívoros; larva hidátide ou cisto hidático em mamíferos.

Echinococcus granulosus (Batsch, 1786) Rudolphi, 1805

Morfologia – É uma das menores espécies de tenídeos conhecidas. O escólex subglobuloso mede 300 μ de largura e apresenta um rostro com dupla coroa de 28 a 54 acúleos grandes e pequenos. Os grandes medem de 22 a 44 μ e os pequenos 18 a 22 μ. As ventosas têm um diâmetro de 13 μ.

O colo é curto.

O estróbilo é constituído por três a quatro proglótides. A primeira proglótide é a jovem, a segunda é a madura e a terceira é a grávida. A proglótide grávida corresponde a metade do comprimento do estróbilo. As papilas genitais são irregularmente alternadas. As massas testiculares são em número de 40 a 60 em cada proglótide. O ovário é em forma de ferradura e a concavidade é posterior onde estão alojadas as glândulas vitelinas. O útero grávido apresenta lateralmente saliências curtas e arredondadas e encerra de 400 a 800 ovos. Os embrióforos medem de 32 a 36 μ de comprimento por 25 a 30 μ de largura (Figura 3.23).

Dimensão – O *Echinococcus granulosus* mede de 3 a 6 mm de comprimento por 1 mm de largura.

Biologia

Hospedeiros

Definitivos – Os mais importantes são os caninos, entretanto já foram constatados infectados pelo *Echinococus,* o lobo, a raposa e o chacal. Os felinos são raramente parasitados e nesses animais o helminto não atinge a maturidade, não constituindo, portanto, importância na sua disseminação.

Intermediários – Ovinos, bovinos, caprinos, suínos, eqüinos, coelhos, primatas e homem.

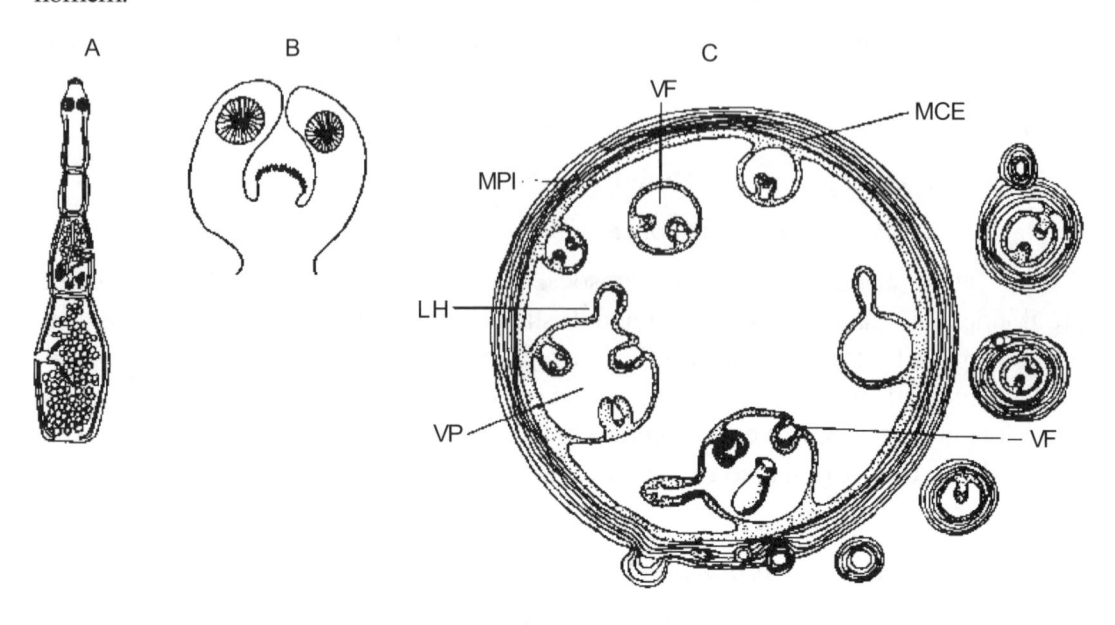

Figura 3.23 *Echinococus granulosus.* A) Indivíduo adulto. B) Escólex com rostro invaginado. C) Hidátide com cistos secundários endógenos e exógenos: MCE) membrana cuticular externa; MPI) membrana prolígera interna; LH) líquido hidático; VP) vesícula prolígera; VF) vesícula filha.

Localização – A forma adulta, em grande número, no intestino delgado dos hospedeiros definitivos. A forma larval, hidátide ou cisto hidático, no fígado, nos pulmões, nos rins e em outros órgãos dos hospedeiros intermediários.

Ciclo evolutivo – Semelhante ao ciclo evolutivo dos demais tenídeos. As proglótides grávidas, eliminadas com as fezes do cão, liberam os ovos ou pela superfície de apólise ou pela sua decomposição. Os ovos do *E. granulosus* são indistinguíveis dos ovos das outras espécies de tenídeos do cão e são viáveis durante 21 dias, aproximadamente, em terra úmida; 11 dias em ambiente seco e 120 dias de congelamento.

O *Echinococcus granulosus* tem um período de vida, no cão, de três a cinco meses.

Os hospedeiros intermediários (ovinos, outros herbívoros e o homem) se infectam pela ingestão de ovos.

A eclosão da oncosfera ou embrião hexacanto ocorre no intestino delgado dos hospedeiros intermediários, quando o ovo sofre a ação alcalina do duodeno, associada a ação da tripsina e da bílis. Não ocorre eclosão da larva no duodeno dos carnívoros, provavelmente porque a bílis desses animais, como foi demonstrado em análises, tem um teor muito baixo de ácido deoxicólico, responsável pela lise da cutícula e portanto da eclosão do embrião do ovo.

Eclodido o embrião hexacanto, graças a seus acúleos, atravessa a parede intestinal, ganha a circulação sangüínea e é levado aos mais diversos pontos do hospedeiro, pois medindo apenas um pouco mais de 20 μ e podendo modificar sua forma, atravessa facilmente os capilares por onde pode passar uma hemácia. No fígado, chega após cinco horas e pode prosseguir, atingindo o coração direito fixar-se pela veia cava posterior, daí aos pulmões, pela artéria pulmonar. Pode se fixar no pulmão ou prosseguir até às veias pulmonares, coração esquerdo e, pela artéria aorta, ser distribuído aos mais diferentes órgãos.

O embrião hexacanto, uma vez localizado num determinado órgão e já tendo perdido os acúleos, vacuoliza-se, modifica-se estruturalmente para originar a *hidátide* ou *cisto hidático.*

A hidátide ou cisto hidático é a forma larval do *Echinococcus granulosus.* Sua forma é mais ou menos esférica, de cor branca e de consistência elástica. Pode atingir grandes dimensões, como o tamanho da cabeça de um feto humano. Seu crescimento está na dependência do hospedeiro e do órgão parasitado. A hidátide é uma das formas larvares mais volumosas que se conhece, contrastando com sua forma adulta, que é uma das menores tênias conhecidas (Figura 3.24).

A hidátide ou cisto hidático, quando completamente formado, é bastante complexo e apresenta as seguintes estruturas:

- membrana cuticular externa estratificada;
- membrana prolígera interna granulosa;
- líquido hidático;
- vesículas prolígeras;
- escóleces;
- vesículas filhas.

Membrana cuticular externa estratificada – Esta membrana é branca, estratificada, isto é, formada por várias lâminas paralelas e dispostas como as páginas de um livro. Quando cortada, enrola-se em cartucho. Mede 1 mm de espessura ao nível das vesículas. A membrana cuticular intacta constitui uma barreira à penetração de bactérias; entretanto, deixa atravessar, por osmose, cristais e colóides.

Membrana prolígera interna granulosa – Reveste a membrana cuticular e apresenta-se com vilosidades na face interna. É muito delgada e mede de 12 a 20 μ de largura, aproximadamente. É uma membrana formada por grânulos ricos em glicogênio, nos quais estão numerosos elementos celulares que originarão, por brotação, as vesículas prolígeras.

Líquido hidático – O líquido hidático é cristalino como água de rocha. É incoagulável pelo calor e pelos ácidos. Seu pH é neutro ou ligeiramente alcalino (7,2 a 7,4). Sua densidade é de 1.007 a 1.015. É estéril, entretanto constitui um ótimo meio de cultura quando há invasão de bactérias. Contém cloreto, fosfato e sulfato de sódio, glicose e histamina nas hidátides férteis.

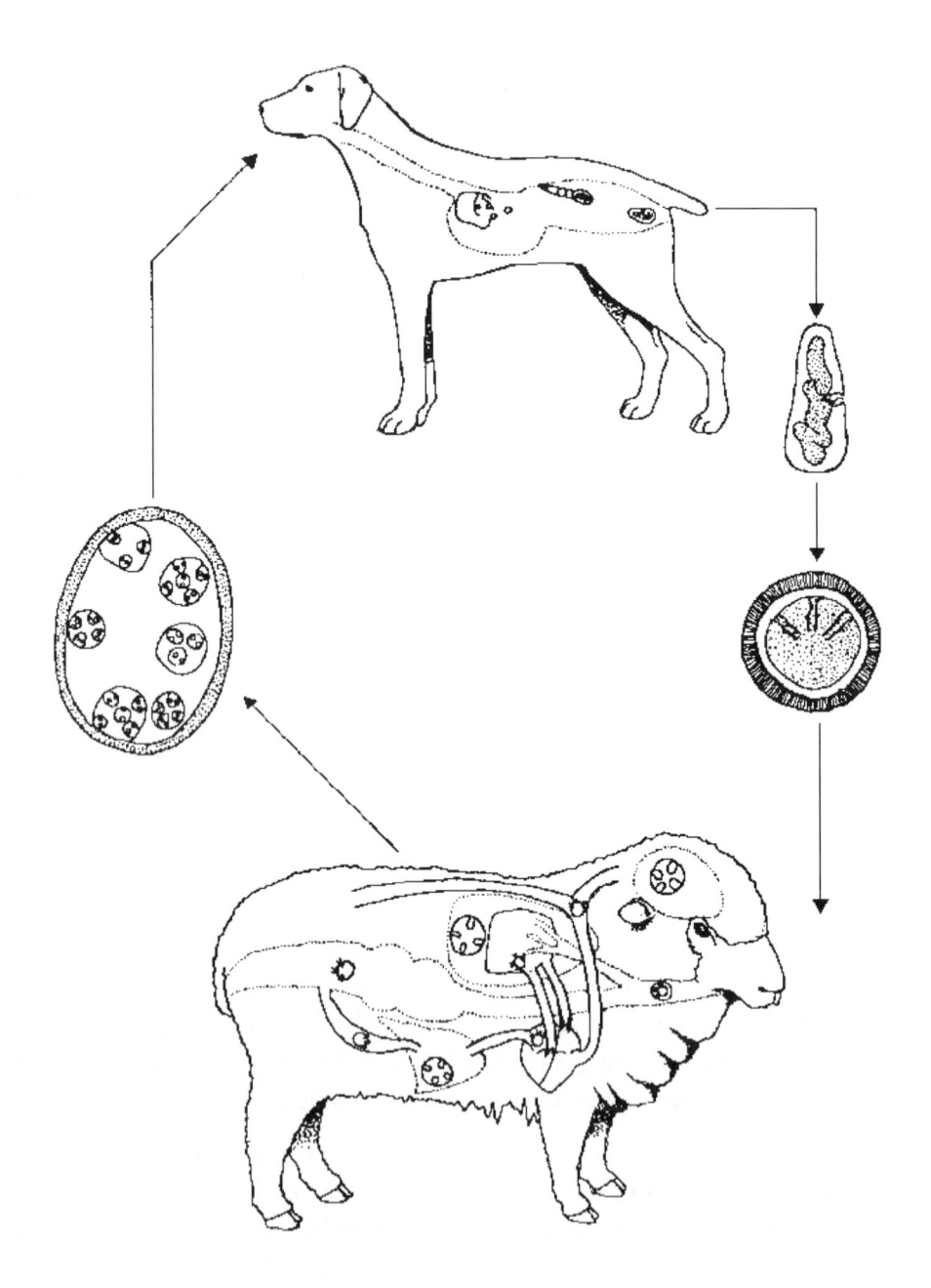

Figura 3.24 *Echinococus granulosus.* Ciclo evolutivo.

Vesículas prolígeras – Estas vesículas se desenvolvem como espessamentos locais da membrana prolígera, onde ocorre intensa multiplicação dos núcleos e que rapidamente transformam-se em pequeninos brotos. As brotações sofrem vacuolização interna, formando as *vesículas prolígeras,* ligadas à membrana por pequenos pedúnculos. No interior das vesículas surgem os escóleces, por processo semelhante ao aparecimento das vesículas, aumentam rapidamente de tamanho surgindo as ventosas e os acúleos.

O crescimento se processa até que o escólex maduro, pela ruptura do pedúnculo, cai no interior da vesícula prolígera. O escólex, como em todos os tenídeos, está invaginado em si mesmo para proteger os acúleos contra os atritos e assim permanece, até ser ingerido pelo hospedeiro definitivo.

O número de vesículas prolígeras varia. Em média existem de 10 a 30, entretanto, o número pode ir até mais de 100.

As vesículas prolígeras jovens ou aquelas nas quais não se formam escóleces são vesículas inférteis, denominadas de acefalocísticas. Essas vesículas são encontradas nos bovinos em 90% dos casos, nos caprinos em 30%, nos suínos em 20% e nos ovinos em 8%.

Freqüentemente as vesículas desprendem-se da membrana prolígera e flutuam livremente no líquido hidático.

Escóleces – Os escóleces ovóides medem 160 por 120 μ. No pólo maior está o pedúnculo pelo qual prendem-se à vesícula prolígera. No pólo menor estão invaginados o rostro e as ventosas. Segundo Dévé, os escóleces pertencem a dois grupos distintos: escóleces vivos, designados de orto-escóleces, ricos em glicogênio e capazes de originar a forma adulta (tênia) e os meta-escóleces, que não encerrando glicogênio são incapazes de originar a forma adulta.

Geralmente os escóleces se desprendem e devido ao peso específico maior, sofrem sedimentação e vão constituir um depósito esbranquiçado que Dévé designou de "areia hidática". Um mililitro desta areia contém 400.000 escóleces e como o depósito de uma hidátide fértil pode ter 3 a 6 ml de "areia", o número de escóleces pode ser de até 2.400.000.

Vesículas-filhas ou cistos secundários – A hidátide, enquanto jovem e sem apresentar qualquer alteração na sua integridade bem como em suas manifestações vitais, não forma no seu interior qualquer outra estrutura, além das vesículas prolígeras e dos escóleces. De acordo com Dévé, normalmente não ocorrem outras formações.

Admite-se que por seu envelhecimento ou por diminuição de líquido, devido ao rompimento do cisto por traumatismo, ou por punção, ou em conseqüência a modificações químicas devido a penetração de bílis nas hidátides do fígado e de urina nas hidátides dos rins ou ainda devido a infecção bacteriana, são formadas *vesículas-filhas* (hidátides secundárias).

As vesículas-filhas podem surgir por dois processos:

• *Através da membrana prolígera* – Em conseqüência a qualquer uma das causas referidas, a membrana prolígera fica livre na cavidade da hidátide, que então, não conseguindo prosseguir sua evolução, elabora em torno de si própria uma nova cutícula, vacuoliza-se interiormente e origina uma nova vesícula (vesícula-filha, hidátide-filha ou cisto secundário).

• *Através das vesículas prolígeras* – A membrana interna dessas vesículas desempenha o mesmo papel de membrana prolígera da hidátide, de originar cutícula e daí a produção de vesícula-filha.

Há dois tipos de vesículas-filhas:

• *Vesículas-filhas endógenas* – Descrita anteriormente sua origem.

• *Vesículas-filhas exógenas* – Modernamente aceita-se a opinião de que se originam devido a uma extrusão das duas membranas: cuticular e prolígera, que se destacam, constituindo novas vesículas.

As vesículas-filhas exógenas são raras no homem e mais freqüentemente encontradas nos herbívoros. São principalmente restritas ao tecido ósseo e omento.

O hospedeiro definitivo se infecta ao ingerir vísceras cruas de ovino, bovino, caprino etc. (hospedeiros intermediários) com hidátides, em matadouros domiciliares, matadouros clandestinos e ao devorarem presas parasitadas.

No intestino delgado os escóleces uma vez livres da hidátide, fixam-se à sua parede e tem início o desenvolvimento do parasito com a estrobilização e a maturação sexual. *In vitro,* o rostro necessita de uma superfície rugosa e de um substrato nutritivo sólido submerso. A princípio surgem projeções do tegumento do escólex e, a seguir, em todo o estróbilo, destinadas à absorção de substâncias nutritivas necessárias para o crescimento, estrobilização e maturação sexual. O maior número de proglótides grávidas já são eliminadas após oito a 12 semanas.

Quadro clínico – O cão geralmente não manifesta sinais e o parasitismo passa desapercebido. Em infecção maciça, ocorre diarréia catarral hemorrágica.

O hospedeiro intermediário apresenta o quadro clínico de acordo com a localização da hidátide. A princípio, de um modo geral, os sinais são inaparentes e a hidatidose só vai ser constatada por ocasião do abate.

Hidatidose hepática – Perda de apetite e ruminação alterada, diarréia e emagrecimento. Com a evolução há hipertrofia do fígado, que pode ser constatada pela percussão.

Hidatidose pulmonar – O quadro clínico é mais acentuado e o hospedeiro apresenta, de início, uma tosse débil e sibilante que com o decorrer da evolução da hidátide se torna mais freqüente, surgindo respiração acelerada e dispnéia. Febre.

Patogenia – Observa-se uma afluência de leucócitos mononucleares e eosinófilos para o local onde o embrião se fixou.

O crescimento da hidátide conduz a compressões de órgãos vizinhos e destruição do tecido onde o cisto hidático evolui. Os órgãos parasitados mostram sua morfologia alterada.

Pode ocorrer degeneração da hidátide e posterior calcificação.

Diagnóstico

Clínico – Difícil devido ao quadro clínico pouco acentuado, tanto no hospedeiro definitivo como no hospedeiro intermediário.

Laboratorial – Pesquisa de proglótides nas fezes do cão para confirmação do diagnóstico. Aplica-se o método da tamisação. As fezes são dissolvidas em água da torneira e após tamisadas em tamises de malhas finas onde ficam as proglótides. Identificação das proglótides.

A pesquisa de ovos nas fezes do cão não oferece resultado seguro, pois além de serem morfologicamente indistinguíveis dos ovos de outros tenídeos, dificilmente são aí encontrados, uma vez que, como já foi descrito, as proglótides dos ciclofilídeos só liberam seus ovos por maceração das mesmas.

O método empregado é o da sedimentação.

Profilaxia – Como a hidatidose pode ocorrer no homem, pondo em risco sua vida, e o cão é importante disseminador dos ovos de *Echinococcus,* devem ser adotadas medidas profiláticas, com o objetivo de evitar ou de diminuir o contato dos cães com órgãos contendo hidátides.

A hidatidose é uma zoonose fácil de se conseguir sua erradicação. Entretanto, é necessário que todas as medidas de controle sejam executadas rigorosa e concomitantemente, para serem evidentes os resultados.

As medidas profiláticas consistem:

• na educação sanitária do homem, com esclarecimento **sobre o ciclo** evolutivo do *Echinococcus;*

• no controle e tratamento, com vermífugo adequado, do cão portador de *Echinococcus;*

• em prevenir a reinfecção do cão;

• em evitar que cães se alimentem com vísceras cruas de ovinos, suínos, caprinos e bovinos;

• em criar ovinos em melhores condições, como em pastagens cercadas, evitando-se assim a utilização de cães;

- na inspeção sanitária dos matadouros, para incineração das vísceras com hidatidose;

- em esclarecer aos criadores de cães, às crianças e aos adultos a relação da hidatidose do homem com o cão.

Família HYMENOLEPIDIDAE Fuhrmann, 1907

Conceitos básicos

- Cyclophyllidea com escólex apresentando rostro inerme ou armado de acúleos dispostos em coroa formada por uma única série.

- Ventosas comumente inermes.

- Aparelho genital simples.

- Poros genitais geralmente unilaterais.

- Testículos de um a quatro.

- Útero persistente, saciforme, transversal.

- Adultos parasitos do intestino delgado de mamíferos e aves.

- Larva cisticercóide em insetos.

FAMÍLIA TAENIIDAE

| Espécies / Caracterização | TAENIA | | | | | | | |
	T. solium	*T. saginata*	*T. hydatigena*	*T. pisiforms*	*T. ovis*	*Hydatigera taeniaformis*	*Multiceps multiceps*	*Echinococcus granulosus*
Hospedeiro definitivo	Homem	Homem	Cão	Cão e ocasionalmente gato	Cão	Gato	Cão	Cão
Hospedeiro intermediário	Suíno	Bovino	Ovino	Coelho e rato	Ovino e caprino	Rato	Ovino	Herbívoros, suíno e homem
Larva	*Cysticercus cellulosae* Cisticerco	*C. bovis* Cisticerco	*C. tenuicollis* Cisticerco	*C. psiformis* Cisticerco	*C. ovis* Cisticerco	*C. fasciolaris* Estrobilocerco	*Coenurus cerebralis* Cenuro	Hidátide
Dimensão	2,5 a 5m $\times$ 8 mm	4 a 8 m $\times$ 5 a 7 mm	0,75 a 2m $\times$ 5 a 7 mm	0,30 a 2 m $\times$ 5 mm	0,45 a 200 cm $\times$ 9 mm	15 a 60 cm $\times$ 5 a 6 mm	0,40 a 1 m $\times$ 5 mm	3 a 5mm $\times$ 1 m
Escólex	Globoso; rostro armado	Quadrangular; sem rostro; inerme	Reniforme; rostro armado	Globoso; rostro armado	Rostro armado	Cilíndrico; rostro armado. Ventosas salientes	Rostro armado	Rostro armado
Número de testículos	150-200	300-400	600-700	400-500	300	Numerosos	200	30-60
Ramificações uterinas	7 a 12 Dendríticas	15 a 35 Dicotômicas	5 a 10 Dendríticas	8 a 14 Dendríticas	20 a 25 curtas e arredondadas	15 a 18 Saculares	9 a 26 Dendríticas	Numerosas Dendríticas
Poros genitais	Regularmente alternados	Irregularmente alternados	Irregularmente alternados	Irregularmente alternados	Irregularmente alternados	Irregularmente alternados	Irregularmente alternados	Irregularmente alternados

Gênero *Hymenolepis* Weinland, 1858

(gr. *hymen,* membrana; *lepis,* escama)

Hymenolepididae geralmente com numerosas proglótides mais largas do que longas. Escólex com rostro inerme, rudimentar ou ausente. Orifícios genitais unilaterais. Testículos em número de três, dispostos transversalmente. Ovário mediano, lobado. Parasita mamíferos e aves.

Hymenolepis carioca Magalhães, 1898

Morfologia – O escólex é piriforme, com rostro protrátil e inerme. Colo longo. As proglótides são mais largas que longas em toda a extensão do estróbilo e os orifícios genitais são unilaterais. Os testículos são elípticos, em número de três, em cada proglótide e dispostos transversalmente (Figura 3.25).

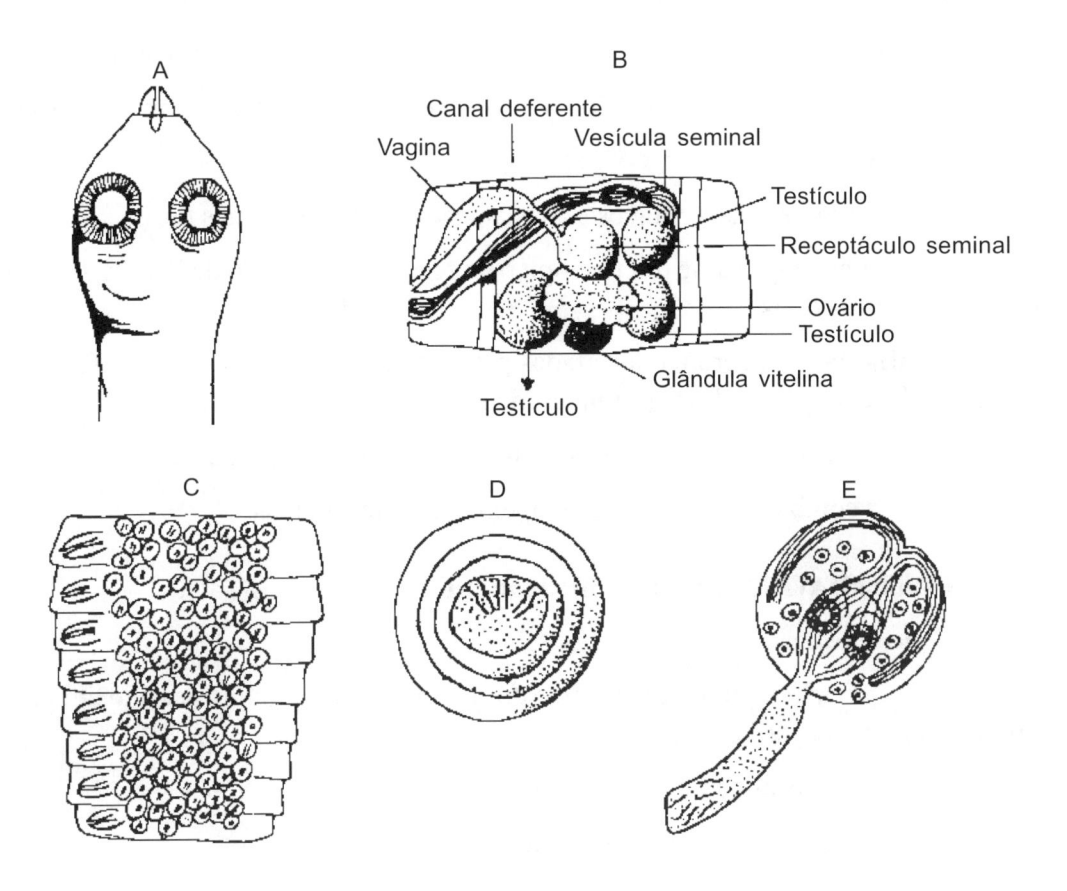

Figura 3.25 *Hymenolepis carioca.* A) Escólex. B) Proglótide. C) Proglótides grávidas. D) Ovo com embrião hexacanto. E) Larva cisticercóide. Segundo Olsen, 1977, redesenhado por Ivan.

Dimensão – Mede de 3 a 8 cm de comprimento.

Biologia

Hospedeiros

Definitivos – Galináceos (galinha, peru).

Intermediários – Insetos: *Stomoxys calcitrans,* coleópteros coprófagos e terrícolas.

Localização – Adultos no intestino delgado da galinha e do peru; larva cisticercóide na cavidade geral ou nos tecidos dos hospedeiros intermediários.

Ciclo evolutivo – As proglótides grávidas vão ao exterior com as fezes dos galináceos. Após o dessecamento liberam os ovos que, contaminando o meio, são ingeridos por *Stomoxys calcitrans,* coleópteros coprófagos e terrícolas – hospedeiros intermediários – nos quais se desenvolve a larva cisticercóide na cavidade geral. Os galináceos – hospedeiro definitivo – se infectam ao ingerirem os hospedeiros intermediários com larvas cisticercóides que se transformam em adultos no intestino delgado (Figura 3.26).

Quadro clínico – Tristeza, perda de apetite e diarréia são os principais sinais clínicos.

Patogenia – Lesões no intestino delgado e enterite, constatados em necropsia.

Diagnóstico

Clínico – Pelos sinais clínicos e constatação de proglótides nas fezes.

Laboratorial – Exame microscópico de fezes pelo Método de Sedimentação, para a pesquisa de ovos.

Profilaxia – Ao serem constatadas proglótides de *Hymenolepis* nas fezes de galináceos devem ser tomadas as seguintes medidas:

- tratamento dos galináceos com anti-helmíntico adequado;
- combate às moscas e coleópteros, com inseticidas.

Família DAVAINEIDAE Fuhrmann, 1907

Conceitos básicos

- Cyclophyllidea com escólex provido de rostro protrátil armado de coroa formada por duas ou várias séries de acúleos.
- Ventosas geralmente armadas de acúleos.
- Aparelho genital simples ou duplo.
- Orifícios genitais simples ou duplos.
- Útero persistente ou temporário, transformando-se em cápsulas ovígeras.

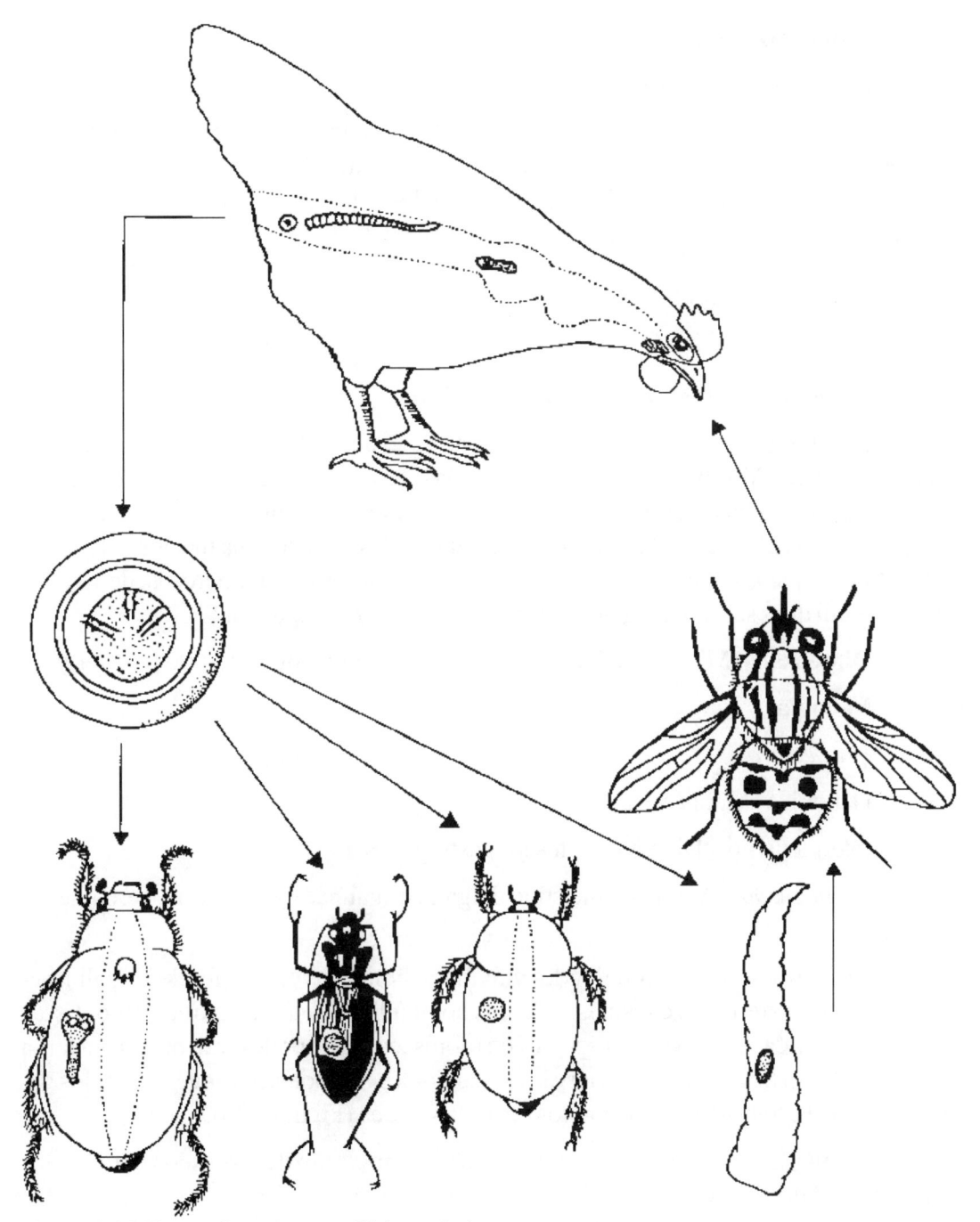

Figura 3.26 *Hymenolepis carioca.* Ciclo evolutivo.

- Adultos parasitos do intestino delgado de mamíferos e aves. No Brasil, somente parasitam aves.

- Larva cisticercóide em insetos e moluscos.

Gênero *Davainea* Blanchard, 1891

(dedicado a Davaine)

Davaineidae de pequenas dimensões. Rostro com coroa formada por duas ou três séries de acúleos. Ventosas com ou sem acúleos. Estróbilo constituído por um reduzido número de proglótides. Orifícios genitais simples unilaterais ou alternados regular ou irregularmente. Testículos pouco numerosos. Ovário bilobado e anterior à glândula vitelina. Útero transformando-se em cápsulas ovígeras. Adultos em mamíferos e aves; larva cisticercóide em moluscos.

Davainea proglottina Davaine, 1860

Morfologia – Escólex quadrangular armado de acúleos em "T", dispostos em duas a três séries. Ventosas circulares com várias séries de acúleos caducos (que caem por si). Colo curto. Estróbilo formado por quatro a nove proglótides que aumentam de comprimento. Orifícios genitais regularmente alternados e situados na metade anterior da proglótide. Cápsulas ovígeras com um só ovo. Testículos pouco numerosos, de 12 a 15, dispostos em duas séries na região posterior da proglótide (Figura 3.27).

Dimensão – Mede de 0,5 a 4 mm de comprimento por 180 a 600 μ de largura.

Biologia

Hospedeiros

Definitivo – Galináceos.

Intermediário – Diversos moluscos gastrópodes.

Localização – Adulto no intestino delgado de galináceos; larva cisticercóide em moluscos.

Ciclo evolutivo – As proglótides grávidas, eliminadas com as fezes dos galináceos, liberam no exterior as cápsulas ovígeras contendo cada uma um único ovo. Essas cápsulas, ingeridas por diversas espécies de moluscos gastrópodes, vão originar a larva cisticercóide em três semanas. As larvas cisticercóides em moluscos, ingeridos pelos galináceos, vão se transformar em adultos em uma semana (Figura 3.28).

Etiologia – A infecção das aves decorre da ingestão de moluscos parasitados com larvas cisticercóides.

Quadro clínico – Em infecções maciças, os sinais manifestam-se por diarréia sanguinolenta. Nas fezes podem ser observadas proglótides de *D. proglottina*. Emagrecimento, embora a ave conserve o apetite. Asas pendentes e penas arrepiadas. Dificuldade em se locomover. Caquexia e morte.

PPP – Doze dias.

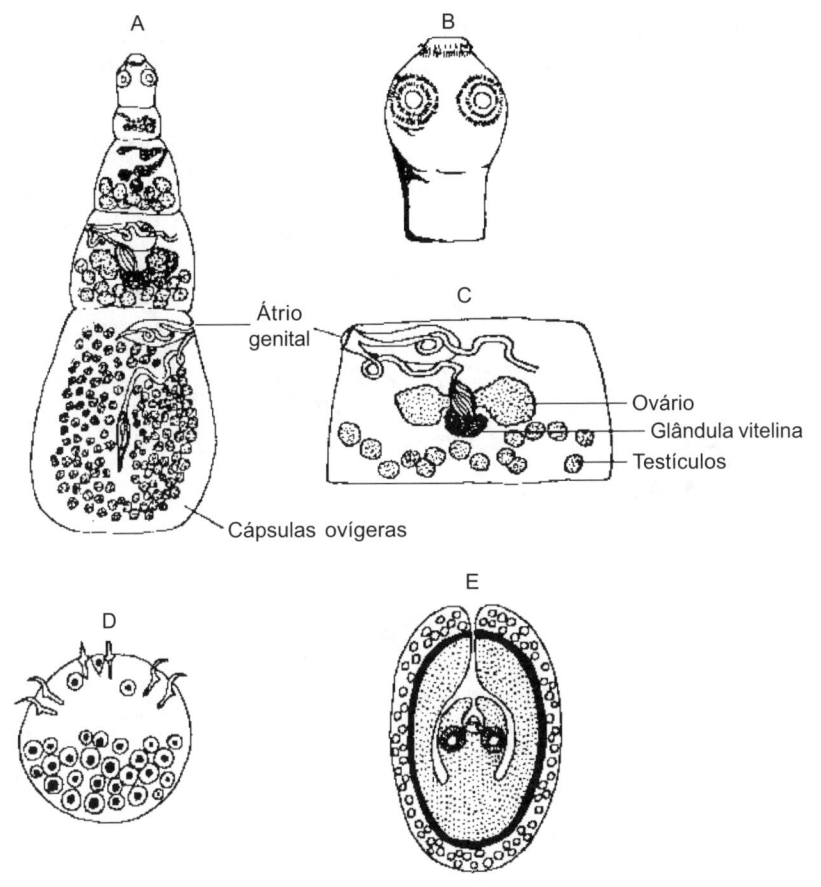

Figura 3.27 *Davainea proglottina.* A) Indivíduo adulto. B) Escólex. C) Proglótide. D) Ovo com embrião hexacanto. E) Larva cisticercóide. Segundo Olsen, 1977, redesenhado por Ivan.

Patogenia – Apesar da pequena dimensão, penetra profundamente na mucosa e submucosa intestinal, ocasionando enterite hemorrágica grave.

Diagnóstico

Clínico – Pelos sinais e observação de proglótides nas fezes.

Laboratorial – Exame microscópico de fezes para a constatação de ovos, pelo Método de Sedimentação. Em caso negativo, sacrificar uma das aves para necropsia.

Profilaxia – Semelhante à referida para *Hymenolepis,* além de combater os moluscos gastrópodes.

Gênero *Raillietina* Fuhrmann, 1920

(dedicado a Railliet)

Davaineidae com numerosas proglótides. Rostro com dupla coroa de acúleos. Ventosas com várias séries de pequeninos acúleos. Orifícios genitais regular ou irregular-

191

mente alternados. Bolsa do cirro pouco desenvolvida. Testículos numerosos. Ovário simples ou bilobado. Cápsulas ovígeras com um ou vários ovos. Adultos em mamíferos e aves; larva cisticercóide em insetos.

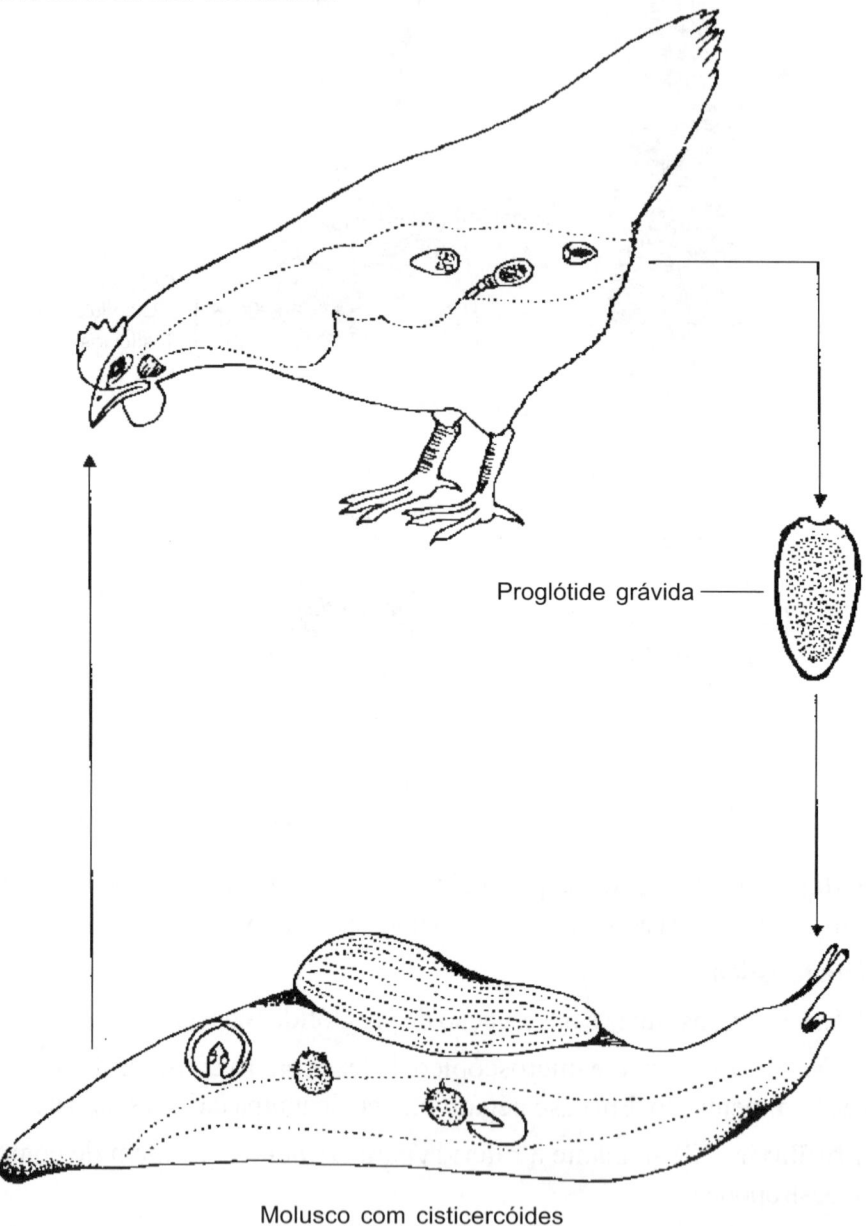

Proglótide grávida ———

Molusco com cisticercóides

Figura 3.28 *Davainea proglottina.* Ciclo evolutivo.

Raillietina tetragona (Molin, 1858)

Morfologia – O escólex tetrágono é provido de um rostro com dupla coroa de acúleos. As ventosas são elípticas e com acúleos. O colo é curto. O estróbilo é formado por mais de 15 proglótides, as primeiras são curtas e trapezoidais e as do terço posterior são mais longas que largas. Os orifícios genitais são unilaterais. Os testículos são de 20 a 30. O útero transforma-se em cápsulas ovígeras (50 a 100) e cada uma contém 6 a 12 ovos (Figura 3.29).

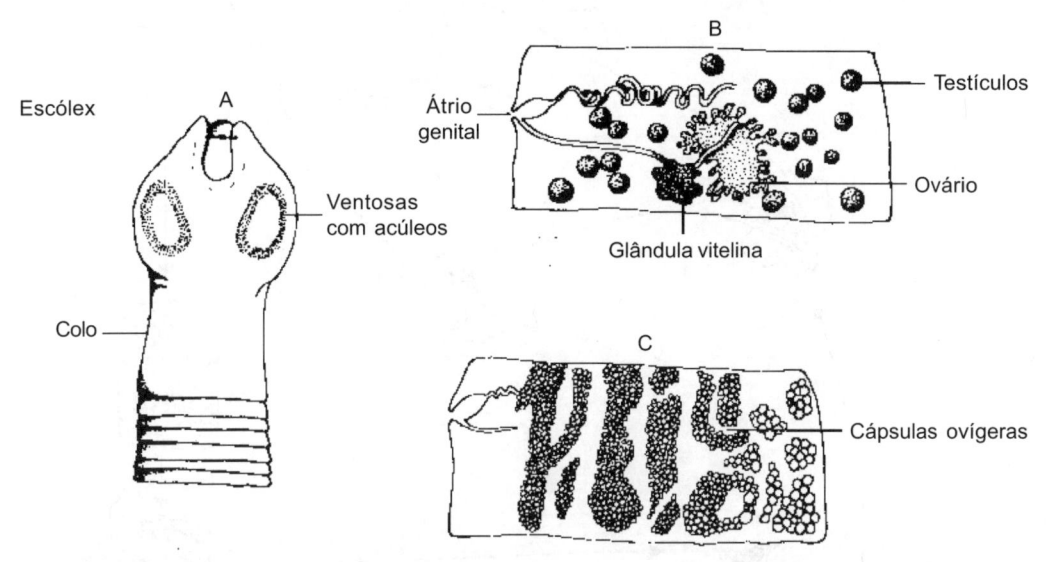

Figura 3.29 *Raillietina tetragona.* A) Extremidade anterior. B) Proglótide madura. C) Proglótide grávida. Segundo Olsen, 1977, redesenhado por Ivan.

Dimensão – Mede de 1 a 25 cm de comprimento por 1 a 4 mm de largura.

Biologia

Hospedeiros

Definitivo – Galináceos.

Intermediários – *Musca domestica,* formigas, coleópteros coprófagos e terrícolas.

Localização – Adultos no intestino delgado de galináceos e cisticercóides em *Musca domestica,* formigas e coleópteros.

Ciclo evolutivo – Galináceos se infectam ao ingerirem os hospedeiros intermediários com cisticercóides, que darão adultos em dois meses. Moscas, formigas e coleópteros se contaminam pela ingestão de cápsulas ovígeras com seis a 12 ovos existentes no ambiente, eliminados junto com as fezes dos galináceos parasitados (Figura 3.30).

Quadro clínico – Semelhante ao descrito para a *Davainea proglottina.*

Patogenia – Devido a penetração profunda na mucosa e submucosa intestinal, provoca a formação de nódulos que podem ser confundidos com os de origem tuberculosa.

Diagnóstico

Clínico – Pelo quadro clínico e constatação de proglótides nas fezes.

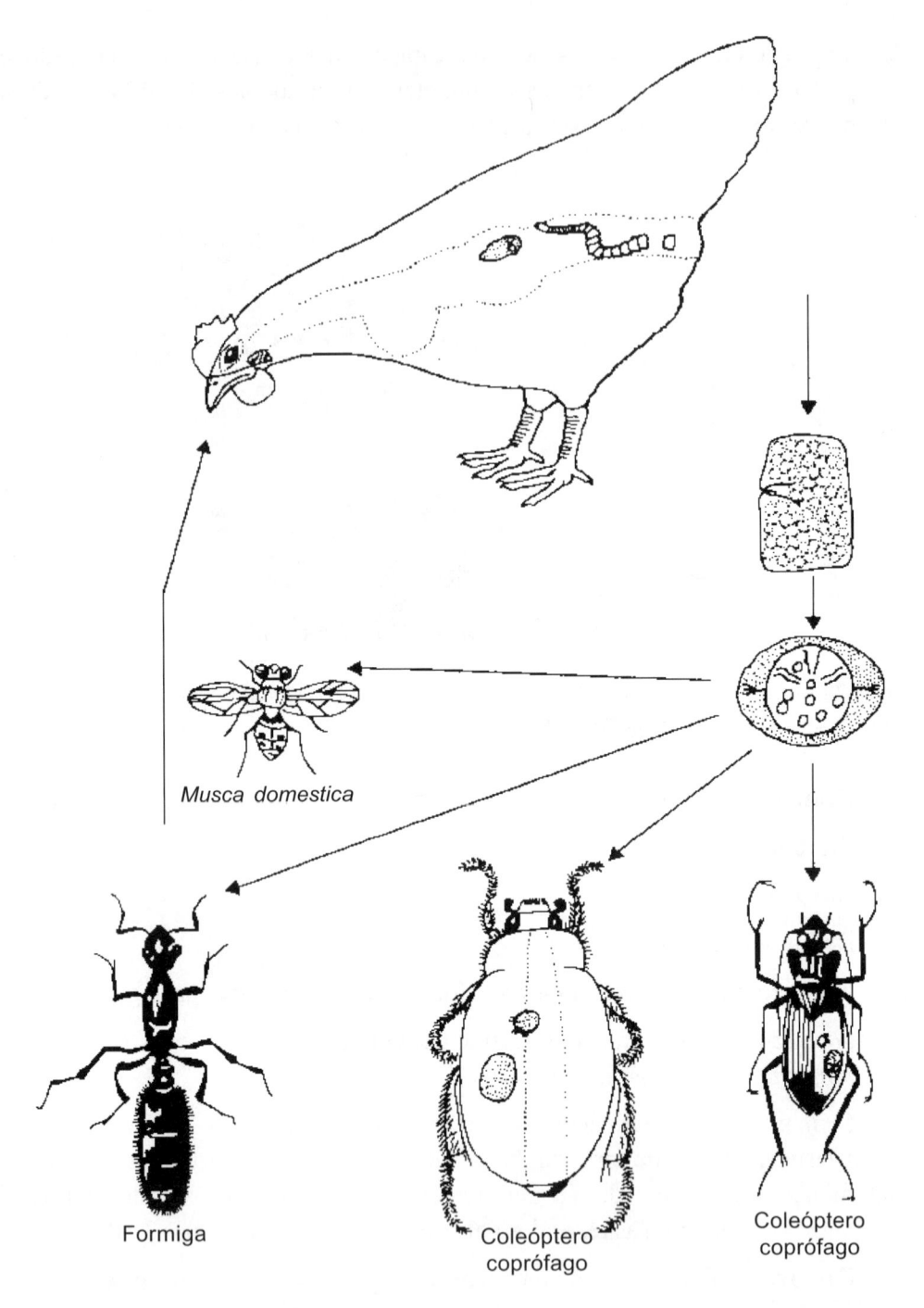

Figura 3.30 *Raillietina tetragona*. Ciclo evolutivo. Segundo Olsen 1977, redesenhado por Ivan.

Laboratorial – Exame microscópico de fezes de aves, para a pesquisa e identificação de cápsulas ovígeras de *Raillietina tetragona,* pelo Método de Sedimentação.

(legendas da figura) Musca domestica — Formiga — Coleóptero coprófago — Coleóptero coprófago

Raillietina cesticillus (Molin, 1858)

Morfologia – O escólex é globoso, deprimido anteriormente, circundado por um espessamento e com o rostro armado de uma coroa formada por 400 a 500 acúleos pouco aderentes. As ventosas inermes não são salientes. O colo não é visível. Os orifícios genitais são irregularmente alternados e situados no terço anterior. Os testículos são de 18 a 30 em cada proglótide. O útero transforma-se em cápsulas ovígeras e cada uma contém um só ovo (Figura 3.31).

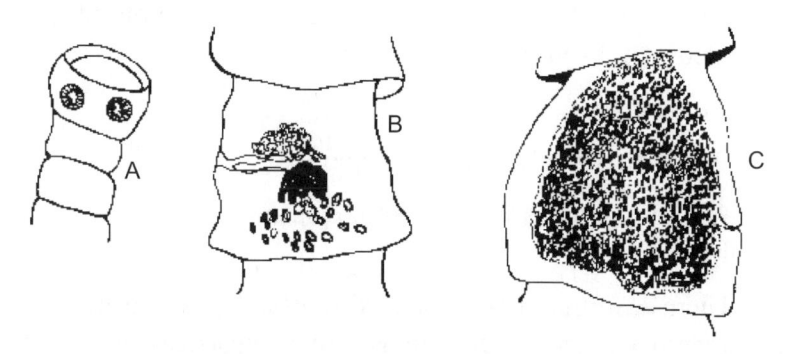

Figura 3.31 *Raillietina cesticillus.* A) Escólex. B) Proglótide madura. C) Proglótide grávida.

Dimensão – Medem geralmente 4 cm de comprimento, mas podem atingir até 13 cm.

Biologia

Hospedeiros

Definitivo – Galináceos.

Intermediários – *Musca domestica,* coleópteros coprófagos e terrícolas.

Localização – Adultos no intestino delgado dos galináceos e cisticercóides na *Musca domestica,* coleópteros coprófagos e terrícolas.

Ciclo evolutivo – As proglótides grávidas expulsas com as fezes dos galináceos infectados liberam, após o dessecamento, as cápsulas ovígeras. Os hospedeiros intermediários ingerem as cápsulas ovígeras existentes no meio. Os ovos eclodem no seu intestino e as oncosferas, migrando para a cavidade geral, originam as cisticercóides. Os galináceos se infectam ao ingerirem os hospedeiros intermediários com cisticercóides.

Quadro clínico e Patogenia – Semelhantes ao descrito para *R. tetragona.*

Diagnóstico

Clínico – Pelos sinais e constatação de proglótides nas fezes dos hospedeiros definitivos.

Laboratorial – Exame microscópico de fezes para pesquisa e identificação de cápsulas ovígeras de *R. cesticillus,* pelo Método de Sedimentação.

Profilaxia – Semelhante a descrita para *Hymenolepis.*

Família DILEPIDIDAE Fuhrmann, 1907

Conceitos básicos

• Cyclophyllidea com escólex provido de rostro protrátil apresentando até sete séries de acúleos, em forma de espinho de roseira.

• Colo longo.

• Aparelho genital simples ou duplo.

• Orifícios genitais laterais, simples ou duplos; quando simples, regular ou irregularmente alternados.

• Útero de forma variável, podendo ser saciforme persistente (Dilepidinae); reticulado, dando cápsulas ovígeras (Dipylidiinae) e com órgão para-uterino (Paruterininae).

• Testículos numerosos.

• Adultos parasitos do intestino delgado de todas as classes de vertebrados.

• Larva cisticercóide em invertebrados.

Gênero *Dipylidium* Leuckart, 1863

(gr. *di,* dois; *pyle,* orifício, diminutivo *pylidos*)

Dilepididae com rostro retrátil armado de várias coroas de acúleos com aspecto de espinho de roseira. Ventosas inermes. Órgãos reprodutores duplos. Orifícios genitais bilaterais e de situação mediana na proglótide. Testículos numerosos. Ovário e glândula vitelina em duas massas situadas lateralmente. Útero reticulado, transformando-se em cápsulas ovígeras, cada uma com vários ovos. Adultos em carnívoros; larva cisticercóide em insetos.

Dipylidium caninun (Lineu, 1758) Leuckart, 1863

Morfologia – O escólex tem o rostro protrátil e armado com quatro a sete coroas de acúleos em forma de espinho de roseira. O colo é extensível. Há cerca de 300 testículos em cada proglótide. As cápsulas ovígeras com até 30 ovos embrionados. Proglótides grávidas em forma de semente de pepino, grão de arroz (Figura 3.32).

196

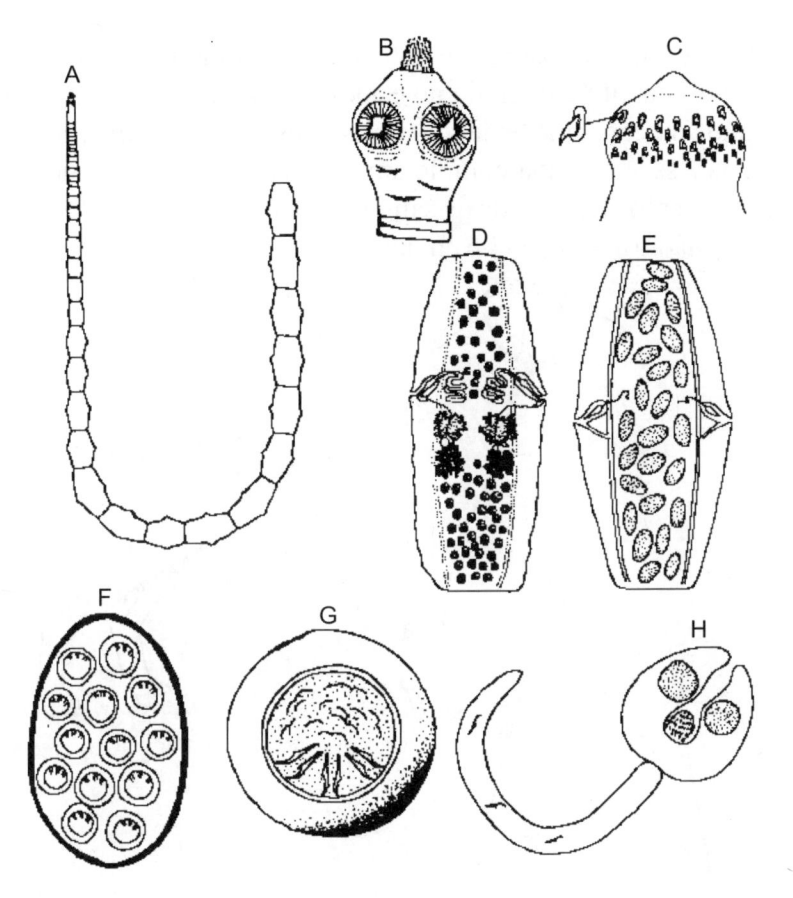

Figura 3.32 *Dipylidium caninum.* A) Indivíduo adulto. B) Escólex. C) Região apical do rostro. D) Proglótide madura. E) Proglótide grávida. F) Cápsula ovígera. G) Ovo. H) Larva cisticercóide. Figuras adaptadas de vários autores, como Soulsby, 1975 e Cesar Pinto, redesenhadas por Ivan.

Dimensão – Mede de 20 a 60 cm de comprimento por 2 a 4 mm de largura.

Biologia

Hospedeiros

Definitivos – Caninos e felinos. Acidentalmente o homem.

Intermediários – *Pulex irritans, Ctenocephalides canis, C. felix* e *Trichodectes canis.*

Localização – Adultos no intestino delgado de carnívoros. Estádio larval (cisticercóides) na cavidade geral dos insetos mencionados.

Ciclo evolutivo – Proglótides grávidas são eliminadas espontaneamente ou com as fezes, disseminando as cápsulas ovígeras contendo os ovos. Os ovos podem ser encontrados no pêlo ou no abrigo dos cães. Os hospedeiros intermediários infectam-se ao ingerirem os ovos embrionados. O embrião hexacanto ou oncosfera eclode no tubo di-

197

gestivo do inseto, atravessa a parede do trato digestivo atingindo a cavidade geral. Nas pulgas o desenvolvimento é iniciado no estádio larval, pois o estádio adulto, sendo hematófago, não tem capacidade de ingerir os ovos de *Dipylidium,* prosseguindo no estádio pupal, para se apresentar completamente evoluído – cisticercóide – quando o estádio adulto for realizar a tomada de sangue. No malófago *Trichodectes* a infecção pode ocorrer no estádio adulto, pois é um inseto mastigador (Figura 3.33).

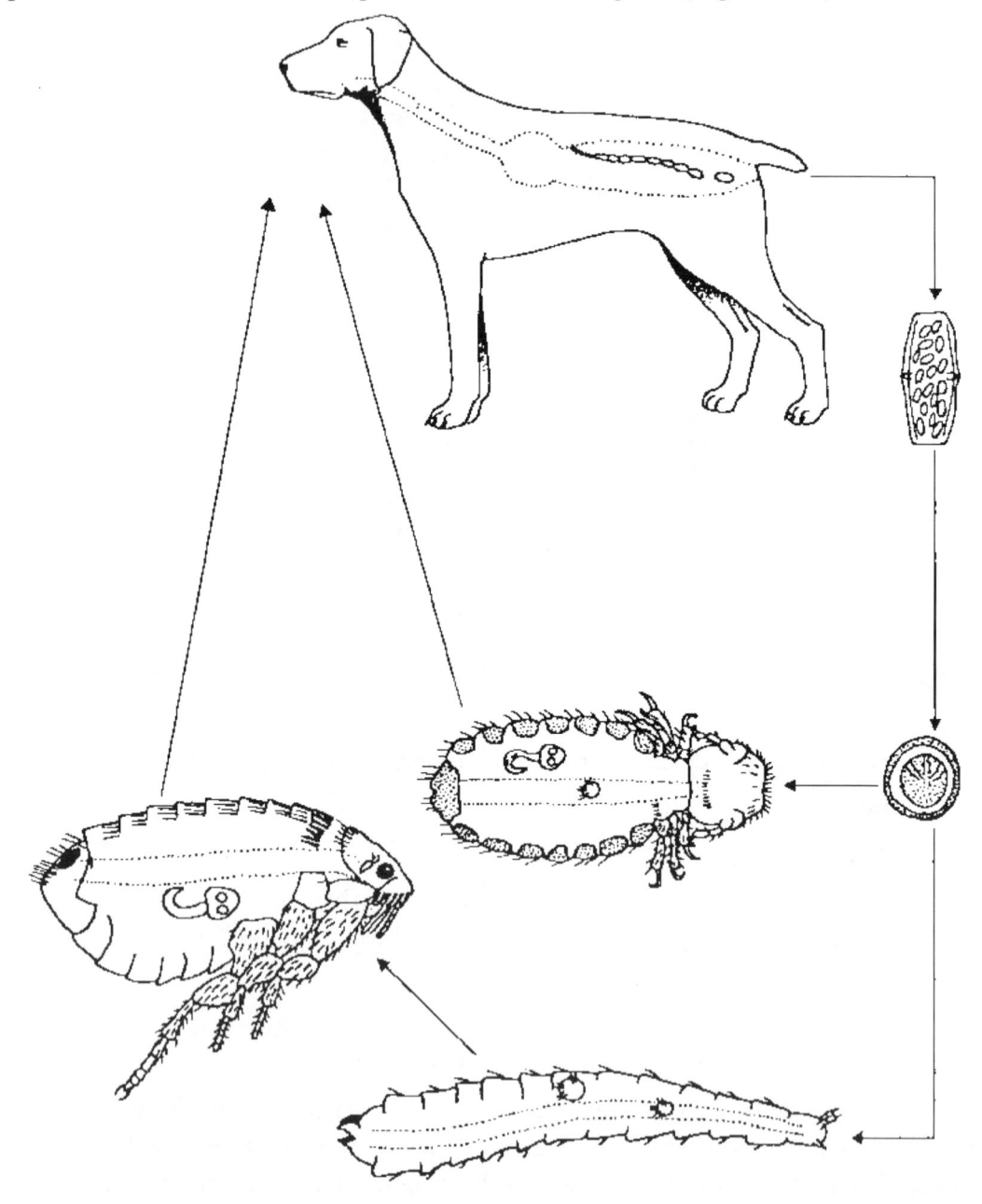

Figura 3.33 *Dipylidium caninum.* Ciclo evolutivo.

O hospedeiro definitivo contamina-se ao ingerir o hospedeiro intermediário infectado. A larva cisticercóide sofre desinvaginamento no intestino delgado, originando diretamente o cestódeo adulto em aproximadamente três a quatro semanas.

Etiologia – Através da ingestão, pelo hospedeiro definitivo, dos hospedeiros intermediários com larvas cisticercóides.

Quadro clínico – Quando os cestódeos são em pequeno número, a saúde do cão não sofre alteração; entretanto, se a infecção for por um grande número de dipilídeos há inflamação da mucosa intestinal, diarréia, cólica, alteração do apetite e emagrecimento exagerado. Às vezes há manifestações nervosas, como ataques epileptiformes e rábicos, e o de "andar sentado", isto é, arrastando-se.

Patogenia – Inflamação da mucosa intestinal. Em infecções maciças, podem ocorrer invaginação e obstrução intestinal.

Diagnóstico

Clínico – Pelos sinais e constatação de proglótides (semelhantes à semente de pepino ou grão de arroz) ao redor do ânus e nas fezes.

Laboratorial – Pesquisa de cápsulas ovígeras em exame de fezes pelo Método de Sedimentação.

Profilaxia – Deve ser feita mediante:

- tratamento dos cães com anti-helmíntico apropriado;

- destruição das proglótides e fezes dos cães por substâncias cáusticas ou por incineração;

- combate às pulgas e aos falsos piolhos;

- educação sanitária do homem.

Gênero *Choanotaenia* Railliet, 1896

(gr. *choane*, cavidade; *taenia*, fita)

Dilepididae com escólex provido de rostro com uma única coroa de acúleos. Órgãos sexuais simples. Orifícios genitais irregularmente alternados. Testículos numerosos. Útero persistente. Adultos em aves e mamíferos.

Choanotaenia infundibulum Bloch, 1779

Morfologia – O escólex é globuloso e cônico com o rostro armado de uma coroa de acúleos. As ventosas são salientes. O colo é curto. O estróbilo é formado por proglótides mais largas que longas, no terço anterior; infundibiliformes, no terço médio, e as do terço posterior são um pouco mais largas que longas. Os orifícios genitais são irregularmente alternados e situados no terço anterior da margem lateral da proglótide. Os testículos são em número de 20 a 60 em cada proglótide. O útero é lobado com aparência de cápsulas ovígeras (Figura 3.34).

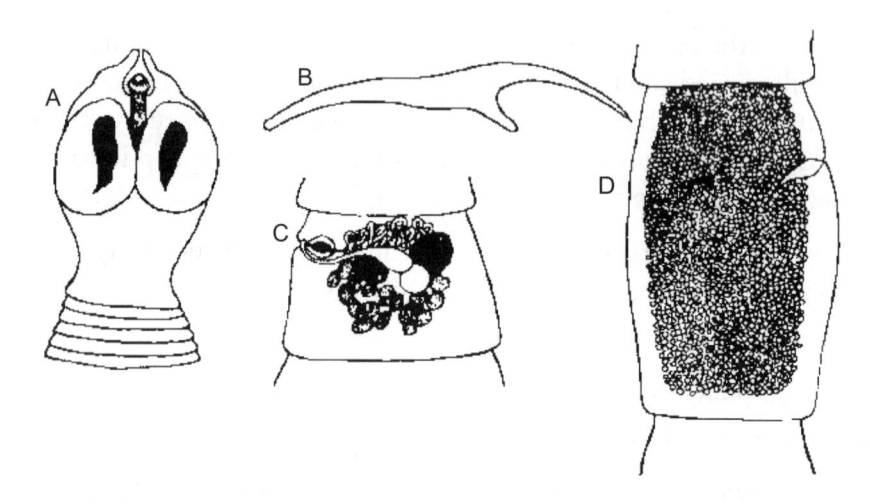

Figura 3.34 *Choanotaenia infundibulum*. A) Escólex. B) Acúleo. C) Proglótide madura. D) Proglótide grávida. Segundo Ransom, B.H, 1905, redesenhados por Ivan.

Dimensão – Mede de 5 a 25 cm de comprimento por até 3 mm de largura.

Biologia

Hospedeiros

Definitivo – Galináceos.

Intermediários – *Musca domestica* e coleópteros coprófagos.

Localização – Adultos no intestino delgado de galináceos. Larvas cisticercóides em *Musca domestica* e coleópteros coprófagos.

Ciclo evolutivo – A evolução é semelhante a do *Dipylidium caninum*. As proglótides são eliminadas pelas fezes dos galináceos e, no exterior, rompem-se, liberando as cápsulas ovígeras que vão contaminar o meio. A oncosfera – embrião hexacanto – só abandona seu embrióforo no tubo digestivo da larva da *Musca domestica* e dos coleópteros coprófagos e depois de atingir a cavidade geral transforma-se em cisticercóide. Os galináceos se infectam ao ingerirem os insetos contendo a cisticercóide de *Choanotaenia infundibulum*.

Etiologia – Os galináceos se infectam ao ingerirem a *Musca domestica* e coleópteros coprófagos com larva cisticercóide de *Choanotaenia*.

Quadro clínico – Quando o intestino delgado das aves apresenta um grande número de cestódeos, ocorre diarréia e fezes sanguinolentas. Anemia. Embora as aves conservem o apetite, há emagrecimento. Sede intensa. Isolamento, penas arrepiadas e asas caídas.

Patogenia – O exame do intestino em necropsia revela ausência de alimento e inflamação da mucosa que se apresenta recoberta de muco espesso amarelo-avermelhado.

Diagnóstico

Clínico – Pelo quadro clínico e constatação de proglótides nas fezes.

Laboratorial – Pesquisa de cápsulas ovígeras em exame de fezes pelo Método de Sedimentação.

Profilaxia – Semelhante a indicada para *Hymenolepis carioca.*

Família ANOPLOCEPHALIDAE Cholodkowsky, 1902

Conceitos básicos

- Cyclophyllidea com escólex musculoso desprovido de rostro e de acúleos.

- Ventosas espessas.

- Proglótides mais largas que longas em toda a extensão do estróbilo.

- Órgãos sexuais simples ou duplos.

- Orifícios genitais uni ou bilaterais de acordo com o número de órgãos sexuais, simples ou duplos.

- Ovos da maioria das espécies com *aparelho piriforme.*

- Larva cisticercóide em artrópodes.

Gênero *Anoplocephala* E. Blanchard, 1848

(gr. *anoplos,* desarmado; *kephale,* cabeça)

Anoplocephalidae cujas proglótides aumentam rapidamente de largura à medida que se afastam do escólex. Este aumento na largura vai até a metade do comprimento do corpo para diminuir em seguida. Orifícios genitais unilaterais. Testículos numerosos. Ovário bilobado ocupa todo o parênquima medular. Útero, persistente tubular transversal, torna-se lobado quando grávido. Ovos com aparelho piriforme bem desenvolvido. Parasita eqüinos. A doença é denominada anoplocefalose e somente uma infecção maciça é patogênica.

Anoplocephala perfoliata **Goeze, 1782**

Morfologia – Escólex quase cúbico, medindo 3 mm de largura, 2 mm de comprimento por 2 a 3 mm de espessura, apresenta posteriormente quatro apêndices, dois ventrais e dois dorsais – o que lhe valeu o nome científico. Proglótides espessas e aderidas somente pela parte central (Figura 3.35).

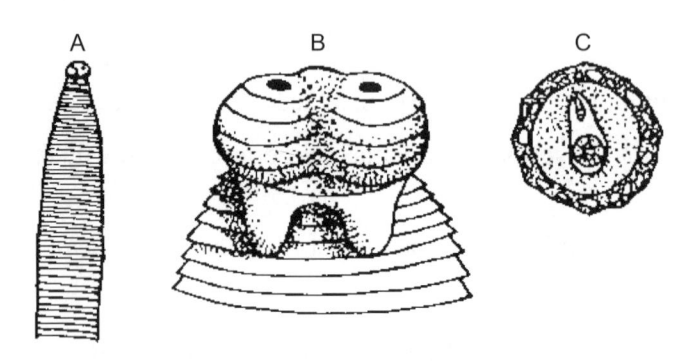

Figura 3.35 *Anoplocephala perfoliata.* A) Indivíduo adulto. B) Extremidade anterior. C) Ovo. Segundo Yorke, W. e Southwell, T., 1921, redesenhado por Ivan.

Dimensão – Mede de 3 a 8 cm de comprimento por 1 a 2 cm de largura.

Biologia

Hospedeiros

Definitivo – Eqüinos.

Intermediário – Ácaros de vida livre, oribatídeos.

Localização – Adultos com predileção pela válvula íleo-cecal e raramente cólon de eqüinos. Larvas – cisticercóides – na hemocele de oribatídeos.

Quadro clínico – Infecções leves passam despercebidas. Há manifestação do quadro em infecções maciças, como cólica, anemia, emagrecimento apesar de alimentação abundante. Caquexia e morte.

Patogenia – Pela aplicação de suas ventosas na mucosa intestinal, causam ulcerações com intensa congestão local que se traduz por estrias de sangue nas fezes. A necropsia revela peritonite e perfuração dos divertículos.

Diagnóstico

Clínico – Pelos sinais clínicos e constatação de proglótides nas fezes.

Laboratorial – Pesquisa de ovos com "aparelho piriforme" ao microscópio, em exame de fezes pelo Método de Flutuação.

Anoplocephala magna (Abilgaard, 1907)

Morfologia – Escólex globuloso com 3 a 5 mm de diâmetro e ventosas em forma de cúpula (Figura 3.36).

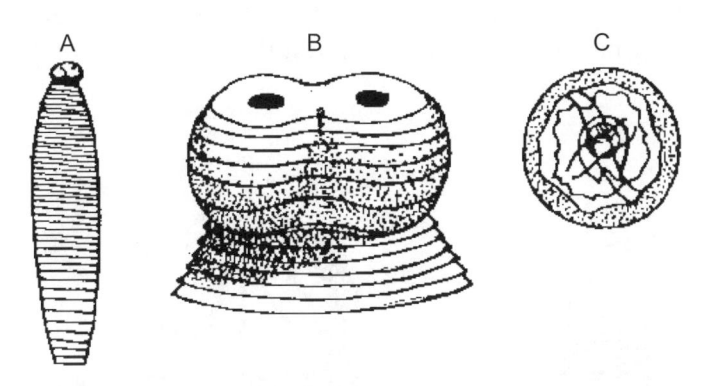

Figura 3.36 *Anoplocephala magna.* A) Indivíduo adulto. B) Extremidade anterior. C) Ovo. Segundo K. Obitz, redesenhado por Ivan.

Dimensão – Mede até 30 cm de comprimento com uma largura de 2,5 cm.

Biologia

Hospedeiros

Definitivo – Eqüinos.

Intermediário – Ácaros de vida livre – oribatídeos.

Localização – Adultos no intestino delgado e, às vezes, estômago dos eqüinos. Larvas – cisticercóides – na hemocele de oribatídeos.

Quadro clínico – Semelhante ao da *A. perfoliata,* porém é mais patogênica, podendo ocasionar enterites graves.

Patogenia – Semelhante a descrita para *A. perfoliata.*

Diagnóstico

Clínico – Pelo quadro clínico e constatação de proglótides nas fezes dos eqüinos.

Laboratorial – Observação de ovos com aparelho piriforme em exame de fezes pelo Método de Flutuação.

Gênero *Paranoplocephala* Lühe, 1910

(gr. *para,* ao lado; *anoplos,* desarmado; *kephale,* cabeça)

Anoplocephalidae com orifícios genitais unilaterais ou irregularmente alternados. Testículos numerosos, de situação oposta ao átrio genital. Ovário mediano. Útero transversal. Ovos com aparelho piriforme. Em perissodáctilos.

Paranoplocephala mamillana (Mehlis, 1831)

Morfologia – Escólex tetrágono, medindo 700 μ aproximadamente, apresenta as quatro ventosas com as aberturas em fenda longitudinal. As proglótides se tornam mais largas que o escólex a pouca distância dele e, ao atingirem sua largura máxima, conservam-na até o extremo posterior. Poros genitais unilaterais (Figuras 3.37 e 3.38).

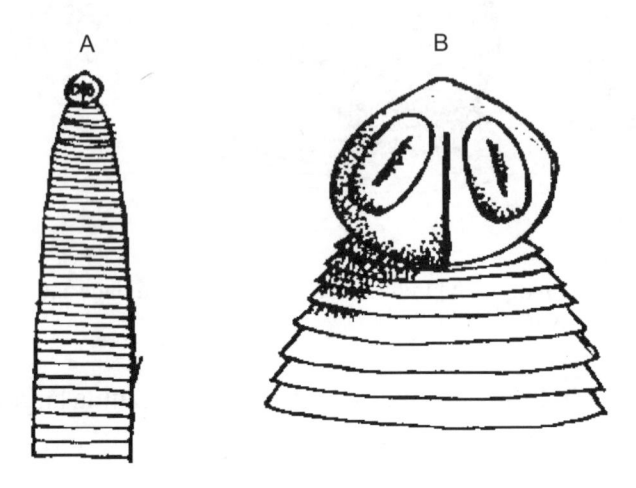

Figura 3.37 *Paranoplocephala mamillana.* A) Indivíduo adulto. B) Extremidade anterior. Segundo Railliet, redesenhado por Ivan.

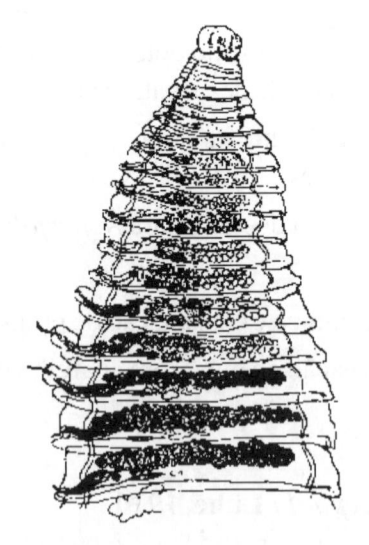

Figura 3.38 *Paranoplocephala mamillana.* Morfologia interna. Segundo Fuhrmann, redesenhado por Ivan.

Dimensão – Mede de 1 a 5 cm de comprimento por 6 mm de largura.

Biologia

Hospedeiros

Definitivo – Eqüinos.

Intermediário – Ácaros de vida livre da família dos oribatídeos.

Localização – Adultos no intestino delgado e ocasionalmente no estômago dos eqüinos. Larvas – cisticercóides – na hemocele dos oribatídeos.

Quadro clínico – Sem quadro clínico aparente.

Patogenia – Apatogênica.

Diagnóstico

Clínico – Pela constatação de proglótides nas fezes de eqüinos.

Laboratorial – Pesquisa microscópica de ovos com aparelho piriforme em exame de fezes pelo Método de Flutuação.

Gênero *Moniezia* Blanchard, 1891

(dedicado a Moniez)

Anoplocephalidae cujas proglótides apresentam órgãos genitais duplos e poros genitais bilaterais. Testículos numerosos. Útero persistente. Ovos providos de aparelho piriforme. Apresenta glândulas interproglotidianas, de função ainda desconhecida, dispostas em série na parte posterior das proglótides, em torno de orifícios. Os representantes deste gênero vivem cerca de três meses no hospedeiro. Parasita ruminantes. Com duas espécies muito semelhantes: *M. expansa* e *M. benedeni*.

Moniezia expansa Rudolphi, 1810

Morfologia – Escólex globuloso com ventosas proeminentes cujas aberturas são em forma de fenda. Glândulas interproglotidianas distribuídas por toda a largura da proglótide (Figura 3.39).

Dimensão – Mede de 1 a 5 m de comprimento por 1,5 cm de largura.

Biologia

Hospedeiros

Definitivos – Ovinos, caprinos e bovinos.

Intermediário – Ácaros de vida livre – oribatídeos.

Localização – Adultos no intestino delgado dos hospedeiros definitivos. Larvas – cisticercóides – na hemocele dos oribatídeos.

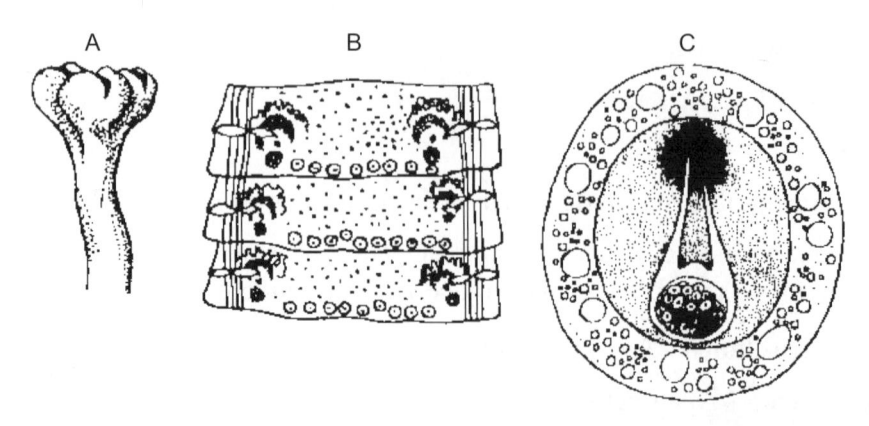

Figura 3.39 *Moniezia expansa.* A) Extremidade anterior. B) Proglótides. C) Ovo. Segundo W. Stiles, redesenhado por Ivan.

Quadro clínico – Considera-se o quadro clínico de acordo com a evolução. Na primeira etapa, os sinais são pouco manifestos e se observam mucosas pálidas, emagrecimento e sede. A lã torna-se escassa. Já na segunda etapa, surgem as alterações do aparelho digestivo, como aumento do volume do abdome, constipação alternada com diarréia e constatação de proglótides de *Moniezia* nas fezes. A terceira etapa é a caquética. Diarréia rebelde e persistente a qualquer medicação. Marcha difícil, anemia intensa e morte.

Patogenia – Um grande número de *Moniezia* é responsável pela inflamação da mucosa intestinal e degenerescência das vilosidades. Anemia. Degenerescência gordurosa do fígado.

Diagnóstico

Clínico – Pelo quadro clínico e constatação das proglótides de *Moniezia* nas fezes.

Laboratorial – Observação microscópica de ovos com aparelho piriforme em exame de fezes pelo Método de Flutuação.

Moniezia benedeni **Moniez, 1879**

(dedicada a Beneden)

Morfologia – Escólex cúbico com as quatro ventosas salientes e cujas aberturas são circulares. Glândulas interproglotidianas dispostas em curta fileira (Figura 3.40).

Dimensão – Mede de 0,50 a 4 m de comprimento por 2,5 cm de largura.

Biologia

Hospedeiros

Definitivos – Bovinos e ovinos.

Intermediários – Ácaros de vida livre – oribatídeos.

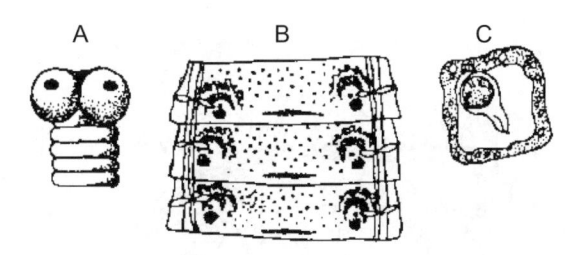

Figura 3.40 *Moniezia benedeni.* A) Extremidade anterior. B) Proglótides. C) Ovo.

Localização – Adultos no intestino delgado dos hospedeiros definitivos. Larvas – cisticercóides – na hemocele de oribatídeos.

Quadro clínico – O mesmo da *Moniezia expansa.*

Patogenia – A mesma desempenhada pela *Moniezia expansa.*

Gênero *Thysanosoma* Diesing, 1835

(gr. *thysanos,* franja; *soma,* corpo)

Anoplocephalidae com a margem posterior das proglótides franjada, o que lhes valeu o nome. Órgãos reprodutores duplos. Poros genitais bilaterais. Testículos numerosos, posteriores e situados entre os ovários. Útero transversal e eliminando os ovos para numerosos órgãos para-uterinos, cada um com vários ovos sem aparelho piriforme. Ovário e glândula vitelina em forma de roseta. Adultos em ruminantes; larva cisticercóide em insetos.

Thysanosoma actinioides Diesing, 1834

Morfologia – Escólex esférico com 1,5 mm de diâmetro aproximadamente, apresenta as quatro ventosas globulosas. Estróbilo formado por proglótides mais largas que longas em toda a extensão, apresentando as bordas posteriores conspicuamente franjadas. Órgãos sexuais duplos. Poros genitais bilaterais. Numerosos testículos dispostos na metade posterior entre os dois ovários. Anterior ao útero, o parênquima torna-se fibroso e em lamelas, formando os órgãos para-uterinos, para os quais os ovos passam. Ovos desprovidos de aparelho piriforme (Fig. 3.41).

Dimensão – Sua dimensão vai de 35 a 80 cm de comprimento.

Biologia

Hospedeiros

Definitivo – Ruminantes.

Intermediário – Insetos da ordem Psocoptera (espécies de *Liposcelis* e *Rhyopsocus).*

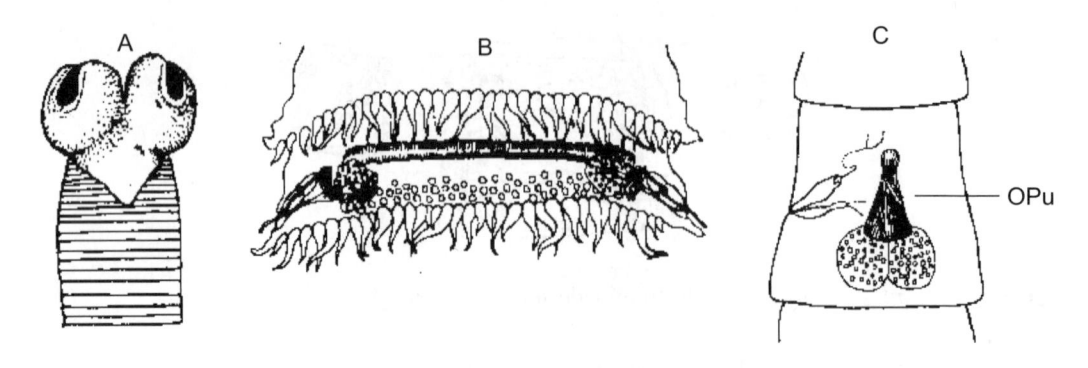

Figura 3.41 *Thysanosoma actinioides.* A) Extremidade anterior. B) Proglótide. Segundo Fuhrmann C) Órgão para-uterino, OPu. Segundo Ranson, 1932. Redesenhado por Ivan.

Localização – Adultos nos canais biliares, canais pancreáticos e intestino delgado dos ruminantes. Larvas – cisticercóides – na hemocele dos psocópteros.

Quadro clínico – Perturbações digestivas e emagrecimento.

Patogenia – A obstrução dos canais biliares e pancreáticos, dificultando e impedindo o fluxo da bílis e suco pancreático ao intestino, provoca os distúrbios intestinais.

Diagnóstico

Clínico – Pelo quadro clínico e constatação de proglótides de *Thysanosoma* nas fezes de ruminantes.

Laboratorial – Exame microscópico de fezes pelo Método de Flutuação para pesquisa de ovos desprovidos de aparelho piriforme e presença de corpos para-uterinos.

Ciclo evolutivo – O ciclo evolutivo das espécies de *Anoplocephala, Paranoplocephala* e *Moniezia* é semelhante. Estas espécies eliminam suas proglótides maduras em cadeia ou isoladas, juntamente com as fezes de seu hospedeiro; nas espécies de *Anoplocephala, Paranoplocephala* e *Moniezia* as proglótides se dissolvem durante o percurso intestinal, de maneira que as fezes contêm ovos. Em *Thysanosoma actinioides* os ovos permanecem nos órgãos para-uterinos quando as proglótides maduras são eliminadas com as fezes. Para a liberação dos ovos, as proglótides, por meio de movimentos que as fazem ficar com forma de meia-lua, expulsam, por sua borda anterior, os órgãos para-uterinos envoltos por uma substância viscosa, que se aderem às hastes dos capins. Quando um ovo for ingerido por um ácaro oribatídeo ou inseto da ordem Psocoptera, que desempenham o papel de hospedeiros intermediários, o embrião hexacanto ou oncosfera, liberado, atravessa a parede intestinal e atingindo a hemocele, vai originar a larva cisticercóide. A longevidade da larva cisticercóide no ácaro foi calculada em aproximadamente dois anos. No hospedeiro definitivo a larva cisticercóide originará o anoplocefalídeo adulto.

Etiologia – O contágio de eqüinos e ruminantes ocorre devido à ingestão de pastos contaminados com os hospedeiros intermediários portadores de cisticercóides. Contribui para a disseminação da doença o pastoreio de animais portadores de anoplocefalídeos onde existem oribatídeos. A longevidade dos ovos livres e daqueles em órgãos para-uterinos é de aproximadamente seis meses. Campos úmidos e sombrios favorecem o contágio.

Profilaxia – A medida básica para a prevenção e erradicação da anaplocefalose consiste em esclarecer os ciclos evolutivos aos criadores, a fim de que se conscientizem em:

- tratar os animais positivos com vermífugo adequado;

- evitar o pastoreio de animais portadores de anoplocefalídeos onde existem oribatídeos;

- desviar os animais de campos úmidos e sombrios que favorecem o contágio.

Classe TREMATODA Rudolphi, 1808

(gr. *trema,* orifício; *trematodes,* perfurado)

Conceitos básicos

- Platyhelminthes. A grande maioria, com aspecto de folha.

- Corpo não segmentado.

- Cutícula nua ou espinhosa.

- Tubo digestivo incompleto.

- Ectoparasitos ou endoparasitos.

- Hermafroditas – monóicos – com exceção do gênero *Schistosoma,* que é dióico.

- Ciclo evolutivo heteroxeno ou monoxeno.

DIAGNOSE PARA IDENTIFICAÇÃO DAS SUBCLASSES DE TREMATODA

1 – Endoparasitos. Órgãos de fixação representados por uma ou duas ventosas. Ciclo evolutivo indireto – heteroxeno. Multiplicação dos estádios larvais em um ou mais hospedeiros .... Digenea.

Ectoparasitos ou raramente endoparasitos. Ciclo evolutivo, geralmente, direto – monoxeno. Sem multiplicação dos estádios larvais.

2 – Órgão de fixação posterior e em forma de um disco ventral. Intestino representado por um ceco simples. Parasitos internos de moluscos lamelibrânquios e gastrópodes, crustáceos, peixes, cágados e tartarugas .... Aspidogastrea.

Órgão de fixação posterior – *opistohaptor,* contendo uma ou mais ventosas e acúleos. Poro excretor, em número de dois, situado na porção anterior do corpo. Geralmente ectoparasitos de peixes e raramente parasitos de anfíbios e tartarugas .... Monogenea.

Será enfocado o estudo dos Digenea, pois entre eles há espécies parasitos dos animais domésticos.

SUBCLASSE	FAMÍLIA	GÊNERO
DIGENEA	FASCIOLIDAE	*Fasciola*
	SCHISTOSOMATIDAE	*Schistosoma*
	PARAMPHISTOMATIDAE	*Paramphistomum*
		Balanorchis
	DICROCOELIIDAE	*Eurytrema*
		Platynosomum

Subclasse DIGENEA Van Beneden, 1858

Morfologia externa

Tegumento – A cutícula de revestimento é lisa mas em determinadas espécies pode apresentar pequenas escamas ou ser recoberta por numerosos minúsculos espinhos quitinosos, causando irritação aos tecidos do hospedeiro.

Ventosas – Os órgãos de adesão são as ventosas. Geralmente são duas ventosas musculares com forma de taça, desprovidas de acúleos. Uma das ventosas circunda o orifício oral e é denominada de *ventosa oral;* a outra, de situação ventral, a *ventosa ventral* – acetábulo – e está localizada próxima à oral, com exceção do *Paramphistomum cervi,* no qual está localizada na extremidade posterior.

Morfologia interna

Os trematódeos, assim como todos os platelmintos, apresentam a cavidade geral obliterada por abundante parênquima onde os diferentes órgãos estão mergulhados.

Sistema muscular – O sistema muscular consta de um *tubo dermomuscular, ventosas, músculos para os órgãos e músculos parenquimatosos.*

O tubo dermomuscular, o mais externo, é formado por fibras circulares, longitudinais e diagonais.

Os músculos parenquimatosos estão situados lateralmente e vão ter aos órgãos sexuais.

As ventosas são constituídas por fibras musculares equatoriais, que correspondem às circulares; as meridionais, correspondendo às longitudinais e às parenquimatosas, as do parênquima. As fibras equatoriais (circulares) quando se contraem, aumentam em comprimento a cavidade interna das ventosas e a contração das fibras meridionais (longitudinais) provoca o seu achatamento.

Tubo digestivo – O tubo digestivo é incompleto, em fundo de saco. Tem início no orifício oral, circundado pela ventosa oral. Segue-se a faringe, esôfago que se continua em dois ramos intestinais – os cecos – ramificados ou não.

Sistema excretor – O sistema excretor consiste em numerosas células em flama, dispostas no parênquima, encarregadas de eliminar os produtos de desassimilação dos tecidos para os canais excretores. Estes desembocam na vesícula excretora, que se abre no poro externo, situado no meio da extremidade posterior.

Sistema nervoso – O sistema nervoso consta de dois gânglios situados na extremidade anterior, unidos por fibras. De cada gânglio partem três nervos que se dirigem para a região anterior e três nervos para a região posterior. Os nervos estão ligados por comissuras. Nos pontos de origem das comissuras existem células ganglionares.

Sistema reprodutor – Os digenéticos são monóicos (hermafroditas), com exceção do gênero *Schistosoma*. O sistema reprodutor masculino consta de testículos, geralmente dois, mas cujo número pode variar. Dos testículos partem os canais eferentes, cuja união vai formar o canal deferente, o qual termina no órgão copulador – *cirro*. O canal deferente, às vezes, apresenta uma dilatação denominada *vesícula seminal*. O órgão copulador é constituído por uma bolsa muscular denominada bolsa do cirro (Figura 3.42).

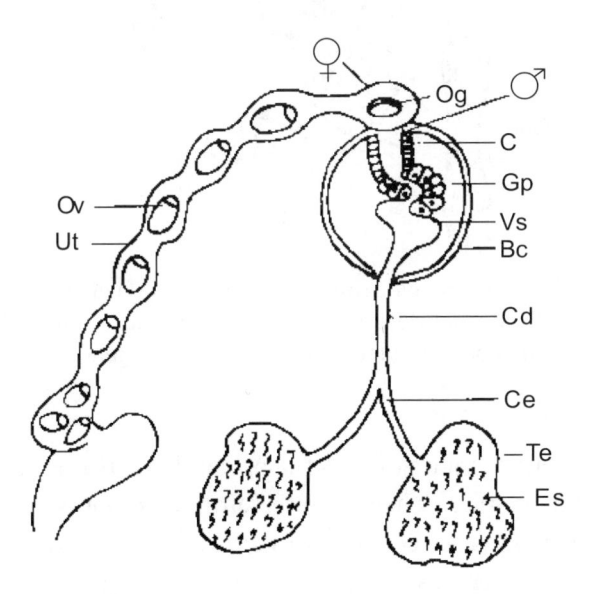

Figura 3.42 Trematoda. Aparelho genital masculino. Og) orifício genital; C) cirro; Gp) glândulas prostáticas; Vs) vesícula seminal; Bc) bolsa do cirro; Cd) canal deferente; Ce) canais eferentes; Te) testículos; Ut) útero; Ov) ovos; Es) espermatozóides. Segundo Pessôa, 1974, redesenhado por Ivan.

O sistema reprodutor feminino é formado por ovário único, esférico, lobado ou ramificado. Desse parte o oviduto que recebe o canal do receptáculo seminal onde estão armazenados os espermatozóides desde a inseminação, aguardando a maturação dos óvulos, assim como os vitelodutos das glândulas vitelinas, situadas lateralmente. O conjunto dos três canais se dilata e constitui o oótipo circundado pela glândula de Mehlis. A função da glândula de Mehlis é discutida; entretanto, acredita-se que seja a de lubrificar o ovo pelas substâncias que segrega. O canal de Laurer abre-se na face dorsal e tem função de receber o sêmen de um outro indivíduo. É no oótipo que ocorre a fecundação do óvulo, transformando-se em zigoto. Imediatamente o zigoto é circundado pelas células vitelinas que possuem um núcleo, vitelo e corpúsculos calcários. Os corpúsculos calcários são expelidos pelas células, sofrem coalescência, indo constituir a casca. O ovo se desloca pelas circunvoluções uterinas, a casca endurece e adquire a cor típica, castanho-clara. O ovo possui opérculo com exceção dos ovos dos esquistossomos. Geralmente ocorre autofecundação embora possa ocorrer fertilização pelo canal de Laurer (Figura 3.43).

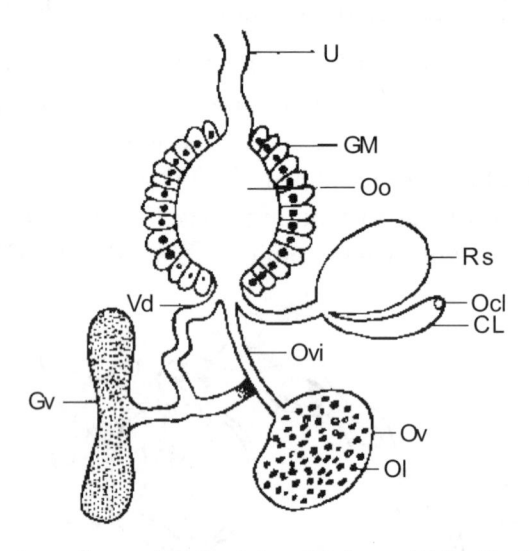

Figura 3.43 Trematoda. Aparelho genital feminino: U) útero; GM) glândula de Mehlis; Oo) oótipo; Rs) receptáculo seminal; CL) canal de Laurer; Ocl) orifício do canal de Laurer; Ovi) oviduto, Ov) ovário; Gv) glândula vitelina, Vd) viteloduto; Ol) óvulos. Segundo Pessôa, 1974, redesenhado por Ivan.

Os digenéticos apresentam dicogamia protândrica, isto é, os elementos masculinos atingem a maturidade antes dos elementos femininos; por isso, depois de atravessarem o útero, são armazenados no receptáculo seminal, aguardando o momento da fecundação. Os ovos enchem o útero e são expulsos pelo orifício genital do trematódeo adulto de acordo com a espécie e eliminados para o exterior junto com as fezes ou urina do seu hospedeiro. O embrionamento ocorre fora do corpo do hospedeiro.

Serão estudados os trematódeos parasitos dos animais domésticos.

Família FASCIOLIDAE Railliet, 1895

Conceitos básicos

- Trematoda Digenea foliáceos.

- Cutícula espinhosa.

- As duas ventosas próximas uma da outra.

- Cecos intestinais muito ramificados.

- Poro genital anterior ao acetábulo.

- Ovário ramificado e anterior aos testículos.

- Testículos ramificados.

- Glândulas vitelinas laterais.

- Poro excretor terminal.

- Heteroxeno.

- Adultos parasitos dos canais biliares e intestino de mamíferos – hospedeiros definitivos.

- Larvas em moluscos gastrópodes – hospedeiros intermediários.

- Cercárias, com cauda simples, encistam-se em vegetais aquáticos originando as metacercárias.

Gênero *Fasciola* Lineu, 1758

(lat. *fasciola,* pequena folha)

Fasciolidae de corpo foliáceo. Extremidade anterior com uma saliência cônica, o cone *cefálico,* nitidamente distinto do corpo por uma região mais larga em forma de "ombros". Cutícula espinhosa. Ventosa ventral após a base do cone cefálico e mais ou menos do mesmo diâmetro da ventosa oral. Orifício genital anterior à ventosa ventral. Cecos intestinais com numerosos divertículos ramificados e prolongando-se até a extremidade posterior do corpo. Testículos ramificados. Útero com circunvoluções de aspecto rosáceo. Ovos grandes. Glândulas vitelinas laterais. Adulto em herbívoros.

Fasciola hepatica Lineu, 1757

Nome vulgar – "Baratinha do fígado", saguaipé.

Nome da doença – Fasciolose, distomatose hepática.

Morfologia – Corpo de aspecto foliáceo, de cor castanha, com a região anterior mais larga e a região posterior mais estreita e obtusa. Tegumento revestido por espinhos voltados para trás, na face dorsal até a metade do corpo e na face ventral até o último terço. A ventosa oral é circular e terminal; a ventosa ventral é triangular, maior que a oral e distante dela cerca de 3 a 5 mm. Ovos ovóides e operculados, medindo de 130 a 145 µ de comprimento e 70 a 90 µ de largura (Figura 3.44).

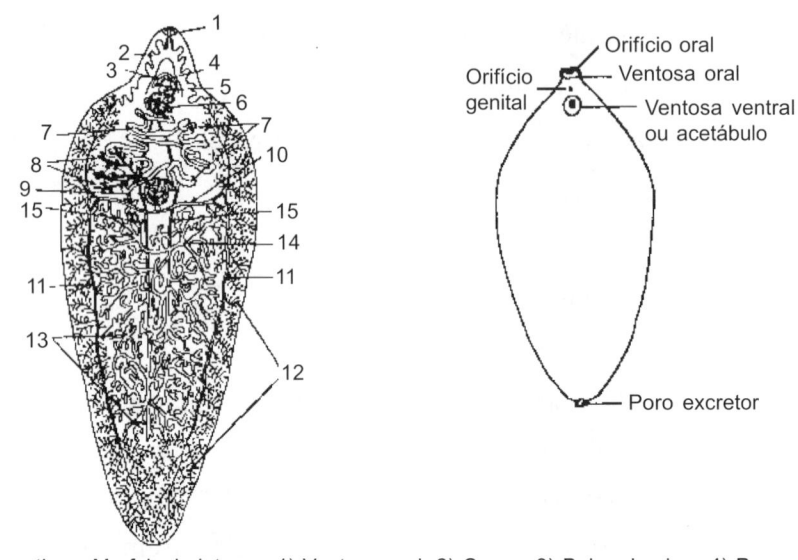

Fasciola hepatica – Morfologia interna. 1) Ventosa oral. 2) Cecos. 3) Bolsa do cirro. 4) Poro genital. 5) Canal ejaculador. 6) Acetábulo. 7) Alças uterinas. 8) Ovário. 9) Glândula de mehlis. 10) Viteloduto transversal. 11) Vitelodutos longitudinais. 12) Vitelinos. 13) Testículo posterior. 14) Testículo anterior. 15) Canal deferente.

Figura 3.44 *Fasciola hepatica.* Morfologia interna e externa. Segundo C. Pinto, redesenhado por Ivan.

Dimensão – A *Fasciola hepatica* mede de 2 a 3 cm de comprimento por 1,5 cm de largura.

Biologia

Hospedeiros

Definitivos – Ruminantes, eqüinos, suínos, coelho, cobaia e acidentalmente o homem.

Intermediários – Moluscos gastrópodes pulmonados *Lymnaea viatrix, L. columella* e *Physa cubensis.*

Localização – Adultos, normalmente, nos canais biliares; como erráticos nos vasos sangüíneos, pulmões, baço, tecido muscular dos hospedeiros definitivos. Estádios larvais no saco pulmonar e hepatopâncreas dos hospedeiros intermediários.

Nutrição – O estádio adulto imaturo nutre-se de sangue e tecido hepático, e o adulto maduro de sangue, bílis e epitélio proliferado dos canalículos.

Ciclo evolutivo – Os ovos operculados, postos nos canais biliares pelas fascíolas adultas, arrastados pela bílis, vão ter ao intestino do seu hospedeiro, através do canal colédoco, do qual são eliminados com as fezes, de modo intermitente e sem estarem embrionados. A postura inicia-se entre o 60º ao 70º dia da infecção e cada indivíduo põe em média até 10.000 ovos diariamente.

Os ovos são ligeiramente assimétricos e incolores, embora possam estar corados pela bílis e fezes. Estes ovos, para prosseguirem sua evolução, devem chegar ao meio líquido. O desenvolvimento só ocorre quando estão livres na água, pois as condições anaeróbicas das massas fecais inibem sua evolução. O desenvolvimento está também na dependência da temperatura e em condições favoráveis, o miracídio, após 12 a 14 dias, pela ação do oxigênio, luz e calor, levanta o opérculo do ovo e desliza para fora, graças ao seu tegumento ciliado. Na água nada ativamente em busca do hospedeiro intermediário até oito horas, findas as quais morre.

O miracídio é uma estrutura músculo-cutânea, piriforme, mais dilatado anteriormente. O tegumento é ciliado e apresenta uma probóscida na extremidade anterior que serve para sua penetração no hospedeiro intermediário. Possui mancha ocelar em forma de "X", fotossensível.

O miracídio é atraído pelas substâncias químicas produzidas pelos moluscos gastrópodes *Lymnaea.* Neles se aglomeram e penetram através das partes moles do seu corpo. Uma vez em contato com a *Lymnaea,* o miracídio perde seu revestimento ciliado, penetra no molusco e se transforma, após duas semanas, em *esporocisto* no hepato-pâncreas, onde encontra substâncias nutritivas.

O esporocisto é uma estrutura músculo-cutânea, de 500 μ de comprimento e desprovido de intestino. É rico em células germinativas volumosas, as quais darão, por multiplicação, o terceiro estádio larval – *rédia* (em homenagem ao célebre naturalista italiano Redi). Cada esporocisto produz em média oito a 40 rédias em duas a quatro semanas.

As rédias, com 1 a 2 mm de comprimento, são cilíndricas, apresentam orifício oral que se continua numa faringe curta, seguida de intestino simples, em fundo de saco. Anteriormente existe uma estrutura em forma de colar e posteriormente duas saliências denominadas abas. Apresentam poro de nascimento. Em condições adversas, as rédias podem dar uma segunda geração.

As *rédias* darão as *cercárias* em aproximadamente sete semanas. Cada rédia origina em média 20 cercárias. Elas deixam as rédias pelo poro de nascimento e o molusco pelo orifício respiratório. O corpo é discóide, com 300 μ de diâmetro e uma cauda duas vezes mais longa que o corpo. As cercárias possuem um par de glândulas cistogênicas, uma ventosa oral e outra ventral, intestino simples em fundo de saco. Na água, as cercárias nadam ativamente de um lado para outro, e depois de uma a duas horas perdem a cauda, tornam-se esféricas ao se fixarem em objetos sólidos como folhas de capim ou plantas aquáticas, segregando em torno de si, através das glândulas cistogênicas, um cisto de dupla parede – *metacercária.* A parede externa, de proteína tânica, reveste a face dorsal e as laterais. A interna, fina e transparente, recobre toda a superfície da metacercária. As metacercárias tornam-se infectantes 12 a 24 horas do encistamento (Figuras 3.45 e 3.46).

Resumo

Ovo	⟶ 12 a 14 dias ⟶	miracídio
Miracídio	⟶ 2 semanas ⟶	esporocisto
Um esporocisto	⟶ 2 a 4 semanas ⟶	8 a 40 rédias
Uma rédia	⟶ 7 semanas ⟶	20 cercárias

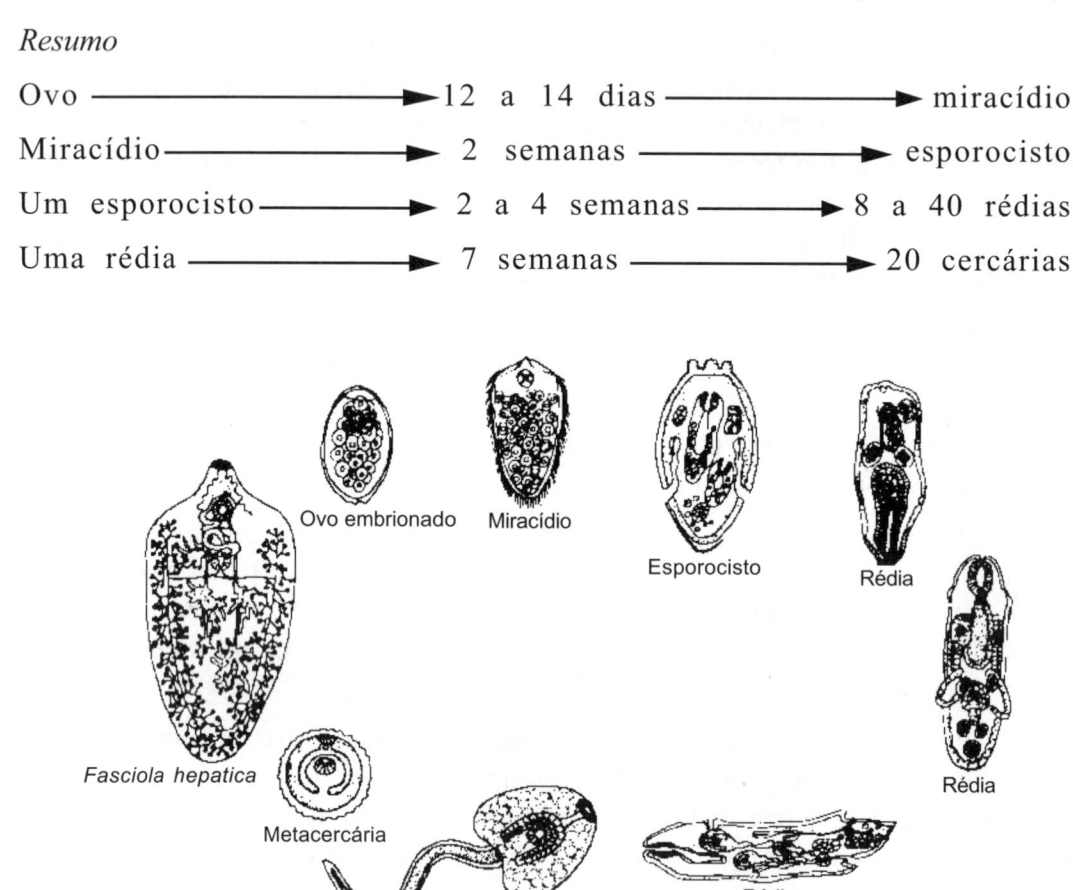

Figura 3.45 *Fasciola hepatica.* Segundo C. Pinto, redesenhado por Ivan.

Ovinos, bovinos, caprinos, suínos, eqüinos e coelhos se infectam ao ingerirem pasto contaminado com metacercárias. O desencistamento consta de duas etapas: a ativação da jovem *Fasciola* e a liberação do cisto. A ativação tem início no rúmen, numa temperatura de 39°C e meio rico em CO_2. A saída do cisto ocorre no duodeno, junto ao colédoco, uma vez que a bílis ativa as enzimas da metacercária, responsável pela abertura do orifício do cisto, por onde escapará a *Fasciola.* As jovens fascíolas perfuram a parede

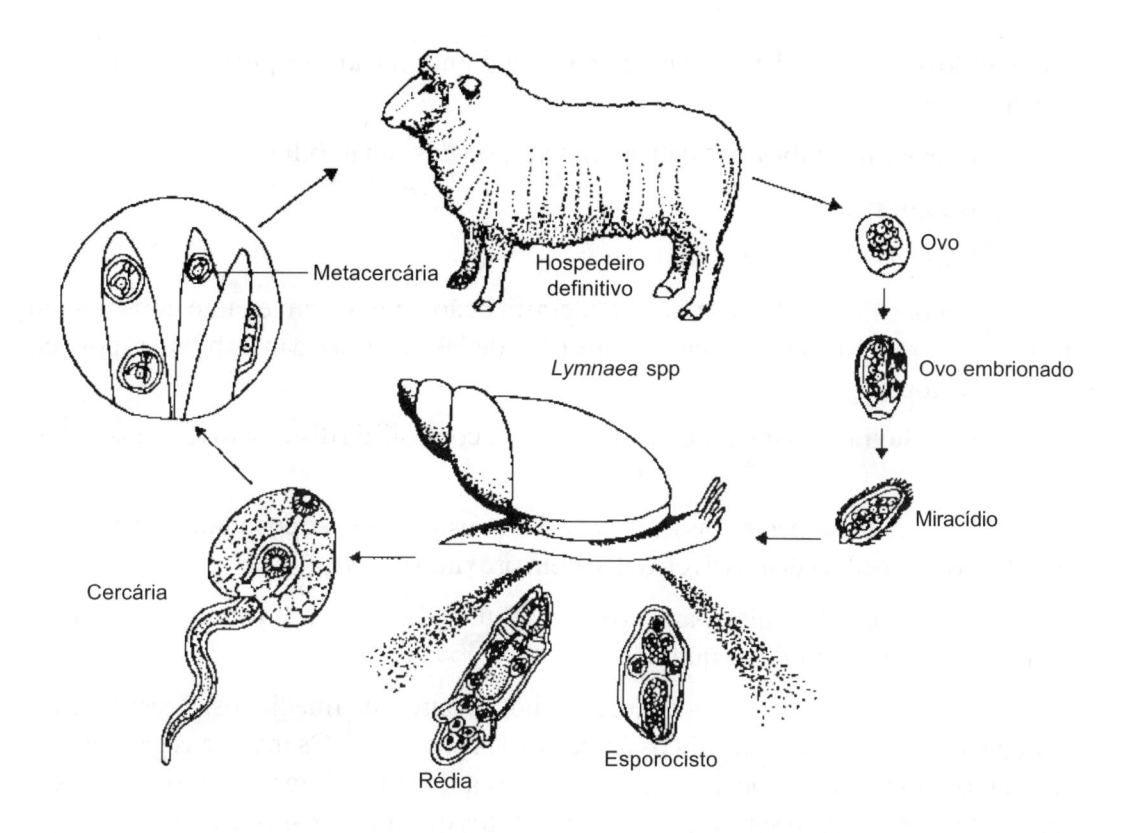

Figura 3.46 *Fasciola hepatica.* Ciclo evolutivo.

intestinal depois de se alimentarem da sua mucosa. Após 24 horas do desencistamento, a grande maioria das fascíolas é encontrada na cavidade peritoneal, quando então atravessam a cápsula de Glisson, no quarto ou quinto dia, e, migrando através do parênquima hepático, do qual se alimentam, atingem os canais biliares, onde se fixam e se tornam adultas. Os ovos são encontrados nas fezes de ovinos e bovinos aproximadamente 10 a 12 semanas da infecção.

A fascíola adulta não abandona os canais biliares. Morre depois de um ano, e uma vez morta é digerida ou expulsa. As que morrem e permanecem nos dutos biliares podem incrustar-se com precipitados de fosfato de cálcio e magnésio.

Etiologia – Ruminantes, eqüinos, suínos, coelhos e cobaias infectam-se ao ingerirem metacercárias existentes em pastos.

Quadro clínico – O quadro clínico está na dependência da fasciolose, se aguda ou crônica. Na fasciolose aguda, conseqüência de uma infecção maciça, há edema submandibular, vulgarmente chamado de *papeira* ou *papo* e a morte sobrevém repentinamente, em virtude das graves lesões no fígado causadas pelas fascíolas durante a migração. Na fasciolose crônica, as mucosas e a pele se apresentam pálidas, há perda de peso, diminuição do apetite, edema submandibular, abdome dilatado, respiração acelerada, diarréia e morte.

Patogenia – Fibrose hepática e hiperplasia dos canais biliares.

Diagnóstico

Clínico – Pelo quadro clínico.

Laboratorial – Constatação e identificação de ovos em exame coprológico, mediante Método de Sedimentação e presença de fascíolas nos canais biliares, por ocasião de necropsia.

Profilaxia – As medidas de prevenção e controle da distomatose ou fasciolose consistem:

* em impedir a disseminação dos ovos, tratando-se dos animais parasitados e evitando, na medida do possível, defecarem próximo à água;

* em destruir o parasito durante sua vida na água, ou como miracídio ou como cercária, com produtos químicos;

* em combater os moluscos – hospedeiros intermediários. Recomenda-se a drenagem dos campos alagadiços e rotação das pastagens. Os moluscos gastrópodes não suportam viver em locais secos e expostos aos raios solares. Charcos e poças de água estagnada podem ser tratados com produtos químicos. Esses produtos têm ação sobre os moluscos como também sobre as cercárias. É preconizado favorecer a criação de inimigos naturais dos moluscos como patos, marrecos e, também, determinadas espécies de peixes, que prestam inestimáveis serviços.

Família PARAMPHISTOMATIDAE Fischoeder, 1901

Conceitos básicos

* Trematoda – Digenea de corpo cônico, convexo dorsalmente e côncavo ventralmente.

* Ventosa oral anterior e ventosa ventral ou acetábulo grande na extremidade posterior.

* Dois cecos intestinais simples.

* Ovário posterior aos testículos.

* Testículos lobados.

* Orifício genital ventral, mediano anterior.

* Glândulas vitelinas laterais e bem desenvolvidas.

* Poro excretor dorsal terminal.

Gênero *Paramphistomum* Fischoeder, 1901

(gr. *para,* ao lado de; *amphi,* em um e outro; *stoma,* boca)

Paramphistomatidae de corpo mais afilado anteriormente e posteriormente mais largo e obtuso. Ventosa oral sem divertículos. Cecos longos, prolongando-se até a extremidade posterior. Glândulas vitelinas laterais. Adultos em ruminantes.

Paramphistomum cervi Schrank, 1790

Morfologia – Corpo cônico, muito espesso, mais largo e obtuso posteriormente. A cor é vermelha, quando recentemente coletados. Testículos, anteriores ao ovário, lobados e situados um adiante do outro. Ovos ovóides, operculados no pólo mais estreito, medindo de 155 a 160 μ de comprimento por 70 a 90 μ de largura (Figura 3.47).

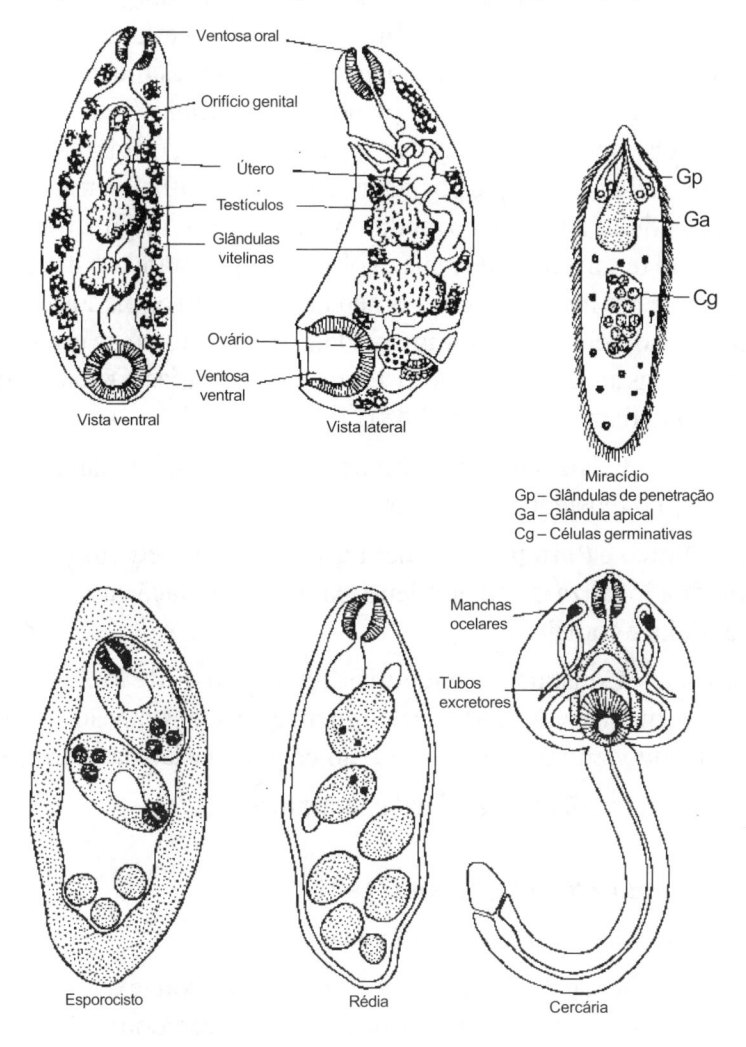

Figura 3.47 *Paramphistomum cervi.* Segundo Fischoeder, redesenhado por Ivan.

Dimensão – O *Paramphistomum cervi* mede de 5 a 15 mm de comprimento por 2 a 4 mm de largura.

Biologia

Hospedeiros

Definitivo – Ruminantes.

Intermediário – Moluscos gastrópodes pulmonados planorbídeos, *Biomphalaria tenagophyla.*

Localização – Formas imaturas no duodeno e adultos no rúmen e retículo do hospedeiro definitivo; fase larval, na cavidade geral dos moluscos gastrópodes – hospedeiro intermediário.

Ciclo evolutivo – Os ovos são eliminados para o exterior junto com as fezes dos ruminantes contaminados. Os ovos, para prosseguirem sua evolução, devem chegar à água e a temperaturas de 15 a 25° C eclode o miracídio no vigésimo dia aproximadamente, que penetra nos moluscos gastrópodes planorbídeos *Biomphalaria,* transformando-se em esporocisto. Os esporocistos, depois de sete a 14 dias, originam as rédias; estas, após 20 dias, dão as rédias filhas que por sua vez, depois de 40 dias, transformam-se em rédias netas, nas glândulas do intestino médio. As rédias netas originam as cercárias, que deixam as rédias sem terem terminado sua evolução, completando-a depois de dois meses no mesmo hospedeiro intermediário. As cercárias deixam os planorbídeos pelo orifício respiratório, no momento de maior intensidade solar. Nadam de um lado para outro indo fixar-se em plantas aquáticas, dando cistos de metacercárias. Os cistos medem 250 µ de diâmetro, aproximadamente (Figura 3.48).

Etiologia – Os hospedeiros definitivos – ruminantes, infectam-se ao ingerirem cistos de metacercárias existentes em pastos.

Quadro clínico e Patogenia – Anemia, abatimento e edema intermaxilar. Pele seca. A fase imatura localiza-se no duodeno, causando irritação à mucosa intestinal e diarréia. A fase adulta é comensal.

Diagnóstico – Constatação e identificação de ovos de *Paramphistomum* em exame coprológico, mediante Método de Sedimentação. Constatação e identificação de formas imaturas no duodeno e de adultos no rúmen por ocasião da necropsia.

Profilaxia – Semelhante a indicada para a *Fasciola.*

Gênero *Balanorchis* Fischoeder, 1901

(lat. *balanos,* glândula; *orchis,* testículo)

Paramphistomatidae de corpo cônico, dorsalmente convexo e ventralmente côncavo, mais afilado anteriormente e posteriormente mais arredondado e largo. Ventosa ventral pequena, situada posteriormente e com a abertura grande. Adultos em bovinos.

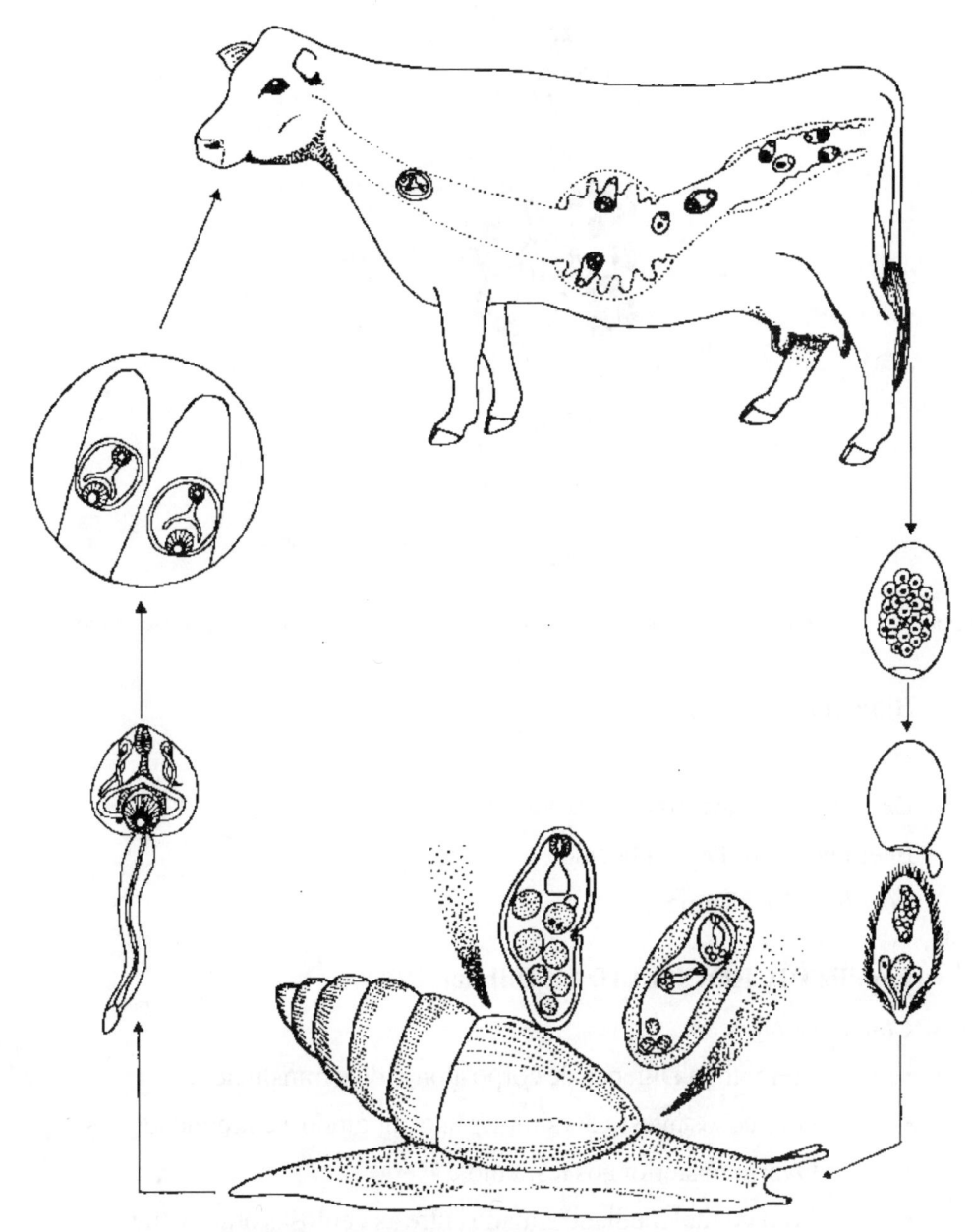

Figura 3.48 *Paramphistomum cervi*. Ciclo evolutivo.

Balanorchis anastrophus Fischoeder, 1901

Morfologia – O orifício oral é circundado por 12 a 15 prolongamentos em forma de papilas. As glândulas vitelinas são laterais, em número que varia de 12 a 18 (Figura 3.49).

Dimensão – O *Balanorchis* mede de 3 a 7 mm de comprimento por 1,2 mm de largura.

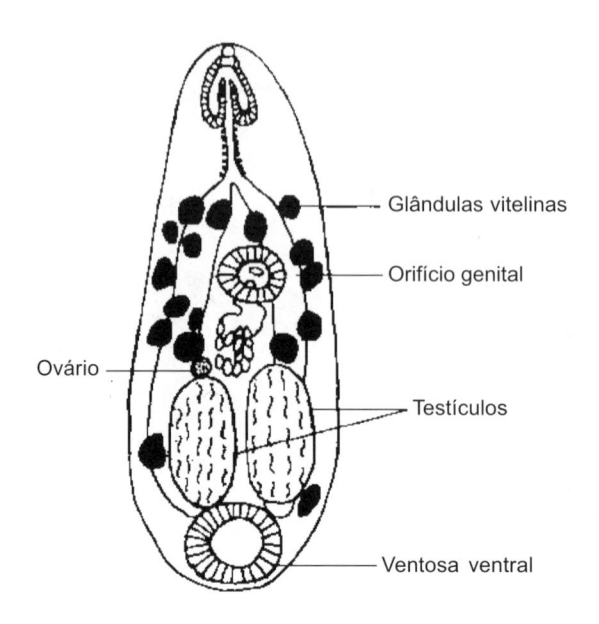

Figura 3.49 *Balanorchis anastrophus*. Face ventral. Segundo Fischoeder, redesenhado por Ivan.

Biologia

Hospedeiros

Definitivos – Bovinos e cervo brasileiro.

Intermediário – Desconhecido.

Localização – Rúmen.

Família DICROCOELIDAE Odhner, 1910

Conceitos básicos

* Trematoda Digenea de corpo alongado e translúcido.
* Dois cecos intestinais simples não atingindo a extremidade posterior.
* Ovário posterior aos testículos.
* Poro genital mediano situado entre as ventosas oral e ventral.
* Glândulas vitelinas laterais e bem desenvolvidas.
* Circunvoluções uterinas ocupando toda a região posterior ao ovário.

Gênero *Eurytrema* Looss, 1907

(gr. *eurys,* largo; *trema,* orifício)

Dicrocoeliidae de corpo largo. Cutícula com pequenas papilas dispostas irregularmente. Parte anterior do corpo triangular com a ventosa oral subterminal. Ventosas pequenas e proeminentes. Testículos situados um ao lado do outro, transversalmente, logo depois do acetábulo. Ovário submediano. Orifício genital localizado depois da bifurcação do intestino. Glândula de Mehlis, espermateca e canal de Laurer presentes. Parasito de mamíferos e aves.

Eurytrema coelomaticum (Giard & Billet, 1892) Looss, 1907

Este trematódeo é considerado por muitos autores, entre eles Travassos, como idêntico ao *E. pancreaticum;* outros autores consideram uma variedade da espécie anteriormente referida; e, finalmente, outros helmintologistas, entre eles, Looss, admitem a existência das duas espécies.

Morfologia – Esta espécie, de cor vermelha e forma oval, é muito semelhante à *E. pancreaticum* diferindo pelo tamanho das ventosas, que são menores e ambas com o mesmo diâmetro – 830 a 850 µ. Faringe e cecos intestinais delgados. Testículos pósacetabulares, em zonas coincidentes e campos afastados. Ovário postesticular e submediano. As glândulas vitelinas com seis ou oito "grupos" extracecais, cecais e com alguns folículos intercecais. Poro excretor terminal (Figura 3.50).

Dimensão – Mede de 10 a 13 mm de comprimento por 6 a 7 mm de largura.

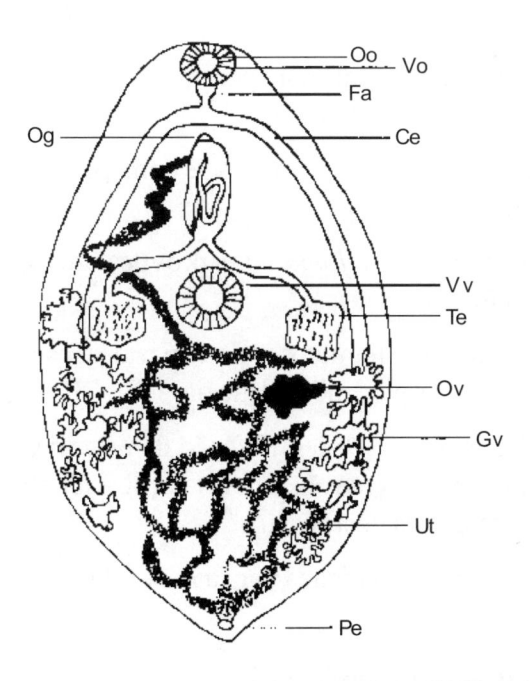

Figura 3.50 *Eurytrema:* Oo) orifício oral; Vo) ventosa oral; Fa) faringe; Ce) Cecos; Og) orifício genital; Vv) ventosa ventral; Te) testículos; Ov) ovário; Gv) glândulas vitelinas; Ut) útero; Pe) poro excretor.

Biologia

Hospedeiros

Definitivos – Ruminantes; raramente suínos e o homem.

Intermediários – São necessários dois hospedeiros intermediários: moluscos gastrópodes pulmonados *Bradybaena* e artrópodes: formigas e no Rio Grande do Sul, o gafanhoto *Conocephalus spp.*

Localização – Pâncreas e raramente dutos biliares.

Ciclo evolutivo – O molusco *Bradybaena* se infecta ingerindo ovos de *Eurytrema* eliminados com as fezes do hospedeiro definitivo. O miracídio, que só eclode no intestino do caracol, atravessa a parede intestinal e pela circulação atinge a glândula digestiva, evoluindo para esporocisto. Não há estádio de rédia, mas esporocistos de segunda geração. As cercárias se originam no interior dos esporocistos e escapam periodicamente do caracol. No meio externo, as cercárias se aglutinam em uma mucosidade, constituindo as bolas mucilaginosas, que se aderem à vegetação por serem pegajosas. Essas bolas evitam que as cercárias sofram dessecamento. O segundo hospedeiro intermediário ingere as bolas mucilaginosas, atraído por elas, e neles são encontradas, em 21 dias, as metacercárias infectantes. O hospedeiro definitivo se infecta ao ingerir pasto contendo o segundo hospedeiro intermediário infectado.

Etiologia – Os ruminantes se infectam pela ingestão de pasto contaminado com o segundo hospedeiro intermediário parasitado.

Quadro clínico – Geralmente a parasitose é bem tolerada, sendo diagnosticada somente por ocasião da necropsia.

Patogenia – A *Eurytrema coelomaticum* provoca um espessamento e endurecimento dos canais pancreáticos.

Quando os parasitos forem numerosos podem causar espoliação ao hospedeiro, por se alimentarem de sangue, provocando caquexia.

Diagnóstico – Constatação e identificação de ovos de *Eurytrema* em exame coprológico pelo Método de Sedimentação, e constatação e identificação de adultos nos canais pancreáticos por ocasião da necropsia.

Profilaxia – Semelhante a indicada para a *Fasciola.*

Gênero *Platynosomum* Looss, 1907

Dicrocoelidae que difere do *Dicrocoelium* principalmente pelo seu aspecto menos lanceolado.

Platynosomum factosum Kossak, 1910

(Sin. *P. concinum*)

Morfologia e Anatomia – A referida espécie apresenta os testículos dispostos horizontalmente. Os ovos medem 34 a 50 μ de comprimento por 20 a 35 μ de largura.

Dimensão – Mede de 4 a 8 mm de comprimento por 1,5 a 2,5 mm de largura.

Biologia

Hospedeiros

Definitivos – Felinos domésticos e silvestres.

Intermediários – Moluscos e lagartos.

Ciclo evolutivo – Os moluscos se infectam ao ingerirem ovos com miracídios eliminados com as fezes do gato. Nos lagartos são encontradas cercárias encistadas.

Quadro clínico – No gato ocorrem perturbações digestivas (diarréia, vômito e icterícia progressiva). No estádio terminal a diarréia e o vômito podem ser contínuos.

Platynosomum ariestis Travassos, 1918

A presente espécie ocorre no Brasil, no intestino de ovinos. Não é patogênica.

Phylum ACANTHOCEPHALA Rudolphi, 1808

(gr. *akantha,* espinho; *kephale,* cabeça)

Conceitos básicos

• Helmintos pseudocelomados, de corpo alongado, cilíndrico, às vezes achatado, recoberto por cutícula espessa pregueada transversalmente.

• Extremidade anterior com tromba ou probóscide retrátil revestida por espinhos ou acúleos que permitem a fixação do indivíduo ao meio em que ele vive.

• Aparelhos digestivo, respiratório e circulatório ausentes.

• Dióicos – sexos separados. Embrião ciliado.

• Heteroxeno. Hospedeiro intermediário vertebrado ou invertebrado. Adultos parasitos do tubo digestivo de vertebrados.

Dimensão – De alguns milímetros a vários centímetros.

Nome da doença – Acantocefalose.

Morfologia externa

O corpo é dividido em duas partes: *pressoma,* anterior, constituído pela tromba e colo; e *tronco,* a parte posterior.

O pressoma consta de tromba ou probóscide destinada à fixação do helminto. É retrátil, globular ou cilíndrica, revestida por acúleos dispostos alternadamente ou em espiral, em toda a extensão da tromba.

Os acúleos são encurvados, quitinizados e constam de lâmina e raiz. O número, forma e tamanho dos acúleos é específico.

A tromba pode se retrair numa bainha, denominada *receptáculo,* que se fixa à parede do corpo através de músculos inseridos posteriormente.

Na extremidade inferior desse receptáculo há o *ligamento central* ou *suspensor,* de constituição músculo-conjuntiva que se dirige para a extremidade posterior do corpo, sustentando os órgãos genitais.

Internamente, ao nível da inserção da tromba ao tronco, existem os *lemniscos* – prolongamentos opacos em número de dois, um de cada lado da bainha da tromba, com lacunas, presos à parede anterior do corpo, livres no pseudoceloma, dirigindo-se posteriormente. Acredita-se que auxiliem a movimentação da tromba pela secreção, acúmulo ou eliminação do líquido das lacunas, conforme a retração ou distensão da mesma. A tromba se invagina por contração dos músculos inseridos na parede do corpo e se desenvagina por contração do seu receptáculo (Figura 3.51).

Cutícula – O corpo é revestido por uma cutícula espessa formada por cinco películas perfuradas por numerosos poros.

Morfologia interna

Músculos – Há músculos longitudinais e circulares. A zona muscular limita o pseudoceloma, cheio de um líquido claro, no qual flutuam os órgãos sexuais sustentados pelo ligamento central.

Aparelho excretor – O aparelho excretor é formado por um par de nefrídias laterais. De cada nefrídia parte um conduto que se une ao outro para desembocar no canal genital – útero ou conduto ejaculador.

Aparelhos digestivo, respiratório e circulatório – Ausentes.

Sistema nervoso – O sistema nervoso consta de um gânglio central, situado na extremidade inferior da bainha da tromba, do qual partem filetes nervosos que se dirigem à tromba e dois nervos laterais para o tronco, com ramificações para os órgãos.

Órgãos dos sentidos – Ausentes.

Aparelho genital masculino – O aparelho genital masculino consta de *dois testículos* elípticos ou alongados, situados um diante do outro, na região mediana do tronco; *dois canais eferentes* que se unem para formar o *canal deferente* único, circundado pelas *glândulas prostáticas* ou de *cimento,* em número de seis ou oito que desemboca numa saliência cônica denominada *pênis.* As glândulas de cimento secretam uma substância que através dos seus condutos é lançada no canal ejaculador e que protege a vulva após a cópula, impedindo a perda de espermatozóides. O aparelho copulador consta de *bolsa copuladora* campanuliforme retrátil e o *pênis* (Figura 3.51).

Aparelho genital feminino – Este aparelho é constituído por um ovário, sustentado pelo ligamento central ou suspensor, originando várias *massas ovulares.* Estas massas, ao crescerem, provocam o rompimento do ligamento e os óvulos ficam livres no pseudoceloma. Os ovos vão ter ao *útero,* que tem forma de campânula, cuja abertura maior é voltada para a extremidade anterior, que se dilata e se retrai alternativamente. A extremidade inferior do útero termina numa abertura provida de esfíncter, que vai ter à *vagina* (Figura 3.51).

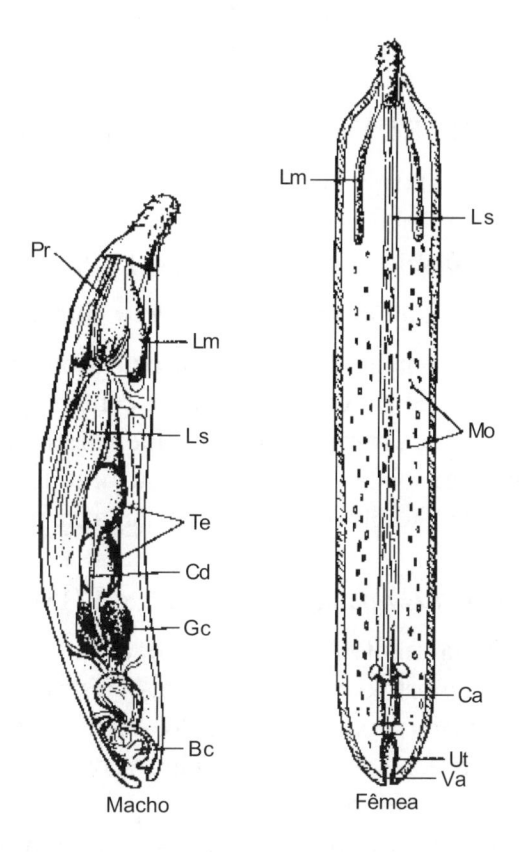

Macho

Fêmea

Figura 3.51 Acanthocephala. Morfologia interna. *Macho:* Pr) probóscida; Lm) lemniscos; Ls) ligamento suspensor; Te) testículos; Cd) canal deferente; Gc) glândulas de cimento; Bc) bolsa copuladora. *Fêmea:* Lm) lemniscos; Ls) ligamento suspensor; Mo) massas ovulares; Ca) campânula; Ut) útero; Va) vagina.

Biologia

Nutrição – A ausência de tubo digestivo faz com que a absorção dos líquidos nutritivos seja por osmose, através dos poros existentes na cutícula.

Ciclo evolutivo – A fecundação se dá no pseudoceloma e logo após tem início a segmentação dos ovos.

Os ovos maduros são elípticos e a casca, que surge após a fecundação, constituída por mais de uma membrana, protege o embrião fusiforme ciliado e com acúleos na sua extremidade anterior. Do pseudoceloma os ovos vão ter ao útero, daí ao oviduto, vagina e são expulsos. Os ovos imaturos retornam ao útero através do orifício existente na sua região inferior.

Os ovos, contendo o embrião, são postos no intestino do hospedeiro e são eliminados ao exterior junto com as fezes. No exterior, são ingeridos pelo hospedeiro intermediário, que pode ser um pequeno mamífero, um inseto, um crustáceo ou um peixe, onde se encistam. Não raramente são encontrados cistos de acantocéfalos em vertebrados e hoje sabe-se que são ou um segundo hospedeiro intermediário ou um hospedeiro anormal. O hospedeiro definitivo se infecta ao ingerir o hospedeiro intermediário contendo as formas larvais.

Família GIGANTHORHYNCHIDAE Hamann, 1892

Acanthocephala com oito glândulas prostáticas. Tromba não retrátil no adulto.

Gênero *Macracanthorhynchus* Travassos, 1916

(gr. *makros,* grande; *acantho,* espinho; *rhynchus,* focinho, nariz, tromba)

Giganthorhynchidae com dimorfismo sexual bem acentuado: macho geralmente recurvado em vírgula; fêmea com o corpo em espiral e maior que o macho. O corpo é mais atenuado posteriormente. Tromba ou probóscide retrátil grande, mais ou menos globosa e com várias séries de espinhos. Lemniscos curtos e atingindo o testículo anterior. Ovos com quatro membranas. Adulto em mamíferos; larva em insetos.

Macracanthorhynchus hirudinaceus (Pallas, 1718) Travassos, 1916

Morfologia – Vulgarmente denominado de acantocéfalo gigante, é de cor esbranquiçada e depois da morte o corpo apresenta-se estriado transversalmente de maneira irregular. O dimorfismo sexual é acentuado. A fêmea tem o corpo enrolado em espiral e a extremidade posterior é obtusa. No macho, o corpo é em forma de vírgula e a extremidade posterior é campanuliforme.

A tromba ou probóscide retrátil, mais ou menos globulosa, medindo 1 mm de comprimento por 500 µ de diâmetro, apresenta acúleos dispostos em seis séries transversais (coroas) e 12 séries longitudinais, cujos tamanhos decrescem para a base.

O colo cônico é inerme e mede 1,5 mm de comprimento por 1 mm de diâmetro.

Lemniscos claviformes medem 15 mm de comprimento nos machos e 20 mm nas fêmeas.

Dimensão – Os machos medem de 5 a 12 cm de comprimento por 3 a 5 mm de diâmetro e as fêmeas de 12 a 45 cm de comprimento por 4 a 10 mm de diâmetro.

Biologia

Hospedeiros

Definitivos – Suínos, carnívoros e acidentalmente o homem.

Intermediários – Larvas e adultos de numerosos coleópteros coprófagos (escaravelhos) pertencentes à família Scarabeidae.

Localização – Adultos no intestino delgado, principalmente no duodeno dos hospedeiros definitivos. Larvas no organismo dos coleópteros, hospedeiros intermediários.

Ciclo evolutivo – Os ovos, encerrando um embrião armado de vários pequeninos espinhos, larva I, *acanthor,* são eliminados ao exterior junto com as fezes do hospedeiro definitivo. Cada fêmea põe em média 80.000 a 260.000 ovos por dia, durante 10 meses. Esses ovos, ingeridos pelas larvas de coleópteros coprófagos, liberam no tubo digestivo a larva I espinhosa, *acanthor,* que depois de atravessar a parede intestinal vai se alojar na hemocele e evolui para larva II infectante, *acanthella,* de modo gradual. Depois de 30 dias, aproximadamente, os testículos já estão desenvolvidos e surgem os primórdios do aparelho genital feminino. A *acantela,* com tromba armada e todos os órgãos formados, é a forma parasitária jovem. É infectante após 60 a 90 dias do coleóptero se infectar e encistada é denominada *cistacantho.* O hospedeiro definitivo se infecta através da ingestão de larvas ou adultos de coleópteros infectados com *cistacantho* (Figuras 3.52 e 3.53).

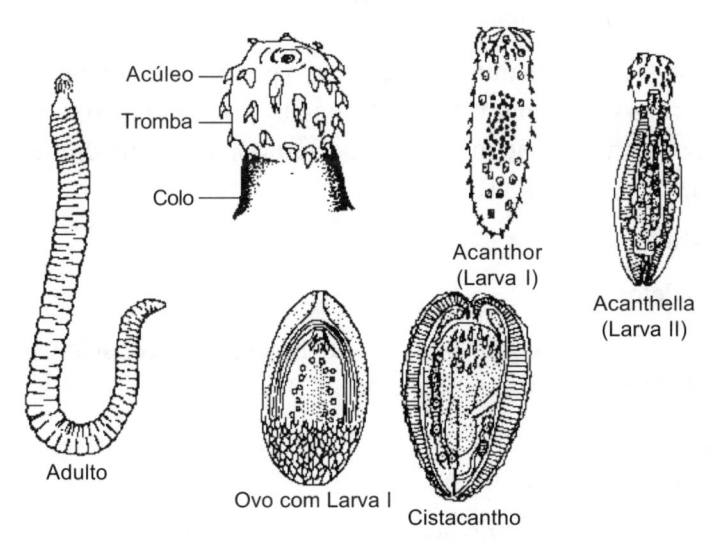

Acúleo

Tromba

Colo

Acanthor
(Larva I)

Acanthella
(Larva II)

Adulto

Ovo com Larva I

Cistacantho

Figura 3.52 *Macracanthorhynchus hirudinaceus.* Segundo Kaiser e Leuckart, redesenhado por Ivan.

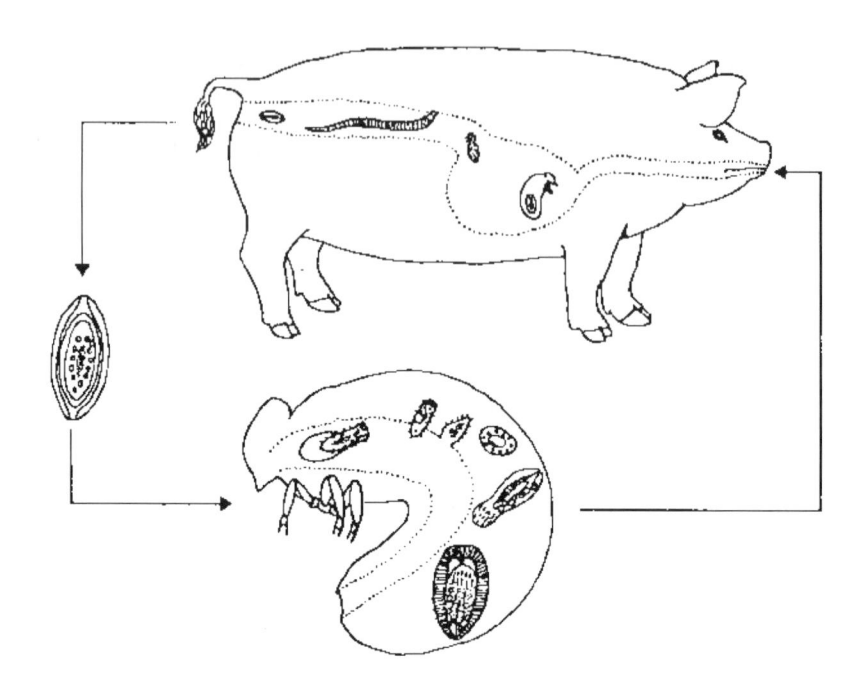

Figura 3.53 *Macracanthorhynchus hirudinaceus.* Ciclo evolutivo.

Etiologia – Os suínos adquirem o parasitismo através da ingestão de larvas ou adultos de coleópteros que albergam a forma larval do *Macracanthorhynchus.*

Quadro clínico – Não há sinais apreciáveis. Os animais se apresentam inquietos, perdem o apetite e emagrecem. A morte, quando ocorre, é em conseqüência à peritonite, precedida de perfuração intestinal.

Patogenia – A mucosa intestinal apresenta pequeninas saliências, às vezes ulcerações com as bordas vermelhas e congestionadas, no ponto de fixação da tromba do acantocéfalo. Não raramente são inoculadas bactérias através da tromba, o que ocasiona enterites e até perfuração intestinal.

Diagnóstico

Clínico – Pelos sinais.

Laboratorial – Exame microscópico de fezes para a constatação de ovos de *M. hirudinaceus* pelo Método de Sedimentação.

Profilaxia – Pode se dizer que são três as medidas profiláticas da macracantorrincose dos suínos, como:

•　　　evitar a infecção do hospedeiro intermediário. Para tal é necessário que os ovos eliminados com as fezes dos suínos contaminados sejam destruídos, e o esterco seja desinfetado com cal virgem, sulfato de ferro ou ácido sulfúrico a 10%;

- tratamento dos animais parasitados com anti-helmíntico específico;

- criação de suínos em pocilgas, bem construídas, evitando, assim, que sejam criados livres e, conseqüentemente, impedindo a infecção de novos hospedeiros intermediários.

Phylum NEMATHELMINTHES

(gr. *nema,* fio; *helmins, inthos,* verme)

Conceitos básicos

- Metazoários triploblásticos pseudocelomados (espaço do corpo compreendido entre o endo e mesoderma), de corpo cilíndrico, mais ou menos afilado nas duas extremidades.

- Revestimento cuticular.

- Segmentação limitada à cutícula.

- Desprovidos de apêndices (cerdas, pêlos ou escamas).

- Tubo digestivo completo.

- Pseudoceloma limitado por revestimento músculo-cutâneo e encerrando o líquido pseudocelomático onde flutuam os órgãos dos aparelhos digestivo e reprodutor, ligados à parede do corpo por algumas fibras conjuntivas.

- Dióicos – sexos separados e muitas vezes com dimorfismo sexual acentuado.

- Monoxenos – a grande maioria.

Sistemática

Os Nemathelminthes subdividem-se em duas classes: Gordiacea e Nematoda.

Classe GORDIACEA Siebold, 1848

Conceitos básicos

- Nemathelminthes cujas glândulas reprodutoras não são continuadas por ductos.

- Os ovos são descarregados na cavidade do corpo e daí passam para canais que os eliminam.

- Tubo digestivo presente na fase juvenil e ausente nos indivíduos sexualmente maduros.

- Presença de cloaca nos indivíduos do sexo feminino.

- Vida livre.
- Aquáticos.
- Sem interesse médico.

Classe NEMATODA (Rudolphi, 1808) Diesing, 1861

(gr. *nema,* fio; *oda, eidos,* aspecto)

Os nematódeos são vulgarmente conhecidos no Brasil por lombrigas ou vermes redondos. Este nome deve-se ao fato de apresentarem, numa seção transversal, o aspecto circular. Em inglês são denominados de *threadworms* ou *roundworms;* em alemão, de *Fadenwurmer* e em francês de *fil vers.*

Conceitos básicos

- Nemathelminthes de corpo cilíndrico, subcilíndrico, fusiforme ou esférico.
- Sem traços de metamerização.
- Camada muscular do corpo interrompida pela hipoderme nas linhas mediano-laterais, dorsal e ventral, constituindo os campos longitudinais.
- Tubo digestivo completo e desenvolvido em todas as fases.
- Dióicos – sexos separados e geralmente apresentando um acentuado dimorfismo sexual.
- Algumas espécies possuem gerações alternantes de vida livre e de vida parasitária durante seu ciclo evolutivo.
- Fêmea ovípara, ovovivípara ou vivípara.
- Evolução, de ovo a adulto, através de quatro mudas e cinco estádios.
- Vida livre ou parasitária.

Habitat – Os nematódeos são encontrados em diferentes meios. Muitos são parasitos do homem e animais, outros são parasitos de plantas e muitos vivem livres no solo, na água doce, salobra ou marinha.

Morfologia externa

Forma – Cilíndrica, subcilíndrica, capilar, fusiforme ou esférica. Em determinadas espécies, a extremidade anterior é delgada e estreita e a posterior mais larga.

Regiões do corpo – Para facilitar o estudo da morfologia do corpo dos nematódeos, este é dividido em três regiões: anterior, média e posterior.

A região ou extremidade *anterior* vai da boca ao orifício excretor; a *média,* estende-se do orifício excretor ao ânus, nas fêmeas, e cloaca, nos machos; a *posterior,* também chamada de região caudal, a que se segue ao ânus ou à cloaca (Figura 3.54).

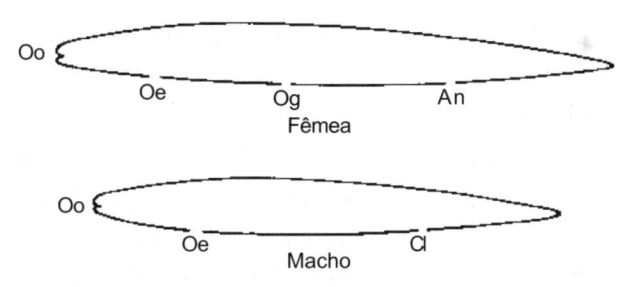

Figura 3.54 Nematoda, vista lateral: Oo) orifício oral; Oe) orifício excretor; Og) orifício genital, An) ânus; Cl) cloaca.

A extremidade anterior, idêntica em ambos os sexos, é reta ou curvada para as faces dorsal ou ventral e pode terminar em ponta mais ou menos aguda, ou truncada perpendicular ou obliquamente.

Nessa região podem ocorrer expansões cuticulares designadas de acordo com sua situação, tais como *expansão cefálica* e *asa cervical*. A extremidade anterior pode apresentar *papilas cervicais* nas linhas laterais (Figura 3.55).

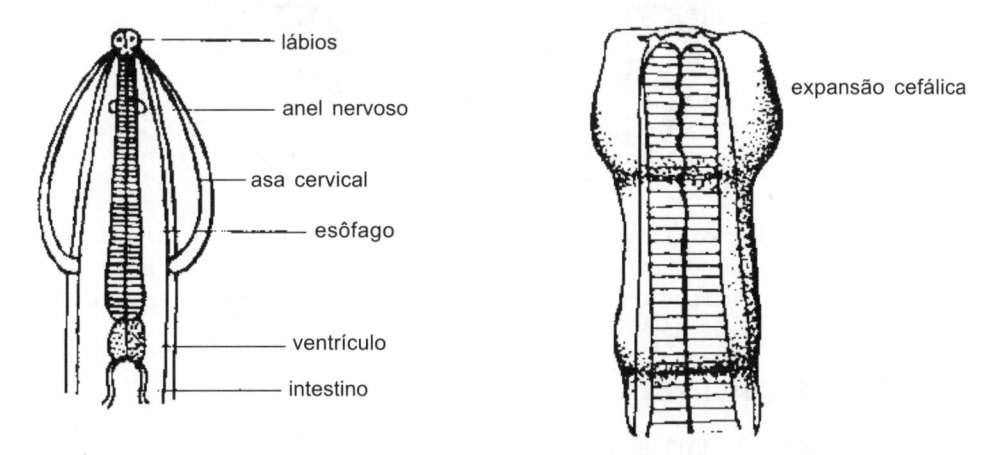

Figura 3.55 Extremidade anterior. Segundo Travassos, redesenhado por Ricardo.

A extremidade posterior, dos indivíduos machos de algumas espécies, pode ser voltada ventral ou dorsalmente; outros possuem a cauda enrolada em espiral e há os que possuem bolsa copuladora. Nas fêmeas de todas as espécies a cauda é sempre estirada.

Faces – A face onde se abrem os orifícios excretor, anal e genital é denominada de *ventral* e a que fica do lado oposto, *dorsal*.

Cor – A cor do corpo dos nematódeos é geralmente esbranquiçada ou amarelada, vendo-se por transparência o intestino, geralmente de coloração amarelo-escura. Entretanto, certas espécies, quando vivas, podem se apresentar vermelhas, devido à alimentação exclusivamente à base de sangue.

233

Dimensão – A dimensão dos nematódeos varia com as espécies e vai desde aquelas com menos de um milímetro de comprimento, como os *Strongyloides,* até as que atingem 100 cm de comprimento como a *Dioctophyma renale.*

Tegumento – O corpo é revestido por um tegumento *cuticular* resistente, elástico, transparente, liso ou finamente estriado no sentido transversal. Sua estrutura complexa varia com a família, gênero e estádio evolutivo. A presença de enzimas faz que seja metabolicamente ativo e capaz de crescimento. Todas as formações externas existentes são de natureza cuticular, como as expansões cefálica, cervical e caudal.

Sob a cutícula está a *hipoderme,* em forma de uma fina capa epitelial. A hipoderme forma ao nível das linhas mediano-laterais, dorsal e ventral quatro reentrâncias, separando a camada muscular em feixes longitudinais. As saliências da hipoderme são designadas de *campos* ou *cordões* longitudinais: *dorsal, ventral* e *laterais.* (Figura 3.56).

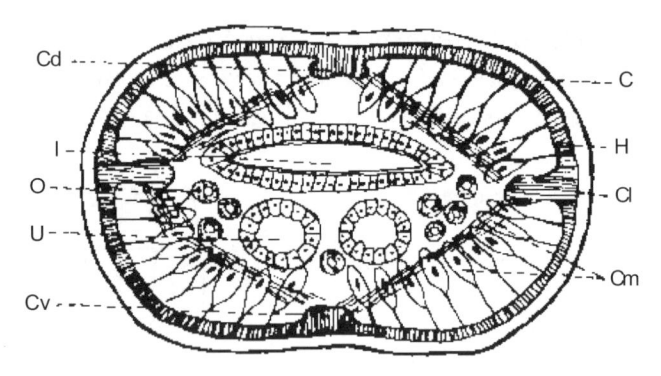

Figura 3.56 Corte transversal de um nematódeo *(Ascaris lumbricoides,* fêmea) C) cutícula; H) hipoderme; Cl) campo lateral; Cm) células musculares; Cd) campo dorsal; I) intestino; o) ovário; u) útero; Cv) campo ventral. Segundo Neveu-Lemaire, 1936, redesenhado por Evandro.

Morfologia interna

Músculos – A camada muscular é constituída por células grandes e longas, cuja parte externa é rica em miofibrilas contráteis e a interna contém o núcleo e reservas nutritivas. A musculatura forma uma camada separada pelos cordões da hipoderme em quatro campos. Essa camada limita uma cavidade onde se encontram os aparelhos digestivo e reprodutor.

Aparelho digestivo – O aparelho digestivo é completo e consta de um tubo quase reto, que vai da extremidade anterior à posterior.

No tubo digestivo distingue-se a boca, o esôfago e o intestino.

Boca – A boca, situada na extremidade anterior do nematódeo, pode ser, quanto à posição: *apical* ou *deslocada* para a região subdorsal ou subventral; quanto à forma: circular, elíptica, triangular, hexagonal ou punctiforme. Pode ser desprovida de qualquer formação ou apresentar papilas táteis em número de três ou seis podendo apresentar, também, lábios desenvolvidos em número de dois, três ou seis. Os lábios podem apresentar papilas sensitivas ou saliências, chamadas *dentes* e *lâminas cortantes* (Figura 3.57).

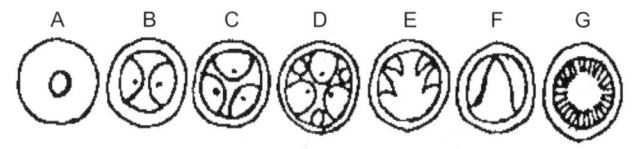

Figura 3.57 Tipos de boca. A) Simples. B) Bilabiada. C) Trilabiada. D) Trilabiada com interlábios. E) Com dois pares de dentes. F) Com um par de lâminas. G) Com coroa radiada. Segundo Lauro Travassos, 1950, redesenhado por Ivan.

A boca, de acordo com as espécies, pode estar em comunicação direta com o esôfago ou com uma cavidade mais ou menos ampla, revestida por quitina, designada de *cápsula bucal.* Quando a cápsula é simples e rudimentar tem o nome de *vestíbulo* ou impropriamente de faringe. A cápsula bucal pode ser cilíndrica ou às vezes apresenta-se sob a forma de taça, de funil ou de campânula.

No fundo da cápsula bucal podem existir saliências, chamadas *dentes,* cujo número é específico, destinados a perfurar e dilacerar os tecidos do hospedeiro (Figura 3.58).

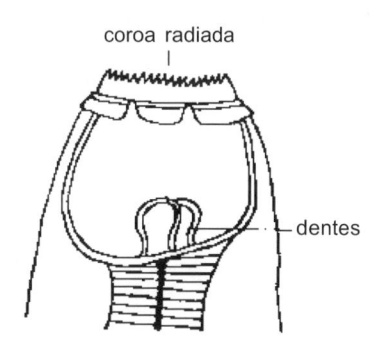

Figura 3.58 Cápsula bucal.

Esôfago – O *esôfago* segue à cápsula bucal e pode ser retilíneo ou apresentar dilatações, *bulbos.* O esôfago é às vezes formado por duas porções: a anterior, curta e muscular, e a posterior, longa e glandular.

Os nematódeos primitivos que possuem somente vida livre e os indivíduos no primeiro estádio larval de todas as espécies apresentam o esôfago complexo, constituído por um *bulbo anterior,* dilatação fusiforme; *esôfago médio* ou *istmo,* cilíndrico, ligando o bulbo anterior ao posterior; *bulbo posterior*, muscular, de forma mais ou menos esférica, com uma válvula tricúspide. Este tipo de esôfago é denominado *rabditiforme.*

Nos nematódeos mais evoluídos e adaptados a uma vida mais nutritiva em parasitismo, o esôfago, alongado e levemente dilatado posteriormente – forma de clava – é constituído de uma estrutura homogênea que vai do orifício oral ao intestino. O tipo descrito é denominado de esôfago *claviforme.*

O tipo *filariforme,* muscular, sem dilatações, é caracterizado por ser alongado.

Entre esses tipos de esôfago existe aquele, cujo bulbo anterior se alongou, tomando a forma cilíndrica, que vai ter ao bulbo posterior, conhecido como *esôfago oxiuriforme.*

Finalmente, os nematódeos da superfamília Trichuroidea apresentam o esôfago propriamente dito, curto e situado imediatamente após a boca, seguido de um longo e delgado tubo de revestimento quitinoso, envolvido por uma série de células poliédricas grandes e atravessadas pelo tubo esofagiano. Esta segunda parte dá o aspecto de discos empilhados – esôfago *tricuriforme* (Figura 3.59 e 3.60).

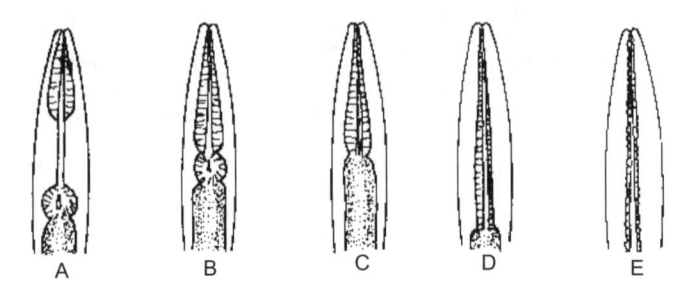

Figura 3.59 Nematoda. Tipos de esôfago. A) Rabditiforme. B) Oxiuriforme. C) Claviforme. D) Filariforme. E) Tricuriforme. Segundo Moraes, 1978, redesenhado por Paulo.

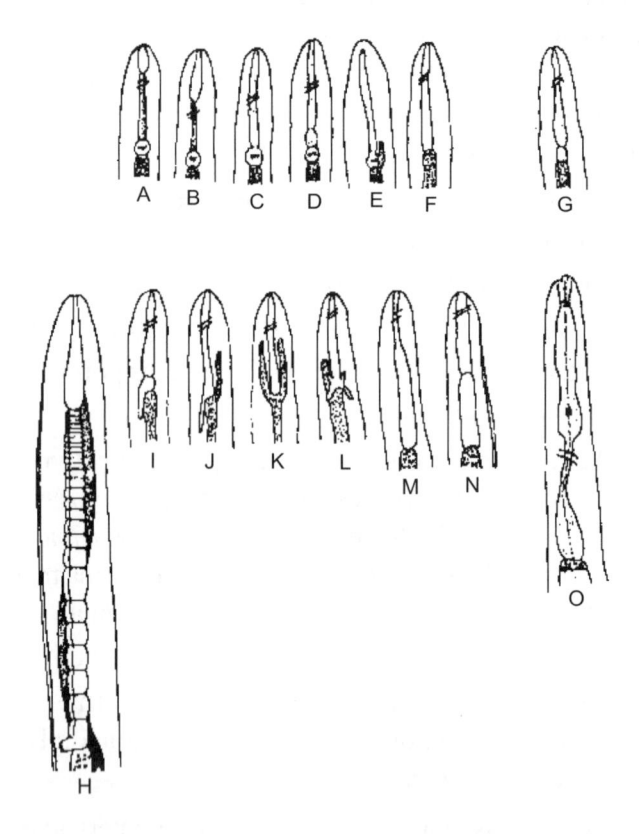

Figura 3.60 Modalidades de tipos de esôfago. A) com bulbo posterior e o anterior curto; B) com bulbo posterior e o anterior longo; C) com bulbo posterior; D) com bulbo posterior precedido de pseudo-bulbo; E) com bulbo posterior e divertículo intestinal; F) filariforme; G) com ventrículo; H) tricuriforme; I) ventrículo com divertículo; J) com divertículos esofagiano e intestinal; K) com dois divertículos intestinais; L) com quatro divertículos esofagianos e um intestinal; M) claviforme; N) ventrículo longo; O) bulbo anterior longo formando posteriormente um bulbo mediano. Segundo Travassos, L.1950 redesenhado por Evandro.

236

Existem no esôfago três glândulas anexas: a *dorsal* que se abre na luz da boca e as glândulas *subventrais* que eliminam seu produto no próprio esôfago. Entretanto, pode ocorrer que essas três glândulas se comuniquem com a boca ou com o intestino.

Intestino – É um tubo geralmente cilíndrico podendo ser mais ou menos dilatado ou até saciforme. Normalmente é reto em toda sua extensão, porém pode apresentar, em algumas espécies, alças que o tornam mais longo.

O tubo digestivo, nos machos, abre-se para o exterior em um orifício comum ao aparelho reprodutor, constituindo a cloaca (ânus-genital), subterminal ou terminal e, nas fêmeas, termina no ânus subterminal (Figura 3.61).

Aparelhos circulatório e respiratório – Ausentes. Entretanto o líquido *pseudocelomático,* existente na cavidade geral, desempenha o papel de transportador de oxigênio que difundido através da cutícula, é distribuído aos diversos tecidos pelas contrações do revestimento músculo-cutâneo.

Aparelho excretor – É constituído por dois canais longitudinais, de todo o comprimento do corpo, que se anastomosam ao nível do esôfago, originando um único conduto que se abre no orifício excretor, localizado na face ventral. O aparelho excretor tem a forma de um "H". Também a cutícula realiza a excreção de muitos produtos (Figura 3.61).

Sistema nervoso – É formado pela reunião de quatro gânglios em torno do esôfago, dispostos sob a forma de anel periesofagiano, do qual partem dois a seis nervos longitudinais em direção anterior que emitem terminações nervosas para o tegumento, lábios, órgãos sensoriais, como as papilas e outros dois a oito nervos dirigem-se para a extremidade posterior com filetes nervosos para o tegumento (Figura 3.61).

Órgãos dos sentidos – São representados por *papilas,* pequenas saliências na base das quais estão filetes nervosos. As papilas localizadas nas proximidades da boca são denominadas de *papilas labiais.* As papilas próximas ao anel nervoso, são as *papilas cervicais* e as papilas situadas na cauda são as *papilas caudais.* As papilas caudais são muito numerosas nos machos e nas fêmeas existe apenas um par. As papilas caudais do macho podem ser anteriores à cloaca, papilas *pré-cloacais;* laterais, *ad-cloacais* e posteriores, *pós-cloacais.* As papilas podem ser *sésseis* ou *pedunculadas* e são de natureza tátil.

Além das papilas que circundam a boca, há geralmente escavações cuticulares sensitivas chamadas *anfides.* As espécies desprovidas de papilas caudais apresentam um par de pequeninas papilas semelhantes a um poro glandular, chamadas *fasmides,* órgãos quimiorreceptores.

Aparelho reprodutor – Os órgãos do aparelho reprodutor são muito desenvolvidos nos nematódeos parasitos e tanto os indivíduos do sexo masculino como os de sexo feminino têm as gônadas tubulosas, alongadas e onduladas. As células germinativas proliferam somente na extremidade mais delgada e em fundo de saco do órgão, e a diferenciação dos gametas ocorre ao longo de todo o trajeto, até que os óvulos atinjam o oviduto e os espermatozóides o espermioduto.

Aparelho genital masculino – É formado por um único tubo com maior ou menor número de circunvoluções ao longo do corpo, diferenciado em *testículo, canal deferente* e *canal ejaculador.* O canal deferente pode apresentar uma dilatação – *vesícula seminal* – reservatório de espermatozóides. Existem *glândulas prostáticas* ou *glândulas de cimento* que elaboram um produto adesivo que facilita a união sexual, prendendo o macho à fêmea.

Os espermatozóides da grande maioria dos nematódeos têm uma forma toda especial e diferente dos espermatozóides dos outros animais; são amebóides e sem flagelo caudal, e somente algumas espécies apresentam-se com a forma comum, isto é, com cabeça, colo e cauda.

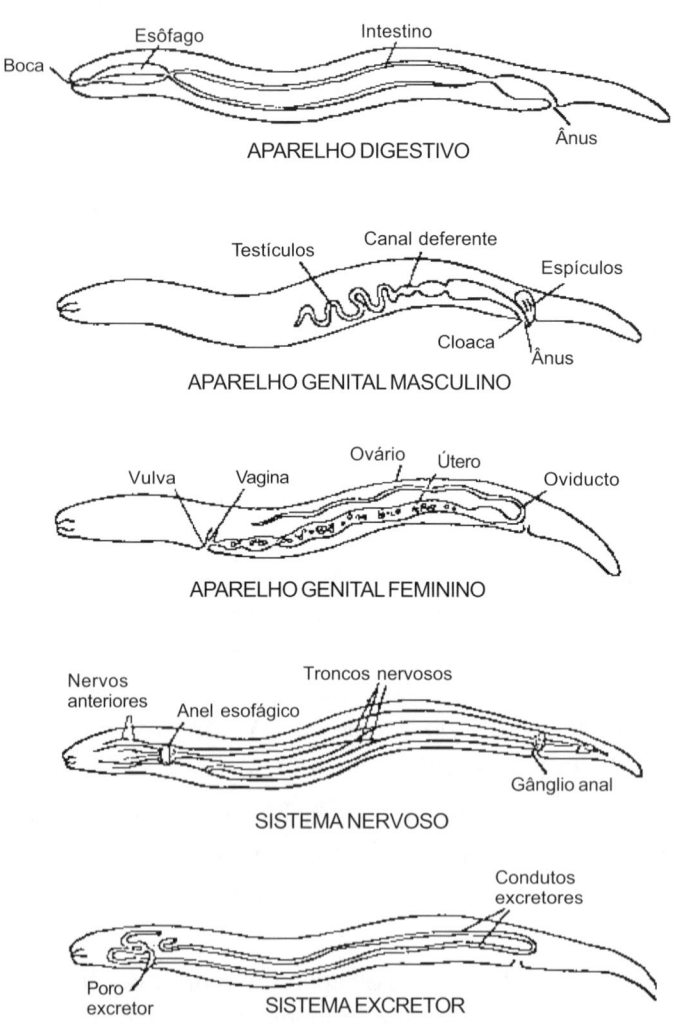

Figura 3.61 Morfologia interna.

O aparelho copulador é constituído de *espículos, gubernáculo e órgãos anexos (asa caudal, bolsa copuladora e ventosa)* (Figura 3.62).

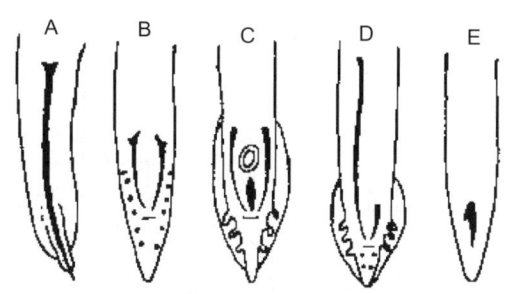

Figura 3.62 Tipos de extremidade caudal do macho. A) Com um espículo e bainha. B) Com dois espículos iguais e papilas sésseis. C) Com dois espículos iguais, gubernáculo, ventosa pré-cloacal, papilas pedunculadas e asa caudal. D) Com dois espículos desiguais, papilas sésseis e pedunculadas e asa caudal. E) Com um espículo curto. Segundo Travassos, 1950, redesenhado por Ivan.

Espículos. Geralmente existe um par de espículos quitinizados iguais ou desiguais. Às vezes o espículo é único. Os espículos, habitualmente alongados, são envoltos por uma bainha, a *bolsa do espículo,* da qual podem ser projetados ou retraídos. Os espículos movimentam-se à custa de músculos extensores e retratores inseridos na sua base. A bainha ou bolsa do espículo é geralmente lisa, mas pode ser espinhosa. A forma e a dimensão dos espículos são aproveitadas para determinação das espécies. Os espículos são órgãos de sensibilidade e de fixação dos dois sexos durante a cópula. Além disso, os espículos abrem o conduto genital feminino, para nele penetrar o líquido espermático lançado pelo canal ejaculador.

Gubernáculo – É uma estrutura mediana quitinizada, menor que os espículos e encontrada em muitas espécies, servindo de guia aos espículos e considerada "leme". Em certos nematódeos há, ainda, uma estrutura, situada distalmente do gubernáculo, denominada *telamon,* que é um espessamento da parte posterior da bainha dos espículos.

Asa caudal. É uma expansão cuticular na extremidade posterior do corpo do macho.

Bolsa copuladora – Encontrada em certas espécies, é uma expansão cuticular, na parte posterior do corpo do macho, sustentada por raios. É formada por um par de lobos laterais ligados ventralmente e um lóbulo dorsal, mais ou menos nítido e de situação mediana.

Os raios da bolsa são constantes em forma e em número, de acordo com os gêneros e as espécies, e são de grande importância para a sistemática. Reúnem-se em três grupos: ventral, lateral e dorsal. Geralmente são dois pares ventrais, três pares laterais e o dorsal com um par externo e um raio-ímpar mediano. O grupo ventral consta dos raios ventro-ventrais e ventro-laterais; o grupo lateral, com os raios laterais anteriores, laterais médios e laterais posteriores; e o dorsal com os raios dorsais externos e o dorsal médio (Figura 3.63).

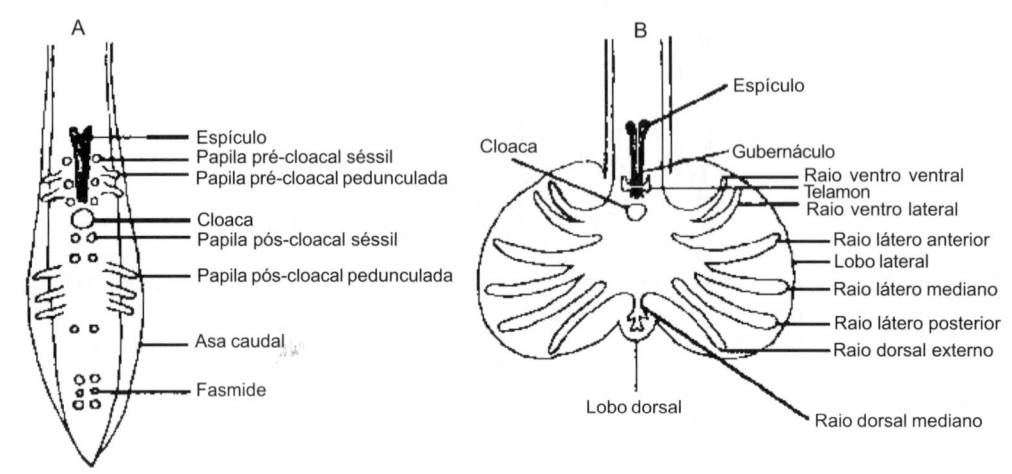

Figura 3.63 Extremidades posteriores do macho. A) Com asa caudal. B) Com bolsa copuladora. Segundo Levine, 1980, redesenhado por Ivan.

Aparelho genital feminino – Esse aparelho pode ser simples ou duplo. É tubular, alongado e ondulado, constituído de porções diferenciadas que se abrem para o exterior na vagina (Figura 3.64).

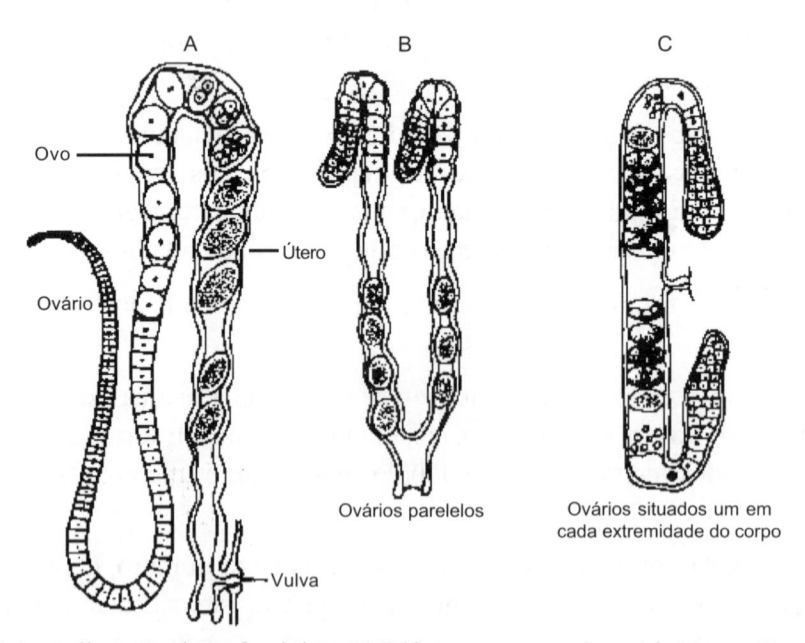

Figura 3.64 Aparelho reprodutor feminino. A) Diferentes partes. Segundo Neveu-Lemaire, 1936, redesenhado por Ivan. B) Prodelfa. C) Anfidelfa. Segundo Hirschmann, redesenhado por Ivan.

240

As porções diferenciadas são de dentro para fora: *ovários,* em número de um ou dois, fusiformes muito alongados; *útero,* também um ou dois cilíndricos, alongados e separados do ovário por uma modificação histológica gradativa ou por um oviduto. Pode ou não haver um receptáculo. Em caso negativo, a extremidade distal do útero exerce tal função.

O *ovário,* em número de um ou dois, é um tubo cego (fechado) na extremidade anterior, obliterado, onde ocorre a ovulogênese.

O *oviduto,* de diâmetro menor que o ovário, dá passagem aos óvulos, um de cada vez, que vão ter ao útero.

A *espermateca* ou *receptáculo seminal,* presente em muitas espécies, é uma dilatação da parte do útero conectado com o oviduto, abrigo dos espermatozóides que aguardam a maturação dos óvulos, para a fecundação.

O *útero* é o órgão destinado a armazenar os ovos até sua maturação para então expeli-los.

A parede interna do útero apresenta vilosidades principalmente na porção distal, destinadas a proteger os espermatozóides e permitir que se desloquem pelo tubo até a espermateca, sem serem arrastados pelos ovos que estão continuamente descendo. É graças a essas vilosidades que é contornada a ausência da espermateca em muitas espécies.

O *ovejetor* é um órgão tubular musculoso, simples ou duplo, com três partes: vestíbulo, esfíncter (podendo ser duplo) e vagina única. Os ovos, uma vez chegados ao esfíncter, não podem mais refluir. Muitas espécies apresentam *glândulas de verniz,* que exercem a função de revestir o ovo de uma camada protetora – a *casca.*

A *vagina* é um órgão cilíndrico que liga o esfíncter à vulva e consta de duas porções, a *distal* ou *vagina* propriamente dita e a *proximal* – a vagina uterina.

A *vulva* é o orifício externo do aparelho genital feminino e pode se apresentar como uma fenda longitudinal, transversal ou circular. A vulva pode estar protegida por pregas da cutícula ou por lábios. A situação da vulva pode ser anterior, posterior ou mediana, relacionada com a situação dos ovários.

Os ovários, de acordo com as espécies, são anteriores, posteriores ou, ainda, um em cada extremidade.

Quanto a situação dos ovários e úteros, os nematódeos são designados de *prodelfos,* aqueles cujos ovários são de situação anterior; *opistodelfos,* os de ovários situados posteriormente e *anfidelfos* aqueles cujos ovários estão situados um em cada extremidade do corpo.

A posição da vulva é posterior nos prodelfos, anterior nos opistodelfos e mediana nos anfidelfos.

O primórdio genital surge nas larvas do segundo estádio.

Biologia

Nutrição – Os nematódeos parasitas podem se alimentar de microorganismos e substâncias nutritivas existentes na luz do intestino (*Toxocara* e *Oxyuris*); outros alimentam-se da mucosa intestinal e sangue (*Ancylostoma*); há os que, não possuindo cápsula bucal, penetram parcialmente na mucosa intestinal onde causam histólise *(Trichuris* e as larvas de *Ancylostoma* e *Ascaris),* absorvendo substâncias liqüefeitas, sangue e líquido intersticial.

Ciclo evolutivo – Durante a cópula, o macho se fixa ao orifício genital feminino por meio de sua asa caudal, ou da bolsa copuladora, ou da ventosa. Algumas espécies segregam uma substância adesiva, como o cimento, que além de manter o macho preso à fêmea, permite que o espículo ou espículos penetrem na vulva e vagina, guiados pelo gubernáculo, para abri-la. Os espermatozóides injetados migram, por movimentos amebóides, até atingirem o receptáculo seminal, onde ocorre a fecundação. Alguns nematódeos, como os do gênero *Syngamus,* vivem em cópula permanente.

Os espermatozóides, após terem alcançado a espermateca ou o receptáculo seminal, aguardam a passagem dos óvulos para fecundá-los. Os ovos se dirigem ao útero. Após a fecundação forma-se ao redor deles a membrana de fertilização, que em seguida torna-se espessa para constituir a casca. Na sua face interna surge a membrana vitelina, de natureza lipídica. O ovo, ao deslocar-se pelo útero, adquire uma nova membrana externa, formada pela parede uterina, de natureza protéica. É esta membrana que vai apresentar as diferentes ornamentações encontradas nos ovos dos nematódeos.

Os ovos são elípticos ou arredondados, de casca delgada ou espessa, lisa ou ornamentada, raramente providos de opérculo e de tamanho variável. Apresentam três envoltórios: *membrana interna impermeável,* que envolve a célula-ovo ou embrião, *membrana quitinosa,* quando descontínua num ou ambos os pólos originará o *opérculo,* por onde sairá a larva; e a *membrana externa,* presente ou ausente, secretada pela parede uterina, quando presente. Estas membranas constituem uma proteção contra a penetração de água e de substâncias prejudiciais ao ovo.

Os ovos são eliminados em quantidade variável e em vários graus de desenvolvimento como: não segmentados, segmentados, embrionados e larvados, conforme as espécies.

Os nematódeos podem ser *ovíparos,* quando eliminam os ovos sem estarem embrionados; *ovovivíparos,* cuja postura é de ovos com larva e *vivíparos,* quando a eclosão ocorre no útero da fêmea.

O desenvolvimento pós-embrionário será analisado à medida em que forem estudados os diversos grupos de nematódeos.

Em princípio, a evolução dos nematódeos, de ovo a adulto, é feita através de *quatro mudas* e *cinco estádios* sucessivos, o último representando a forma adulta. Durante os três primeiros estádios, a principal diferença é o tamanho. O *primórdio genital* não existe na larva do primeiro estádio, aparece na do segundo e cresce na do terceiro estádio. Somente no quarto estádio é que os órgãos genitais se desenvolvem, sendo então possível determinar o sexo. Depois da quarta muda surge o quinto estádio ou a forma adulta.

Por ocasião das mudas, os nematódeos permanecem imóveis e rígidos. Em cada muda abandonam todo o revestimento cuticular do corpo, inclusive aquele que reveste a boca, o esôfago e o reto. Cada estádio, compreendido entre duas mudas, possui, geralmente, duas fases: aquela na qual se alimenta e cresce, seguida daquela na qual o nematódeo se mantém inativo, em letargia, preparando a próxima ecdise.

De acordo com as espécies, os nematódeos parasitas, para completarem sua evolução, exigem um só hospedeiro, os *monoxenos,* ou mais de um hospedeiro, os *heteroxenos.*

Os monoxenos apresentam três tipos de evolução.

• Numa modalidade de evolução, as fêmeas parasitas partenogenéticas eliminam ovos que dão larvas rabditóides. No exterior ou originam o estádio adulto masculino e feminino livres, que originam ovos e larvas rabditóides que vão dar larvas filarióides infectantes ou, originam diretamente larvas filarióides infectantes. As larvas infectantes penetram ativamente através da pele do hospedeiro ou, passivamente, através de alimentos, produzindo fêmeas parasitas (partenogenéticas).

• Em outra modalidade de evolução, as fêmeas parasitas põem ovos que chegados ao exterior originam larvas rabditóides. Estas se transformam em filarióides e depois em filarióides infectantes que penetram ou ativamente, através da pele do hospedeiro ou passivamente, por via oral, dando nematódeos parasitas machos e fêmeas.

• Numa terceira modalidade, a larva que se forma no ovo atinge o estádio infectante e permanece nele até ser ingerido pelo hospedeiro, no qual originará a forma adulta.

Os heteroxenos necessitam de mais de um hospedeiro para completarem seu ciclo evolutivo e também apresentam três tipos de evolução.

• Infecção passiva dos dois hospedeiros, o definitivo e o intermediário. Como exemplo pode-se citar o ciclo evolutivo de *Spirocerca lupi.*

• Infecção passiva do hospedeiro intermediário e infecção ativa do hospedeiro definitivo. Este tipo tem como exemplo a evolução das espécies de *Habronema.*

• Infecção ativa do hospedeiro intermediário e infecção passiva do hospedeiro definitivo. Somente a *Trichinella spiralis* apresenta este tipo de infecção.

Ciclos evolutivos – A penetração das larvas no organismo do hospedeiro até sua localização em seu habitat definitivo pode ocorrer através de ciclo *sem migração,* quando a larva, uma vez no hospedeiro, vai diretamente ao seu habitat definitivo ou pelo ciclo *com migração,* quando a larva realiza migrações antes de atingir seu habitat.

Há dois tipos de ciclos evolutivos com migração: o de Looss e o pulmonar.

No ciclo evolutivo de Looss a transmissão é ativa, via cutânea. As larvas, depois de atravessarem o tecido cutâneo, invadem a circulação sangüínea e, através dela, atingem os capilares dos alvéolos e pelos seus movimentos serpenteantes resulta a perfuração dos capilares. A grande maioria vai ter aos alvéolos pulmonares, provavelmente atraída pelo oxigênio. Depois passam aos bronquíolos, brânquias, traquéia, laringe e faringe, quando são expectoradas ou deglutidas, atingindo então seu habitat.

No ciclo pulmonar, a transmissão é passiva, pela ingestão de ovos. A eclosão ocorre no intestino delgado e a larva do primeiro estádio – L1 – atravessa a parede intestinal, pela circulação atinge o sistema porta, vai ao coração, pulmões e, perfurando os capilares dos alvéolos, invade a árvore brônquica e ao chegar à faringe é deglutida para alcançar o intestino, seu local habitual.

Os nematódeos cuja evolução completa é em um único hospedeiro são designados de *monoxenos* ou *geohelmintos* e aqueles cuja evolução só se completa com a ajuda de um hospedeiro intermediário, são designados de *heteroxenos* ou *biohelmintos*.

Patogenia – Os nematódeos podem ocasionar espoliação e lesões inflamatórias.

Sinais – Os sinais vão depender da carga parasitária, idade do hospedeiro, estado nutricional, infecções prévias entre outros fatores.

Diagnóstico – O diagnóstico pode ser através de exames parasitológico de fezes, urina, sangue, muco nasal, auditivo e necropsia, para pesquisa e observação de ovos, larvas e adultos.

Etiologia – A transmissão dos nematódeos pode ocorrer ou pela penetração de larvas através da pele, denominada de infecção ativa, ou por via oral, pela ingestão de ovos ou de larvas contidas em alimentos, infecção *passiva*.

Sistemática

A classificação dos Nematoda é muito complexa, pois é um grupo de helmintos muito heterogêneo. São encontrados não só no homem, nos animais e nos vegetais, como no solo, na água doce, salobra ou marinha.

Várias classificações têm sido propostas para os Nematoda e cada sistemata tem sua própria. A classificação proposta por Chitwood (1950) é uniforme, simples e bastante completa. Mais tarde foi modificada por Chitwood (1958), Chitwood e Allen (1959) e Chitwood e Thorne (1961). Existem ainda classificações elaboradas por Yorke e Maplestone (1926), Hyman (1951), Skrjabin et al. (1949-1954), Yamaguti (1961) e Levine, N.D. (1979).

Será adotada, para fins didáticos, a classificação baseada no trabalho intitulado Introdução ao Estudo da Helmintologia, de Travassos, L., 1950 que considera a classe Nematoda dividida em superfamílias, das quais nove apresentam espécies de interesse à Parasitologia Veterinária.

Superfamília	Família	Subfamília	Gênero
Rhabdiasoidea	Strongyloididae		
			Strongyloides
Oxyuroidea	Oxyuridae		*Oxyuris*
Strongyloidea	Strongylidae	Strongylinae	*Strongylus*
			Oesophagodontus
			Triodontophorus
			Craterostomum
		Cyathostominae	*Cylicocyclus*
			Cylicostephanus
		Oesophagostominae	
			Oesophagostomum
			Chabertia
	Ancylostomatidae	Ancylostomatinae	*Ancylostoma*
			Agriostomum
		Uncinariinac	*Bunostomum*
	Trichostrongylidae		*Trichostrongylus*
			Haemonchus
			Ostertagia
			Hyostrongylus
			Nematodirus
			Cooperia
	Metastrongylidae	Metastrongylinae	*Metastrongylus*
		Dictyocaulinae	*Dictyocaulus*
		Protostrongylinae	*Muellerius*
		Filaroidinae	*Angiostrongylus*
			Aelurostrongylus
	Syngamidae	Syngaminae	*Syngamus*
			Mammomonogamus
		Stephanurinae	*Stephanurus*
Ascaroidea	Ascaridae	Ascarinae	*Ascaris*
			Parascaris
			Neoascaris
			Toxocara
			Toxascaris
			Lagochilascaris
		Ascaridiinae	*Ascaridia*
	Heterocheilidae	Anisakinae	*Anisakis*
			Contracaecum
			Phocanema
			Porrocaecum
			Terranova
	Heterakidae	Heterakinae	*Heterakis*
Spiruroidea	Spiruridae	Habronematinae	*Habronema*
			Draschia
		Tetramerinae	*Tetrameres*
		Spirocerninae	*Spirocerca*
		Ascaropsinae	*Ascarops*
			Physocephalus
		Gongylonematinae	*Gongylonema*
	Physalopteridae		*Physaloptera*
Filarioidea	Filariidae		*Dipetalonema*
			Dirofilaria
			Setaria
			Onchocerca
Dioctophyumoidea	Dioctophymatidae	Dioctophymatinae	*Dioctophyma*
Trichuroidea	Trichuridae		*Trichuris*
			Capillaria
Trichinelloidea	Trichinellidae		*Trichinella*

Superfamília RHABDIASOIDEA Railliet, 1916

Conceitos básicos

- Nematoda de pequenas dimensões.

- Vida livre, parasitária, ou com os dois tipos: uma fase livre e outra parasitária do trato digestivo de mamíferos e aves.

- Orifício oral trilabiado.

- Formas livres apresentando esôfago com bulbo posterior e as formas parasitárias com esôfago cilíndrico.

- Fêmea ovípara ou ovivípara.

- Geralmente com estádios parasitários partenogenéticos.

- Monoxeno.

Família STRONGYLOIDIDAE

Conceitos básicos

- Com as características da superfamília.

- As formas de vida livre podem ser diferenciadas daquelas das outras famílias pela presença de dois lábios laterais.

- Esôfago das formas parasitárias, cilíndrico.

- Fêmea com dois ovários.

- Macho com dois espículos iguais e gubernáculo presente.

Gênero *Strongyloides* Grassi, 1879

(gr. *strongylos,* redondo; *eidos,* aspecto)

1 – *Formas de vida livre.* Vivem no solo e em matéria fecal. Sexos separados. Vestíbulo curto e cilíndrico. Esôfago rabditiforme. Fêmea medindo 1,5 mm de comprimento, apresenta a extremidade caudal afilada; vulva mediana; dois ovários e dois úteros, opostos; ovos de casca fina, em pequeno número, relativamente grandes e segmentados por ocasião da postura; eclosão da larva pode ser no útero, larva com 1 mm de comprimento. Extremidade caudal do macho curta e cônica, com um par de papilas pré-cloacais, espículos iguais e curtos; gubernáculo presente. Medem 700 μ de comprimento.

Larvas rabditóides. Larvas com o esôfago típico, rabditiforme, medindo de 200 a 300 μ de comprimento.

Larvas filarióides. Desprovidas de cápsulas e com esôfago filariforme (cilíndrico); extremidade posterior bifurcada; sua dimensão é de aproximadamente 500 μ de comprimento por 10 μ de largura.

2 – Formas parasitárias. Até o presente momento só foram encontradas formas parasitárias do sexo feminino. Machos parasitas são desconhecidos. Fêmeas mais longas e delgadas que as formas de vida livre, medem de 2 a 9 mm de comprimento; boca com três pequenos lábios; vestíbulo curto; esôfago cilíndrico e desprovido de bulbos; extremidade posterior curta e cônica; vulva na metade posterior do corpo; dois ovários e dois úteros divergentes (anfidelfas); ovovivíparas (Figura 3.65). O ovo, por ocasião da postura, contém uma larva, que eclode no intestino do hospedeiro, daí a razão de serem encontradas larvas rabditóides em fezes recentemente eliminadas.

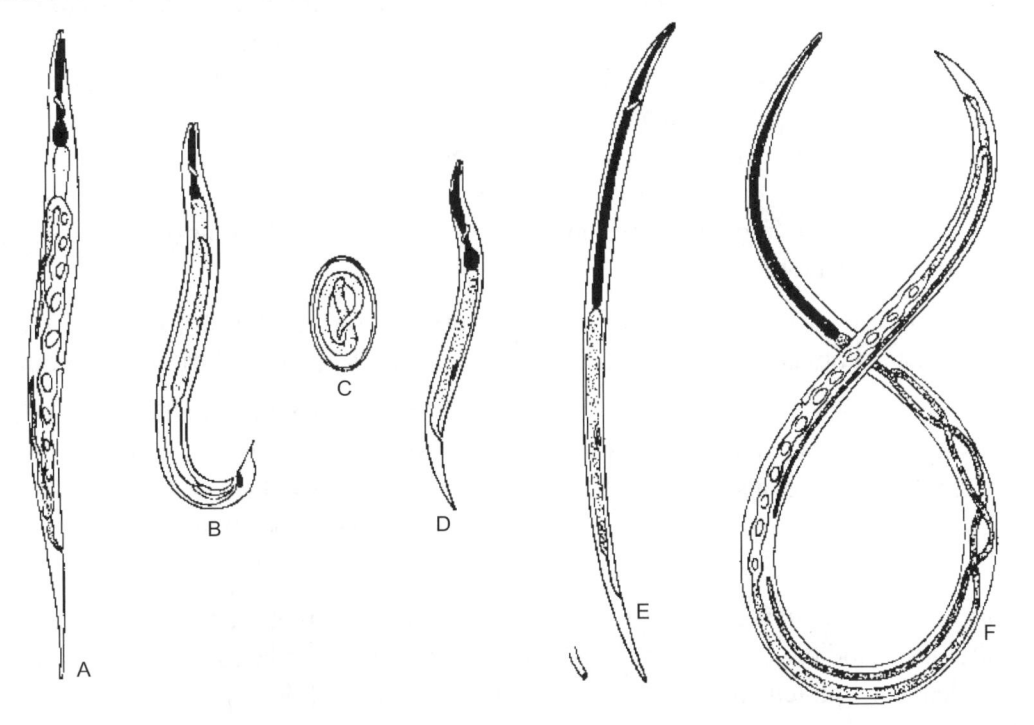

Figura 3.65 *Strongyloides stercoralis.* A) Fêmea de vida livre. B) Fêmea parasita. C) Ovo. D) Larva rabditóide. E) Larva filarióide. F) Fêmea parasita. Os tamanhos não obedecem todos a mesma escala. Segundo Rey, 1973, redesenhado por Evandro.

Biologia

Localização – Formas parasitárias na mucosa do intestino delgado (duodeno e porção anterior do jejuno). Em casos de infecção maciça podem ser encontradas também no intestino grosso.

Nutrição – Nutrem-se de células da mucosa do intestino delgado e de líquidos intersticiais.

Ciclo evolutivo – O ciclo evolutivo das espécies do gênero *Strongyloides* difere de todos os ciclos evolutivos dos outros nematódeos. Constitui a transição entre o ciclo de vida livre e o de vida parasitária.

As fêmeas partenogenéticas parasitas fazem a postura de ovos embrionados nas criptas da mucosa intestinal onde vivem. Estes ovos são eliminados com as fezes do hospedeiro, e a uma temperatura entre 20º a 30º C eclode a larva do primeiro estádio, L1, larva rabditóide em aproximadamente seis horas. Na espécie *S. stercoralis* do homem, cão e gato a eclosão da L1 ocorre logo após a ovipostura, o que explica a constatação de larvas em exame de fezes. Os ovos somente são observados em casos graves.

As larvas rabditóides podem evoluir para formas infectantes – ciclo evolutivo homonogônico – ou originar formas de vida livre (machos e fêmeas) que são capazes de produzir larvas infectantes – ciclo evolutivo heterogônico. As duas formas de evolução podem ocorrer simultaneamente. As L1 têm esôfago rabditiforme. Estas larvas alimentam-se de microorganismos existentes no bolo fecal, crescem e, ao se aproximar a primeira muda, surge o primórdio genital naquelas que originarão formas de vida livre (machos e fêmeas), entretanto não é observado nas formas que vão evoluir para formas infectantes.

A L2 do ciclo evolutivo homogônico assemelha-se a L1, embora o esôfago torne-se mais alongado. Após 24 a 28 horas muda para L3, larva filarióide infectante.

A L2 do ciclo evolutivo heterogônico conserva o esôfago rabditiforme e o primórdio genital apresenta-se desenvolvido. Após 14 a 16 horas muda para L3, larva rabditóide, que já apresenta diferenciação sexual. A L4, larva rabditóide, surge em 20 horas e os adultos rabditóides – machos e fêmeas – em 28 horas.

As fêmeas de vida livre, após serem fertilizadas, fazem a postura de ovos não embrionados semelhantes aos produzidos por fêmeas partenogenéticas. As L1, larvas rabditóides, eclodidas desses ovos, são também semelhantes às larvas rabditóides originárias de fêmeas partenogenéticas, diferindo somente por evoluírem para L2, rabditóide e depois de outra muda para L3, filarióide infectante, não originando portanto formas de vida livre.

As larvas filarióides infectantes têm um período de vida livre bastante restrito, por serem destituídas de membrana protetora (sem cápsula) que as resguarda das condições hostis do meio externo.

Estas larvas têm a capacidade de atravessar a pele intata de seu hospedeiro adequado, invadir os capilares da região onde ocorreu a penetração, atingir a circulação e levadas através dela ao coração direito e aos pulmões. Pela ruptura dos capilares dos alvéolos chegam à luz da árvore brônquica, traquéia, laringe e finalmente à faringe, quando são expectoradas ou deglutidas. Chegando ao duodeno, invadem a mucosa, onde se tornam fêmeas adultas partenogenéticas cinco dias após a infecção. Realizam o ciclo de Looss.

Se ocorrer ingestão de larvas infectantes contidas em alimentos, estas atravessam a mucosa da boca ou do esôfago, ganham o sistema circulatório, realizando a mesma migração anteriormente mencionada, para escapar à ação do suco gástrico, que lhes seria fatal.

A auto-infecção ocorre quando as larvas provenientes de fêmeas parasitas originam larvas filarióides infectantes que sem terem ido ao meio ambiente e sem se alimentar, penetram através da mucosa intestinal ou da pele da região perianal.

A infecção pré-natal foi conseguida através de experimentos com *S. papillosus* e *S. ransomi*. As larvas de *S. ransomi* e *S. westeri* podem ser transmitidas através do colostro e do leite.

Acredita-se que fatores genéticos somados à ação do meio são as causas que determinam os tipos de larvas que serão produzidas por óvulos de fêmeas partenogenéticas. Foi constatado que não ocorre evolução de formas livres em temperatura de 15°C.

Chang e Graham (1975) realizaram estudos com *S. papillosus* de ovinos e demonstraram que as fêmeas partenogenéticas produzem óvulos com 2, 4 ou 6 cromossomos. Os autores consideraram haplóide os que têm dois cromossomos, diplóide os com quatro e triplóide os com seis. Os óvulos haplóides seriam responsáveis pelas formas masculinas; os diplóides pelas formas femininas de vida livre e os triplóides pelas fêmeas partenogenéticas parasitas.

Etiologia – Os hospedeiros se infectam pela penetração ativa das larvas filarióides infectantes através da pele ou por ingestão de pastagens contaminadas. Neste caso atravessam as mucosas bucal e esofágica.

Auto-infecção, pré-natal e através do colostro e do leite são outros tipos de infecção.

Quadro clínico – Os sinais se evidenciam através de perturbações gastrintestinais, perturbações broncopulmonares e perturbações cutâneas.

As cutâneas, a maioria das vezes, passam desapercebidas e se apresentam como uma dermatite devido a irritação provocada pela penetração das larvas.

As perturbações broncopulmonares, em conseqüência da migração das larvas pelos pulmões, são pouco evidentes e desaparecem em poucos dias. Em infecções maciças há febre e pneumonia.

As perturbações gastrintestinais são as mais evidentes, comuns e graves. O quadro de sinais decorre da grande infecção e apresenta febre, cólica intestinal, diarréia, timpanismo e, às vezes, disenteria mucossangüinolenta.

Patogenia – A penetração das larvas através da pele ou das mucosas provoca irritação, dermatite, edema, urticária e descamação do tecido epitelial.

A migração das larvas pelos tecidos causa congestão, enfisema, petéquias e hemorragias.

Diagnóstico

Clínico – Pelos sinais.

Laboratorial – Pela constatação de ovos larvados ou larvas em exame microscópico de fezes pelo Método de Flutuação.

Profilaxia – A profilaxia da estrongiloidose consiste basicamente:

- na educação sanitária do homem;

- em evitar que o homem defeque fora de instalações sanitárias;

- no levantamento da prevalência e incidência dessa parasitose;

- em tratar os animais parasitados com anti-helmíntico adequado;

- em que o homem se conscientize ao uso de calçados.

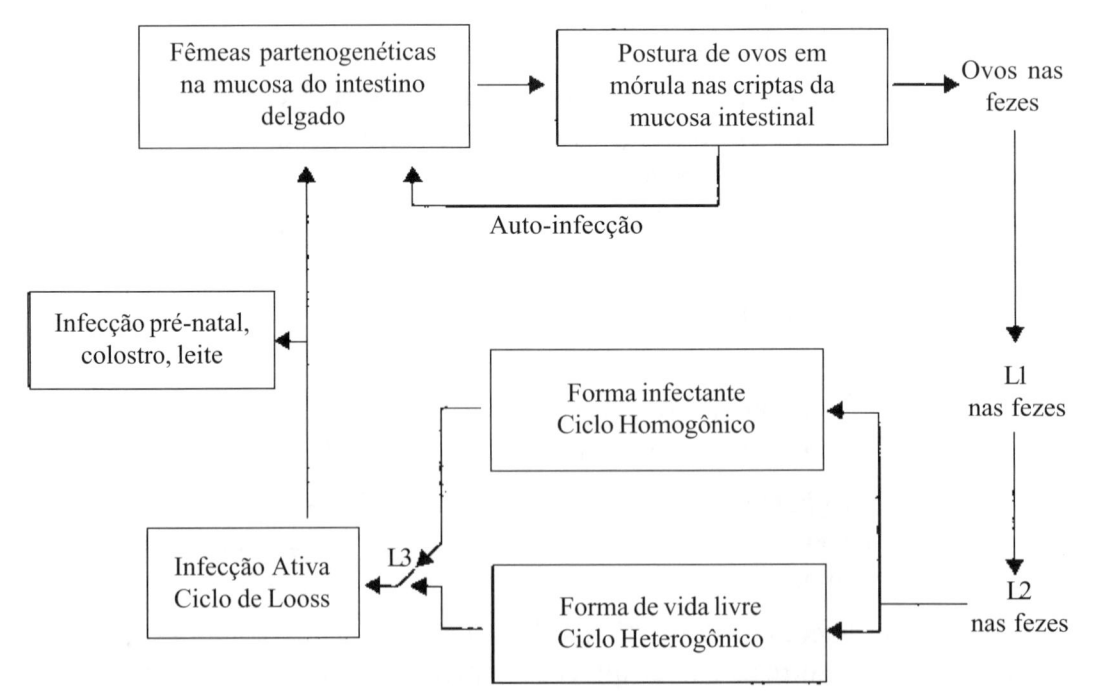

Diagrama do ciclo evolutivo de *Strongyloides stercoralis*.

DIAGNOSE DAS ESPÉCIES DO GÊNERO *STRONGYLOIDES*

ESPÉCIES / CARACTE-RIZAÇÃO	*S. stercoralis* (Bavay, 1876) Stilles e Hassal, 1902	*S. papillosus* (Wedl, 1856) Ranson, 1911	*S. ransomi* Schwartz e Alicata, 1930	*S. westeri* Ihle, 1917
Sinonímia	*S. intestinalis, S. canis S. felis*	*S. suis, S. vituli, S. bovis, S. longus*	*S. suis*	
Hospedeiros	Cão, gato e homem	Ruminantes	Suínos	Eqüinos e suínos
Cauda da fêmea parasita	Com apêndice digitiforme	Com apêndice digitiforme rombo	Cônica	——
DIMENSÃO: Fêmea parasita	1,7 a 2,7 mm de comprimento 30 a 40 µ de largura	3,5 a 6 mm de comprimento 50 a 65 µ de largura	3,3 a 4,5 mm de comprimento 55 a 62 µ de largura	8 a 9 mm de comprimento 80 a 95 µ de largura
Fêmea de vida livre	0,9 a 1,7 mm de comprimento	0,64 a 1,2 mm 0,7 a 0,8 mm de comprimento	1 a 1,2 mm de comprimento 0,86 a 0,8 mm de comprimento	—
Macho de vida livre	0,6 a 1,0 mm de comprimento 40 a 50 µ de largura	0,7 a 0,8 mm de comprimento	0,8 a 0,9 mm de comprimento	—
P P P	8 a 20 dias	7 a 9 dias	3 a 7 dias	12 a 15 dias

Superfamília OXYUROIDEA Railliet, 1916

Conceitos básicos

- Nematoda relativamente pequenos.
- Esôfago longo e estreito, com bulbo posterior – oxiuriforme.
- Monoxeno.
- Geohelminto.

Família OXYURIDAE Cobbold, 1864

Conceitos básicos

- Fêmea com dois ovários situados posteriormente; um útero; vulva no terço anterior do corpo e ovos de forma ovalar e assimétricos.
- Macho com espículo único e gubernáculo ausente.
- Parasitos do intestino grosso de mamíferos.

Gênero *Oxyuris* Rudolphi, 1803

(gr.: *oxys,* agudo; *aura,* cauda)

Oxyuridae de boca hexagonal. Vestíbulo curto, com complexa armadura de cerdas cuticulares e três dentes na fêmea. Esôfago constando de corpo, istmo e bulbo. Extremidade posterior do macho truncada obliquamente após a cloaca. Asa caudal sustentada por um par de papilas pré-cloacais e um par de papilas pós-cloacais. Espículo único em forma de estilete. Gubernáculo ausente. Extremidade posterior da fêmea afilada após o ânus. Vulva na parte anterior do corpo. Vagina dirigida posteriormente. Útero único, atingindo a parte anterior da cauda, onde recebe o curto canal formado pela união dos dois ovidutos. Ovos grandes, assimétricos, truncados num dos pólos, com um opérculo lenticular e embrionados por ocasião da postura. Entre as 15 espécies descritas, parasitando eqüinos, ruminantes selvagens, roedores e primatas, será estudada a espécie *O. equi.*

Oxyuris equi (Schrank, 1788) Rudolphi, 1803

Sinonímia – *Trichocephalus equii, Oxyuris curvula, O. mastigodes*

Morfologia – Esta espécie é de coloração esbranquiçada e o corpo espesso. O orifício oral é circundado por três lábios trilobados e seis papilas (quatro grandes e duas pequenas); o vestíbulo é curto; o esôfago é longo e com dilatação posterior. A fêmea, maior que o macho, apresenta a extremidade anterior curva como uma bengala e a posterior afilada e de comprimento variável. Os ovos ovalados, assimétricos e providos de um opérculo numa extremidade, medem de 85 a 95 μ de comprimento por 40 a 45 μ de largura e estão embrionados por ocasião da oviposição. O macho apresenta um único espículo, gubernáculo ausente e é provido de bolsa caudal típica, sustentada por cinco pares de papilas (Figura 3 66).

Dimensão – O comprimento dos machos varia de 9 a 12 mm e o das fêmeas de 50 a 150 mm.

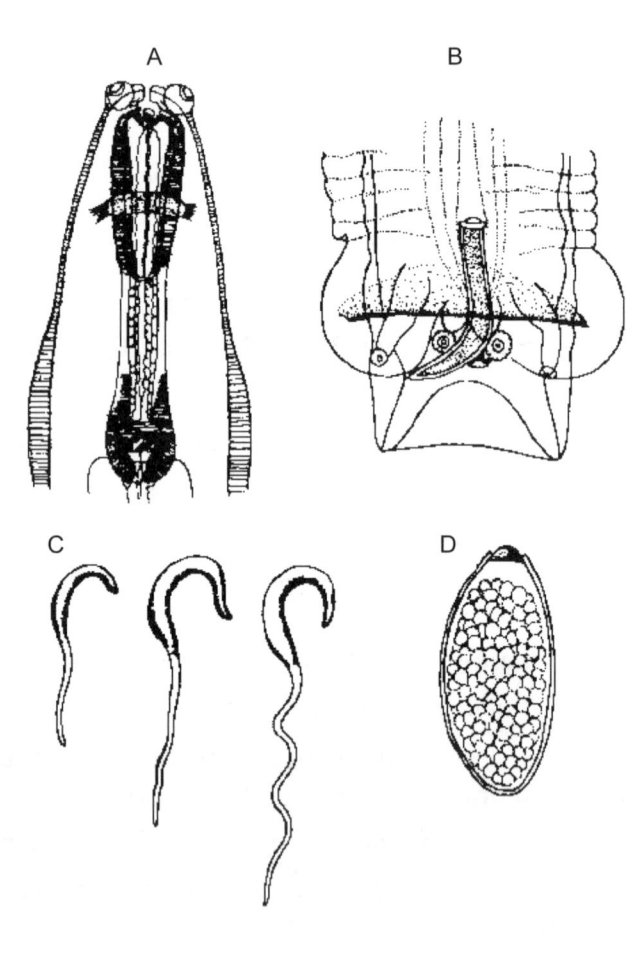

Figura 3.66 *Oxyuris equi.* A) Extremidade anterior. B) Extremidade posterior do macho. Segundo Skrjabin e Shikhobalova, 1949. C) Fêmeas com diferentes tamanhos de cauda. D) Ovo. Segundo Railliet, 1895. Redesenhado por Ivan.

252

Biologia

Hospedeiros – Eqüinos e asininos.

Localização – Intestino grosso.

Nutrição – Nutre-se da mucosa intestinal. Às vezes apresenta coloração pardo-avermelhada o que leva a supor que ocorra também sucção de sangue. Os adultos nutrem-se do conteúdo intestinal.

Ciclo evolutivo – Direto, fecal-oral, monoxeno, geohelminto.

As fêmeas migram até o reto e, à medida que os ovos amadurecem, fazem a postura de 8.000 a 60.000 ovos na região perianal, em cordões esbranquiçados que ficam pendentes do ânus. A ovipostura ocorre freqüentemente à noite, e depois as fêmeas são eliminadas com a defecação seguinte. Os cordões de ovos caem ao solo misturando-se com a cama ou com a terra dos paradouros. No interior do ovo ocorrem duas mudas. O primeiro estádio larval surge depois de um a dois dias e a larva infectante (L3) após quatro a seis dias.

A viabilidade dos ovos infectantes é de dois a três meses, entretanto morrem quando há excesso de umidade.

A infecção é passiva, através da ingestão de ovos com L3 contidos em alimentos e pastagens. A eclosão da larva do terceiro estádio (L3) é no intestino delgado do eqüino, pela dissolução do opérculo. A L3 invade as criptas da mucosa do ceco e cólon; alimenta-se e, após três a sete dias, muda para larva do quarto estádio (L4). Dois meses após a infecção surge o adulto imaturo e a fêmea inicia a ovipostura cerca de 100 a 150 dias após a infecção.

O período pré-patente (PPP) é de 120 a 150 dias.

Não foi constatada ainda a auto-infecção por *Oxyuris equi*.

Etiologia – Através de ovos com a larva infectante (L3) contidos em alimentos.

Quadro clínico – Febre, inapetência e cólica. O prurido anal, em conseqüência da ovipostura na região perianal, leva os eqüinos a se roçarem em objetos sólidos, provocando a queda de pêlos e formações semelhantes à sarna; as lesões produzidas pelo constante coçar podem ser invadidas por bactérias, causando inflamação.

Patogenia – Os danos à mucosa intestinal provocados pela constante mudança de lugar das L4 estão na dependência do número de larvas; se for pequeno, são insignificantes, entretanto, se for em número bastante elevado, provocam destruição da mucosa intestinal responsável por cólica, febre e inapetência.

Diagnóstico

Clínico – Pelos sinais e constatação dos cordões esbranquiçados de ovos pendentes do ânus.

Laboratorial – Exame parasitológico de fezes pelo Método de Flutuação, para pesquisa de ovos. Geralmente quando se realiza coleta de fezes do reto, são encontradas fêmeas sobre o braço do clínico.

Profilaxia – São recomendadas a adoção das seguintes medidas:

•	água limpa em bebedouro adequado, isto é, com uma altura que impeça ao eqüino nele defecar;

•	higiene dos estábulos, procedendo-se a remoção das camas;

•	comedouros dispostos de tal maneira que não possam ser contaminados pela cama;

•	levantamento da oxiurose;

•	tratamento dos animais parasitados.

Superfamília STRONGYLOIDEA Weinland, 1858

Conceitos básicos

•	Nematódeos com orifício oral circundado por três ou seis lábios, ou coroa radiada.

•	Macho com bolsa copuladora bem desenvolvida, constituindo a verdadeira bolsa ou bolsa estrongilata (estrongilorida), existente apenas nesta superfamília.

•	Espículos iguais.

•	Seus representantes diferem em estrutura e hábitos.

•	A patogenia das suas espécies varia e podem matar por hemorragia, sufocação, perfuração do trato digestivo ou por completa destruição dos tecidos.

•	A fase infectante é a L3 com a pele da L2.

Cinco famílias são de grande interesse à Medicina Veterinária: Strongylidae, Ancylostomatidae, Trichostrongylidae, Metastrongylidae e Syngamidae.

Família STRONGYLIDAE Baird, 1853

(gr. *strongylos,* redondo)

Conceitos básicos

•	Strongyloidea com cavidade oral bem desenvolvida e geralmente circundada por coroa radiada.

•	Corpo espesso.

•	Parasitos, quando adultos, do trato digestivo, principalmente do ceco e do cólon.

- Infecção passiva, via oral, através da L3 encapsulada.
- Ciclo evolutivo direto, monoxeno.
- Geohelminto.
- Subfamílias: Strongylinae, Cyathostominae e Oesophagostominae.

Subfamília STRONGYLINAE Railliet, 1893

Conceitos básicos

- Strongylidae com cápsula bucal ampla.
- Sulco cervical ventral ausente.
- Bolsa copuladora bem desenvolvida.

Gênero *Strongylus* Mueller, 1780

(gr. *strongylos,* redondo)

Strongylinae cuja forma lembra *palito de fósforo,* apresenta a extremidade anterior truncada. Orifício oral circular com coroa radiada externa formada de numerosos elementos; coroa radiada interna, geralmente ausente. Cápsula bucal subglobulosa no fundo da qual pode ou não haver dentes. Conduto dorsal bem desenvolvido. Espículos iguais; gubernáculo presente; bolsa copuladora trilobada. Vulva no terço posterior do corpo, prodelfas (Figura 3.67).

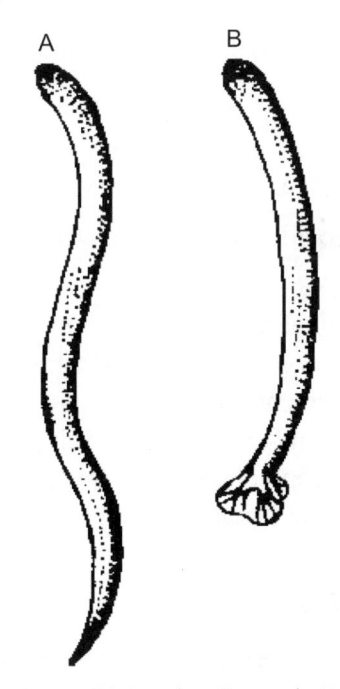

Figura 3.67 *Strongylus spp.* A) Fêmea. B) Macho. Segundo Delafond, redesenhado por Ivan.

São de cor avermelhada em conseqüência da sucção de sangue da mucosa intestinal do seu hospedeiro.

Parasitos de eqüinos e asininos.

Vulgarmente suas espécies são conhecidas como *grandes estrôngilos* de eqüinos.

Strongylus (Alfortia) edentatus (Looss, 1900)

Morfologia – A cabeça é mais larga e bem distinta do corpo por uma constrição. Coroa radiada formada por elementos simples. Cápsula bucal, com 1 mm de profundidade, tem forma de taça e não apresenta dentes na sua base. Conduto dorsal bem desenvolvido. Ovos medindo de 78 a 88 μ de comprimento por 48 a 52 μ de largura (Figura 3.68).

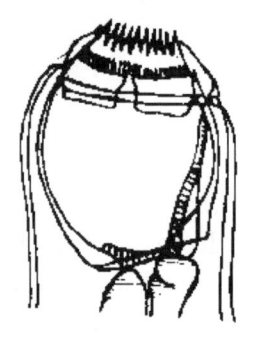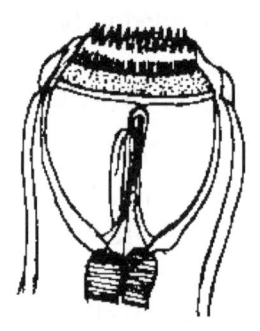

Figura 3.68 Cápsula bucal de *S. edentatus.* Vista lateral e ventral. Segundo Skrjabin et al., 1952. Redesenhado por Ivan.

Dimensão – O comprimento dos machos varia de 23 a 28 mm e o das fêmeas de 33 a 44 mm.

Biologia

Hospedeiros – Eqüinos e asininos.

Localização – Estádio adulto no ceco e cólon. Estádios larvais, em diversos órgãos.

Quadro clínico e Patogenia – Cólica e anemia são em conseqüência dos nódulos que *S. edentatus* forma no tecido conetivo sob o peritônio. A diarréia e morte do animal parasitado são causadas provavelmente pela presença dos estrôngilos na cavidade peritoneal, que contém um líquido sangüinolento. A necropsia revela peritonite, petéquias no miocárdio e inflamação do baço. A diarréia é conseqüência da absorção do líquido da cavidade peritoneal, em virtude da reação proliferativa e inflamatória crônica, ocasionadas pela migração das larvas.

Strongylus (Strongylus) equinus Mueller, 1780

Morfologia – Esta espécie é relativamente grande, mais espessa na região anterior e de coloração cinza-escuro ou castanho-avermelhada quando recentemente coletada.

Orifício oral circundado por vários anéis quitinosos concêntricos, dos quais os mais internos sustentam pequenos dentes cônicos e o mais externo tem seis papilas: quatro submedianas, bem desenvolvidas e duas laterais menores. Cápsula bucal oval, medindo mais ou menos 1 mm de comprimento, apresenta na sua base dois dentes subdorsais grandes e dois subventrais menores. O conduto dorsal é bem desenvolvido. Ovos medindo 92 μ de comprimento por 54 μ de largura (Figura 3.69).

Espécie rara no Brasil.

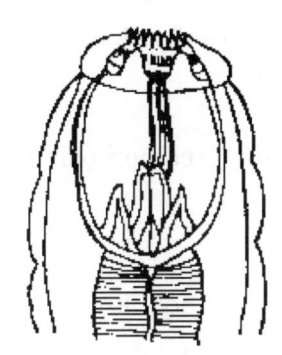

Figura 3.69 Cápsula bucal de *S. equinus.* Vista lateral e ventral. Segundo Skrjabin et al., 1952, redesenhado por Ivan.

Dimensão – O comprimento dos machos varia de 26 a 35 mm e o das fêmeas de 38 a 55 mm.

Biologia

Hospedeiros – Eqüinos e asininos.

Localização – Adultos na mucosa do ceco e raramente cólon. Larvas no fígado, pâncreas, pulmões, tecido conjuntivo, parênquimas. De acordo com Railliet é o *verme dos parênquimas.*

Quadro clínico e Patogenia – Essa espécie, *S. equinus,* é a que menos migra, mas os prejuízos que causa à parede intestinal são consideráveis. Clinicamente não há sinais evidentes. As perturbações hepática, pancreática, renal e de outros órgãos ocorrem quando a invasão for maciça.

Strongylus (Delafondia) vulgaris (Looss, 1900)

Morfologia – Este estrôngilo, de corpo retilíneo e rígido, é de cor cinza-escuro. O orifício oral é circundado por coroa radiada externa franjada. A cápsula bucal oval medindo 460 a 530 μ de profundidade por 560 a 600 μ de diâmetro, apresenta dois dentes grandes com ápices arredondados (forma de orelha) na sua base. O conduto dorsal é bem desenvolvido (Figura 3.70).

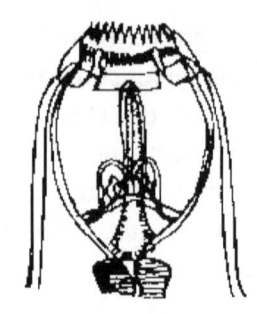

Figura 3.70 Cápsula bucal de S. *vulgaris*. Vista lateral e ventral. Segundo Skrjabin et al., 1952, redesenhado por Ivan.

Dimensão – O comprimento dos machos varia de 12 a 16 mm e o das fêmeas de 20 a 25 mm.

Biologia

Hospedeiros – Eqüinos e asininos.

Localização – Adultos no intestino grosso, principalmente no ceco. Larvas na circulação arterial, gânglios linfáticos e nódulos da submucosa do intestino.

Quadro clínico e Patogenia – A espécie *S. vulgaris* é a mais patogênica. A patogenia está na dependência do número de estrôngilos, idade do eqüino e seu estado físico. Os animais mais velhos são mais resistentes do que os potros. Eqüinos bem alimentados suportam melhor a estrongilose do que os mal nutridos.

As larvas provocam elevação da temperatura do corpo, perda de apetite, diminuição do peso, depressão, apatia, diarréia ou constipação, cólica e morte em 14 a 20 dias.

A ruptura dos nódulos causada pelas larvas dos estrôngilos pode ocasionar hemorragia na cavidade peritoneal e provocar a morte de potros.

A arterite devido à presença de *S. vulgaris* é grave. A formação de trombas interfere na circulação sangüínea decrescendo o suprimento de sangue ao intestino e o eqüino fica predisposto à cólica e à oclusão intestinal.

Gênero *Oesophagodontus* Railliet & Henry, 1902

(gr. *oisophagos,* esôfago; *odontos,* dente)

Strongylinae com orifício oral voltado para frente e circundado por coroa radiada. Cápsula bucal subglobular, com coroa radiada na margem, envolvida pelo esôfago que apresenta três lancetas na sua extremidade anterior mas que não fazem saliência na cápsula. Conduto da glândula esofagiana dorsal não se prolongando até a cápsula bucal. Bolsa copuladora do macho com dois lobos laterais bem desenvolvidos, mas sem lobo dorsal; espículos finos e iguais. Úteros paralelos. Vulva próxima ao ânus. Parasito de eqüinos. Conhecido como pequeno estrôngilo e responsável pela doença esofagodontose.

Oesophagodontus robustus (Giles, 1892) Railliet & Henry, 1902

Morfologia – Esta única espécie é de coloração castanho-avermelhada. O corpo tem as extremidades afiladas. A cabeça é distinta do corpo por uma ligeira constrição. A cápsula bucal é circundada posteriormente por um anel quitinoso (Figura 3.71).

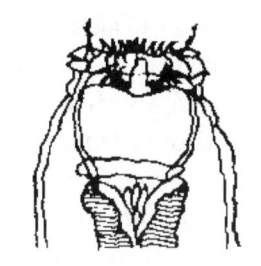

Dimensão – Os machos medem de 15 a 16 mm de comprimento por 1 mm de largura e as fêmeas medem de 19 a 22 mm de comprimento.

Figura 3.71 *Oesophagodontus robustus*. Segundo Boulenger, redesenhado por Ricardo.

Biologia

Hospedeiro – Eqüinos.

Localização – Intestino grosso, principalmente o ceco.

Quadro clínico e Patogenia – Este pequeno estrôngilo *(Oesophagodontus robustus)* é hematófago. Vive fixo à mucosa intestinal, causa ruptura dos capilares, sugando sangue.

Por mudar constantemente de lugar, provoca irritação da mucosa e perda de sangue. Os animais parasitados apresentam-se anêmicos e edematosos. As fezes tornam-se diarréicas. Geralmente os eqüinos conservam o apetite mas o alimento consumido não é assimilado.

Diagnóstico – Constatação e identificação de ovos em exame parasitológico de fezes pelo Método de Flutuação; constatação e identificação de adultos no ceco de eqüinos por ocasião de necropsia.

Gênero *Triodontophorus* Looss, 1902

(gr. *tri,* três; *odontos,* dente; *phoros,* portador)

Strongylinae com orifício oral voltado para frente e circundado por um anel que dá inserção à coroa radiada. Cápsula bucal subglobular com uma coroa interna inserida na sua borda anterior e com três dentes no fundo, dispostos radialmente, projetando-se para o interior da cápsula; cada dente é constituído de duas lamelas convergentes ao eixo do corpo e formando um ângulo obtuso. Espículos iguais;

gubernáculo presente. Vulva próxima ao ânus. Há seis espécies deste pequeno estrôngilo e todas parasitam eqüinos.

Triodontophorus serratus (Looss, 1900) Looss, 1902

Morfologia – O corpo tem as extremidades afiladas. A cápsula bucal é mais larga que longa. O anel perioral apresenta papilas cefálicas submedianas. A coroa radiada externa consta de 52 a 55 elementos. Os dentes do fundo da cápsula bucal são relativamente grandes e com a borda denteada, apresentando-se com profundos sulcos. O poro excretor está situado logo após o anel nervoso. As papilas cervicais são posteriores ao poro excretor. O conduto da glândula esofagiana dorsal abre-se na borda anterior da cápsula bucal. As bordas da bolsa caudal são finamente denteadas e o lobo dorsal é curto e largo (Figura 3.72).

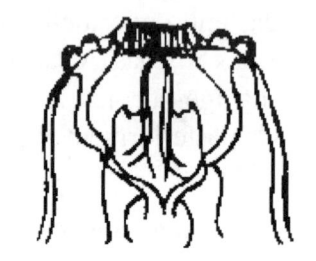

Figura 3.72 *Triodontophorus serratus.* Segundo W. Yorke e P.A. Maplestone, redesenhado por Ivan.

Dimensão – Os machos medem de 18 mm de comprimento por 800 μ de largura e as fêmeas 25 mm de comprimento por 1 mm de largura.

Biologia

Hospedeiro – Eqüinos.

Localização – Porção anterior do cólon.

Quadro clínico e Patogenia – *T. serratus* causa ulcerações na parede do cólon podendo determinar infecção bacteriana secundária. As ulcerações provocam cólica.

Diagnóstico – Constatação e identificação de ovos em exame parasitológico de fezes pelo Método de Flutuação; constatação e identificação de adultos em necropsia.

Triodontophorus tenuicollis (Boulenger, 1916)

Morfologia – O corpo tem as extremidades afiladas. A cutícula é estriada transversalmente. A coroa radiada consta de 40 a 44 elementos. A cápsula bucal é mais larga que longa. Os dentes do fundo da cápsula apresentam também a borda anterior denteada. O poro excretor está situado ao nível ou um pouco depois das papilas cervicais. Os espículos são muito finos e com a extremidade distal em gancho.

Dimensão – O macho mede de 13,5 a 19 mm de comprimento por 450 a 460 μ de largura e as fêmeas medem de 16 a 19,5 mm de comprimento por 700 a 770 μ de largura.

Biologia

Hospedeiro – Eqüinos.

Localização – Ceco e cólon.

Quadro clínico e Patogenia – Um grande número de parasitos provoca perturbações digestivas em conseqüência das ulcerações responsáveis por anemia.

Diagnóstico – Constatação e identificação de ovos em exame parasitológico de fezes pelo Método de Flutuação e constatação e identificação de adultos no ceco e cólon por ocasião de necropsia.

Gênero *Craterostomum* Boulenger, 1920

(gr. *krater,* cratera; *stoma,* boca)

Strongylinae semelhante a *Triodontophorus.* Orifício oral com uma coroa radiada externa e outra interna. Cápsula bucal subglobular e desprovida de dentes. Espículos iguais. Gubernáculo presente. Vulva próxima ao ânus. Parasita eqüinos.

Craterostomum acuticaudatum (Kotlán, 1919) Ihle, 1920

Morfologia – Este pequeno estrôngilo é robusto e apresenta a cutícula estriada transversalmente. A cabeça larga não apresenta nenhuma linha de demarcação que a separa do corpo. Orifício oral circundado pela coroa radiada interna com 12 a 16 elementos (Figura 3.73).

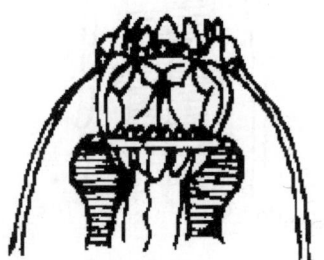

Figura 3.73 *Craterostomum acuticaudatum.* Segundo Skrjabin et. al., 1952, redesenhado por Ivan.

Dimensão – O comprimento dos machos é de 9,5 mm e o das fêmeas de 9 a 11 mm.

Biologia

Hospedeiros – Eqüinos e asininos.

Localização – Intestino grosso.

Subfamília CYATHOSTOMINAE

Conceitos básicos

- Strongylidae com cápsula bucal curta ou ausente.

- Sulco cervical ventral ausente.

- Conduto da glândula esofagiana dorsal curta ou ausente e não atingindo a borda anterior da cápsula bucal.

Gênero *Cylicocyclus* Ihie, 1922

(gr. *cylico,* taça; *kyklos,* circular)

Sinonímia: *Trichonema*

Cyathostominae com orifício oral dirigido para frente e circundado por dupla coroa radiada. A externa, constituída por elementos pontiagudos, e a interna, delgada, formada por elementos curtos. A margem posterior da cápsula bucal apresenta um espessamento em forma de anel. A extremidade caudal da fêmea é geralmente reta ou levemente inclinada para a face dorsal. Pequeno estrôngilo parasito de eqüinos (Figura 3.74).

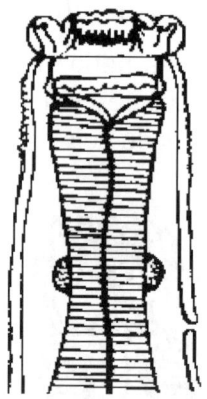

Figura 3.74 *Cylicocyclus* spp. Segundo Skrjabin et al., 1952, redesenhado por Ivan.

Cylicocyclus insigne (Boulenger, 1917)

Morfologia – A cápsula bucal é mais larga que longa. A coroa radiada externa é constituída por 32 a 48 elementos.

Dimensão – O comprimento dos machos varia de 5 a 7 mm com 182 μ de largura e o das fêmeas de 13,5 a 15 mm.

Hospedeiros – Eqüinos e asininos.

Localização – Ceco e cólon.

Gênero *Cylicostephanus* Ihle, 1922

(gr. *cylico,* taça; *stephanos,* coroa)

Cyathostominae com o orifício oral dirigido para frente e circundado por dupla coroa radiada. Elementos da coroa externa em número de 8 a 18. Elementos da coroa interna, curtos. Cápsula bucal mais estreita anteriormente. Extremidade caudal da fêmea, reta. Pequeno estrôngilo parasita de eqüinos.

Cylicostephanus longibursatus (Yorke & Macfle, 1918)

Morfologia – A cabeça é distinta do corpo. Orifício oral com papilas submedianas fazendo uma saliência pouco pronunciada da coroa radiada externa e papilas laterais não salientes. O conduto da glândula esofagiana dorsal abre-se no interior da cápsula bucal. A coroa radiada externa é formada por 14 a 18 elementos longos, estreitos e pontiagudos. A coroa interna é constituída pelo mesmo número de elementos, mas curtos e largos. As papilas cervicais e o poro excretor estão situados ao nível do quarto posterior do esôfago. Os espículos têm a extremidade livre, em anzol. A extremidade caudal da fêmea é reta e pontiaguda (Figura 3.75).

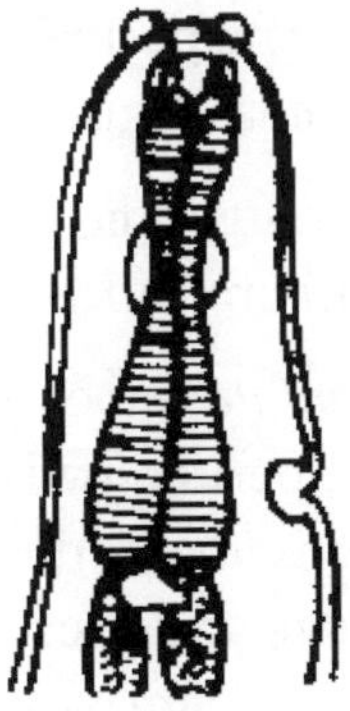

Figura 3.75 *Cylicostephanus longibursatus.* Segundo Skrjabin et al., 1952, redesenhado por Ivan.

Dimensão – Os machos medem de 5 a 7 mm de comprimento por 182 μ de largura e as fêmeas medem de 5 a 7 mm de comprimento por 232 μ de largura.

Biologia

Hospedeiro – Eqüinos.

Localização – Ceco e cólon.

Ciclo evolutivo

A fase pré-parasitária é semelhante para as três espécies de *Strongylus*. Os ovos são eliminados com as fezes do hospedeiro e após cerca de 20 horas eclodem as larvas do primeiro estádio, L1, larvas rabditóides que se alimentam de bactérias existentes nas fezes. As L1 entram em letargia, preparando-se para a primeira muda, surgindo as larvas rabditóides do segundo estádio, L2. O processo de alimentação e crescimento é repetido, seguido de letargia e muda para larvas filarióides – terceiro estádio – L3. A cutícula velha (pele da L2) separa-se do corpo mas não se desprende, envolvendo a larva filarióide – L3 – como um escudo. A L3 é o único estádio larval capaz de infectar um novo hospedeiro e designada de *larva infectante*. Os hábitos desta larva são diferentes daqueles dos dois primeiros estádios. Sua cutícula não permite que se alimente e, para sobreviver, utiliza a reserva de substâncias nutritivas, sob a forma de grânulos, armazenada nas células intestinais. Uma vez consumida essa reserva, a larva morre.

A infecção ocorre através da ingestão das L3 – larvas infectantes – existentes nos pastos ou na água de bebida. Seus costumes propiciam o encontro com o hospedeiro, pois vivem nos lugares por eles procurados para se alimentar. Estes costumes são uma resposta a um número de estímulos externos como: geotropismo negativo (as L3 sobem nas hastes dos pastos); fototropismo positivo à meia-luz; maior atividade no verão e a função da cutícula velha, protegendo a larva contra temperaturas excessivamente altas ou baixas, ação de produtos químicos e a dessecação, a mais prejudicial. Somando todos estes fatores, a duração de vida da larva no pasto é influenciada pelo grau de umidade e intensa luminosidade que a levam à rápida exaustão e morte.

As larvas infectantes, uma vez ingeridas pelos seus hospedeiros habituais, vão realizar percursos de migração que variam com as espécies.

As larvas infectantes de *S. edentatus,* após a ingestão, penetram na parede intestinal e atingem o tecido conetivo sob o peritônio visceral. Nesse tecido provocam a formação de nódulos onde crescem vagarosamente durante três meses e mudam para L4, as quais retornam à parede intestinal via mesentérica. Nas paredes do ceco e do cólon formam grandes nódulos hemorrágicos e mudam para adulto. Ao final, os nódulos se rompem e liberam os adultos imaturos na luz intestinal, onde atingem a maturidade.

Larvas erráticas podem ser encontradas no fígado e nos pulmões.

O período pré-patente (PPP) é de 322 dias.

As larvas infectantes de *S. equinus,* após serem ingeridas, atravessam as paredes do ceco e do cólon e atingem a subserosa, onde provocam a formação de nódulos e crescem durante cerca de 11 dias. Nesses nódulos ocorre a terceira muda e emergem as L4 que, através da cavidade peritoneal, alcançam o fígado onde vagueiam durante dois meses. Abandonam o fígado e via cavidade peritoneal vão ao pâncreas e sofrem nova muda, surgindo o adulto imaturo 118 dias após a infecção, permanecem no pâncreas e cavidade peritoneal durante algum tempo antes de atingirem a luz do ceco e cólon.

O percurso que fazem para chegar à luz intestinal não está bem esclarecido, entretanto acredita-se que seja via pancreática.

O período pré-patente (PPP) é de 265 dias.

A fase parasitária de *Strongylus vulgaris* é complexa e há muita controvérsia sobre o percurso da migração das larvas.

Os fatos conhecidos podem ser assim resumidos. Para alguns autores, as L3, depois da ingestão e sem a pele da larva do segundo estádio, penetram na parede do ceco e ganham a circulação sangüínea. Através da veia porta atingem o fígado, coração e pulmões. As larvas que perfuram os capilares dos alvéolos chegam à luz da árvore brônquica e vão até a faringe, sendo então deglutidas. Ao lograrem o intestino grosso completam seu desenvolvimento. Nesse tipo de migração, ocorre o ciclo pulmonar.

Para outros autores, as larvas dos pulmões voltam novamente ao coração pelas veias pulmonares e atingem a grande circulação, onde causam aneurismas. Finalmente, através das arteríolas da parede do intestino grosso vão à luz e se tornam adultos.

A terceira hipótese é a favor de que as larvas, só excepcionalmente realizam ciclo pulmonar, invadem a parede intestinal e mudam para L4. Depois atingem a luz da artéria mesentérica anterior, provocando a formação de arterites e trombos, onde evoluem. Após deixam seu habitat e pelas arteríolas vão ter à parede do ceco e do cólon. Na parede intestinal formam nódulos e ao atingirem o estádio adulto deixam os nódulos e vão para a luz intestinal.

Os ciclos evolutivos dos pequenos estrôngilos não estão bem elucidados. A fase pré-parasitária é semelhante a dos *Strongylus*. Entretanto não foi comprovada sua migração pelo corpo do hospedeiro. Após a ingestão das L3 infectantes e liberadas da sua bainha protetora, penetram nas paredes do ceco e do cólon, provocando a formação de nódulos, onde realizam duas mudas, interferindo nas funções do intestino e retornando à luz intestinal como adultos imaturos. Os adultos permanecem fixos à mucosa intestinal, não se promiscuindo com o conteúdo intestinal.

Diagnóstico – Constatação e identificação de ovos em exame parasitológico de fezes pelo Método de Flutuação. Como os ovos de algumas espécies são indistinguíveis, tornando-se difícil sua identificação, deve-se recorrer a coprocultura para o reconhecimento específico das larvas.

Constatação e identificação de formas adultas por ocasião de necropsia.

Importância – No estudo da patologia da estrongilose eqüina, verifica-se que as larvas e adultos causam lesões irreparáveis ao hospedeiro, inutilizando-o para o salto, corrida, trabalho e reprodução.

Cólicas agudas e crônicas, arterites, trombas, embolia, aneurismas, deficiência hepática e pancreática graves e todas as repercussões daí decorrentes salientam a importância do estudo desses nematódeos.

Profilaxia – Sob o ponto de vista profilático são recomendadas as seguintes medidas:

• fornecimento de água pura ou filtrada, como bebida, o que viria impedir a infecção de eqüinos;

• rotação de pastagens;

• usar pastagens de bovinos, uma vez que só eqüinos são parasitadas por *Strongylus*; e

• tratamento dos campos contaminados com sulfato de ferro.

Subfamília OESOPHAGOSTOMINAE Railliet, 1915

Conceitos básicos

• Strongylidae com cápsula bucal curta e cilíndrica ou subglobulosa.

• Sulco cervical ventral presente.

• Nematódeos nodulares, não migradores.

• Parasitos de bovinos, ovinos, caprinos e suínos.

• Esta subfamília apresenta três gêneros: *Oesophagostomum, Chabertia* e *Ternidens.*

Gênero *Oesophagostomum* Molin, 1861

(gr. *oisophagos,* esôfago; *stoma,* boca)

Oesophagostominae com boca anterior. Cápsula bucal curta e cilíndrica. Orifício oral circundado por um anel, portador de papilas cefálicas e delimitado posteriormente por uma depressão. Coroa radiada formada por duas séries de elementos, entretanto a externa pode faltar. O sulco cervical ventral, anterior ao orifício excretor, circunda o corpo até a face dorsal. Cutícula dilatada na região compreendida entre o anel oral e o sulco ventral, forma uma expansão cefálica. Asa cervical presente ou ausente. Papilas cervicais presentes. A porção inicial do conduto esofagiano às vezes apresenta-se dilatada e com lancetas. Macho com dois espículos iguais e gubernáculo presente. Fêmea com vulva situada há pouca distância do ânus. Larva infectante com células intestinais triangulares.

A presença da asa cervical, o número de elementos da coroa radiada e a posição das papilas cervicais são utilizadas na diagnose das espécies (Figuras 3.76, 3.77, 3.78 e 3.79).

O verme nodular adulto vive na luz do intestino grosso e as larvas na parede do intestino delgado e grosso onde são responsáveis pela formação de nódulos.

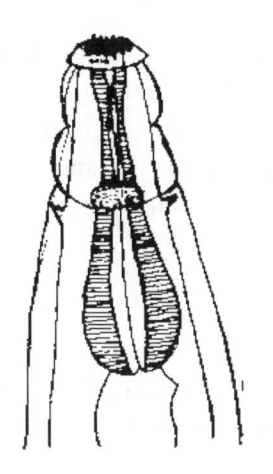

Figura 3.76 *Oesophagostamum radiatum.* Segundo Ransom, 1911, redesenhado por Ivan.

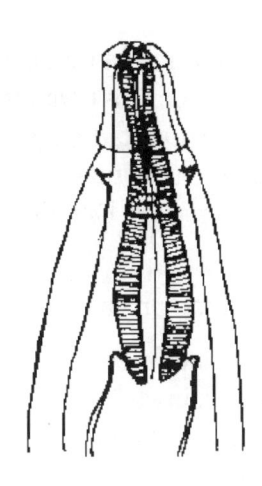

Figura 3.77 *Oesophagostomum columbianum.* Segundo Ransom, 1911, redesenhado por Ivan.

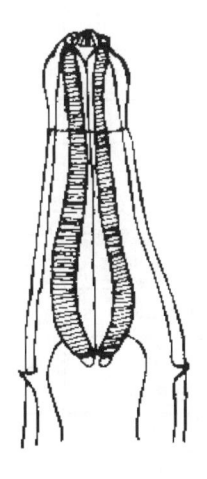

Figura 3.78 *Oesophagostomum venulosum.* Segundo Goodey, 1924, redesenhado por Ivan.

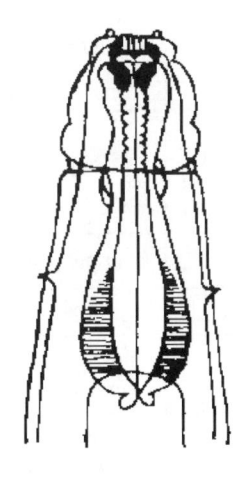

Figura 3.79 *Oesophagostomum dentatum.* Segundo Travassos & Vogelsang, 1923, redesenhado por Ivan.

Oesophapostomum radiatum (Rudolphi, 1803) Railliet, 1898

Ciclo evolutivo – A fase pré-parasitária é tipicamente Strongylidae. Os ovos são eliminados com as fezes do hospedeiro e, após 20 horas, em condições favoráveis, eclodem as larvas rabditóides. A L1 se alimenta de microorganismos existentes nas fezes e muda para L2, que também se alimenta, muda para L3, larva estrongilóide infectante, que conserva a cutícula da L2 (larva encapsulada). A L3 surge após cinco dias da postura dos ovos e não se alimenta. Os bovinos se infectam ao ingerirem pastagem ou água de bebida contendo as L3. A pele da L2 retida é eliminada no abomaso. As L3 penetram na parede do intestino delgado e do intestino grosso e originam a formação de nódulos, dentro dos quais ocorre a primeira muda parasitária, oito a nove dias da infecção. As L4, larvas filarióides, emergem dos nódulos no décimo dia e chegam à luz do intestino grosso 14 dias após a infecção. O estádio adulto surge 17 a 22 dias da infecção. A produção de ovos atinge seu auge – o pique – durante a sexta e a décima semana, e permanece alta durante uma a quatro semanas. Depois a produção de ovos declina rapidamente e muitos adultos são eliminados.

O período pré-patente (PPP) é de 32 a 42 dias.

Quadro clínico – São necessárias 20 mil a 250 mil larvas para haver sinais. A febre, resposta à invasão bacteriana, surge depois de quatro a 10 dias da infecção. Diarréia, anorexia e tenesmo aparecem de sete a 17 dias da infecção. A anemia é provavelmente devido às toxinas produzidas pelos vermes.

Diagnose das espécies do gênero *Oesophagostomun*

Espécies / Caracterização	*O. radiatum* (Figura 3.76)	*O. columbianum* (Figura 3.77)	*O. venulosum* (Figura 3.78)	*O. dentatum* (Figura 3.79)
Número de elementos da coroa franjeada:				
externa	--	20 a 24	18	9
interna	38	40 a 48	36	18
Expansão cefálica	pronunciada	não pronunciada	pronunciada	não pronunciada
Asa cervical	presente	presente	ausente	ausente
Papilas cervicais	após a depressão cervical ventral	após a depressão cervical ventral	posteriores ao esôfago	na porção posterior do esôfago
Dimensão:				
machos	14 a 17 mm	12 a 17 mm	11 a 16 mm	8 a 10 mm
fêmeas	16 a 22 mm	14 a 18 mm	13 a 24 mm	11 a 14 mm
Hospedeiros	bovinos	ovinos, caprinos	ovinos, bovinos, caprinos	suínos
PPP	32-42 dias	40 dias	28-31 dias	50 dias
Lesões	nódulos	nódulos	úlceras e petéquias	nódulos

Patogenia – As principais ações dos parasitas e seus conseqüentes efeitos ocorrem durante o período pré-patente e são causadas pelas larvas que provocam irritação e inflamação da parede intestinal. A infecção inicial surge como uma pequenina intumescência de 1 mm de diâmetro, nas paredes do intestino delgado e do intestino grosso, contendo leucócitos, pus e sangue. A parede intestinal se apresenta inflamada e edematosa. Quando as larvas deixam os nódulos, estes atrofiam e desaparecem. A invasão de bactérias do trato intestinal que circundam as larvas ocasiona uma reação inflamatória e febre, resultando na formação de nódulos caseosos que eventualmente destroem as larvas. O parasitismo por *O. radiatum* inutiliza o intestino para a indústria do categute, devido a formação dos nódulos.

Diagnóstico – O diagnóstico é feito, por ocasião da necropsia, pela constatação de nódulos na parede intestinal e pela identificação de larvas e adultos no intestino. Não é possível distinguir os ovos de *Oesophagostomum* dos outros ovos de nematódeos gastrintestinais. As L3 medem de 726 a 866 μ de comprimento por 28 μ de largura e a bainha da cauda prolonga-se por cerca de 134 a 135 μ além da sua extremidade.

Oesophagostomum columbianum (Curtice, 1890) Stossich, 1899

Ciclo evolutivo – Semelhante ao *O. radiatum*. Os nódulos formados em infecção inicial são muito pequenos. A primeira infecção imuniza o hospedeiro e nas infecções posteriores a reação do seu tecido é muito maior e surgem nódulos grandes no intestino, contendo leucócitos; a grande maioria das larvas permanece como L3 no intestino delgado ou como L4 no intestino grosso. Essas larvas morrem devido a reação do hospedeiro e não retornam mais à luz intestinal.

O período pré-patente (PPP) é de 40 dias.

Quadro clínico – Diarréia. Fezes com pus e sangue. Perda de peso, emagrecimento. As formas adultas são responsáveis por efeitos mais leves que as larvas. Em infecções maciças observa-se anemia devido a diminuição do número de eritrócitos. Há uma acentuada eosinofilia.

Patogenia – Os efeitos causados pelas larvas são mais graves que os causados pelos adultos. O *O. columbianum,* além de provocar grandes perdas anuais de ovinos, inutiliza o aproveitamento do intestino para o fabrico do categute, lingüiça, além da acentuada queda na produção de lã.

Diagnóstico – Pela constatação de nódulos no intestino, de formas adultas e de larvas, por ocasião de necropsia. Os ovos não podem ser distinguidos dos outros ovos de nematódeos gastrintestinais de ovinos. As L3 podem ser distinguidas de outras larvas gastrintestinais de ovinos e caprinos, por apresentarem 16 células triangulares intestinais; cápsula bucal cilíndrica e bainha caudal prolongando-se cerca de 125 a 160 μ da sua extremidade.

Oesaphagostomum venulosum (Rudolphi, 1809) Railliet, 1896

Ciclo evolutivo – Semelhante ao do *O. columbianum.* O período pré-patente (PPP) é de 28 a 31 dias.

Quadro clínico – As larvas causam diarréia e as fezes são com grande quantidade de muco.

Patogenia – É menos patogênica que *O. columbianum* e não provoca a formação de nódulos no intestino. Causa lesões na parede intestinal, como ulcerações e petéquias.

Diagnóstico – Pela constatação e identificação de larvas e adultos no intestino, por ocasião de necropsia.

Oesophagostomum dentatum (Rudolphi, 1803) Molin, 1861

Ciclo evolutivo – O ciclo evolutivo de *Oesophagostomum dentatum* é semelhante ao das outras espécies do gênero. A infecção é através da L3 infectante – larva encapsulada – ingerida quando os suínos pastam em campos contaminados. As larvas atravessam o tubo digestivo, chegam ao intestino, liberam-se da cutícula da L2 e penetram na mucosa do intestino grosso. Durante sua estada, que é de sete dias aproximadamente, originam-se pequenos nódulos em torno do local de penetração da larva; muda, quatro dias após a penetração, para L4, retornando à luz intestinal em seis a 30 dias decorridos da infecção. É na luz intestinal que mudam para o estádio adulto e as fêmeas iniciam a postura 49 dias depois da infecção.

O período pré-patente (PPP) é de 50 dias.

Quadro clínico – Perda de apetite e de peso, diarréia com muco e sangue. Anemia, enterite e morte.

Patogenia – Os nódulos causados em conseqüência da invasão da parede intestinal pelo *O. dentatum* são, sob ponto de vista patológico, muito importantes pelas alterações que causam. Atingem 1 mm de diâmetro e exercem ação sobre o peristaltismo e a má absorção de alimentos. Os nódulos são também responsáveis pelo não aproveitamento do intestino na indústria de invólucros de salsichas e lingüiças.

Diagnóstico – Pela identificação de larvas e adultos em necropsia. A identificação dos ovos é impossível por serem semelhantes aos dos outros nematódeos gastrintestinais.

Gênero *Chabertia* Railliet & Henry, 1909

(dedicado a Chabert)

Oesophagosominae com boca ântero-ventral. Cápsula bucal subglobulosa e desprovida de dentes na base. Conduto esofagiano também sem dentes. Sulco cervical ventral presente. Expansão cefálica rudimentar. Bolsa copuladora do macho semelhante a do gênero *Oesophagostomum;* espículos iguais; gubernáculo presente. Vulva anterior ao ânus. Parasita ovinos.

Chabertia ovina (Fabricius, 1794) Railliet & Henry, 1909

Morfologia – É de coloração esbranquiçada, com a extremidade anterior leve-mente pronunciada e recurvada ventralmente. A coroa radiada é formada por duas séries de numerosos dentículos triangulares e pontiagudos. A cápsula bucal muito grande é des-provida de dentes. Papilas cervicais não evidentes (Figura 3.80).

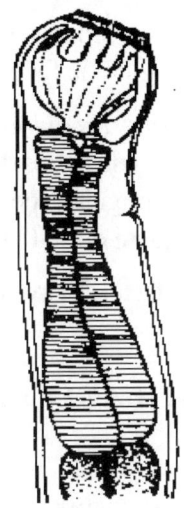

Figura 3.80 *Chabertia ovina.* Extremidade anterior. Segundo W. Yorke e P.A. Maplestone, redesenhado por Ivan.

Dimensão – O macho mede de 13 a 14 mm de comprimento e a fêmea de 17 a 20 mm de comprimento.

Biologia

Hospedeiros – Ovinos, caprinos e bovinos.

Localização – Intestino grosso e raramente em outras partes do trato digestivo.

Ciclo evolutivo – A fase pré-parasitária é caracteristicamente *Strongylidae*. Os ovos são eliminados com as fezes do hospedeiro e após 20 horas eclodem as larvas rabditóides. As L1 se alimentam de microorganismos existentes nas fezes e, após 36 horas, mudam para L2, que também se alimentam. As L3 – larvas infectantes – com a cutícula da L2, surgem depois de cinco a sete dias da infecção, contaminam as pastagens, não se alimentam e aguardam a oportunidade de serem ingeridas pelo hospedeiro ade-quado. As L3 ingeridas deixam a cutícula ao penetrarem na parede do cólon, ocasionan-do petéquias. Aí permanecem pouco tempo, e quatro a seis dias após a infecção são encontradas L4 na luz do cólon e adultos maduros 25 dias depois da infecção.

O período pré-patente (PPP) é de aproximadamente 9 a 10 semanas.

Quadro clínico – Os primeiros sinais são: diarréia e emagrecimento. Anemia. A lã pode ser facilmente arrancada.

Patogenia – O estádio larval é mais patogênico que o estádio adulto. As larvas são responsáveis por congestão do cólon, lesão do epitélio, edema da mucosa, petéquias no local de fixação das larvas e anemia, conseqüente da sua alimentação de sangue. A morte pode ocorrer oito semanas após a infecção. A patogenia no estádio adulto é menos grave.

Diagnóstico

Clínico – Pelo quadro clínico. Os sinais são aparentes antes de haver estádios adultos e, portanto, o exame parasitológico de fezes não acusa a presença de ovos.

Laboratorial – Os ovos de *Chabertia ovina* encontrados em exame parasitológico de fezes não podem ser diferenciados dos ovos de outros nematódeos gastrintestinais de ovinos, entretanto as L3 podem ser distinguidas pelas células intestinais quadrangulares, de 24 a 32, e pelo seu comprimento que é de 780 a 789 μ.

Por ocasião de necropsia, a constatação de larvas e adultos de *Chabertia ovina* no cólon.

Família ANCYLOSTOMATIDAE Lane, 1917

Conceitos básicos

- Strongyloidea de pequenas dimensões, com menos de 30 mm de comprimento.
- Extremidade anterior dirigida dorsalmente, o que lhes confere aspecto de anzol.
- Cápsula bucal ampla.
- Coroa radiada ausente.
- Orifício oral ventralmente guarnecido de dentes ou lâminas cortantes.
- Macho com bolsa copuladora tradicional.
- Espículos iguais e longos.
- Parasitos do intestino delgado dos mamíferos, com exceção dos eqüinos.
- Hematófagos.
- Ciclo evolutivo monoxeno.
- Geohelmintos.

A família Ancylostomatidae apresenta duas subfamílias, cujos hábitos são os mesmos: Ancylostomatinae, com o orifício oral apresentando um ou mais pares de dentes, e Uncinariinae, com o orifício oral contendo lâminas cortantes.

A subfamília Ancylostomatinae com dois gêneros: *Agriostomum* e *Ancylostoma* e a subfamília Uncinariinae com vários gêneros: *Uncinaria, Gaigeria, Necator, Globocephalus Grammocephalus, Bathmostomum* e *Bunostomum*.

Subfamília ANCYLOSTOMATINAE

Conceitos básicos

Ancylostomatidae com o orifício oral apresentando um ou mais pares de dentes.

Gênero *Agriostomum* Railliet, 1902

(gr. *agrios,* cruel; *stoma,* boca)

Ancylostomatinae com cápsula bucal cilíndrica rasa e extremidade anterior do esôfago exageradamente dilatada, em forma de funil. Orifício oral circundado por um espessamento quitinoso provido de quatro pares de dentes recurvados e com duas pequenas lancetas subventrais, no fundo da cápsula bucal. Sulco cervical ventral presente. Espículos iguais; gubernáculo presente. Vulva próxima ao ânus.

Agriostomum vryburgi Railliet, 1902

Morfologia – É de coloração branca e apresenta as duas extremidades do corpo levemente afiladas. As papilas cervicais minúsculas estão situadas ao nível do anel nervoso. Espículos iguais alados. Ovos segmentados por ocasião da postura (Figura 3.81).

Figura 3.81 *Agriostomum vryburgi.* Extremidade anterior. Vista ventral. Segundo Mönnig, 1932, redesenhado por Ivan.

Dimensão – Os machos medem de 9,2 a 11 mm de comprimento por 300 μ de largura e as fêmeas medem de 12,2 a 154 mm de comprimento por 400 μ de largura.

Biologia

Hospedeiro – Bovinos.

Localização – Duodeno.

Ciclo evolutivo – Provavelmente semelhante ao do *Bunostomum*.

Quadro clínico e Patogenia – Pouco conhecidos.

Diagnóstico – Identificação de ovos em exame parasitológico de fezes pelo Método de Flutuação e de adultos em necropsia.

Gênero *Ancylostoma* (Dubini, 1843) Creplin, 1845

(gr. *ankylos,* gancho, curvo; *stoma,* boca)

Ancylostomatinae apresentando a cápsula bucal profunda, com um a três pares de dentes no orifício oral e duas lancetas triangulares na base. Vulva no terço posterior do corpo. Espículos iguais; gubernáculo presente.

Nome da doença – Ancilostomose.

Ancylostoma caninum (Ercolani, 1859) Hall, 1913

Morfologia – É de coloração branco-acinzentada ou avermelhada. A extremidade anterior é levemente dilatada. A cápsula bucal, subglobulosa, com três pares de dentes situados na margem ventral do orifício oral (Figura 3.82).

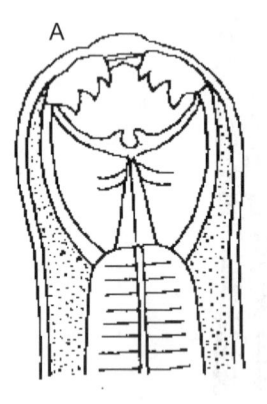 

Figura 3.82 *Ancylostoma caninum.* A) Vista dorsal da extremidade anterior. B) Vista lateral da extremidade posterior do macho. Segundo Biocca, 1951, redesenhado por Jefferson.

Dimensão – O comprimento dos machos varia de 9 a 13 mm e o das fêmeas de 14 a 20 mm.

Biologia

Hospedeiros – Caninos e felinos.

Localização – Intestino delgado.

Nutrição – Sangue.

Ciclo evolutivo – A fecundação ocorre no intestino delgado dos hospedeiros e a fêmea põe de maneira contínua um grande número de ovos (de 7.700 a 28.000), que são eliminados com as fezes de seu hospedeiro, no estádio de quatro células. Os ovos são elípticos, de casca fina e medem 55 a 77 μ de comprimento por 34 a 45 μ de largura.

A fase pré-parasitária é tradicionalmente a da superfamília Strongyloidea. No exterior os ovos prosseguem sua evolução e, para tal três requisitos são necessários: presença de oxigênio, umidade suficiente e temperatura adequada. O desenvolvimento dos ovos não se processa quando estão no centro da massa fecal, só continuando a evolução se o bolo fecal for revolvido pela ação de minhocas, artrópodes, chuva ou outros fatores mecânicos. O substrato mais favorável é a areia fina misturada a húmus em lugares sombrios e úmidos. A ação direta dos raios solares prejudica a evolução. A temperatura ótima para o desenvolvimento de ancilóstomas é a de 23 a 30°C. Temperaturas mais altas aceleram e temperaturas mais baixas retardam a evolução.

As L1, medindo 300 a 340 μ de comprimento, larvas rabditóides, eclodem em condições ótimas, após 24 horas. Alimentam-se de bactérias existentes nas fezes e em três dias mudam para L2 com 400 a 430 μ de comprimento, que também se alimentam, crescem e mudam para L3, com 630 μ de comprimento, larvas filarióides. Estas conservam a cutícula da L2 impedindo, assim, que se alimentem, mas as protegem da dessecação e da ação de agentes químicos.

As larvas infectantes L3 migram para fora da massa fecal e vão contaminar a superfície do solo. A migração das larvas no solo é só no sentido vertical.

As larvas do terceiro estádio sobem nas partes mais elevadas do solo, em quaisquer objetos como folhas, grãos de areia, e aí permanecem, estendendo o corpo para frente e para trás, ritmicamente como a "chama de uma vela", à espera do hospedeiro. Apresentam geotropismo negativo e tigmotropismo positivo. As L3, em contato com uma superfície resistente, ficam com sua atividade aumentada e penetram através dela. O tigmotropismo não é específico, pois as L3 infectantes atravessam qualquer superfície, como papel de filtro e pele de hospedeiro indeterminado.

A infecção dos cães pelo *Ancylostoma caninum* pode ser por via oral – infecção passiva – a mais comum, ou por via cutânea – infecção ativa – a mais rara. Geralmente ocorre a infecção por via oral, em conseqüência dos hábitos alimentares dos cães.

As larvas ingeridas penetram nas glândulas gástricas ou nas glândulas de Lieberkühn do intestino delgado. Depois de um curto período, migram para a luz do intestino delgado onde, três dias após a infecção, mudam para L4, larva filarióide, e atingem a maturidade 15 a 26 dias após a infecção. Em cães jovens, os ovos aparecem nas fezes até 18 dias depois da infecção e em cães mais velhos o aparecimento de ovos é em até 26 dias. O período de vida do *A. caninum* no cão é de até aproximadamente dois anos.

Se a infecção for ativa – via cutânea – tipo de infecção não freqüente, as L3 atravessam a pele e atingem a circulação sangüínea ou linfática. Através dela vão ao coração direito, pulmões, perfuram os capilares dos alvéolos pulmonares, mudam para L4 e, uma vez na luz dos alvéolos, atingem os bronquíolos, brônquios, traquéia, laringe e faringe. O processo de percurso é mecânico e a atividade das larvas faz aumentar a secreção de muco que facilita sua chegada à faringe, quando são então expectoradas ou deglutidas. A migração através dos pulmões até a traquéia é de dois a sete dias.

Este ciclo foi descoberto por Looss casualmente. Tendo-lhe caído sobre a mão um líquido contendo larvas infectantes, sentiu depois um forte prurido naquela região. Raspando a pele e examinando-a ao microscópio, observou a presença de algumas larvas e principalmente suas cutículas envoltoras, que abandonavam. Posteriormente, fazendo a experiência em animais de laboratório, pôde constatar todo o trajeto percorrido pelas larvas no organismo. Todo o nematódeo que faz esse percurso descoberto por Looss, diz-se que realiza o *ciclo de Looss.*

As larvas chegadas ao intestino delgado perdem sua capacidade de penetração e a evolução de sua cápsula bucal se completa, surgindo o quinto estádio depois da quarta muda.

Um terceiro tipo de infecção é a pré-natal. Se cadelas prenhes, que são relativamente resistentes à infecção pelo *Ancylostoma caninum,* forem contaminadas, algumas larvas ganham a circulação e através da placenta vão atingir o feto. Entretanto, os ancilóstomos só chegam à maturidade por ocasião do nascimento dos filhotes e após 10 a 12 dias já são encontrados ovos em suas fezes.

Há ainda a infecção que ocorre através do colostro, como já foi observado ao serem constatadas larvas de *Ancylostoma caninum* no colostro de uma cadela.

Quadro clínico – Fezes escuras com aspecto de borra de café, devido ao sangue que contêm. Anemia e todas as perturbações dela decorrentes. Palidez das mucosas. Edemas, como conseqüência do aumento e difusão do plasma sangüíneo nos tecidos. Apatia. A morte geralmente ocorre em filhotes de cães e gatos.

Patogenia – Os ancilóstomos são os parasitas mais patogênicos de cães e gatos. Sua maior patogenicidade é a ação espoliativa, determinando anemia. Os ancilóstomos sugam sangue durante todos os estádios de sua vida. Nem todo o sangue é digerido mas utilizado na respiração. A anemia não é causada só pela sucção do sangue, mas devido a sangria que determinam ao inocularem uma enzima proteolítica e uma substância anticoagulante, segregadas por glândulas esofagianas. Através dos seus dentes, na margem da cápsula bucal, dilaceram a mucosa intestinal. A espécie *Ancylostoma caninum* raramente causa lesões nos pulmões de cães, considerando que a infecção é geralmente via oral.

Diagnóstico

Clínico – Pelos sinais.

Laboratorial – Identificação microscópica de ovos, em exame de fezes, pelo Método de Flutuação.

Profilaxia – São as seguintes as medidas profiláticas:

• canis dentro do padrão, isto é, o piso deverá ser de concreto, tijolos, lajota etc. com declive para a água não ficar empoçada;

• desinfecção dos canis, a fim de serem destruídos os ovos e larvas de ancilóstomos;

• água de bebida de preferência da torneira, fornecida em recipientes apropriados e higienizados diariamente;

• a fim de evitar a infecção cutânea, é aconselhado serem os cães banhados após retornarem de passeios, caça, para livrá-los de sujeiras que possam conter larvas;

• exame de fezes dos cães;

• tratamento dos cães positivos com anti-helmíntico específico;

• em casos de epizootias convém serem isolados os cães parasitados;

• remoção e incineração de fezes depositadas nos jardins, quintais, casas, apartamentos, canis, passeios públicos etc.;

• solos argilosos ou de cascalho devem ser tratados por aspersão com borato de sódio, na dose de 0,5 kg/m², ou com sal comum, fatais às larvas infectantes;

• educação sanitária do homem.

Ancylostoma braziliense de Faria, 1910

Morfologia – *Ancylostoma braziliense* é muito semelhante à *Ancylostoma caninum*. É de coloração rosada e tem as extremidades afiladas. A cápsula bucal apresenta lateralmente um par de dentes bem desenvolvidos e medianamente um par de dentes rudimentares (Figura 3.83).

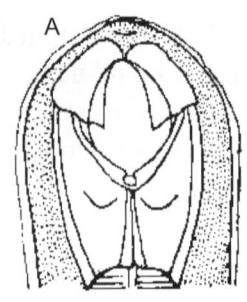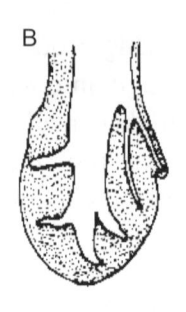

Figura 3.83 *Ancylostoma braziliense.* A) Extremidade anterior, vista dorsal. B) Extremidade posterior do macho, vista lateral. Segundo Biocca, 1951, redesenhado por Jefferson.

Dimensão – O comprimento dos machos varia de 5 a 7,5 mm e o das fêmeas de 6,5 a 10,5 mm.

Biologia

Hospedeiros – Caninos, felinos e ocasionalmente, o homem.

Localização – Intestino delgado.

Nutrição – Sangue.

Ciclo evolutivo – Semelhante ao ciclo evolutivo de *Ancylostoma caninum.*

As larvas infectantes de *A. braziliense* podem penetrar na pele de hospedeiros que não são os habituais, como por exemplo a pele do homem e não conseguindo completar seu ciclo vital, fica seu parasitismo aí restrito. Essas larvas, vagueando na pele do homem, originam através dos seus constantes movimentos uma dermatose pruriginosa, conhecida por larva *migrans* cutânea, "bicho geográfico" e "coceira das praias". Foi constatado que as L3 de *A. caninum* e de *A. duodenale,* em infecções experimentais, são responsáveis, também, pelo mesmo quadro.

Quadro clínico, Patogenia, Diagnóstico e Profilaxia – Semelhantes aos descritos para *Ancylostoma caninum.*

Ancylostoma duodenale (Dubini, 1843) Creplin, 1843

Morfologia – A cápsula bucal apresenta dois pares de dentes bem desenvolvidos (Figura 3.84).

Dimensão – O comprimento dos machos varia de 8 a 11 mm e o das fêmeas de 10 a 18 mm.

Biologia

Hospedeiro – Homem.

Localização – Intestino delgado.

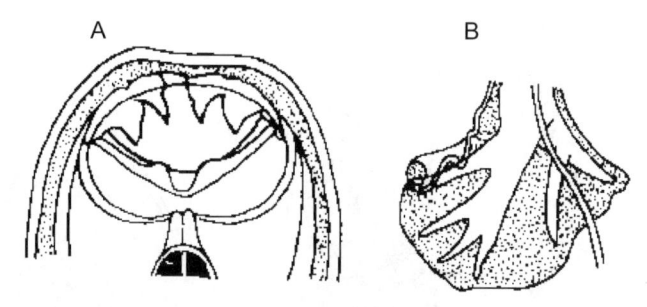

Figura 3.84 *Ancylostoma duodenale.* A) Extremidade anterior, vista dorsal. B) Extremidade posterior do macho, vista lateral. Segundo Biocca, 1951, redesenhado por Jefferson.

Ciclo evolutivo – Semelhante ao do *A. caninum.* A infecção mais comum é a ativa – via cutânea – ocorrendo o ciclo de Looss. A infecção passiva – via oral – é menos freqüente.

Quadro clínico, Patogenia, Diagnóstico e Profilaxia – Semelhantes aos descritos para *A. caninum.*

Subfamília UNCINARIINAE

Ancylostomatidae com duas lâminas cortantes na borda do orifício oral.

Gênero *Bunostomum* Railliet, 1902

(gr. *bounos,* saliência; *stoma,* boca)

Uncinariinae com cápsula bucal apresentando duas lâminas semilunares cortantes, situadas na margem ventral e com um ou dois pares de pequenas lancetas próximas ao esôfago. Cone dorsal desenvolvido. Vulva anterior à metade do corpo. Macho com o lobo dorsal da bolsa copuladora assimétrico; espículos iguais; gubernáculo ausente. Suas espécies parasitam homem, ruminantes e elefante.

Bunostomum phlebotomum (Railliet, 1909) Lane, 1917

Morfologia – Corpo, afilado nas duas extremidades, tem a cápsula bucal com duas lâminas quitinosas cortantes na sua borda ventral e dois pares de lancetas situadas ao fundo. Macho com espículos levemente alados (Figura 3.85).

Dimensão – O macho mede de 10 a 12 mm de comprimento e a fêmea mede de 16 a 19 mm de comprimento.

Biologia

Hospedeiros – Bovinos e zebuínos.

Localização – Intestino delgado.

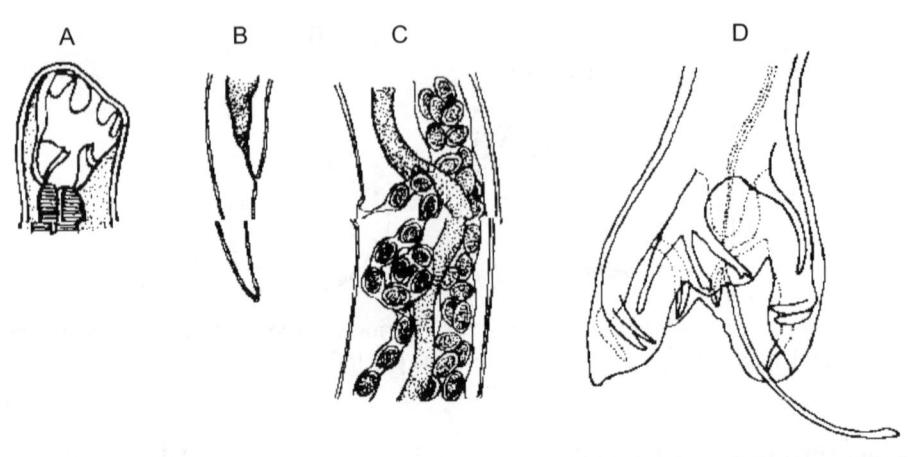

Figura 3.85 *Bunostomum phlebotomum.* A) Extremidade anterior, vista lateral. B) Extremidade posterior da fêmea, vista lateral. C) Região vulvar, vista lateral. D) Bolsa copuladora, vista dorsal. Segundo Ransom, 1911, redesenhado por Ivan.

Ciclo evolutivo – Os ovos são eliminados, com as fezes de seu hospedeiro, no estádio de quatro células. Os ovos têm uma casca mais espessa que os dos outros estrongilóideos, são elípticos e medem de 79 a 117 μ por 47 a 70 μ. A L1, larva rabditóide, surge após 24 horas, em três dias muda para L2 e a larva infectante, L3 encapsulada, surge em até oito dias após a postura.

As L3, larvas filarióides, não migram para as pastagens, permanecendo na massa fecal. A infecção mais comum é a via cutânea, quando o hospedeiro – bovino – contamina sua pele com fezes. As L3, ao penetrarem na pele, deixam sua cutícula, atingem a circulação sangüínea e vão ter ao coração e aos pulmões, onde vagueiam por cerca de 10 dias. Perfurando os capilares dos alvéolos, mudam para L4, larva filarióide, e pela árvore brônquica chegam à faringe quando são eliminadas ou deglutidas. No intestino delgado, mudam para adulto e os ovos aparecem nas fezes 52 a 68 dias após a infecção. A via oral é menos comum e eficiente do que a cutânea.

Quadro clínico – Urticária e dermatite no local de penetração das L3. O gado estabulado, devido a coceira, apresenta-se inquieto, batendo as patas e lambendo as pernas, como querendo livrar-se de algo que o incomoda. Diarréia, anemia, perda de peso e morte, em casos graves. É muito freqüente o edema da região mandibular.

Patogenia – Irritação da pele no local da penetração da larva e após duas a três horas surgem pápulas com 1 cm de diâmetro, que ao fim de 24 horas apresentam-se elevadas. As formas adultas sugam sangue dilacerando a mucosa do intestino, ocorrendo hemorragias, provavelmente em conseqüência da substância anticoagulante que inoculam.

Diagnóstico

Clinico – Pelos sinais. A necropsia revela edema da mucosa intestinal, lesões provocadas pelos vermes e conteúdos hemorrágicos.

Laboratorial – Identificação microscópica de ovos em exame parasitológico de fezes pelo Método de Flutuação; identificação de larvas através de coprocultura e constatação de adultos no intestino por ocasião de necropsia.

Bunostomum trigonocephalum (Rudolphi, 1808) Railliet, 1902

Morfologia – O corpo, de coloração amarelada ou avermelhada, afilado nas duas extremidades, tem a cápsula bucal com duas lâminas quitinosas cortantes na borda ventral, apresentando ao fundo um cone dorsal bem desenvolvido e um par de lancetas subventrais (Figura 3.86).

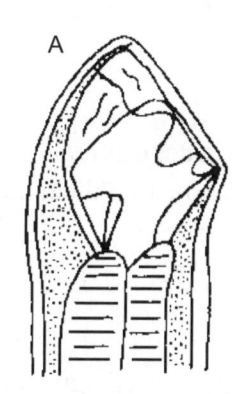 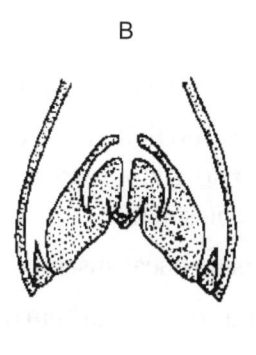

Figura 3.86 *Bunostomum trigonocephalum.* A) Extremidade anterior. B) Extremidade posterior do macho. Segundo Cameron, 1923, redesenhado por Jefferson.

Dimensão – O macho mede de 12 a 17 mm de comprimento e a fêmea mede de 19 a 26 mm de comprimento.

Biologia

Hospedeiros – Ovinos e caprinos.

Localização – Intestino delgado.

Ciclo evolutivo – Semelhante ao ciclo evolutivo do *B. phlebotomum.*

Quadro clínico, Patogenia e Diagnóstico – Semelhantes aos descritos para *B. phlebotomum.*

Profilaxia – Por ser a infecção via cutânea a mais comum, deve ser evitado que os hospedeiros permaneçam em locais úmidos e lamacentos, o que viria favorecer a infecção.

Devem ser adotadas as seguintes medidas:

- os cercados devem ser secos, não barrentos;

- as camas, isto é, os lugares onde os animais se deitam, devem ser mantidos limpos e secos;

- evitar a mistura de lama e fezes de cercados de bezerros e currais nos locais de alimentação, pois constituem um ótimo ambiente para a sobrevivência e evolução do *Bunostomum,* dando condições ideais para a infecção cutânea;

- o gado de estábulo deve ser mantido em abrigos higiênicos com cama seca e trocada diariamente;

- bebedouros higienizados e com água limpa;

- o local ao redor dos bebedouros deve ser concretado ou de piso duro.

Família TRICHOSTRONGYLIDAE Leiper, 1912

Conceitos básicos

- Strongyloidea pequenos e filiformes.

- Tricostrongilídeos são os mais importantes e os mais patogênicos nematódeos do gado, responsáveis pela doença conhecida como verminose gastrintestinal.

- Cápsula bucal ausente.

- Bolsa copuladora bem desenvolvida.

- Espículos geralmente iguais e usados para a diagnose das espécies.

- Ovos elípticos, de casca fina e segmentados por ocasião da postura.

- Ciclo evolutivo monoxeno.

- Geohelmintos.

- Infecção passiva através da ingestão da L3 infectante.

Biologia

Hospedeiros – Ruminantes, eqüinos e suínos.

Localização – Trato digestivo.

Nutrição – Nutrem-se de sangue e da mucosa do trato digestivo.

Ciclo evolutivo – O ciclo evolutivo é, salvo algumas exceções, essencialmente o mesmo para todos os seus representantes e consta de duas fases: a pré-parasitária e a parasitária.

Após a cópula, a fêmea inicia a postura de ovos que são eliminados já segmentados com as fezes do hospedeiro. No exterior, em presença de oxigênio e umidade, os ovos evoluem e em alguns dias, dependendo da temperatura, eclodem as larvas do primeiro estádio, L1, larvas rabditóides.

As larvas do primeiro estádio alimentam-se de bactérias e microorganismos existentes nas fezes, crescem, entram em letargia e mudam para L2.

Nas L2, rabditóides, o processo de alimentação, crescimento e letargia é repetido, surgindo as L3.

As L3, filarióides, constituem o único estádio larval capaz de infectar um novo hospedeiro e é por isso denominada *larva infectante*. Esta conserva a pele (cutícula) da L2 que a protege das condições adversas do meio e cobrindo seus orifícios naturais, não permite que se alimente. Sua sobrevivência é assegurada graças às reservas nutritivas armazenadas nas células intestinais. O desenvolvimento e a sobrevivência da larva no exterior depende também das condições do microclima.

Diagrama do ciclo evolutivo de Trichostrongylidae

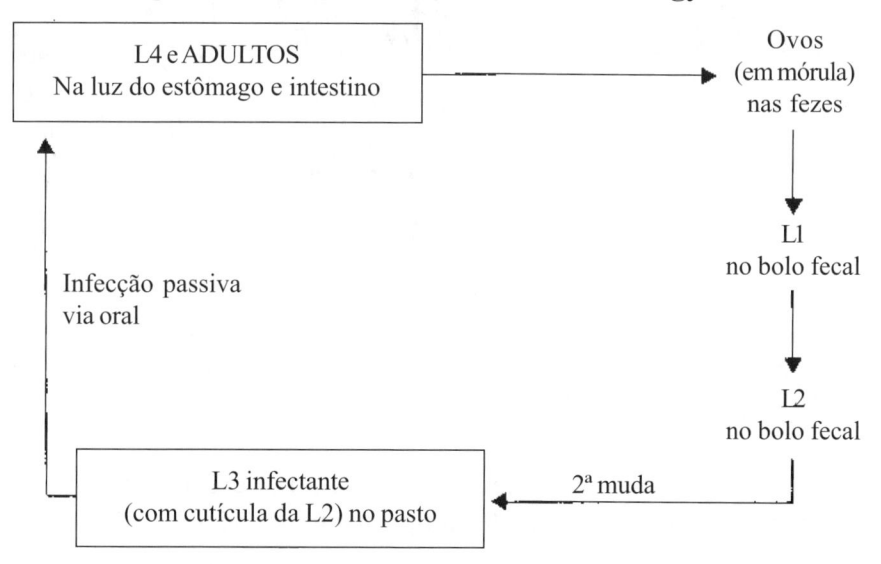

Gênero *Trichostrongylus* Looss, 1905

(gr. *trichós* cabelo, pêlo; *strongylos,* cilíndrico)

Trichostrongylus é o gênero tipo da família Trichostrongylidae. Seus representantes são muito pequenos, capilariformes, o que lhes valeu o nome. Em necropsia são dificilmente constatados por serem muito pequenos. Microscopicamente, além da bolsa copuladora, não se observa qualquer outro ornamento cuticular. Papilas cervicais ausentes. Espículos castanho-escuros, grossos e curtos, facilmente observados, têm a extremidade proximal dilatada e a distal angulosa. Gubernáculo presente. Fêmeas anfidelfas, podem ser identificadas pelo seu pequeno tamanho, ausência de lábio vulvar e, nas grávidas, a presença de menos de uma dúzia de ovos, dispostos obliquamente, servem para diagnose, em contraste com as fêmeas dos outros gêneros.

Trichostrongylus axei (Cobbold, 1879) Railliet & Henry, 1909

Morfologia – O corpo capilariforme é afilado nas duas extremidades. Os espículos são desiguais, curtos, grossos e castanho-escuros; o gubernáculo é fusiforme. A vulva está situada no sexto posterior do corpo. A cauda mede de 61 a 79 μ de comprimento (Figura 3.87).

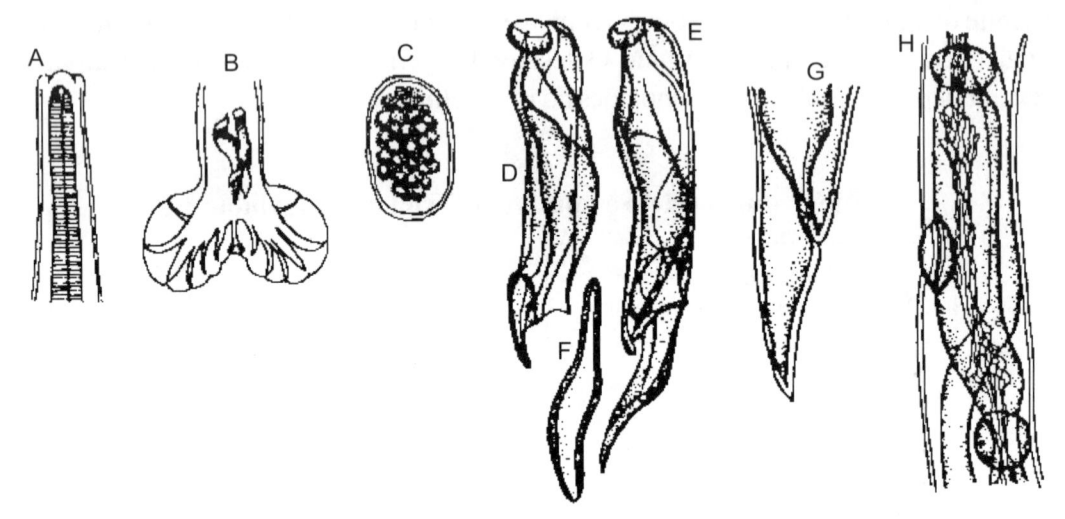

Figura 3.87 *Trichostrongylus axei*. A) Extremidade anterior. B) Extremidade posterior do macho. C) Ovo. D) Espículo direito. E) Espículo esquerdo. F) Gubernáculo. G) Extremidade posterior da fêmea. H) Região vulvar. Segundo Yorke & Maplestone, redesenhado por Evandro.

Dimensão – Os machos medem de 2,3 a 6 mm de comprimento por 50 a 60 μ de largura e as fêmeas de 3,2 a 8 mm de comprimento por 55 a 70 μ de largura.

Biologia

Hospedeiros – Ruminantes, eqüinos, ocasionalmente suínos e o homem.

Localização – Abomaso e ocasionalmente o intestino delgado dos bovinos, ovinos e caprinos; estômago e primeira porção do intestino delgado dos eqüinos e ocasionalmente estômago dos suínos.

Trichostrongylus colubriformis (Giles, 1892) Ransom, 1911

Morfologia – Esta espécie, parasito de relevante importância, tem o corpo capilariforme e afilado na extremidade anterior. A bolsa copuladora é ampla e com o lobo dorsal muito reduzido; os espículos são desiguais, curtos, grossos, de cor castanho-escura e inclinados ventralmente; o gubernáculo é navicular. Vulva na metade posterior do corpo.

Dimensão – O macho mede de 4,5 a 7 mm de comprimento e a fêmea mede de 5 a 8,5 mm de comprimento.

Biologia

Hospedeiros – Ovinos, caprinos e bovinos. Raramente suínos e ocasionalmente o homem.

Localização – Porção anterior do intestino delgado. Às vezes abomaso dos ruminantes e estômago dos suínos.

Ciclo evolutivo – O ciclo evolutivo é monoxeno, direto e apresenta duas fases: a livre, pré-parasitária, fora do corpo do hospedeiro e a parasitária, no corpo do hospedeiro. A infecção é passiva – via oral – através da ingestão das L3 encapsuladas (larvas infectantes) contidas no pasto.

Os ovos são eliminados, já segmentados, com as fezes do hospedeiro. Na presença de oxigênio e em condições favoráveis de temperatura e umidade, após 24 horas, eclode a L1, larva rabditóide. Alimenta-se de microorganismos e bactérias existentes nas fezes, cresce, e após 24 horas, dependendo de condições climáticas, muda para L2, larva rabditóide, que também se alimenta de microorganismos e bactérias; cresce, e após quatro a nove dias, na dependência das condições climáticas, muda para L3, com dupla cutícula, larva filarióide infectante.

A L3 emigra das fezes mas não se alimenta em virtude da dupla cutícula. Durante esse período consome as substâncias nutritivas armazenadas nas células intestinais, como fonte de energia. Sobrevive nesse estádio até durante meses. Uma vez ingerida pelo hospedeiro adequado, deixa a cutícula da fase anterior no tubo digestivo do hospedeiro. Muda para L4, larva filarióide em quatro a sete dias e os adultos surgem 15 dias após a infecção.

As fêmeas põem diariamente de 100 a 200 ovos com mais de 16 células.

O período pré-patente (PPP) é de 15 a 23 dias.

Quadro clínico – Como geralmente ocorrem infecções mistas, é impossível conhecer os sinais provocados pelos *Trichostrongylus,* com exceção quando são realizados experimentos com infecções puras. Os sinais decorrem do número de parasitos. Os animais parasitados sofrem perda de apetite e peso, diarréia e não raramente, em infecções maciças, morte. Pequeno número de larvas não causa sinais aparentes.

Patogenia – As larvas L4 e as formas adultas, sugando sangue, ocasionam lesões na mucosa do abomaso e do intestino delgado, inflamação (gastrite e enterite), alteração da mucosa, escarificação do epitélio, hiperemia e infiltração de linfócitos.

Diagnóstico – O diagnóstico não é fácil, uma vez que as infecções são mistas. Pelas características dos ovos constatados em exame de fezes, nem sempre é possível a determinação do gênero. Torna-se necessário então a coprocultura para identificação das larvas.

Nas zonas de criação, a melhor medida para avaliar o grau de infecção do gado é necropsiar um animal tipicamente parasitado para proceder a um exame qualitativo e quantitativo de cada espécie de helminto.

Para determinar o grau de infecção do animal parasitado, emprega-se o método para contagem de ovos de helmintos por grama de fezes.

Gênero *Haemonchus* Cobb, 1898

(gr. *haima,* sangue; *onkos,* farpa, saliência; por extensão, lanceta)

Trichostrongylidae com a extremidade anterior, com menos de 50 μ de diâmetro, apresenta a cavidade oral com três lábios inconspícuos e com um dentículo na base da região dorsal, com o qual raspa a mucosa do abomaso e do intestino delgado. Papilas cervicais proeminentes. Bolsa copuladora com dois lobos laterais grandes e o dorsal assimétrico; espículos curtos; gubernáculo presente. Vulva no terço posterior do corpo e geralmente recoberta por um lábio vulvar. Cutícula transparente em ambos os sexos, principalmente quando recentemente eliminados ou mortos, permite distinguir o tubo digestivo vermelho, devido a ingestão de sangue.

Haemonchus contortus - (Rudolphi, 1803) Cobb, 1898

Morfologia – Com as características do gênero. Raio dorsal da bolsa copuladora em "Y". Cada espículo apresenta na sua extremidade distal uma estrutura em forma de anzol. A vulva é recoberta por lábio vulvar lingüiforme, bem desenvolvido e dirigido para trás. Nas fêmeas são vistos os ovários e úteros opacos e esbranquiçados enrolados no intestino vermelho (Figura 3.88).

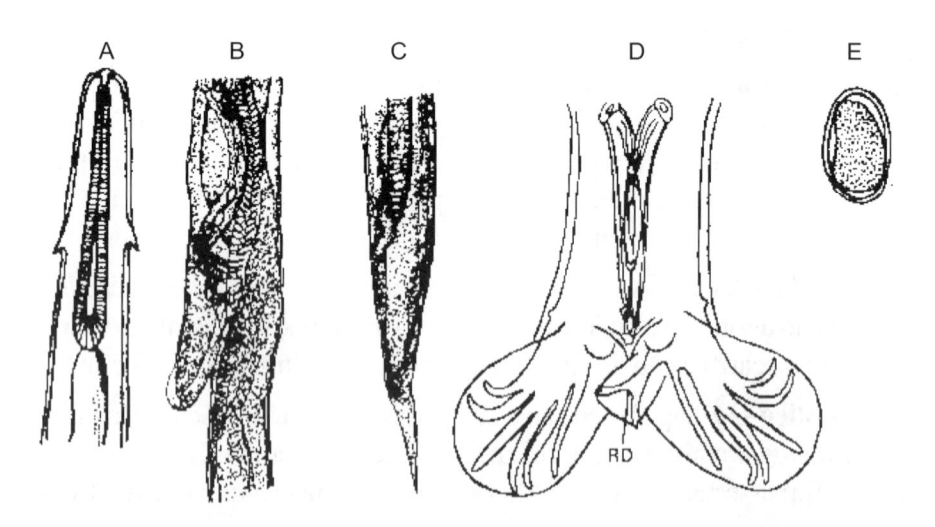

Figura 3.88 *Haemonchus contortus.* A) Extremidade anterior. B) Região vulvar. C) Extremidade posterior da fêmea. D) Extremidade posterior do macho com bolsa copuladora: RD) Raio dorsal em "y". E) Ovo. Segundo Lins de Almeida, 1935. Redesenhado por Ivan.

Dimensão – Os machos medem 10 a 20 mm de comprimento por 400 μ de largura e as fêmeas medem de 18 a 30 mm de comprimento por 500 X de largura.

Biologia

Hospedeiros – Ovinos, caprinos e bovinos.

Localização – Abomaso.

O período pré-patente (PPP) é de 11 dias.

Haemonchus placei (Place, 1833) Ransom, 1911

Morfologia – Assemelha-se à *H. contortus,* diferindo por terem as estruturas dos espículos mais longas, em anzol. O lábio vulvar está reduzido a uma pequena protuberância. Esta espécie é muito prolífera, considerando que a fêmea faz uma postura diária de 5.000 a l0.000 ovos durante cinco a 14 meses.

Dimensão – O comprimento dos machos varia de 10 a 12 mm e o das fêmeas de 18 a 30 mm.

Biologia

Hospedeiro – Bovinos.

Localização – Abomaso.

O período pré-patente (PPP) é de 26 a 28 dias.

Haemonchus similis Travassos, 1914

Morfologia – Quase semelhante à *H. contortus* diferindo por ser menor, pelos espículos e vulva. Os espículos apresentam na extremidade distal uma estrutura em "botão" e o raio dorsal da bolsa copuladora é em "tenaz". A vulva encontra-se numa elevação cônica (Figura 3.89).

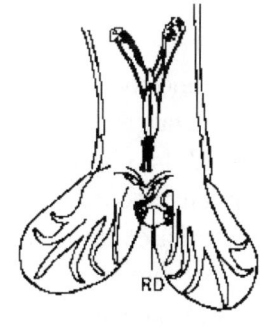

Figura 3.89 *Haemonchus similis.* Bolsa copuladora; RD) Raio dorsal em "tenaz". Segundo Lins de Almeida. 1935, redesenhado por Ivan.

Dimensão – O comprimento dos machos varia de 8 a 12 mm e o das fêmeas de 12 a 17 mm.

Biologia

Hospedeiros – Bovinos e ovinos.

Localização – Abomaso.

Ciclo evolutivo – A fase pré-parasitária é a tradicional. A fase parasitária das três espécies é semelhante.

As L3, larvas infectantes, desprovidas da cutícula, invadem os orifícios das glândulas gástricas da mucosa onde se alimentam e mudam para L4, 36 a 76 horas após terem sido ingeridas e as formas adultas surgem 10 a 14 dias depois da infecção, quando então retornam à luz do abomaso.

O período pré-patente (PPP) é de 18 a 21 dias.

Quadro clínico – Anemia, em conseqüência de seus hábitos alimentares (hematófagos) e da inoculação de substância anticoagulante no local onde se fixam, provocando grandes perdas de sangue, maiores do que a quantidade ingerida pelo verme. Edema submandibular e emagrecimento. São observadas ainda perturbações digestivas, como diarréia.

Patogenia – As L4 e os adultos, além de se alimentarem de sangue e inocularem uma substância anticoagulante, provocando hemorragias responsáveis por anemia e todas as repercussões daí decorrentes, causam desgaste na mucosa do abomaso por exercerem ação de raspagem através de seu dentículo. A mucosa também pode ser perfurada pelo dentículo. As atividades das L4 e dos adultos irritam a mucosa do abomaso, causando inflamação (gastrite).

Diagnóstico – Semelhante ao descrito para *Trichostrongylus*.

Gênero *Ostertagia* Ransom, 1907

(dedicado a Ostertag)

Trichostrongylidae de cor castanho-avermelhada, caracterizado por apresentar a extremidade anterior romba e da mesma largura da porção cervical. Desprovido de cápsula bucal. Papilas cervicais presentes. Bolsa copuladora com dois lobos laterais grandes e um dorsal pequeno; espículos iguais, curtos e fendidos na extremidade posterior, terminando em duas ou três pontas – característica importante para a diagnose das espécies; gubernáculo presente. Lábio vulvar presente ou ausente. Ovos grandes e dispostos perpendicularmente ao corpo da fêmea (Figura 3.90).

Ciclo evolutivo – A fase pré-parasitária é a tradicional. Após a ingestão da L3 infectante, depois de três a oito dias, muda para L4. O quarto estádio larval invade a mucosa do abomaso e origina os estádios adultos 12 dias após a infecção. Muitas das L4 são encontradas nas glândulas gástricas. A fêmea põe diariamente 500 a 800 ovos com mais de 16 células.

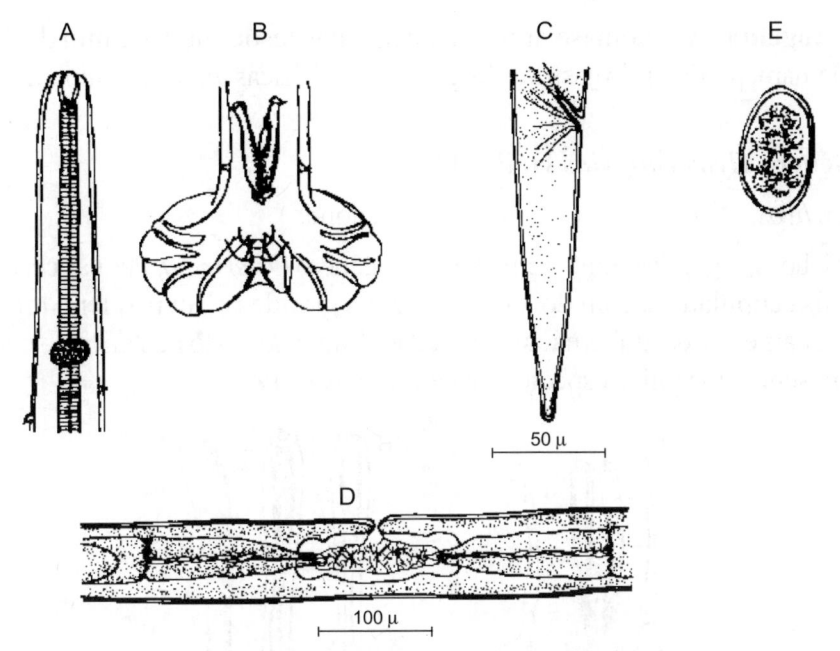

Figura 3.90 *Ostertagia* spp. A) Extremidade anterior. B) Extremidade posterior do macho. C) Extremidade posterior da fêmea. D) Fêmea – ovejetor e vulva. E) Ovo. Segundo Rose, 1960, redesenhado por Ivan.

Diagnose das espécies do gênero *Ostertagia*

Caracterização \ Espécies	*O. ostertagi* (Stiles, 1892) (Figura 3.91)	*O. lyrata* (Sjorberg, 1926) (Figura 3.92)	*O. circumcincta* (Stadelman, 1894) (Figura 3.93)	*O. trifurcata* (Ransom, 1907) (Figura 3.94)
Hospedeiros	Bovinos, ovinos, caprinos	Bovinos, ovinos	Ovinos, caprinos, bovinos	Ovinos, caprinos
Localização	Abomaso	Abomaso	Abomaso e ocasionalmente intestino delgado	Abomaso e raramente no intestino delgado
Dimensão: machos fêmeas	6,5 a 7,5 mm 8,3 a 9,2 mm	9 mm 9 mm, porém mais delgada	7,5 a 8,5 mm 9,8 a 12,2 mm	6,5 a 7 mm 9,8 a 12,2 mm (indistinguível da *O. circumcincta*)
Espículos com a extremidade distal trifurcada	Todos os ramos terminando por um processo rombo	Um ramo terminando por processo rombo e os outros dois afilados	Dois ramos terminando por um processo rombo e o terceiro dificilmente observado	Um dos ramos mais longo e terminando por um processo rombo; os outros dois mais curtos
Lábio vulvar	Presente	Ausente	Presente	Presente

O período pré-patente (PPP) é de 15 a 23 dias.

Quadro clínico – Como hematófagos e por inocularem substância anticoagulante, causam anemia. Diarréia, emagrecimento e edema da região submaxilar são observados. Os animais parasitados bebem mais água do que normalmente.

Patogenia – O abomaso apresenta pequenas lesões de 1 a 2 mm de diâmetro, que se inflamam, produzindo gastrite. As glândulas gástricas tornam-se hipertrofiadas.

Gênero *Hyostrongylus* Hall, 1921

(gr. *hyos,* suíno; *strongylos,* cilíndrico, redondo)

Trichostrongylidae muito semelhante ao gênero *Ostertagia.* Papilas cervicais presentes. Bolsa copuladora com dois lobos laterais grandes e um pequeno lobo dorsal; espículos iguais e curtos; gubernáculo alongado. Vulva no sexto posterior do corpo. Este gênero apresenta uma única espécie, *Hyostrongylus rubidus.*

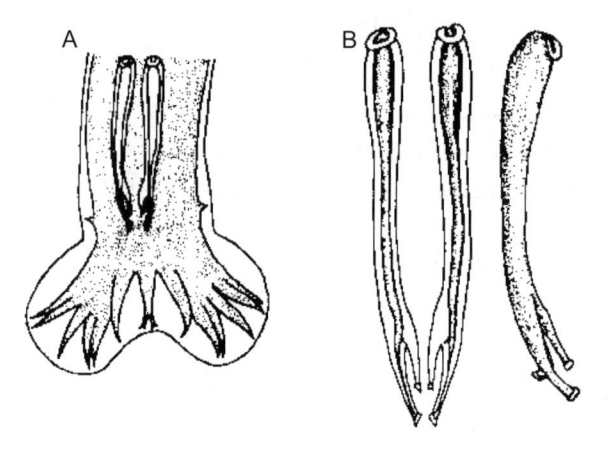

Figura 3.91 *Ostertagia ostertagi* (Stiles, 1892). A) Extremidade posterior do macho. B) Espículos. Segundo Rose, 1960, redesenhado por Jefferson.

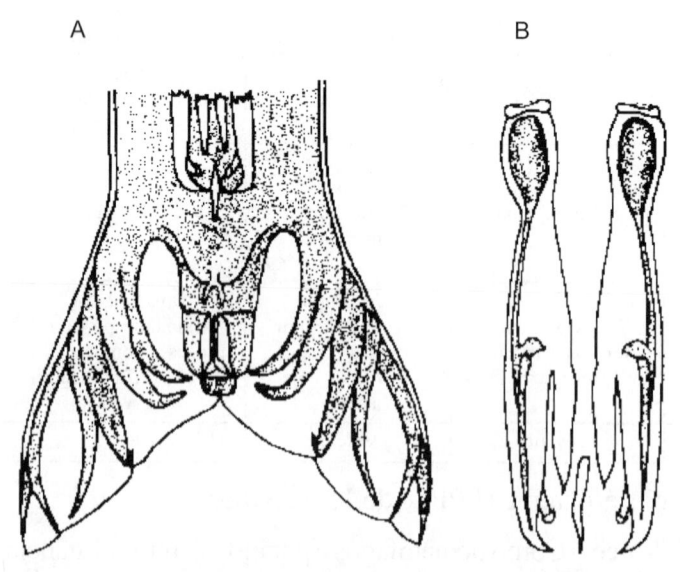

Figura 3.92 *Ostertagia lyrata* (Sjoberg, 1925). A) Extremidade posterior do macho. B) Espículos. Segundo Rose, 1960, redesenhado por Jefferson.

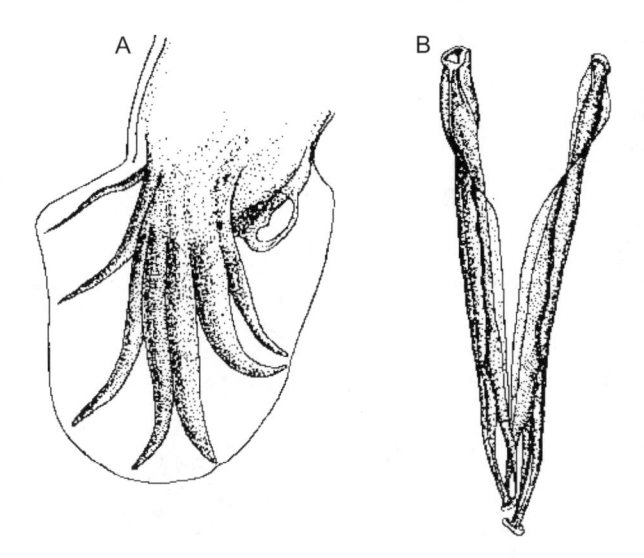

Figura 3.93 *Ostertagia circumcincta* (Stadelmann, 1894). A) Extremidade posterior do macho. B) Espículos. Segundo Ransom, 1911, redesenhado por Jefferson.

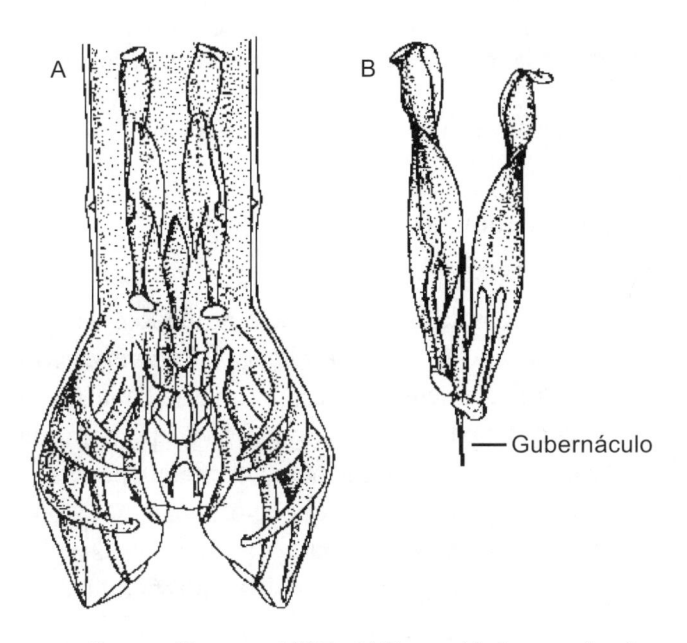

Gubernáculo

Figura 3.94 *Ostertagia trifurcata* (Ransom, 1907). A) Extremidade posterior do macho. B) Espículos. Segundo Ransom, 1911, redesenhado por Jefferson.

Hyostrongylus rubidus (Hassall & Stiles, 1892) Hall, 1921

(lat. *rubidus,* avermelhado)

Morfologia – É vermelho quando recentemente coletado. A cabeça é ligeiramente inflada. O orifício oral é circular e inerme (Figura 3.95).

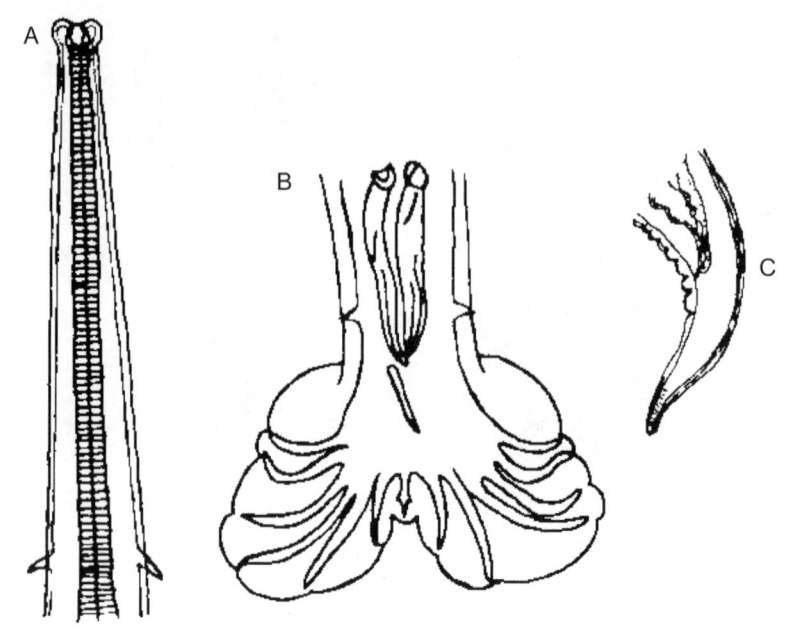

Figura 3.95 *Hyostrongylus rubidus.* A) Extremidade anterior. B) Extremidade posterior do macho. C) Extremidade posterior da fêmea. Segundo Skrjabin et. alii, 1962, redesenhado por Ivan.

Dimensão – O comprimento dos machos varia de 4 a 6 mm e o das fêmeas de 5 a 9 mm.

Biologia

Hospedeiro – Suínos e bovinos.

Localização – Estômago.

Ciclo evolutivo – Os ovos de casca fina são eliminados, já segmentados, com as fezes do hospedeiro. A eclosão da larva, em condições favoráveis, ocorre após 40 horas. A L3 infectante, larva com dupla cutícula, surge após uma semana. Os suínos se infectam pela ingestão das L3 contidas no pasto. No estômago as L3 perdem sua cutícula e invadem as glândulas gástricas. Cinco dias após a infecção mudam para L4 e depois de oito a 13 dias da infecção surgem as formas adultas, que retornam à luz estomacal, sugam sangue da mucosa e alcançam a maturidade sexual. Algumas larvas permanecem durante meses nas glândulas (fase histotrófica) originando pequenos nódulos.

O período pré-patente (PPP) é de 20 a 25 dias.

Quadro clínico – Os sinais são aparentes em parasitismo maciço e em animais debilitados. Observam-se anemia, inapetência, emagrecimento, diarréia com estrias de sangue.

Patogenia – Os efeitos da invasão das L3 nas glândulas gástricas são focos hemorrágicos e a luz das glândulas fica alterada por tumefações (fase histotrófica). Há também ulcerações do tecido glandular após a saída das larvas. Hipertrofia das glândulas. A inflamação das lesões da mucosa resulta em gastrite. Geralmente ocorrem infecções mistas com esofagóstomos, estrongilóides e coccídeos.

Diagnóstico

Clínico – Pelos sinais.

Laboratorial – Identificação microscópica de ovos em exame parasitológico de fezes, pelo Método de Flutuação. Em fezes recentemente coletadas podem ser confundidos com ovos de *Oesophagostomum dentatum*. Para um diagnóstico seguro deve-se recorrer a coprocultura, para identificação das larvas.

Gênero *Nematodirus* Ransom, 1907

(gr. *nema,* fio; *dirus,* cruel)

Trichostrongylidae de corpo muito fino e retorcido, semelhante a um fio de lã, com a extremidade anterior afilada. Microscopicamente é observada uma diminuta vesícula cefálica estriada transversalmente. Orifício oral circular, contornado por uma coroa serreada de dentículos. Há um conspícuo dente esofagiano dorsal. Papilas cervicais ausentes. Bolsa copuladora com dois lobos laterais grandes e um pequeno lobo dorsal; espículos longos e filiformes com a extremidade distal simples; gubernáculo ausente. Vulva de situação posterior. Extremidade caudal da fêmea cônica, truncada e com um processo pontiagudo; ovos segmentados por ocasião da postura.

Ciclo evolutivo – Em princípio, o ciclo evolutivo de todos os tricostrongilídeos é o mesmo. Os ovos, já segmentados, são eliminados com as fezes do hospedeiro. No exterior, em presença de oxigênio, temperatura e grau de umidade adequados, o desenvolvimento prossegue. A evolução dos nematodiros distingue-se dos outros tricostrongilídeos porque a larva realiza suas duas primeiras mudas no interior do ovo e, ao eclodir, 20 dias após a postura, já é uma L3 infectante, larva filarióide encapsulada.

Diagnose das espécies do gênero *Nematodirus*

Espécies Caracterização	*N. filicollis* (Rudolphi, 1802) Ransom, 1907 (Figura 3.96)	*N. spathiger* (Railliet, 1896) Railliet & Henry, 1909
Morfologia	Extremidade anterior mais afilada. Cabeça contornada por uma expansão cuticular estriada transversalmente.	Extremidade anterior mais afilada. Cabeça contornada por uma expansão cuticular estriada transversalmente.
Espículos iguais	Extremidade distal pontiaguda envolvida por uma membrana lanceolada.	Extremidade distal pontiaguda envolvida por uma membrana em forma de espátula.

Dimensão:
    machos
    fêmeas
	10 a 15 mm de comprimento
	15 a 20 mm de comprimento
		10 a 19 mm de comprimento
		15 a 30 mm de comprimento

Hospedeiros	Ovinos, caprinos	Ruminantes
Localização	Intestino delgado	Intestino delgado

Essa larva, graças a sua dupla cutícula, tem a capacidade de suportar as condições desfavoráveis do meio. Os ruminantes se infectam ao ingerirem as L3, que perdem a cutícula no intestino delgado e em oito dias mudam para L4 e em 15 dias mudam para a fase adulta. Estes nematódeos, em nenhum estádio, penetram na mucosa do intestino, entretanto os adultos se apresentam enrolados entre as vilosidades intestinais em contato com a mucosa.

A fêmea põe diariamente 50 a 75 ovos grandes com quatro a oito células.

O período pré-patente (PPP) é de aproximadamente 15 a 25 dias em terneiros com até 10 meses de idade.

Quadro clínico – Os animais parasitados apresentam-se tristes; há perda de apetite, emagrecimento, diarréia, caquexia e morte. Infecções puras, unicamente por *Nematodirus,* só ocorrem em experimentos. A campo, as infecções são sempre mistas e os sinais são aqueles dos tricostrongilídeos.

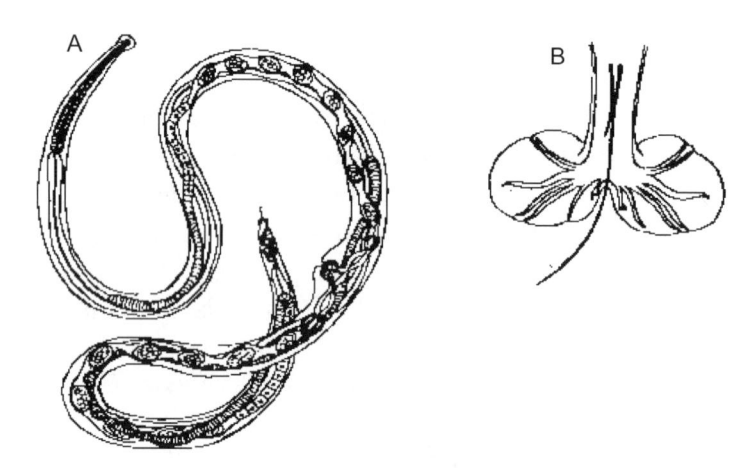

Figura 3.96 *Nematodirus filicollis.* A) Fêmea. B) Extremidade posterior do macho. Segundo Railliet, redesenhado por Ivan.

Patogenia – A mucosa intestinal a princípio se apresenta intumescida e avermelhada e há hipersecreção das glândulas. Com a evolução torna-se esclerosada e quase ou totalmente destruída.

Diagnóstico

Clínico – Pelos sinais.

Laboratorial – Para confirmação do diagnóstico clínico, recorre-se ao diagnóstico laboratorial, através de exame parasitológico de fezes para pesquisa e identificação de ovos de *Nematodirus,* pelo Método de Flutuação.

Gênero *Cooperia* Runsom, 1907

(dedicado a Cooper)

Trichostrongylidae comparável ao gênero *Trichostrongylus,* mas pode ser distinguido pelo seu aspecto de vírgula ou mola. Microscopicamente observa-se que a cutícula da extremidade anterior é dilatada e estriada transversalmente, dando à cabeça a aparência de bulbo. Cavidade bucal pequena. Papilas cervicais ausentes. Bolsa copuladora com dois lobos laterais grandes e o dorsal pequeno; espículos curtos e grossos, a maioria de ponta simples e às vezes com expansão mediana; gubernáculo ausente. Vulva situada no quarto posterior do corpo. Ovos com paredes paralelas e pólos arredondados. Todas as espécies parasitam ruminantes (Figura 3.97).

Ciclo evolutivo – O ciclo evolutivo é o dos tricostrongilídeos. Os ovos são eliminados com as fezes do hospedeiro, na fase de mórula. A fase pré-parasitária com L1, L2 livres, L3 com dupla cutícula – larva infectante – que ingerida pelo hospedeiro adequado muda para L4 após quatro dias da infecção e os adultos imaturos surgem depois de 10 dias da ingestão.

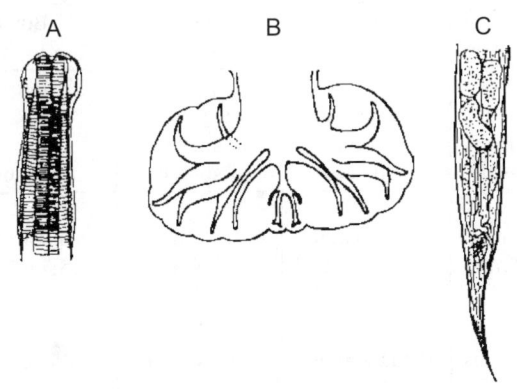

Figura 3.97 *Cooperia* spp. A) Extremidade anterior. B) Extremidade posterior do macho. C) Extremidade posterior da fêmea. Segundo Ransom, 1911, redesenhado por Ivan.

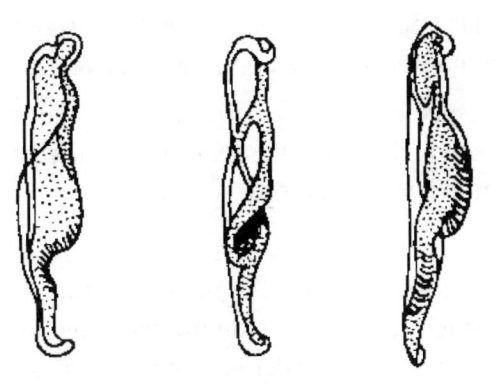

Figura 3.98 *Cooperia curticei,* espículos. Segundo Ransom, 1911, redesenhado por Ivan.

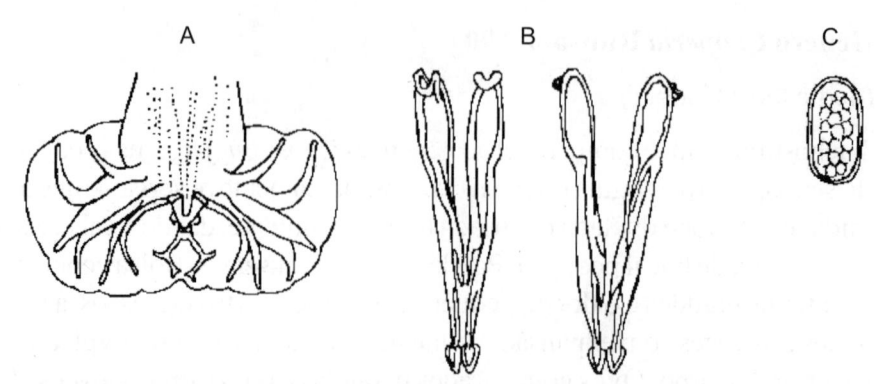

Figura 3.99 *Cooperia mcmasteri.* A) Extremidade posterior do macho. B) Espículos. C) Ovo. Segundo Rose, 1960, redesenhado por Ivan.

Diagnose para espécies de *Cooperia*

Espécies / Caracterização	*C. curticei* (Railliet, 1893) Ransom, 1907 (Figura 3.98)	*C. oncophora* (Railliet, 1893) Ransom, 1907	*C. pectinata* Ransom 1907	*C. punctata* (von Linstow, 1907) Ransom, 1907	*C. mcmasteri* Gordon, 1932 (Figura 3.99)
Hospedeiros	Ovinos, caprinos	Bovinos, ovinos	Bovinos, ovinos	Bovinos, ovinos	Ovinos
Localização	Intestino delgado e raramente o abomaso	Intestino delgado e raramente o abomaso	Intestino delgado e raramente o abomaso	Intestino delgado e raramente o abomaso	Intestino delgado
Dimensão: machos fêmeas	4,5 a 5,5 mm 5,8 a 6,2 mm	4,9 a 9 mm 6 a 12 mm	7 mm 7,5 a 9 mm	4,7 a 5,9 mm 5,7 a 7,5 mm	6,8 mm 7,9 mm
Espículos iguais curtos e grossos	Ponta simples	Ponta simples	Ponta simples	Ponta simples	Ponta bífida e ramo externo com uma pequena expansão cônica

O período pré-patente (PPP) é de 17 a 22 dias.

Quadro clínico – Diarréia, anorexia, enterite. A necropsia revela inflamação catarral do duodeno com exsudato fibrino-necrótico, hemorragias e espessamento da parede intestinal.

Patogenia – As espécies de *Cooperia* invadem a mucosa do duodeno e sugam sangue. Infecções leves são inconseqüentes, entretanto, infecções maciças em animais jovens são graves, podendo levá-los à morte.

Diagnóstico

Clínico – É muito complicado o diagnóstico clínico, porque as infecções são sempre mistas. O diagnóstico seguro, para identificação das espécies que parasitam os animais de um rebanho, consiste em proceder-se à necropsia de um dos animais parasitados e ser feita a contagem de seus vermes.

Laboratorial – Exame parasitológico de fezes, para identificação microscópica dos ovos, pelo Método de Flutuação. Para a constatação do grau de infecção, emprega-se o método da identificação e contagem de ovos de helmintos por grama de fezes, pelo Método de Gordon e Whitlock. A identificação genérica dos helmintos é feita através da identificação de larvas infectantes obtidas por coprocultura.

Profilaxia – As medidas essenciais para a profilaxia de tricostrongilídeos consistem:

• na drenagem dos campos alagadiços;

• no fornecimento de água de bebida proveniente de rede hidráulica ou ser tratada com sal de cozinha, que tem a propriedade de impedir a evolução de ovos de tricostrongilídeos;

• em desinfetar o estrume, com a finalidade de destruir os ovos ou as larvas;

• em incinerar as vísceras dos animais mortos ou abatidos;

• em povoar as pastagens com animais negativos para parasitos, comprovados em exame parasitológico de fezes.

Família METASTRONGYLIDAE Leiper, 1908

(vermes pulmonares)

Conceitos básicos

• Strongyloidea delgados.

• Cápsula bucal reduzida ou ausente.

• Bolsa copuladora às vezes reduzida e sustentada por raios típicos.

• Parasitos dos brônquios, bronquíolos, tecido pulmonar ou vasos sangüíneos dos pulmões de seus hospedeiros.

• Ciclo evolutivo direto (monoxeno) ou indireto (heteroxeno).

• Nenhuma espécie desta família parasita o homem.

• Com as subfamílias Metastrongylinae, Dictyocaulinae, Protostrongylinae e Filaroidinae.

Subfamília METASTRONGYLINAE Leiper, 1908

Conceitos básicos

• Metastrongylidae com orifício oral circundado por seis lábios bem desenvolvidos.

• Bolsa copuladora pequena e raios reduzidos.

• Espículos muito longos.

- Fêmeas prodelfas.
- Ciclo evolutivo indireto – heteroxeno.
- Biohelmintos.
- Minhoca *(Lumbricus terrestris)* – hospedeiro intermediário.

Gênero *Metastrongylus* Molin, 1861

(gr. *meta,* após; *strongylos,* cilíndrico, redondo)

Metastrongylinae filiformes esbranquiçados e nunca ultrapassando a 60 mm de comprimento. Orifício oral circundado por dois lábios laterais trilobados. Cápsula bucal reduzida. Bolsa copuladora com dois lobos laterais grandes e o lobo dorsal reduzido; espículos longos e finos, estriados transversalmente e terminados em gancho; gubernáculo presente ou ausente. Fêmea com a extremidade posterior cônica e com um processo digitiforme; úteros paralelos; vulva próxima ao ânus; ovovivíparas; ovos de casca espessa e corrugada; larvados por ocasião da postura.

O hospedeiro, a localização e seu comprimento são suficientes para a identificação do gênero.

São conhecidas quatro espécies de *Metastrongylus* e todas parasitos de suínos. (Figura 3.100).

Diagnose para espécies de *Metastrongylus*

Espécies Caracterização	M. pudendotectus (Vostokov, 1905) (Figura 3.101)	M. apri (Gmelin, 1790) Vostokov, 1905 (Figura 3.102 e 3.103)	M. salmi (Geoelst, 1923) (Figura 3.104)
Dimensão: machos	14 a 19 mm de comprimento	11 a 26 mm de comprimento	14 a 18 mm de comprimento
fêmeas	19 a 40 mm de comprimento	28 a 60 mm de comprimento	30 a 14 mm de comprimento
Espículos	Medindo de 1,3 a 1,7 mm de comprimento e com a extremidade distal apresentando um processo semelhante à âncora	Filiformes, medindo 3,9 a 5,5 mm de comprimento com um gancho na extremidade distal	Com 2,1 a 2,4 mm de comprimento e gancho na extremidade distal
Gubernáculo	Forma de escudo	Ausente	Presente

Figura 3.100 *Metastrongylus* spp. Fêmea e macho. Tamanho natural.

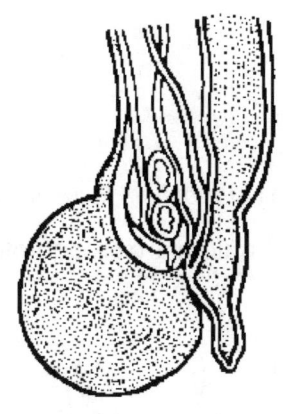

Figura 3.101 *Metastrongylus pudendoctectus* (Vostokov, 1905). Extremidade posterior da fêmea. Segundo Dougherty, 1944, redesenhado por Jefferson.

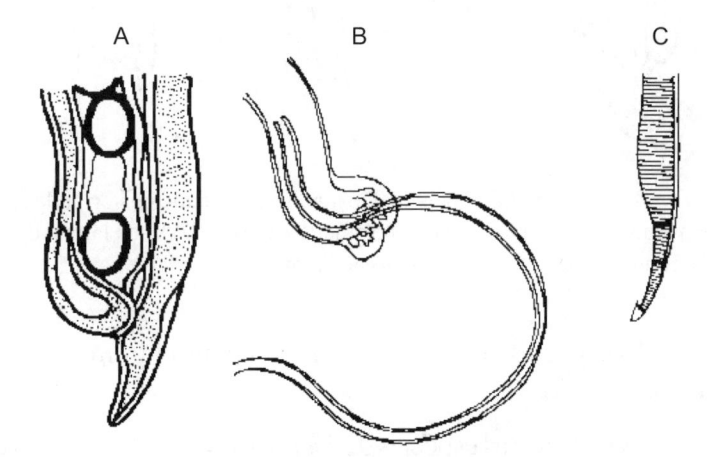

Figura 3.102 *Metastrongylus apri* (Gmelin, 1790) Vostokov, 1905. A) Vista lateral da extremidade posterior da fêmea. Segundo Skrjabin, 1964, redesenhado por Jefferson. B) Extremidade posterior do macho. C) Extremidade do espículo. Segundo Gedoelst, redesenhado por Jefferson.

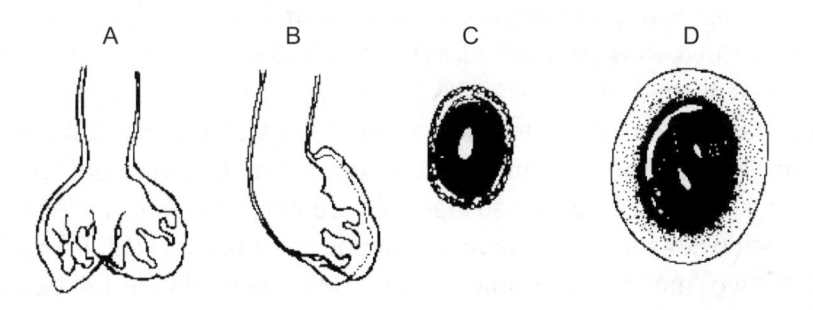

Figura 3.103 *Metastrongylus apri.* Extremidade posterior do macho. A) Vista ventral. B) Vista lateral. C) Ovo com casca delgada. D) Ovo com casca espessa. Segundo Gedoelst, redesenhado por Ivan.

Biologia

Hospedeiros

Definitivo – Suínos.

Intermediário – Minhoca *(Lumbricus terrestris)*.

Localização – Traquéia, brônquios e bronquíolos.

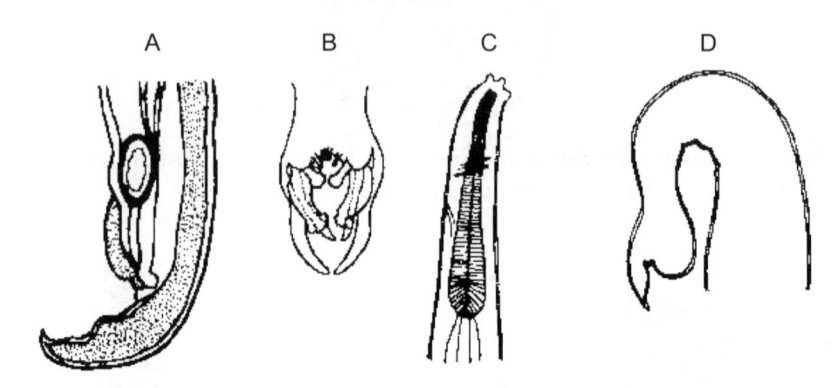

Figura 3.104 *Metastrongylus salmi* (Gedoelst, 1923). A) Extremidade posterior da fêmea. B) Extremidade posterior do macho. C) Vista lateral da extremidade anterior. D) Vista lateral da extremidade posterior da fêmea. Segundo Gedoelst, redesenhado por Ivan.

Nutrição – As espécies do gênero *Metastrongylus* nutrem-se de exsudato inflamatório do trato respiratório.

Ciclo evolutivo – Todas as espécies de *Metastrongylus* apresentam ciclo evolutivo semelhante.

Os ovos embrionados chegam à faringe e ou são expectorados com a tosse ou deglutidos e então eliminados com as fezes. Os ovos são muito resistentes a baixas temperaturas, podendo sobreviver até mais de um ano no solo. Para o ciclo prosseguir, os ovos devem ser ingeridos pela minhoca, seu hospedeiro intermediário, eclodindo as larvas no seu tubo digestivo. Mas, geralmente, as larvas eclodem imediatamente e o hospedeiro intermediário se infecta pela ingestão das L1. As larvas do primeiro estádio evoluem na parede do esôfago, estômago e intestino anterior. As larvas atingem a circulação e vão se acumular no coração. Após a segunda muda, surge o estádio infectante L3, 10 a 30 dias da infecção. Os suínos se infectam ao ingerirem minhocas parasitadas. As larvas, agora livres no intestino dos suínos, atravessam a parede intestinal e, via linfática, chegam aos gânglios linfáticos mesentéricos, onde ocorre a terceira muda e as L4, pela circulação linfática ou sangüínea, chegam aos pulmões, via coração, onde mudam para adulto, tornando-se maduros 24 a 30 dias da infecção.

O período pré-patente (PPP) é de aproximadamente quatro semanas.

Quadro clínico – As infecções leves geralmente passam desapercebidas, entretanto em animais jovens, com menos de seis meses de idade ou aqueles mal alimentados e com a resistência diminuída, é constatada tosse ruidosa com acessos de sufocação; perda de apetite; emagrecimento; crescimento retardado; pêlo rígido e grosso; eosinofilia e pneumonia, devido a infecção bacteriana secundária.

Patogenia – Os vermes pulmonares dos suínos, além de serem patogênicos, podem veicular ou exaltar determinadas doenças.

A evolução das larvas é responsável por petéquias nos pulmões. As formas adultas dos *Metastrongylus* causam obstrução dos bronquíolos resultando em pneumonia e enfisema. Aqueles vermes que morrem nos bronquíolos são encapsulados e vão constituir nódulos, que não devem ser confundidos com os da tuberculose.

Diagnóstico

Clínico – Pelos sinais, somados ao conhecimento dos locais onde os suínos vivem, uma vez que os *Metastrongylus,* no seu ciclo evolutivo, só podem causar infecção quando os suínos, criados em campos úmidos, ingerem minhocas infectadas, o mesmo não ocorrendo quando a criação é em pocilga. Em necropsia, pela identificação dos vermes no pulmão.

Laboratorial – Através da identificação microscópica de ovos em exame parasitológico de fezes pelo Método de Flutuação.

Profilaxia – As medidas fundamentais são:

- isolamento dos animais parasitados;

- tratamento dos suínos parasitados com anti-helmíntico adequado;

- desinfecção das pocilgas;

- não criar suínos soltos.

Subfamília DICTYOCAULINAE Skrjabin, 1933

Conceitos básicos

- Metastrongylidae com boca provida de quatro pequenos lábios, sendo que o dorsal e o ventral são um pouco mais largos que os laterais.

- Bolsa copuladora ampla e raios longos.

- Espículos curtos com apêndices distalmente.

- Gubernáculo presente.

- Fêmeas anfidelfas.

- Ciclo evolutivo direto – monoxeno.
- Geohelmintos.

Gênero *Dictyocaulus* Railliet & Henry, 1907

(gr. *dictyon,* rede; lat. *caulis,* cauda)

Morfologia – Dictyocaulinae de corpo filiforme e esbranquiçado. Orifício oral circundado por quatro pequenos lábios. Cápsula bucal reduzida e a largura é o dobro da profundidade. Espículos iguais, curtos e robustos. Gubernáculo presente. Ovários e úteros opostos. Ovos elípticos e embrionados por ocasião da postura. Ovovivíparos. Parasitos de herbívoros.

Dictyocaulus filaria (Rudolphi, 1809) Railliet & Henry, 1907

Morfologia – Esta espécie tem as duas extremidades afiladas. Os espículos são escuros, curtos, com aspecto de "pé-de-meia" e medem de 400 a 550 μ de comprimento. A fêmea tem a extremidade posterior reta e cônica. A vulva está situada na metade posterior do corpo. Os ovos, de casca tênue, medem de 112 a 135 μ de comprimento por 52 a 67 μ de largura e embrionados por ocasião da postura (Figura 3.105).

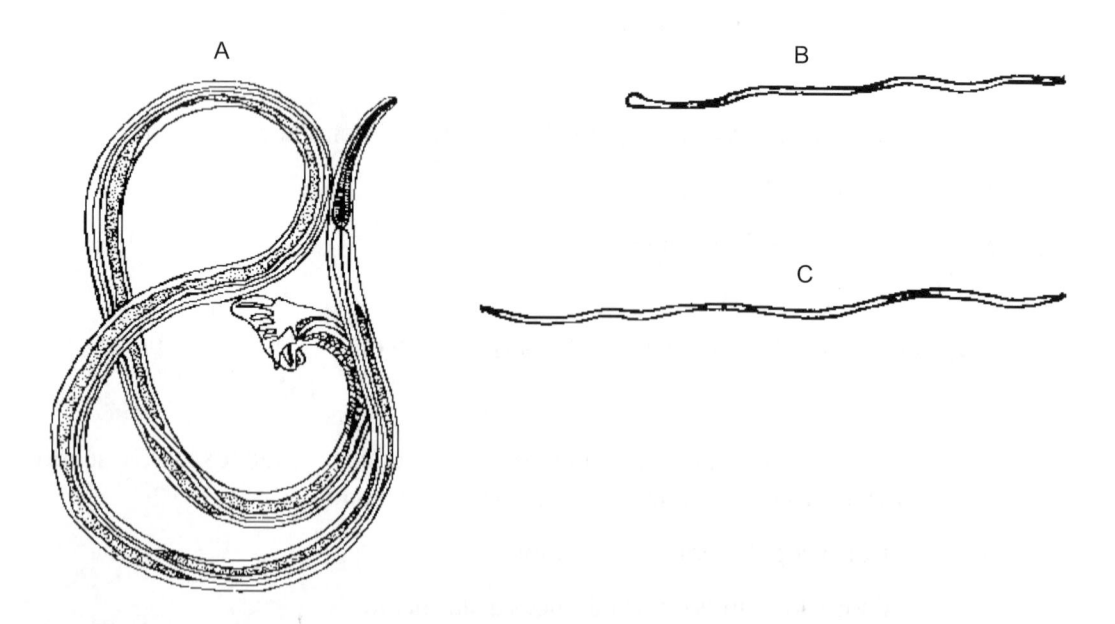

Figura 3.105 *Dictyocaulus filaria.* A) Indivíduo do sexo masculino. B) e C) Tamanho natural de indivíduos do sexo masculino e feminino, respectivamente. Segundo G. Neumann, redesenhado por Ivan.

Dimensão – O comprimento dos machos varia de 30 a 80 mm e o das fêmeas de 50 a 100 mm.

Biologia

Hospedeiros – Ovinos e caprinos.

Localização – Bronquíolos.

Quadro clínico – A dictiocaulose só apresenta manifestação clínica evidente, em casos de alta infecção, causando uma pneumonia verminótica, principalmente em animais jovens. Mais ou menos um mês após a infecção, surge a tosse. Há descargas de muco pelas narinas e olhos. Inicialmente a respiração é leve, e mais tarde acelerada e profunda. Emagrecimento. Anemia. Morte por anoxia ou sufocação. As manifestações clínicas são conseqüência da presença dos adultos nos bronquíolos.

Patogenia – O alto grau de infecção dos brônquios ocasiona lesões na mucosa, do tipo mecânico e irritativo, responsáveis por um exsudato abundante, com infiltração de eosinófilos, do qual os parasitos se nutrem. A obstrução dos bronquíolos leva a formação de enfisema alveolar e muitos alvéolos apresentam-se hipertrofiados e coalescidos. Ocorre, também, hipertrofia da musculatura dos brônquios.

Diagnóstico

Clínico – Pelos sinais clínicos e constatação dos vermes em necropsias.

Laboratorial – Pela constatação e identificação de larvas em exame parasitológico de fezes, ou pela identificação de ovos e larvas no muco proveniente da boca e do nariz.

Dictyocaulus viviparus (Bloch, 1782) Railliet & Henry, 1907

Morfologia – O corpo filiforme tem as duas extremidades afiladas. Os espículos são curtos e robustos. A fêmea apresenta a extremidade posterior curta e pontiaguda. Vulva situada no sexto posterior do corpo. Esta espécie é a mais patogênica (Figura 3.106).

Dimensão – O comprimento dos machos varia de 17 a 50 mm por 500 μ de largura e o das fêmeas de 23 a 80 mm.

Biologia

Hospedeiro – Bovinos.

Localização – Bronquíolos, brônquios e traquéia.

Quadro clínico e Patogenia – A dictiocaulose dos bovinos é uma doença essencialmente respiratória e as manifestações clínicas relacionam-se com a penetração dos parasitos no hospedeiro, considerada primeira fase; com o quadro pulmonar, a segunda fase; com a produção de ovos, a terceira fase e com a regressão dos sinais, a quarta fase.

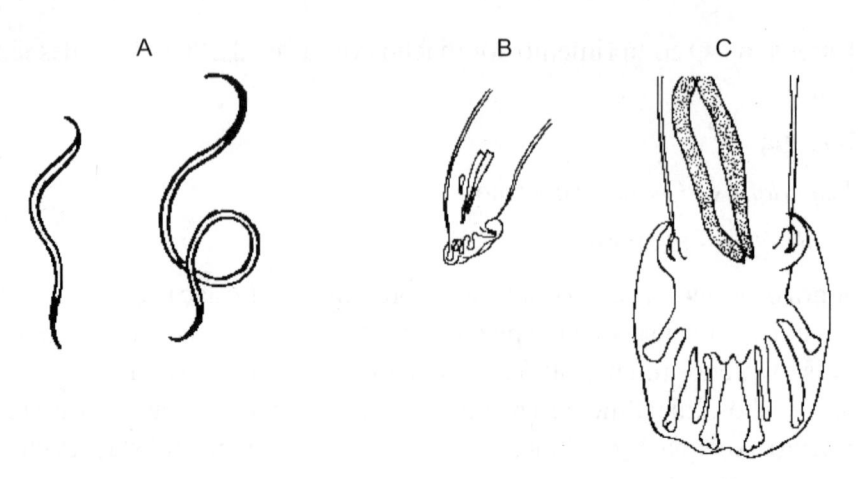

Figura 3.106 *Dictyocaulus viviparus.* A) Tamanho natural de macho e fêmea. B) Extremidade posterior do macho, vista lateral. C) Extremidade posterior do macho, vista ventral. Segundo Railliet, redesenhado por Ivan.

Na primeira fase não há manifestação clínica evidente e corresponde à penetração das larvas nos pulmões.

Na segunda fase, cerca de 18 a 25 dias após a infecção, a respiração apresenta-se acelerada e os animais tossem freqüentemente. A morte pode ocorrer em conseqüência de complicações pulmonares.

Na terceira fase há produção de ovos das formas adultas nos pulmões. Quando esses ovos são aspirados e invadem o tecido pulmonar, pode ocorrer eclosão das L1 que, fagocitadas por macrófagos, vão causar pneumonia, dispnéia, tosse, perda de apetite, emagrecimento e crescimento retardado. A morte pode sobrevir por sufocação.

A necropsia revela pus esverdeado em conseqüência da degeneração de eosinófilos. Os pulmões apresentam-se "marmorizados" devido ao edema dos septos pulmonares.

Na quarta fase, geralmente 50 dias depois da infecção, os sinais regridem e a cura sobrevém. Os animais restabelecidos, contudo, continuam tossindo com freqüência, devido a estenose dos brônquios.

Diagnóstico

Clínico – Uma vez que a dictiocaulose bovina produz síndromes pulmonares comuns a outras doenças pulmonares ou não, o diagnóstico clínico não é capaz de determinar sua etiologia.

Laboratorial – Pela identificação de larvas em exame de fezes coletadas diretamente do reto ou de ovos e larvas na secreção do muco das narinas ou da expectoração.

Dictyocaulus arnfieldi (Cobbold, 1884) Railliet & Henry, 1907

(dedicado a Arnfield)

Morfologia – O corpo é filiforme e esbranquiçado. A bolsa copuladora é pequena; os espículos são curtos, levemente arqueados, medem de 200 a 250 μ de comprimento; o gubernáculo é ovóide. A vulva, não saliente, está situada nos 3/5 anteriores do corpo. A cauda da fêmea é curta, arqueada e com a extremidade obtusa. Os ovos são elípticos e embrionados por ocasião da postura e medem de 80 a 100 μ de comprimento por 50 a 60 μ de largura. A L1 caracteriza-se por apresentar um processo em forma de botão na cabeça (Figura 3.107).

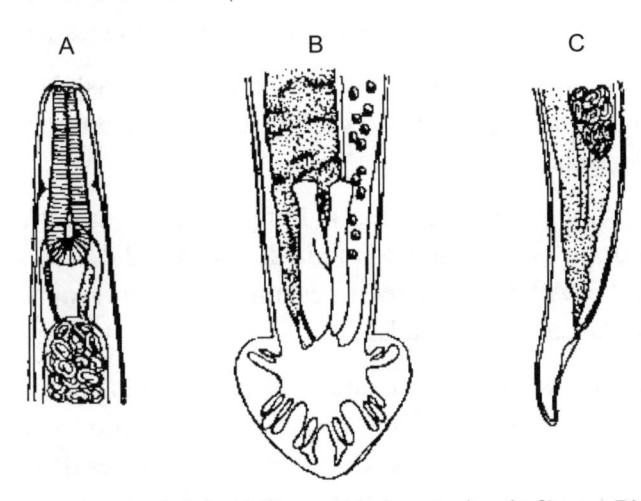

Figura 3.107 *Dictyocaulus arnfieldi*. A) Extremidade anterior da fêmea. B) Extremidade posterior do macho. C) Extremidade posterior da fêmea. Segundo Railliet, redesenhado por Ivan.

Dimensão – O comprimento dos machos varia de 25 a 43 mm e o das fêmeas de 43 a 68 mm.

Biologia

Hospedeiros – Eqüinos e asininos.

Localização – Bronquíolos e brônquios.

Quadro clínico e Patogenia – Não há sinais clínicos aparentes visto que a espécie *D. arnfieldi* não é muito patogênica. Quando a carga parasitária for grande, há manifestações de tosse e bronquite nos eqüinos e aparentemente não apresenta sinais clínicos nos asininos.

Diagnóstico

Clínico – Os sinais não permitem identificar a dictiocaulose clinicamente, sendo necessário recorrer a recursos laboratoriais ou a constatação dos vermes em necropsia.

Laboratorial – Identificação microscópica de larvas encontradas na necropsia ou de ovos ou de larvas em exame parasitológico de fezes.

Ciclo evolutivo – O ciclo evolutivo é direto e idêntico para todas as espécies do gênero *Dictyocaulus*.

As fêmeas, ovovivíparas, produzem ovos que contêm larvas bem desenvolvidas que eclodem de imediato na mucosidade dos brônquios de seus hospedeiros.

As larvas recém eclodidas, L1, migram até a traquéia, chegam à faringe e ou são expelidas pela tosse ou deglutidas e eliminadas com as fezes. Na eliminação do muco pelas narinas também podem ser constatadas larvas que eclodiram nos pulmões. Durante esse percurso, as larvas não sofrem nenhuma transformação.

As larvas do primeiro estádio, presentes nas fezes frescas, são tipicamente lentas e diferem das demais espécies, porque não se alimentam e utilizam como energia as substâncias nutritivas armazenadas nas células intestinais.

A larva do primeiro estádio, após 48 horas, muda e sua cutícula fica retida na L2. A larva do segundo estádio realiza muda depois de 12 dias, e sua cutícula também permanece na L3. A larva do terceiro estádio, infectante, apresenta-se, portanto, com duas cutículas, a da L1 e da L2.

As L3 infectantes, dotadas de geotropismo negativo, emigram das fezes e sobem nas hastes dos capins ou por seus próprios movimentos ou à semelhança dos esporângios do fungo *Pilobolus* que se desenvolvem em fezes de herbívoros. A ruptura explosiva dos esporângios arremessa esporos e larvas a uma distância de 120 cm em laboratório e de 3 m a campo.

As larvas infectantes ingeridas junto com o pasto, pelo seu hospedeiro apropriado, perdem as cutículas no abomaso ou no estômago, pela ação da pepsina e do pH ácido, penetram na parede intestinal e atingem a circulação sangüínea via glânglios linfáticos do mesentério. Pela circulação vão ter aos alvéolos, bronquíolos e brônquios. De acordo com certos autores, algumas larvas de *D. viviparus,* em fêmeas prenhes, podem chegar ao feto através da circulação placentária, ocasionando infecção pré-natal. Entretanto, pesquisas realizadas por Poynter (1963) não confirmaram tal ocorrência.

Cinco dias após a infecção, as larvas mudam para L4 nos pulmões e no 15.º dia da infecção, são observados adultos jovens nos brônquios.

O período pré-patente (PPP) é de cinco semanas para *D. filaria;* de três a quatro semanas para *D. viviparus* e de dois a quatro meses para *D. arnfieldi.*

Não ocorrendo reinfecções, os nematódeos morrem gradualmente e 30 a 70 dias depois da primeira constatação não são mais encontrados ovos nas fezes.

As larvas de vida livre de *Dictyocaulus* podem ser ingeridas por minhocas *(Lumbricus terrestris)* e sem sofrerem alterações, atravessam intactas seu tubo digestivo e são eliminadas com suas fezes, desempenhando então, as minhocas, o papel de vector paratênico – disseminador do helminto.

Profilaxia – É baseada principalmente nas seguintes medidas:

- drenagem dos campos alagadiços, evitando-se assim a evolução das larvas em meios úmidos;

- desinfecção do estrume, impedindo-se assim que os animais não parasitados ingiram os ovos do parasito, eliminados com as fezes de animais parasitados;

- cremação das vísceras de animais parasitados, mortos ou abatidos.

Subfamília PROTOSTRONGYLINAE Kamenski, 1905

Conceitos básicos

- Metastrongylidae com boca provida de seis lábios reduzidos.

- Bolsa copuladora muito ou pouco desenvolvida.

- Fêmea prodelfa.

- Ciclo evolutivo indireto – heteroxeno.

- Biohelmintos.

- Moluscos gastrópodes são os hospedeiros intermediários.

Gênero *Muellerius* Cameron, 1927

(dedicado a Mueller)

Protostrongylinae filiforme, com bolsa copuladora muito reduzida; gubernáculo presente. Extremidade posterior da fêmea cônica; vulva próxima ao ânus. Parasitos de ruminantes.

Muellerius capillaris (Mueller, 1889) Cameron, 1927

Morfologia – A extremidade posterior do macho é em espiral, com 11 a 13 voltas. Os espículos constam de um eixo provido de uma expansão estriada transversalmente e dois ramos desiguais serreados. Os ovos são elípticos e não estão segmentados por ocasião da postura (Figura 3.108).

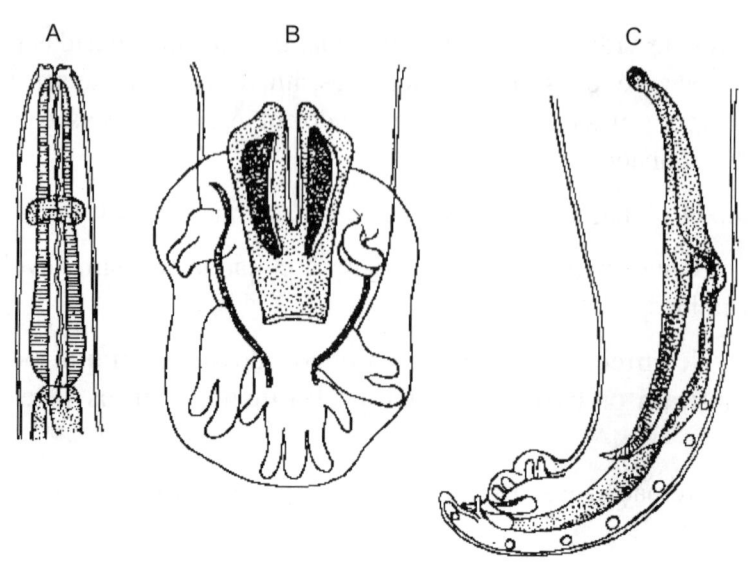

Figura 3.108 *Muellerius capillaris.* A) Extremidade anterior. B) Extremidade posterior do macho, vista ventral. C) Extremidade posterior do macho, vista lateral. Segundo Boev & Andrew, redesenhado por Ivan.

Dimensão – O comprimento dos machos varia de 11 a 14 mm e o das fêmeas de 19 a 23 mm.

Biologia

Hospedeiros

Definitivos – Ovinos e caprinos.

Intermediários – Moluscos gastrópodes.

Localização – Parênquima pulmonar.

Ciclo evolutivo – O ciclo evolutivo de *Muellerius capillaris* é heteroxeno. A eclosão das larvas ocorre no tecido pulmonar e estas se deslocam até a faringe, quando são deglutidas e eliminadas com as fezes. As L1 têm esôfago rabditiforme cuja dimensão é igual a metade do comprimento do corpo. As larvas caracterizam-se pela cauda ondulada com um espinho dorsal. As L1 suportam bem as temperaturas baixas, resistem ao congelamento e sobrevivem durante vários meses na água. Para prosseguirem sua evolução, necessitam ser ingeridas, junto com o alimento, por um molusco gastrópode – hospedeiro intermediário. Há aproximadamente 40 espécies de moluscos que servem como hospedeiros intermediários. O período de evolução, até a larva atingir seu estádio infectante, varia com a espécie do molusco e as condições do meio. O molusco permanece infectado durante toda sua vida.

O hospedeiro definitivo se contamina ao ingerir moluscos parasitados com as L3. Estas larvas, liberadas no trato digestivo, atravessam a parede intestinal e, via linfática, chegam aos gânglios linfáticos mesentéricos, onde mudam para L4. Pela circulação linfática ou sangüínea chegam aos pulmões, via coração, onde mudam para adulto.

O período pré-patente (PPP) é de seis semanas.

Quadro clínico – Geralmente os animais parasitados por *Muellerius capillaris* não apresentam sinais aparentes. Viroses e infecções bacterianas podem diminuir a resistência dos ovinos e o parasitismo pode então ser fatal ao hospedeiro. Os animais jovens são mais resistentes ao parasitismo por *M. capillaris* do que os adultos.

Patogenia – São encontrados indivíduos de *M. capillaris* no tecido pulmonar e excepcionalmente nos alvéolos pulmonares. O organismo do animal parasitado reage, formando um tecido conetivo em torno do verme, constituindo um pequeno nódulo, com mais ou menos 2 cm de diâmetro, na superfície dos pulmões. Os nódulos contêm tecido necrosado, circundado por reação inflamatória e células gigantes. Quando os vermes morrem, ocorre calcificação dos nódulos.

Diagnóstico

Clínico – Pela falta de elementos sugestivos, depreende-se que o diagnóstico clínico é muito difícil.

Laboratorial – Pela constatação e identificação microscópica de larvas e de adultos em necropsias; pela constatação de ovos e larvas em material eliminado pela boca ou nariz e também pela constatação e identificação de larvas em exame parasitológico de fezes.

Profilaxia – Os métodos profiláticos preconizados são:

- tratamento dos ovinos e caprinos parasitados com anti-helmíntico adequado;
- incineração das fezes dos animais parasitados;
- drenagem de campos úmidos evitando-se assim a proliferação de moluscos, e
- criar animais jovens separados dos adultos.

Subfamília FILAROIDINAE

Conceitos básicos

- Metastrongylidae com boca provida de seis lábios reduzidos.
- Bolsa copuladora, quando presente, muito reduzida.
- Fêmea prodelfa.
- Ciclo evolutivo indireto – heteroxeno.
- Biohelmintos.
- Moluscos gastrópodes – hospedeiros intermediários.

Gênero *Angiostrongylus* Kamensky, 1905

(gr. *angeion,* vaso; *strongylos,* cilíndrico)

Filaroidinae de cor avermelhada, filiforme, com bolsa copuladora reduzida; espículos iguais ou subiguais finos e longos; gubernáculo ausente.

Angiostrongylus vasorum (Baillet, 1866) Kamensky, 1905

Morfologia – O corpo apresenta as extremidades afiladas. A cutícula transparente permite observar os condutos genitais de coloração branco-acinzentada, enrolados no tubo digestivo de cor vermelha. A extremidade posterior do macho é voltada ventralmente. Os ovos são elípticos e não estão segmentados por ocasião da postura (Figura 3.109).

Dimensão – O comprimento dos machos varia de 14 a 18 mm e o das fêmeas de 18 a 25 mm.

Biologia

Hospedeiros

Definitivo – Caninos.

Intermediários – Moluscos gastrópodes, *Biomphalaria.*

Localização – Artéria pulmonar e raramente o coração direito do cão.

Ciclo evolutivo – A ovipostura da espécie *Angiostrongylus vasorum* é na artéria pulmonar e os ovos são levados pelos capilares aos pulmões, onde evoluem as L1. Estas atravessam a parede que separa os capilares do espaço alveolar, alcançam os bronquíolos, são arrastadas com a secreção da mucosa aos brônquios, traquéia, laringe e, chegando à faringe, são expectoradas ou deglutidas para então serem eliminadas pelas fezes.

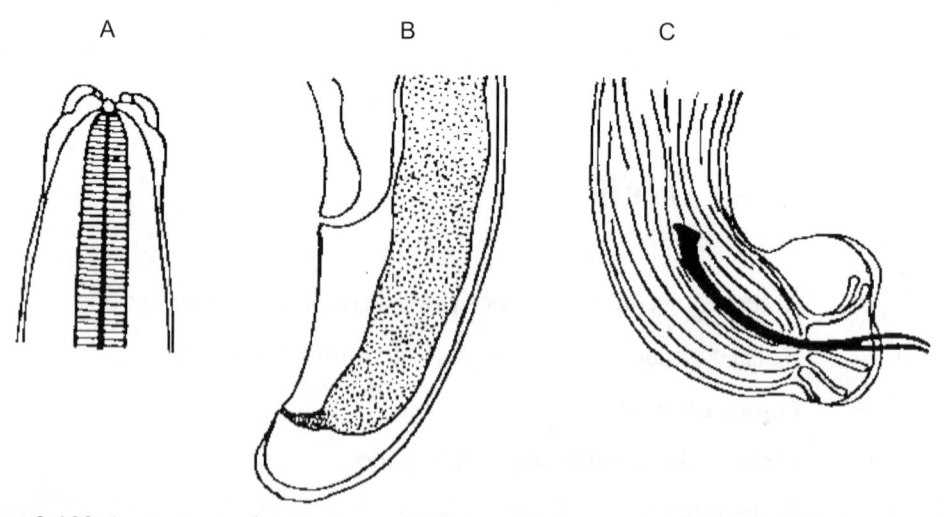

Figura 3.109 *Angiostrongylus vasorum.* A) Extremidade anterior. B) Extremidade posterior da fêmea. C) Extremidade posterior do macho. Segundo Railliet, redesenhado por Ivan.

Para a evolução do parasito é necessário que as larvas sejam ingeridas por um molusco gastrópode. Quando um cão ingerir um gastrópode parasitado, as L3 infectantes são liberadas. As larvas atravessam a parede intestinal e, via linfática, chegam aos gânglios linfáticos mesentéricos, onde mudam para L4, e daí, via sangüínea ou linfática, vão ao fígado, coração e artéria pulmonar, onde se tornam adultos.

O período pré-patente (PPP) é de 49 dias.

Quadro clínico – Geralmente esta estrongilose só é evidenciada por ocasião da necropsia. Por outro lado, em determinados casos, os cães podem apresentar dispnéia, que pode evoluir para asfixia; às vezes apresentam ascite. A auscultação e a percussão não fornecem qualquer registro.

Patogenia – A presença de ovos e larvas de *Angiostrongylus vasorum* na artéria pulmonar e nos brônquios do cão gera a formação de granulações menores que a cabeça de alfinete, situadas principalmente na base dos lobos pulmonares. As granulações apresentam uma zona central, constituída por uma célula gigante no centro da qual há uma cavidade que contém o ovo ou a larva; zona mediana, constituída de células epitelióides; externamente uma zona periférica, constituída de células embrionárias distribuídas em círculo.

Nos pulmões, em ramos da artéria pulmonar, são encontrados nódulos maiores referentes ao local onde angiostrôngilos adultos estão acumulados.

Diagnóstico – Pela comprovação e identificação de larvas em exame parasitológico de fezes, em material eliminado pela boca ou de adultos na artéria pulmonar ou no pulmão, por ocasião de necropsia.

Profilaxia – Os mesmos métodos preconizados para *Muellerius*.

Angiostrongylus cantonensis (Chen, 1935) Dougherty, 1946

Morfologia – As fêmeas apresentam os condutos genitais branco-acinzentados, enrolados no intestino vermelho, devido a ingestão de sangue. A vulva é uma fenda transversal; a extremidade posterior, com uma diminuta projeção terminal, é truncada obliquamente. Os ovos não estão segmentados por ocasião da postura. Os machos apresentam os espículos subiguais e estriados circularmente.

Dimensão – Os machos medem de 15 a 22 mm de comprimento por 250 a 350 μm de largura e as fêmeas medem de 18 a 33 mm de comprimento por 280 a 500 μm de largura.

Biologia

Hospedeiros

Definitivo – Rato.

Intermediários – Moluscos gastrópodes terrestres *(Agrolimax, Limax* etc.).

Localização – Artéria pulmonar do rato. Suas larvas são responsáveis por meningite eosinofílica no homem, segundo Rosen et al. (1961) que constataram numerosos adultos jovens de *A. cantonensis* no cérebro e meninges de um paciente que faleceu num hospital de doentes mentais no Havaí.

Ciclo evolutivo – Semelhante ao do *A. vasorum*. A infecção humana decorre do consumo de verduras cruas mal lavadas ou insuficientemente cozidas, contaminadas com os moluscos anteriormente citados.

Gênero *Aelurostrongylus* Cameron, 1927

(gr. *ailouros,* gato; *strongylos,* cilíndrico)

Filaroidinae capilar, com bolsa copuladora pequena, mas típica. Espículos iguais, curtos e grossos; gubernáculo presente.

Aelurostrongylus abstrusus (Railliet, 1898) Cameron, 1927

Morfologia – A fêmea apresenta a extremidade posterior em ponta romba. Os ovos não estão segmentados por ocasião da postura (Figura 3.110).

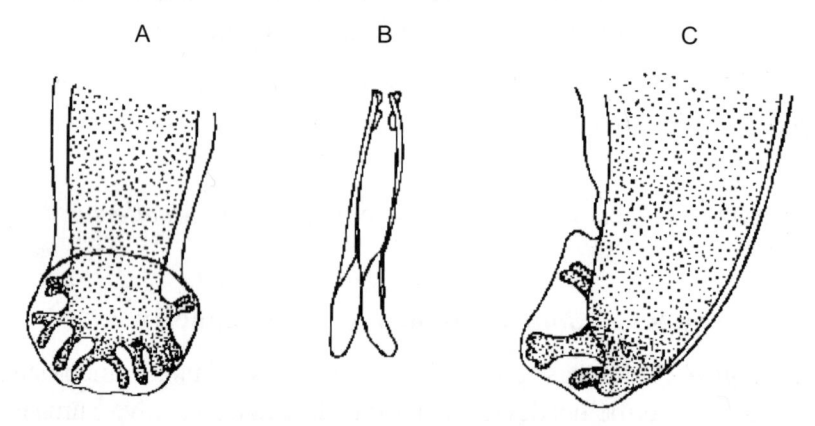

Figura 3.110 *Aelurostrongylus abstrusus.* A) Extremidade posterior do macho, vista ventral. B) Espículos. C) Extremidade posterior do macho, vista lateral. Segundo C. Pinto, redesenhado por Ivan.

Dimensão – Os machos medem de 4 a 6 mm de comprimento por 54 a 64 μm de largura e as fêmeas medem de 9 a 10 mm de comprimento por 80 μm de largura.

Biologia

Hospedeiros

Definitivo – Felinos.

Intermediários – Moluscos gastrópodes.

Localização – Parênquima pulmonar do gato – hospedeiro definitivo. Ligamento gastroesplênico de gastrópodes – hospedeiros intermediários.

Ciclo evolutivo – A ovipostura da espécie *Aelurostrongylus abstrusus* é nas ramificações da artéria pulmonar; através dos capilares, os ovos são arrastados até os pulmões, onde eclodem e evoluem as L1. As larvas do primeiro estádio atravessam a parede que separa os capilares do espaço alveolar, alcançam os bronquíolos, são arrastadas com a secreção da mucosa aos brônquios e levadas à traquéia, laringe, e chegando à faringe, quando são expectoradas ou deglutidas e eliminadas com as fezes.

Para a evolução do *Aelurostrongylus* é necessário que as larvas sejam ingeridas por um molusco gastrópode. No hospedeiro intermediário realizam duas mudas e as L3 localizam-se no ligamento gastroesplênico ou em outras partes do corpo, constituindo pequeninos cistos amarelados, onde vivem até três meses. Anfíbios, aves e roedores podem desempenhar o papel de hospedeiro paratênico.

O gato se infecta ao ingerir o hospedeiro intermediário ou o paratênico com cistos de *Aelurostrongylus.* As larvas emergem dos cistos no trato digestivo do gato, atravessam a parede do esôfago, estômago ou intestino, atingem a circulação sangüínea e, através dela, vão ter aos pulmões, onde mudam para L4, depois de cinco a seis dias da infecção, e o estádio adulto surge após oito a nove dias da ingestão do molusco contaminado.

O período pré-patente (PPP) é de 33 a 41 dias.

Quadro clínico – Geralmente a espécie *Aelurostrongylus abstrusus* não se manifesta clinicamente. O gato pode apresentar sinais de dispnéia, intercalados com período assintomático. Tosse, diarréia e emagrecimento podem ocorrer.

Patogenia – O estádio adulto não é muito patogênico, entretanto seus ovos nos ramos da artéria pulmonar podem ser responsáveis pela formação de trombos e catarro alveolar. Após a eclosão das L1 os trombos desaparecem.

Diagnóstico – Pela comprovação e identificação microscópica de larvas em exame parasitológico de fezes ou de adultos na artéria pulmonar ou no pulmão, por ocasião da necropsia.

Profilaxia – A mesma apresentada para *Muellerius.*

Família SYNGAMIDAE Leiper, 1912

Conceitos básicos

• Strongyloidea com orifício oral amplo, cápsula bucal bem desenvolvida e com seis a 10 dentes na sua base.

• Coroa radiada e lábios conspícuos, ausentes.

A família Syngamidae subdivide-se em duas subfamílias: Syngaminae e Stephanurinae.

Subfamília SYNGAMINAE

Conceitos básicos

- Syngamidae com a margem anterior do orifício oral desprovida de qualquer estrutura.

- Vulva anterior – opistodelfas.

- Raio lateral posterior da bolsa copuladora distinto dos outros laterais.

- Parasitos de aves e mamíferos.

Gênero *Syngamus* von Siebold, 1836

(gr. *syn,* com; *gamos,* união, casamento)

Syngaminae de cápsula bucal ampla circundada por um anel cuticular largo e com oito a nove dentículos triangulares, situados no fundo da cápsula. Seis papilas cefálicas; duas laterais e quatro submedianas. Papilas cervicais ausentes. Macho bem menor do que a fêmea e unido permanentemente a ela. Bolsa copuladora de lobos curtos e parede espessa; raios curtos e grossos; espículos iguais e curtos; gubernáculo ausente. Vulva anterior. Ovos elípticos, operculados e levemente achatados em um dos pólos.

Syngamus trachea (Montagu, 1811) von Siebold, 1836

Morfologia – É de coloração vermelha. Macho e fêmea, unidos permanentemente, formam um "Y". A extremidade anterior é de maior diâmetro e truncada. A boca é orbicular. Bolsa copuladora obliquamente truncada. Ovos bioperculados (Figura 3.111).

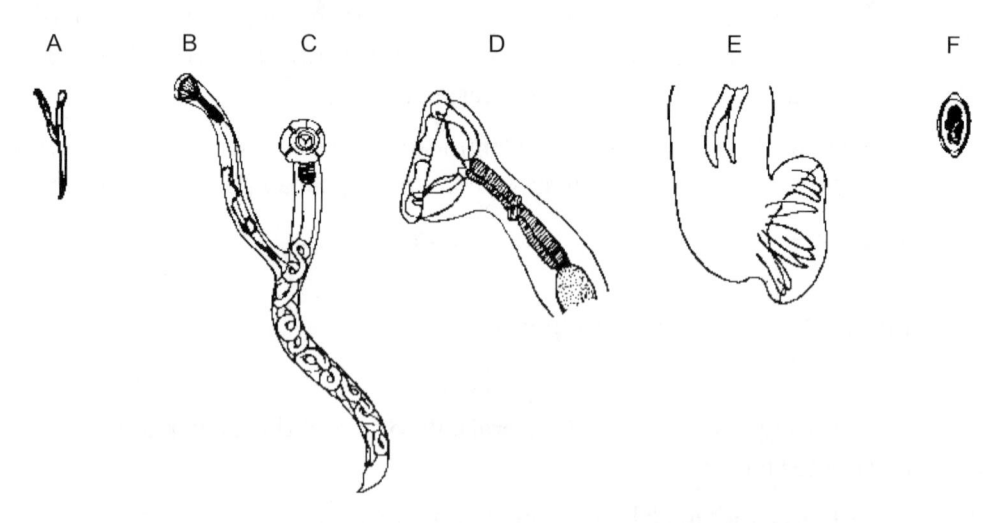

Figura 3.111 *Syngamus trachea.* A) Macho e fêmea, tamanho natural. B) Macho. C) Fêmea. D) Extremidade anterior. E) Extremidade posterior do macho. F) Ovo. Segundo Yorke e Maplestone, redesenhado por Ivan.

Dimensão – Os machos medem de 2 a 6 mm de comprimento por 200 μm de largura e as fêmeas de 5 a 40 mm de comprimento por 350 μm de largura.

A dimensão está na dependência do hospedeiro; fêmeas parasitas do peru podem ter 20 mm de comprimento e as que parasitam o pardal, 4 a 5 mm de comprimento.

Biologia

Hospedeiros – Aves.

Localização – Adultos, na traquéia e brônquios; larvas, nos pulmões; formas imaturas, nos sacos aéreos e tecido peritraqueal.

Ciclo evolutivo – O ciclo evolutivo de *Syngamus trachea* pode ser monoxeno ou heteroxeno. Os ovos, ao serem eliminados pela vulva, já segmentados, passam sob as bordas dos lobos da bolsa copuladora e chegam à faringe. Podem ser expectorados ou deglutidos e então eliminados com as fezes do hospedeiro. Após cinco a sete dias, a 25°C, eclodem as L1. Às vezes ocorrem duas mudas no ovo, tanto que o hospedeiro definitivo ou o paratênico (minhoca, caramujo, lesma, artrópodes) se infecta pela ingestão das L3 livres ou existentes dentro do ovo. Nos hospedeiros paratênicos, as larvas encistadas nos músculos podem viver durante vários anos. As L3 não sobem nas hastes dos pastos, por isso, provavelmente, a infecção ocorre pela ingestão do hospedeiro paratênico. As L3 ingeridas pelo hospedeiro definitivo libertam-se da sua cutícula, atravessam a parede intestinal e, pela corrente sangüínea, atingem o fígado, coração e pulmões. Uma vez chegados aos pulmões perfuram os capilares dos alvéolos e vão aos bronquíolos, brônquios e traquéia. Mudam para L4 depois de três dias e adultos imaturos são encontrados na traquéia sete dias após a infecção.

O período pré-patente (PPP) é de 14 dias.

Quadro clínico – As aves com singamose apresentam intranqüilidade, ronqueira, tosse sibilante, bocejo, dificuldade respiratória e pneumonia, como conseqüência da invasão da traquéia pelos vermes, mesmo em pequeno número, após uma a duas semanas da infecção. As aves abrem o bico e espicham o pescoço como que para deglutir algo.

Patogenia – Nas aves jovens a afecção é mais grave. Há formação de mucosidade que pode obstruir a traquéia e brônquios, causando a morte por asfixia. O ponto onde os vermes se fixam forma um pequeno nódulo, cheio de pus, que pode se transformar num abscesso que, aumentando de volume, causa obstrução da traquéia e morte por asfixia.

O número de *Syngamus* na traquéia varia e foi constatado que um único casal é capaz de provocar a morte. Geralmente são encontrados dois ou três pares.

Diagnóstico

Clínico – Pelos sinais.

Laboratorial – Pela identificação microscópica de ovos em exame parasitológico de fezes pelo Método de Flutuação.

O diagnóstico também pode ser feito pela constatação, *pós-mortem,* das carcaças que se apresentam emaciadas e anêmicas e com os síngamos adultos fixados à mucosa traqueal.

Profilaxia – A profilaxia da singamose consiste em:

- separar as aves recém-nascidas das adultas em locais não utilizados anteriormente;

- isolar as doentes;

- sacrificar e incinerar as aves em estado grave;

- enterrar ou incinerar suas fezes;

- combater minhocas, moluscos e artrópodes que desempenham papel de hospedeiro paratênico;

- proceder periodicamente a exame parasitológico de fezes;

- higiene dos comedouros e bebedouros.

Gênero *Mammomonogamus* Ryzhikow, 1948

(lat. *mamma,* mama; gr. *mono,* único; *gamos,* união, casamento)

Syngaminae semelhante ao *Syngamus* do qual difere por apresentar papilas cervicais, cápsula bucal não circundada por anel cuticular e ovos não operculados. Macho e fêmea também ligados em cópula permanente, fazendo com que os parasitos sejam identificados pela forma característica de "Y". Espículos curtos ou ausentes. Extremidade caudal da fêmea cônica. Vulva situada no quarto anterior do corpo.

Mammomonogamus laryngeus (Railliet, 1899) Ryzhikow, 1948

Morfologia – *M. laryngeus* é de coloração vermelha. No fundo da cápsula bucal existem oito dentículos. Os ovos são elípticos e por ocasião da postura estão na fase de mórula (Figura 3.112).

Dimensão – Os machos medem de 3 a 3,5 mm de comprimento por 360 a 380 μm de largura e as fêmeas de 8,7 a 9,8 mm de comprimento por 550 a 570 μm de largura.

Biologia

Hospedeiros – Bovinos e ovinos.

Localização – Laringe.

Ciclo evolutivo – Desconhecido.

Quadro clínico – Os animais infectados tossem e pode ocorrer bronquite.

Patogenia – A espécie *M. laryngeus* causa irritação da laringe. Aparentemente esta espécie não é patogênica.

Diagnóstico – Pelo encontro e identificação microscópica de ovos no muco expectorado ou nas fezes de bovinos e ovinos.

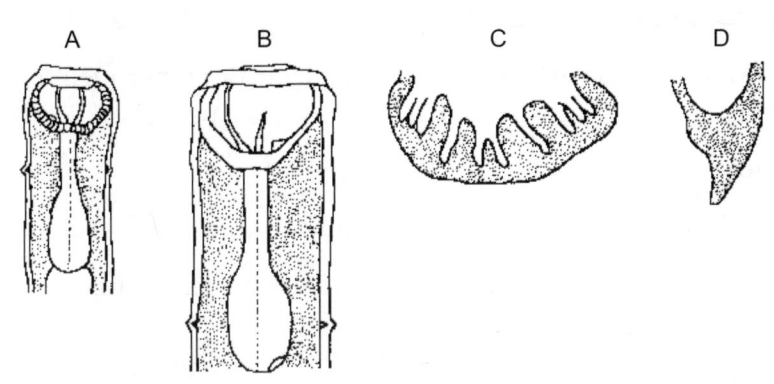

Figura 3.112 *Mammomonogamus laryngeus.* A) Extremidade anterior do macho. B) Extremidade anterior da fêmea. C) Extremidade posterior do macho. D) Extremidade posterior da fêmea. Segundo Vaz, 1935 de Skrjabin et al., 1952, redesenhado por Jefferson.

Subfamília STEPHANURINAE

Conceitos básicos

- Syngamidae com a margem anterior do orifício oral provida de numerosos e minúsculos dentículos.

- Vulva posterior.

- Raios laterais da bolsa copuladora nascendo de um tronco comum.

- Parasito do porco.

Esta subfamília apresenta um único gênero com uma única espécie.

Gênero *Stephanurus* Diesing, 1839

(gr. *stephanos,* coroa; *ourá,* cauda)

Stephanurinae de boca circular e voltada anteriormente. Cápsula bucal subglobulosa, de paredes espessas, com sua borda anterior dividida em seis festões formando como um tipo de coroa externa e, internamente, uma coroa radiada constituída de numerosos dentículos; no fundo da cápsula bucal há seis a dez dentes triangulares circundando a entrada do esôfago. Bolsa copuladora rudimentar e subterminal; espículos iguais ou subiguais e alados; gubernáculo presente. Fêmea com vulva próxima ao ânus; cauda cônica, curvada ventralmente, onde existem duas papilas adanais grandes.

Stephanurus dentatus Diesing, 1839

Morfologia – Sua coloração é acinzentada e os órgãos genitais são brancos. É um verme robusto. Seu tegumento muito fino permite distinguir os órgãos internos. O intestino é muito longo, com uma série de circunvoluções. Os ovos são elípticos segmentados por ocasião da postura (Figura 3.113).

Dimensão – Os machos medem de 20 a 30 mm de comprimento por 1,1 a 1,3 mm de largura e as fêmeas de 28 a 45 mm de comprimento por 1,5 a 2,2 mm de largura.

Biologia

Hospedeiros – Suínos e por vezes bovinos.

Localização – Rim, tecido perirrenal, ureteres e raramente fígado e pâncreas.

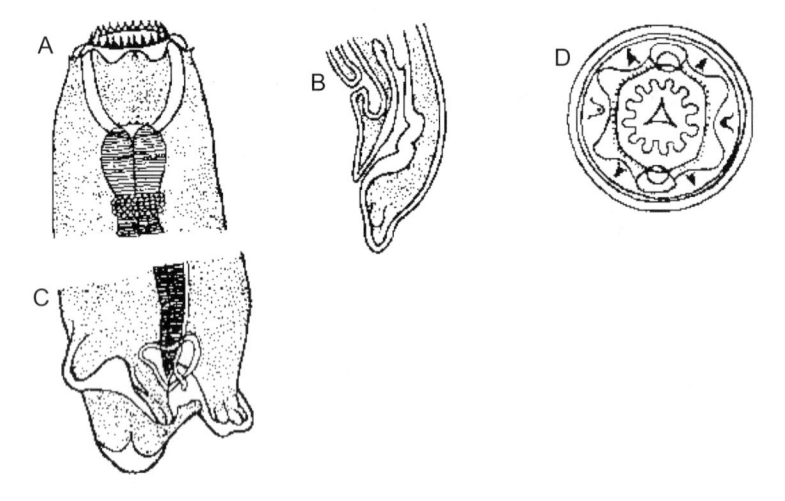

Figura 3.113 *Stephanurus dentatus.* A) Extremidade anterior. (Segundo Skrjabin et al. 1952). B) Extremidade posterior da fêmea. C) Extremidade posterior do macho. D) Boca vista de frente. Segundo Yorke e Maplestone, 1926, redesenhado por Jefferson.

Ciclo evolutivo – Os adultos vivem em cistos que se comunicam com os ureteres. Os ovos, um milhão diariamente, são eliminados ao exterior com a urina do hospedeiro. A eclosão ocorre no meio externo após dois dias e a L3 infectante surge depois de três a cinco dias. O ciclo evolutivo pode ser monoxeno ou heteroxeno. No monoxeno, os suínos podem se infectar por via oral ou via cutânea. As larvas que são deglutidas atravessam a parede intestinal e, via sangüínea, atingem o fígado três dias após a infecção. As larvas que penetrarem ativamente através da pele, caem na circulação, chegam ao coração, pulmões, grande circulação e, através da artéria aorta, vão ao fígado, onde são encontradas oito a 40 dias depois da infecção ativa. No ciclo evolutivo heteroxeno, as L3 são ingeridas por minhocas que constituem hospedeiro paratênico (de transporte). Os suínos, nesse caso, se infectam pela ingestão de minhocas contaminadas. As L3 chegadas ao fígado vagueiam nesse órgão durante dois a três meses, causando-lhe sérios danos. Deixam o fígado através da sua cápsula e caem na cavidade peritoneal. As que atingirem o tecido peri-renal perfuram a parede dos ureteres e se tornam adultas. Podem passar através da placenta e ocasionar infecção pré-natal.

O ciclo evolutivo completo é de nove a 16 meses e no mínimo de seis meses.

O período pré-patente (PPP) é de 240 a 342 dias.

Quadro clínico – Os suínos com estefanurose emagrecem apesar do apetite não se mostrar alterado. Eventualmente ocorre ascite e paralisia.

Patogenia – As larvas, devido às migrações que realizam, são mais patogênicas que os adultos. Aquelas que penetram por via cutânea causam irritação do tegumento que pode se inflamar. A atividade das larvas durante seu percurso migratório pode provocar inflamação, eosinofilia e muitas vezes ocasiona abscessos, cirrose hepática e aderências. Os gânglios linfáticos podem se apresentar edematosos, cuja condição desaparece depois de três a quatro semanas. A paralisia é conseqüente a invasão da medula espinhal pelas larvas. Os rins parasitados tornam-se impróprios para o consumo.

A estefanurose é mais freqüente em animais criados a campo.

Diagnóstico

Clínico – Difícil. Os sinais e o conhecimento do local de criação podem auxiliar o diagnóstico.

Laboratorial – Comprovação e identificação microscópica de ovos na urina ou a presença de larvas e adultos de *Stephanurus* em necropsia.

Profilaxia – Devem ser adotadas as medidas básicas de profilaxia como:

•	criação de suínos em pocilgas construídas de acordo com as normas técnicas, isto é, piso de concreto ou de tijolos, com declive para a água e urina não ficarem empoçadas;

•	combate às minhocas;

•	desinfecção das pocilgas;

•	exame parasitológico de urina;

•	incineração dos rins parasitados dos animais mortos ou abatidos.

Diagrama do Ciclo Evolutivo de *Stephanurus dentatus*

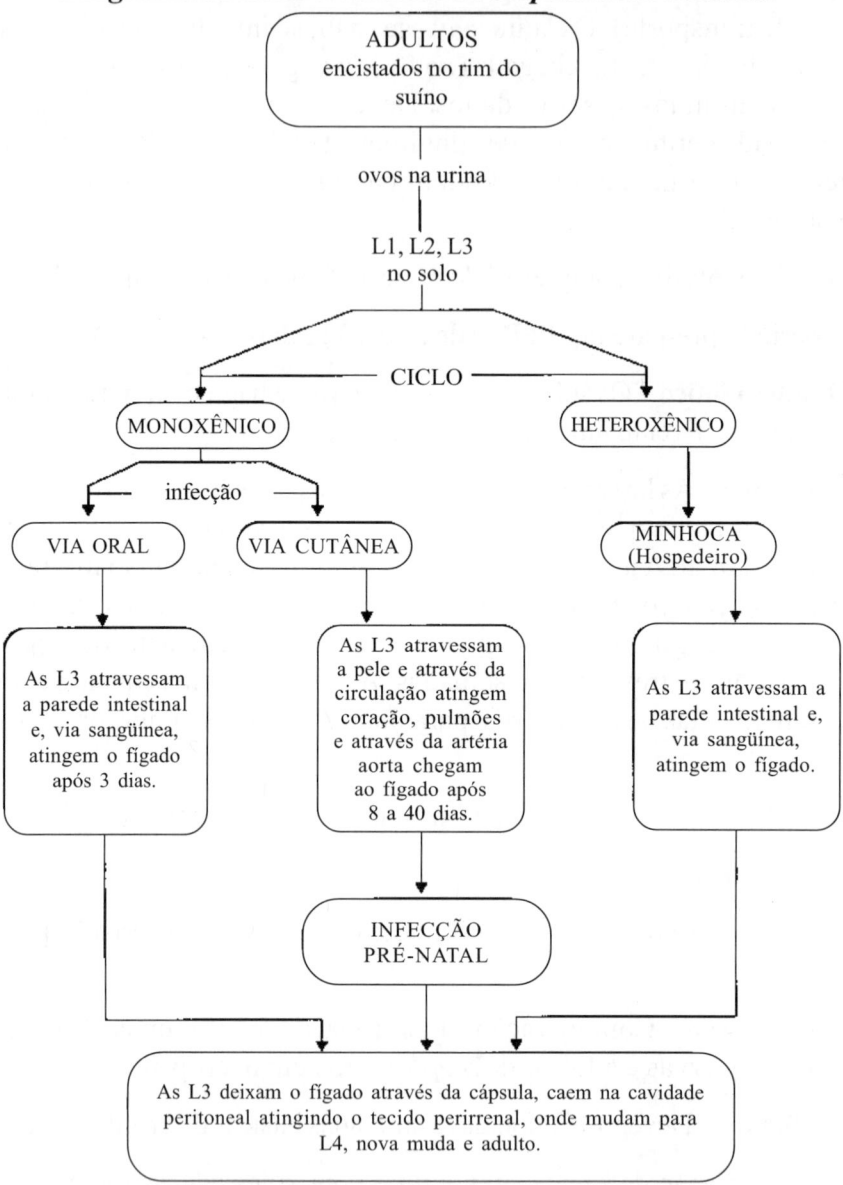

Superfamília ASCAROIDEA Railliet & Henry, 1916

Conceitos básicos

- Nematódeos grandes e pequenos.

- Morfologicamente muito simples e sem ornamentação extravagante.

- Ciclos evolutivos os mais interessantes de todos os nematódeos.

- Três lábios conspícuos circundam a abertura oral.

- Esôfago claviforme, com ou sem ventrículo.
- Cápsula bucal ausente.
- Extremidade anterior afilada em ambos os sexos.
- Extremidade posterior da fêmea obtusa.
- Dois ovários e dois úteros paralelos.
- Vulva de situação mediana.
- Fêmeas ovíparas.
- Ovos elipsóides de casca espessa e não segmentados por ocasião da postura.
- Macho com dois espículos; gubernáculo geralmente ausente.
- Monoxenos.
- Geohelmintos.
- Os hospedeiros se infectam pela ingestão de ovos contendo a larva infectante, L2.
- Evolução sem hospedeiro intermediário.
- Ascaridose é o nome da doença provocada pelos ascaróideos.
- A superfamília Ascaroidea subdivide-se em duas famílias:
  - Ascaridae – esôfago filariforme ou com dilatação posterior, mas sem ventrículo e sem divertículo intestinal.
  - Heterakidae – esôfago com divertículo intestinal e bulbo posterior, oxiuriforme.

Família ASCARIDAE Baird, 1853

(Ascarididae Blanchard, 1849)

Conceitos básicos

- Ascaroidea de tamanho grande.
- Três lábios bem desenvolvidos e com papilas ou apresentando, ainda, mais três interlábios.
- Esôfago filariforme ou com uma dilatação posterior.
- Intestino sem ventrículo e sem divertículo.
- Ceco intestinal geralmente presente.

- Ovo de forma irregular, de casca espessa e geralmente mamilonada.
- Parasitos do intestino delgado de mamíferos e aves.

Ciclo evolutivo

- Monoxeno.
- Ciclo pulmonar.
- Ovipostura de ovos não segmentados.
- Há somente uma ecdise pré-parasitária.
- Eclosão da larva no intestino delgado após a ingestão do ovo.
- Infecção passiva – via oral – através do ovo contendo a L2.
- Forma infectante: ovo com L2.

Subfamília ASCARINAE Travassos, 1913

Conceitos básicos

- Ascaridae com esôfago simples, sem divertículo.
- Ventosa pré-anal ausente.

Gênero *Ascaris* Lineu, 1758

(gr. *askaris,* verme)

Ascarinae grandes e de cor rosada quando recentemente coletados. Três lábios circundam o orifício oral. Esôfago filariforme, sem ventrículo. Asas cervicais ausentes. Extremidade posterior do macho cônica, curvada ventralmente, desprovida de asa caudal, mas com numerosas papilas pré-cloacais e algumas papilas pós-cloacais; dois espículos iguais. Fêmeas opistodelfas. Ovos de coloração castanha e de casca espessa mamilonada (com saliências externas) medindo de 50 a 80 μ por 40 a 60 μ.

Não há dificuldade na identificação deste gênero devido ao seu grande tamanho e alta especificidade parasitária.

Ascaris lumbricoides Lineu, 1758

As espécies *A. lumbricoides e A. suum* são muito semelhantes e durante muito tempo foram consideradas uma só espécie. Entretanto, a eletroforese demonstrou diferenças nas suas proteínas, lipoproteínas e glicoproteínas.

Hospedeiro – Homem.

Ascaris suum Goeze, 1782

Morfologia – Orifício oral circundado por três lábios: o dorsal, apresentando duas papilas na base, e os ventro-laterais, cada um com uma papila subventral e uma lateral dupla (Figura 3.114).

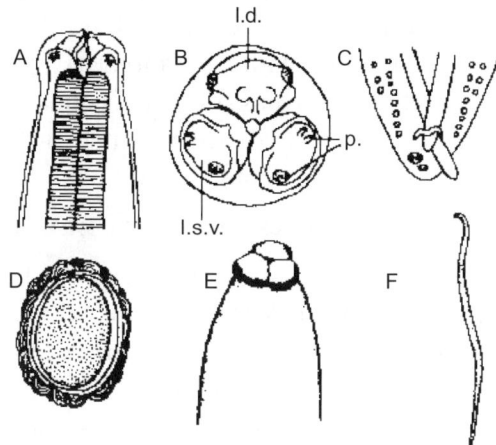

Figura 3.114 *Ascaris suum.* A) Extremidade anterior. B) Boca trilabiada (p.) papila; (l.d.) lábio dorsal; (l.s.v.) lábio subventral. C) Extremidade posterior do macho. D) Ovo. E) Extremidade anterior. F) Fêmea. Segundo Yorke, redesenhado por Ivan.

Dimensão – Os machos medem de 15 a 25 cm de comprimento por 3 a 4 mm de largura. As fêmeas medem de 20 a 40 cm de comprimento por 5 a 6 mm de largura.

Biologia

Hospedeiro – Suínos.

Localização – Luz do intestino delgado.

Nutrição – Parte líquida do quimo intestinal.

Ciclo evolutivo – Monoxeno, geohelminto, fecal-oral. Pulmonar.

As fêmeas produzem um grande número de ovo (até 200.000 diariamente). Estes ovos são eliminados, não segmentados, ao exterior junto com as fezes do hospedeiro. Os ovos são muito resistentes à ação de agentes externos. Esta resistência é devida a constituição de sua casca que é formada de três camadas. As duas camadas externas são originadas pela parede uterina. A mais externa *albuminosa,* mamilonada, de cor pardacenta por estar impregnada de pigmentos biliares existentes nas fezes, impede a dessecação; a camada média, *quitinosa,* exerce proteção contra fatores mecânicos e a camada interna, *membrana vitelina* (lipóide), semipermeável: permeável para o oxigênio e impermeável para produtos químicos. O ovo permanece vivo, de seis meses até sete anos, quando há integridade dessa membrana e sucumbe quando estiver alterada.

Os ovos medem de 40 a 80 µ de comprimento por 30 a 50 µ de largura.

Os óvulos são de casca delgada e lisa e o seu interior não apresenta estrutura definida.

A evolução dos ovos está na dependência das condições externas como temperatura, umidade, presença de oxigênio, textura do solo e exposição aos raios solares.

Uma vez no exterior os ovos entram em segmentação, quando as condições são favoráveis, como temperatura entre 15 e 35°C, umidade de 85 a 95% e oxigênio livre. Em condições ótimas a larva do primeiro estádio, rabditóide (L1), surge após 10 a 12 dias da postura. Em aproximadamente 13 a 18 dias sofre uma ecdise e surge a larva do segundo estádio (L2). Entretanto é necessário um período de incubação relativamente longo, de 30 a 40 dias, para a larva se tornar infectante.

A contaminação ocorre pela ingestão de ovos com a larva infectante.

A eclosão das larvas ocorre no intestino delgado. Para que haja eclosão são necessários quatro estímulos: temperatura elevada, encontrada no interior do corpo; presença de dióxido de carbono; pH quase neutro, em torno de sete e presença de um agente redutor não específico (bissulfito de sódio ou dióxido de enxofre) que incita os ovos a produzirem o líquido responsável pela saída da larva. Esse líquido contém várias enzimas como a esterase, quitinase e protease. A esterase atua sobre a membrana vitelina do ovo, possibilitando que as outras enzimas hidrolisem a casca, permitindo assim a liberação da larva.

As larvas, agora livres, migram até o ceco, atravessam sua parede, invadem os capilares da mucosa, atingem o fígado e mudam para L3, quatro a cinco dias depois da infecção. Pela circulação sangüínea chegam ao coração e aos pulmões. Rompem os capilares dos alvéolos e na luz alveolar mudam para L4 depois de cinco a seis dias, adquirindo resistência ao suco gástrico. Lentamente migram através da luz dos bronquíolos, brônquios, traquéia, laringe e faringe. As larvas são então eliminadas com a saliva ou deglutidas, atingindo o intestino delgado onde mudam para o estádio adulto jovem, 30 dias após a infecção, e iniciam a postura 42 a 62 dias da infecção.

As fêmeas põem diariamente cerca de 200 mil ovos durante sua vida, que é de um ano.

O período pré-patente (PPP) é de 42 a 62 dias.

Etiologia – A transmissão ocorre através da ingestão de ovos com a larva infectante pelo hospedeiro, contidos em alimentos, água ou ao lamber regiões do corpo infectadas por esses ovos. Os animais lactentes se contaminam nos primeiros dias de vida com os ovos aderidos ao corpo materno.

Quadro clínico – Os sinais estão na dependência do número de áscaris que o suíno alberga. Em infecções leves, geralmente o parasitismo passa desapercebido; entretanto, se a infecção for maciça, as manifestações podem ser de dois tipos: as causadas pelas larvas que migram e as causadas pelos áscaris adultos.

Sinais causados pelos áscaris adultos – Os animais jovens (leitões) são os mais afetados e têm seu crescimento retardado devido à perda de apetite, perda de peso e febre. Lordose, lombo e ventre proeminentes; raquitismo, decorrente da absorção do cálcio e fósforo pelo áscaris; podem apresentar sintomas nervosos como ataques epileptiformes. Em infecções maciças, os leitões escondem-se na cama e morrem em sete dias. Os animais adultos são mais resistentes e apresentam alteração do apetite, alterações intestinais, cólicas, vômitos e às vezes paralisia.

Sinais causados pelas larvas – Durante a migração, em infecções por grande número, os suínos apresentam tosse, febre, dispnéia, pneumonia (por ocasião da migração das larvas pela árvore brônquica); icterícia, por lesões causadas ao fígado.

Patogenia – A migração das larvas através da árvore brônquica desencadeia reação inflamatória dos pulmões; lesões no fígado; podem atingir os rins, causando nefrite; coração e sistema nervoso central ocasionando lesões irreversíveis.

A forma adulta tem como habitat o duodeno, entretanto pode migrar até o estômago e ser eliminada pelo vômito ou pelas narinas, ou ainda alcançar o intestino grosso e ser eliminada espontaneamente, ou pelas fezes.

O adulto vive na luz do duodeno, nutrindo-se das substâncias líquidas do quimo, mas pode "morder" com seus lábios a mucosa intestinal, provocando irritação das terminações nervosas e conseqüentes perturbações nervosas reflexas.

Um grande número de áscaris pode ocasionar obstrução intestinal e morte do hospedeiro parasitado.

Diagnóstico

Clínico – Pelos sinais.

Laboratorial – Pesquisa microscópica de ovos em exame parasitológico de fezes de suínos, pelo Método de Flutuação. Se o animal estiver parasitado por áscaris somente do sexo masculino, o exame de fezes será negativo. Se for parasitado apenas por fêmeas, serão observados somente óvulos.

Profilaxia – As medidas profiláticas preconizadas consistem essencialmente:

- no tratamento dos animais parasitados com anti-helmíntico;

- em prevenir que um suíno ingira fezes de outro suíno;

- em higienizar as ninhadas antes de irem para junto das mães; estas também devem ter sido submetidas a um banho com escova, para remoção de ovos aderidos aos pêlos;

- o piso das pocilgas deve ser concretado, para facilitar a remoção de fezes com pá ou vassoura;

- a pocilga deve ser construída dentro das normas técnicas, isto é, com leve declive para facilitar que a urina e água não fiquem empoçadas e facilitar o escoamento por ocasião da lavagem;

- piso de concreto ao redor dos bebedouros;

- no pastoreio dos filhotes e mães em dias de tempo bom, evitando-se dias úmidos e chuvosos; impedir o pastoreio em campos contaminados, a fim de evitar que os suínos possam ingerir ovos com larva infectante;

- no confinamento de suínos somente em cercados ou pastagens que não foram pastoreadas nos últimos anos.

Gênero *Parascaris* Yorke & Maplestone, 1925

(gr. *para,* ao lado de; *askaris,* verme)

Ascarinae grande e maior que o *Áscaris.* Lábios quadrangulares, revestidos na face interna por uma membrana transparente com bordas denticuladas. Expansão cervical ausente. Espículos iguais. Ovos com casca finamente pontilhada. Com uma única espécie parasita de eqüinos.

Parascaris equorum (Goeze, 1782)

Morfologia – É de coloração branco-amarelada. Seu corpo é robusto, rijo e elástico. A cabeça é grande e bem distinta. O orifício oral é circundado por três lábios e pequenos interlábios; o lábio dorsal com dupla papila na base e os dois ventro-laterais, cada um com uma grande papila dupla também localizada na base. A extremidade posterior do macho é cônica, com asa caudal estreita e provida de papilas pré e pós-cloacais. A extremidade posterior da fêmea tem pequeno prolongamento cônico; a vulva está situada a 40-90 mm da extremidade anterior. Os ovos medem de 90 a 100 μ de diâmetro (Figura 3.115).

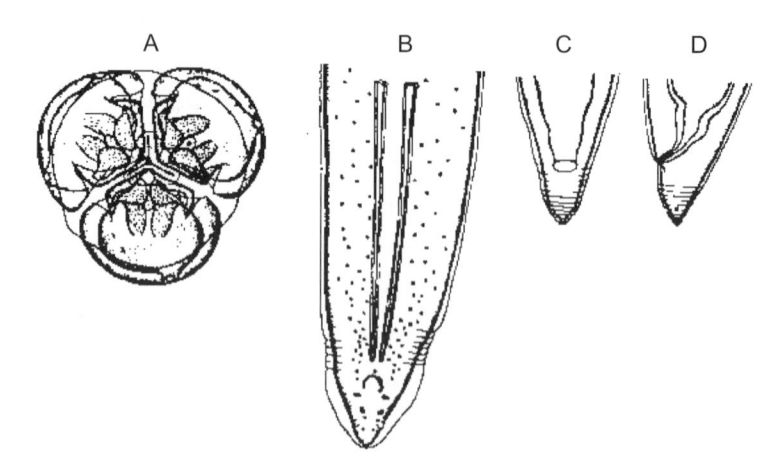

Figura 3.115 *Parascaris equorum.* A) Extremidade anterior vista de frente. B) Extremidade posterior do macho, vista ventral. C) Extremidade posterior da fêmea, vista ventral. D) Extremidade posterior da fêmea, vista lateral. Segundo Skrjabin e Ershov, 1993 de Skrjabin, Shikhobalova e Mozgovoi, 1951, redesenhado por Ivan.

Dimensão – O comprimento dos machos varia de 15 a 28 cm e o das fêmeas de 20 a 50 cm.

Biologia

Hospedeiros – Eqüinos e asininos.

Localização – Intestino delgado.

Nutrição – Substâncias líquidas do quimo.

Ciclo evolutivo – Semelhante ao do *Ascaris suum.*

O período pré-patente (PPP) é de 10 semanas.

Quadro clínico – Um pequeno número de *Parascaris* não apresenta nenhum sinal. Entretanto, um grande número de parasitas em animais jovens (potrancos) se manifesta com diarréia, catarro intestinal e cólica. Às vezes há sintomas nervosos, como vertigem, ataques epilépticos e paralisia, lembrando sinais tetânicos.

Patogenia – Semelhante a causada pelo *Ascaris suum.*

Diagnóstico

Clínico – Muito difícil devido à fraca manifestação de sinais.

Laboratorial – Exame parasitológico de fezes de eqüinos e asininos pelo Método de Flutuação, para identificação microscópica de ovos de *Parascaris.*

Profilaxia – Semelhante a preconizada para *Ascaris suum.*

Gênero *Neoascaris* Travassos, 1927

(gr. *neo,* novo; *askaris,* verme)

Ascarinae semelhante ao *Ascaris,* do qual difere por apresentar na extremidade posterior do esôfago um pequeno ventrículo ou bulbo granular.

Neoascaris vitulorum (Goeze, 1782)

Morfologia – É de coloração esbranquiçada. A cabeça é mais estreita que o corpo. O orifício oral é circundado por três lábios desprovidos de papilas. A extremidade posterior do macho apresenta cinco pares de papilas pós-cloacais e várias papilas pré-cloacais; dois espículos iguais. A fêmea tem a vulva situada na sexta ou oitava porção anterior do corpo. Os ovos medem de 60 a 100 μ de comprimento por 60 a 86 μ de largura (Figura 3.116).

Dimensão – O comprimento dos machos varia de 15 a 26 cm e o das fêmeas de 22 a 30 cm.

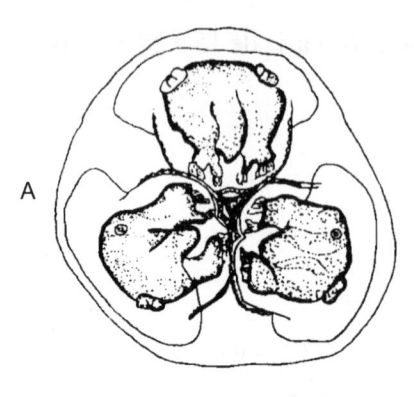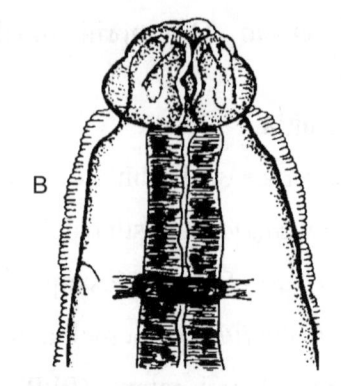

Figura 3.116 *Neoascaris vitulorum*. A) Extremidade anterior vista de frente. B) Extremidade anterior, vista lateral. Segundo Mozgovoi, 1951. De Skrjabin, Shikhobalova e Mozgovoi, 1951, redesenhado por Evandro.

Biologia

Hospedeiros – Bovinos, zebuínos e bufalinos.

Localização – Intestino delgado.

Nutrição – Substâncias líquidas do quimo.

Ciclo evolutivo – Semelhante ao ciclo evolutivo do *Ascaris suum*.

Ocorre também infecção pré-natal.

Quadro clínico e Patogenia – Semelhantes aos produzidos pelo *Ascaris suum*.

Diagnóstico

Clínico – Pelos sinais.

Laboratorial – Identificação microscópica de ovos em exame parasitológico de fezes de bovinos, pelo Método de Flutuação.

Profilaxia – Semelhante à preconizada para *Ascaris suum*.

Gênero *Toxocara* Stiles, 1905

(gr. *toxon,* flecha, arco; *kara,* cabeça)

Ascarinae com expansão cervical proeminente. Esôfago com um bulbo muscular posterior. Extremidade caudal do macho, sem expansões, termina por um apêndice digitiforme e numerosas papilas pré e pós-cloacais; espículos finos, subiguais e alados. Vulva situada no quarto anterior do corpo. Ovos de casca espessa e finamente mamilonada. Parasitos de carnívoros e proboscidianos.

Toxocara canis (Werner, 1782) Stiles, 1905

Morfologia – O corpo é robusto e esbranquiçado. A expansão cervical é estreita e proeminente, de aspecto lanceolado, e estende-se até a extremidade posterior do esôfago. O macho com 20 a 30 papilas pré-cloacais e cinco pós-cloacais; apêndice digitiforme posterior presente. Os ovos são de casca espessa, finamente corrugada, e medem de 85 a 90 µ por 75 µ (Figura 3.117).

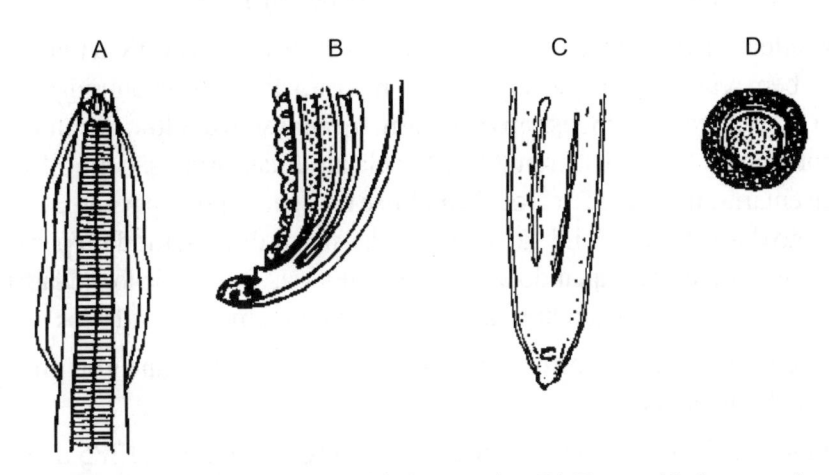

Figura 3.117 *Toxocara canis.* A) Extremidade anterior. B) Extremidade posterior do macho. C) Extremidade posterior do macho, vista ventral. D) Ovo. Segundo Yorke & Maplestone, redesenhado por Ivan.

Dimensão – O comprimento dos machos varia de 4 a 10 cm e o das fêmeas de 9 a 18 cm.

Biologia

Hospedeiros – Caninos e felinos.

Localização – Intestino delgado.

Nutrição – Substâncias líquidas do quimo.

Ciclo evolutivo – Os ovos de *Toxocara canis* são eliminados, não segmentados, com as fezes do cão. No exterior, em condições favoráveis de oxigênio, temperatura e umidade, evoluem, surgindo a larva infectante.

O cão se infecta pela ingestão do ovo com L2. Este libera, no intestino delgado, a larva infectante que penetra na mucosa intestinal. A migração que se segue está na dependência da idade e sexo do cão.

Nos filhotes com até 40 dias de idade, que se contaminarem com a ingestão de ovos infectantes de *Toxocara canis,* o ciclo evolutivo é o clássico: ciclo pulmonar.

Em filhotes com mais ou menos três meses de idade ocorre o ciclo evolutivo clássico, com ciclo pulmonar, mas algumas larvas não chegam à faringe via pulmonar, mas alcançam as veias pulmonares, e do coração são distribuídas a diferentes órgãos pela grande circulação.

Em cães com idade acima de seis meses, que ingerirem ovos infectantes de *Toxocara canis,* somente um pequeno número de larvas realiza o ciclo evolutivo clássico; o maior número de larvas, pelas veias pulmonares, vai ao coração e através da artéria aorta é distribuído aos mais diversos órgãos do hospedeiro.

As cadelas que ingerirem ovos infectantes de *Toxocara canis,* a maioria das larvas (L2) também realiza migração somática e após oito dias são encontradas em diferentes tecidos como fígado, pulmões, rins e aí permanecem sem evoluir, durante um tempo relativamente longo. Durante a prenhez da cadela algumas larvas são mobilizadas e por via transplacentária atingem o feto, localizando-se no fígado mudam para L3. Por ocasião do nascimento dos filhotes, as L3 são encontradas nos pulmões, mudam para L4 na luz alveolar e atingem a faringe, quando então são deglutidas. No duodeno mudam para adultos jovens e tornam-se adultos maduros ao final da terceira semana de vida dos filhotes.

A infecção pré-natal ocorre quando as cadelas se infectam antes ou imediatamente após serem fecundadas.

A viabilidade das larvas nas cadelas é de aproximadamente 385 dias e durante todo esse tempo estão aptas a infectar as crias. Nem todas as larvas são mobilizadas durante a prenhez e algumas permanecem nos órgãos aguardando novas gestações. O mecanismo que induz a reativação da latência das larvas não está bem esclarecido, entretanto, segundo alguns autores, admite-se que tenha relação com alterações hormonais freqüentes em gestações. Outros autores sugerem que a infecção pré-natal pelo *Toxocara canis* decorre da diminuição de resistência da cadela prenhe.

Muitos pesquisadores assinalam ovos nas fezes das cadelas, logo após o parto. Talvez a causa seja uma diminuição de imunidade devido à gestação, permitindo às larvas terminarem o ciclo, ou pelo hábito de lamberem os filhotes ingiram as larvas e estas amadurecem sem realizar migrações.

A espécie *Toxocara canis* tem importância significativa em medicina humana, quando os ovos infectantes são ingeridos pelo homem, ocorrendo migração pela via linfática ou circulação sangüínea. As L2 limitam comumente sua migração ao fígado, sendo responsável por granuloma eosinófilo; entretanto, ocasionalmente podem atingir o globo ocular, provocando descolamento da retina. Estas larvas que não estão em seu hospedeiro adequado e por isso não conseguem terminar seu ciclo evolutivo são denominadas de larva *migrans* visceral (LMV).

Período pré-patente (PPP) é de cinco semanas.

Quadro clínico e Patogenia – Semelhantes aos provocados pela *Ascaris suum.*

Diagnóstico

Clínico – Em filhotes de cães a proeminência do abdome, perda de apetite, diarréia, pneumonia, presença de vermes imaturos em vômito, sugerem a infecção pela *Toxocara canis.*

Laboratorial – Pela constatação e identificação microscópica de ovos em exame de fezes do cão, pelo Método de Flutuação.

Profilaxia – As medidas profiláticas são baseadas nos seguintes itens, considerando-se a grande capacidade de resistência e a prolongada viabilidade de seus ovos, como:

- higiene é a medida mais importante para o controle da toxocarose dos cães;

- os ovos são muito resistentes à ação dos produtos químicos e dessecação, entretanto, rapidamente perdem sua viabilidade se submetidos aos raios ultravioletas e a altas temperaturas;

- as fezes devem ser removidas dos canis, pátios, pistas de treinamento etc.;

- os pisos devem ser concretados para que a higiene e a limpeza sejam eficientes;

- o canil deve ser projetado de tal maneira que as fezes fiquem expostas ao sol, durante a maior parte do dia;

- exame parasitológico das fezes de cães, com intervalos regulares e tratamento dos positivos;

- fêmeas prenhes devem ser tratadas com anti-helmíntico para evitar a infecção dos filhotes e, também, logo após o parto;

- para prevenir a reinfecção dos cães, pelo *T. canis,* devem ser eles medicados antes de completarem três semanas com a finalidade de evitar que os *Toxocara* realizem a ovipostura;

- combate a certos animais como ratos, camundongos, minhocas e baratas que desempenham o papel de hospedeiro paratênico para o *T. canis.*

Toxocara mystax (Zeder, 1800)

Sinonímia – *Toxocara cati, Ascaris cati, A. felis*

Morfologia – Assemelha-se ao *Toxocara canis.* Difere por apresentar a extremidade anterior côncava ventralmente. Expansão cervical estreita anteriormente e mais larga e arredondada posteriormente, apresentando aspecto de flecha. Ovos de casca espessa e finamente corrugada, medem de 65 a 75 µ de diâmetro (Figura 3.118).

Dimensão – O comprimento dos machos varia de 3 a 7 cm e o das fêmeas de 4 a 12 cm.

Biologia

Hospedeiro – Felinos.

Localização – Intestino delgado.

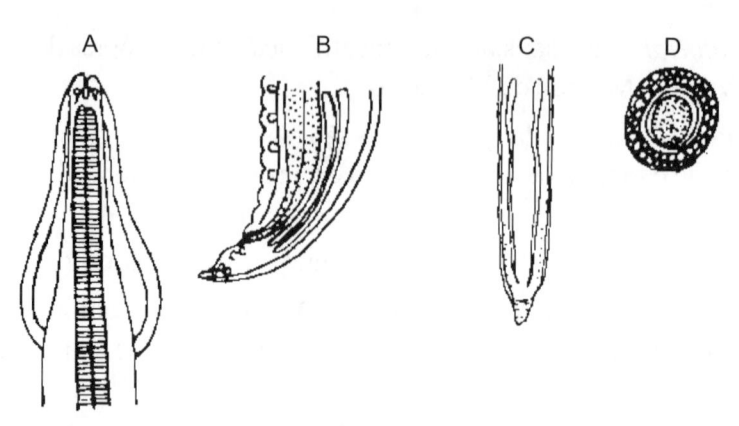

Figura 3.118 *Toxocara mystax.* A) Extremidade anterior. B) Extremidade posterior do macho, vista lateral. C) Extremidade posterior do macho, vista ventral. D) Ovo.

Ciclo evolutivo – O ciclo evolutivo de *Toxocara mystax* difere do ciclo de *T. canis* por aparentemente não ocorrer infecção pré-natal, embora já tenham sido encontradas larvas no leite.

A forma infectante é o ovo contendo a L2. O gato, ao ingerir ovos infectantes, as L2 eclodem na luz do estômago, invadem a parede estomacal e aí permanecem dois ou mais dias. Depois, por via sangüínea (ciclo pulmonar) vão ao fígado, coração e pulmões. Através da luz da árvore brônquica chegam à traquéia em torno do décimo dia após a infecção. Da traquéia atingem a faringe, quando são deglutidas. Durante todo esse percurso as larvas não realizam mudas e chegam ao estômago no estádio de L2. Estas invadem a parede estomacal e intestinal, mudando para L3. Este estádio muda para L4 na parede do estômago, na parede ou na luz intestinal onde se transforma em adulto.

Certos animais, como ratos, camundongos, aves, minhocas e baratas, desempenham o papel de hospedeiros de transporte. Estes hospedeiros se infectam ao ingerirem ovas infectantes de *Toxocara mystax.* A eclosão das larvas L2 ocorre na luz do tubo digestivo e as L2, atravessando a parede intestinal, vão se localizar em vários tecidos onde são encapsuladas. Nos cistos, não evoluem e podem permanecer durante meses. Os gatos se infectam ao se alimentarem de hospedeiros de transporte contaminados. Digeridos os hospedeiros, as L2 liberadas prosseguem sua evolução sem realizar o ciclo pulmonar, sendo encontradas no intestino 20 dias após o repasto infeccioso.

O período pré-patente (PPP) é de quatro semanas.

Quadro clínico e Patogenia – Semelhantes aos provocados pelo *Ascaris suum.*

Diagnóstico

Clínico – Pelos sinais.

Laboratorial – Identificação de ovos característicos em exame de fezes do gato pelo Método de Flutuação ou constatação dos *T. mystax* no ceco por ocasião de necropsia.

Profilaxia – As mesmas preconizadas para *T. canis.*

Gênero *Toxascaris* Leiper, 1907

(gr. *toxon,* arco, flecha; *askaris,* verme)

Ascarinae com expansão cervical acentuada. Interlábios ausentes. Extremidade anterior do corpo convexa dorsalmente. Esôfago desprovido de bulbo muscular posterior. Extremidade posterior do macho cônica, desprovida de apêndice digitiforme e asa caudal; apresenta 25 pares de papilas pré-cloacais e cinco pares de papilas pós-cloacais; espículos subiguais e não alados. Vulva situada no terço anterior do corpo. Ovos de casca espessa e lisa. Das cinco espécies conhecidas, todas parasitas de carnívoros, será estudada a *Toxascaris leonina.*

Toxascaris leonina (von Linstow, 1902) Leiper, 1907

Morfologia – Corpo esbranquiçado, às vezes levemente rosado. Expansão cervical longa, estreita e lanceolada. Ovos de casca espessa e lisa, medem de 75 a 85 µ de diâmetro (Figura 3.119).

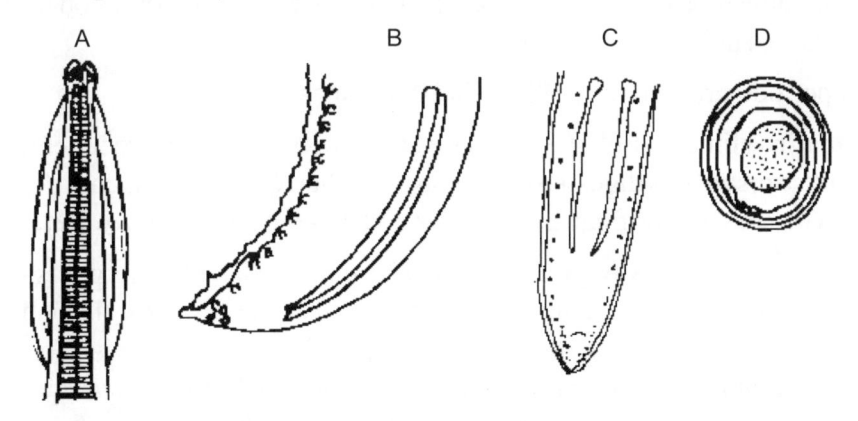

Figura 3.119 *Toxascaris leonina.* A) Extremidade anterior. B) Extremidade posterior do macho. C) Extremidade posterior do macho, vista ventral. D) Ovo. Segundo Yorke & Maplestone, redesenhado por Ivan.

Dimensão – O comprimento dos machos varia de 2 a 7 cm e o das fêmeas de 2 a 10 cm.

Biologia

Hospedeiros

Definitivos – Caninos e felinos domésticos e selvagens.

Intermediários – Animais de pequeno porte (ratos, camundongos).

Localização – Intestino delgado.

Nutrição – Substâncias líquidas do quimo intestinal.

Ciclo evolutivo – O ciclo evolutivo de *Toxascaris leonina* difere dos ciclos de *Toxocara*. A fase pré-parasitária é tipicamente ascarídea. Depois da ingestão do ovo infectante e da eclosão da L2 no intestino delgado, a larva penetra na sua parede. Nove a 10 dias após a infecção, a larva retorna à luz intestinal e após dois dias muda para L3.

A larva do terceiro estádio origina a L4, 15 a 20 dias depois da infecção. O estádio adulto surge 30 a 45 dias após a infecção. Normalmente o ciclo evolutivo do *Toxascaris leonina* assim se desenvolve. Entretanto, raramente pode ocorrer o ciclo pulmonar.

Animais de pequeno porte, como ratos e camundongos, podem desempenhar o papel de hospedeiro intermediário. Quando esses animais ingerem ovos infectantes de *Toxascaris leonina*, a L2 eclode na luz do intestino delgado, penetra e atravessa a parede intestinal, migra com destino a vários órgãos como pulmões e músculos da cabeça, principalmente. Nesses órgãos muda para L3 e sofre encistamento, permanecendo encistada. Quando um cão ou um gato ingerir o hospedeiro intermediário infectado ocorre o desencistamento no intestino delgado e a evolução para o estádio adulto.

Normalmente a espécie *Toxascaris leonina* não realiza ciclo pulmonar como também não ocorre a infecção pré-natal.

O período pré-patente (PPP) é de 10 semanas.

Quadro clínico – Filhotes de cães e gatos apresentam emagrecimento, abdome proeminente e distúrbios digestivos com fases de diarréia alternada com constipação. Enterite. Ocorrem vômitos freqüentes e neles podem ser observados *Toxascaris* adultos.

Patogenia – Cães e gatos adultos são mais resistentes ao parasitismo por *Toxascaris leonina*. Entretanto, uma verminose intensa, por essa espécie, pode causar a morte de animais jovens, com duas a três semanas de idade. Petéquias nos pulmões, eosinofilia, ruptura do intestino provocada pelo acúmulo de *Toxascaris*, que causam a oclusão. Pequenas úlceras podem ser constatadas no intestino.

Diagnóstico

Clínico – Pelos sinais e a presença de vermes adultos em material de vômito e em fezes diarréicas.

Laboratorial – Exame microscópico de fezes de cão e gato, para pesquisa de ovos do *Toxascaris* (ovos de casca espessa e lisa), pelo Método de Flutuação.

Profilaxia – Semelhante as medidas indicadas para *Toxocara canis* e *T. mystaxs*.

Gênero *Lagochilascaris* Leiper, 1909

(gr. *lagos*, lebre; *cheilos*, lábio; *askaris*, verme)

Ascarinae com expansões cuticulares laterais que se estendem por todo o comprimento do corpo. Três lábios separados do corpo por um sulco, semelhante ao lábio das lebres, o que fez Leiper denominar de *Lagochilascaris*. Lobos interlabiais bem desenvolvidos. Esôfago filariforme. Extremidade posterior do macho cônica e obtusa, levemente curvada para a face ventral e desprovida de asa caudal; espículos subiguais e não alados; cinco pares de papilas pós-cloacais, sendo o mais anterior grande e duplo; 24 a 25 pares de papilas pré-cloacais. Vulva de situação mediana. Ovos globosos, providos de casca espessa e mamilonada (Figura 3.120).

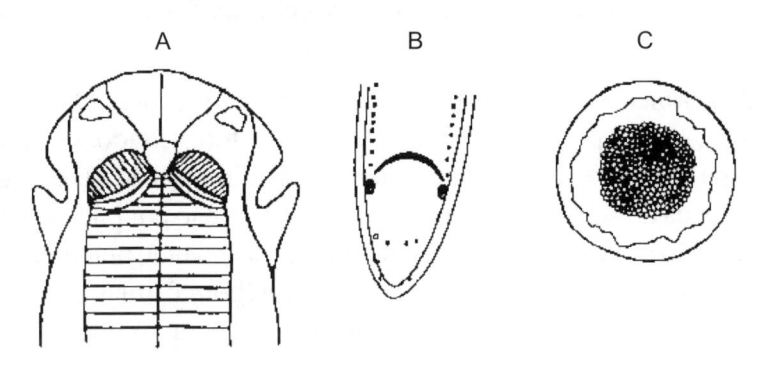

Figura 3.120 *Lagochilascaris minor.* A) Extremidade anterior. B) Extremidade posterior do macho, vista ventral. C) Ovo. Segundo Fraiha, 1989, redesenhado por Ivan.

Parasitos de mamíferos

Este gênero compreende cinco espécies, das quais *L. minor* e *L. major* já foram constatadas infectando o cão e o gato doméstico no Brasil.

Lagochilascaris minor Leiper, 1909

Morfologia – Com as características do gênero.

Dimensão – Os machos medem cerca de 9 mm de comprimento por 400 μ de largura. Os espículos medem respectivamente 3,5 mm e 4 mm de comprimento.

A fêmea mede de 12 a 14 mm de comprimento por 500 μ de largura. A vulva dista 6 mm da extremidade anterior. Os ovos medem 65 μ de diâmetro.

Biologia

Hospedeiros

Definitivos – Felinos silvestres.

Definitivos acidentais – Caninos, felinos e o homem.

Intermediário – Desconhecido.

Localização – Intestino dos carnívoros. Abscessos subcutâneos na região cervical do homem, e lesões tumorais esofágicas e mediastínicas do cão e do gato.

Ciclo evolutivo – De acordo com trabalhos realizados sobre o ciclo evolutivo do *Lagochilascaris* presume-se que os reservatórios naturais desse ascarídeo sejam felídeos silvestres, e que provavelmente haveriam *hospedeiros intermediários,* que albergariam a forma larval encistada nos músculos (Smith et al, 1983) e que essa larva encistada ingerida com o animal infectado seria a *forma infectante* para o homem, gato e cão – *hospedeiros definitivos acidentais* ou ainda, que o homem, gato e cão poderiam se infectar – via oral – por ingestão de larvas procedentes de ovos eliminados com as fezes de felídeos silvestres (reservatório natural) (Fraiha et al., 1983).

Quadro clínico e Patogenia – No cão o parasitismo por *L. minor* foi registrado por Vidotto et al., 1982 e por Sturion et al., 1982. Os autores citados constataram que o referido cão tinha história de vômito intermitente após alimentação e tosse que se agravava depois da tomada de água. Após a morte natural desse cão por pneumonia em conseqüência da aspiração do conteúdo estomacal, a necropsia revelou numerosos pequeninos vermes nas lesões tumorais esofágicas e mediastínicas, com fístulas para a luz do órgão. Também foram constatados larvas e ovos nas lesões, o que traduz que o *Lagochilascaris* aí se multiplica, ocorrendo, portanto, auto-infecção.

Diagnóstico

Clínico – É muito difícil.

Laboratorial – Pela constatação e identificação microscópica de ovos, larvas e adultos em abscessos esofágicos, mediastínicos do gato e cão.

Subfamília ASCARIDIINAE Travassos, 1919

Conceitos básicos

- Ascarinae com ventosa pré-anal desenvolvida e de borda quitinosa.
- Asas caudais desenvolvidas.
- Parasito de aves.

Gênero *Ascaridia* Dujardin,1845

(gr. *askaris,* verme; lat. *idia,* sufixo diminutivo)

Ascaridiinae com uma expansão cuticular lateral em todo o comprimento do corpo. Esôfago sem bulbo posterior. Macho com uma ventosa pré-cloacal levemente saliente, contornada por um anel quitinoso; asa caudal estreita; papilas grandes; dois espículos iguais ou subiguais. Fêmea com vulva situada no meio do corpo; ovários e úteros opostos. Ovípara. Ovos com casca bastante espessa. Parasita aves. Ciclo evolutivo direto (sem migrações).

Ascaridia galli (Schrank, 1788) Freeborn, 1923

Morfologia – Esta espécie relativamente grande, de cor branco-amarelada, apresenta três lábios sendo o dorsal mais desenvolvido. Macho com ventosa pré-cloacal medindo aproximadamente 220 μ de diâmetro; extremidade posterior obliquamente truncada e com asa caudal estreita; 10 pares de papilas caudais dos quais três pares pedunculadas estão próximas da ventosa pré-cloacal; três pares pedunculadas e dois pares sésseis estão ao lado e após a cloaca, e dois pares no extremo posterior; dois espículos subiguais. Fêmea com a extremidade posterior reta e cônica; vulva na metade do corpo. Ovos, de casca espessa, medem de 75 a 80 μ de comprimento por 45 a 50 μ de largura (Figura 3.121).

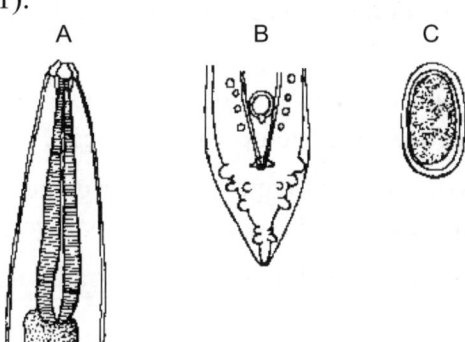

Figura 3.121 *Ascaridia galli.* A) Extremidade anterior. B) Extremidade posterior do macho. C) Ovo.

Dimensão – O macho mede de 30 a 80 mm de comprimento por 0,6 a 1,2 mm de largura. A fêmea mede de 60 a 120 mm de comprimento por 1 a 1,8 mm de largura.

Biologia

Hospedeiros – Galiformes (galinha, peru) e anseriformes (pato e ganso).

Localização – Intestino delgado. Ocasionalmente no esôfago, papo, moela e intestino grosso. Parasitos erráticos na cavidade abdominal, oviduto e até dentro do ovo.

Ciclo evolutivo – O ciclo evolutivo da espécie *Ascaridia galli* é sem migração. Em condições favoráveis de calor e umidade e em presença de oxigênio ocorre a evolução e após oito a 14 dias o ovo já contém a L2, estádio infectante. Os ovos infectantes são ingeridos pelos galináceos com seus alimentos ou através da água. A eclosão da larva ocorre no proventrículo ou intestino delgado e sua evolução é na luz do intestino delgado. Algumas larvas, entretanto, penetram na mucosa intestinal retornando depois à luz do intestino, onde se tornam adultas, iniciando a postura 30 a 50 dias após a infecção.

O período pré-patente (PPP) é de 35 a 45 dias em aves com menos de três meses de idade e de 60 dias em aves adultas.

Quadro clínico – Apatia, perda de apetite, emagrecimento, sonolência com despertar brusco, anemia e diarréia.

Patogenia – *Ascaridia galli* é o helminto parasito mais comum de aves e o mais importante pelos prejuízos que causa. Um grande número de parasitos pode provocar a morte da ave e a patogenia está relacionada com o número de parasitos, idade do hospedeiro e do seu estado físico. Geralmente a infecção por *Ascaridia galli* é grave para galináceos com menos de três meses de idade. Em conseqüência da congestão e lesão da mucosa intestinal ocorrem hemorragias. Os hospedeiros apresentam anemia. Ocasionalmente os parasitos podem perfurar a mucosa intestinal, provocando peritonite. Em aves adultas, o *Ascaridia galli* casualmente pode invadir o oviduto e se alojar no ovo.

Diagnóstico

Clínico – Difícil. Geralmente a diagnose é feita pelo encontro e identificação dos parasitos em necropsia.

Laboratorial – Exame microscópico de fezes de aves, para pesquisa e identificação de ovos de *Ascaridia galli,* pelo Método de Flutuação.

Profilaxia – Como já foi referido anteriormente, a grande capacidade de resistência dos ovos e sua prolongada viabilidade faz com que se siga rigorosamente as medidas de:

- higiene e limpeza do local onde são criadas as aves, procedendo-se a remoção diária das fezes;

- piso concretado para permitir uma perfeita limpeza e higiene, com troca de cama ou, o mais aconselhado, piso ripado e a uma altura de 80 a 100 cm do solo;

- higiene e água limpa nos bebedouros.

Ascaridia columbae (Gmelin, 1790) Travassos, 1913

Morfologia – É de coloração branca, corpo translúcido e afilado nas duas extremidades. Apresenta três lábios semelhantes. Expansão cervical presente. Macho com a extremidade posterior obliquamente truncada e pontiaguda; asa caudal presente; ventosa pré-cloacal, circundada por anel quitinoso, mede de 150 a 220 μ de comprimento por 120 a 160 μ de largura; há 14 pares de papilas caudais; dois espículos iguais. Fêmea apresentando a extremidade posterior cônica e vulva de situação mediana. Ovos de diversas dimensões, de 65 a 90 μ de comprimento por 40 a 50 μ de largura, variando de acordo com o tamanho das fêmeas.

Dimensão – O comprimento dos machos varia de 16 a 70 mm e o das fêmeas de 20 a 95 mm.

Biologia

Hospedeiros – Pombo, faisão e pavão.

Localização – Intestino delgado e, às vezes, esôfago, proventrículo, moela, fígado e ocasionalmente cavidade abdominal.

Ciclo evolutivo – O ciclo evolutivo de *Ascaridia columbae* é semelhante ao do *Ascaridia galli*. Entretanto, algumas larvas podem invadir a mucosa intestinal e chegar ao fígado e pulmões via circulação sangüínea, embora não constitua fase normal do ciclo evolutivo. As aves se infectam ao ingerirem ovos com larva infectante. A eclosão da larva ocorre no intestino delgado e toda a evolução, salvo raras exceções, aí ocorre. As L3 são encontradas três a seis dias da infecção, as L4 surgem entre 10 a 15 dias depois da infecção e os estádios adultos 16 a 20 dias após a infecção. Os ovos são encontrados nas fezes 35 a 45 dias depois da infecção.

Quadro clínico – Apatia, perda de apetite, diarréia e emagrecimento. A morte ocorre entre convulsões.

Patogenia – A necropsia revela intestino obstruído por *Ascaridia columbae*. Lesões no fígado, quando as larvas invadem esse órgão. Pequenos focos inflamatórios como reação do hospedeiro frente à evasão de larvas e presença de células linfóides, eosinófilos e células gigantes em torno de larvas em degeneração.

Diagnóstico

Clínico – Pelos sinais e a presença de *Ascaridia columbae* no intestino, por ocasião da necropsia.

Laboratorial – Pela identificação microscópica de ovos de *Ascaridia columbae* em exame parasitológico de fezes pelo Método de Flutuação.

Profilaxia – Semelhante a da *A. galli*.

Família HETERAKIDAE Railliet & Henry, 1914

Conceitos básicos

- Ascaroidea de pequenas dimensões.
- Abertura oral circundada por três lábios distintos.
- Esôfago, não cilíndrico, com a porção anterior curta e estreita e a porção posterior longa e terminando por um bulbo.
- Macho geralmente com ventosa pré-cloacal contornada por anel quitinoso.
- Fêmea anfidelfa.
- Ciclo evolutivo direto; monoxeno.
- Geohelmintos.

Gênero *Heterakis* Dujardin, 1845

(gr. *heteros,* outro, diferente; *akis,* ponta)

Heterakidae com expansões laterais que contornam todo o comprimento do corpo. Esôfago com bulbo posterior. Macho com asa caudal bem desenvolvida e sustentada por 10 a 15 pares de papilas; ventosa pré-cloacal circundada por anel quitinoso; espículos iguais ou desiguais. Fêmea com vulva na metade do corpo; dois ovários e dois úteros opostos; ovíparas. São conhecidas 50 espécies parasitas de aves e sete de mamíferos.

Heterakis gallinarum (Schrank, 1788) Madsen, 1949

Morfologia – Esta espécie é de coloração branca e com as duas extremidades atenuadas. O orifício oral é circundado por três lábios iguais. O esôfago apresenta bulbo posterior, oxiuriforme. O corpo tem expansão lateral em todo o seu comprimento. O macho com espículos desiguais. A fêmea possui a extremidade posterior bem afilada; a vulva é mediana; os ovos são elípticos, medindo de 63 a 75 µ de comprimento por 60 a 70 µ de largura (Figura 3.122).

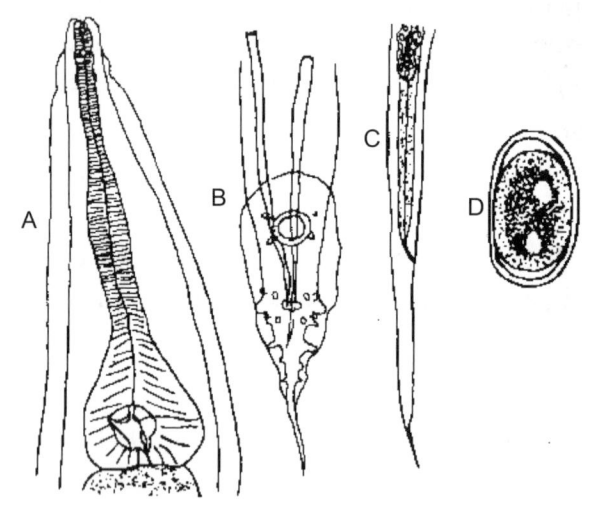

Figura 3.122 *Heterakis gallinarum.* A) Extremidade anterior. B) Extremidade posterior do macho. C) Extremidade posterior da fêmea. D) Ovo. Segundo Skrjabin, Shikhobalova e Moggovoi, 1949, redesenhado por Ivan.

Dimensão – Os machos medem de 4 a 15 mm de comprimento e as fêmeas de 8 a 15 mm.

Biologia

Hospedeiros – Galinha, peru, faisão, ganso e pássaros.

Localização – Cecos, ocasionalmente cólon e intestino delgado.

Ciclo evolutivo – O ciclo evolutivo é direto, não ocorrendo ciclo pulmonar. Os ovos de *Heterakis gallinarum* são eliminados com as fezes do hospedeiro e nessa ocasião não estão segmentados. Em condições favoráveis de temperatura (20 a 28°C), umidade e oxigênio, evoluem, e a larva infectante surge em 12 a 14 dias após a postura. As aves se contaminam pela ingestão de ovos infectantes. A eclosão das larvas ocorre no papo, na moela ou no duodeno e duas horas após a infecção são encontradas L2 no intestino delgado, e daí migram para o ceco onde são encontradas sete horas depois da infecção. A evolução ocorre na luz dos cecos. Algumas larvas, entretanto, invadem a mucosa, mas retornando em pouco tempo à luz intestinal, mudam para L3, cinco dias após a infecção. O ciclo é sem migração.

O período pré-patente (PPP) é de 30 dias aproximadamente.

Quadro clínico – Anemia e eosinofilia.

Patogenia – O *Heterakis gallinarum* não é muito patogênico. Aves parasitadas por um grande número de vermes apresentam um leve espessamento e petéquias na mucosa cecal.

Seu papel mais importante é como veiculador do protozoário *Histomonas meleagridis,* agente etiológico da histomonose, "cabeça preta" de galinhas e perus.

Diagnóstico – O diagnóstico geralmente é feito pela constatação e identificação dos *Heterakis* em necropsia de aves. Os ovos também podem ser identificados em exame de fezes pelo Método de Flutuação.

Superfamília SPIRUROIDEA Railliet & Henry, 1915

Conceitos básicos

- Nematoda mais ou menos filariformes com boca provida de dois, quatro ou seis lábios.

- Cauda do macho comumente enrolada; asa caudal presente e provida de papilas sésseis e pedunculadas.

- Espículos desiguais.

- Ovos elipsóides, de casca fina, embrionados por ocasião da postura.

- Parasitos do trato digestivo, respiratório ou das cavidades orbitárias, nasais ou bucal.

- Ciclo evolutivo indireto (heteroxeno) com artrópodes como hospedeiros intermediários.

- Biohelmintos.

- Com duas famílias: Spiruridae e Physalopteridae.

Família SPIRURIDAE Oerley, 1885

Conceitos básicos

- Spiruroidea com orifício oral apresentando, geralmente, lábios laterais trilobados.

- Vestíbulo quitinoso mais ou menos cilíndrico.

- Esôfago longo e cilíndrico, com a porção anterior muscular e curta, e a posterior glandular e longa.

- Papilas cervicais presentes.

- Macho com asa caudal ampla.

- Vulva situada na metade do corpo.

- Parasitos do trato digestivo de vertebrados.

- Com as subfamílias Habronematinae, Tetramerinae, Spirocercinae, Ascropsinae, Gongylonematinae.

Subfamília HABRONEMATINAE

Conceitos básicos

- Spiruridae sem dimorfismo sexual.

- Boca com lábios distintos.

- Fêmea desprovida de acúleo caudal.

- Úteros divergentes (anfidelfas).

- Com os gêneros *Habronema* e *Draschia.*

Gênero *Habronema* Diesing, 1861

(gr. *habros,* delicado; *nema,* fio)

Habronematinae cuja boca apresenta dois pseudolábios laterais trilobados. Vestíbulo bem desenvolvido, quitinizado e cilíndrico. Porção anterior do esôfago mais curta que a posterior. Asa cervical presente em um ou nos dois lados do corpo. Papilas cervicais de situação anterior ao anel nervoso periesofagiano. Extremidade posterior do macho enrolada em espiral e com ampla asa caudal; quatro pares de papilas pré-cloacais pedunculadas; um ou dois pares de papilas pós-cloacais e dois ou três pares de papilas situadas na extremidade distal da cauda; espículos desiguais, o esquerdo muito mais longo; gubernáculo ausente. Extremidade posterior da fêmea cônica. Ovos de casca fina ou espessa e embrionados por ocasião da postura. Parasitos de mamíferos, principalmente eqüinos.

Habronema muscae (Carter, 1861) Diesing, 1861

Morfologia – A asa cervical presente somente do lado esquerdo do corpo. A vulva é muito pequena e deslocada para a face dorsal. Os ovos têm casca fina. Macho com quatro pares de papilas pré-cloacais e um par de papilas pós-cloacais; espículos desiguais, o esquerdo mais fino e longo, mede 2,5 mm de comprimento e o direito, mais espesso e curto, com 500 µ de comprimento (Figura 3.123).

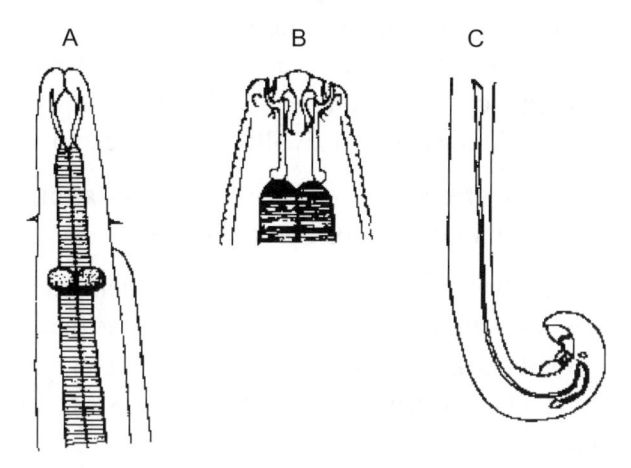

Figura 3.123 *Habronema muscae.* A) Extremidade anterior em pequeno aumento observando-se a asa cervical esquerda. B) Extremidade anterior em grande aumento. C) Extremidade posterior do macho. Segundo Yorke & Maplestone, 1926, redesenhado por Ivan.

Dimensão – O comprimento dos machos varia de 8 a 14 mm e o das fêmeas de 13 a 22 mm.

Biologia

Hospedeiros

Definitivos – Eqüinos e asininos.

Intermediário – *Musca domestica.*

Localização – Adultos no estômago, raramente no ceco e cólon dos eqüinos e asininos. Larvas nas células do tecido adiposo das moscas.

Ciclo evolutivo – No estômago dos eqüinos e asininos a fêmea do *H. muscae* faz a ovipostura de ovos embrionados, que são eliminados com as fezes, ou há eclosão das larvas no intestino e são então eliminadas larvas. A casca dos ovos é extremamente delgada. Geralmente é o primeiro estádio larval, L1, que é encontrado nas fezes dos animais parasitados. As L1, ingeridas por larvas de *Musca domestica* que vivem no estrume, prosseguem sua evolução no estádio pupal e no estádio adulto da mosca. As L1, chegadas ao tubo digestivo do inseto, atravessam a parede intestinal, atingindo a cavidade geral, onde permanecem livres por pouco tempo. As larvas penetram nas células do tecido adiposo e realizam a primeira muda, originando as L2, e após outra muda, L3. Não há encistamento, mas à medida que os parasitos evoluem, provocam a distensão da parede da célula que os alberga. A parede torna-se espessa formando uma bainha em torno das larvas, à semelhança de um envelope cístico. Nas moscas (estádio adulto), as L3 migram até a tromba e aguardam a oportunidade de escapar.

A infecção dos eqüinos e asininos pode ocorrer pelo contato da extremidade da tromba da mosca contaminada com as mucosas dos lábios, das fossas nasais, da conjuntiva ou com lesões cutâneas do referido hospedeiro. A infecção comumente ocorre pela ingestão de moscas infectadas que caíram na água ou no alimento. As larvas, livres no estômago do hospedeiro, evoluem para o estádio adulto.

Quadro clínico – As infecções leves são inaparentes e as infecções maciças podem se manifestar com distúrbios digestivos e bronquite.

Patogenia – Os adultos de *Habronema muscae* podem ou não invadir as glândulas gástricas e também os pulmões, causando nódulos que se manifestam como bronquite. Comumente vivem livres no estômago e não provocam a formação de nódulos. São responsáveis por irritação da mucosa gástrica, inflamação, gastrite difusa crônica e ulceração; dermatite nodular.

Diagnóstico – Será estudado ao final da descrição das espécies responsáveis pela doença conhecida como habronemose.

Habronema majus (Creplin, 1849) Railliet, 1923

Sinonímia – *Habronema microstoma*

Morfologia – Asa cervical presente somente no lado esquerdo do corpo. A vulva é mediana e ventral A porção anterior da faringe apresenta um dente dorsal e um ventral. Macho com quatro pares de papilas pré-cloacais e dois pares de papilas póscloacais (Figura 3.124).

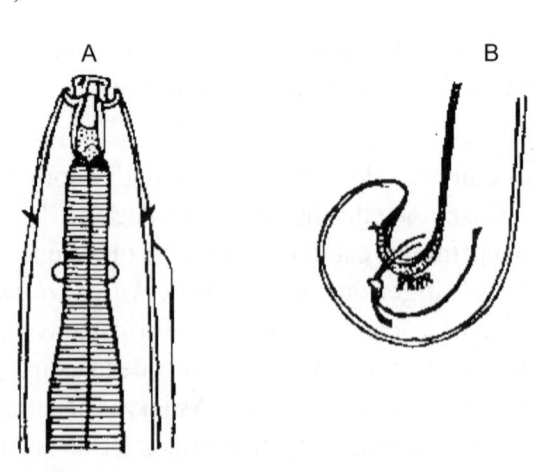

Figura 3.124 *Habronema majus*. A) Extremidade anterior. B) Extremidade posterior do macho. Segundo Railliet, redesenhado por Ivan.

Dimensão – O comprimento dos machos varia de 9 a 22 mm e o das fêmeas de 15 a 35 mm.

Biologia

Hospedeiros

Definitivos – Eqüinos e asininos.

Intermediários – Comumente a *Stomorys calcitrans,* entretanto a *Musca domestica* também pode desempenhar o papel de hospedeiro intermediário.

Localização – A forma adulta vive na luz do estômago dos eqüinos e asininos.

Ciclo evolutivo – Idêntico ao do *Habronema muscae,* diferindo apenas por ser o hospedeiro intermediário, geralmente, a mosca dos estábulos *Stomoxys calcitrans*.

Quadro clínico – As infecções leves são sem manifestações clínicas e as infecções maciças podem se manifestar com distúrbios digestivos.

Patogenia – Os adultos de *Habronema majus* podem ou não invadir as glândulas gástricas. Mais comumente vivem livres na cavidade estomacal. Raramente causam irritação da mucosa gástrica, inflamação, gastrite e ulceração; dermatite nodular.

Gênero *Draschia* Chitwood & Wehr, 1934

(dedicado a Drasch)

Habronematinae cujo orifício oral apresenta os pseudolábios não lobados; um lábio dorsal, outro ventral e dois pequenos lábios laterais. Expansão cuticular lateral estendendo-se por todo o comprimento do corpo e estreitando-se a partir da cabeça.

Draschia megastoma (Rudolphi, 1819)

Sinonímia – *Habronema megastoma, Spiroptera megastoma*

Morfologia – A cabeça é separada do corpo por uma constrição. Os espículos são desiguais, sendo o esquerdo mais longo. A vulva é mediana e ventral; o ovejetor é pequeno e muscular. Os ovos são extremamente longos, medindo 330 a 350 μ por 8 μ (Figura 3.125).

Dimensão – O comprimento dos machos varia de 7 a 10 mm e o das fêmeas de 10 a 13 mm.

Biologia

Hospedeiros

Definitivos – Eqüinos e asininos.

Intermediário – *Musca domestica.*

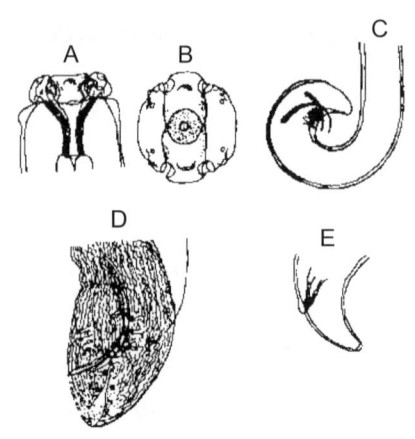

Figura 3.125 *Draschia megastoma.* A) Extremidade anterior. B) Extremidade anterior, vista de frente. C) Extremidade posterior do macho, vista lateral. D) Extremidade posterior do macho, vista ventral. E) Extremidade posterior da fêmea, vista lateral. Segundo Skrjabin e Ershov, 1913, redesenhado por Ivan.

Localização – A forma adulta de *Draschia* é encontrada em nódulos na parede do estômago, nos pulmões e, também, no saco conjuntival dos eqüinos e asininos.

As formas larvais L1, L2 e L3 de *Draschia megastoma* são encontradas nos tubos de Malpighi da *Musca domestica.*

Nome da doença – Habronemose, "ferida de verão" e "esponja".

Ciclo evolutivo – No estômago dos eqüinos e asininos a fêmea faz a postura de ovos embrionados, dos quais eclodem larvas que são eliminadas juntamente com as fezes dos eqüinos e asininos. As L1 são ingeridas por larvas de *Musca domestica* – hospedeiro intermediário – que vivem no estrume. As larvas dos nematódeos atravessam o tubo digestivo e, através da cavidade geral, invadem as células dos tubos de Malpighi. Ocorre a primeira muda e passam para L2 que, evoluindo no tecido dos tubos de Malpighi, formam nódulos de tamanho considerável em conseqüência da reação do organismo. As L2 deixam os nódulos e na cavidade geral sofrem a segunda muda, surgindo as L3. Estas migram até a tromba da mosca e aguardam a oportunidade de passar para o hospedeiro definitivo.

A infecção vai ocorrer quando a mosca contaminada pousar no hospedeiro definitivo – eqüino – e sua tromba entrar em contato com as mucosas da boca, das fossas nasais, da conjuntiva ou com lesões cutâneas, escapando então as L3 por entre as labelas. Se as larvas L3 forem depositadas nos lábios dos eqüinos, através da boca vão ter ao estômago, ocasionando habronemose estomacal; se depositadas nas narinas, vão provocar habronemose pulmonar; na conjuntiva, conjuntivite e se depositadas em feridas, habronemose cutânea.

As larvas que vão se alojar nos pulmões, na conjuntiva, ou na pele, são larvas erráticas, e não são capazes de completar seu ciclo. Somente as que atingirem o estômago estarão aptas a evoluir e originar adultos.

As moscas com infecções maciças sofrem uma relativa mortalidade.

Quadro clínico e Patogenia – Os adultos que invadem a mucosa do estômago ocasionam a formação de nódulos. Estes nódulos, envolvidos por tecido fibroso, com abundante material caseoso ou pus, contêm muitos vermes.

As larvas erráticas que invadem os pulmões originam nódulos próximos aos bronquíolos, resultando em bronquite. A parede dos nódulos é fibrosa e sua espessura aumenta com a idade. Os nódulos, como os dos pulmões, encerram vermes e material caseoso e depois sofrem calcificação. Durante a migração das larvas os sinais são de bronquite. As larvas, depois de contidas nos nódulos, não manifestam nenhum sinal clínico.

As larvas erráticas de *Habronema* e *Draschia* localizadas no saco conjuntival ocasionam conjuntivite. Quando a conjuntiva for comprometida, há lacrimejamento, edema e fotofobia.

A habronemose cutânea é causada por larvas erráticas de *Habronema* e *Draschia*. É conhecida como "ferida de verão", "esponja", é uma dermatite granulosa. Na superfície da pele, em qualquer região do corpo, são observadas granulações do tamanho de um grão de milho, com tendência a se alastrar. Há prurido intenso e os animais coçam e mordem o local infectado. Nas granulações são encontradas larvas, às vezes fragmentos delas ou somente a toca ocupada pelos parasitos. As moscas infectadas, pousando sobre uma lesão para se alimentar, determinam a afecção. As L3, albergadas na tromba, estimuladas pelo calor e umidade de uma ferida, escapam por entre as labelas invadindo a lesão. Essa afecção ocorre com freqüência durante o verão, como o seu nome indica. Foi constatado que os eqüinos que sofreram um primeiro ataque (habronemose cutânea) estão sensibilizados e predispostos à reinfecção.

O verme adulto é responsável pela habronemose gástrica e as larvas erráticas de *Habronema majus* e *Draschia megastoma* determinam habronemose pulmonar.

Concluindo, pode-se dizer que a habronemose é determinada pela presença, no organismo de eqüinos, de qualquer uma das espécies de *Habronema* e de *Draschia megastoma*.

Diagnóstico – As afecções do estômago podem ser diagnosticadas pela comprovação das formas adultas em necropsia, ou a constatação e identificação de ovos ou larvas em exame parasitológico de fezes pelo Método de Flutuação e pelo processo, idealizado por Mello, Cuocolo (1943), para detectar, por xenodiagnóstico, larvas de *Habronema* em fezes de eqüinos. Para executá-la usaram pequenas latas que encheram com 2/3 de fezes de eqüinos, colocaram 20 ovos de mosca doméstica nas fezes, cobriram com uma lâmina de papel de filtro, depois com algodão úmido e na boca da lata puseram um funil com uma rolha ou tampa perfurada na sua extremidade livre. As moscas adultas eclodidas após sete a oito dias, numa temperatura de 37º a 39ºC, foram anestesiadas com éter, dissecadas ao microscópio e examinadas para pesquisa de larvas infectantes de *Habronema*.

A habronemose cutânea pode ser facilmente diagnosticada pelo encontro e identificação de larvas em raspado de pele ou biópsia da lesão.

Profilaxia – As infecções por *Habronema* e *Draschia* podem ser prevenidas através:

- do combate à *Musca domestica, Stomoxys calcitrans* e outras moscas que se alimentam em fezes de eqüinos;

- do estrume retirado das estrebarias, se não houver um local fechado, apropriado, deverá ficar coberto por um plástico, para a fermentação e esterilização; depois pode ser transportado para o campo;

- na falta dos recursos acima referidos, deve-se deixar que aves (galináceos) pululem sobre os montes de estrume, para a destruição de larvas de moscas.

Subfamília TETRAMERINAE

Conceitos básicos

- Spiruridae com acentuado dimorfismo sexual.
- Machos filiformes.
- Fêmeas fusiformes com a região mediana globulosa.
- Fêmeas desprovidas de acúleo caudal.
- Parasitos das glândulas gástricas de aves.
- Com um único gênero, *Tetrameres.*

Gênero *Tetrameres* Creplin, 1846

(gr. *tetra,* quatro; *meros,* parte)

Tetramerinae com cavidade oral provida de lábios pouco desenvolvidos. Vestíbulo e esôfago cilíndricos. Machos, em forma de fio muito fino, de cor branca, apresentando espinhos ao longo das linhas medianas e laterais; espículos desiguais. Fêmeas, fusiformes, de cor vermelha, com depressões longitudinais correspondentes às linhas medianas e laterais; vulva posterior; úteros muito desenvolvidos e ocupando a maior parte do corpo. Ovos de casca fina e embrionados por ocasião da postura.

Tetrameres confusa Travassos, 1919

Morfologia – Com as características do gênero (Figura 3.126).

Dimensão – Os machos medem 4 a 5 mm de comprimento por 160 μ de largura e as fêmeas, de 3 a 5 mm de comprimento por 2 a 3 mm de largura.

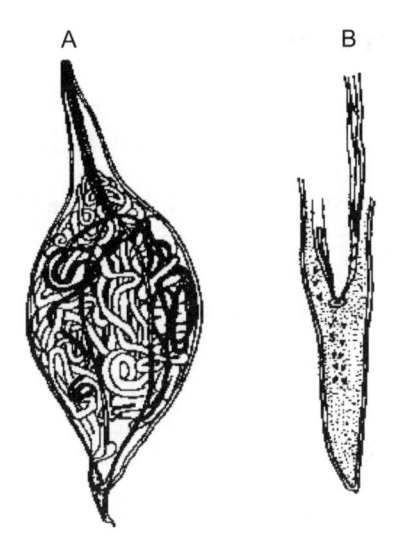

Figura 3.126 *Tetrameres confusa.* A) Fêmea. B) Extremidade posterior do macho. Segundo Travassos, redesenhado por Paulo.

Biologia

Hospedeiros

Definitivos – Pombo, galinha e peru.

Intermediários – Insetos ortópteros (barata, gafanhoto), microcrustáceos *(Daphnia),* minhoca *(Lumbricus terrestris)* e peixes.

Localização – Glândulas do proventrículo do hospedeiro definitivo. Cavidade geral do hospedeiro intermediário.

Ciclo evolutivo – Os ovos embrionados são eliminados com as fezes das aves infectadas. No intestino do hospedeiro intermediário eclodem as L1 que vão ter à cavidade geral onde após duas mudas, depois de 10 dias, surgem as L3 infectantes. As aves se infectam pela ingestão do hospedeiro intermediário contaminado. As L3 livres introduzem-se nos condutos excretores das glândulas do proventrículo e as L4 são encontradas cinco dias após a infecção. Os adultos imaturos surgem mais ou menos no décimo dia e as fêmeas iniciam a ovipostura no vigésimo dia.

Quadro clínico – As infecções por grande número de parasitos se manifestam com apatia, sonolência e emagrecimento.

Patogenia – A luz das glândulas do proventrículo apresenta-se dilatada, em conseqüência da descamação celular. Mais tarde há atrofia e degeneração do tecido glandular. Um cisto é formado em torno da glândula.

Diagnóstico – Pela constatação e identificação microscópica de ovos em exame de fezes de aves e de adultos de *Tetrameres,* em necropsia.

Profilaxia – Evitar que as aves ingiram os hospedeiros intermediários.

Subfamília SPIROCERCINAE

Sinonímia – Spiruninae

Conceitos básicos

- Spiruridae desprovidos de espinhos ou acúleos.
- Placas ausentes.
- Boca hexagonal sem lábios distintos.
- Asa caudal presente.

Gênero *Spirocerca* Railliet & Henry, 1911

(gr. *speira,* lat. *spira,* espiral; *kerkos,* cauda)

Spirocercinae com boca hexagonal sem lábios definidos e vestíbulo de paredes espessas. Em torno da boca, seis processos densos servem de base às papilas cefálicas. Esôfago com a porção anterior muscular curta e a porção posterior, glandular e mais longa. Papilas cervicais ao nível do anel nervoso. Extremidade posterior do macho enrolada em espiral e com asa caudal; quatro pares de papilas pré-cloacais pedunculadas e uma papila grande, mediana, no lábio anterior do orifício cloacal; dois pares de papilas pós-cloacais pedunculadas e um grupo de cinco pares de três papilas pequenas na extremidade distal da cauda; espículos desiguais; gubernáculo rudimentar. Extremidade posterior da fêmea obtusa, com um par de papilas na extremidade distal; vulva localizada ao nível da extremidade posterior do esôfago; úteros paralelos. Ovos cilíndricos, de casca espessa e embrionados por ocasião da postura.

Spirocerca lupi (Rudolphi, 1809) Railliet & Henry, 1911

Morfologia – Esta espécie é de coloração vermelha e tem as duas extremidades afiladas. O espículo esquerdo é bem maior que o direito. A extremidade posterior da fêmea apresenta-se levemente inclinada para a face dorsal (Figura 3.127).

Dimensão – Os machos medem de 30 a 54 mm de comprimento por 760 μ de largura e as fêmeas de 54 a 80 mm de comprimento por 1,15 mm de largura.

Biologia

Hospedeiros

Definitivos – Caninos e acidentalmente felinos.

Intermediários – Coleópteros coprófagos.

Paratênicos – Suínos, morcegos, galináceos, pardais, corujas, lagartos, rãs e moluscos já foram encontrados naturalmente infectados.

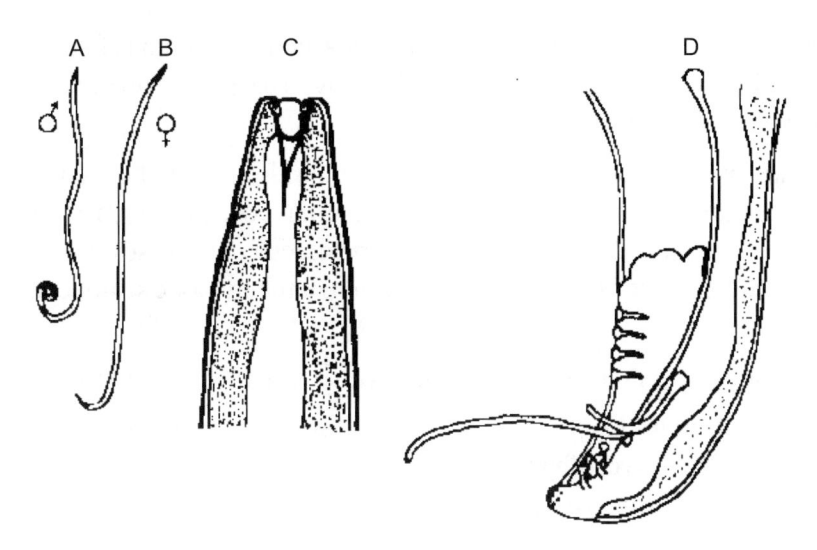

Figura 3.127 *Spirocerca lupi.* A) Macho, tamanho natural. B) Fêmea, tamanho natural. C) Vista ventral da extremidade anterior. D) Extremidade posterior do macho. Segundo Babero et al, 1962, redesenhado por Paulo.

Localização – Adultos de *Spirocerca lupi* em nódulos da parede do esôfago e estômago do cão – hospedeiro definitivo.

Larvas (Li, L2 e L3) em coleópteros coprófagos e L3 encapsuladas geralmente na traquéia.

Larvas (L3 encapsuladas) em diferentes órgãos, principalmente na parede do tubo digestivo, no mesentério e sob a pele dos hospedeiros paratênicos.

Ciclo evolutivo – Os ovos embrionados eliminados com as fezes do hospedeiro definitivo são ingeridos por coleópteros coprófagos – hospedeiro intermediário. A eclosão das larvas (L1) ocorre no tubo digestivo desses insetos. As L1, atravessando a parede intestinal, atingem a cavidade geral e só realizam a segunda muda depois que estiverem encistadas.

O encistamento é o resultado da reação do organismo do hospedeiro. Cada cisto contém uma única larva.

O cão – hospedeiro definitivo – se infecta ao ingerir coleópteros coprófagos com cistos de *Spirocerca* contendo L3. As L3, chegadas ao tubo digestivo, liberam-se do cisto, penetram na parede do estômago e por via sangüínea vão ter à artéria aorta, em três semanas, aproximadamente. Durante essa peregrinação as L3 mudam para L4. Após sete dias da infecção, as L4 formam nódulos na parede da artéria aorta e mudam para adulto. Alguns adultos permanecem nesses nódulos indefinidamente e outros, depois de três meses, migram sob a mucosa para a parede do esôfago e do estômago, provocando a formação de nódulos fibrosos, nos quais vivem como adultos. Em cada nódulo podem ser encontrados até 40 nematódeos. Os nódulos possuem pequeninas fístulas, em comunicação com a luz do trato digestivo, por onde os ovos passam e são eliminados com as fezes do hospedeiro parasitado.

Quando os coleópteros infectados forem ingeridos por um hospedeiro inadequado como rato, camundongo, pardal, coruja, galináceos, lagarto, rã – hospedeiros paratênicos – as larvas penetram na parede do tubo digestivo e vão se encistar no esôfago ou em outro órgão qualquer. O hospedeiro definitivo também pode se infectar ao ingerir o hospedeiro paratênico.

O período pré-patente (PPP) é de aproximadamente cinco meses.

Quadro clínico – Os principais sinais são vômitos, anorexia e emagrecimento. Os nódulos localizados no esôfago e estômago provocam perturbações digestivas como disfagia, eructações, vômitos e peritonite. Nódulos na artéria aorta provocam dispnéia. Nódulos nos pulmões são acompanhados de tosse e, às vezes, de perturbações nervosas semelhantes a sinais rábicos.

Patogenia – Os nódulos surgem como conseqüência da reação do organismo frente a invasão dos parasitos nas paredes dos diferentes órgãos. A dimensão dos nódulos varia de 0,5 a 1,5 cm de comprimento. São ovóides e constituídos de um espesso tecido fibroso, cujos espaços estão cheios de um líquido leitoso, nos quais os espirocercas estão mergulhados. Apresentam fístulas que se comunicam com a luz do órgão. Os sinais decorrem do número e tamanho dos nódulos.

Diagnóstico

Clínico – Pelos sinais.

Laboratorial – Pela comprovação de ovos em exame parasitológico de fezes pelo Método de Flutuação e dos parasitos, em nódulos, por ocasião da necropsia.

Profilaxia – A infecção por *Spirocerca* pode ser prevenida, impedindo que os cães ingiram os hospedeiros intermediários.

Subfamília ASCAROPSINAE

Conceitos básicos

- Spiruridae desprovidos de espinhos ou acúleos.
- Placas ausentes.
- Boca hexagonal com dois lábios trilobados.
- Asa caudal presente.
- Heteroxeno.
- Com os gêneros *Ascarops* e *Physocephalus*.

Gênero *Ascarops* van Beneden, 1873

(gr. *askaris,* verme; *opseos,* forma de)

Ascaropsinae com o orifício oral contornado por dois lábios trilobados, apresentando cada um, externamente, três papilas e, internamente, um dente de cada lado. A característica fundamental é uma única asa cervical, à esquerda. Papilas cervicais situadas assimetricamente, anterior ao anel nervoso. Vestíbulo cilíndrico com espessa parede espiralada. Esôfago com a porção anterior muscular mais curta do que a posterior glandular. Machos com asa caudal grande e assimétrica; cloaca circundada por uma cutícula espessa e serreada; quatro pares de papilas pré-cloacais pedunculadas, um par de papilas pós-cloacais pedunculadas e um ou dois pares de papilas sésseis na extremidade distal da cauda; espículos desiguais na forma e no tamanho; gubernáculo ausente. Fêmeas com vulva na metade anterior do corpo. Ovos elípticos de casca espessa e embrionados por ocasião da postura. São conhecidas cinco espécies parasitos de mamíferos.

Ascarops strongylina (Rudolphi, 1819) Alicata & McIntosh, 1933

Morfologia – Os machos têm a asa caudal direita duas vezes mais larga que a esquerda; o espículo esquerdo, fino, mede 2,24 a 2,95 mm de comprimento e o espículo direito 457 a 619 µ de comprimento. As fêmeas têm a cauda cônica e obtusa; a vulva, levemente voltada para a esquerda, é de situação anterior à metade do comprimento do corpo. Os ovos medem de 34 a 39 µ de comprimento por 18 a 20 µ de largura e estão com o embrião completamente formado por ocasião da postura (Figura 3.128).

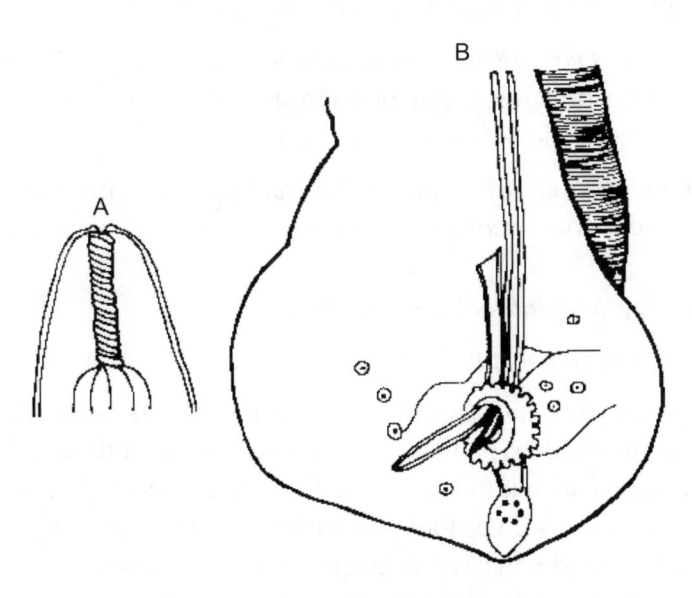

Figura 3.128 *Ascarops strongylina.* A) Extremidade anterior. B) Extremidade posterior do macho. Segundo Skrjabin & Shul'ts, 1937, redesenhado por Jefferson.

Dimensão – Os machos medem de 10 a 15 mm de comprimento por 300 μ de largura e as fêmeas medem de 15 a 22 mm de comprimento por 390 μ de largura.

Biologia

Hospedeiros

Definitivo – Suínos.

Intermediário – Coleópteros coprófagos.

Localização – Estômago de suínos – hospedeiro definitivo. Cavidade geral de coleópteros coprófagos – hospedeiros intermediários.

Ciclo evolutivo – As formas adultas vivem na mucosa do estômago dos suínos. O hospedeiro intermediário se infecta pela ingestão de ovos embrionados eliminados com as fezes do hospedeiro definitivo. As L1 eclodem no intestino dos coleópteros, migram até a cavidade geral onde mudam para L2 e se encapsulam. A muda para L3 ocorre no interior da cápsula, 36 dias após a infecção. Coleópteros infectados ingeridos por suínos, deixam livres no estômago larvas que logo mudam para L4, sofrem outra muda e surgem as formas adultas.

Quadro clínico – Geralmente não há sinais aparentes e decorrem da intensidade do parasitismo e do estado de saúde do suíno. Os animais debilitados apresentam perturbações digestivas.

Patogenia – Esta espécie não é patogênica quando ocorre em pequeno número. Vive no muco da mucosa do estômago e quando um grande número de parasitos está presente, causa inflamação, gastrite catarral difusa e ulcerações.

Diagnóstico – O diagnóstico pode ser feito pela comprovação e identificação de adultos no estômago de suínos, por ocasião da necropsia ou de ovos, em exame parasitológico de fezes, pelo Método de Flutuação.

Profilaxia – Evitar que os suínos ingiram os hospedeiros intermediários ou paratênicos infectados com *Ascarops;* tratamento dos animais parasitados.

Gênero *Physocephalus* Diesing, 1861

(gr. *physa,* vesícula; *kephale,* cabeça)

Ascaropsinae com o orifício oral contornado por dois pseudolábios laterais trilobados e cada um com duas papilas externas e sem dentes internos. Cutícula cervical dilatada, com três asas cuticulares laterais. Papilas cervicais situadas assimetricamente e uma anterior ao anel nervoso. Vestíbulo cilíndrico, com uma espessa parede espiralada. Esôfago com porção anterior mais curta do que a posterior glandular. Machos com extremidade caudal curva; asa caudal simétrica; quatro pares de papilas pré-cloacais pedunculadas e quatro pares de pequeninas papilas sésseis na extremidade distal da cauda; anel pericloacal ausente; espículos desiguais; gubernáculo presente. Fêmeas com vulva de situação anterior ao meio do corpo. Ovos embrionados por ocasião da postura.

Physocephalus sexalatus (Molin, 1860) Diesing, 1861

Morfologia – O corpo subcilíndrico é mais afilado na extremidade anterior. A cutícula apresenta-se estriada transversalmente. A região cefálica possui uma intumescência cuticular terminando bruscamente a 260 μ da porção anterior. Papilas cervicais dispostas assimetricamente, à esquerda a 220 μ e à direita a 420 μ da extremidade anterior. O terço anterior do corpo com três expansões cuticulares cervicais, estriadas transversalmente e inseridas como folhas de um livro. Espículos desiguais, alados e pontiagudos. A extremidade caudal da fêmea é obtusa e com um apêndice distalmente (Figura 3.129).

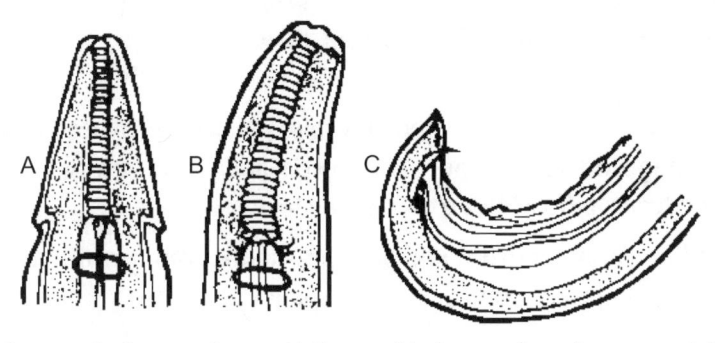

Figura 3.129 *Physocephalus sexalatus.* A) Extremidade anterior, vista ventral. B) Extremidade anterior, vista lateral. C) Extremidade posterior do macho. Segundo Yorke e Maplestone, redesenhado por Jefferson.

Dimensão – Os machos medem de 6 a 13 mm de comprimento por 300 μ de largura e as fêmeas de 10 a 22,5 mm de comprimento por 330 a 450 μ de largura.

Biologia

Hospedeiros

Definitivos – Suínos e raramente bovinos e eqüinos.

Intermediários – Coleópteros coprófagos.

Paratênicos – Anfíbios, répteis, aves e mamíferos insetívoros.

Localização – Mucosa do estômago e raramente no intestino delgado dos suínos – hospedeiro definitivo. Cavidade geral dos coleópteros coprófagos – hospedeiros intermediários.

Ciclo evolutivo – Os coleópteros coprófagos ao ingirerem ovos embrionados de *Physocephalus sexalatus,* as L1 eclodem no seu trato digestivo e atingem a cavidade geral, onde a evolução se processa. As L2 são consideravelmente grandes, com 870 μ de

355

comprimento, e se encapsulam. No interior da cápsula ocorre a segunda muda e surgem as L3 infectantes com até 1 mm de comprimento. Se o coleóptero infectado for ingerido por um hospedeiro mas não um suíno, a cápsula é digerida no estômago do hospedeiro paratênico e vai sofrer novo encapsulamento.

O suíno se infecta ao ingerir o hospedeiro intermediário ou o paratênico contaminado.

As L3 liberadas no estômago mudam para L4 e estas, realizando a última muda, originam as formas adultas.

O período pré-patente (PPP) é de seis a sete semanas.

Quadro clínico – Perturbações digestivas em infecções maciças e em animais debilitados.

Patogenia – *Physocephalus,* como *Ascarops,* não são patogênicos quando em pequeno número, entretanto, infecções maciças são responsáveis por inflamação, gastrite catarral difusa e ulcerações.

Diagnóstico – O diagnóstico pode ser feito pela comprovação e identificação de adultos no estômago de suínos, por ocasião da necropsia, ou de ovos, em exame parasitológico de fezes, pelo Método de Flutuação.

Profilaxia – Tratamento dos animais parasitados com vermífugo adequado e impedir que ingiram coleópteros coprófagos – hospedeiros intermediários – infectados.

Subfamília GONGYLONEMATINAE Hall, 1916

Conceitos básicos

- Spiruridae desprovidos de espinhos ou acúleos.
- Placas presentes.
- Boca com quatro ou seis pequenos lábios pouco nítidos.
- Vestíbulo curto e cilíndrico.
- Com dois gêneros: *Squamanema,* parasito de primatas, e *Gongylonema,* parasito de mamíferos e aves.

Gênero *Gongylonema* Molin, 1857

(gr. *gongylos,* redondo; *nema,* fio)

Gongylonematinae com orifício oral contornado por um pequeno lábio dorsal e outro ventral, quitinosos externamente e com um dente na face interna e dois pequenos lábios laterais estreitos. Quatro papilas cefálicas submedianas e duas laterais. Cutícula espessa e com estrias transversais. Papilas cervicais situadas ao nível do anel nervoso.

Regiões cefálica e esofagiana com placas que são expansões cuticulares dispostas irregularmente em séries longitudinais. Asas cervicais presentes. Duas papilas dorsais, uma no terço anterior e outra no terço posterior. Esôfago com a porção anterior muscular curta e a posterior glandular longa. Cauda do macho curva; asa caudal geralmente assimétrica; papilas caudais pedunculadas, cujo número varia de quatro a seis pré-cloacais; duas a quatro pós-cloacais e um número variável de papilas sésseis na extremidade distal da cauda; espículos desiguais; gubernáculo presente. Extremidade posterior da fêmea arredondada; vulva situada um pouco anterior ao ânus; úteros divergentes. Ovos embrionados por ocasião da postura. Parasitos de mamíferos e aves.

Gongylonema pulchrum Molin, 1857

Morfologia – A extremidade anterior do corpo apresenta, em ambos os lados, as placas com aspecto de relevo, dispostas sobre duas séries principais sobre cada um dos quatro campos submedianos. A expansão cervical é larga e simétrica. O espículo esquerdo é fino e mede de 4 a 23 µ de comprimento, e o direito é mais espesso e mede de 84 a 180 µ de comprimento. A extremidade posterior da fêmea é cônica e obtusa. Os ovos são elípticos e embrionados por ocasião da postura (Figura 3.130).

A B

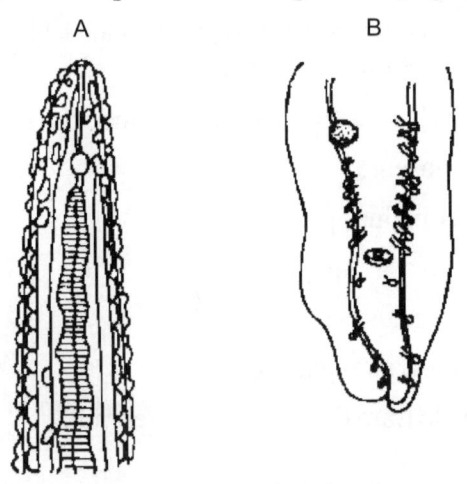

Figura 3.130 *Gongylonema pulchrum.* A) Extremidade anterior. B) Extremidade posterior do macho. Segundo Seurat, redesenhado por Ivan.

Dimensão – Os machos medem de 30 a 62 mm de comprimento por 150 a 300 µ de largura e as fêmeas de 80 a 145 mm de comprimento por 300 a 500 µ de largura.

Biologia

Hospedeiros

Definitivos – Ruminantes, suínos e ocasionalmente eqüinos.

Intermediários – Coleópteros coprófagos e ortópteros (barata).

Localização – Estádio adulto no epitélio esofagiano e às vezes no rúmen. Formas larvais em coleópteros coprófagos e ortópteros.

Ciclo evolutivo – O hospedeiro intermediário se infecta pela ingestão de ovos embrionados de *Gongylonema pulchrum*. No trato digestivo eclodem as L1 que invadindo a parede do trato digestivo vão até a cavidade geral, dando as L3 encapsuladas depois de duas mudas. O hospedeiro definitivo se infecta ao ingerir os hospedeiros intermediários infectados com as L3. É desconhecida ainda a rota que as larvas percorrem até sua localização no epitélio do esôfago, onde são encontrados os adultos.

Quadro clínico e Patogenia – A espécie *Gongylonema pulchrum* é aparentemente apatogênica e sem sinais aparentes.

Diagnóstico – Pela constatação e identificação de adultos no epitélio esofagiano por ocasião de necropsia, e encontro e identificação de ovos em exame parasitológico de fezes pelo Método de Flutuação.

Família PHYSALOPTERIDAE Leiper, 1908

Conceitos básicos

- Spiruroidea com orifício oral apresentando lábios laterais triangulares grandes e simples, providos de um ou vários dentes.
- Cutícula inflada anteriormente formando um anel perioral.
- Vestíbulo ausente.
- Esôfago com duas porções.
- Macho com asa caudal ampla.
- Papilas cervicais presentes.
- Vulva situada na metade do corpo.
- Parasitos do trato digestivo de vertebrados.

Gênero *Physaloptera* Rudolphy, 1819

(gr. *physalis,* vesícula; *pteron,* asa)

Physalopteridae apresentando como particularidades genéricas papilas cervicais posteriores ao anel nervoso. Esôfago com porção anterior muscular e porção posterior glandular. Macho apresentando as duas expansões cuticulares da cauda unidas ventralmente antes da cloaca, sustentadas por quatro pares de papilas pedunculadas e com um número variável de papilas sésseis; espículos semelhantes na forma e desiguais no comprimento; pode haver um prepúcio na extremidade posterior. Vulva situada na metade anterior do corpo. Ovos lisos, de casca espessa e embrionados por ocasião da postura.

Parasitos de anfíbios, répteis, aves e mamíferos.

Physaloptera praeputialis Linstow, 1889

Morfologia – Apresenta um prepúcio na extremidade posterior de ambos os sexos. O espículo esquerdo é mais longo que o direito (Figura 3.131).

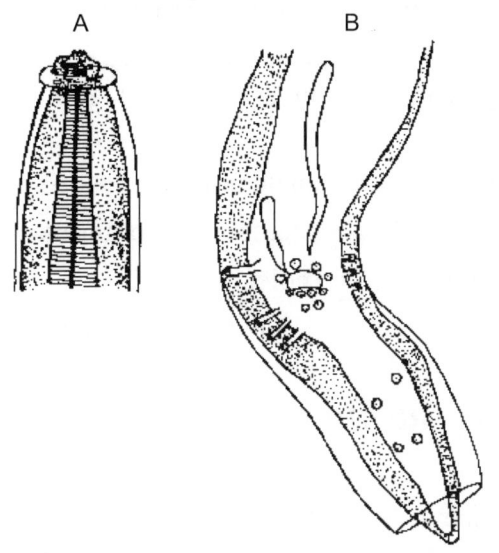

Figura 3.131 *Physaloptera praeputialis.* A) Extremidade anterior. B) Extremidade posterior do macho. Segundo Morgan & Hawkins, 1949, redesenhado por Evandro.

Dimensão – Os machos medem de 13 a 45 mm de comprimento por 0,7 a 1,3 mm de largura e as fêmeas de 15 a 58 mm de comprimento por 1 a 1,7 mm de largura.

Biologia

Hospedeiros

Definitivos – Felinos e caninos.

Intermediários – Ortópteros e coleópteros.

Localização – Adultos fixos à mucosa do estômago dos hospedeiros definitivos. Formas larvais em cistos na parede externa do intestino dos hospedeiros intermediários.

Ciclo evolutivo – Os ovos embrionados de *Physaloptera praeputialis* eliminados com as fezes do gato e cão são ingeridos pelos hospedeiros intermediários. No intestino ocorre a eclosão das L1 que atravessando o intestino se encistam em sua parede externa, mudam para L2 após 11 a 16 dias da infecção, e depois de 12 dias mudam para L3 infectante. As formas adultas maduras evoluem no hospedeiro definitivo em 56 a 85 dias após terem ingerido o hospedeiro intermediário infectado.

Quadro clínico e Patogenia – *Physaloptera praeputialis* vive fixada à mucosa do estômago, nutrindo-se de sangue. Em conseqüência de seus hábitos alimentares são responsáveis por pequenas erosões nos pontos de fixação, ocasionando gastrite e anemia.

Diagnóstico – Pela comprovação e identificação dos parasitos, e das lesões causadas por eles no estômago, por ocasião da necropsia. As infecções causadas por *Physaloptera* também podem ser diagnosticadas pela comprovação e identificação de seus ovos em exame parasitológico de fezes pelo Método de Flutuação.

Esta espécie, em necropsia, pode ser confundida, no primeiro momento, com um ascarídeo; mas o fato de estar fixo à mucosa do estômago é suficiente para a diagnose diferencial.

Profilaxia – Consiste essencialmente em:

- tratar gatos e cães parasitados com vermífugo adequado;
- combater ortópteros e coleópteros; e
- evitar que gatos e cães ingiram os hospedeiros intermediários.

Superfamília FILARIOIDEA (Weinland, 1858) Stiles, 1907

Conceitos básicos

- Nematódeos de corpo filiforme.
- Boca simples, comumente sem lábios ou bilobulada.
- Vestíbulo rudimentar ou ausente.
- Esôfago cilíndrico (filariforme), habitualmente dividido em duas partes.
- Macho com ou sem asa caudal.
- Espículos diferentes na forma e no tamanho.
- Gubernáculo presente ou ausente.
- Vulva situada na região esofagiana, opistodelfas.
- Fêmeas ovovivíparas ou vivíparas.
- Ciclo evolutivo indireto – heteroxeno.
- Biohelmintos.
- Parasitos dos vasos sangüíneos e linfáticos, dos músculos, do tecido conjuntivo e das cavidades serosas de mamíferos.
- Mosquitos, pulgas e carrapatos desempenham o papel de hospedeiros intermediários.

Família FILARIIDAE Clauss, 1885

Conceitos básicos

- Filarioidea cujas fêmeas são duas, três ou quatro vezes maiores que os machos.

- Ovos envoltos apenas pela membrana vitelina, sem casca quitinosa.

- Primeiro estádio larval – microfilarióide, isto é, incompletamente diferenciada.

- Com vários gêneros, dos quais serão estudados *Dipetalonema, Dirofilaria, Onchocerca* e *Setaria.*

Gênero *Dipetalonema* Diesing, 1861

(gr. *di,* dois; *petalon,* pétala; *nema,* fio)

Filariidae de corpo delgado e mais afilado posteriormente. Cutícula lisa ou finamente estriada. Extremidade anterior arredondada ou com saliências laterais. Orifício oral com oito papilas de diversos tamanhos, dispostas em círculo. Extremidade posterior com apêndices laterais em um ou ambos os sexos. Extremidade posterior do macho espiralada; asa caudal rudimentar ou ausente. Fêmeas opistodelfas. Vivíparas. Há cerca de 40 espécies, todas parasitando mamíferos.

Dipetalonema reconditum (Grassi, 1889)

Morfologia – Ambos os sexos apresentam três apêndices na extremidade distal da cauda e a dos machos é em espiral. O espículo esquerdo mede de 200 a 300 μm de comprimento e o direito 92 a 104 μm. A vulva está situada ao nível da região correspondente entre o esôfago anterior e o posterior. A extremidade posterior é voltada dorsalmente. As microfilárias não são embainhadas, apresentam um corpo refrátil no terço posterior e são caracterizadas por serem dotadas de movimentos rápidos e seu deslocamento para frente faz com que desapareçam do campo microscópico (Figura 3.132).

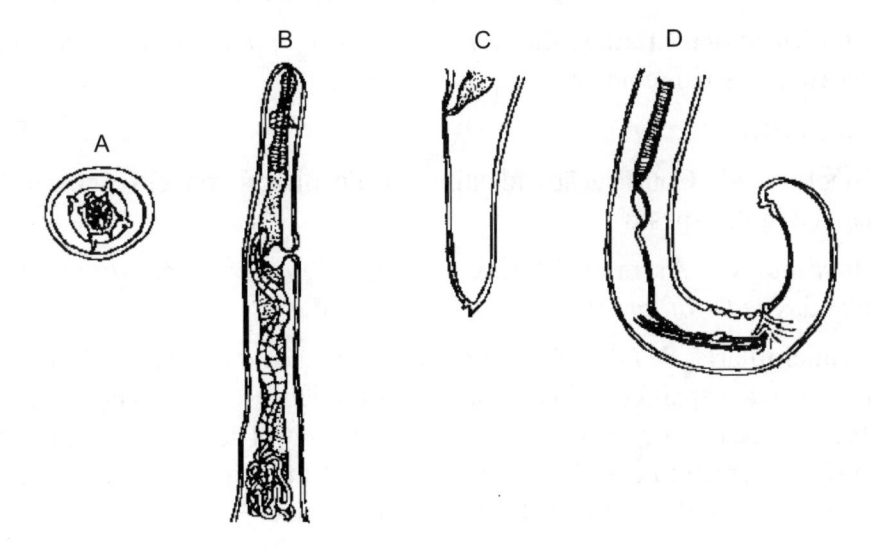

Figura 3.132 *Dipetalonema reconditum.* A) Boca vista de frente. B) Extremidade anterior da fêmea. C) Extremidade posterior da fêmea. D) Extremidade posterior do macho. Segundo Nelson, 1962, redesenhado por Ivan.

Dimensão – Os machos medem de 9 a 17 mm de comprimento por 92 a 106 μ de largura e as fêmeas de 20 a 32 mm de comprimento por 146 a 180 μ de largura.

Biologia

Hospedeiros

Definitivo – Caninos.

Intermediários – *Ctenocephalides canis, C. felis* e *Rhipicephalus sanguineus.*

Localização – Adultos no tecido conetivo subcutâneo e peri-renal do cão e microfilárias na circulação sangüínea; larvas na hemocele dos hospedeiros intermediários.

Ciclo evolutivo – Ao sugar sangue de um cão com microfilárias na corrente circulatória, o artrópode retira certo número de larvas.

As microfilárias que não morrem, ou que não são expulsas com as fezes dos artrópodes, invadem a parede do tubo digestivo e atingem a hemocele, uma a cinco horas após a ingestão. Ocorrem modificações na estrutura das microfilárias e surgem as L1 depois de 12 horas da ingestão. Dois dias após a infecção, as larvas têm o aspecto de salsicha e são as L2. Seis dias depois da infecção surgem as L3 infectantes.

Nesta fase, a evolução dos helmintos fica sustada. Movendo-se rapidamente, deslocam-se através da hemolinfa até atingir o tórax e a cabeça. As larvas infectantes, possuindo termotropismo positivo, alojam-se nas peças bucais do artrópode. Quando o artrópode tornar a picar um cão para sugar sangue, a pressão intracelomática aumenta e as larvas infectantes são inoculadas através da lesão provocada pela picada. Acredita-se que o calor do corpo do animal seja o estímulo para a penetração das larvas.

Quadro clínico e Patogenia – *Dipetalonema reconditum* não é aparentemente patogênica e não há sinais evidentes.

Diagnóstico

Laboratorial – Constatação e identificação de microfilárias em exame microscópico de sangue (gota espessa).

Diferencial – As microfilárias de *Dipetalonema reconditum* devem ser distinguidas das de *Dirofilaria immitis.*

As microfilárias de *Dipetalonema reconditum* são dotadas de movimentos rápidos para frente e desaparecem do campo microscópico. Nestas infecções nunca são encontradas mais de três a quatro microfilárias em 20 a 40 ml de sangue. As microfilárias apresentam uma estrutura grande e interna, corpo refrátil, ao nível do ponto da região média com a posterior. Possuem, ainda, um acúleo cefálico.

Profilaxia – A prevenção da dipetalonemose de cães está na dependência do controle ou eliminação dos hospedeiros intermediários *(Ctenocephalides* e *Rhipicephalus sanguineus).*

DIAGRAMA DO CICLO EVOLUTIVO DE *Dipetalonema reconditum*

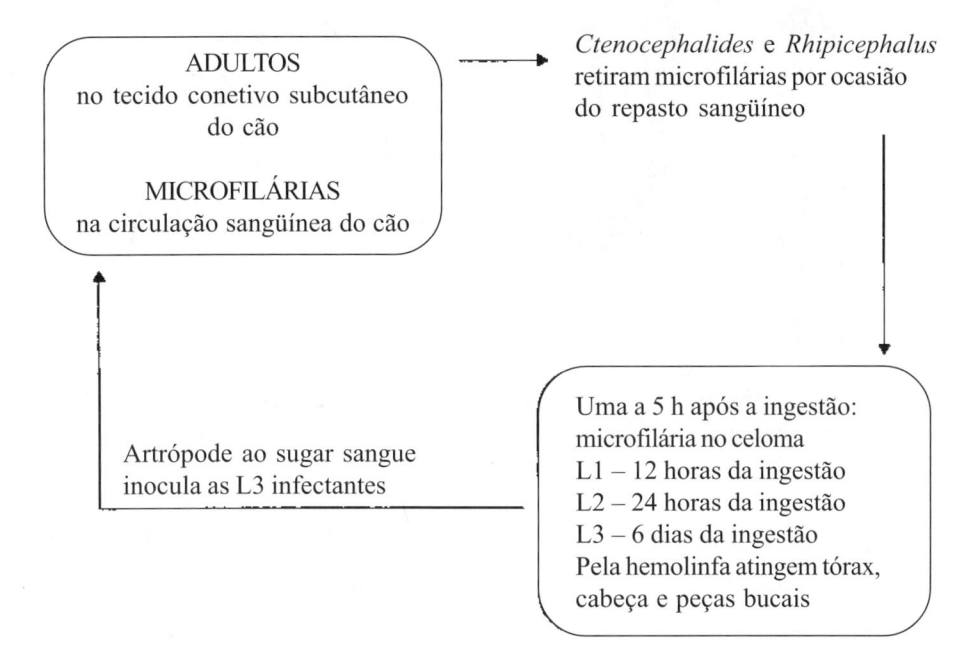

Gênero *Dirofilaria* Railliet & Henry, 1911

(lat. *dirus,* cruel; *filum,* fio)

Filariidae com orifício oral desprovido de lábios e com papilas conspícuas. Macho com a extremidade posterior espiralada; asa caudal com papilas pré-cloacais pedunculadas e com uma ou duas grandes e várias papilas pré-cloacais diminutas; espículos desiguais; gubernáculo ausente. Fêmea com a extremidade posterior arredondada; vulva situada logo após o esôfago; opistodelfa; vivípara. Microfilárias sem bainha. Existem aproximadamente 31 espécies parasitas do coração e tecido conjuntivo de mamíferos.

Dirofilaria immitis (Leidy, 1856) Railliet & Henry, 1911

Sinonímia – *Filaria immitis,* Leidy, 1856

Morfologia – É filiforme, de cor esbranquiçada e com a extremidade anterior arredondada. O orifício oral é pequeno, circular e com seis papilas inconspícuas. A extremidade posterior do macho, afilada e espiralada, apresenta asa caudal estreita; há 11 papilas caudais de cada lado, sendo seis pós-cloacais; espículos desiguais. A extremidade posterior da fêmea é obtusa e a vulva dista cerca de 2,7 mm da extremidade anterior. As microfilárias da circulação não são embainhadas e são desprovidas de corpo refrátil. Locomovem-se aos arrancos e chicoteando (Figura 3.133).

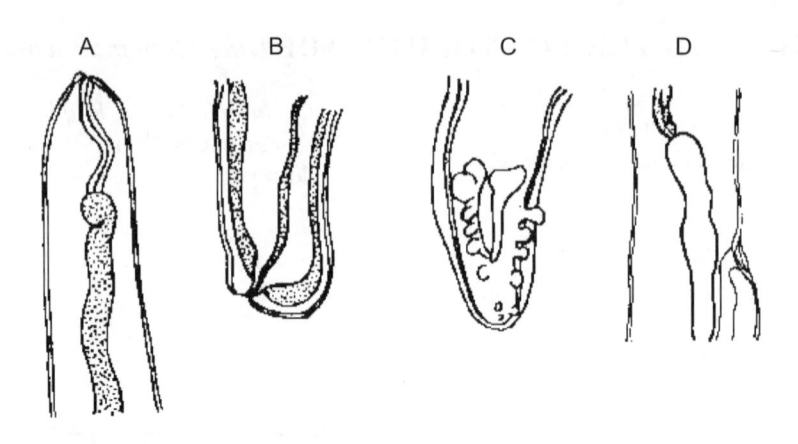

Figura 3.133 *Dirofilaria immitis.* A) Extremidade anterior. B) Extremidade posterior da fêmea. C) Extremidade posterior do macho. D) Região vulvar. Segundo Petrov, 1931 de Skrjabin et al.,1949, redesenhado por Ivan.

Dimensão – Os machos medem de 12 a 20 cm de comprimento por 700 a 900 μ de largura e as fêmeas de 25 a 30 cm de comprimento por 1 a 1,3 mm de largura.

Biologia

Hospedeiros

Definitivos – Caninos, felinos, carnívoros silvestres, eqüinos, primatas e ocasionalmente o homem.

Intermediários – Diversas espécies de mosquitos dos gêneros *Aedes, Anopheles* e *Culex.* Também a *Ctenocephalides canis* foi incriminada como hospedeiro intermediário.

Localização – Adultos no ventrículo direito do coração, na artéria pulmonar e, ocasionalmente, nos brônquios do hospedeiro definitivo. Larvas nos tubos de Malpighi dos hospedeiros intermediários.

Ciclo evolutivo – As microfilárias, eliminadas pela fêmea vivípara, são encontradas na circulação sangüínea dos hospedeiros definitivos. Há uma relativa flutuação na periodicidade da microfilaremia. Assim, ao anoitecer, começa a aumentar o número de microfilárias na circulação periférica e o número continua aumentando progressivamente até as primeiras horas da madrugada, quando começa a decrescer, até a microfilaremia se tornar negativa às 11 horas, aproximadamente. Existe também uma periodicidade estacional; assim as microfilárias são mais abundantes na circulação sangüínea durante o verão do que no inverno.

Os hospedeiros intermediários se contaminam ao sugar sangue de um hospedeiro definitivo infectado, ingerindo microfilárias.

As microfilárias, através do trato digestivo do hospedeiro intermediário, atingem a hemocele e migram até os tubos de Malpighi, onde vagueiam durante 24 a 36 horas, invadindo depois suas células e tomando a forma de salsicha. Esta forma muda para L2 e para L3, larva infectante, que mede 900 µ de comprimento. As L3 permanecem nos tubos de Malpighi durante cerca de 14 dias. As larvas, por movimentos, rompem a membrana dos tubos de Malpighi e ganham a hemocele. Pela hemolinfa vão até o tórax, depois à cabeça do hospedeiro intermediário e penetram nas peças da armadura bucal.

O hospedeiro intermediário, ao procurar o hospedeiro definitivo para se alimentar, inocula as L3 infectantes, por ocasião da picada.

As L3 ganham a circulação do hospedeiro definitivo e vão ter ao coração direito, onde se transformam em adultos.

O período pré-patente no cão é de 32 semanas e no gato de 28 semanas. No cão, a *Dirofilaria immitis* pode viver até quase oito anos.

Quadro clínico – Comumente a filariose, devido a *D. immitis,* não apresenta qualquer sinal antes dos oito ou nove meses após a infecção. Geralmente a manifestação de sinais ocorre depois de enérgicas atividades. O cão parasitado cansa-se facilmente, sua respiração é ofegante e tem uma tosse seca. Emagrece, torna-se triste, perde o apetite, surge ascite e, às vezes, edema generalizado. Com a evolução da doença ocorre hematúria, ataques epileptiformes e distúrbios cardíacos. A morte sobrevém por hematúria.

Patogenia – A dirofilariose hemática ou filariose cardiopulmonar do cão é em conseqüência da presença dos adultos e microfilárias na circulação sangüínea, responsáveis pela hipertrofia e inflamação do coração direito e da artéria pulmonar. Os pulmões do cão parasitado podem se apresentar congestionados devido a obstrução das arteríolas pulmonares pelas larvas; às vezes são observados pequeninos nódulos que contêm larvas.

DIAGRAMA DO CICLO EVOLUTIVO DE *Dirofilaria immitis*

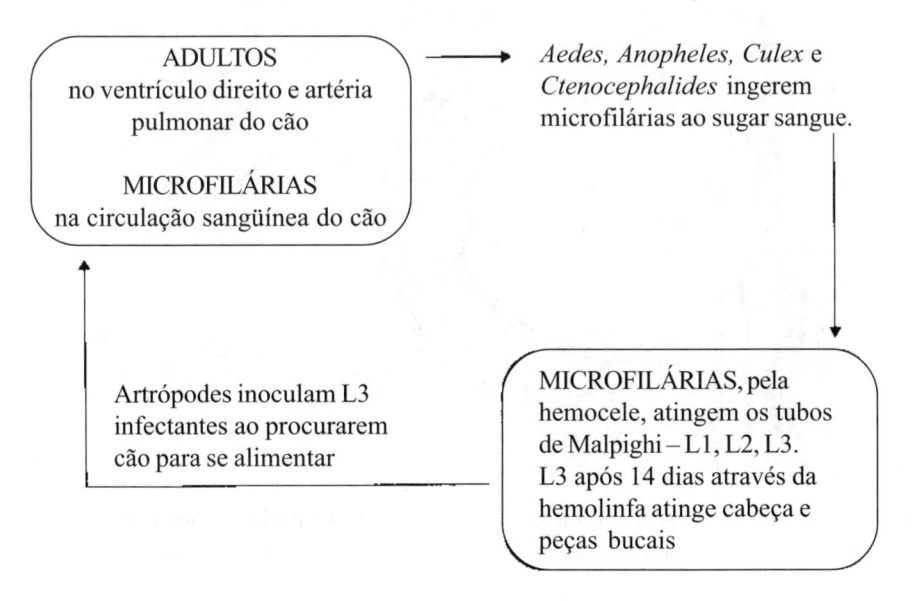

Diagnóstico

Clínico – Os sinais fazem suspeitar de dirofilariose.

Laboratorial – Constatação e identificação de microfilárias em exame microscópico de sangue.

Profilaxia – A prevenção da dirofilariose está na dependência do controle ou eliminação dos seus hospedeiros intermediários.

Gênero *Setaria* Viborg, 1795

(lat. *seta,* cerda; *aria,* local)

Filariidae com um anel cuticular perioral com quatro prolongamentos anteriores nos lábios; quatro papilas cefálicas submedianas e duas papilas laterais. Cutícula transversalmente estriada. Papilas cervicais pequenas. Asa cervical ausente. Extremidade posterior do macho afilada e enrolada em espiral, apresentando distalmente um par de minúsculos apêndices cuticulares laterais; asa caudal ausente; quatro pares de papilas pré-cloacais e quatro pares de papilas pós-cloacais desiguais, em forma e tamanho. Extremidade posterior da fêmea afilada e levemente espiralada, apresentando distalmente uma pequena saliência e também com um par de minúsculos apêndices cuticulares laterais; vulva situada ao nível da região esofagiana; opistodelfa; vivípara. Larvas providas de bainha, têm como habitat o sistema sangüíneo. Parasitos da cavidade peritoneal de mamíferos.

Setaria cervi (Dujardin, 1845) Becklund & Walker, 1969

Sinonímia – *S. labiatopapillosa.*

Morfologia – A cabeça é arredondada e o anel perioral com quatro prolongamentos (Figura 3.134).

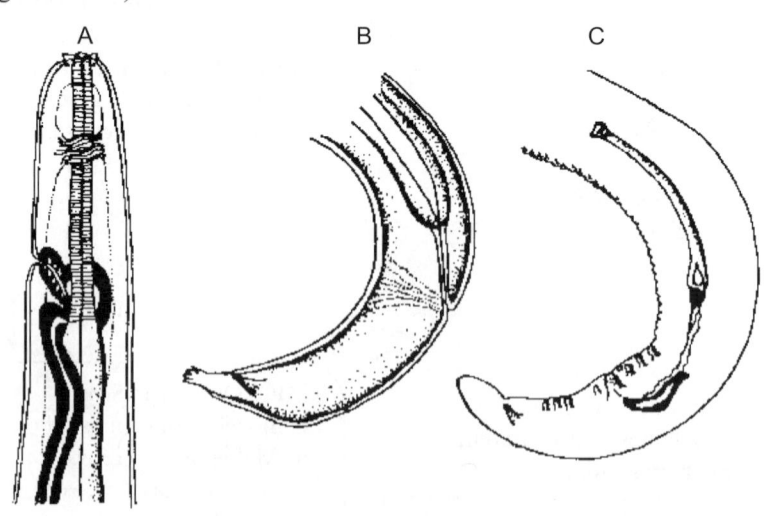

Figura 3.134 *Setaria cervi.* A) Extremidade anterior. B) Extremidade posterior da fêmea. C) Extremidade posterior do macho. Segundo Yeh, 1959, redesenhado por Ivan.

Dimensão – Os machos medem de 40 a 60 mm de comprimento por 380 a 450 μ de largura e as fêmeas de 60 a 120 mm de comprimento por 600 a 900 μ de largura.

Biologia

Hospedeiros

Definitivos – Bovinos, ovinos e ocasionalmente eqüinos em localização errática.

Intermediários – Mosquitos do gênero *Aedes*. Não há evidência, apesar de por muito tempo ter-se acreditado que a mosca dos estábulos *Stomoxys calcitrans* sirva como hospedeiro intermediário.

Localização – Adultos na cavidade peritoneal e, às vezes, no intestino delgado e olhos, ocasionalmente em diversos órgãos e tecidos da cavidade peritoneal ou ainda no cérebro e úbere do hospedeiro definitivo. Microfilárias na hemocele e músculos torácicos do hospedeiro intermediário.

Ciclo evolutivo – O ciclo evolutivo é heteroxeno. As microfilárias ingeridas pelos dípteros hematófagos, junto com o sangue dos bovinos, atravessam a parede do tubo digestivo, atingem a hemocele, invadem os músculos torácicos, sofrem diminuição no comprimento e tomam a forma de salsicha. Crescem rapidamente, realizam duas mudas e se tornam infectantes depois de oito a 10 dias. Através da hemocele atingem a cabeça, depois a probóscida onde aguardam a oportunidade de passar para o hospedeiro definitivo.

Quadro clínico e Patogenia – A localização das setárias em pequeno número, na cavidade geral do hospedeiro definitivo, é apatogênica; mas em grande número, os bovinos apresentam caquexia. A invasão de formas jovens na câmara anterior do globo ocular causa verminose oftálmica. O humor aquoso torna-se leitoso; o globo ocular infectado pode se tornar opaco, em conseqüência da irite, queratite e conjuntivite e, mesmo após a recuperação do animal afetado, o olho permanece cego.

Diagnóstico – Pela constatação e identificação de adultos na cavidade geral do bovino, por ocasião da necropsia. Pela constatação e identificação de setárias no globo ocular e microfilárias em exame microscópio de sangue.

Profilaxia – Combate ao hospedeiro intermediário da *Setaria cervi (Aedes aegypti)*.

Gênero *Onchocerca* Diesing, 1841

(gr. *onchos,* acúleo e tumor; *kerkos,* cauda)

Filariidae esbranquiçados, muito delgados e longos. Cutícula estriada transversalmente e reforçada por espessamentos em espiral ao longo do corpo, interrompidos lateralmente; estes espessamentos ocorrem sempre na fêmea e às vezes no macho. Boca simples, desprovida de lábios e papilas. Esôfago curto. Macho com a extremidade posterior enrolada em espiral, sem asa caudal e com papilas; espículos desiguais na forma e no tamanho. Fêmea opistodelfa; vulva anterior; vivípara. Microfilárias destituídas de bainha.

Onchocerca cervicalis Railliet & Henry, 1910

Morfologia – Esta espécie apresenta as duas extremidades deprimidas. A cabeça é arredondada. Macho com 10 pares de papilas caudais e uma papila pré-cloacal (Figura 3.135).

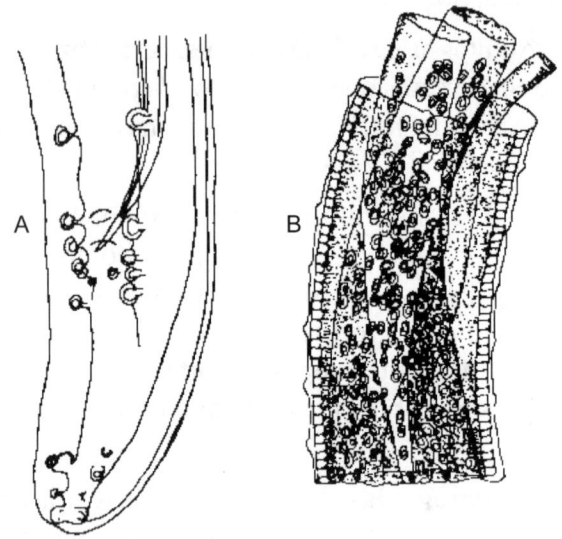

Figura 3.135 *Onchocerca cervicalis*. A) Extremidade posterior do macho. B) Porção do corpo da fêmea onde se observa o intestino e os dois condutos genitais repletos de ovos. Segundo Railliet & Steward, redesenhado por Evandro.

Dimensão – Os machos medem de 6 a 7 cm de comprimento por 70 a 100 μ de largura e as fêmeas de 35 a 50 cm de comprimento por 400 μ de largura. Microfilárias medindo de 207 a 240 μ de comprimento por 4 a 5 μ de largura.

Biologia

Hospedeiros

Definitivos – Eqüinos e asininos.

Intermediários – Nematóceros: *Culicoides spp.*

Localização – Adultos no ligamento cervical dos eqüinos; larvas na pele do hospedeiro definitivo e músculos torácicos dos *Culicoides*.

Ciclo evolutivo – O hospedeiro intermediário se infecta ao ingerir microfilárias durante a sucção de sangue. O tempo de duração da picada é de três a oito minutos. As microfilárias, chegando ao intestino médio, lá permanecem durante mais ou menos três dias, migrando após para os músculos torácicos, onde evoluem. Quatorze dias depois da infecção as larvas se posicionam paralelas às fibras musculares e tornam-se mais longas e delgadas. Em aproximadamente 22 dias, as larvas migram para o lábio, onde são encontradas depois de três dias, e aí permanecem até o *Culicoides* contaminado transmiti-las ao eqüino, por ocasião do seu repasto sangüíneo.

É de 26 o número máximo de larvas encontrado em *Culicoides*.

Quadro clínico e Patogenia – A ação da *Onchocerca cervicalis* varia em intensidade. Em infecções leves, o tecido dos feixes de fibras elásticas se torna hialino, transparente, formando faixas. Em infecções maciças, se torna esverdeado e circundado por nódulos necróticos, que sofrendo calcificação causam transtornos, devido a compressão que exercem sobre os órgãos vizinhos.

Na oncocercose podem ocorrer fístulas e queda de pêlos da região cervical. As fístulas constituem um livre acesso à invasão bacteriana responsável por supuração.

Diagnóstico

Clínico – Pela constatação de fístulas e queda de pêlos da região cervical.

Laboratorial – Biópsia (retirar uma porção de tecido que é colocado em solução fisiológica durante várias horas) para exame microscópico. Raspagem de pele, sem provocar hemorragia, das zonas afetadas para o diagnóstico das microfilárias. A seguir tocar com uma lâmina o local da raspagem, diluir a secreção da ferida com solução fisiológica e examinar ao microscópio.

Profilaxia – Combate aos culicóides.

Superfamília DIOCTOPHYMOIDEA Railliet, 1916

Conceitos básicos

- Nematoda de grandes dimensões, podendo alcançar até 1 m de comprimento.
- Cor vermelha.
- Boca hexagonal circundada por um anel cuticular.
- Macho com bolsa copuladora atípica, musculosa e campanuliforme.
- Espículo único e longo.
- Fêmea com órgãos sexuais simples.
- Ovos de casca espessa e com depressões.
- Ciclo evolutivo indireto, heteroxeno.
- Biohelmintos.

- Parasitos de mamíferos e aves.

- Com duas famílias: Soboliphymatidae, com ventosa muscular cefálica e Dioctophymatidae, desprovida de ventosa muscular cefálica.

Família DIOCTOPHYMATIDAE Railliet, 1915

Conceitos básicos

- Dioctophymoidea desprovida de ventosa muscular cefálica.
- Com duas subfamílias: Eustrongylinae e Dioctophymatinae.

Subfamília EUSTRONGYLINAE

- Dioctophymatidae com vulva situada na região posterior do corpo.
- Representantes desta subfamília parasitam aves.

Subfamília DIOCTOPHYMATINAE

Conceitos básicos

- Dioctophymatidae com vulva situada na região anterior do corpo.
- Representantes desta subfamília parasitam mamíferos.

Gênero *Dioctophyma* Collet-Meygret, 1802

(gr. *dioktos,* persistente; *phyma,* excrescência)

Dioctophymatinae com a extremidade anterior inflada. Boca desprovida de lábios, porém circundada por seis papilas dispostas em círculo. Cutícula estriada transversalmente. Esôfago longo e estreito, levemente dilatado na região posterior.

Macho com bolsa copuladora campanuliforme e desprovida de raios; espículo único e longo. Extremidade posterior da fêmea obtusa; vulva situada na região anterior do corpo; ânus terminal.

Dioctophyma renale (Goeze, 1782) Collet-Meygret, 1802

Morfologia – Esta espécie é chamada comumente de estrôngilo gigante e é o maior nematódeo conhecido. Sua cor é vermelho-sangue. A boca é pequena, simples e contornada por seis papilas dispostas em círculo. O macho apresenta na extremidade posterior uma bolsa espessa em forma de campânula, com papilas nas bordas; no centro da bolsa abre-se o orifício cloacal, de onde emerge o único espículo, de 5 a 6 mm de comprimento. A fêmea apresenta a extremidade caudal obtusa, ânus terminal e vulva distando de 5 a 7 cm da extremidade anterior. Os ovos são elípticos, castanhos, de casca espessa e com depressões, exceto nos pólos (Figura 3.136).

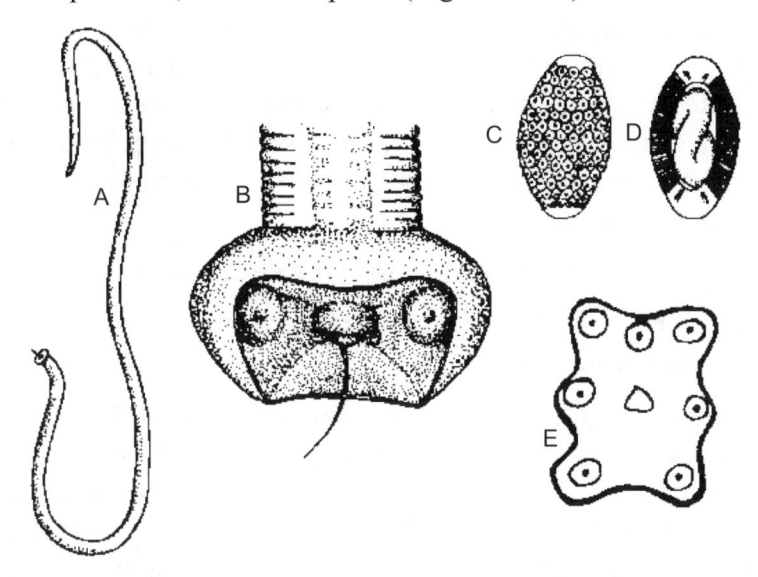

Figura 3.136 *Dioctophyma renale.* A) Indivíduo macho. B) Extremidade posterior do macho. C) Ovo. D) Ovo larvado. E) Extremidade anterior vista de frente. B) Segundo Stefanski; C e D) Segundo Balbiani, redesenhado por Jefferson.

Dimensão – Os machos medem de 14 a 45 cm de comprimento por 4 a 6 mm de largura e as fêmeas de 20 a 100 cm de comprimento por 5 a 12 mm de largura.

Biologia

Hospedeiros

Definitivos – Caninos. Excepcionalmente bovinos, eqüinos, suínos e o homem.

Intermediários – O primeiro hospedeiro é um anelídeo oligoqueta, parasita das brânquias de crustáceos. O segundo hospedeiro são peixes.

Localização – Adultos no rim e mais raramente no peritônio, no fígado e até nos testículos, como por nós constatado, do hospedeiro definitivo. Larvas do segundo estádio em cistos no celoma e vários outros tecidos de oligoquetas. Larvas do terceiro e quarto estádios em cistos no fígado de peixes.

Ciclo evolutivo – Os ovos, não segmentados, são eliminados com a urina do cão e sua evolução ocorre no meio externo. À temperatura de 25 a 30° C surgem as L1 em 30 dias. Os ovos larvados podem resistir durante anos no meio externo, e para prosseguir sua evolução devem ser ingeridos pelo primeiro hospedeiro intermediário – anelídeos oligoquetas parasitas das brânquias de crustáceos. Após a ingestão, eclodem as L1 e graças a seu estilete oral atravessam a parede do tubo digestivo do oligoqueta, mudam

371

para L2 e se encistam no celoma e também em outros tecidos. O segundo hospedeiro intermediário – peixes – se infecta ao ingerir crustáceos parasitados. As L2, livres no trato digestivo do peixe, migram através da parede intestinal ao mesentério ou fígado, onde se encistam, crescem e sofrem duas mudas, dando L3 e L4 infectantes. O cão – hospedeiro definitivo – se infecta pela ingestão de fígado cru de peixes com cistos contendo L4 de *Dioctophyma.* Os vermes migram diretamente através da parede intestinal ao rim. Foi constatado que a prevalência da infecção do rim direito é maior, provavelmente devido a sua vizinhança com o duodeno.

O ciclo evolutivo completo, de ovo a ovo, é de dois anos.

Quadro clínico – Apatia e tristeza. Voz rouca, marcha vacilante. Urina sanguinolenta. Às vezes distúrbios nervosos.

Patogenia – A poderosa ação histolítica da secreção das glândulas esofagianas, muito desenvolvidas em *Dioctophyma renale,* explica a facilidade com que penetra e destrói o parênquima renal. O rim fica reduzido exclusivamente à cápsula, no interior da qual estão os vermes imersos num conteúdo sangüinolento. O *Dioctophyma* pode emigrar dos bacinetes aos ureteres e atingir a bexiga, uretra e ser eliminado através da urina.

Geralmente só um rim é parasitado. O rim sadio sofre hipertrofia para compensar a falta do destruído.

Diagnóstico – As infecções causadas por *Dioctophyma renale* são diagnosticadas pela constatação e identificação de ovos em exame parasitológico de urina, e de vermes por ocasião de necropsia. Ocasionalmente podem ser eliminados vermes jovens com a urina. A constatação de pus e sangue na urina indica o procedimento de um exame parasitológico de urina, para pesquisa de ovos de *Dioctophyma renale.*

Profilaxia – Impedir que cães ou outros animais ingiram peixe cru.

DIAGRAMA DO CICLO EVOLUTIVO DE *Dioctophyma renale*

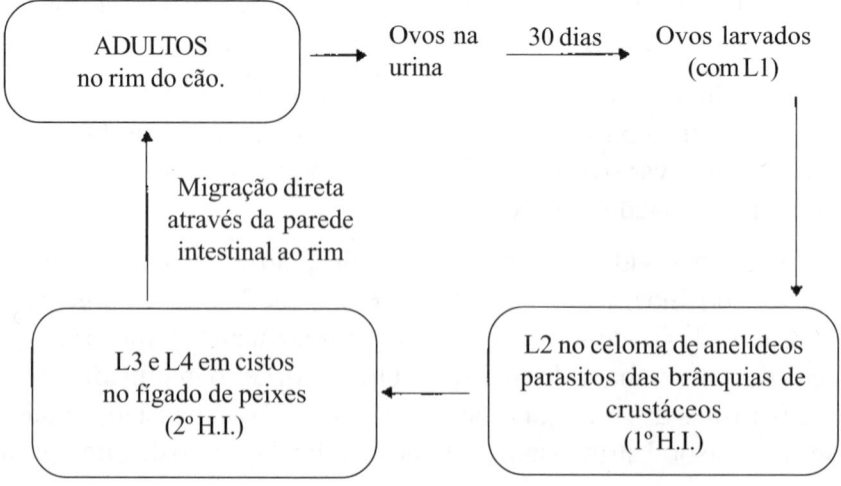

Superfamília TRICHUROIDEA Railliet, 1916

Conceitos básicos

- Nematoda com a parte anterior do corpo ou esofagiana mais longa ou mais curta do que a posterior.

- Boca simples.

- Lábios inconspícuos ou ausentes.

- Esôfago tricuriforme, isto é, constituído de duas porções desiguais: a anterior, curta e muscular, e a posterior formada de uma série de células glandulares sobrepostas. Um poro comunica cada célula com o tubo esofagiano capilar.

- Espículo único, invaginável numa bainha, com aspecto de prepúcio, espinhosa ou lisa externamente.

- Fêmea com um só ovário.

- Vulva situada na região correspondente ao término do esôfago.

- Ovos bioperculados, de casca espessa, em forma de limão, não segmentados por ocasião da postura.

- Ciclo evolutivo direto, monoxeno.

- Geohelmintos.

- Parasitos do intestino grosso de vertebrados.

A superfamília Trichuroidea compreende duas famílias:

Trichuridae – porção esofagiana do corpo mais longa que a posterior que é bastante mais larga.

Capillariidae – porção esofagiana do corpo igual ou mais curta que a posterior que é um pouco mais larga e longa.

Família TRICHURIDAE Railliet, 1915

Conceitos básicos

- Trichuroidea com a porção esofagiana muito delgada e mais longa que a porção posterior.

- Extremidade posterior do corpo obtusa e arredondada em ambos os sexos.

- Com um único gênero: *Trichuris*.

Gênero *Trichuris* Roederer, 1761

(gr. *trichós*, pêlo; *aura*, cauda).

A etimologia da palavra *Trichuris* significa cauda capilar, embora os representantes deste gênero apresentem a região anterior capilariforme.

Trichuridae de coloração cinza-avermelhada ou amarelada, de boca simples. Face ventral da região esofagiana percorrida por um "campo bacilar" formado de numerosas saliências puntiformes, contém somente o esôfago. Porção posterior do corpo, de maior diâmetro que a anterior, contém os demais órgãos. Cauda do macho enrolada em espiral, voltada para a face dorsal; um único espículo retrátil contido numa cápsula de paredes espessas que formam a bainha do espículo, revestida ou não de numerosos espinhos externos; a estrutura da bainha do espículo, a disposição e o número de espinhos constituem as características mais importantes para a identificação das espécies. Cauda da fêmea levemente curva; vulva situada na região correspondente à junção da parte anterior do corpo com a posterior; ovípara. Ânus terminal ou subterminal (Figura 3.137).

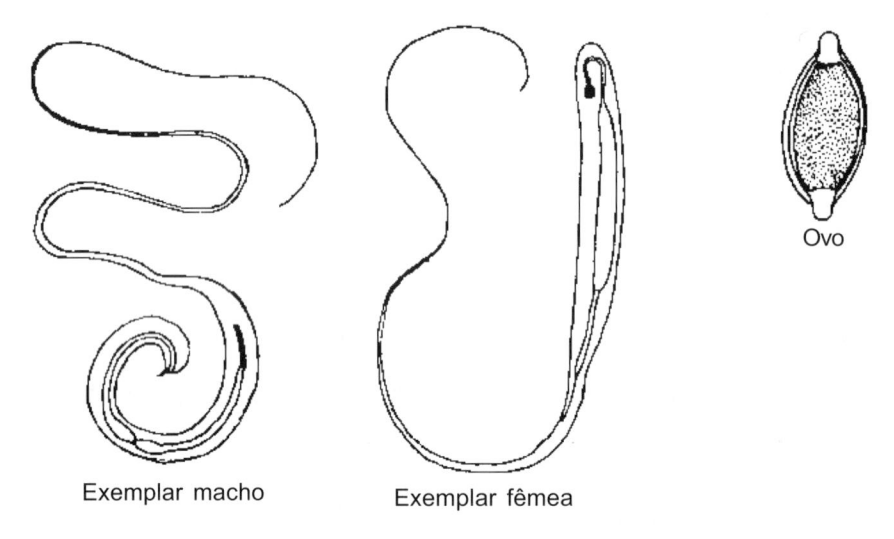

Exemplar macho   Exemplar fêmea   Ovo

Figura 3.137 *Trichuris.*

A identificação deste gênero não apresenta dificuldade, tomando-se em consideração sua localização, hospedeiro e características morfológicas.

O ovo é tipicamente do gênero. Tem forma de limão, lateralmente convexo, bioperculado, de casca espessa e de intensa cor castanha, devido a impregnação de pigmentos biliares. Em cada pólo há um espessamento mucóide transparente, à semelhança de rolha.

Parasita o ceco dos mamíferos e menos comumente as outras porções do intestino grosso.

Biologia

Hospedeiros – Homem, ruminantes, suínos, caninos e felinos.

Nutrição – As espécies de *Trichuris* segregam, através das glândulas esofagianas, uma substância de ação histolítica que é responsável pela liquefação dos tecidos circundantes, dos quais se alimentam. Somente a espécie *T. vulpis* é hematófaga, alimentando-se por osmose quando em contato com sangue.

Ciclo evolutivo – Basicamente o ciclo evolutivo é semelhante para todas as espécies de *Trichuris*.

Os tricurídeos vivem no intestino grosso de seu hospedeiro, com a porção esofagiana implantada na mucosa intestinal.

As fêmeas fazem uma ovipostura diária de vários milhares de ovos, não segmentados, que são eliminados com as fezes do hospedeiro e necessitando permanecer no meio externo por um certo número de dias, de acordo com as espécies, para se embrionarem. As condições favoráveis de temperatura são as de 25 a 32° C. As temperaturas mais baixas retardam a evolução e as mais altas aceleram. Em condições favoráveis, os ovos de *T. vulpis* tornam-se infectantes depois de nove a 10 dias; os ovos de *T. ovis* em 20 a 25 dias e os de *T. suis* em 21 dias.

Os ovos embrionados são muito resistentes no meio externo, devido à sua casca espessa, podendo ser viáveis até seis anos.

O ovo embrionado – ovo maduro – contém a larva infectante, L1. Quando os ovos maduros de *Trichuris* são ingeridos junto com os alimentos ou com a água de bebida, pelo hospedeiro adequado, os opérculos mucóides se dissolvem pela ação dos sucos digestivos duodenais e as larvas escapam dos ovos 30 a 60 minutos após a infecção. A L1 apresenta um estilete oral. As larvas passam ao ceco, invadem a parede intestinal, onde permanecem alguns dias, depois saem para a luz do intestino grosso onde realizam as mudas para atingirem o estádio adulto e reiniciar o ciclo.

Os adultos sobrevivem durante anos no intestino do seu hospedeiro.

Quadro clínico – As infecções leves, em geral, passam desapercebidas. Nos casos de infecção elevada, ocorre anemia e baixa de hemoglobina. Vômito, diarréia persistente, fezes com catarro sangüinolento e emagrecimento são observados.

Patogenia – As espécies de *Trichuris* segregam, através das glândulas esofagianas, uma substância de ação histolítica responsável pela liquefação dos tecidos circundantes, dos quais os tricuris se nutrem. Quando o número de parasitos no intestino for pequeno, sua ação espoliadora é sem valor significativo. O mesmo ocorre com sua ação traumática que é sempre superficial, dificilmente provocando ulcerações como causam os áscaris, oxiúros e ancilóstomos. Entretanto, os tricuris podem ser responsáveis por infecções bacterianas ao facilitarem a passagem de bactérias do intestino. A anemia é em conseqüência da secreção de substâncias hemolíticas.

Diagnóstico

Clínico – Pelos sinais.

Laboratorial – Pela identificação microscópica dos ovos, em exame parasitológico de fezes, pelo Método de Flutuação ou comprovação de indivíduos por ocasião da necropsia.

Profilaxia – As medidas profiláticas indicadas, além da higiene, para as espécies de *Trichuris,* são as mesmas recomendadas para a profilaxia dos ascarídeos, pois são semelhantes no seu modo de transmissão, na sua grande fertilidade e na capacidade de resistência dos seus ovos às condições do meio ambiente.

CARACTERIZAÇÃO DAS ESPÉCIES DE *TRICHURIS*

Espécies / Caracterização	T. trichiura (Lineu, 1771) Stiles, 1901	T. vulpis (Froellich, 1789)	T. campanula (von Linstow 1889)	T. suis (Schrank, 1788)	T. globulosa (von Linstow 1889)	T. ovis (Abildgaard, 1795) Smith, 1908
Hospedeiros	Homem, suíno	Cão	Gato	Suíno	Ruminantes	Ruminantes
Localização	Ceco	Ceco e às vezes intestino delgado	Ceco e cólon	Ceco e cólon	Ceco	Ceco e cólon
MACHO Comprimento	3 a 4,5 cm	4 a 4,5 cm	2,2 cm	3 a 4 cm	4 a 7 cm	5 a 8 cm
Bainha	Espinhosa	Espinhosa na extremidade proximal	Espinhosa	Espinhosa	Espinhosa	Espinhosa
FÊMEA Comprimento	3,5 a 5 cm	4,5 a 7,5 cm	1,7 a 3,2 cm	3,5 a 5 cm	4,2 a 6 cm	3,5 a 7 cm
Dimensão dos ovos	50 a 54 por 22 a 23 μ	72 a 90 por 32 a 40 μ	72 a 81 por 31 a 36 μ	50 a 61 por 21 a 25 μ	68 a 72 por 32 a 36 μ	70 a 80 por 30 a 42 μ
P P P	4 a 5 semanas	12 semanas		7 semanas		4 meses

Família CAPILLARIIDAE

Conceitos básicos

• Trichuroidea com a porção esofagiana igual ou mais curta que a posterior um pouco mais larga.

• Com um único gênero: *Capillaria.*

Gênero *Capillaria* Zeder, 1800

(lat. *capillus,* cabelo; *aria,* aparência)

Capillariidae de corpo capilar, boca simples e apresentando uma ou várias séries bacilares longitudinais, dorsal, ventral ou laterais. Esôfago longo e mais largo posteriormente. Espículo, quando presente, envolvido ou não por uma bainha espinhosa ou nua. Asa caudal estreita, quando presente. Vulva situada na região correspondente à junção da parte anterior do corpo com a posterior. Ovíparos. Ovo, com aspecto de limão, bioperculado, semelhante ao do *Trichuris* porém com o opérculo não mucóide. As espécies deste gênero parasitam o trato digestivo de mamíferos e aves (Figura 3.138).

CARACTERÍSTICAS DAS ESPÉCIES DE *CAPILLARIA* PARASITAS DOS NOSSOS ANIMAIS DOMÉSTICOS

Caracterização \ Espécies	*C. bovis* Schnyder, 1906	*C. hepatica* (Bancroft, 1893) Travassos, 1915	*C. dujardini* (Sin: *C. columbae*) Travassos, 1915
Dimensão:			
Macho	11 a 13 mm por 50 a 75 µ	25 mm por 26 a 78 µ	6 a 9,3 mm por 23 a 31 µ
Fêmea	18 a 25 mm por 80 a 116 µ	52 a 105 mm por 78 a 184 µ	10,2 a 40 mm por 41 a 50 µ
Hospedeiros	Bovinos, caprinos e ovinos	Roedores, caninos e felinos	Galinha e pombo
Localização	Intestino delgado	Fígado	Intestino delgado

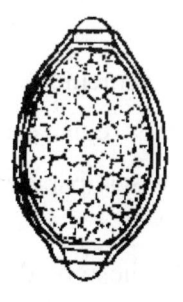

Figura 3.138 Ovo de *Capillaria.*

Biologia

Ciclo evolutivo – Os ciclos evolutivos das espécies *C. bovis* e *C. dujardini* não estão esclarecidos, mas provavelmente são semelhantes ao do *Trichuris.*

O ciclo evolutivo da C. *hepatica* difere do clássico, porque os ovos não são eliminados pelas fezes, com exceção numa infecção recente. As fêmeas fazem a ovipostura no fígado e lá os ovos permanecem até o animal infectado ser ingerido por um outro hospedeiro. Após a digestão do animal infectado, os ovos, agora livres no intestino do segundo hospedeiro, são eliminados com suas fezes e se embrionam no ambiente em 25 a 42 dias a uma temperatura de 30ºC, e permanecem viáveis por até dois meses. O hospedeiro final se infecta pela ingestão de ovos embrionados. A eclosão da larva ocorre no intestino e as larvas, atravessando a mucosa intestinal, alcançam o fígado através do sistema porta e atingem a maturidade em 21 a 30 dias.

Quadro clínico e Patogenia – Pouco estudados. Nos roedores a infecção é marcada por cirrose hepática.

Diagnóstico laboratorial – Pela constatação e identificação de ovos em exame parasitológico de fezes pelo Método de Flutuação e presença de adultos na mucosa do intestino delgado e fígado, por ocasião da necropsia.

Profilaxia – Devem ser adotadas medidas práticas como:

• evitar que roedores, caninos e felinos ingiram alimentos contaminados com suas fezes ou de outros animais;

• impedir a ingestão de roedores infectados;

• higiene dos canis, medidas já referidas na profilaxia da ascaríase.

Superfamília TRICHINELLOIDEA Hall, 1916

Conceitos básicos

• Nematoda cujo diâmetro do corpo aumenta gradualmente da extremidade anterior para a posterior.

• Macho desprovido de espículo.

• Vulva situada ao nível da região esofagiana.

• Fêmeas vivíparas ou ovovivíparas e neste caso os ovos estão embrionados por ocasião da postura.

• Com duas famílias: Trichosomoididae e Trichinellidae, sendo a última de grande importância para a Medicina.

Família TRICHINELLIDAE Ward, 1907

Conceitos básicos

• Trichinelloidea de pequenas dimensões.

• Parte posterior do corpo um pouco mais espessa que a parte anterior.

• Boca simples.

• Macho desprovido de espículo.

• Vulva situada ao nível da região esofagiana.

• Fêmeas vivíparas.

• Com um gênero: *Trichinella*.

Gênero *Trichinella* Railliet, 1905

(gr. *trichos,* pêlo)

Trichinellidae de corpo com diâmetro quase que uniforme, mas aumentando gradualmente para a região posterior. O macho apresenta a extremidade posterior com duas saliências cônicas, uma de cada lado da cloaca, destinadas a fixá-la à fêmea durante a cópula, e quatro papilas, de função sensorial, entre as saliências. A fêmea com um único ovário e útero, tem a vulva no quinto anterior do corpo. Vivípara. Com uma espécie *T. spiralis,* responsável pela triquinelose, não registrada no Brasil.

Trichinella spiralis (Oven, 1835) Railliet, 1895

Morfologia – Com as características do gênero (Figura 3.139).

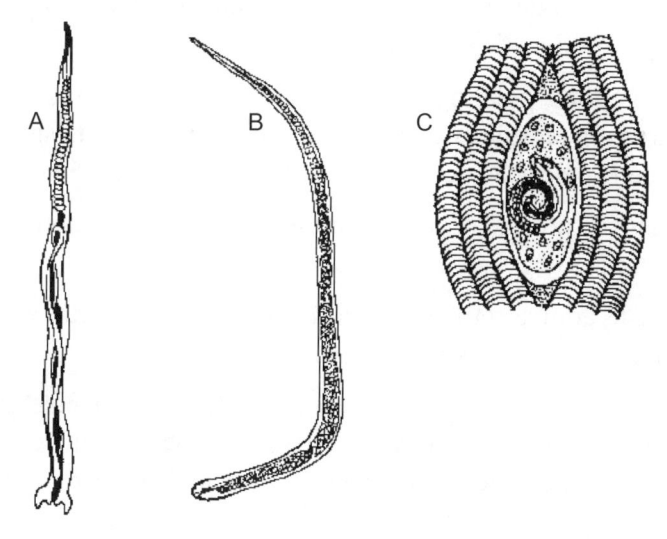

Figura 3.139 *Trichinella spirallis.* A) Exemplar macho. B) Exemplar fêmea. C) Forma encistada nos músculos. A e B) Segundo Travassos, in Maciel, C) Segundo Claus, in Brumpt, redesenhado por Ivan.

Dimensão – Os machos medem de 1,4 a 1,6 mm por 40 μ de largura e as fêmeas de 3 a 4 mm de comprimento por 60 μ de largura.

Biologia

Hospedeiros – Provavelmente todos os mamíferos são susceptíveis. São necessários dois hospedeiros, mas o hospedeiro definitivo funciona também como hospedeiro intermediário e é considerado hospedeiro completo. O rato é o reservatório natural.

Localização – Adultos no intestino delgado. Estádio larval encistado nos músculos estriados.

Ciclo evolutivo – Os machos, após o acasalamento, são expulsos e as fêmeas invadem profundamente a mucosa do intestino delgado e tem início a parição de larvas durante seis semanas, num total de 1.500 larvas, que medem 100 μ de comprimento por 6 μ de largura.

As larvas vão ter aos músculos e, ao penetrarem no interior da fibra muscular, são alongadas e logo depois tornam-se espiraladas dentro de um cisto fusiforme. O cisto forma-se por tecido conjuntivo proveniente da reação muscular, que é acompanhada de intensa miosite. Os cistos bem desenvolvidos medem de 400 μ de comprimento por 250 μ de largura, dispõem-se no sentido longitudinal das fibras, são esbranquiçados e contêm no seu interior um ou mais embriões. Num corte transversal são arredondados e podem apresentar diversas seções da larva. Os cistos contendo as larvas podem permanecer viáveis de cinco a 24 anos, resistindo à putrefação durante dois a três meses e, à temperatura de -12°C, durante dois meses. São muito resistentes ao calor e é necessário meia-hora de ebulição para cada quilo de carne, assim como não são atacados pela salmoura e a defumação. Os cistos podem degenerar e sofrer calcificação.

A infecção ocorre pela ingestão de carne contendo cistos com larvas (carne triquinada). As larvas encapsuladas, que chegam ao estômago do hospedeiro, liberam-se dos cistos no duodeno pela ação do suco digestivo e realizam a primeira muda.

Fazem mais três mudas na mucosa intestinal e são adultos aproximadamente cinco dias após a infecção.

As triquinelas adultas têm uma duração de vida muito curta. As fêmeas sobrevivem por 10 dias no cão e 16 semanas no homem.

Patogenia – As larvas, ao atingirem os músculos, causam hipertrofia, multiplicação nuclear e em 15 dias atingem seu tamanho definitivo e enrolam-se em espiral ou em "8". Há uma reação fibrosa no tecido do hospedeiro e ao fim de três semanas a larva está envolvida pelo cisto.

Diagnóstico – A presença de larvas no sangue pode ser demonstrada pelo exame direto, quando a infecção for intensa.

Nos países onde ocorre a triquinelose é de grande interesse para a saúde pública a rejeição dessas carnes para o consumo. É usado nos matadouros e frigoríficos o triquinoscópio, com projeção em tela, no qual são examinados fragmentos de músculos de animais abatidos; também é empregada a digestão dos músculos para seu diagnóstico e teste pelo ELISA.

Importância – A triquinelose não é clinicamente importante em medicina veterinária. Seu maior significado é como responsável por uma zoonose.

CAPÍTULO 4

ARTROPODOLOGIA

Artropodologia é o capítulo da Zoologia que se preocupa com o estudo dos artrópodes.

Phylum ARTHROPODA

(gr. *arthron*, articulação; *podos*, pés).

Os artrópodes são animais articulados. Não são todos nocivos. Existem mesmo aqueles que são de grande utilidade, mas há muitos que são patogênicos aos vegetais, animais e ao homem.

O estudo dos artrópodes parasitos justifica-se pela importância tanto sob o ponto de vista médico como sob o ponto de vista econômico.

Os artrópodes são responsáveis por numerosas afecções parasitárias do homem e animais, como as sarnas demodécidas, sarcópticas, psorópticas e as miíases cutâneas, cavitárias, gástricas e intestinais.

Muitos artrópodes alimentam-se de sangue. Picam alternativamente indivíduos doentes e indivíduos sadios, por isto são responsáveis pela inoculação de germes patogênicos. Os ixodídeos transmitem a *Babesia* e *Anaplasma* aos mamíferos; hemípteros transmitem tripanossomos; outros desempenham o papel de hospedeiros intermediários ou definitivos, contribuindo para disseminação dos parasitos.

Neste resumo pode ser avaliada a importância dos artrópodes na patologia humana e veterinária. Portanto, devem ser combatidos aqueles que são vetores de agentes patogênicos, aqueles que albergam formas larvárias e os de vida parasitária.

Conceitos básicos

- Metazoários triploblásticos, celomados e de simetria bilateral.
- Metamerização heterônoma.
- Exoesqueleto cuticular quitinoso segregado pela epiderme.
- Crescimento por mudas ou ecdises.

- Apêndices articulados.

- Músculos estriados.

- Celoma cheio de um líquido, hemolinfa.

- Tubo digestivo completo.

- Circulação aberta (lacunar). Coração dorsal, responsável pela distribuição da hemolinfa, pelas artérias, às diferentes partes do corpo.

- Respiração através de brânquias, traquéias (condutos aéreos), sacos pulmonares ou cutânea.

- Excreção pelos tubos de Malpighi; glândulas coxais (aracnídeos) ou glândulas verdes (crustáceos).

- Sistema nervoso ganglionar ventral.

- Sistema sensorial através de pêlos sensitivos (táteis e receptores químicos); de antenas; de olhos simples e compostos; de órgãos auditivos (insetos) e de estatócitos (crustáceos).

- Reprodução sexuada. Sexos separados. Fecundação interna, havendo casos de partenogênese. Evolução, geralmente, por metamorfoses.

- Dimensão: desde microscópicos como ácaros, até quase 3,5 m como o caranguejo japonês *Machocheira kämpferi*.

- Habitat: terra, água, ar, homem, animais e vegetais.

Morfologia externa

Metamerização heterônoma – Os artrópodes são metazoários bilateralmente metaméricos, divididos em metâmeros (somitos, anéis, segmentos), nem todos idênticos entre si, apresentando diferença estrutural condicionada à divisão do trabalho fisiológico. A metamerização heterônoma permite distinguir diversas regiões, que variam na forma e no tamanho, denominadas *cabeça, tórax* e *abdome* como nos insetos; nos crustáceos e aracnídeos, a cabeça e o tórax estão fusionados numa só peça, o *cefalotórax*; nos escorpionídeos há um *pós-abdome* (cauda); e nos acarinos as três partes formam uma única peça. Os quilópodes e os diplópodes constituem a exceção desses tipos de organização, cujo corpo é formado de cabeça e tronco (tórax e abdome) apresentando, portanto, *metamerização homônoma*.

Exoesqueleto – Uma característica fundamental entre os artrópodes é o exoesqueleto cuticular quitinoso, segregado pela epiderme, e, às vezes, impregnado de sais de cálcio. Toda a superfície do corpo é coberta pela cutícula pluriestratificada que forra também os orifícios naturais (boca, ânus, orifício respiratório e genital). O componente da cutícula melhor conhecido é a *quitina*, polissacarídeo nitrogenado ($C_8H_{13}O_5N$), insolúvel na água, álcool, éter, ácidos diluídos e sucos digestivos de muitos animais.

Hidrolisa-se pela potassa e soda a quente. Acreditava-se que a porção de quitina era responsável pelo grau de rigidez do exoesqueleto, entretanto foi comprovado, por pesquisas realizadas, que a camada externa da cutícula possui mais proteína, e na camada interna, que é mais branda, há até 60% de quitina.

A textura da cutícula vai de lisa à rugosa, às vezes é decorada, podendo apresentar espinhos, perfurações (fossas) que permitem a passagem de setas e o produto das glândulas.

A cutícula recentemente formada é flexível e elástica e também o é ao nível das articulações, para os segmentos terem movimento. Mais tarde, com o aparecimento da quitina, perde a flexibilidade e a elasticidade, tornando-se rígida. O mecanismo da quitinização ainda não está bem esclarecido. Em determinadas regiões, a cutícula se torna muito espessa e rígida devido à deposição de *esclerotina*, formando placas, os *escleritos*, distintos uns dos outros por linhas de demarcação, chamadas *suturas*.

O exoesqueleto protege os órgãos internos, fornece pontos de inserção aos músculos e forma pontos de apoio entre as partes móveis. Nos artrópodes terrestres impede a perda da água e dos líquidos.

Na cutícula podem aparecer formações importantes para a sistemática, como aquelas que são apenas um prolongamento, portanto, não articuladas, como os *espinhos* (pluricelulares) e os *acúleos* e *tubérculos* (unicelulares). As formações articuladas são as *setas*. As setas finas e flexíveis são denominadas *pêlos*, as rígidas, *cerdas* e as achatadas, *escamas* (Figura 4.1).

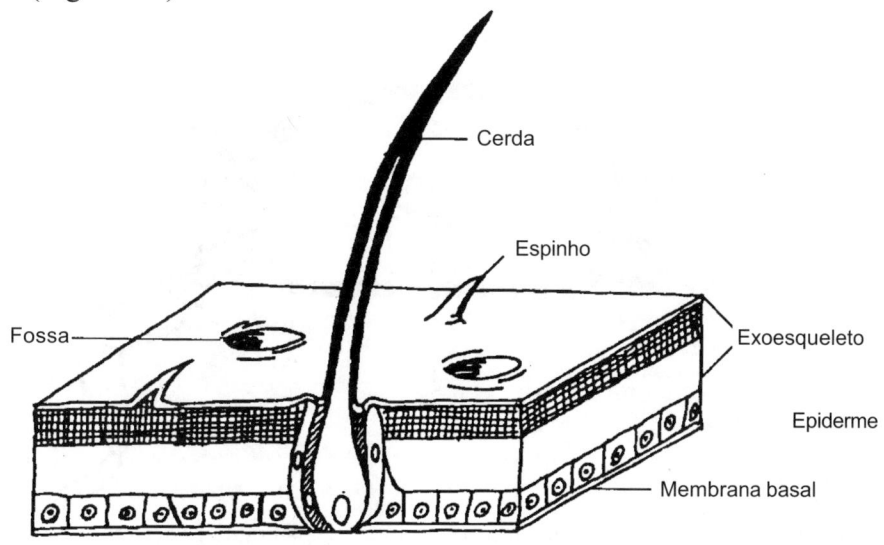

Figura 4.1 Tegumento. Segundo Snodgrass, redesenhado por Ivan.

A cutícula não permitiria o crescimento do animal se este não a rejeitasse de tempos em tempos. Portanto, diz-se que o crescimento dos artrópodes é por *mudas* ou *ecdises*, regidas por hormônios. A grande maioria realiza até sete mudas. Antes de realizar a muda, o artrópode origina um novo exoesqueleto brando, e o velho abre uma fenda dorsal por onde o artrópode sai vagarosamente e aumenta de tamanho devido a tomada de ar ou de água.

As mudanças de forma que o artrópode apresenta nas mudas ou ecdises são denominadas de *metamorfose*.

A casca de quitina rejeitada por ocasião da muda e que conserva as características do animal, constitui a *exúvia*.

Cada período compreendido entre uma e outra ecdise é considerado *estádio*, e a forma do artrópode durante um estádio é designado *instar*.

Constituição de um metâmero – Os artrópodes são constituídos por metâmeros que se manifestam pela segmentação em anéis. Cada metâmero é formado por várias partes, às vezes sem vestígio de segmentação, denominadas *escleritos*.

Há dois escleritos dorsais – *tergitos*, geralmente unidos formando o *tergo* ou *noto*; dois ventrais – *esternitos*, também fusionados medianamente, constituindo o *esterno*. Lateralmente, unindo o tergo e o esterno, estão as *pleuras*, formadas por dois escleritos: um dorsal, o *epímero*, e o outro ventral, o *episterno*. A designação de *arco tergal* refere-se ao conjunto formado pelo tergo e epímeros; e por *arco esternal* ao formado pelo esterno e episternos.

As asas localizam-se entre o tergito e o epímero e as patas situam-se entre o *epímero* e o *episterno* (Figura 4.2).

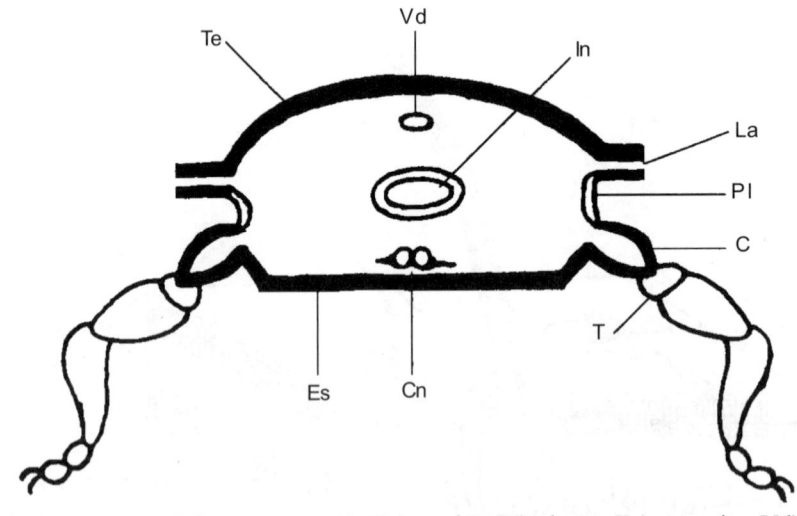

Figura 4.2 Corte transversal de um segmento: Te) tergito; PI) pleura; Es) esternito; Vd) vaso dorsal; In) intestino; Cn) cordões nervosos; C) coxa; T) trocanter; La) Localização das asas.

Apêndices articulados – O nome *Arthropoda* deve-se ao fato de possuírem apêndices articulados. As funções dos apêndices podem ser de: preensão, locomoção, sensorial, reprodução e respiração. Os apêndices são designados de acordo com sua localização: apêndices cefálicos, apêndices torácicos e apêndices abdominais.

- *Apêndices cefálicos:*

Antenas – As antenas são pré-orais e de função sensorial. São em número de *um par* nos insetos e nos miriápodes, *dois* pares nos crustáceos e ausentes nos aracnídeos e pentastomídeos. Os segmentos das antenas variam em número e forma.

Mandíbulas e maxilas – As mandíbulas e maxilas são apêndices peribucais e destinadas à preensão e ingestão dos alimentos. O número e a forma das peças bucais variam nos diferentes artrópodes.

- *Apêndices torácicos* – Os apêndices torácicos, essencialmente locomotores, são denominados de patas (pernas) e asas.

- *Apêndices abdominais* – O abdome é a região que comumente não apresenta apêndices articulados, os quais podem atrofiar-se por completo, como nas classes dos aracnídeos e insetos. Quando presentes, destinam-se às mais variadas funções, como natação, respiração e reprodução, como nos crustáceos.

Morfologia interna

Músculos – Os músculos apresentam-se em feixes individuais de fibras estriadas que se inserem na face interna dos metâmeros ou em apófises denominadas de *apódemas*.

Celoma – O celoma (cavidade geral) dos artrópodes está cheio de um líquido, hemolinfa, e é denominado *hemocele*.

Tubo digestivo – O tubo digestivo é completo. Boca anterior com peças laterais destinadas à mastigação ou à sucção. Ânus posterior. O tubo digestivo apresenta três regiões: intestino anterior, quitinizado, consta da abertura oral, faringe, esôfago, papo e proventrículo; *intestino médio*, não forrado pela quitina, o estômago, onde ocorre a digestão dos alimentos; e *intestino posterior*, o intestino propriamente dito, quitinizado e se abre no ânus terminal.

De acordo com a alimentação do artrópode, o tubo digestivo apresenta estruturas diferentes. Nos artrópodes sugadores, a faringe é a porção de sucção; o papo e o proventrículo são encontrados nas espécies mastigadoras; como glândulas anexas existem as glândulas salivares e os apêndices hepáticos mais ou menos desenvolvidos.

Circulação – A circulação é aberta (lacunar) nos grupos inferiores. A hemolinfa (líquido sangüíneo), não contida em vasos, é transparente, raramente corada, contém glóbulos, preenche os interstícios entre os diferentes órgãos e circula entre eles devido aos movimentos das diversas partes do corpo. Certos órgãos, como os intestinos, são dotados de movimentos rítmicos responsáveis pela circulação.

Nos artrópodes superiores, existe dorsalmente, acima do intestino, um órgão propulsor, o *coração*. Este tem a forma de um tubo alongado (vaso dorsal), apresentando lateralmente orifícios, os *ostíolos*, para a entrada da hemolinfa. O coração está contido no *seio pericárdico.* A circulação do vaso dorsal é póstero-anterior e distribui a hemolinfa por artérias aos órgãos e tecidos, destes vai à hemocele e daí ao coração.

Respiração – A respiração dos ácaros da sarna, nos quais o revestimento de quitina é muito delgado, ocorre através da superfície do corpo, *cutânea*. Nos artrópodes aquáticos é *branquial*. Nos terrestres os órgãos respiratórios são divertículos internos quitinosos, tubulares arborescentes, sempre cheios de ar, as *traquéias*, as quais partem dos orifícios respiratórios distribuídos lateralmente no tórax e no abdome, os *estigmas* ou *espiráculos*. Nos araneídeos, esses órgãos tomam o aspecto de lâminas sobrepostas como as folhas de um livro e constituem os *sacos pulmonares* ou *filotraquéias* (Figura 4.3).

Figura 4.3 A Traquéia. Segundo Snodgrass, redesenhado por Ivan.

Figura 4.3 B Corte longitudinal de um saco pulmonar. Segundo McLeod, redesenhado por Ivan.

Excreção – A excreção é realizada através dos tubos de Malpighi, em número de dois ou mais, existentes na hemocele e que se abrem na junção do intestino médio com o posterior. A função dos tubos de Malpighi é coletar os produtos de desassimilação e lançar no intestino posterior para a eliminação (excreção). Alguns aracnídeos possuem as *glândulas coxais* que se abrem na base dos apêndices. Nos crustáceos a excreção é por *glândulas verdes*, situadas ventralmente na cabeça.

Sistema nervoso – O sistema nervoso é formado por um *complexo ganglionar cerebróide* ou *supra-esofagiano,* anterior à boca, e por um complexo ganglionar *infra-esofagiano*, posterior à boca e que unidos constituem um *anel periesofagiano*, do qual partem cordões nervosos ventrais e laterais, ligados por conetivos e com um par de gânglios por metâmero. Portanto, o sistema nervoso dos artrópodes é ganglionar ventral, escalariforme.

Sistema sensorial – Nos artrópodes, os órgãos dos sentidos são formados por células ectodérmicas sensitivas, recobertas por quitina ou acompanhadas de pêlos ou cerdas.

386

Olfato – É dado através de pêlos mais ou menos diferenciados, órgãos quimiorreceptores, distribuídos sobre as antenas. O olfato dirige os atos dos indivíduos na procura dos alimentos. As moscas são atraídas de longe pela matéria com que se alimentam e voam sem rumo se lhes forem amputadas as antenas.

Tato – Reside nas *antenas, palpos, extremidades das patas*, sempre providos de numerosos *pêlos sensitivos*.

Audição – Nos artrópodes a audição é muito restrita. Na grande maioria dos insetos as células sensoriais são reunidas em agrupamentos por todo o corpo, abaixo do tegumento do qual recebem as sensações sonoras. Em determinadas zonas o tegumento se apresenta como um *tímpano* sob o qual a traquéia se dilata formando um "balão" cheio de ar, que funciona como aparelho de ressonância. Esse balão fica intercalado entre o tímpano e as células sensoriais e as vibrações sonoras são conduzidas através do ar nele contido.

Gosto – É percebido por *pêlos* análogos, distribuídos pelas *peças bucais* e *papilas gustativas* distribuídas pela epifaringe.

Visão – Através de *olhos*. Os olhos *simples (ocelos),* são pequeninos órgãos em conexão com o "cérebro". Os *olhos compostos* possuem uma superfície externa transparente, a *córnea*, que está dividida em milhares de facetas microscópicas hexagonais, *omatídeos* que se ligam às fibras do nervo óptico (Figura 4.4).

Reprodução – A reprodução é sexuada. Os sexos são separados (dióicos). Freqüente é o dimorfismo sexual. A fecundação é interna. Ovíparos, ovovivíparos e vivíparos (escorpionídeos). Os ovos possuem muito vitelo nutritivo e casca. Geralmente sucedem-se uma ou várias fases larvárias e metamorfoses rápidas ou graduais. Em algumas espécies de insetos e crustáceos ocorre partenogênese.

O macho apresenta dois testículos, canais deferentes, vesícula seminal, glândulas acessórias, canal ejaculador e pênis ou edeago (Figura 4.5).

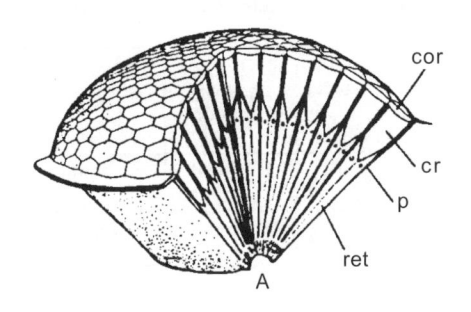

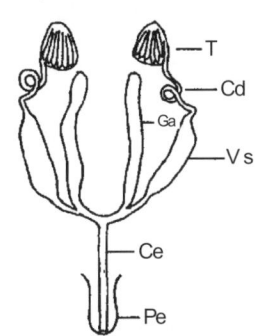

Figura 4.4 Olho composto. A) estrutura do olho composto. cor) córnea. cr) cristalino. p) pigmento. ret) Retículo. Segundo Kuehn, redesenhado por Evandro.

Figura 4.5 Aparelho reprodutor masculino. T) testículos; Cd) canal deferente; Vc) vesícula seminal; Ga) glândula acessória; Ce) conduto ejaculador. Pe) pênis. Segundo Snodgrass, redesenhado por Ivan.

A fêmea tem dois ovários, ovidutos laterais, oviduto comum, espermateca (receptáculo seminal), glândulas acessórias e vagina (Figura 4.6).

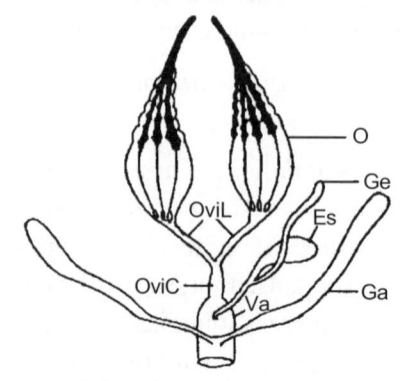

Figura 4.6 Aparelho reprodutor feminino: O) ovários; OviL) ovidutos laterais; OviC) oviduto comum; Ge) glândula de espermateca; Es) espermateca; Va) vagina; Ga) glândula acessória. Segundo Snodgrass, redesenhado por Ivan.

SISTEMÁTICA DE ARTHROPODA

Classes \ Caracterização	* ARACHNIDA	* INSECTA	CHILOPODA	DIPLOPODA	CRUSTACEA	* PENTAS-TOMIDA
Exemplos	aranha, sarna, escorpião, carrapato	piolho, pulga, percevejo, mosca, mosquito	lacraia (Sin. centopéia, cem pés)	embuá (sin. piolho de cobra, mil pés)	camarão, siri, caranguejo	Linguatula
Regiões do corpo	cefalotórax e abdome	cabeça, tórax e abdome	cabeça e tronco	cabeça e tronco	cefalotórax e abdome	corpo lanceolado, extremidade anterior larga e arredondada
Peças bucais	quelíceras palpos	labro mandíbulas maxilas lábio	mandíbulas dois pares de maxilas	mandíbulas um par de maxilas	mandíbulas dois pares de maxilas maxilípodes	dois pares de ganchos
Número de antenas	áceros	díceros	díceros	díceros	tetráceros	áceros
Número de pares de patas	quatro pares de patas, octópodes	três pares de patas, hexápodes	corpo deprimido com um par de patas por anel, miriápodes	corpo cilíndrico com dois pares de patas por anel, miriápodes	cinco pares de patas, decápodes	ápodes
Respiração	filotraqueal cutânea	traqueal	traqueal	traqueal	branquial	cutânea
Ciclo evolutivo	direto, exceto acarinos	indireto	direto	direto	indireto	indireto

Nota: O asterisco assinala as classes que interessam à Parasitologia Veterinária.

Classe PENTASTOMIDA

(gr. *penta*, cinco; *stoma*, boca)

Sinonímia: Linguatulida.

O nome de Pentastomida deve-se ao fato de apresentarem seus representantes, na face ventral do cefalotórax quatro fissuras e cada uma delas com um gancho retrátil. As quatro fissuras mais o orifício oral constituem cinco "bocas".

Conceitos básicos

- Arthropoda com corpo vermiforme segmentado, deprimido ou cilíndrico.

- Número de segmentos específico e o mesmo tanto para o estádio ninfal como para o adulto.

- Estádio adulto, ápode.

- Estádio larval com dois pares de patas.

- Dois pares de ganchos simples ou duplos próximos ao orifício oral.

- Respiração cutânea.

- Circulação lacunar.

- Heteroxeno

ovo – larva – (várias mudas) – ninfa adulto.

Morfologia – Os pentastomídeos apresentam o corpo vermiforme deprimido ou cilíndrico. A região anterior, o cefalotórax, concrescida ao abdome. Algumas espécies possuem colo.Em determinadas espécies, a cutícula apresenta numerosos sulcos transversais e em outras, os sulcos são pouco nítidos. O número dos segmentos é específico e o seu número é o mesmo, tanto para o estádio ninfal como para o adulto.Os apêndices articulados são representados por dois pares de ganchos próximos ao orifício oral.

Aparelhos respiratório, circulatório e excretor ausentes.

Família LINGUATULIDAE Shipley, 1898

Conceitos básicos

- Pentastomida com a boca situada após os ganchos ou no mesmo nível.

- Glândulas salivares desenvolvidas e estendendo-se por todo o comprimento do corpo.

- Orifício genital feminino, posterior.

- Útero e vagina longos e sinuosos.

- Um par de testículos.

- Corpo deprimido ventralmente e convexo dorsalmente, em forma de língua, o que lhes valeu o nome.

Gênero *Linguatula* Frölich, 1789

(lat. *lingua*, língua; dim. *linguatula*)

Linguatulidae em forma de espátula e afilado posteriormente. Cefalotórax obtuso na extremidade anterior. Boca, entre os ganchos, subterminal e quadrangular. Ganchos iguais, simples e dispostos em arco. Tubo digestivo retilíneo. Ânus terminal. Útero anteriormente enrolado no tubo digestivo.

Linguatula serrata Frölich, 1789

Nome da doença – Linguatulose.

Morfologia – O corpo é lanceolado, convexo na região mediana da face dorsal e deprimido na face ventral e lateral. Apresenta aproximadamente 90 anéis externos, bem salientes, tornando as bordas serreadas. A extremidade anterior é larga e arredondada e a posterior, afilada; orifício oral quadrangular, subterminal e circundado pelos ganchos. Ânus terminal. Útero e vagina enrolados no tubo digestivo. Os condutos genitais, em ambos os sexos, vão ter à face ventral: no macho, na metade anterior, e na fêmea, na posterior (Figura 4.7).

Dimensão – O macho, esbranquiçado, mede de 18 a 20 mm de comprimento por 3 a 4 mm de largura anteriormente e 0,5 mm posteriormente. A fêmea, acinzentada, mede de 70 a 110 mm de comprimento por 5 a 8 mm de largura anteriormente e 2 mm posteriormente. Os ovos são elípticos medindo 90 por 70 μ.

Biologia

Hospedeiros

Definitivos – Carnívoros, sendo os caninos os hospedeiros eletivos.

Intermediários – Herbívoros, roedores, sendo os bovinos o hospedeiro preferencial. Ocasionalmente o homem.

Localização – Adultos nas fossas nasais do hospedeiro definitivo. Ninfas encistadas em órgãos torácicos e abdominais dos *Hospedeiros* intermediários.

Nutrição – Nutre-se de linfa e das secreções próprias do seu habitat.

Ciclo evolutivo – O ciclo evolutivo é heteroxeno. A cópula ocorre antes da fêmea se apresentar sexualmente madura. Cada fêmea põe em média 100.000 a 500.000 ovos, durante sua existência, nas fossas nasais do cão. Os ovos, já embrionados, são expulsos com o muco nasal provocado pela irritação causada pelo parasito ou são deglutidos e eliminados com as fezes do hospedeiro definitivo.

No exterior, os ovos contaminam as pastagens às quais se aderem por uma substância viscosa. Estes ovos podem ser ingeridos junto com o pasto pelos hospedeiros intermediários.

No intestino delgado do novo hospedeiro eclode o embrião oviforme, medindo 75 por 50 μ, denominado de *larva primária*, com um apêndice posterior, dois pares de patas providas de acúleos e aparelho perfurador (Figura 4.7 B).

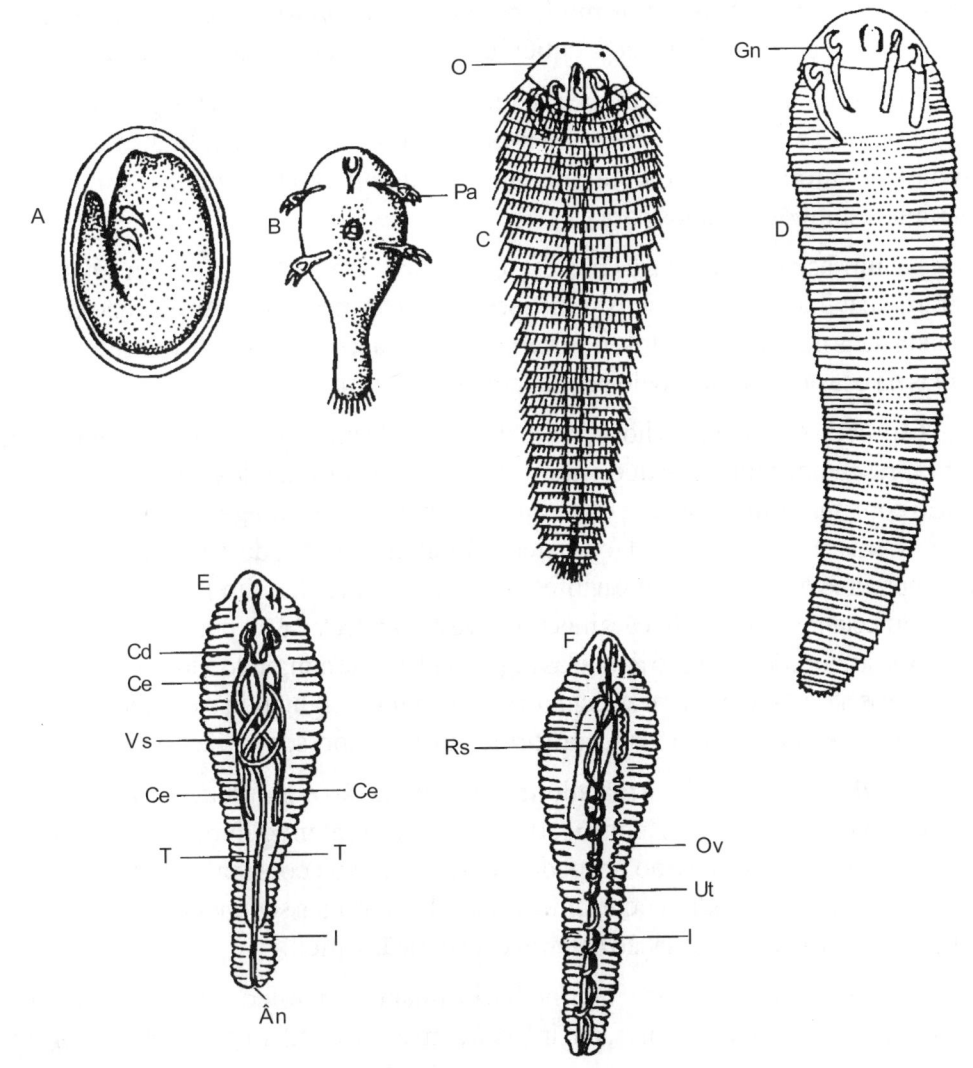

Figura 4.7 *Linguatula serrata*. A) ovo embrionado. B) Larva: Pa) patas. C) ninfa: O) orifício oral. D) adulto: Gn) ganchos. E) macho: Cd) canal deferente; Ce) canal ejaculador; Vs) vesícula seminal; T) testículos; I) intestino; Ân) ânus. F) fêmea: Rs) receptáculo seminal; Ov) ovário; Ut) útero; I) intestino. Segundo Leuchart, redesenhado por Ivan.

A larva primária, agora livre no intestino do hospedeiro intermediário, atravessa a parede intestinal, graças aos acúleos do seu aparelho perfurador, e através da circulação sangüínea ou linfática é levada a diversas vísceras como fígado, rins, pulmões, gânglios linfáticos do mesentério ou outros órgãos. Nesses órgãos a larva se fixa e devido a uma reação dos tecidos do hospedeiro ela é encapsulada em nódulos ou cistos, *nódulos*, *cistos pentastômidos* importantes na inspeção de carnes. A dimensão dos cistos está na dependência do órgão parasitado podendo atingir o tamanho de uma ervilha. Sua consistência pode ser dura (precipitação calcárea) ou mole. Sua cor é esbranquiçada, rosada, parda ou esverdeada. Nos cistos muda para *larva secundária* denominada de *larva imóvel* porque é estática. Apresenta cutícula lisa, sem patas e aparelho perfurador.

Em cerca de cinco a sete meses a larva muda nove vezes, originando a *larva terminal* ou *ninfa*. Esta mede de 4 a 6 mm de comprimento, tem quatro ganchos na extremidade anterior e toda a cutícula apresenta, em cada segmento, uma série de pequeninos espinhos voltados para trás.

As ninfas, após um a três meses, têm a capacidade de romperem seus cistos e migrarem à cavidade esplâncnica dos hospedeiros intermediários. As que não conseguirem deixar seus nódulos ou cistos, morrem, o mesmo acontecendo com as que não forem ingeridas na ocasião propícia pelo seu hospedeiro definitivo.

O processo pelo qual o hospedeiro definitivo se infecta é muito discutido. Alguns autores apresentam a hipótese que é através da ingestão dos tecidos do hospedeiro intermediário com ninfas infectantes e que estas, chegando ao estômago, retomam à faringe e daí às fossas nasais. Entretanto, Hobmaier e Hobmaier (1940) descartam essa possibilidade de percurso e deduziram que a infecção se dá quando cães farejam vísceras contendo ninfas infectantes. No caso de cães ingerirem vísceras infectadas, as ninfas seriam destruídas pelo suco gástrico, com exceção daquelas regurgitadas, que atingindo a faringe localizar-se-iam nas fossas nasais onde ocorre a décima e última muda originando o estádio adulto, cuja duração de vida é de 15 meses ou, conforme outros autores, pode ser de até seis anos.

Quadro clínico – A forma adulta causa irritação e inquietação ao hospedeiro definitivo, que esfrega o nariz contra objetos sólidos tentando livrar-se do parasito. A irritação que o parasito causa ao hospedeiro é devido à sua constante mudança de lugar em busca de alimento. Podem ocorrer infecções bacterianas secundárias. O adulto provoca também epistaxe, inflamação catarral e respiração difícil.

As larvas, no hospedeiro intermediário, quando em infecções leves não causam nenhum sinal clínico aparente mas, em infecções maciças, podem provocar hemorragias.

Patogenia – Há dúvida sobre os danos que as larvas e ninfas causam ao hospedeiro intermediário. Já foram observadas hemorragias na submucosa do intestino delgado, causadas pelas larvas quando atravessam aquele órgão.

Os gânglios linfáticos do mesentério, parasitados por larvas e ninfas, apresentam-se aumentados de volume, friáveis, edematosos e cheios de uma substância gelatinosa de cor castanha. Com o tempo os cistos se tornam duros e calcificados podendo ser confundidos com lesões de tuberculose. Como normalmente desaparecem dos cistos todo e qualquer vestígio das larvas e ninfas, a reação histológica assemelha-se a lesões de tuberculose e os cistos devem ser seccionados para ser determinado o agente etiológico.

Diagnóstico

Clínico – Pelo quadro clínico.

Laboratorial – Pelo encontro de ovos nas fezes ou nas descargas nasais do hospedeiro definitivo. Presença de cistos principalmente nos gânglios linfáticos do mesentério, no fígado, nos pulmões e nos rins do hospedeiro intermediário.

Diferencial – O diagnóstico diferencial é feito através de exame histológico comparativo entre tuberculose e neoplasia.

Profilaxia – Evitar que cães e gatos farejem vísceras de herbívoros, hospedeiros intermediários da *Linguatula* e impedir que tenham acesso aos campos de criação de rebanhos.

ENTOMOLOGIA

(gr. *entomon*, inseto; *logos*, estudo)

Entomologia é a parte da Artropodologia que se preocupa com o estudo dos insetos.

Classe INSECTA

(lat. *insecare*, dividir)

Sinonímia: Hexapoda.

Conceitos básicos

• Arthropoda com o corpo dividido em três partes bem distintas: cabeça, tórax e abdome.

• Díceros (um par de antenas).

• Tórax formado por três metâmeros, cada um portador de um par de patas.

• Respiração por meio de traquéias.

• Dimensão: desde 0,21 mm de comprimento, como os microhimenópteros vespina, a 300 mm de comprimento como a mariposa *Thysania agrippina*.

Morfologia

Regiões do corpo – O inseto adulto apresenta o corpo dividido em três partes nítidas: cabeça, tórax e abdome. Cada uma dessas partes é formada por vários anéis fusionados cuja coalescência diminui da cabeça ao abdome (Figura 4.8).

Cabeça – A cabeça, aparentemente formada de uma peça inteiriça, de aspecto globoso, é constituída de metâmeros, soldados e recobertos por uma *cápsula quitinizada*. Segundo certos autores, consta, em razão dos diferentes apêndices que apresenta, de seis metâmeros: no primeiro estão os olhos; no segundo as antenas; no terceiro, o labro; no quarto, as mandíbulas; no quinto, as maxilas; no sexto, o lábio. Outros autores, entretanto, admitem quatro metâmeros, considerando que os olhos e o labro não são apêndices.

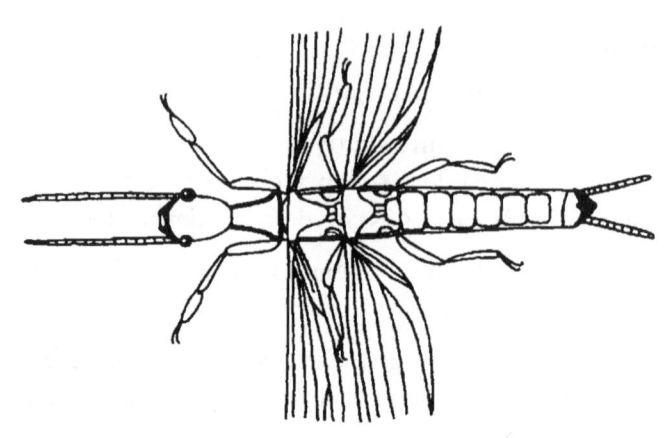

Figura 4.8 Insecta. Morfologia externa. Vista dorsal. Segundo Snodgrass, 1935, redesenhado por Ivan.

A região anterior da cabeça, aonde estão alojados os olhos e as antenas, é denominada *fronte*; a dorsal, entre os olhos, é designada *vértice*; a posterior, *occipício*; a região entre a fronte e o labro, *clípeo*; e lateralmente, sob os olhos, as *genas* ou *bochechas*.

A cabeça apresenta:

• Um par de antenas pré-orais, de função sensorial. As antenas são constituídas de vários artículos, cujo número, dimensão e forma são específicos e importantes para a classificação dos insetos.

• Um par de olhos compostos (omatídeos, facetados) e olhos simples (ocelos). Os dois tipos de olhos podem existir no mesmo inseto, porém um deles ou ambos podem faltar.

• Uma cavidade oral anterior e ventral formada pelas seguintes peças:

Labrum ou *labro* anterior, mediano e ímpar.

Epifaringe, o teto da boca, é uma estrutura membranosa situada na face interna do labro e portadora de corpúsculos gustativos.

Um par de *mandíbulas* ou *mandibulares*, inseridos lateralmente, formados por uma única peça e desprovidos de qualquer estrutura. Sua forma primitiva, pirâmide triangular, pode se apresentar diferenciada de acordo com o regime alimentar.

As mandíbulas movem-se, somente em sentido transversal, para dentro e para fora da cavidade oral. O movimento é realizado graças aos músculos *abdutores* responsáveis pelo movimento para fora e músculos *adutores* responsáveis pelo movimento para dentro, conseqüentemente realizando a mastigação, e segundo o regime alimentar eles são mais fortes ou mais fracos. Ao se contraírem matam a presa ou rompem o material resistente e realizam a mastigação.

Um par de *maxilas* ou *maxilares* que são dotados de movimentos transversais e longitudinais, e cuja forma varia com o regime alimentar. Externamente cada maxila apresenta um apêndice denominado *palpo*, formado de três ou quatro artículos e, na base, uma peça designada *galea*.

Labium ou *lábio*, limitando posteriormente a cavidade oral, é ímpar e de situação mediana. Também conforme o regime alimentar sua forma é variável

Hipofaringe, semelhante a uma língua, situada na face interna do lábio, aonde vão ter os condutos das glândulas salivares. Nos insetos hematófagos a saliva contém uma substância anticoagulante, e outra que estimula a saída do sangue no local da picada, podendo assim, transmitir, com a saliva, formas parasitárias (Figuras 4.8, 4.9, 4.10 e 4.11).

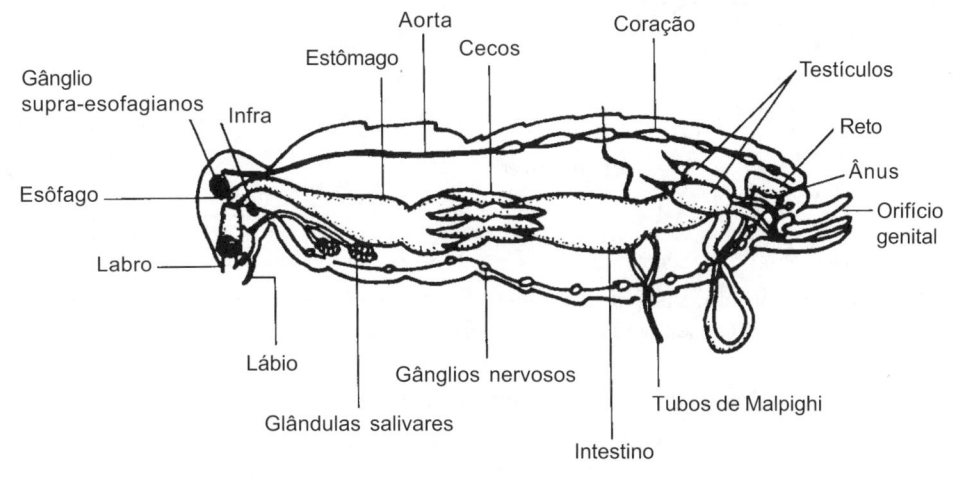

Figura 4.9 Insecta. Anatomia. Segundo Borror & De Long, redesenhado por Ricardo.

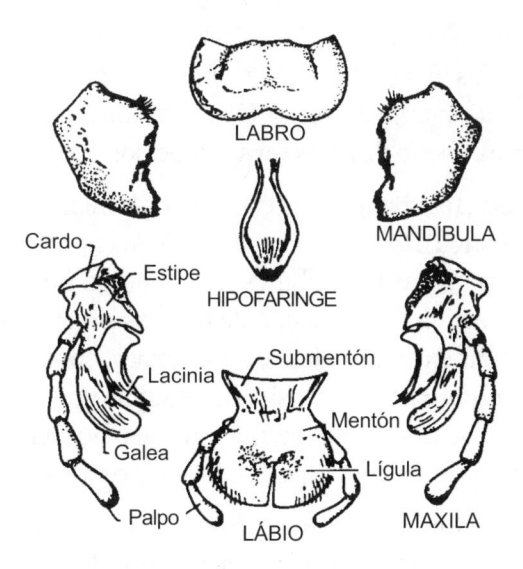

Figura 4.10 Insecta. Peças bucais. Segundo Storer & Usinger, redesenhado por Evandro.

As peças bucais apresentam uma grande variabilidade de forma segundo o regime alimentar, daí se distinguirem quatro tipos principais de armadura bucal: tipo *mastigador* ou *triturador* (coleópteros, malófagos); tipo *lambedor* ou *embebedor* (himenópteros, mosca doméstica); tipo *sugador* (lepidópteros); *picador* e *sugador* (hemípteros, dípteros, anopluros e sifonápteros).

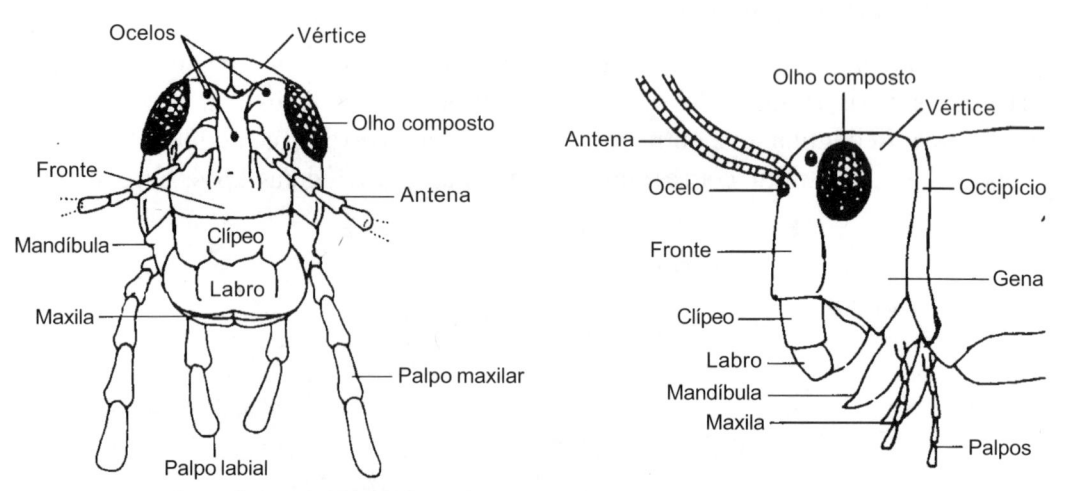

Figura 4.11 Cabeça de inseto. Vista Frontal. Segundo Storer & Usinger, redesenhado por Ivan.

Figura 4.12 Cabeça de inseto. Vista lateral. Segundo Snodgrass, redesenhado por Ivan.

Tipo mastigador ou triturador é o mais primitivo tipo de armadura bucal. É encontrado no besouro, gafanhoto, barata, falso-piolho etc. O *labro*, sem vestígio de segmentação, é considerado por muitos zoologistas como uma expansão do tegumento. As *mandíbulas*, laterais, são peças curtas, com o aspecto de ganchos fortes, de borda interna denteada, formada de um segmento com duas ou três apófises para se articularem com a cabeça. As *maxilas*, situadas abaixo das mandíbulas, são formadas por dois artículos basais, com dois ramos no segundo segmento interno e externo. O interno toma parte na mastigação. O ramo externo, pluriarticulado, é coberto de pêlos sensoriais e por isso chamado de *palpo maxilar*.

Tipo lambedor ou embebedor é observado nos himenópteros (abelhas, formigas) e dípteros (mosca doméstica). O *labro* e as *mandíbulas* apresentam-se sem modificações do tipo triturador, apenas as mandíbulas são menores e destinadas a cortar e transportar o material necessário à alimentação das larvas ou à construção de ninhos. Os *maxilares* são longos e suas extremidades se aproximam, constituindo um tipo de estojo que protege o lábio. Os *palpos maxilares* são rudimentares. O *lábio* em forma de língua alongada, *lingüeta*, curva-se em goteira guarnecida de pêlos na extremidade, destina-se à aspiração das substâncias nutritivas líquidas. Os *palpos labiais* são longos.

Tipo sugador ou aspirador é a armadura bucal dos lepidópteros (borboletas). Apresenta-se como uma longa tromba enrolada em espiral, quando em repouso. O *labro* e as *mandíbulas* são atrofiadas. A tromba é formada pelos dois maxilares que se alon-

396

gam, curvam-se em goteira interna e unem-se pelas bordas, constituindo um canal – canal sugador ou aspirador. Sob a tromba está o lábio, na forma de uma peça triangular, munido de dois palpos.Tipo picador sugador, que interessa à Medicina, é formado de peças profundamente modificadas. Existe nos anopluros (piolhos), hemípteros (percevejos), sifonápteros (pulgas) e dípteros (moscas, mutucas e mosquitos).

Nos anopluros, hemípteros e sifonápteros, o *lábio* alonga-se e curva-se em goteira dorsal, em cujo interior estão as *mandíbulas* e as *maxilas* transformadas em estiletes perfurantes. Os palpos maxilares regridem e o labro não está alterado.

Nos dípteros, a armadura bucal caracteriza-se pela presença de mais dois outros estiletes perfurantes formados pela epifaringe e hipofaringe. O *lábio* curva-se em goteira dorsal que abriga dois, quatro ou seis estiletes perfurantes. Se forem seis, correspondem às duas *mandíbulas*, às duas *maxilas*, à *epifaringe* e à *hipofaringe* que nunca faltam, enquanto os correspondentes às mandíbulas e às maxilas podem atrofiar-se simultânea ou separadamente, dando trombas com dois ou quatro estiletes.

Tórax – O tórax é dividido em três segmentos: *protórax, mesotórax* e *metatórax*. No inseto adulto, o tórax é a sede do aparelho locomotor porque é a única parte portadora de apêndices destinados à locomoção.

O tamanho relativo dos metâmeros torácicos varia com o modo de vida dos insetos. Nos marchadores (gafanhotos e besouros) o protórax é o mais desenvolvido, enquanto nos voadores (moscas, abelhas, borboletas) o mesotórax e o metatórax sofrem grande desenvolvimento.

Cada um dos três anéis torácicos está munido de um par de patas e geralmente os dois últimos apresentam, conforme a ordem a que pertencem, cada um, um par de asas e um par de estigmas respiratórios.

As patas são formadas por diferentes segmentos: *coxa, trocanter, fêmur, tíbia* e *tarso* com um a cinco artículos. O último artículo pode terminar por garras ou unhas, em número de uma ou duas. Muitas vezes é provido de uma estrutura sob a forma de disco situada na base das unhas, *pulvilo* (um ou dois). A cerda entre dois pulvilos é denominada de *empódio*. Os três pares de patas são semelhantes na maioria dos insetos. Em alguns, é o par anterior ou o posterior que apresenta modificações, resultantes do regime ou hábitos do inseto. O par mediano geralmente conserva suas proporções normais. As patas inserem-se entre o epímero e o episterno (Figura 4.13).

As asas são típicas da classe dos insetos. Encontram-se entre o tergito e o epímero. As asas são expansões cuticulares e têm a forma de um saco achatado, de paredes delgadas, soldadas na face interna e percorridas por tubos ocos e quitinosos denominados *nervuras*. As nervuras comunicam-se com a hemocele e contêm hemolinfa, ramificações traqueais e nervos. As nervuras constituem o esqueleto da asa e garantem sua nutrição e sensibilidade. A disposição das nervuras varia muito e limita espaços denominados *células*, resultantes da sua divisão e anastomose responsáveis pelos caracteres importantes na sistemática dos insetos.

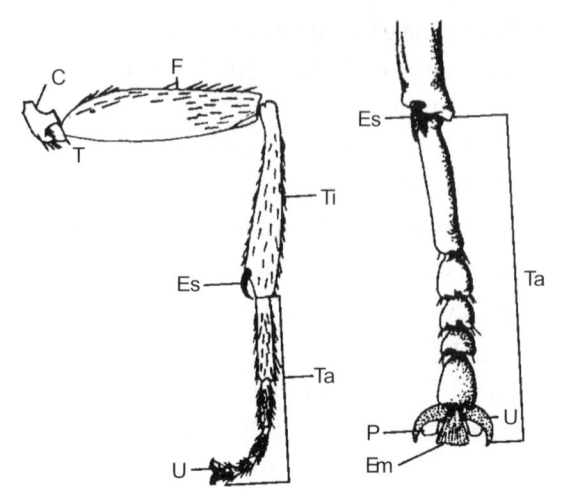

Figura 4.13 Perna: C) coxa; T) trocanter; F) fêmur; Tí) tíbia; Ta) tarso; U) unhas; P) pulvilo; Em) empódio; Es) espinho. Segundo C. Pinto, redesenhado por Ivan.

Quanto ao número de asas, os insetos podem ser tetrápteros, dípteros ou ápteros se possuem dois, um ou nenhum par de asas.

Os insetos apresentam vários tipos de asas, de acordo com sua textura. Asas *membranosas* são asas transparentes, com nervuras visíveis, como as dos dípteros, himenópteros. Asas *escamosas* são recobertas de pequeninas escamas pigmentadas, como as dos lepidópteros. *Élitros* são asas impregnadas de espessa camada de quitina, rígidas e impróprias para o vôo, como as dos coleópteros. As *pergamináceas* ou *tégminas*, são menos rígidas, encontradas nos ortópteros. Os *hemélitros* são asas formadas por duas porções, uma apical membranosa e outra basal dura, como as dos hemípteros.

Os élitros, as pergamináceas e os hemélitros destinam-se a proteger as asas posteriores membranosas, que se pregueiam em leque sob as primeiras, quando em repouso.

Os dípteros possuem somente o par de asas anteriores; as posteriores transformam-se em *balancins* ou *halteres*, responsáveis pelo equilíbrio do inseto durante o vôo.

Abdome – O abdome é sempre formado por oito ou nove metâmeros, nunca menos de cinco e mais de 12. Os metâmeros abdominais são menores que os torácicos, são móveis e permitem a distensão do abdome. Lateralmente apresentam os orifícios respiratórios, os *estigmas* rodeados por uma estrutura quitinosa denominada *peritrema*. Posteriormente, na face ventral, entre o oitavo e o nono metâmero, estão situados o ânus e o orifício genital. O abdome pode apresentar apêndices destinados à cópula, *armadura genital* (genitália) em certas espécies do sexo masculino, e o ovipositor das fêmeas; apêndices destinados ao ataque e defesa, como o aguilhão nos himenópteros (abelhas).

Órgãos dos sentidos

Visão – A visão é desempenhada pelos olhos compostos (omatídeos) e olhos simples (ocelos).

398

Tato – A função do tato é dada através das cerdas e dos pêlos distribuídos por todo o corpo.

Audição – Uma pequena membrana vibrátil, conhecida por *órgão timpânico*, em comunicação com uma terminação de nervos é responsável pela audição. O órgão timpânico, de acordo com as espécies, ocupa diferentes regiões do corpo.

Gosto – O gosto é dado através de *pêlos* análogos, distribuídos pelas peças bucais e *papilas gustativas* dispostas pela epifaringe.

Olfato – O olfato, muito desenvolvido, permite aos insetos a percepção de odores a grandes distâncias, é desempenhado através de pêlos – órgãos quimiorreceptores – distribuídos sobre as antenas.

Aparelho reprodutor masculino – Consta de um par de *testículos*, um par de *canais deferentes* e um par de *vesículas seminais*; um conduto *ejaculador* mediano; várias glândulas acessórias; *genitália* externa, às vezes complexa.

Aparelho reprodutor feminino – É constituído de um par de *ovários* e *ovidutos* com vagina mediana; uma única *espermateca* (receptáculo seminal); várias glândulas acessórias e *ovipositor* que é o órgão para a postura dos ovos.

Os espermatozóides, armazenados na espermateca, aguardam o amadurecimento dos óvulos para fecundá-los durante sua passagem pelos ovidutos.

Embora a reprodução sexuada seja a regra, ocorre, em determinadas espécies de insetos, uma reprodução assexuada – *partenogenética*, como nas abelhas. A rainha, fecundada uma única vez durante sua vida, recebe, durante o vôo nupcial, milhões de espermatozóides que ficam acumulados na espermateca e permanecem ativos durante todo o período de sua postura, isto é, deverão servir para fecundar todos os óvulos que irá pôr em sua vida. Pode controlar a fecundação. Alguns óvulos não fecundados vão originar os *zangãos* ou *machos* (haplóides) e os ovos vão originar *fêmeas* (diplóides).

A grande maioria dos insetos é *ovípara*, entretanto em alguns dípteros (*Sarcophaga* e *Melophagus*) a evolução embrionária ocorre antes da ovipostura, havendo, portanto, deposição de larvas pelas fêmeas e cujo fenômeno é denominado *viviparidade*.

Ciclo evolutivo – A reprodução dos insetos é exclusivamente sexuada. São de fecundação interna, ovíparos e dióicos, com exceção de certas espécies que são hermafroditas (díptero *Termitoxenia* e o himenóptero *Icerya*). A maioria apresenta *dimorfismo sexual*, isto é, distinguem-se os sexos pelos caracteres sexuais secundários. Esses caracteres se manifestam através do tamanho e das partes terminais do abdome, como a genitália dos machos e o ovipositor das fêmeas. As fêmeas geralmente são maiores, com o abdome mais desenvolvido pelo acúmulo de ovos. Os machos têm as antenas sempre mais longas. Não raramente ocorre o *ginandromorfismo*. Os ginandromorfos são indivíduos que apresentam caracteres externos masculinos de um lado e femininos do outro. Podem ter testículos e ovários que não são funcionais.

A fecundação é interna e as fêmeas fazem a postura de ovos, mas podem ocorrer partenogênese e viviparidade. A partenogênese é possível em várias espécies de insetos, como nos himenópteros (abelhas). Algumas espécies de dípteros (moscas) são *larvíparas* (viviparidade). A forma do ovo varia com as espécies. Os ovos são postos isoladamente ou em grupos na água, na terra, nas plantas, nos animais e no homem, dos quais suas larvas se alimentam.

Desde o ovo ao adulto o inseto passa por modificações complexas, regidas por hormônios, denominadas *metamorfoses.*

Do ovo nasce um ser, que geralmente difere do inseto que o produziu, denominado larva (máscara) pois pode considerar-se que a forma do inseto adulto se acha mascarada no seu primeiro estádio evolutivo. A larva, para se transformar em *inseto adulto* ou *imago*, passa por uma série de modificações ou *metamorfoses* graduais. Estas metamorfoses, são denominadas *mudas* ou *ecdises* e ocorrem dentro de um invólucro quitinoso que é rejeitado periodicamente para permitir o crescimento do inseto. O invólucro quitinoso rejeitado por ocasião da ecdise, e que conserva a forma do inseto, é denominado *exúvia.* E como já foi mencionado anteriormente, cada período compreendido entre duas ecdises é denominado *estádio*, e a forma que o inseto apresenta durante um estádio é chamado de *instar.*

A larva pode diferenciar-se profundamente do imago e, para chegar até ele, deve passar por um estádio de vida latente, denominado *pupa* (criança). Durante o estádio pupal ocorre uma histólise e fagocitose de todos os órgãos, com exceção dos sexuais. Dos núcleos das células que persistem, há histogênese, originando novos órgãos dos adultos.

Os insetos, quanto ao tipo de evolução, são considerados:

• *Holometábolos ou de metamorfoses completas* – Os que passam pelas fases de ovo – larva – pupa – imago ou adulto. Ex.: *Siphonaptera* (pulgas) e *Díptera* (moscas, mutucas e mosquitos) (Figura 4.14).

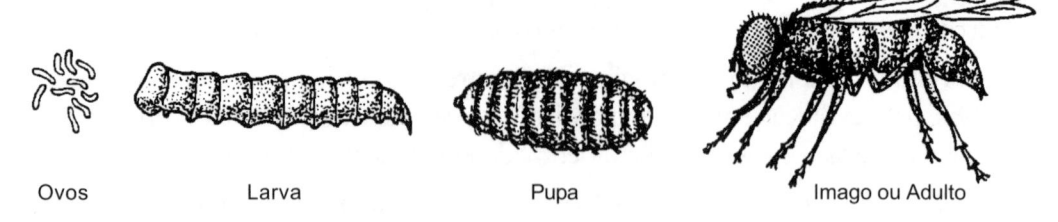

Ovos   Larva   Pupa   Imago ou Adulto

Figura 4.14 Evolução holometabólica.

• *Paurometábolos ou de metamorfoses graduais* – Os que passam pelas fases do ovo – ninfa – imago ou adulto. As ninfas passam por uma evolução gradual, sendo semelhantes aos adultos quanto à nutrição e ao ambiente em que vivem. Ex.: *Hemiptera* (barbeiros).

• *Hemimetábolos ou de metamorfoses incompletas* – Os que passam pelas fases de ovo – ninfa ou adulto. Entretanto, as ninfas diferem dos adultos quanto ao tipo de nutrição e ambiente em que vivem. Ex.: Odonata (libélulas) as ninfas vivem na água, Mallophaga e Anoplura (Figura 4.15).

- *Ametábolos ou de metamorfoses nulas* – Os que deixam o ovo sob sua forma definida. Ex.: *Apterigota*, *Thysanura* (traças) (Figura 4.16).

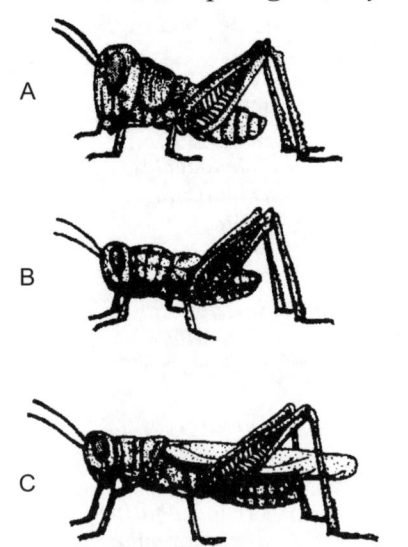

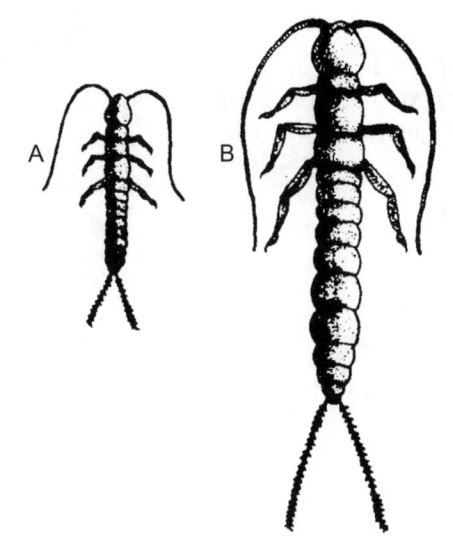

Figura 4.15 Evolução hemimetabólica. A) Primeiro estádio ninfal. B) Segundo estádio ninfal. C) Imago ou adulto. Segundo Packard, redesenhado por Jefferson.

Figura 4.16 Apterigota. Evolução ametabólica. A) Jovem. B) Imago ou adulto. Segundo Kellog, redesenhado por Jefferson.

CARACTERIZAÇÃO DAS ORDENS DE PTERIGOTAS

Ordens Caracterização	MALLOPHAGA	ANOPLURA	SIPHONAPTERA ou SUCTORIA	HEMIPTERA	DIPTERA
Metamorfose	hemimetábola	hemimetábola	holometábula	paurometábola	holometábola
Tipo de armadura bucal	mastigador	picador	picador	picador	picador
Asas	ausente	ausentes	ausentes	dois pares	um par

SISTEMÁTICA

Os insetos classificam-se em duas subclasses: *Apterygota* e *Pterygota* quanto à ausência ou à presença de asas.

Os apterigotas são insetos primitivamente desprovidos de asas, como os tisanuros (traças).

Os pterigotas são insetos primitivamente providos de asas e quando faltam, desapareceram em conseqüência da condição de vida parasitária, como as pulgas, os piolhos etc. Subdividem-se em várias ordens de acordo com o tipo de metamorfose que apresentam, número e tipo de asas e conformação do aparelho bucal, das quais cinco são de interesse à Parasitologia Veterinária.

CLASSE INSECTA

ORDEM	SUBORDEM	SEÇÃO	FAMÍLIA	GÊNERO
Mallophaga	Amblycera		Menoponidae	*Menopon*
	Ischnocera		Trichodectidae	*Trichodectes*
				Damalinia
				Felicola
Anoplura			Haematopinidae	*Haematopinus*
			Linognathidae	*Linognathus*
				Solenopotes
			Pediculidae	*Pediculus*
				Phthirus
Siphonaptera ou Suctoria			Tungidae	*Tunga*
			Pulicidae	*Pulex*
				Xenospsylla
				Ctenocephalides
				Echidnophaga
			Leptopsyllidae	*Leptopsylla*
Hemiptera			Reduviidae	*Triatoma*
				Panstrongylus
				Rhodnius
			Cimicidae	*Cimex*
				Ornithocoris
Diptera	Ortorrapha	Nematocera	Psychodidae	*Phlebotomus*
				Lutzomyia
			Culicidae	*Anopheles*
				Aedes
				Culex
				Haemagogus
			Simuliidae	*Simulium*
			Ceratopogonidae	*Culicoides*
		Brachycera	Tabanidae	*Tabanus*
				Chrysops
	Cyclorrapha		Cuterebridae	*Dermatobia*
			Oestridae	*Oestrus*
			Gasterophilidae	*Gasterophilus*
			Anthomyidae	*Fannia*
			Muscidae	*Musca*
				Sarcopromusca
				Stomoxys
				Haematobia
				Neyvamyia
			Calliphoridae	*Cochliomyia*
				Calliphora
				Chrysomyia
				Lucilia
			Sarcophagidae	*Sarcophaga*
			Hippoboscidae	*Pseudolynchia*
				Melophagus

Ordem MALLOPHAGA Nitzsch, 1818

(gr. *mallós*, velo, lã; *phagein*, comer)

Sinonímia: Aptera.

Nome vulgar – Piolho mastigador, falso piolho.

Conceitos básicos

- Insecta ectoparasitos obrigatórios permanentes de aves e mamíferos.
- Dimensões reduzidas (menos de 1 cm).
- Corpo deprimido (achatado dorso-ventralmente).
- Cabeça mais larga que o tórax.
- Armadura bucal mastigadora.
- Não hematófagos.
- Ápteros (desprovidos de asas).
- Pernas curtas, achatadas; as do primeiro par voltadas para frente e destinadas a levar o alimento à boca.
- Hemimetábolos (metamorfoses incompletas)

ovo – três estádios ninfais – imago ou adulto.

Durante muito tempo os malófagos foram confundidos com piolhos, mas a cabeça exageradamente larga permite distingui-los desses últimos.

Morfologia

Cabeça – A cabeça, mais larga que o tórax, é grande em relação ao tamanho do corpo. É livre e horizontal, isto é, no mesmo plano do corpo. Dois olhos compostos (omatídeos) pouco visíveis; olhos simples (ocelos) ausentes. Antenas com três a cinco artículos. A armadura bucal é do tipo mastigador e as mandíbulas são grandes e denteadas, o que permite ao malófago se fixar a uma pena ou pêlo.

Tórax – O tórax é mais estreito que a cabeça e geralmente o meso e o metatórax são fusionados na subordem Ischnocera, mas separados na subordem Amblycera; as pernas são curtas e achatadas; o primeiro par é menor e voltado para frente, auxiliando a levar o alimento à boca; o tarso, com um ou dois artículos, é geralmente provido de uma ou duas unhas ou garras.

Abdome – O abdome é formado por nove metâmeros nos adultos sendo os dois primeiros fusionados; os estigmas são laterais e situados do segundo ao sétimo segmento. O macho apresenta *hipopígio* ou *genitália* complexo e muito importante para sistemática. A fêmea tem a cauda simples; a ovipostura é nas penas e nos pêlos dos hospedeiros.

Biologia

Hospedeiros – Aves e mamíferos.

Localização – Os malófagos vivem permanentemente presos às penas e aos pêlos dos hospedeiros. São mais ativos que os piolhos.

Nutrição – Alimentam-se de produtos epidérmicos (daí serem considerados por muitos autores como comensais). Algumas espécies, entretanto, alimentam-se do sangue que surge na superfície da pele.

Ciclo evolutivo – Após a cópula a fêmea realiza a postura. Os ovos são ovóides e operculados, conhecidos por lêndeas e são fixados às penas ou aos pêlos por uma substância aglutinante. O período embrionário é de sete dias. As ninfas deixam o ovo pelo opérculo e passam, em mais ou menos 20 dias, por três estádios ninfais, antes de atingirem o estádio de imago.

Contágio – Os malófagos passam de um animal a outro através do contato direto. Não suportam a vida fora do hospedeiro, morrendo em sete a 15 dias.

Quadro clínico – Debilidade e má aparência em decorrência da irritação que os malófagos causam aos hospedeiros. Os animais parasitados apresentam-se inquietos, não se alimentando e nem repousando adequadamente. Coçam-se com as patas e a boca; roçam-se em objetos sólidos com o intuito de se livrarem dos parasitos. Como conseqüência dessa atitude, surgem áreas desprovidas de penas ou de pêlos e escarificações da pele. Como efeito da presença de malófagos, há diminuição da postura em aves e baixa na produção de leite no gado.

Patogenia – A espantosa atividade dos malófagos, aliada ao seu modo de alimentação (escamas cutâneas, secreções, restos de penas e pêlos) atingindo às vezes até o derma, são responsáveis por um prurido intenso. Os animais parasitados – coçam-se, mordem-se e esfregam-se em objetos, provocando escarificações da pele que constituem a entrada para invasão bacteriana e conseqüentes infecções.

Diagnóstico

Clínico – Pelos sinais.

Laboratorial – A maioria das espécies pode ser observada facilmente pelos seus movimentos rápidos, bem como os seus ovos (lêndeas) aderidos às penas ou aos pêlos.

Convém usar lupa, de no mínimo um aumento de três vezes, para confirmação da presença de malófagos e de seus ovos.

A captura é feita com uma pinça de pontas finas e a conservação é no álcool, em pequenos vidros.

A montagem entre lâmina e lamínula é feita pelo método de Costa Lima para identificação microscópica.

Para o diagnóstico veterinário é somente necessário o seu reconhecimento e sua distinção dos anopluros.

Profilaxia – Como os malófagos são ectoparasitos permanentes, isto é, o parasito permanece no hospedeiro durante todas as fases de seu ciclo evolutivo, deve-se, além de destruí-los no hospedeiro com banhos ou pulverizações adequados, proceder a uma higiene e desinfecção das paredes dos estábulos e jaulas. As camas e os ninhos devem ser incinerados.

Importância – Os malófagos alimentam-se da base das penas e dos pêlos e geralmente não causam grandes danos aos hospedeiros. Entretanto, as espécies que vivem na pele são responsáveis por enormes prejuízos, pela irritação cutânea que acarreta descamação epitelial e pequenas hemorragias.

A conseqüência da infestação por malófagos se traduz na má aparência, debilidade, queda da produção de ovos, leite, carne.

Sistemática – A ordem Mallophaga subdivide-se em duas subordens:

Amblycera – Antenas com quatro a cinco artículos e pouco visíveis; palpos maxilares nítidos e quadriarticulados.

Ischnocera – Antenas com três ou cinco artículos e bem visíveis; palpos maxilares ausentes.

Subordem AMBLYCERA

(gr. *amblys*, rombudo; *keras*, chifre, por extensão, antenas)

Mallophaga com as antenas clavadas e pouco visíveis, formadas por quatro artículos diferentes e escondidas em depressões, denominadas fossetas antenais. Em algumas espécies o terceiro artículo é subdividido, dando a aparência de cinco, e em outras espécies é o quarto artículo que está subdividido. As antenas são semelhantes nos dois sexos. As mandíbulas são horizontais. Os palpos maxilares são constituídos por quatro artículos podendo ser confundidos com as antenas. Meso e metatórax distintos.

Os representantes desta subordem, geralmente, são mais ativos que os da Ischnocera.

Família MENOPONIDAE Mjöberg, 1910

Conceitos básicos

- Amblycera com a cabeça triangular.
- Omatídeos (olhos compostos), em depressões, pouco visíveis.
- Antenas, com quatro artículos, alojadas em fossetas.

- Boca com labro, mandíbulas e palpos maxilares visíveis; lábio com palpos biarticulados.

- Tórax geralmente com dois metâmeros distintos; às vezes, como no *Trinoton*, existem três.

- Abdome com nove metâmeros.

- Estigmas respiratórios no terceiro ao oitavo metâmero abdominal.

- Tarsos com duas unhas.

Gênero Menopon Nitzsch, 1818

(gr. *menopós*, persistente)

Menoponidae com a cabeça típica, isto é, triangular e alargada na região temporal. Antenas com quatro artículos e em depressões. Apresenta dois metâmeros torácicos, o protórax distinto do metatórax.

Comensais de numerosas aves, principalmente de galináceos e excepcionalmente de mamíferos como marsupiais e roedores.

Menopon gallinae (Lineu, 1758)

Morfologia – É de coloração amarelo-escura e com manchas abdominais de cor mais clara. A cabeça, de forma triangular, mais larga nas têmporas e com a fronte curta e arredondada. Cerdas ventrais ausentes. O tórax, no macho, é igual ao tamanho da cabeça e mais longo na fêmea. O mesotorax é indistinguível do metatórax arredondado sobre o abdome. O abdome é oval e alongado, mais longo e estreito no macho do que na fêmea e com uma única série de cerdas por metâmero (Figura 4.17).

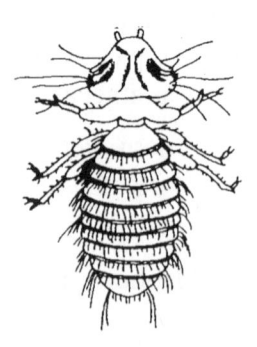

Figura 4.17 *Menopon gallinae*, fêmea. Segundo A. Railliet, redesenhado por Ivan.

Dimensão – O comprimento do macho é de aproximadamente 1,7 mm e o da fêmea de 2 mm.

Biologia

Hospedeiros – Galináceos.

Localização – Cálamo das penas.

Subordem ISCHNOCERA Kellog

(gr. *ischnos*, delgado; *keras*, chifre, por extensão, antenas)

Mallophaga com as antenas filiformes, bem visíveis, formadas por três a cinco artículos do mesmo tipo, inseridas em depressões denominadas fossetas antenais. Com ou sem dimorfismo sexual. As mandíbulas são verticais. Palpos maxilares ausentes. Meso e metatórax geralmente fusionados.

Nesta subordem serão referidas duas famílias:

Philopteridae – Antenas pentarticuladas; tarsos com duas unhas.

Trichodectidae – Antenas triarticuladas; tarsos com uma unha.

Família TRICHODECTIDAE Burmeister, 1838

Conceitos básicos

*   Ischnocera com antenas triarticuladas.
*   Tarsos com uma só unha.
*   Comensais de mamíferos.

Esta família compreende vários gêneros dos quais três interessam à Parasitologia Veterinária: *Trichodectes, Damalinia* e *Felicola*.

Gênero Trichodectes Nitzsch, 1818

(gr. *triko*, cabelo, pêlo; *dektes*, mordedor)

Trichodectidae de corpo largo. Fronte anteriormente arredondada. Antenas, com dimorfismo sexual, no macho o primeiro artículo é dilatado. Setas presentes em todos os metâmeros abdominais. Tarsos com uma unha. Abdome largo e mais arredondado nas fêmeas do que nos machos e com placas laterais.

Trichodectes canis (de Geer, 1778) Nitzsch, 1818

Morfologia – É de coloração amarelo-clara com manchas mais escuras e listas pretas na cabeça. A cabeça, subquadrangular, é mais larga que longa. Antenas diferentes nos dois sexos; o primeiro artículo antenal do macho é igual ao comprimento dos outros dois. Todos os metâmeros abdominais com placas laterais na fêmea, que apresenta, também, o abdome mais largo e mais arredondado do que o do macho (Figura 4.18).

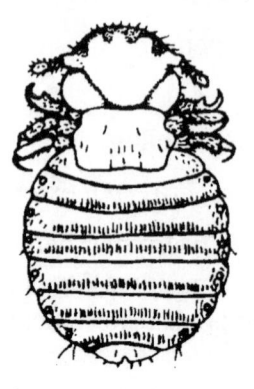

Figura 4.18 *Trichodectes canis*. Segundo Werneck, F. L. 1936, redesenhado por Ivan.

Dimensão – O comprimento do macho é de aproximadamente 1,75 mm e o da fêmea de 1,95 mm.

Biologia

Hospedeiro – Caninos.

Localização – Pele.

Gênero *Damalinia*

(gr. *damalos*, terneiro, bezerro)

Trichodectidae com a cabeça mais larga que longa e apresentando a região anterior arredondada. Antenas semelhantes nos dois sexos. Todos os metâmeros abdominais com placas pleurais.

Damalinia bovis (Lineu, 1758)

Sinonímia – *Bovicola bovis, Trichodectes tauri*

Morfologia – É de coloração castanho-avermelhada, que lhe valeu o nome vulgar de "piolho vermelho" do gado. A cabeça mais estreita anteriormente, tem a face dorsal recoberta de numerosas setas. Antenas curtas. O protórax é mais largo que o mesotórax. Metâmeros abdominais com placas laterais e medianas nítidas (Figura 4.19).

Dimensão – O comprimento do macho é de aproximadamente 1,53 mm e o da fêmea de 1,75mm.

Biologia

Hospedeiro – Bovinos.

Localização – Pele.

Figura 4.19 *Damalinia bovis*. Segundo Werneck, F. L., 1936, redesenhado por Evandro.

Damalinia ovis (Lineu 1758)

Sinonímia – *Pediculus ovis, P. ovis arietis, Trichodectes sphoerocephalus* e *T. ovis*.

Morfologia – É de coloração clara com manchas castanho-avermelhadas na cabeça. A cabeça quadrangular, mais larga que longa, é arredondada anteriormente. As antenas são um pouco mais longas no macho do que na fêmea. O abdome é cônico no macho e oval na fêmea. Cada metâmero abdominal apresenta uma fileira de setas curtas e uma placa tergal de coloração mais escura, transversal e mediana (Figura 4.20).

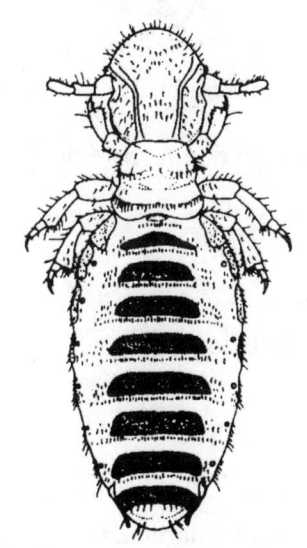

Figura 4.20 *Damalinia ovis*. Segundo Werneck, F. L., 1936, redesenhado por Evandro.

Dimensão – O comprimento do macho é de aproximadamente 1,55 e o da fêmea de 1,77 mm.

Biologia

Hospedeiro – Ovinos.

Localização – Lã.

Damalinia caprae (Gurlt, 1843)

Sinonímia – *Trichodectes caprae, T. climax.*

Morfologia – A coloração da cabeça e do tórax é castanho-avermelhada. O abdome é amarelo-claro com manchas castanhas e faixas transversais medianas pretas. A cabeça quadrangular é mais larga que longa. As antenas, alojadas em depressões, são mais longas no macho do que na fêmea. O abdome cônico é mais escuro lateralmente e em cada metâmero há uma placa tergal transversal mediana seguida de uma série de pêlos curtos (Figura 4.21).

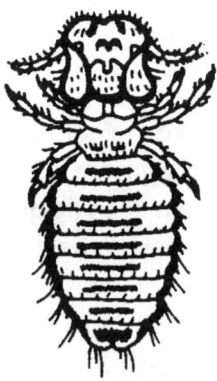

Figura 4.21 *Damalinia caprae*. Segundo Werneck, F. L.,1936, redesenhado por Ivan.

Dimensão – O comprimento do macho é de aproximadamente 1,50 mm e o da fêmea de 1,90 mm.

Biologia

Hospedeiro – Caprinos.

Localização – Pêlos da face dorsal.

Damalinia equi (Lineu, 1758)

Sinonímia – *Bovicola equi, Trichodectes equi.*

Morfologia – É de coloração amarelada e a cabeça castanho-avermelhada com listas de cor castanho-escura. A cabeça, mais larga que longa, é arredondada anteriormente. As antenas são iguais nos dois sexos. O protórax é o mais largo dos metâmeros torácicos. O abdome apresenta uma placa tergal mediana castanho-avermelhada em cada metâmero (Figura 4.22).

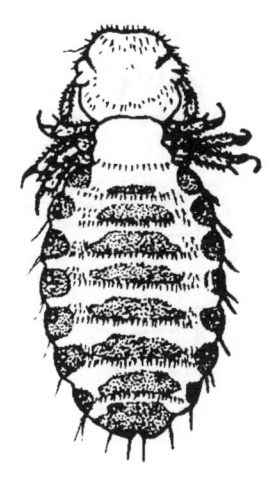

Figura 4.22 *Damalinia equi.* Segundo Werneck, F. L., 1936, redesenhado por Evandro.

Dimensão – O comprimento do macho é de aproximadamente 1,60 mm e o da fêmea de 1,90 mm.

Biologia

Hospedeiros – Eqüinos e asininos.

Localização – Pêlos do pescoço e dorso e, raramente, nos membros.

Gênero *Felicola* Ewing, 1929

(lat. *felis*, gato; *cola*, habitante)

Trichodectidae de fronte triangular e têmporas quadrangulares. Antenas iguais nos dois sexos.

***Felicola subrostratus* (Nitzsch, 1929) Ewing, 1929**

Sinonímia – *Felicola subrostrata, Trichodectes subrostratus.*

Morfologia – A cabeça e o tórax são amarelados e o abdome esbranquiçado. A cabeça, mais longa que larga, apresenta a região pré-antenal triangular. As antenas, em depressões, são iguais nos dois sexos. O abdome apresenta em todos os metâmeros, com exceção do último, uma placa tergal transversal mediana (Figura 4.23).

Dimensão – O comprimento do macho é de aproximadamente 1,20 mm e o da fêmea de 1,30 mm.

Biologia

Hospedeiros – Felinos e outros carnívoros.

Localização – Pele.

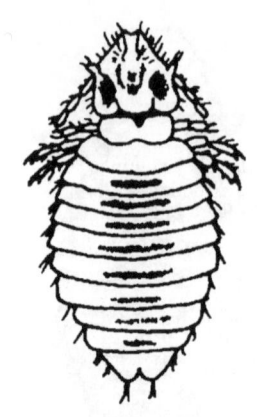

Figura 4.23 *Felicola subrostratus*. Segundo Werneck, F. L., 1936, redesenhado por Evandro.

Ordem ANOPLURA Leach, 1815

(gr. *anoplos*, desarmado; *aura*, cauda)

Nome vulgar – Piolho.

Conceitos básicos

• Insecta ectoparasitos obrigatórios, temporários, remitentes, hematófagos dos mamíferos inclusive do homem.

• Dimensões reduzidas (até 6 mm).

• Corpo deprimido (achatado dorso-ventralmente).

• Cabeça mais estreita que o tórax.

• Armadura bucal picadora-sugadora.

• Ápteros (desprovidos de asas).

• Ovos ou lêndeas, com aspecto de tonel, fixos aos pêlos.

• Hemimetábolos (metamorfoses incompletas)

ovo – três estádios ninfais – imago.

Nome da doença – Pediculose.

Morfologia

Cabeça – A cabeça é mais estreita que o tórax. Os olhos são ausentes na maioria das espécies. A armadura bucal é anterior, picadora – sugadora e retrátil. As peças bucais são difíceis de serem comparadas com as dos outros insetos picadores e compreendem três estiletes: o *ventral*, que é o lábio, tem a forma de calha onde são alojados os outros dois estiletes: o *dorsal*, resultante da fusão das duas maxilas; e o estilete *mediano*, que é a hipofaringe, percorrida pelo canal salivar, no sentido longitudinal. Mandíbulas

412

ausentes. Anterior à cavidade oral há uma estrutura membranosa, em forma de tubo e forrada de dentes, designados por dentes *prestomais*, que formam o *rostro* ou *haustelo*. Por ocasião do repasto, os estiletes emergem do haustelo e os dentes se fixam aos tecidos do hospedeiro.

As antenas são constituídas por três a cinco artículos.

Tórax – O tórax apresenta os metâmeros fusionados e cada um com um par de estigmas respiratórios e com um par de patas curtas e fortes. Os tarsos têm somente dois artículos que geralmente se apresentam fusionados, aparentando um único e terminando por uma unha destinada a fixar o inseto aos pêlos do hospedeiro.

Abdome – O abdome geralmente é formado por nove metâmeros sendo os dois primeiros fusionados. Os primeiros seis metâmeros abdominais são portadores de um par de estigmas cada um. O último metâmero do macho é arredondado com *pênis* ou *edeago* dorsal, quitinizado; na fêmea, é bifurcado e a vulva é ventral; possui um par de *gonopódios* (duas saliências côncavas internamente e situadas uma de cada lado do orifício genital), com que se prende aos pêlos durante a ovipostura para o alinhamento dos ovos.

A ordem Anoplura apresenta cinco famílias.

Família HEMATOPINIDAE Enderleln, 1904

Conceitos básicos

* Anoplura com olhos rudimentares ou ausentes. Ocelos ausentes.
* Antenas com cinco artículos.
* Tromba longa.
* Patas, os três pares, semelhantes.
* Tíbias com prolongamento digitiforme.
* Tarsos com uma unha.
* Segmentos abdominais com uma série de setas cada um.
* Abdome com placas tergais e paratergais.
* Estigmas em protuberâncias laterais do abdome.

Gênero *Haematopinus* Leach, 1817

(gr. *haima*, sangue; *pino*, beber)

Hematopinidae com a cabeça mais afilada na porção anterior. Olhos ausentes. Parasitas ungulados.

Haematopinus suis (Lineu, 1758)

Morfologia – A cabeça e o abdome são de cor cinza, o tórax castanho e as patas amarelo-escuras. A cabeça é alongada, estreita e arredondada anteriormente. O tórax retangular é mais curto que a cabeça. O abdome é oval (Figura 4.24) .

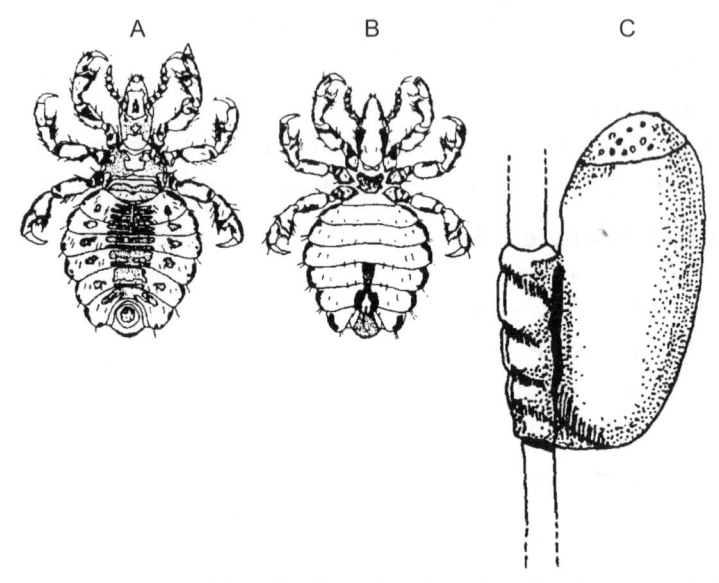

Figura 4.24 *Haematopinus suis.* A) Macho, face dorsal. B) Macho, face ventral. C) Ovo (lêndea). Segundo C. Pinto, 1934, redesenhado por Evandro.

Dimensão – O macho mede de 3,5 a 4,75 mm de comprimento e a fêmea de 4 a 6 mm.

Biologia

Hospedeiro – Suínos.

Localização – Tegumento; espádua, axilas e virilhas.

Haematopinus eurysternus (Nitzch, 1818)

Morfologia – A cabeça e o tórax são de cor amarelo-escura. A cabeça arredondada, anteriormente é mais larga ao nível das antenas. O tórax retangular é muito mais largo que a cabeça. O abdome acinzentado, oval, é mais desenvolvido nas fêmeas (Figura 4.25).

Dimensão – O comprimento do macho é de aproximadamente 4,50 mm e o da fêmea de 4,75 mm.

Biologia

Hospedeiro – Bovinos.

Localização – Tegumento: base dos chifres e da cauda; pescoço.

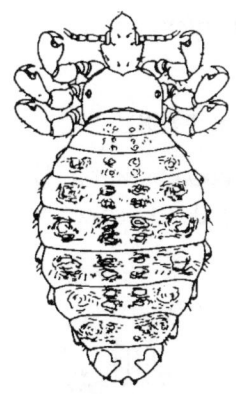

Figura 4.25 *Haematopinus eurysternus*. Segundo Mathysee, John G. 1946, redesenhado por Evandro.

Haematopinus asini (Lineu, 1758)

Morfologia – A cabeça e o abdome são de coloração castanho-acinzentada e o tórax é castanho-escuro com pontos pretos. A cabeça é longa e estreita; as antenas apresentam numerosos pêlos. O tórax retangular é mais largo e curto que a cabeça.

Dimensão – O comprimento do macho é de aproximadamente 2,60 mm e o da fêmea de 3,60 mm.

Biologia

Hospedeiro – Eqüinos.

Localização – Base da crina e da cauda.

Família LINOGNATHIDAE Enderlein, 1905

Conceitos básicos

- Anoplura desprovidos de olhos.
- Antenas com cinco artículos.
- Primeiro par de patas mais fino e com as unhas mais delgadas do que as dos outros pares.
- Abdome com placas tergais reduzidas ou ausentes.
- Estigmas grandes.

Gênero *Linognathus* Enderlein, 1905

(gr. *linon*, afilado; *gnathos*, mandíbulas)

Linognathidae com a cabeça duas ou três vezes mais longa que o tórax. Tergo e esterno com duas a três séries de setas em cada metâmero abdominal. Abdome desprovido de placas paratergais. Estigmas sésseis.

Parasitas carnívoros e ruminantes.

Linognathus vituli (Lineu, 1758)

Morfologia – É de coloração castanha. O tórax é um pouco mais longo que largo, côncavo posteriormente, e estendendo-se sobre o abdome que é estreito e claviforme (Figura 4.26).

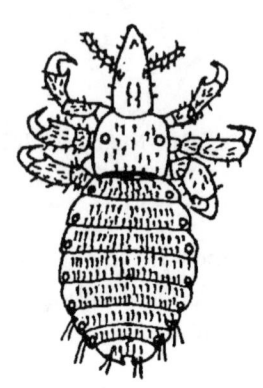

Figura 4.26 *Linognathus vituli*. Segundo Ferris, G. F., 1951, redesenhado por Ivan.

Dimensão – O comprimento do macho é de aproximadamente 2,5 mm e o da fêmea de 3 mm.

Biologia

Hospedeiro – Bovinos.

Localização – Pescoço, barbelas, espáduas e períneo.

Linognathus pedalis (Osborn, 1891)

Morfologia – A cabeça é tão larga quanto longa.

Dimensão – O comprimento do macho é de aproximadamente 1,5 mm e o da fêmea de 2 mm.

Biologia

Hospedeiro – Ovinos.

Localização – Pernas e pés.

Linognathus setosus (Olfers, 1816)

Morfologia – É de coloração amarelada, com a cabeça e o tórax mais escuros. A cabeça curta é quase da mesma largura do tórax (Figura 4.27).

Figura 4.27 *Linognathus setosus*. Segundo Ferris, G. F., 1951, redesenhado por Ivan.

Dimensão – O comprimento do macho é de aproximadamente 1,5 mm e o da fêmea de 2 mm.

Biologia

Hospedeiro – Caninos, principalmente os de pêlo longo.

Localização – Tegumento.

Linognathus stenopsis (Burmeister, 1838)

Morfologia – É de coloração amarelo clara e com o abdome acinzentado. A cabeça é estreita, tornando-se mais larga posteriormente. Os estigmas não são perceptíveis.

Dimensão – O comprimento do macho é de aproximadamente 1,5 mm e o da fêmea de 2 mm.

Biologia

Hospedeiro – Caprinos.

Localização – Tegumento.

Gênero *Solenopotes* Enderlein, 1904

(gr. *solenos*, canal, tubo; *potes*, bebedor)

Linognathidae com uma série de setas em cada segmento abdominal. Estigmas em tubérculos bem salientes.

Solenopotes capillatus Enderlein, 1904

Morfologia – A cabeça, bem desenvolvida, não apresenta saliências após as antenas. O primeiro par de patas é muito delgado. Os estigmas em tubérculos fazem saliência na margem lateral do abdome (Figura 4.28).

Figura 4.28 *Solenopotes capillatus*. Segundo Mathysee, John G., 1946, redesenhado por Evandro.

Dimensão – O comprimento do macho é de aproximadamente 1,35 mm e o da fêmea de 1,75 mm.

Biologia

Hospedeiro – Bovinos.

Localização – Cabeça, pescoço, espáduas, sob a cauda e ao redor do ânus.

Família PEDICULIDAE Leach, 1817

Conceitos básicos

* Anoplura com dois olhos bem visíveis.

* Antenas com três a cinco artículos.

* Tromba curta.

* Patas, os três pares, semelhantes.

* Segmentos abdominais com várias séries de setas.

* Extremidade posterior do macho arredondada com um orifício comum ao ânus e ao pênis; da fêmea, levemente lobada e com a vulva situada ventralmente.

Gênero *Pediculus* (Lineu, 1758)

(lat. *pediculus*, piolho)

Pediculidae de corpo alongado. Cabeça pequena e arredondada anteriormente. Antenas com cinco artículos. Ocelos salientes. Tromba retrátil. Tórax, com um par de estigmas, quadrangular, com a borda posterior côncava e com os metâmeros fusionados. Patas curtas e robustas, sendo que o macho tem o primeiro par mais desenvolvido. Tarsos providos de fortes garras com as quais se fixam aos pêlos ou às fibras da roupa. Abdome constituído por nove metâmeros e cada um provido de um par de estigmas respiratórios laterais (Figura 4.29).

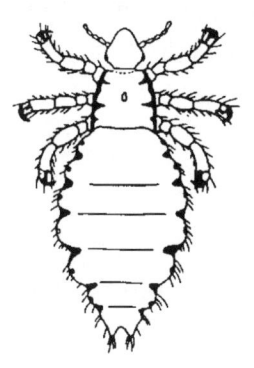

Figura 4.29 *Pediculus humanus*. Fêmea. (Segundo Muller, J.,1919), redesenhado por Evandro.

Pediculus humanus (Lineu, 1758)

Morfologia – Já referida na descrição do gênero.

Hospedeiro – Homem.

Atualmente, os entomologistas são unânimes em aceitar a sistemática de Keilin e Nutall (1909) e Ferris (1935) que consideram uma espécie e duas subespécies: *P. humanus humanus* (piolho da cabeça) e *P. humanus corporis* (piolho do corpo). Ambas as subespécies são muito semelhantes, entretanto variam em tamanho.

O cruzamento entre estas duas subespécies é positivo e o produto resultante é fértil.

Pediculus humanus humanus (Lineu, 1758)

Dimensão – O comprimento do macho varia de 2,1 a 2,6 mm e o da fêmea de 2,4 a 3,3 mm.

Biologia

Hospedeiro – Homem. É cosmopolita e ataca todas as raças humanas. As crianças na faixa etária entre os cinco e dez anos são as mais atacadas pelos piolhos.

Localização – Os piolhos da cabeça vivem fixos ao cabelo, podendo, entretanto, às vezes, serem encontrados em outras regiões pilosas do corpo.

Pediculus humanus corporis Geer, 1778

Dimensão – O macho mede de 2,3 a 3,0 mm de comprimento e a fêmea mede de 2,4 a 3,6 mm de comprimento.

Biologia

Hospedeiro – Homem.

Localização – O piolho do corpo, a muquirana, vive nas roupas, localizando-se nos lugares correspondentes às regiões pilosas do seu hospedeiro e só exerce o parasitismo por ocasião da sucção de sangue.

Gênero *Phthirus* Leach, 1845

(gr. *phtheir*, piolho)

Pediculidae de corpo robusto, largo e curto. Cabeça estreita, alargada na base. Tórax mais largo que o abdome. Tórax e abdome fusionados. Metâmeros torácicos e abdominais coalescidos. Primeiro par de patas, delgado; segundo e terceiro pares, robustos. Abdome constituído por metâmeros e com quatro saliências cônicas, tubérculos, providos de cerdas – os *metapódios* – (gr. *meta*, além de; *podos*, pés), nas bordas laterais.

Phthirus pubis (Lineu, 1758)

Nome vulgar – "Chato", piolho do púbis.

Morfologia – É de coloração esbranquiçada, às vezes amarelada. A cabeça está assentada numa depressão torácica. O tórax é côncavo anteriormente. O abdome do macho é menor do que o da fêmea e o último metâmero abdominal é arredondado. A fêmea apresenta a vulva abrigada por dois prolongamentos (Figura 4.30).

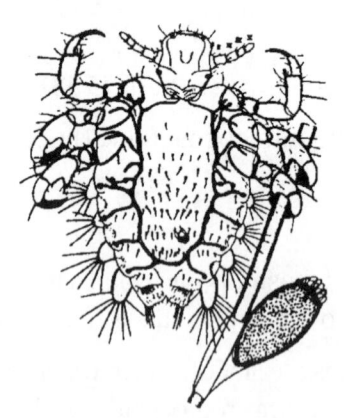

Figura 4.30 *Phthirus pubis*. Fêmea presa a um pêlo portador de um ovo. Segundo C. Pinto, 1930, redesenhado por Evandro.

Dimensão – O macho mede cerca de 1,3 mm de comprimento por 800 mm de largura e a fêmea mede aproximadamente L5 mm de comprimento por 1 mm de largura.

Biologia

Hospedeiro – Homem.

Localização – Pêlos pubianos e perineais, podendo atingir pêlos abdominais, torácicos e axilares, barba, sobrancelha, cílios e, excepcionalmente, os cabelos.

Biologia de Anoplura

Hospedeiros – Mamíferos, inclusive o homem.

Localização – Revestimento piloso dos hospedeiros.

Nutrição – Hematófagos, isto é, alimentam-se exclusivamente de sangue em todos os estádios de sua existência. Realizam uma só punção. A secreção salivar causa irritação, fazendo com que os capilares sofram dilatação e conseqüentemente afluência do sangue.

Ciclo evolutivo – A cópula ocorre, de um modo geral, 10 horas após o surgimento do imago. Para que esta se processe, a fêmea se fixa sobre o dorso do macho. A ovipostura se inicia após quatro dias. Cada fêmea copula várias vezes e põe, em média, até 20 ovos diariamente, durante 30 a 40 dias, findos os quais morre. O macho tem um período de vida menor.

A fêmea deposita seus ovos (lêndeas) na base dos pêlos, um por um, fixos por uma substância aglutinante. Às vezes a disposição dos ovos nos pêlos lembra as contas de um colar. O ovo (lêndea), medindo 0,5-0,8 mm de comprimento, tem a forma de tonel, com opérculo perfurado na extremidade distal (Figura 4.24).

O período de incubação varia com a espécie, com a temperatura e a umidade do ambiente no qual são mantidos os animais.

Via de regra é de oito a 10 dias, em temperatura entre 27° a 30°C. As temperaturas mais altas e as abaixo de 15°C matam os ovos. Os extremos, como excesso ou falta de umidade, também impedem que os ovos prossigam a evolução.

As ninfas, para eclodirem, aspiram ar e o expelem pelo ânus até que se forme uma quantidade de ar comprimido suficiente para empurrar, por pressão, o opérculo do ovo. As ninfas recém-eclodidas são miniaturas dos adultos, diferindo deles por não apresentarem órgãos reprodutores, serem menos quitinizadas e terem as antenas com três artículos. Sugam sangue e se não o fizerem morrem em 24 horas. Em condições ótimas de temperatura e umidade, mudam para o segundo estádio ninfal após três dias e em aproximadamente sete dias mudam novamente e atingem a maturidade sexual após, mais ou menos, nove dias.

Todo o ciclo evolutivo, desde a postura até a maturidade sexual, é de aproximadamente 21 dias.

Contágio – Os piolhos vivem fixos aos pêlos dos seus hospedeiros e o contágio é direto, somente por contato corporal, embora os anopluros dos cavalos possam ser transmitidos através de equipamentos.

O contágio de muquirana (*Pediculus humanus corporis*) pode se dar através de roupas de uso e de cama.

Quadro clínico – As picadas dos anopluros com a inoculação da saliva irritante e as raras mudanças de lugar por movimentos lentos provocam, nos animais parasitados, um estado de inquietação. Andam de um lado para outro, não se alimentam convenientemente, emagrecem e baixa a produção de leite, carne e lã. A inoculação da saliva irritante provoca coceira e os animais parasitados coçam, esfregam e mordem a região parasitada originando inflamação e abscessos.

Patogenia – Os anopluros realizam o hematofagismo. Para a tomada de sangue picam o hospedeiro causando na pele pequeninos orifícios e a inoculação de sua saliva irritante ocasiona um prurido, seguido do aparecimento de pápulas, vesículas e alterações urticariformes que não raras vezes aparecem cobertas de crostas. Os orifícios causados pela picada podem constituir-se em entrada para microorganismos responsáveis por infecções secundárias. A ação tóxica da saliva pode produzir hemorragias capilares e necrose cutânea.

Diagnóstico

Clínico – Através do quadro clínico.

Laboratorial – Geralmente a maioria das espécies de piolhos é observada mediante simples exame, assim também os seus ovos (lêndeas) aderidas aos pêlos. Os movimentos dos piolhos se processam lentamente.

O método para pesquisa, captura e montagem é semelhante ao preconizado para os malófagos.

Para o diagnóstico veterinário, é necessário que seja feito o reconhecimento diferencial entre anopluros e malófagos.

Importância – A saliva dos piolhos é irritante e sua inoculação provoca intenso prurido, obrigando o animal, para deles se livrar, além de se coçar, morder o local onde foi picado.

O ato de coçar pode provocar ferimentos que facilitam a invasão bacteriana, prejudicando a saúde dos animais. A presença permanente de piolhos não permite o seu descanso e tranqüilidade, impede que se alimentem convenientemente, resultando na queda da produção de leite, carne, banha e lã.

As lesões causadas desvalorizam os couros.

Algumas espécies são transmissoras de doenças como *Hematopinus suis*, que veicula o vírus da peste suína. *Pediculus humanus corporis* (muquirana) é ótima transmissora do *tifo exantemático* (tifo epidêmico) através das fezes, causado pela *Rickettsia prowazekii* (homenagem a dois cientistas, Ricketts e von Prowazek, que morreram de tifo quando faziam investigações sobre o referido parasito. A infecção dos piolhos ocorre ao sugarem sangue de indivíduos doentes. Nas células epiteliais do intestino do piolho as riquétsias se multiplicam e após 96 horas se rompem liberando o agente infectante para a luz do intestino. A transmissão é através do contato das fezes contaminadas do piolho com a solução de continuidade da pele. O contágio também pode ser pelo esmagamento do piolho quando o conteúdo do intestino ficará em contato com a lesão. A *Rickettsia* não invade as glândulas salivares nem o celoma dos anopluros. Os piolhos infectados morrem em alguns dias.

A *febre das trincheiras* é ocasionada pela *Rochalimaea quintana* que se multiplica somente no conteúdo intestinal do piolho, porém não o prejudica. A transmissão é através das fezes infectadas em contato com lesões da pele e, podendo ser, também, por inalação através de resíduos de fezes secas que mantêm o agente infectante. É responsável por febre que declina e reaparece depois de cada três a cinco dias, daí ser denominada de quintana (de quinto).

A *febre recurrente* ocasionada pela *Borrelia recurrentis* multiplica-se na hemocele dos piolhos. As glândulas salivares e o intestino não são invadidos pela *Borrelia*. A transmissão somente ocorre quando há esmagamento do piolho e o conteúdo da hemocele liberado entrar em contato com os ferimentos da pele.

Profilaxia – A profilaxia consiste essencialmente em:

- despiolhamento dos animais com inseticidas (DDT);
- erradicação dos piolhos.

Ordem SIPHONAPTERA Latreille, 1825

(gr. *siphon*, sifão; *a*, ausência; *pteron*, asas)

Sinonímia – Aptera, Aphaniptera, Suctoria

O nome Siphonaptera é o mais usado e caracteriza melhor a ordem e como as Regras Internacionais de Nomenclatura Zoológica referem-se somente aos grupos família, gênero e espécie, omitindo da Lei de Prioridade os grupos superiores como classe e ordem, adotaremos o nome Siphonaptera como a maioria dos autores e, também, por melhor evidenciar a ordem.

Nome vulgar – Pulga.

O nome da ordem significa que a tomada de alimentos é à maneira de sifão.

Conceitos básicos

- Insecta ectoparasitos obrigatórios, periódicos (somente o estádio adulto é parasito), temporários remitentes das aves, mamíferos e homem.
- Dimensões reduzidas, de 1,5 a 4,0 mm de comprimento.
- Corpo comprimido.
- Antenas em fossetas.
- Armadura bucal picadora-sugadora.
- Ápteros.

- Pernas longas, principalmente as posteriores, adaptadas ao salto.

- Eurixenos.

- Holometábolos (metamorfoses completas)

  ovo – larva – pupa – imago ou adulto.

- As pupas tecem um pupário sedoso.

Os sifonápteros são ectoparasitos obrigatórios periódicos, sendo que somente os adultos permanecem no corpo do hospedeiro, para a sucção de sangue.

O corpo dos sifonápteros é comprimido. Todas as partes do seu corpo estão revestidas de espessa quitina escorregadia com pêlos e cerdas voltados para trás que auxiliam as pulgas a deslizar entre penas e pêlos dos hospedeiros, não permitindo que voltem. Além disso, a presença de pêlos e cerdas tornam difícil a captura das pulgas entre os dedos, como habitualmente é feita.

Os sifonápteros podem apresentar ctenídeos (dentes quitinosos), que são cerdas espiniformes, dispostos em fileira como os dentes de um pente, cuja localização, número, tamanho, forma e disposição constituem características importantes para a sistemática.

Morfologia

Cabeça – A cabeça, unida ao tórax, vista de perfil é mais ou menos triangular, variando sua forma de acordo com o sexo e a espécie.

Os olhos ou manchas oculares, quando presentes, são intensamente pigmentados; os ocelos são sempre ausentes.

As antenas são triarticuladas (*escapo, pedicelo* e *clava*), curtas e com o terceiro artículo muito grande, claviforme, formado por segmentos, dando a aparência de anelado. As antenas, quando em repouso, estão alojadas em depressões denominadas *fossetas antenais* e são voltadas para trás, podendo, entretanto, emergirem delas.

A fosseta antenal divide a cabeça em regiões, uma posterior, *occipicio*, outra ântero-superior, *fronte* e ainda outra ântero-inferior, *gena*. No occipício existem cerdas cujo número e disposição são importantes sob ponto de vista específico. A gena pode apresentar ctenídeos.

A armadura bucal, de situação ântero-ventral, é do tipo picador-sugador e é formada pelas seguintes peças:

- *Labro-epifaringe*, órgão dorsal longo e fino com aspecto de estilete e sulcado ventralmente.

- *Um par de mandíbulas*, placas largas na base e com dois terços da sua extremidade distal, em forma de estilete, recobertas de dentes voltados para a base. As mandíbulas são convexas externamente e côncavas internamente. A justaposição do labro-epifaringe e as duas mandíbulas constituem o canal pelo qual é sugado o sangue.

- *Um par de maxilas*, em forma de placas retangulares, com palpos escavados internamente e que formam uma bainha protetora em torno do labro-epifaringe e mandíbulas.

- *Hipofaringe* curta, situada entre o labro-epifaringe e as mandíbulas, por onde escorre a saliva.

- *Lábio* rudimentar com um par de palpos labiais formados de três ou mais pseudo-artículos.

Tórax – O tórax é constituído por três metâmeros bem distintos e designados de pró, meso e metanoto (pró, meso e metatórax). O último é o mais desenvolvido e sustenta o terceiro par de patas, responsável pelo salto das pulgas. Os dois últimos metâmeros torácicos apresentam um par de estigmas respiratórios. O protórax pode apresentar, em determinadas espécies, ctenídeos.

As pernas são vigorosas; tarsos com cinco artículos e o último, com um par de garras fortes.

Abdome – O abdome é formado por 10 metâmeros (urômeros) regularmente imbricados. Os metâmeros de dois a sete possuem um par de estigmas. Todos os metâmeros têm uma ou mais fileiras de cerdas voltadas para trás. O nono metâmero apresenta no tergo, em ambos os sexos, uma placa sensorial, *pigídio*, modernamente designada *sensílio*. O sensílio é uma placa guarnecida de pêlos e cerdas, lembrando uma "almofada de alfinetes". Sua função é desconhecida embora se acredite que sirva para detectar as correntes de ar. Anterior ao sensílio implantam-se duas ou mais cerdas. Nos machos, o abdome termina pelo aparelho copulador, que são peças esclerosadas denominadas *pinças* ou *tenazes* (claspers). Nos exemplares clarificados observa-se um aparelho genital complexo. Nas fêmeas, o aparelho genital é menos complexo externamente, mas nos clarificados observa-se a *espermateca* cuja estrutura é importante para determinação de gêneros e espécies (Figura 4.31).

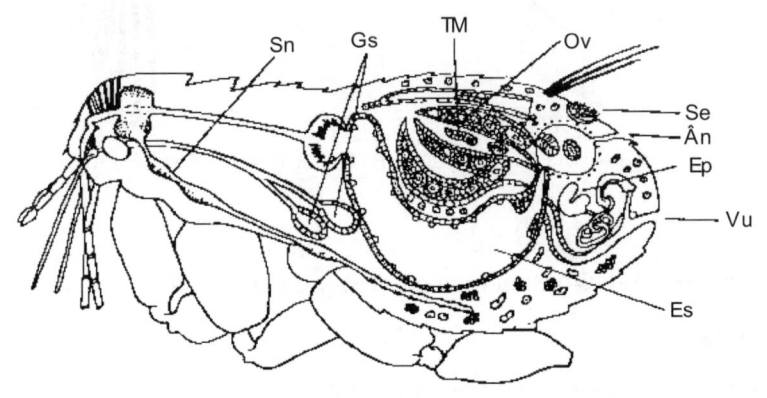

Figura 4.31 Siphonaptera. Anatomia: Sn) sistema nervoso. Gs) glândulas salivares. TM) corte do tubo de Malpighi. Ov) ovários. Se) sensílio. An) ânus. Ep) espermateca. Vu) vulva. Es) estômago. Segundo Fox *in* C. Pinto, 1938, redesenhado por Ivan.

Família TUNGIDAE

Conceitos básicos

- Siphonaptera com a cabeça angulosa.

- Região frontal coalescida com o occipício.

- Comprimento dos três tergitos torácicos juntos, menor que o primeiro tergito abdominal.

Gênero *Tunga* Jarocki, 1838

Tungidae com as coxas posteriores desprovidas de espinhos na face interna e os fêmures do terceiro par de patas sem uma protuberância na sua base, com aspecto de dentículo. Segundo e terceiro segmentos abdominais desprovidos de estigmas.

Tunga penetrans (Lineu, 1758)

Morfologia – Esta pulga, comumente conhecida como "bicho-de-pé", é de dimensão muito pequena. A fronte é angulosa e os olhos são pequeninos. O abdome da fêmea fecundada aumenta exageradamente de volume e se apresenta sem traços de segmentação (Figura 4.32).

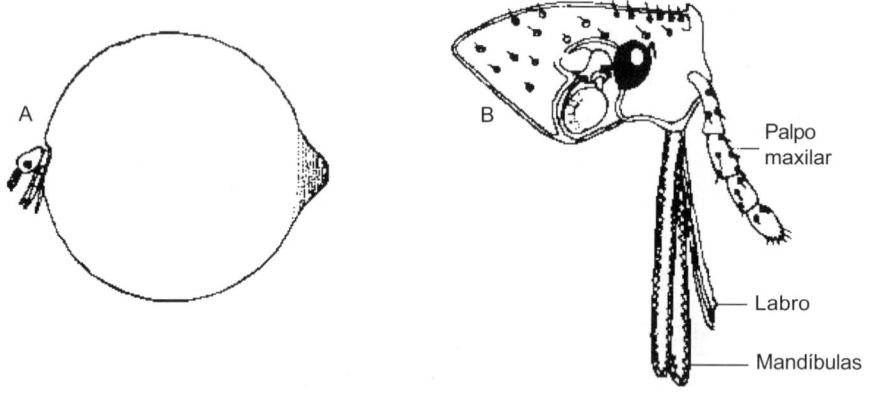

Figura 4.32 *Tunga penetrans.* A) Fêmea ovígera. B) Cabeça. Segundo C. Pinto & Zeferino Vaz, 1930, redesenhado por Ivan.

Dimensão – Macho e a fêmea não fecundada medem 1 mm de comprimento.

Biologia

Hospedeiros – Suínos, caninos e homem.

Localização – Macho e fêmea não fecundada na superfície da pele; fêmea fecundada penetra profundamente na epiderme, que reage tornando-se espessa.

Família PULICIDAE Stephens, 1829

Conceitos básicos

• Siphonaptera com o comprimento dos três tergitos torácicos juntos, maior que o primeiro tergito abdominal.

• Região frontal coalescida com o occipício e sem sutura vertical.

• Fronte arredondada.

• Ctenídeos presentes ou ausentes.

• Olhos pigmentados de preto.

• Metâmeros abdominais com uma série de espinhos por segmento.

Gênero Pulex (Lineu, 1758)

(gr. *pulex,* pulga)

Pulicidae sem ctenídeos. Occipício com apenas uma cerda. Coxas posteriores com uma série de dentículos na face interna.

Pulex irritans (Lineu, 1758)

Morfologia – O corpo ovalado é de coloração castanho-escura lúcida. A cabeça arredondada apresenta uma cerda anterior aos olhos e uma cerda no occipício (Figura 4.33).

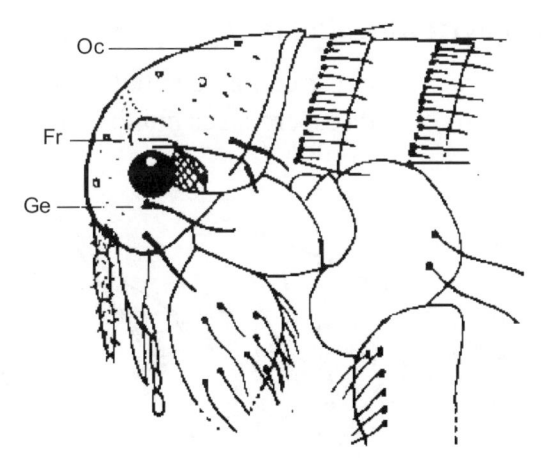

Figura 4.33 *Pulex irritans:* Oc) occipício. Fr) fronte. Ge) gena.

Dimensão – O macho mede de 2 a 2,5 mm de comprimento e a fêmea mede de 3 a 4 mm.

Biologia

Hospedeiros – Homem, suínos e ocasionalmente caninos e felinos.

Localização – Pele.

Importância – Não é boa transmissora da peste bubônica. É hospedeiro intermediário do *Dipylidium caninum.*

Gênero *Xenopsylla* Glinkiewicz, 1907

(gr. xeno, estranho; *psylla,* pulga)

Pulicidae sem ctenídeos. Apresenta de cada lado do occipício uma fileira de cerdas dispostas em "V" (Figura 4.34 A).

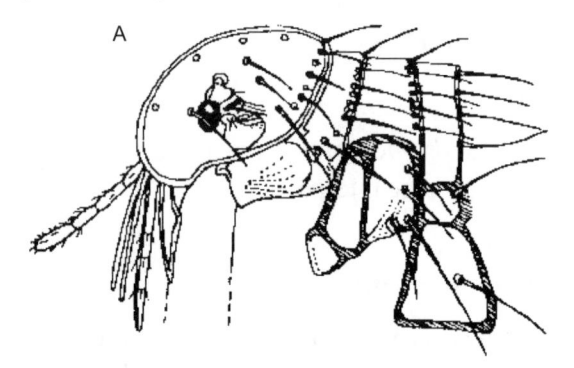

Figura 4.34 A *Xenopsylla:* cabeça e tórax. Segundo C. Pinto, 1938, redesenhado por Ivan.

Xenopsylla cheopis (Rothschild, 1903)

Morfologia – O macho com a cerda sensilial não inserida em tubérculo protuberante e a fêmea com o corpo da espermateca muito menor que o apêndice (Figuras 4.34 B e C).

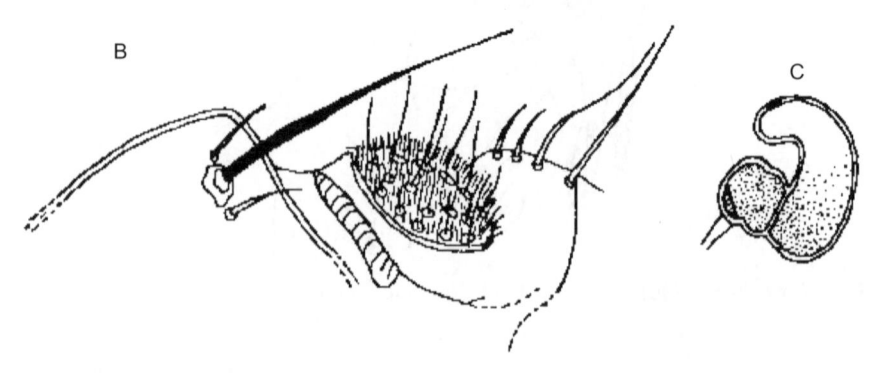

Figura 4.34 *Xenopsylla cheapis.* B) cerda sensilial. C) espermateca. Segundo C. Pinto, 1938, redesenhado por Ivan.

Dimensão – O comprimento dos machos varia de 1,4 a 2 mm e o das fêmeas de 1,9 a 2,7 mm.

Biologia

Hospedeiros – Rato domiciliar e homem.

Localização – Pele.

Importância – Boa transmissora de peste bubônica.

Xenopsylla brasiliensis (Baker, 1904)

Morfologia – O macho apresenta a cerda sensilial inserida em tubérculo protuberante e a fêmea com o corpo da espermateca do mesmo tamanho do apêndice (Figura 4.35 A e B).

Figura 4.35 *Xenopsylla brasiliensis*. A) cerda sensilial. B) espermateca. Segundo C. Pinto, 1938, redesenhado por Ivan.

Biologia

Hospedeiro – Rato domiciliar.

Localização – Pele.

Importância – Esta espécie não é boa transmissora da peste bubônica. É o hospedeiro do cestódeo *Hymenolepis diminuta*.

Gênero *Ctenocephalides* Stiles e Collins, 1930

(gr. *kteis* genit. *ktenos*, pente; *kephalis*, diminutivo de *kephale*, cabeça)

Pulicidae providos de ctenídeos; ctenídeos genal horizontal e ctenídeo pronotal vertical. Olhos pretos.

Ctenocephalides canis (Curtis, 1826)

Morfologia – É de coloração castanho-avermelhada. A cabeça é alta e curta. O ctenídeo genal é formado por sete a nove cerdas curtas, em cada lado. O primeiro ctenídeo genal é da metade do comprimento do segundo. A borda posterior do protórax apresenta também ctenídeos (Figura 4.36 A). A borda dorsal da tíbia posterior é provida de 11 a 14 cerdas, sendo que duas são pré-apicais (Figura 4.36 B).

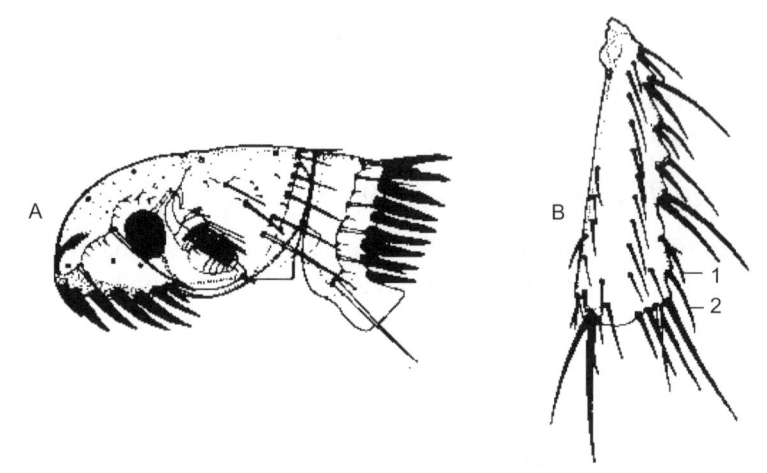

Figura 4.36 *Ctenocephalides canis.* A) cabeça. B) tíbia posterior: (1 e 2 cerdas pré-apicais). Segundo Smit F. G. A. M, 1954, redesenhado por Ivan.

Dimensão – O comprimento dos machos é de aproximadamente 2 mm e o das fêmeas de 3 mm.

Biologia

Hospedeiros – Caninos e felinos das regiões de clima frio. Homem.

Localização – Pele.

Importância – A espécie *C. canis* é hospedeiro intermediário do cestódeo *Dipylidium caninum* e dos nematódeos *Dirofilaria immitis* e *Dipetalonema reconditum.*

Ctenocephalides felis (Bouché, 1835)

Morfologia – Esta espécie assemelha-se à *C. canis;* entretanto, diferencia-se por apresentar a cabeça mais baixa e mais longa na fêmea. O ctenídeo genal é formado por cerdas longas e finas. O primeiro ctenídeo genal é quase tão longo quanto o segundo (Figura 4.37). Tíbia posterior com uma cerda pré-apical.

Dimensão – Menor que a *C. canis.*

Biologia

Hospedeiros – Felinos e caninos principalmente nas regiões de clima quente. Homem.

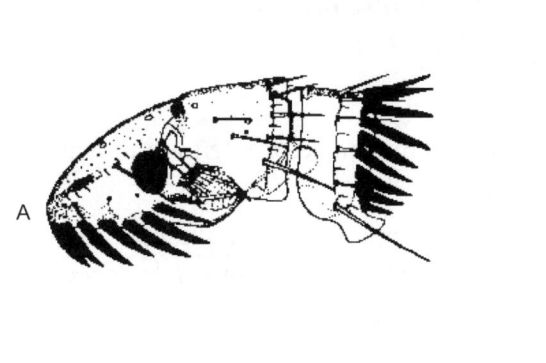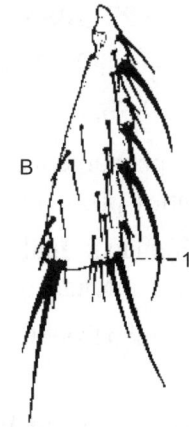

Figura 4.37 *Ctenocephalides felis.* A) cabeça. B) tíbia posterior (1 cerda pré-apical). Segundo Smit, F. G. A. M., 1954, redesenhado por Ivan.

Gênero *Echidnophaga* Olliff, 1886

(gr. *echidna,* víbora; *phagein,* comer)

Pulicidae desprovidos de ctenídeos. Coxas das patas posteriores providas de uma fileira de espinhos na face interna. Segundo e terceiro metâmeros abdominais com estigmas.

Echidnophaga gallinacea (Westwood, 1875)

Morfologia – É de coloração castanho-avermelhada. O corpo é curto. A cabeça é angulosa, isto é, apresenta vários ângulos frontalmente (Figura 4.38).

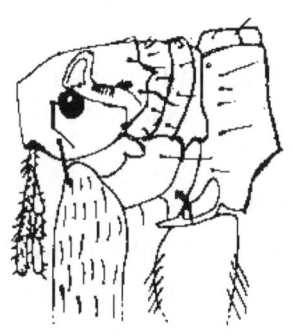

Figura 4.38 *Echidnophaga gallinacea.*

Dimensão – Machos e fêmeas medem aproximadamente 1,5 mm de comprimento.

Biologia

Hospedeiros – Aves domésticas e diversas selvagens; caninos, felinos, bovinos, eqüinos e homem.

Localização – Cabeça, barbelas e crista das aves; orelhas dos caninos.

Família LEPTOPSYLLIDAE Rothschild, 1915

(Hystrichopsyllidae Baker, 1905)

Conceitos básicos

*   Siphonaptera com o comprimento dos três tergitos torácicos juntos maior que o primeiro abdominal.
*   Região frontal distinta do occipício por uma sutura vertical anterior à base das antenas, que se estende até a borda dorsal da cabeça.
*   Região frontal fortemente recurvada.

Gênero *Leptopsylla* Jordan e Rothschild, 1911

(gr. *leptos,* delgado; *psylla,* pulga)

Leptopsyllidae com a borda frontal da cabeça subangulosa. Ctenídeo genal, vertical. Duas cerdas espiniformes em forma de gancho próximas à borda anterior da cabeça. Ctenídeo pronotal (torácico) presente.

Leptopsylla segnis Schonherr, 1816

Morfologia – Os ctenídeos estão presentes; o genal é formado por quatro cerdas implantadas verticalmente, e o pronotal constituído por 11 cerdas de cada lado.

Biologia

Hospedeiros – Camundongos, rato dos esgotos e rato domiciliar.

Localização – Pele.

Importância – Esta espécie pode transmitir a *Yersinia pestis* entre os ratos. Entretanto é mínima a possibilidade da transmissão do bacilo ao homem, uma vez que só excepcionalmente o ataca para picar.

Biologia dos Sifonápteros

Hospedeiros – Mamíferos (homem, caninos, felinos, suínos, ratos, camundongos) e aves.

Cada espécie de pulga tem seu hospedeiro normal, mas na falta dele pode atacar outro.

Habitat – Os adultos vivem na superfície do corpo do homem, mamíferos e aves. As larvas são encontradas em lugares sombrios e sujos, nas frestas dos assoalhos, nas camas dos cães e gatos, nos ninhos dos ratos e das aves, debaixo dos tapetes etc.

Nutrição – Na sua fase adulta, ambos os sexos são hematófagos. Após hematofagia, que é de até três vezes ao dia, deixam escapar do ânus umas gotículas de sangue junto com as fezes.

As larvas alimentam-se de substâncias orgânicas, preferindo dejeções das pulgas adultas por terem sangue coagulado.

Ciclo evolutivo – A cópula ocorre quando os pulicídeos atingem a maturidade sexual, que é de sete dias depois da saída do pupário. A primeira postura é feita após o repasto. A alimentação sangüínea é indispensável para a evolução dos ovos. A ovipostura tem lugar entre os pêlos do hospedeiro, caindo os ovos depois ao solo ou pode ser realizada nos locais por eles freqüentados.

Os sifonápteros são holometábolos e passam pelas fases de ovo, larva, pupa e imago.

O ovo é mais ou menos ovóide, medindo 700 µ por 400 µ. A incubação está na dependência da temperatura e umidade relativa do ar e é de dois a 16 dias. Cada pulga põe em média cinco ovos diariamente, num total de até 600 ovos durante toda a sua vida.

A larva rompe o ovo cortando o cório circularmente através de um dente cônico, existente na cabeça. As larvas são ápodas, vermiformes e brancas. O período larval depende da alimentação, temperatura e umidade. Geralmente no sétimo dia ocorre a primeira ecdise e a segunda cinco dias depois. O ciclo larval é de 20 dias aproximadamente.

Pupa (significa criança, bebê). Após 20 dias a larva tece um pupário de superfície viscosa que se adere a qualquer substrato, cobrindo-se de poeira e resíduos, ficando assim imperceptível. No interior do pupário realizam-se histólise e histogênese, uma verdadeira metamorfose, originando a pupa que na sua imobilidade não se alimenta. A fase pupal, de acordo com as condições climáticas, é de oito dias aproximadamente. Do pupário surge o imago ao final do período pupal (Figura 4.39).

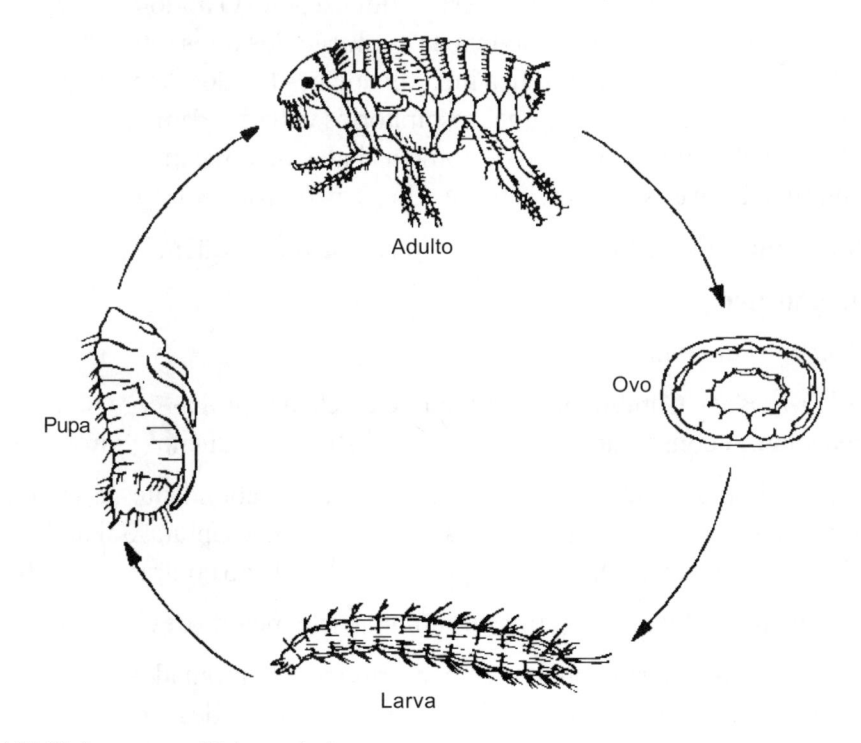

Figura 4.39 Siphonaptera. Ciclo evolutivo.

O ciclo completo da pulga do cão é duas a quatro semanas e o da pulga do homem é de 11 meses.

Etiologia – O contágio é através das pulgas adultas que se transferem de um indivíduo para outro. A pulga humana pode realizar um salto horizontal de 40 cm e vertical de 20 cm.

Longevidade – A longevidade das pulgas está na dependência da espécie, da alimentação, da umidade relativa do ar e da temperatura. Como por exemplo: *Pulex irritans* alimentada vive 513 dias e sem alimentação 38 dias. *Xenopsylla cheopis* alimentada vive 100 dias e sem alimentação 38 dias. *Ctenocephalides canis* alimentada vive 234 dias e sem alimentação 58 dias.

Quadro clínico – As pulgas causam inquietação e desassossego aos animais, provocados pelas suas picadas e movimentos. Os hospedeiros coçam-se, esfregam-se em objetos sólidos, mordem a pele com o intuito de se livrarem delas, produzindo escarificações cutâneas que podem servir para invasão bacteriana e conseqüente infecção.

A pele dos hospedeiros apresenta-se manchada de pontos pretos, resíduos da sua alimentação.

A fêmea da *Tunga penetrans* (bicho-de-pé), ao penetrar ativamente na pele do homem, suíno ou cão após a cópula, causa no local da entrada a formação de uma úlcera dolorosa que faz com que o hospedeiro escarifique a pele. O abdome de *T. penetrans* cresce exageradamente em conseqüência da evolução dos ovos (até 100) dando o aspecto de um abscesso. Todo o corpo fica mergulhado nos tecidos do hospedeiro ficando apenas o ovipositor, o ânus e os estigmas respiratórios voltados para fora. Em aproximadamente 15 dias elimina todos os ovos como as balas de um canhão. Após a postura morre e é eliminada ou destruída pela reação do hospedeiro.

Patogenia – Escarificação da pele e todas suas conseqüências.

Diagnóstico

Clínico – Pelos sinais.

Laboratorial – Captura do hospedeiro e coleta das pulgas com pinça ou pincel fino e umedecido. A conservação é feita no álcool 70°, em pequenos vidros fechados.

Nos locais a serem percorridos, onde as pulgas são abundantes, é aconselhado o uso de um avental branco ou vestimenta clara, para facilitar a captura. Saltando no tecido de pano claro, sua presença é facilmente percebida devido ao contraste de cores.

A montagem é feita entre lâmina e lamínula pelo método de Costa Lima.

Como os sifonápteros têm o corpo comprimido, são montados em decúbito lateral, e por serem simétricos ambos os lados, as descrições e os desenhos somente consideram o lado esquerdo.

Importância – A importância das pulgas reside em:

- Perturbarem os hospedeiros pelas suas picadas e movimentos.

- Serem as espécies *Ctenocephalides canis, C. felis, Pulex irritans* e *Xenopsylla cheopis* os hospedeiros intermediários dos cestódeos *Dipylidium caninum* do cão e do homem, e *Hymenolepis diminuta* do rato; dos nematódeos *Dirofilaria immitis* e *Dipetalonema reconditum* do cão.

- Transmitirem doenças tais como a peste bubônica (causada pela *Yersinia pestis)* e o tifo murino ou tifo endêmico ocasionado pela *Rickettsia prowazekii.*

A peste bubônica é uma doença essencialmente dos ratos, cuja disseminação na zona urbana é realizada pelas pulgas do gênero *Xenopsylla,* principalmente pela *X. cheopis.*

As pulgas, ao se nutrirem do sangue de indivíduos doentes, ingerem a *Yersinia* que se multiplica no estômago levando a infecção ao proventrículo. A sua multiplicação intensifica-se no canal alimentar infectado, obstruindo total ou parcialmente a luz do proventrículo. Essas pulgas assim infectadas, denominadas pulgas bloqueadas, tornam-se as principais fontes de infecção.

A *Yersinia* interfere no funcionamento normal do sistema de válvulas do proventrículo, de modo a não permitir que retenham o sangue no estômago. Assim sendo, as pulgas infectadas ao sugarem, regurgitam sangue com *Yersinia* no ferimento da pele provocado pela picada. Por outro lado, as pulgas bloqueadas não podem aspirar o sangue, tentam se alimentar no mesmo ou em outro hospedeiro, inoculando-lhes material infectante deslocado do proventrículo. Mecanicamente, ao picarem novos hóspedes, as pulgas podem veicular o bacilo da peste, logo após interrupção do processo alimentar.

Parece não haver transmissão pelas fezes, embora haja referências sobre tal possibilidade; no entanto, está mais ou menos esclarecido que a *Y. pestis* é destruída no intestino posterior da pulga.

As pulgas infectadas são as responsáveis pela disseminação da peste bubônica à população humana. Ela surge após a picada dessas pulgas, que abandonando os ratos mortos e na ausência de outros, acabam transferindo-se para o homem. É admissível que a *Pulex irritans* possa ser veículo de transmissão de homem a homem.

- O tifo murino ou tifo endêmico, ocasionado pela *Rickettsia prowazekii,* é uma doença aguda e febril, transmitida entre os ratos principalmente pela *Xenopsyla cheopis.* Experimentalmente a *Ctenocephalides canis, Pulex irritans* e *Leptopsylla segnis* são capazes de adquirirem a infecção.

A *Rickettsia prowazekii* se multiplica no intestino da pulga e a transmissão é pela deposição de fezes infectadas nas lesões produzidas pela picada, e do ato de coçar ou pelo esmagamento da pulga com liberação de riquétsias que penetram nas soluções de continuidade da pele. A ingestão ocasional de pulgas infectadas pode acarretar a transmissão da doença. Não há transmissão através da picada.

- A *Echidnophaga gallinacea,* pulga da galinha, foi capturada por Brogham (1941) em ratos.

- A blastomicose, a gangrena gasosa e o tétano podem ocorrer em decorrência das escarificações e ulcerações produzidas pela *Tunga penetrans.*

Profilaxia – A luta contra esses insetos não é fácil. Deve-se proceder o combate às pulgas adultas no hospedeiro, com banhos e pulverizações adequados. As larvas devem ser destruídas com o uso de inseticidas nos locais freqüentados pelos hospedeiros, como cama de cães e gatos, debaixo dos tapetes, cantos da casa, ninhos de aves etc.

Combate aos roedores com o uso de iscas envenenadas em locais que não ofereçam risco às crianças.

Educação sanitária da população com a finalidade de orientá-la sobre as medidas de combate às pulgas e ao controle dos ratos nas habitações, nos depósitos de alimentos, de cereais etc.; como higiene, não deixar lixo acumulado; proteção das aberturas de condutos de água, com tela.

Ordem HEMIPTERA

(gr. *hemi,* metade; *pteron,* asa)

Conceitos básicos

- Insecta ectoparasitos obrigatórios temporários, intermitentes, hematófagos dos mamíferos e aves; entomófagos ou fitófagos.

- Medem de 0,5 a 3,3 cm de comprimento.

- Corpo deprimido (achatado dorso-ventralmente).

- Cabeça de forma variável, de acordo com os gêneros.

- Armadura bucal picadora-sugadora.

- Tetrápteros.

- Asas do tipo hemélitro (gr. *elytron,* estojo).

- Geralmente possuem um par de glândulas que segregam uma substância de cheiro repugnante, eliminada por orifícios que se abrem ao nível das coxas III.

- Paurometábolos (metamorfoses graduais).

Ovo – cinco estádios ninfais – imago.

Morfologia externa

Cabeça – A cabeça é pequena, livre, pouco móvel e sua forma varia de acordo com os diferentes gêneros.

As antenas possuem quatro artículos e estão inseridas em tubérculos anteníferos, na face lateral da cabeça.

Dois olhos compostos sésseis e proeminentes e, a maioria, apresenta dois ocelos. Algumas espécies possuem calos pós-oculares denominados tubérculos.

A armadura bucal picadora-sugadora é constituída por um *rostro* (tromba, haustelo ou probóscida), com um labro-epifaringe sobre as mandíbulas e maxilas; um lábio segmentado formando uma bainha para proteção das mandíbulas em estilete e as maxilas, ambas apresentando dois sulcos internos longitudinais. A justaposição das maxilas forma dois canais, um superior, de maior diâmetro, é o canal alimentar e outro inferior, de menor diâmetro, é o canal salivar. Faltam os palpos e a hipofaringe.

Nas espécies predadoras, o rostro tem o aspecto de gancho e, quando em repouso, forma-se entre ele e a gula um ângulo curvilíneo; nas espécies fitófagas e hematófagas o rostro é reto e, quando em repouso, fica paralelo à gula (Figura 4.40).

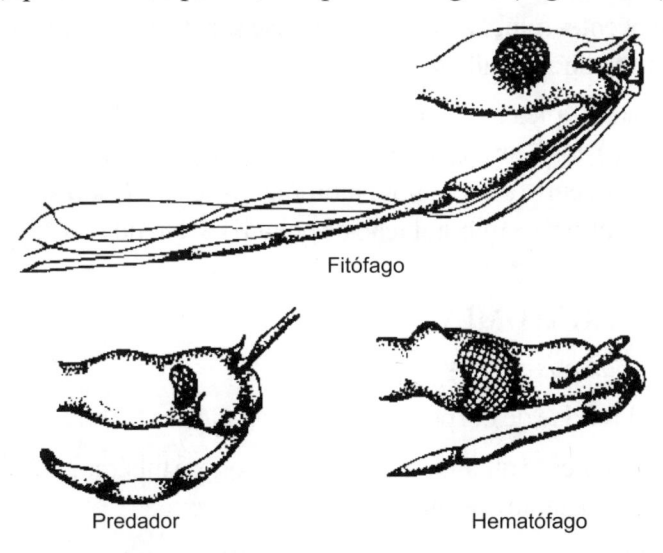

Fitófago

Predador

Hematófago

Figura 4.40. Posição de rostro de acordo com o regime alimentar. Segundo Costa Lima, redesenhado por Ivan.

Na ocasião de picar, somente as mandíbulas e maxilas penetram nos tecidos do hospedeiro.

Tórax – O tórax é representado por um protórax mais desenvolvido do que o meso e metatórax.

Os tarsos geralmente são constituídos por três artículos terminando por um par de unhas curtas recurvadas. Entre as unhas pode ou não existir o empódio.

Geralmente os hemípteros apresentam dois pares de asas. As asas anteriores, do tipo hemélitro, têm a porção basal coriácea e a apical membranosa e servem de proteção para as posteriores, quando em repouso. As posteriores são membranosas e destinadas ao vôo.

Abdome – O abdome consta de nove segmentos no macho e 10 na fêmea; embora os órgãos genitais externos sejam menos conspícuos do que em outros insetos, os sexos se distinguem pelos últimos segmentos abdominais. No macho a extremidade posterior é contínua e na fêmea é chanfrada. *Conexivo* é o nome da região lateral e achatada do abdome, encontrada em muitas espécies de hemípteros, que se apresenta raiada e com cores que variam conforme as espécies.

Família REDUVIIDAE

Os representantes desta família são vulgarmente conhecidos como "barbeiro", chupança, procotós etc.

Nesta família há espécies hematófagas e entomófagas ou predadoras. Somente as hematófagas pertencentes à subfamília Triatominae são de interesse médico. As espécies fitófagas pertencem a outras famílias.

A característica típica que permite distinguir o tipo de alimentação (hematófaga, entomófaga e fitófaga) dos hemípteros é a morfologia da armadura bucal. O rostro é curto e reto nos hematófagos; curto e curvo nos entomófagos ou predadores; longo (quadrissegmentado chegando a atingir a implantação da coxa II) e reto nos fitófagos (Figura 4.40).

Subfamília TRIATOMINAE

Conceitos básicos

• Reduviidae de corpo e cabeça alongados.

• Antenas com quatro artículos inseridos em tubérculos anteníferos dispostos junto, próximo ou distante dos olhos.

• Armadura bucal situada na face ventral da cabeça.

• Olhos compostos e ocelos presentes.

• Tórax mais longo do que a cabeça.

• Tarsos com três artículos.

• Último artículo tarsal com duas unhas simples e sem empódio.

• Asas, do tipo hemélitro, cobrem todo o abdome.

• Abdome com conexivo.

Gênero *Triatoma* Laporte, 1833

(gr. *trias,* três; *toma,* seção)

Triatominae de cabeça cilíndrica e alongada. Antenas inseridas no meio da região anteocular. Com várias espécies (Figura 4.42).

Dimensão – Medem de 22 a 26 mm de comprimento por 8 a 10 mm de largura.

Gênero *Panstrongylus* Berg, 1879

(gr. *pans,* inteiro; *strongylus,* cilíndrico)

Triatominae de cabeça curta. Antenas inseridas junto aos olhos. Corpo semelhante ao do *Triatoma.* Com várias espécies (Figura 4.42).

Dimensão – Medem de 29 a 32 mm de comprimento por 10 a 13 mm de largura.

Gênero *Rhodnius* Stäl, 1859

Triatominae de cabeça cilíndrica e mais longa que o tórax. Antenas inseridas na extremidade anterior da cabeça. Com várias espécies (Figura 4.42).

Dimensão – Medem de 13 a 22 mm de comprimento por 4 a 7 mm de largura.

Diagnóstico

Laboratorial – Coleta e identificação dos triatomíneos.

Importância – As espécies dos gêneros *Triatoma, Panstrongylus* e *Rhodnius* são responsáveis pela disseminação da doença de Chagas, ao eliminarem as formas infectantes do *Trypanosoma cruzi* através de suas fezes.

Biologia

Hospedeiros – Mamíferos, inclusive o homem.

Habitat – Ectoparasitos obrigatórios temporários intermitentes, de hábitos noturnos, permanecendo durante o dia escondidos nas fendas dos ranchos de barro, nas frestas das casas, nas cascas de árvores, nos ninhos das aves, nas tocas dos morcegos e dos roedores. São encontrados desde o nível do mar até elevadas altitudes.

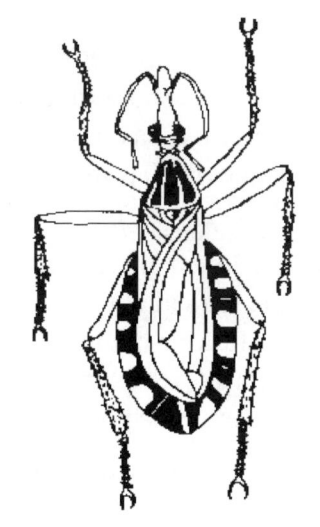

Geralmente são silvestres, mas há espécies domiciliares que vivem nas habitações humanas e nos alojamentos peridomiciliares como galinheiros, estrebarias, currais, pocilgas etc. Há ainda espécies que são encontradas tanto no seu habitat natural como nos domicílios e são chamadas de semi-domiciliares.

Existem ainda espécies que em determinadas regiões são silvestres e em outras são domiciliares (Figura 4.41 e 4.42).

Figura 4.41 Triatominae.

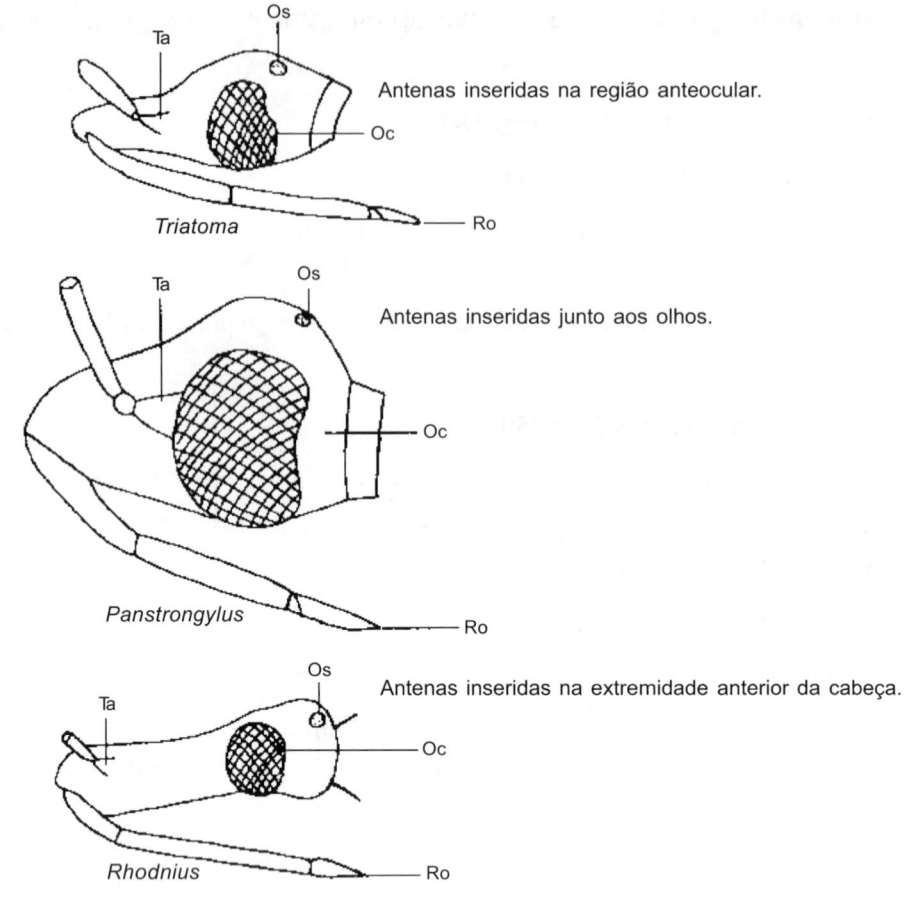

Figura 4.42 Triatominae: Ta) tubérculo antenífero. Os) olhos simples. Oc) olhos compostos. Segundo Costa Lima, redesenhado por Ivan.

Nutrição – Os triatomídeos são hematófagos em todos os estádios de evolução. Tanto o macho como a fêmea exercem o hematofagismo, condição essencial à reprodução. Após o repasto sangüíneo, defecam. É nas fezes que são encontradas as formas infectantes do *Trypanossoma cruzi,* agente etiológico da doença de Chagas.

Ciclo evolutivo – Os adultos realizam a cópula alguns dias depois da última muda, não sendo necessário um prévio repasto sangüíneo. O macho copula várias vezes durante sua vida. A fêmea copula uma única vez e a postura é parcelada. O período de pré-postura e o número de ovos que uma fêmea põe estão na dependência da espécie, alimentação, temperatura e umidade relativa do ar. Geralmente uma fêmea põe de um a 40 ovos em cada postura, num total de 150 a 200 ovos durante sua vida.

Os ovos são ovóides, operculados e de cor branca, logo após a postura. Depois escurecem e quando o embrião está formado tornam-se rosados. O período de incubação é em média de 15 a 30 dias, estando condicionado à espécie e à temperatura ambiente. Os ovos das fêmeas dos gêneros *Triatoma e Panstrongylus* são isolados e os do gênero *Rhodnius* são aderidos.

As ninfas são morfologicamente semelhantes aos adultos, faltando-lhes as asas e os órgãos genitais. Há cinco estádios ninfais. A duração de cada estádio ninfal varia também com as espécies, temperatura, umidade relativa do ar e hematofagia.

O ciclo evolutivo completo, conforme as espécies e condições externas, de ovo a ovo vai de 180 a 300 dias, em média.

Diagnóstico – Identificação dos gêneros.

Profilaxia – Destruição e troca das habitações denominadas de "sopapo", "pau-a-pique" por habitações de alvenaria, de paredes rebocadas, cobertas de telha em substituição ao sapé. É necessário a educação sanitária do povo, isto é, ser ele esclarecido sobre a doença de Chagas, modo de transmissão e combate ao "barbeiro".

Pulverizações com inseticidas nos lugares freqüentados pelos "barbeiros".

Família CIMICIDAE

Conceitos básicos

- Hemípteros vulgarmente conhecidos como percevejo.

- Corpo deprimido e revestido por cerdas curtas.

- O primeiro par de asas atrofiado e o segundo par, ausente.

- Rostro trissegmentado.

- Tarsos com três artículos e duas unhas.

- Dois olhos laterais. Ocelos ausentes.

- Antenas com quatro artículos que variam em diâmetro e comprimento.

- Hábitos noturnos.

- Habitat: ninhos das aves, frestas dos galinheiros, esconderijos dos morcegos e dobras dos colchões.

- Com várias subfamílias, das quais somente a Cimicinae possui espécies de interesse médico-veterinário.

Subfamília CIMICINAE

Cimicidae com o rostro, quando em repouso, atingindo a implantação das coxas I. Esta subfamília é representada no Brasil por dois gêneros: *Cimex,* parasito do homem e *Ornithocoris,* das aves (Figura 4.43).

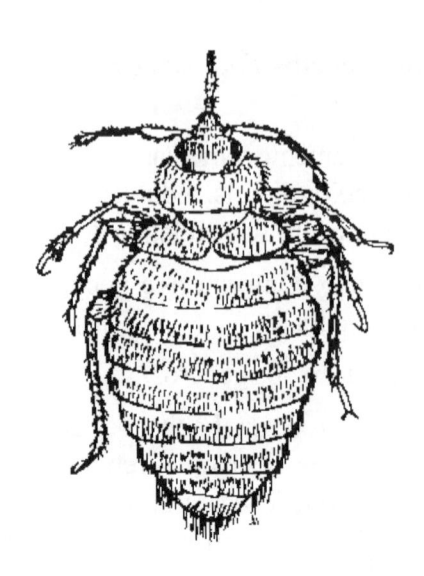

Figura 4.43 Cimicidae.

Gênero *Ornithocoris* Pinto, 1927

(gr. *ornithos,* ave; *coris,* percevejo)

Cimicinae de corpo revestido de pêlos curtos. Rostro atingindo as coxas *I. Pronoto* em forma de trapézio, mais largo na base, com duas cerdas nos ângulos posteriores. O primeiro par de asas, élitros, com as bordas internas unidas na linha mediana e as bordas externas sobressaindo-se. Antenas com os terceiro e quarto artículos mais delgados que os dois primeiros. Tíbias do primeiro e do segundo pares de patas com um tufo de cerdas. Parasita aves.

Ornithocoris toledoi Pinto 1927

Morfologia – É de coloração castanha. Cabeça em forma de pirâmide. Tíbias I e II mais curtas que as tíbias III.

Dimensão – O comprimento dos machos é de 4 mm, e o das fêmeas de 4,4 mm.

Biologia

Hospedeiro – Galináceos.

Ciclo evolutivo – Após o repasto sangüíneo, que é de aproximadamente cinco minutos, ocorre a cópula. Para cada postura a fêmea copula uma só vez. O período de pré-postura é em média de sete dias. Entre duas posturas há um descanso de sete a 10 dias, após o qual a fêmea copula novamente. Em cada postura são postos, em média, até 50 ovos.

Há cinco estádios ninfais. Cada estádio ninfal realiza cerca de três repastos sangüíneos, antes de nova ecdise. O ciclo evolutivo completo de ovo a adulto vai de 40 a 90 dias, podendo os adultos viverem até 200 dias.

Quadro clínico e Patogenia – Os hemípteros, através da picada, causam irritação e incomodam o homem e os animais, perturbando sua tranqüilidade. O hematofagismo provoca espoliação sangüínea.

Diagnóstico

Clínico – Pelos sinais.

Laboratorial – Coleta e identificação dos cimicíneos.

Profilaxia – Combate aos cimicíneos com o uso de inseticidas aplicados em pulverizações nos locais por eles freqüentados.

Ordem DIPTERA

(gr. *di,* dois; *pteron,* asa)

Nomes vulgares: mosca, mutuca e mosquito.

Conceitos básicos

* Dimensão reduzida (com menos de 50 mm de comprimento).

* Armadura bucal picadora-sugadora, lambedora ou, às vezes, tão pouco desenvolvida que se torna não funcional.

* Cerdas das fossetas antenais denominadas vibrissas.

* Dípteros (um par de asas membranosas situado no mesotórax).

* Balancins ou halteres presentes.

* Tarsos com cinco artículos.

* Holometábolos

    ovo – larva – pupa – imago.

* A maioria das formas adultas alimenta-se de néctar de plantas, algumas são hematófagas e outras predadoras.

Morfologia

Cabeça – A cabeça, com exceção dos pupíparos, é móvel e esférica. Olhos compostos (omatídeos) bem desenvolvidos. Na maioria dos dípteros os olhos são afastados (dicópticos) nas fêmeas e próximos (holópticos) nos machos. Os mosquitos, machos e fêmeas são dicópticos. Olhos simples (ocelos), quando presentes, nunca superiores a três e dispostos em triângulo invertido implantado no calo ocelar.

As antenas, variando nos diversos dípteros, constituem importantes elementos para a sistemática. São formadas por três partes: a basal, o *escapo;* a intermediária, o *pedicelo* e a apical, o *flagelo,* a única parte que pode ser pluriarticulada. Nos dípteros superiores, o flagelo pode apresentar um apêndice anelado, *estilo* (mutucas) e quando for em forma de cerda é denominado *arista* (moscas) (Figura 4.44).

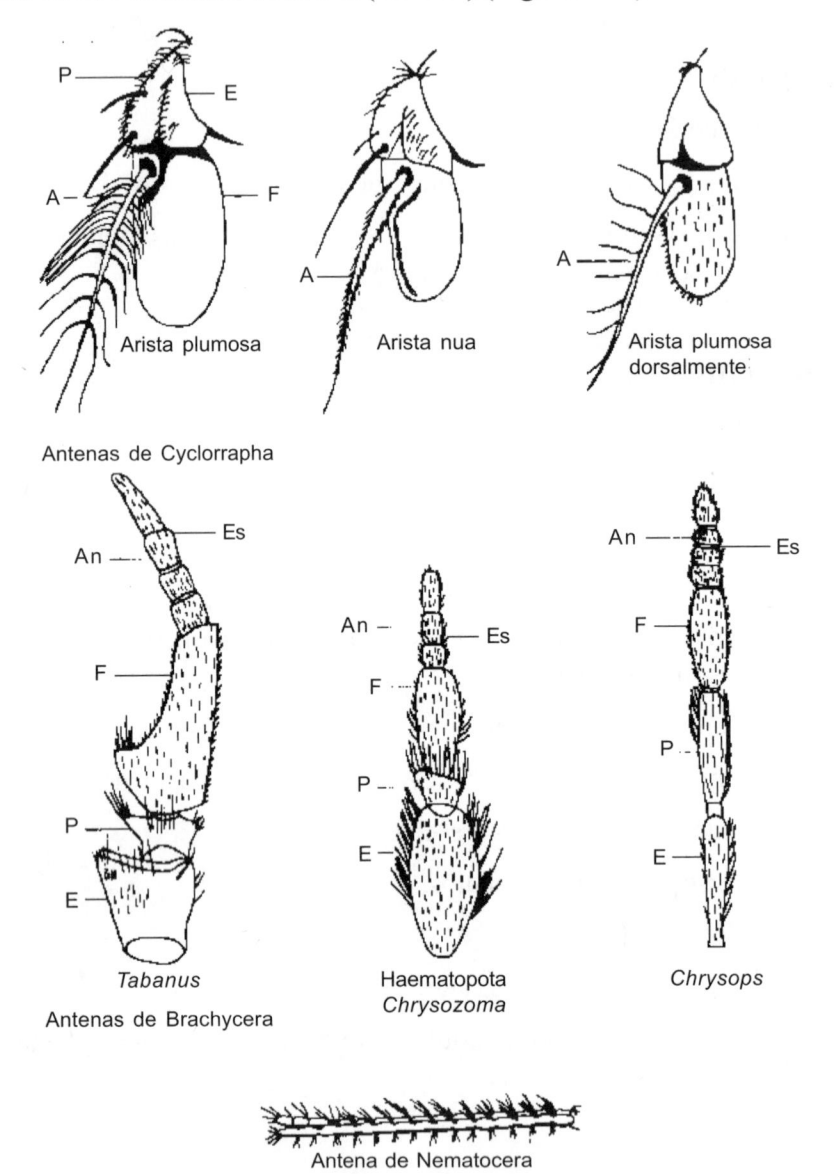

Figura 4.44 Antenas: partes constituintes e tipos: E) escapo. P) pedicelo. F) flagelo. A) arista. An) anelações. Es) estilo. Segundo Patton, 1929, redesenhado por Ivan.

A armadura bucal pode ser picadora-sugadora, lambedora ou, às vezes, tão pouco desenvolvida que se torna não funcional.

Tórax – O tórax, formado por três metâmeros, pró, meso e metatórax, apresenta o mesotórax mais desenvolvido e o único observado quando visto dorsalmente. Este é constituído de três regiões: *pré-escudo, escudo* e *escutelo,* podendo apresentar ou não o *pós-escutelo.* A sutura que separa o pré-escudo do escudo é chamada de *sutura transversal.*

O único par de asas origina-se no mesotórax e tem poucas nervuras longitudinais e transversais, importantes para a classificação. Há vários sistemas de nomenclatura para a disposição das nervuras. Será adotado o sistema de Comstock e Needham que considera seis nervuras longitudinais, ramificadas ou não, cuja designação é a seguinte: *Costal* (C), na borda anterior da asa; *Subcostal* (Sc), indivisa; *Radial* (R), que se ramifica em R1, R2, R3, R4 e R5; *Mediana* (M), ramificada em M1, M2, M3 e M4; *Cubital* (Cb), dicotomizada em cubital anterior (CbA) e cubital posterior (CbP), e a *Anal* (An). Geralmente as nervuras sofrem transformações pela diminuição, pelo desaparecimento, pela anastomose ou ainda pela coalescência (Figura 4.45).

Além das nervuras longitudinais existem as transversais. As mais importantes são: *umeral* (u), situada entre a Costal e a Subcostal; a *radiomedial* (rm), entre a Radial e a Mediana; a *médio cubital* (m-cb) entre a Mediana e a Cubital.

O espaço entre duas nervuras é denominado *célula* e é designado de acordo com o nome da nervura imediatamente anterior. Por exemplo, a célula limitada pela nervura precedente M1, será a célula M1. *Célula fechada* é aquela que não faz limite com a margem da asa e é totalmente limitada por nervuras. *Célula aberta* é quando um dos lados faz limite com a margem da asa (Figura 4.45).

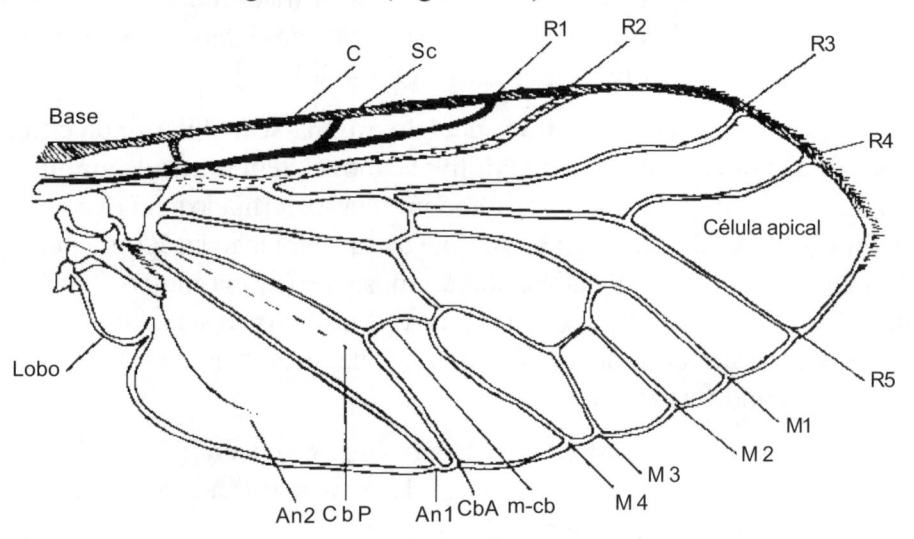

Figura 4.45 Asa de díptero demonstrando a nervação.

No lado posterior da base da asa, determinados dípteros possuem um ou dois lobos denominados *calipteras, álulas* ou *squamae.* O tamanho das calípteras é empregado na sistemática de famílias.

As asas metatorácicas são reduzidas e denominadas *balancins* ou *halteres.*

As patas têm os tarsos formados por cinco artículos e terminando o último por duas *unhas,* dois *pulvilos* e um *empódio.* Os pulvilos são estruturas membranosas, semelhantes a almofadas, situadas sob as unhas. O empódio é uma estrutura situada entre as unhas que apresenta geralmente a forma de cerda ou de pulvilo (Figura 4.13).

Abdome – O abdome é constituído por 10 a 11 metâmeros mas apenas quatro ou cinco são visíveis. Os últimos segmentos sofreram modificações e comunicam-se com os órgãos genitais, formando no macho a *genitália* e na fêmea, o *ovipositor.*

Biologia

Ciclo evolutivo – Os dípteros são insetos de metamorfose completa (holometábolos), passando pelas fases de ovo – larva – pupa – imago ou adulto.

Oviposição – A oviposição é feita em diferentes meios de acordo com o tipo de nutrição da larva. Há espécies que põem seus ovos em águas paradas, sobre matéria orgânica em decomposição, sobre vegetais, frutos e há ainda espécies que elegem os tecidos vivos do homem e dos animais.

Larva – A larva é ápoda e realiza três ou mais mudas (ecdises). Há dois tipos de larvas: *eucéfalo –* de cabeça bem nítida e móvel; armadura bucal completa, com mandíbulas e maxilas providas de dentes quitinosos. O tipo eucéfalo representa as larvas dos dípteros primitivos (mosquitos); *acéfalo –* de cabeça atrofiada, confundindo-se com os demais segmentos; armadura bucal reduzida a dois ganchos internos. O tipo acéfalo é o das larvas dos dípteros superiores (moscas) (Figura 4.46).

Pupa – A pupa da larva do tipo eucéfalo origina-se no interior da última pele larval e sai desta por uma fenda dorsal. É livre e móvel, tem forma de vírgula, não se alimenta e é constituída por cefalotórax e abdome curvo, formado por nove segmentos, tendo o último um par de nadadeiras. Ao final da sua evolução na água, a pupa, agora imóvel na superfície do meio aquático, libera o mosquito (forma adulta) através de uma fenda dorsal no cefalotórax. A pupa da larva do tipo acéfalo não abandona a última pele larval, que se quitiniza e forma um invólucro ovóide de cor castanha, o *pupário,* dentro do qual ocorre a metamorfose (Figura 4.47).

Imago – O imago (forma adulta) da larva do tipo eucéfalo surge do invólucro pupal por uma fenda dorsal em "T". O imago da larva do tipo acéfalo deixa o pupário através de uma fenda circular anterior. A ruptura do pupário ocorre devido a pressão exercida de dentro para fora de uma região membranosa existente na parte anterior da cabeça, denominada *ptilíneo,* semelhante a uma bolsa e que tem comunicação com a hemocele. A contração do corpo do inseto faz com que se encha de hemolinfa, forme uma saliência e empurre o pupário. Depois da eclosão, o ptilíneo se retrai e deixa uma cicatriz, *cicatriz ptilineal* (Figura 4.48).

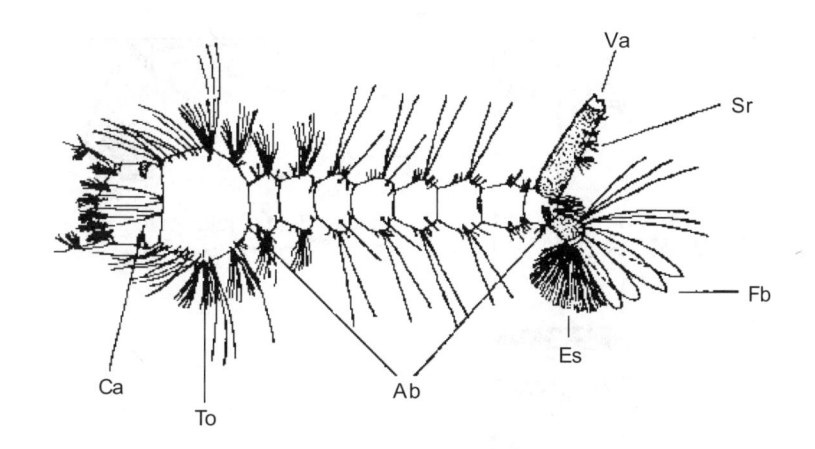

Orthorrapha – Nematocera. Larva de *Culex* sp:. Ca) cabeça; To) tórax; Ab) segmentos abdominais; Sr) sifão respiratório; Va) válvula; Fb) folículos branquiais; Es) escova. Segundo Cerqueira, redesenhado por Ivan.

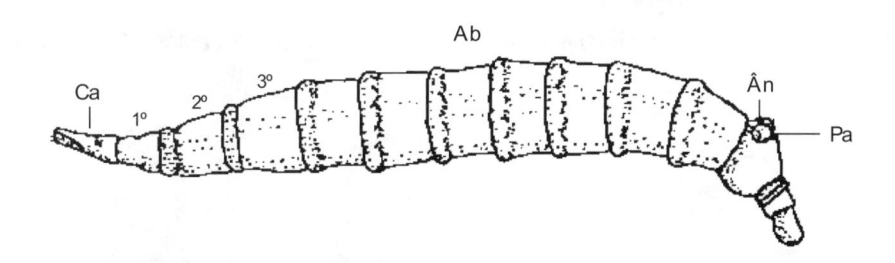

Orthorrapha – Brachycera. Larva de *Tabanus* spp:. Ca) cabeça; 1º, 2º e 3º segmentos torácicos; Ab) segmentos abdominais; Ân) ânus; Pa) papilas adanais.

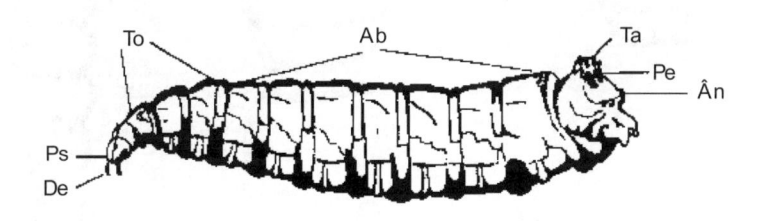

Cyclorrapha. Larva de *Musca domestica*: Ps) pseudocéfalo; De) dentes; To) segmentos torácicos; Ab) segmentos abdominais; Ta) tubérculos anais; Pe) placas estigmáticas; Ân) ânus. Segundo Hegner et al., redesenhado por Ivan.

Figura 4.46 Larvas maduras.

447

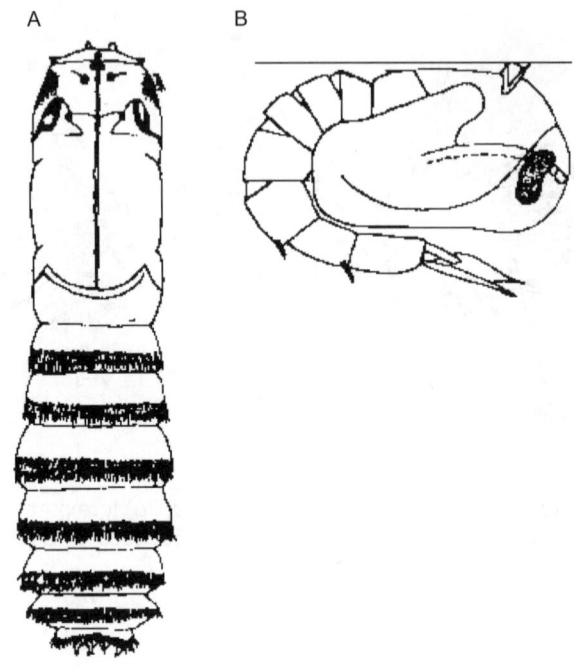

Figura 4.47 Pupas. A) brachycera. B) nematocera. Segundo Galvão, A., redesenhado por Ivan.

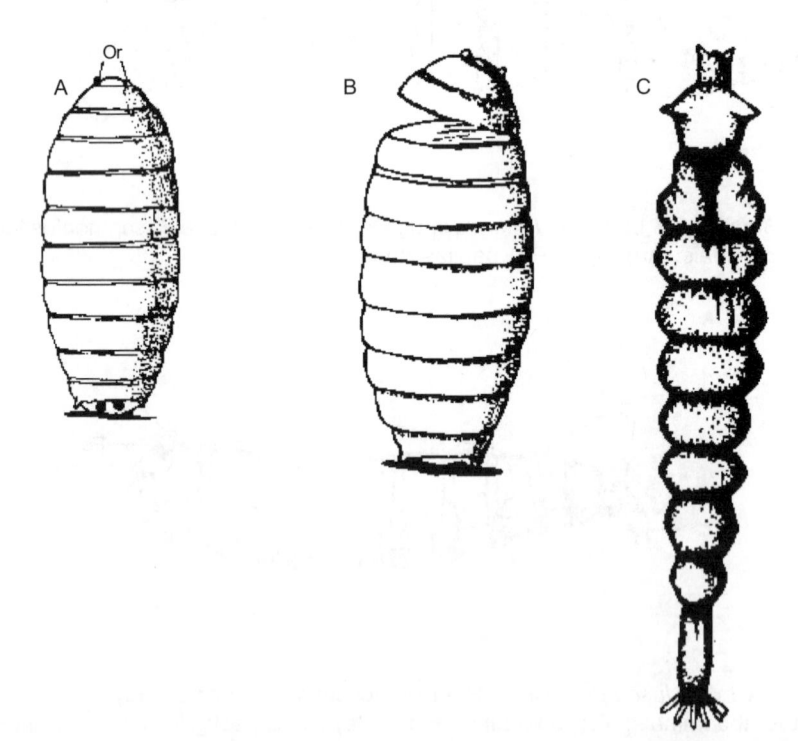

Figura 4.48 Fendas de eclosão. A) pupário de Cyclorrapha, com os orifícios respiratórios Or. B) pupário de Cyclorrapha mostrando a fenda circular de eclosão. C) fenda dorsal em "T" no cefalotórax para eclosão de Orthorrapha (Brachycera e Nematocera). Segundo C. Pinto, redesenhado por Ivan.

SISTEMÁTICA

A ordem dos Dípteros subdivide-se em duas subordens: Cyclorrapha e Orthorrapha.

1 – Subordem Cyclorrapha

- Vulgarmente conhecida por moscas.
- Antenas com três artículos e arista dorsal na base do terceiro artículo.
- Larva acéfala.
- Pupa coarctada (imóvel) surgindo dentro da última pele larval que se quitiniza e forma o pupário (invólucro elíptico).
- Adulto emerge do pupário através de uma fenda circular.
- Dípteros evoluídos.

2 – Subordem Orthorrapha

2.1. Seção Brachycera

- Vulgarmente conhecida por mutucas.
- Antenas com três artículos, sendo o terceiro anelado.
- Larva eucéfala, cabeça reduzida, porém nítida.
- Pupa livre deixando a última pele larval através de uma fenda dorsal.
- Adulto emerge do pupário através de uma fenda dorsal em "T".
- Dípteros intermediários.

2.2. Seção Nematocera

- Vulgarmente conhecida por mosquitos.
- Antenas com mais de seis artículos.
- Larva eucéfala.
- Pupa obtectada (livre e móvel) saindo da última pele larval através de uma fenda dorsal.
- Adulto emerge do pupário através de uma fenda dorsal em "T" que se abre no cefalotórax.
- Dípteros primitivos.

Subordem ORTHORRAPHA

(gr. *orthos*, direito, reto; *raphe*, fenda, sutura)

O nome da subordem significa que o adulto emerge do pupário através de uma fenda em "T" que se abre no dorso.

Seção NEMATOCERA

(gr. *nematos,* fio; *keras,* chifre, por extensão, antenas)

Nome vulgar – mosquito.

Os representantes desta seção são muito importantes como transmissores de muitas doenças como o vírus da encefalomielite eqüina; das leishmanioses ao homem, caninos, felinos, eqüinos, roedores domésticos e selvagens; filarioses ao homem, caninos, felinos, eqüinos, bovinos e ovinos; impaludismo ao homem e aves; e veiculadores de ovos de *Dermatobia* etc.

Conceitos básicos

- Ortorrafos de corpo liso.

- Dimensão reduzida.

- Antenas com mais de seis artículos semelhantes, com exceção do escapo curto e com órgão auditivo e do *pedicelo,* globuloso que encobre o escapo. Os demais artículos com pêlos curtos e pouco abundantes nas fêmeas, e longos, abundantes e plumosos nos machos.

- Ocelos (olhos simples) ausentes ou vestigiais e não funcionais.

- Omatídeos (olhos compostos) volumosos.

- Armadura bucal do tipo picador-sugador.

- Tórax com pró e metatórax reduzidos. Mesotórax muito desenvolvido. Cada anel torácico com um par de estigmas.

- Asas membranosas, entretanto, podem estar revestidas de pêlos ou de escamas; sua segunda nervura longitudinal é geralmente bifurcada.

- Balancins ou halteres bem visíveis.

- Patas longas e o último artículo tarsal com duas unhas.

- As fêmeas são hematófagas. O sangue além da função nutritiva intervém na maturação dos ovários. Os machos alimentam-se de frutos e de néctar de flores.

SISTEMÁTICA

A seção Nematocera subdivide-se nas famílias Psychodidae, Culicidae, Simuliidae e Ceratopogonidae.

Família PSYCHODIDAE Letreille, 1796

Conceitos básicos

Nematóceros de pequenas dimensões.

Corpo piloso, isto é, com o corpo, patas e asas recobertos de longas cerdas, e com escamas em determinadas regiões.

Antenas longas, constituídas por 16 artículos.

Nervuras longitudinais das asas estendendo-se quase em linha reta e as nervuras transversais presentes somente próximas à base.

Patas compridas e delgadas, revestidas de longas cerdas e escamas.

Longevidade pequena, vivendo os adultos, em média de duas a quatro semanas.

Com seis subfamílias: Bruchomyinae, Horaiellinae, Sycoracinae, Trichomyinae e Psychodinae com espécies não picadoras, portanto sem interesse para as medicinas, e a subfamília Phlebotominae, com espécies picadoras e sugadoras de sangue.

Até 1965 as espécies hematófogas pertenciam a um único gênero – *Phlebotomus*. Modernamente, os sistematas fazendo uma revisão dessa subfamília, admitem vários gêneros como *Phlebotomus, Idiophlebotomus, Sergentomyia* e *Spelavophlebotomus* para o Velho Mundo e *Phlebotomus, Lutzomyia, Brumptomyia, Herligia* e *Warileija* para o Novo Mundo. Dos gêneros enumerados, somente *Phebotomus* e *Lutzomyia* possuem espécies transmissoras de leishmanias – responsáveis por leishmanioses visceral e tegumentar.

Subfamília PHLEBOTOMINAE Rondani, 1840

Psychodidae conhecidos vulgarmente como "arrepiado", "asa dura", "asa de palha", "biriguí, "cangalhinha", "mosquito palha", "orelha de veado", "tatuíra" e "flebótomo".

Gênero *Phlebotomus* Rondani, 1840

(gr. *phlebos,* veia; *tomus* cortar)

Morfologia

Phlebotominae de cor castanho-clara ou cor de palha e de corpo piloso. Podem ser facilmente identificados pela atitude que tomam quando em repouso, como a posição das asas, que ficam ligeiramente levantadas e entreabertas, denominada "asa de anjo".

A cabeça é pequena, cilíndrica, muito mais estreita que o tórax e inclinada para baixo, formando com o eixo longitudinal do corpo, um ângulo de 90° mais ou menos, o que lhes oferece um aspecto giboso. A cavidade oral das fêmeas, muito importante para a sistemática, continua-se ao conduto alimentar e é limitada por duas placas, a dorsal – o teto do orifício oral e a ventral – o assoalho, com o arco quitinoso, que é um espessamento transversal. Após este arco, é encontrada uma série de pequeninos dentes horizontais voltados para trás e outra série de pequeninos dentes verticais. Este conjunto de dentes vai formar a armadura bucal ou *cibário*. Nos machos o cibário é reduzido não oferecendo importância sistemática. Os olhos, afastados nos dois sexos, são grandes e pretos. Palpos com cinco artículos e antenas com 16 artículos, importantes para a determinação das espécies.

As asas hialinas, grandes, lanceoladas, pilosas nas bordas, apresentam seis nervuras longitudinais, paralelas, além da costal. Os pontos de bifurcação das segundas nervuras são distantes da base da asa. Os balancins são grandes. O abdome com 10 metâmeros e os dois últimos formam o aparelho genital externo, elemento importante para a determinação das espécies (Figura 4.49 A).

Figura 4.49 A *Phlebotomus*. Segundo Smart, J., 1956, redesenhado por Evandro.

O aparelho genital externo das fêmeas, muito simples, é formado por apêndices foliáceos muito curtos, um superior e outro inferior.

O aparelho genital externo dos machos, complexo, é constituído por três pares de prolongamentos: os dorsais – formados por dois segmentos: um proximal, mais longo, e um distal, com espículos, cujo número e forma variam; os medianos – simples e às vezes multilobados, é onde está o canal ejaculador; os ventrais – inermes. Os prolongamentos são importantes para a identificação das espécies.

Dimensão – Medem de 2 a 3 mm de comprimento.

Biologia

Hospedeiros – Homem, mamíferos e aves.

Habitat – São de hábitos noturnos. Durante o dia vivem escondidos nas casas, nos estábulos, canis, pocilgas, frestas, fendas de paredes, buracos de árvores, lixo etc. Voam em ziguezague.

Nutrição – As fêmeas, com aparelho bucal picador, são hematófagas e os machos, com aparelho bucal sugador, alimentam-se de suco de vegetais e néctar de flores.

Ciclo evolutivo – Durante a cópula a fêmea fica presa ao macho pelos espinhos dos metâmeros posteriores do abdome. Na fêmea fecundada e ingurgitada de sangue, a evolução dos ovos é rápida e a postura é de 15 a 40 ovos diários, em matéria orgânica em decomposição, e como vive até 30 dias, cada fêmea pode pôr até 200 ovos durante sua existência.

O ovo, branco por ocasião da postura, torna-se amarelado e depois castanho-escuro. Sua dimensão varia, de acordo com as espécies, de 310 a 400 μ de comprimento por 90 a 150 μ de largura. A eclosão ocorre, geralmente, à noite, após cinco a 20 dias, conforme a temperatura.

A larva, formada por 12 metâmeros, além da cabeça, realiza quatro mudas antes de se transformar em pupa ou ninfa, medindo então de 2,5 a 3,5 mm de comprimento. Seu aparelho bucal é do tipo mastigador e alimenta-se de substâncias sólidas, como fezes de lagartos e miriápodes. O último metâmero abdominal apresenta quatro longas cerdas e um tubo respiratório curto.

A larva, após eliminar o conteúdo gastrintestinal, fica imóvel, transformando-se em pupa ou ninfa na sua exúvia da L4, num período de tempo que varia de acordo com as espécies e condições climáticas.

A pupa ou ninfa é mais larga que a larva e estreita-se para a extremidade posterior, onde são encontradas quatro cerdas longas.

O imago eclode, após seis a 18 horas, através de uma fenda dorsal em "T".

O período de vida nas fêmeas é de até aproximadamente 30 dias e o dos machos é de quatro dias.

O ciclo evolutivo descrito foi observado em cativeiro.

Importância – Os flebotomíneos são os hospedeiros intermediários de leishmanias.

Profilaxia

• Mas como pouco se sabe sobre seu criadouro natural, a luta contra o adulto é feita com o uso de inseticidas nas casas, para sua extinção.

• Destruição da vegetação de lugares úmidos e sombrios, locais preferidos para a ovipostura.

• Combate às larvas com a criação de peixes larvófagos.

Gênero *Lutzomyia* Theodor, 1945

(dedicado a Adolfo Lutz)

Phlebotominae com a segunda nervura longitudinal da asa (R2+R3+R4) bifurcada. Asas alongadas e estreitas. Cibário da fêmea com dentes horizontais e dispostos em série transversal. Macho com a terminália relativamente pequena e os seus prolongamento dorsais (superiores) menores do que o comprimento do tórax. Larvas, do segundo estádio em diante com quatro cerdas caudais.

Das 25 espécies assinaladas no Brasil, são registradas oito importantes espécies, distribuídas por todos os estados.

Tesh et al. (1972) comprovaram a transmissão transovariana do vírus da estomatite vesiculosa dos animais pelas espécies *Lutzomyia trapidoi* e *L. ylephiletrix* (Figura 4.49 B).

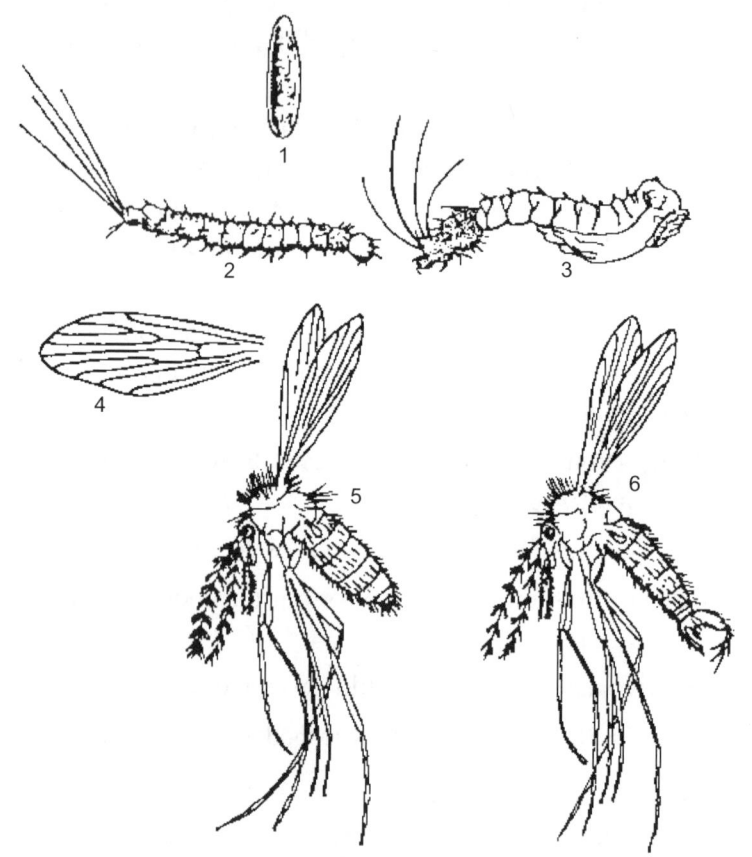

Figura 4.49 B *Lutzomyia.* 1) Ovo. 2) Larva. 3) Pupa. 4) Detalhe da asa. 5) Fêmea. 6) Macho. Segundo Mangabeira, 1947, redesenhado por Evandro.

Família CULICIDAE

Conceitos básicos

- Nematóceros vulgarmente conhecidos por mosquitos ou pernilongos.

- Medem de 4 mm a 1 cm de comprimento.

- Corpo revestido de escamas.

- Tromba ou probóscida reta nos hematófagos e recurvada em cotovelo nos não hematófagos.

- Esta família subdivide-se em três subfamílias: Dixinae, Chaoborinae e Culicinae das quais só a última interessa à Parasitologia.

Subfamília CULICINAE

Conceitos básicos

- Culicidae com até 1 cm de comprimento.

- Cabeça, tórax, asas e abdome revestidos de escamas.

- Olhos compostos volumosos e semelhantes nos dois sexos.

- Antenas longas e sexualmente diferentes. No macho são formadas por 15 artículos recobertos por longos pêlos, dispostos em verticílio na base dos artículos, o que lhes confere um aspecto plumoso. Na fêmea são formadas por 14 artículos, também recobertos por pêlos, porém mais curtos e em menor número. Esta característica permite a distinção dos sexos.

- Asas estreitas, longas e membranosas, com seis a oito nervuras cuja disposição é importante para a sistemática. Em repouso dispõem-se uma sobre a outra e sobre o abdome.

- Abdome longo e fino, é constituído por nove metâmeros, dos quais o primeiro está fusionado ao metatórax. O último metâmero está diferenciado quanto aos

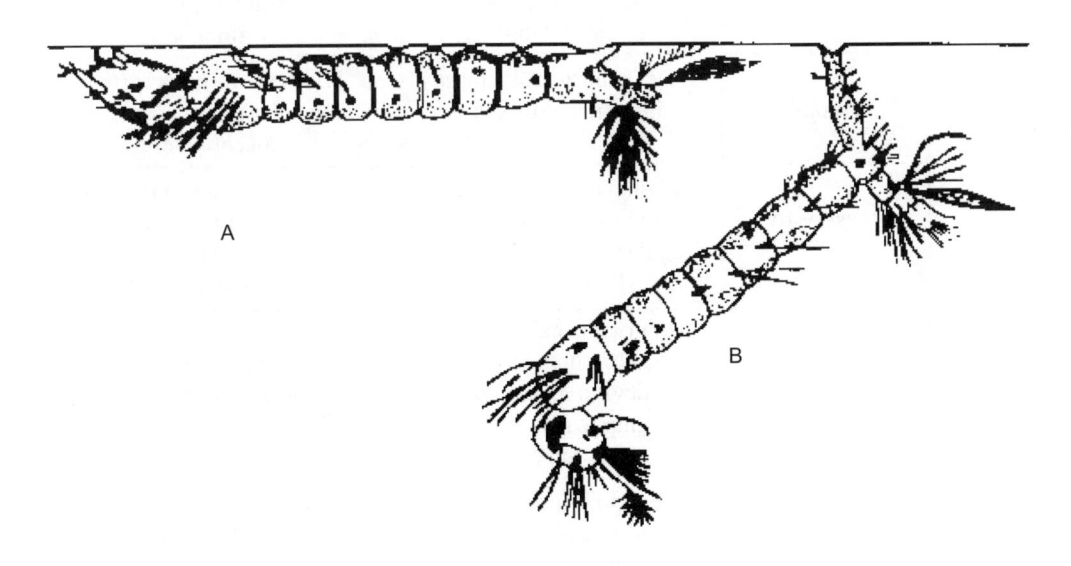

Figura 4.50 Larvas de: A) anofelino. S) culicino. *In* Pessôa, redesenhado por Evandro.

sexos: no macho é denominado de *hipopígio, terminália* ou *genitália* e na fêmea, de *ovipositor.*

A subfamília Culicinae apresenta duas tribos de importância para a Parasitologia: Anophelini com o gênero *Anopheles* e Culicini com os gêneros *Aedes, Culex* e *Haemagogus.*

Diagnose para identificação das Tribos da Subfamília Culicinae

Tribos / Caracterização		Anophelini	Culicini
Ovos	Forma	Extremidades afiladas; face dorsal plana e ventral côncava	Elipsóides
	Postura	Isolados; na superfície da água	Vertical, formando "jangadas" com 200 a 300 ovos no *Culex* e isolados no *Aedes*.
Larvas	Posição	Horizontal (Figura 4.50 A)	Oblíqua (Figura 4.50 B)
	Sifão respiratório	Ausente.	Presente.
	Respiração	Dois estigmas situados numa pequena saliência do último segmento abdominal	Dois estigmas situados no sifão respiratório
Pupas		Sifão respiratório afunilado	Sifão respiratório afunilado
Adultos	Palpos	De comprimento quase igual nos dois sexos	Nas fêmeas, mais curtos que a tromba ou probóscida. Nos machos, longos
	Mesonoto	Semilunar. Borda posterior com uma série de cerdas regularmente distribuídas. (Figura 4.51 A)	Borda posterior trilobada com um tufo de cerdas em cada lobo. (Figura 4.51 B)
	Asas	A grande maioria com manchas branco e preto devido a escamas esbranquiçadas e escuras das nervuras	A grande maioria com as asas não manchadas
	Atitude de pouso	Corpo formando um ângulo quase reto com a superfície de pouso. (Figura 4.22 A)	Corpo paralelo à superfície de pouso (Figura 4.22 B)

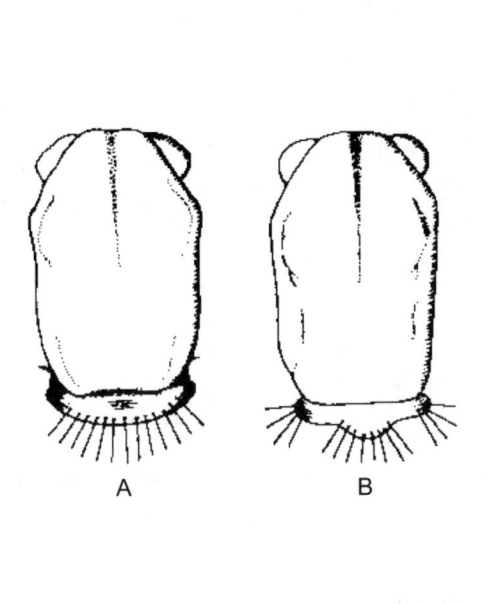 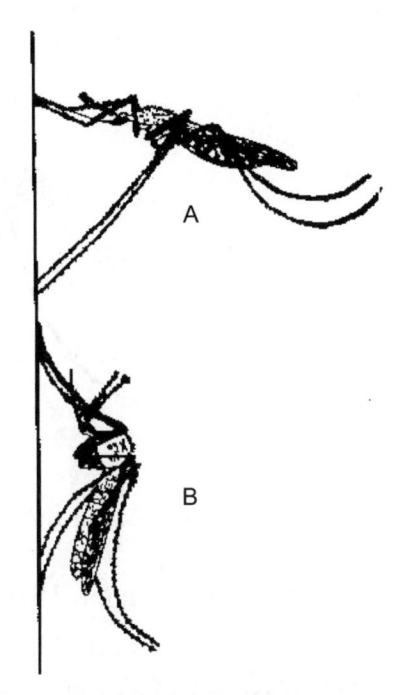

Figura 4.51 Tórax.Vista dorsal. A) anofelino. B) culicino. *In* Pessôa, redesenhado por Evandro.

Figura 4.52 Atitude de pouso. A) anofelino. B) culicino. *In* Pessôa, redesenhado por Evandro.

Gênero *Anopheles* Meigen, 1818

(gr. *an,* ausência; *opheles,* alívio; *Anopheles,* importuno, incômodo, nocivo)

Anophelini de corpo fino e de pernas delgadas e longas o que lhes valeu o nome de "pernilongos". São denominados vulgarmente ainda de "mosquito prego", devido seu modo de pousar, de "carapanã", "muriçoca", "perereca" e "sovela".

Asas longas e estreitas. Nas nervuras, de número específico, inserem-se escamas brancas e escuras (na maioria das espécies) que lhes conferem o aspecto de "manchas", cujo número e disposição também são importantes para a sistemática.

Pernas delgadas e longas com os artículos tarsais do terceiro par de patas manchados de branco ou com anéis pretos.

Abdome do macho com o último metâmero apresentando um aparelho – *fórceps genital* – com o qual se prende à fêmea durante a cópula.

Este gênero apresenta 10 subgêneros e várias espécies veiculadoras do *Plasmodium* (Figura 4.53).

Dimensão – Suas espécies medem até 10 mm de comprimento.

Biologia

Hospedeiros – Homem e animais de acordo com a espécie do *Anopheles*.

457

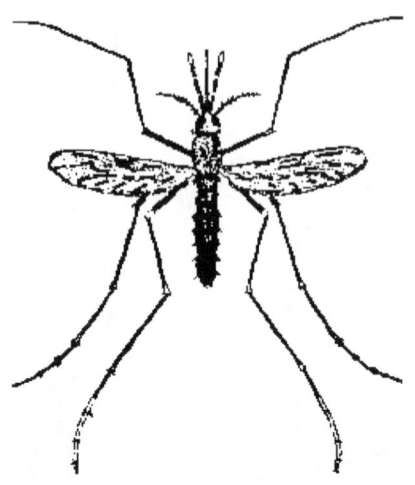

Figura 4.53 *Anopheles (Nyssorhynchus) albitarsis.* Segundo Galvão, A.L.A., redesenhado por Evandro.

Gênero *Aëdes* Meigen, 1818

(gr. *a,* sem; *edos,* prazer; *aëdes,* desagradável)

Culicini de cor escura. Olhos separados por uma faixa. Tromba ou probóscida de diâmetro uniforme e não curvada na extremidade distal. Palpos mais curtos do que a tromba ou probóscida sendo que os do macho raramente são mais longos.

Asas não manchadas. Tórax com decoração variável. Abdome da fêmea com a extremidade posterior aguçada (Figura 4.54). Postura dos ovos sobre vegetação.

Transmissor do vírus da febre amarela e da filariose.

Dimensão – Seu comprimento é de 4 a 5 mm.

Biologia

Hospedeiro – Homem.

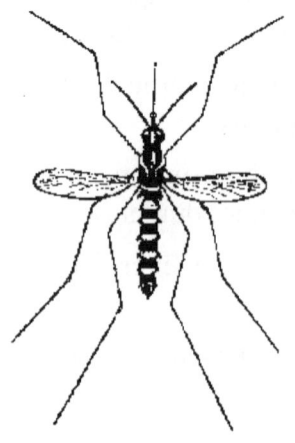

Figura 4.54 *Aëdes aegypti.* Segundo Soper, redesenhado por Evandro.

Gênero *Culex* Lineu,1758

(lat. *culex,* mosquito)

Culicini com os olhos geralmente contíguos. Os machos apresentam os palpos maxilares mais longos que a probóscida e, nas fêmeas, são mais curtos. Machos com as antenas plumosas e com os dois últimos artículos alongados; antenas das fêmeas formadas por todos os artículos desiguais. Tórax sem qualquer vestígio de decoração. A maioria das espécies com asas não manchadas.

Transmissor de filárias.

Dimensão – De 4,5 a 5 mm de comprimento.

Biologia

Hospedeiros – Homem e animais.

Gênero *Haemogogus*

Culicini de cores metálicas brilhantes, azul escuro ou verde. Abdome revestido de escamas brancas.

Com uma espécie: *H. capricornii*

Transmissor do vírus da febre amarela.

Hospedeiros – Homem e animais.

Biologia da Subfamília Culicinae

Habitat – O habitat dos culicíneos está relacionado com seus hábitos, atacando o homem e os animais.

São encontrados nas casas, nos abrigos dos animais como estábulos, canis, chiqueiros e galinheiros, e denominados de *mosquitos domésticos.* Esses mosquitos invadem os locais acima citados unicamente por ocasião do seu repasto sangüíneo. Os *mosquitos de campo* passam escondidos entre a vegetação dos campos, bosques, parques etc.

São de hábitos noturnos, permanecendo durante o dia pousados em lugares sombrios.

Ciclo evolutivo – A cópula ocorre logo após a saída dos adultos dos pupários. A fêmea inicia a postura de ovos (de 140 a 400, conforme a espécie) depois da tomada de sangue, isolados na superfície da água (Anophelini), isolados sobre vegetação como no *Aëdes,* ou colocados verticalmente formando jangadas *(Culex)* (Figura 4.55). São escolhidas coleções de água estagnada, protegidas de ventos. Correntes de água são evitadas.

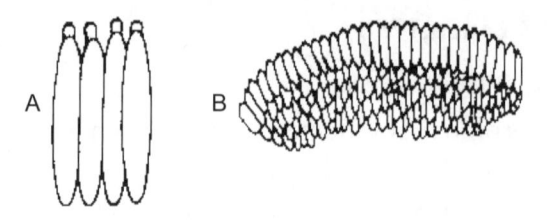

Figura 4.55 *Culex*. A) ovos. B) jangada de ovos. *In* Pessôa, redesenhado por Evandro.

As larvas ao eclodirem do ovo, depois de dois a quatro dias, medem 1 mm de comprimento aproximadamente, e alimentam-se de microorganismos existentes na água. Para a tomada de oxigênio atmosférico possuem dois estigmas no último segmento abdominal situados nas dos *Anopheles* numa pequena saliência e, nos culicíneos, dentro do sifão respiratório o que lhes confere uma posição distinta na água, permitindo distingui-las facilmente. As dos *Anopheles* são paralelas à superfície da água e com as saliências das cerdas respiratórias nutrem-se das partículas nutritivas existentes na água. As larvas dos culicíneos somente a extremidade livre do sifão respiratório está em contato com a água, conferindo-lhe uma posição oblíqua. Após quatro mudas, num período de tempo de duas a três semanas, surge o estádio pupal.

A *pupa* obtectada (livre e móvel), depois de dois a sete dias, origina a fase adulta que deixa o pupário através de uma fenda dorsal em "T".

Os adultos têm um período de vida de um a dois meses no verão e de até seis meses no inverno.

Profilaxia – O adulto deve ser combatido com o emprego de inseticidas nos locais por eles freqüentados, como habitações humanas e abrigos de animais.

• É aconselhável o uso de telas nas aberturas das casas e uso de mosquiteiros.

• As larvas são facilmente combatidas lançando-se mão de petróleo ou óleo, que derramado na água impede sua respiração e conseqüentemente causando sua morte.

• Como a água é indispensável à procriação, sem a qual a vida torna-se impossível para ele, as águas paradas devem ser sistematicamente destruídas; eliminadas vasilhas, latas velhas, poços sem serventia, enfim, todo e qualquer recipiente que possa reter água de chuvas.

• Para controle de larvas de culicídeos sugere-se a criação dos peixes das espécies *Astyanax bimaculatus, A. eigenmaniorum* e *Hyphessobricombitos luetkeni,* pelos seus hábitos alimentares.

Família SIMULIIDAE

Conceitos básicos

• Os simuliídeos são nematóceros conhecidos vulgarmente como "borrachudos" ou "piuns", de pequenas dimensões, medindo de 1 a 6 mm de comprimento. Assemelham-se mais a pequenas moscas do que a mosquitos.

460

- Cabeça pequena.

- Olhos compostos holópticos no macho e dicópticos na fêmea. Ocelos ausentes.

- Antenas robustas, achatadas ou cilíndricas, constituídas por 11 artículos, com os dois artículos basais diferentes.

- Tromba ou probóscida curta.

- Palpos com quatro artículos.

- Tórax abaulado.

- Asas grandes e largas; a primeira e a segunda nervuras longitudinais muito acentuadas, destacando-se das demais.

- Patas robustas.

- Abdome constituído por oito metâmeros.

- Ovos triangulares com os ângulos arredondados.

- Larvas típicas, com a presença de cerdas preênseis laterais no clípeo, com um pseudópode prototorácico; antenas finas, curtas, formadas por três artículos; cauda com brânquias (Figura 4.56).

- Pupas facilmente distinguíveis pelas características do pupário, da forma e do número dos filamentos branquiais; pupário aderido a pedras ou vegetação dos córregos e cachoeiras dos cursos de água (Figura 4.57).

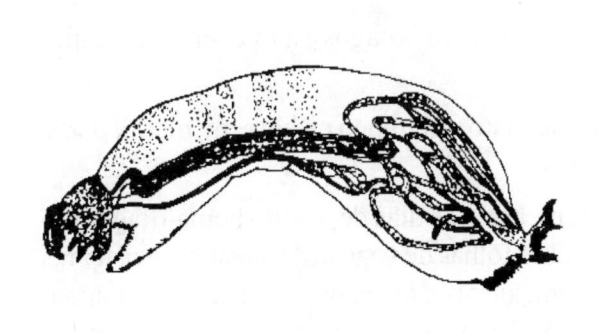 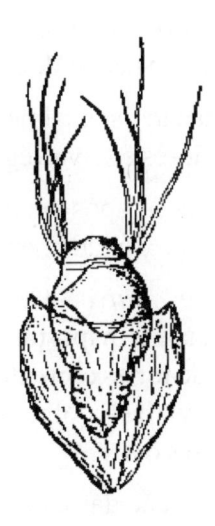

Figura 4.56 Larva de Simulídeo. Segundo D´Andretta, M. A. Vulcano, redesenhado por Evandro.

Figura 4.57 Pupa de Simulídeo. Segundo Soulsby, E. J. L., 1968. Redesenhado por Evandro.

- Hábitos diurnos.

- Somente as fêmeas são hematófagas e determinadas espécies perseguem o homem e animais, a grandes distâncias. Outras espécies sugam sangue do homem, e há ainda, as que atacam mamíferos e aves.

- Transmissores de hematozoários patogênicos a perus e patos domésticos. Várias espécies de simulídeos ("borrachudos" ou "piuns") são transmissores da oncocercose de bovinos e eqüinos e da leucocitozoonose de galináceos e aves silvestres (Figura 4.58).

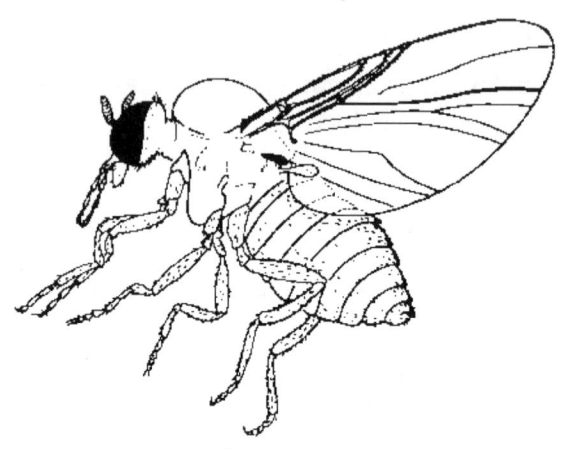

Figura 4.58 *Simulium.* Antenas e peças bucais curtas. Segundo Lapage, G., redesenhado por Evandro.

Biologia

Nutrição – Os "borrachudos" quando adultos recém-eclodidos, nutrem-se, machos e fêmeas, de néctar de flores.

Os machos, sexualmente maduros, não são hematófagos e alimentam-se sempre de néctar de flores e seiva vegetal.

As fêmeas, após a cópula, fazem seu repasto sangüíneo no homem, mamíferos e aves, durante aproximadamente cinco minutos.

Ciclo evolutivo – Cerca de mais ou menos três dias depois do hematofagismo, as fêmeas iniciam a ovipostura. Esta é feita sobre folhas de vegetação aquática, existentes em córregos de fortes correntezas, de um a um, até 500, formando uma pequena massa, cor de tijolo, visível a olho nu. Três a cinco dias depois da postura são encontrados embriões nesses ovos.

A evolução das larvas só ocorre em águas bem oxigenadas, correntosas e que garantem a chegada de alimento. A larva, medindo até 10 mm de comprimento, fica aderida pela ventosa posterior a folhas ou pedras submersas onde eclodiu. Anteriormente, na região cefálica, essa larva possui um conjunto de apêndices respiratórios. A grande maioria das espécies realiza, durante o verão, seis mudas em mais ou menos 10 a 15 dias; a seguir da quinta muda a larva tece seu pupário, que também é fixo no mesmo local, e ocorre a sexta muda, originando a pupa.

A pupa, a princípio clara e escurecendo à medida que evolui para adulto, apresenta duas séries, uma de cada lado do pupário, de filamentos branquiais.

O adulto surge em cerca de três dias. A eclosão ocorre sob a água e ele está envolto em uma bolha de ar, que uma vez chegada à superfície rompe-se lançando o "borrachudo" à terra, onde se alimenta e recomeça o seu ciclo.

O ciclo evolutivo completo, nos países de clima tropical, é de 30 dias no verão.

Patogenia – A picada dos simulídeos não só provoca a formação de equimoses ou pápulas no homem e animais mas fenômenos mais graves, como dispnéia, edema pulmonar, pneumonia, hepatite e nefrite podem ocasionar sua morte.

A oncocercose na América é transmitida por três espécies de *Simulium*: *S. avium, S. mooseri* e *S. ochraclum*.

Profilaxia – Proteção do homem e animais com produtos à base de óleos.

Os animais devem ficar estabulados durante o dia e a noite. É aconselhado o uso de fogueira próxima aos estábulos para afugentar os simulídeos.

Em determinadas regiões é empregado o uso de inseticidas nas cabeceiras dos córregos. Para tal, o inseticida é colocado em recipientes com água e através de mangueiras a solução é introduzida gota à gota no curso d'água. Sabendo-se que os borrachudos morrem depois de haverem picado, é aconselhável combater as larvas através de nebulizações com inseticidas os córregos d'água, as terras vizinhas destes e a vegetação aquática.

Família CERATOPOGONIDAE

Sinonímia – Heleidae. De acordo com a decisão tomada pela Comissão Internacional de Nomenclatura Zoológica, foi adotado o nome de Ceratopogonidae.

Conceitos básicos

- Nematóceros de cor escura, conhecidos vulgarmente por "mosquito pólvora", "mosquitinho do mangue" ou "maruim".

- Dimensão exageradamente pequena, medindo de 1 a 2 mm de comprimento.

- Corpo escuro e rechonchudo semelhante a um grão de pólvora o que lhes valeu o nome de "mosquito pólvora".

- Cabeça voltada para baixo e posteriormente arredondada.

- Antenas constituídas por 13 a 15 artículos, plumosas nos machos com exceção dos três últimos artículos, e pilosas nas fêmeas com o último artículo mais longo.

- Tromba ou probóscida quitinizada, voltada para baixo.

- Palpos com cinco artículos.

- Tórax nu, levemente arqueado, sem pêlos e escamas e, dorsalmente, com desenhos característicos.

- Patas robustas.

- Asas desenvolvidas, com manchas escuras e hialinas muito típicas e com pêlos longos nas extremidades.

- Nervuras desprovidas de escamas.

Gênero *Cullicoides* Latreille, 1809

(lat. *culex,* mosquito; lat. *oides,* gr. *eidos,* forma, aparência)

Ceratopogonidae com os olhos compostos volumosos e glabros. Asas com uma nervura transversal entre as terceira e quarta nervuras longitudinais. Fêmures inermes. Empódio diminuto ou ausente (Figura 4.59).

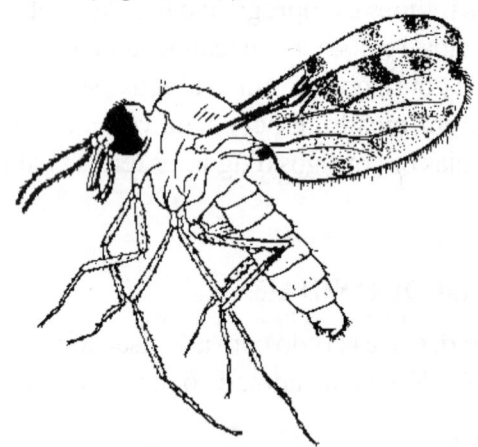

Figura 4.59 *Culicoides.* Antenas longas e peças bucais curtas. Segundo Lapage, G, redesenhado por Evandro.

Este gênero apresenta 924 espécies das quais 73 ocorrem no Brasil como as C. *acatylus, C amazonicus, C. debilipalpis, C. guttatus, C. insignis, C. maculithorax, C. marium, C. pachymerus* etc.

Transmissor do nematódeo *Onchocerca.*

Dimensão – Adultos medindo de 1 a 2 mm de comprimento.

464

Biologia

Hospedeiros – Homem, mamíferos e aves.

Nutrição – Como todos os mosquitos, só as fêmeas são hematófagas. Os machos alimentam-se de néctar de flores e seiva vegetal. A picada de suas espécies é a mais dolorosa de todos os mosquitos e deixa no hospedeiro uma pápula que se torna pruriginosa e só desaparece depois de uma semana.

Ciclo evolutivo – A ovipostura é realizada em grupos de 30 a 120 ovos, sobre vegetação abaixo da superfície de águas estagnadas, ou sob cascas de árvores em putrefação. Cada fêmea faz em média sete oviposturas durante os 40 dias de vida.

Os ovos, com 0,5 mm de comprimento, com forma de banana, são de cor branca por ocasião da postura, escurecendo logo depois.

As larvas recém-eclodidas são vermiculares, delgadas e transparentes. Alimentam-se de plâncton existente no seu habitat. São constituídas por 12 metâmeros, cabeça longa e estreita, com olhos e antenas pequenas. As que vivem em águas estagnadas caracterizam-se por movimentos com sacudidelas do corpo de um lado para o outro, e as que vivem em terras úmidas possuem parápodes no último metâmero abdominal. Passam por quatro estádios em três semanas.

As pupas provenientes de larvas aquáticas são imóveis e flutuantes; e as originárias das larvas que vivem em terras úmidas, migram para locais mais secos e também são imóveis.

Os adultos surgem depois de três a 15 dias, através de uma fenda dorsal em "T" que se abre no pupário.

Durante um período de mais ou menos uma hora permanecem em repouso aguardando que as asas e a cutícula, com o aparecimento da quitina, se tornem rígidas.

Profilaxia – Não é fácil o combate aos ceratopogonídeos pela sua ampla distribuição e, também, pelo difícil acesso aos criadouros. Deve-se proceder a limpeza e a drenagem dos locais alagadiços. Aplicação de inseticidas nos criadouros.

Seção BRACHYCERA

(gr. *brachys,* curto; *keras,* chifre, por extensão, antena)

Família TABANIDAE

Nome vulgar – mutuca, mosca do cavalo.

Conceitos básicos

- Ectoparasitos obrigatórios temporários intermitentes.
- Dípteros ortorrafos braquíceros.

- Cabeça semicircular e mais larga do que o tórax e o abdome.

- Antenas formadas por três artículos, sendo o terceiro subdividido em anelações semelhantes, *estilo.*

- Armadura bucal picadora-sugadora.

- Holometábolos (metamorfoses completas)

  ovo – larva – pupa – imago.

Morfologia

Cabeça – A cabeça semicircular, com aspecto de calota, é mais larga do que o tórax e o abdome. As antenas curtas, constituídas por três artículos, sendo o terceiro formado por anelações semelhantes, com aspecto de uma antena constituída de mais de três segmentos, variando sua forma de acordo com os diferentes gêneros. Olhos compostos grandes, separados (dicópticos) nas fêmeas e contíguos (holópticos) nos machos (Figura 4.60).

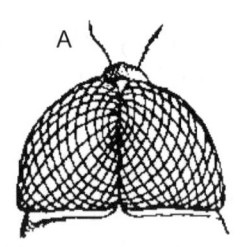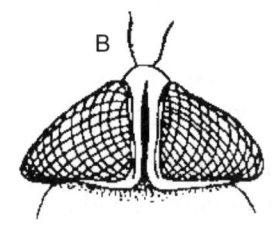

Figura 4.60 Tabanidae. A) Macho, olhos holópticos. B) Fêmea, olhos dicópticos.

Ocelos presentes ou ausentes. Armadura bucal formada de peças destinadas a picar e sugar, curta ou longa, constituída por um *labro-epifaringe,* escavado longitudinalmente na face ventral para formar o canal alimentar; duas *mandíbulas* e duas *maxilas* em forma de lâminas, em cuja base insere-se um par de palpos maxilares; um *lábio* largo escavado longitudinalmente em goteira, terminando em duas labelas que apresentam as pseudotraquéias (canais finos); uma *hipofaringe* onde vão ter as terminações das glândulas salivares, constituindo o *canal salivar.* As mandíbulas e as maxilas são os órgãos perfurantes e com movimentos laterais cortam à maneira de tesoura. O lábio constitui o estojo que protege as mandíbulas e as maxilas. Nos machos não existem mandíbulas e as peças bucais são reduzidas em decorrência do seu regime alimentar.

Tórax – O tórax é mais estreito do que a cabeça e o abdome. As asas podem apresentar manchas e a terceira nervura longitudinal é bifurcada.

As patas, como as de todos os insetos, constam de coxa, trocanter, fêmur, tíbia e tarso. A extremidade distal da tíbia do terceiro par de patas pode apresentar um espinho que serve para diagnose das duas subfamílias. O tarso é constituído por cinco artículos e terminado o último por duas unhas, dois pulvilos e um empódio.

Abdome – O abdome, mais largo que o tórax, é formado por cinco a sete segmentos bem distintos (Figura 4.61).

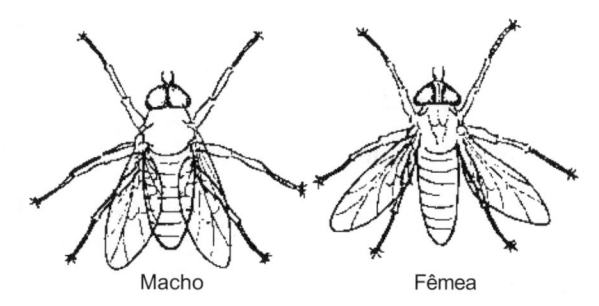

Macho   Fêmea

Figura 4.61 Tabanidae.

Biologia

Nutrição – Os machos nutrem-se do néctar de flores e sua armadura bucal é reduzida. As fêmeas possuem também o mesmo regime alimentar, entretanto realizam a hematofagia para a evolução de seus ovos.

Hábitos – Os tabanídeos são silvestres e raramente encontrados nos domicílios. São diurnos e sua picada é dolorosa. Surgem nos meses quentes.

Ciclo Evolutivo – O ciclo evolutivo é completo, isto é, passam por todas as fases: ovo – larva – pupa – imago, com a duração de um a dois anos, embora em climas quentes este ciclo seja de quatro meses apenas.

A fêmea faz a ovipostura de grandes massas de ovos aglomerados, sobre plantas aquáticas ou sobre qualquer substrato às margens de águas.

A larva, ao eclodir do ovo, cai na água e enterra-se no lodo do fundo ou terra das margens. É carnívora, nutre-se de insetos, moluscos e minhocas. Tem forma cilíndrica e é constituída por 12 segmentos que se estreitam nas duas extremidades (cefálica e caudal). A cabeça é muito pequena. A armadura bucal é mastigadora. O habitat das larvas dos tabanídeos varia de acordo com as espécies, podendo ser aquático, semi-aquático ou terrestre, mas sempre enterradas profundamente e geralmente não são vistas.

A pupa é protegida por um invólucro quitinoso duro, semelhante ao pupário (crisálida) das borboletas.

Sistemática – A família Tabanidae subdivide-se em duas subfamílias: Tabaninae e Pangoninae.

Subfamília TABANINAE

Conceitos básicos

- Tabanidae com ocelos rudimentares ou ausentes.

- Espinho da tíbia do terceiro par de patas, ausente (Figura 4.13).

- Com os gêneros *Tabanus, Lepidoselaga, Chrysozona (Haematopota)* e *Hippocentrum,* dos quais será estudado o primeiro citado.

Gênero *Tabanus* Lineu, 1758

(lat. *tabanus,* "tavão, espécie de mosca ou moscardo, que persegue o gado")

Tabaninae de porte médio ou grande, de cor escura. Cabeça mais larga que o tórax. Ocelos ausentes. Asas com dois lobos, claras e com pequenas manchas. Tíbias posteriores desprovidas de espinhos.

As espécies do gênero *Tabanus* são muito numerosas e só especialistas neste grupo podem identificá-las.

Subfamília PANGONINAE

Conceitos básicos

- Tabanidae com três ocelos.

- Espinho da tíbia do terceiro par de patas, presente (Figura 4.13).

- Com os gêneros *Pangonia, Chrysops, Silvius* e *Rhinomyza,* dos quais será estudado o gênero *Chrysops.*

Gênero *Chrysops* Meigen, 1800

(gr. *chrysos,* amarelo, dourado; *opsis,* olho, aparência)

Pangoninae de porte médio, de cor preta, com manchas amarelas extensas. Cabeça hemisférica, côncava posteriormente e da mesma largura do tórax. Três ocelos, de cor verde dourada, no vértice. Antenas finas e constituídas por três artículos, sendo o primeiro o dobro do segundo; o terceiro mais longo que os dois primeiros e com quatro anelações. Tromba do comprimento da cabeça. Mandíbulas e maxilas longas. Tórax quadrangular. Asas manchadas de preto, com uma extensa mancha na borda anterior, uma transversa mediana e outra apical. As asas permanecem semi-abertas quando em repouso.

Importância – A picada dos tabanídeos é dolorosa e a saliva possui substância anticoagulante. Mudam constantemente de lugar e isto faz com que de vários pontos escorra sangue. Causam irritação e desassossego aos animais.

Sua importância está ligada à:

- transmissão mecânica do *Trypanosoma evansi,* agente etiológico do "mal das cadeiras";

468

- transmissão mecânica do agente da anemia infecciosa dos eqüinos;

- veiculação dos ovos de *Dermatobia hominis;*

- ação espoliadora, causada pela hematofagia das fêmeas, as quais atacam o homem, bovinos, eqüinos e caninos.

Habitat – No verão, esses tabanídeos, são encontrados nos bosques úmidos. Seu vôo é silencioso e atacam rapidamente os animais.

Profilaxia – Não é fácil a proteção dos animais domésticos contra o ataque dos tabanídeos. É pouco eficaz o uso de inseticidas repelentes.

Deve ser evitado o acesso de animais a áreas sombrias e com coleções de água, áreas que servem de procriação aos tabanídeos. É aconselhável a limpeza de cursos de água, drenagem de campos alagadiços e uso de inseticidas nos locais citados. Porschinskii (1950) sugeriu que nas superfícies de água fosse espalhada parafina, cujo objetivo seria, além de prejudicar a respiração das larvas, causar a destruição das fêmeas que nela mergulhassem para a ovipostura.

Subordem CYCLORRAPHA

(gr. *kyklos,* círculo; *raphe,* fenda, sutura)

O nome da subordem significa que o adulto emerge do pupário através de uma fenda circular.

Nome vulgar – Mosca.

Os representantes desta subordem (mosca doméstica, mosca dos estábulos) estão direta ou indiretamente relacionados ou à transmissão de doenças ou a causarem graves miíases no homem e nos animais domésticos (mosca do estômago dos cavalos, mosca do falso torneio das ovelhas, berne e mosca de "bicheiras").

Morfologia

Cabeça – A cabeça distinta e móvel, com exceção dos pupíparos, apresenta dois grandes olhos compostos e três ocelos. A cicatriz ptilineal, conseqüente à retração do ptilíneo, tem forma de meia-lua, estendendo-se para baixo até a borda inferior da cabeça, delimita uma área, *lúnula* ou *área ptilineal,* na qual estão situadas as antenas. Estas são trissegmentadas e com a arista dorsal na base do terceiro segmento. A depressão onde estão as antenas, *fossetas antenais,* podem apresentar de cada lado uma cerda grande, a *grande vibrissa* e cerdas menores, as *pequenas vibrissas.* A cavidade oral localiza-se inferiormente. A armadura bucal das moscas não possui mandíbulas, nem maxilas. A região anterior da cabeça apresenta uma saliência cônica, designada *rostro,* ao qual estão articuladas os *dois palpos maxilares,* servindo de base às peças bucais formadas pelo *haustelo* (labro-epifaringe e lábio-hipofaringe) podendo ou não apresentar *labelas* – palpos labiais – (porção apical, disco oral). O conjunto formado pelo *rostro, haustelo* e *labelas* denomina-se *tromba* ou *probóscida.*

Tórax – Nele é o mesotórax o mais desenvolvido e dá inserção ao único par de asas funcionais. As nervuras das asas são importantes para a sistemática. No metatórax há um par de *balancins* ou *halteres* (asas atrofiadas cuja função é de equilíbrio). Na base da borda posterior da asa existe uma estrutura em forma de lóbulo denominada *álula.* Muitas espécies apresentam *escamas* ou *calipteras,* que são duas formações membranosas, que cobrem os *balancins* ou *halteres.*

No protórax há um par de estigmas respiratórios.

O último artículo tarsal termina em duas unhas.

Abdome – O abdome do macho tem oito segmentos e o da fêmea nove, mas somente a metade é visível. Na fêmea o *ovipositor* é formado pelos quatro últimos segmentos que ficam retraídos nos demais segmentos abdominais, tornando-se visíveis somente por ocasião da postura. No macho, os últimos segmentos formam a genitália.

Ciclo evolutivo – Holometábolo (Figura 4.62).

Os ciclorrafos são dípteros ovíparos, ovovivíparos ou larvíparos.

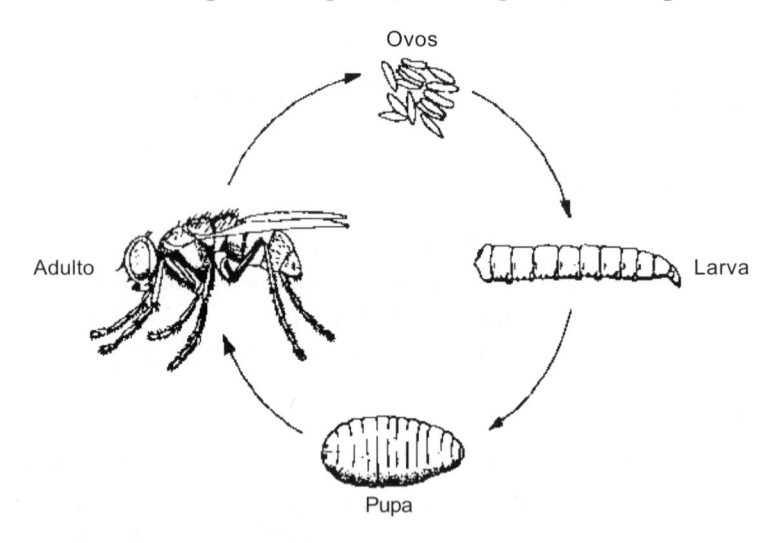

Figura 4.62 Ciclo evolutivo de Cyclorrapha.

Larva – As larvas são vermiformes, ápodas, acéfalas e terrestres. A extremidade anterior é afilada e o primeiro segmento, o *pseudocéfalo,* apresenta dois lobos orais onde se encontram os olhos e, entre eles, dois ganchos *pretos* ou *dentes* que circundam o orifício oral. Antenas atrofiadas. As larvas do segundo e terceiro estádio apresentam no segundo segmento torácico duas estruturas amareladas, em leque, os *espiráculos, estigmas anteriores.* O último segmento é truncado e nele estão o ânus, dois tubérculos anais e duas placas estigmáticas cuja forma e distribuição dos estigmas são específicas. Os demais segmentos apresentam fileiras de espinhos, às vezes em anel, úteis para a sistemática.

As larvas nutrem-se e evoluem no local onde ocorreu a ovipostura. De acordo com as espécies as larvas nutrem-se de:

- matéria orgânica em decomposição, *necrófogas;*
- tecido vivo necrosado, *necrobiontófagas;*
- tecido vivo, *biontófagas.*

Pupa – Pupa coarctada (imóvel) surge dentro da última pele larval que se quitiniza, formando o pupário.

SISTEMÁTICA DA SUBORDEM BRACHYCERA

1 – Seção ASCHYZIA

(gr. *a,* ausente; *schiza,* fenda)

- Sutura ptilineal ausente.
- Sem interesse médico-veterinário.

Família Syrphidae

A cor metálica e o hábito de pairarem esvoaçando no ar com um bater rápido de asas, facilmente as identifica. Exemplo: a *Ornidia obesa* cujos adultos alimentam-se de néctar de flores e as larvas evoluem em matéria orgânica em decomposição.

2 – Seção SCHIZOPHORA

(gr. *schizo,* fenda; *phero,* portador)

- Sutura ptilineal presente e lúnula nítida.
- Macroquetas existentes em todo o corpo.

2.1 – Grupo Acalyptratae

- Calípteros rudimentares ou ausentes.
- Metatórax desprovido de sutura transversal.
- Sem interesse médico-veterinário.
- Ex.: *Drosophila melanogaster*

2.2 – Grupo Calyptratae

- Calípteros desenvolvidos.
- Metatórax com sutura transversal nítida.

- Antenas com o segundo artículo apresentando cerda com fenda dorso-longitudinal.

- Famílias:

  Cuterebridae

  Oestridae

  Gasterophilidae

  Anthomyidae

  Muscidae

  Calliphoridae

  Sarcophagidae

3 – Seção PUPIPARA

- Cabeça no mesmo eixo do tórax.

- Armadura bucal picadora-sugadora.

- Abdome sem segmentação.

- Corpo de aspecto coriáceo.

- Fêmeas larvíparas.

- Família:

  Hippoboscidae

Família CUTEREBRIDAE

(lat. *cutis,* pele; *terebra,* orifício)

Conceitos básicos

- Moscas de tamanho grande.

- Peças bucais atrofiadas.

- Arista plumosa na região dorsal.

- Célula apical aberta e estreita.

- Pós-escutelo reduzido.

- Sutura transversal distinta.

- Fêmeas com o ovipositor não visível.

- Larva (berne) parasito obrigatório da pele de mamíferos.

- Adultos de vida livre.

- Uma única espécie de interesse médico-veterinário, *Dermatobia hominis.*

Gênero *Dermatobia* Brauer, 1860

(gr. *derma,* genitivo, *dermatos,* pele; *bios,* vida)

Cuterebridae com o corpo recoberto de pêlos curtos, abdome com reflexos metálicos. Peças bucais pouco desenvolvidas. Arista plumosa na face dorsal; terceiro artículo da antena mais longo que os dois primeiros juntos (Figura 4.63 A).

Larva afilada posteriormente e com as placas estigmáticas situadas na sua extremidade; cada placa com três fendas longitudinais convergentes (Figuras 4.63 C e D).

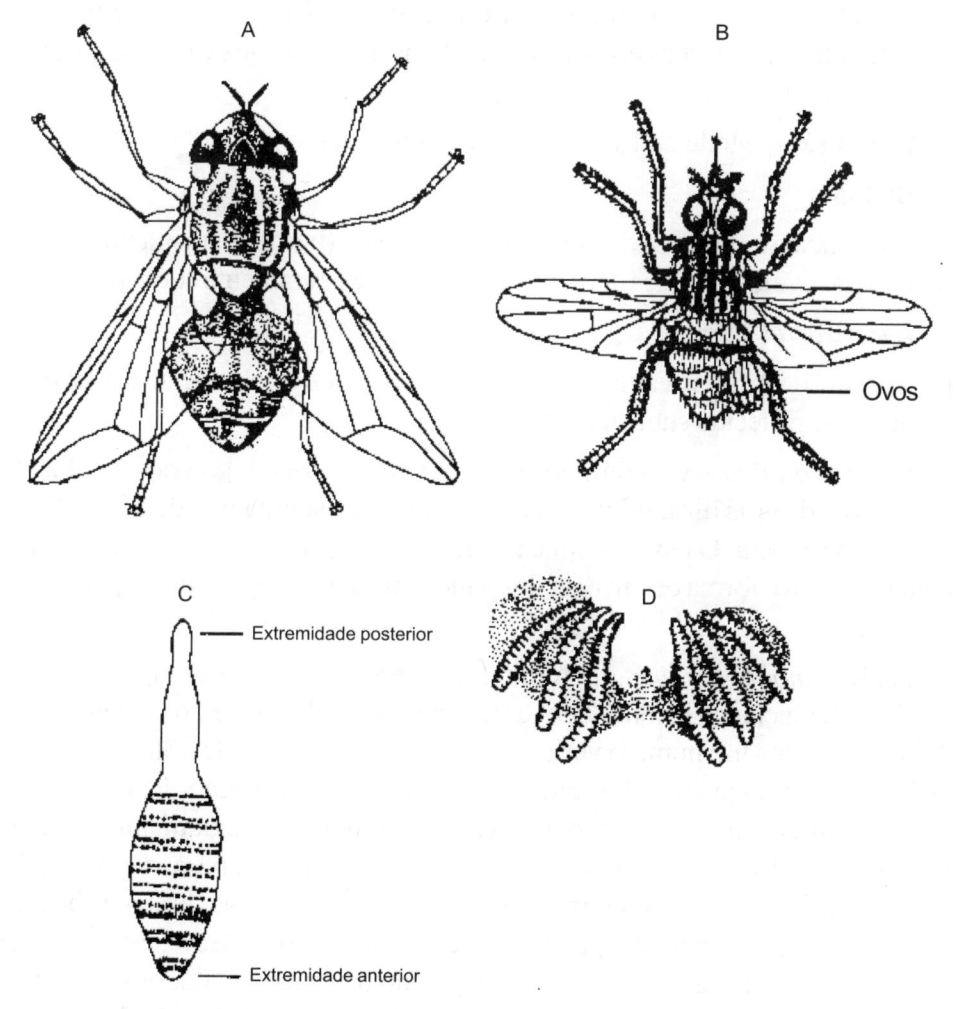

Figura 4.63 *Dermatobia hominis.* A) Adulto. B) *Neivamyia lutzi,* veiculadora de ovos de *Dermatobia hominis.* C) Larva (berne). D) Placas estigmáticas da larva. Segundo César Pinto, redesenhado por Ivan.

Dermatobia hominis (Lineu, Jor., 1781) Modeer, 1786

A larva da *Dermatobia hominis* (berne) biontófaga é parasito obrigatório periódico e responsável por miíase primária cutânea nodular.

Nome vulgar – Mosca berneira.

Distribuição geográfica – Ocorre em zonas úmidas, desde o sul do México até o norte da Argentina. Ainda não foi diagnosticada no Chile. É mais freqüente em regiões de vegetação abundante, temperatura moderadamente alta (20 °C) e umidade relativa do ar elevada (85 a 95%). No Brasil, não foi registrada no Pará e Nordeste, devido ao clima quente e seco.

Morfologia – A forma adulta (mosca) é robusta. A cabeça e as antenas são amarelas com arista plumosa na face dorsal; os olhos, cor de tijolo, apresentam uma faixa escura no centro. O tórax é castanho-escuro-azulado, com polinosidade cinza; as asas são castanho-claras; as pernas amarelas. O abdome azul metálico é recoberto de curtos pêlos pretos (Figura 4.63 A).

Dimensão – Mede de 14 a 17 mm de comprimento.

Biologia

Hospedeiros – A larva da *Dermatobia hominis* (berne) parasita bovinos, caninos e o homem; ovinos e felinos com menos freqüência e raramente eqüinos.

Localização – Pele.

Nutrição – A mosca adulta não se alimenta e pode viver de oito a 12 dias. As larvas nutrem-se de tecido subcutâneo.

Ciclo evolutivo – Os adultos copulam várias vezes, logo após a eclosão. As fêmeas, depois de dois dias, iniciam a oviposição e cada uma põe de 250 a 400 ovos durante sua existência. Os ovos, com 2 a 3 mm de comprimento, são esbranquiçados, operculados e com a forma de um dedo humano, cuja unha é representada pelo opérculo (Figura 4.63 B).

A *Dermatobia hominis,* no momento de efetuar a postura, captura um inseto menor (de preferência um hematófago) durante o vôo e sobre a região póstero-lateral do seu abdome deposita um número variável de ovos, com o opérculo voltado para trás. O *Amblyomma* também já foi encontrado portando ovos de *Dermatobia.* Os ovos ficam aderidos entre si e ao inseto veiculador graças a uma substância aglutinante. As fêmeas, armazenando de 250 a 400 ovos, precisam atacar um grande número de insetos para a postura. Depois de cinco a 12 dias as larvas já estão formadas, mas somente abandonam o ovo quando o inseto veiculador pousar sobre o corpo do hospedeiro de sangue quente. As larvas que não conseguem deixar o ovo quando o inseto veiculador se retira, recolhem-se nele, fechando o opérculo. As larvas podem aguardar de 20 a 24 dias no interior do ovo o momento de passar a novo hospedeiro. Uma vez transferida para o corpo do hospedeiro, a larva penetra a pele intacta ou lesada (picada de insetos) em cinco a 95 minutos.

No local da penetração, a larva se alimenta de tecido subcutâneo, cresce e provoca a formação de intumescência com uma abertura central para a respiração.

Em oito dias a larva mede 4 mm e sofre a primeira muda; 15 dias depois realiza a segunda muda e em 30 dias termina sua evolução atingindo então 24 mm. A larva madura *(berne)*, apresenta a extremidade anterior volumosa e arredondada, com três a cinco segmentos separados circularmente por dupla fileira de espinhos, e a extremidade posterior afilada.

De acordo com Blanchard as larvas podem ser assim caracterizadas: "As primeiras larvas são pequenas, piriformes e apresentam uma porção anterior dilatada e uma porção posterior muito retraída. Os anéis II, III e IV são semeados de pequenos espinhos negros, que desaparecem pouco a pouco nos dois segmentos; os anéis V, VI e VII apresentam na sua borda anterior uma cintura completa de fortes espinhos negros com pontas recurvadas para trás; os anéis IV, V e VI possuem na borda posterior uma semicintura dorsal e lateral de acúleos semelhantes. Os quatro últimos segmentos, que formam a parte retraída do corpo, são lisos, salvo na metade posterior do X e em toda extensão do XI, cuja superfície é revestida de pequenos espinhos".

É nas primeiras horas do dia que a larva madura abandona espontaneamente seu hospedeiro e cai ao solo para *pupar,* em terra fofa. O período pupal é de 22 a 40 dias em média, mas podendo ir até 67 dias. O imago deixa a pupa nas horas de maior calor e 24 horas após a eclosão realiza a primeira cópula. O macho emerge primeiro. Os adultos não se alimentam e copulam várias vezes por dia. O estádio adulto raramente vive mais de oito a 12 dias nos bosques, matos próximos às pastagens, lugares visitados por moscas e mosquitos.

Duração do ciclo da *Dermatobia hominis*

(De acordo com Neiva e F. Gomes, *in C.* Pinto)

Da postura ao aparecimento da larva	07 dias.
Período larval anterior à penetração	01-03 dias.
Período larval (no cão)	35-41 dias.
Período de pupa	64-67 dias.
Duração do imago	08-09 dias.
TOTAL	120-122 dias.

Quadro clínico – Os movimentos da larva causam dor, inquietação e irritação, prejudicando o descanso do animal parasitado, vindo refletir-se no seu estado geral. Comumente as invasões bacterianas secundárias vão originar pus e abscessos.

As conseqüências são crescimento retardado, menor produção de carne e leite, desvalorização dos couros e morte.

Patogenia – As larvas da *Dermatobia hominis* são responsáveis por miíases cutâneas furunculosas no homem, bovinos e caninos.

As larvas causam a formação de nódulos avermelhados, com um orifício central no fundo do qual são observados os estigmas respiratórios do berne e por onde escorre um soro sanguinolento. A extremidade posterior do berne de vez em vez projeta-se para fora pelo orifício central. O calor e o ato de coçar resultam em prurido, ocasionando a ulceração do nódulo e como decorrência podem ocorrer miíases secundárias, invasão bacteriana, pus e abscesso.

Diagnóstico

Clínico – Pela constatação de nódulos cutâneos e sua identificação.

Laboratorial – Pela identificação da larva (berne) extraída de nódulos cutâneos.

Profilaxia – Árdua, nada fácil. A ecologia e a freqüência desta mosca fazem com que não existam medidas práticas para sua profilaxia. Entretanto, Del Ponte (1958), sugere o emprego de produtos repelentes, como ação protetora temporária, em animais de alto valor.

Família OESTRIDAE

Conceitos básicos

- Moscas de tamanho médio.

- Peças bucais atrofiadas.

- Arista nua.

- Vibrissas pouco desenvolvidas.

- Célula apical fechada.

- Pós-escutelo distinto.

- Calípteras grandes.

- Um gênero e uma espécie de interesse à Medicina Veterinária, *Oestrus ovis*.

- Fase larval parasita os seios frontais de ovinos.

Gênero *Oestrus* Lineu, 1761

(gr. *oistros,* moscardo, tavão, nomes de mosca)

Oestridae com cabeça larga. Antenas curtas; arista nua. Célula apical fechada. Patas curtas. Abdome apresentando na face ventral e extremidade distal numerosos pêlos finos e longos.

Larva III com 20 a 25 mm de comprimento, de corpo oval, com a face dorsal convexa e a ventral plana. A extremidade anterior da larva é atenuada e a posterior é truncada. Apresenta espinhos somente na face ventral e estão em cerca de nove faixas e cada uma com várias séries de espinhos. No último segmento estão as placas estigmáticas tipicamente em "D".

Oestrus ovis Lineu, 1761

Nome vulgar – Mosca nasal das ovelhas, oestro ovino.

Distribuição geográfica – Cosmopolita. Ocorre em todas as regiões quentes e principalmente naquelas onde há criação de ovinos e caprinos.

Nome da doença – Oestrose, falso torneio.

Morlologia – O adulto, de cor castanha, apresenta arista nua, face dorsal do tórax com pequeninos tubérculos pretos arredondados, pernas amarelas, asas incolores e abdome com brilho prateado (Figura 4.64).

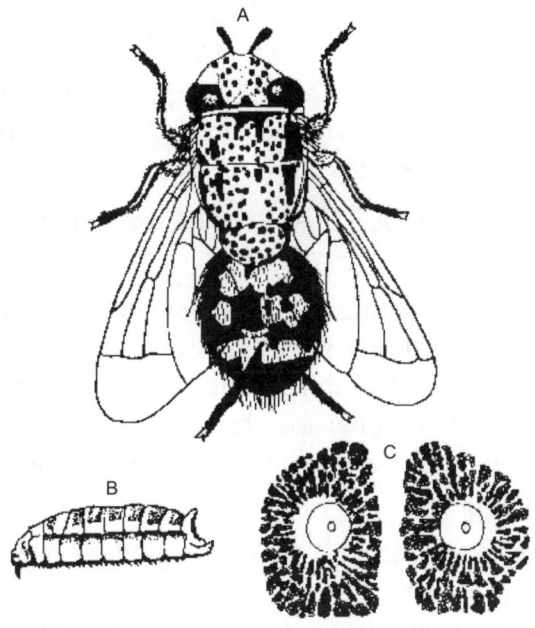

Figura 4.64 *Oestrus ovis.* A) Adulto. B) Larva C) Placas estigmáticas. Segundo James, redesenhado por Ivan.

Dimensão – Mede de 10 a 12 mm de comprimento.

Biologia

Hospedeiros – Ovinos e caprinos.

Localização – As larvas são parasitos obrigatórios dos seios frontais. A forma adulta é mais ativa no verão, principalmente durante as horas mais quentes e ensolaradas. Ao amanhecer e ao entardecer fica pousada nas paredes.

Nutrição – A mosca adulta não se alimenta e pode viver de cinco a 30 dias. As larvas alimentam-se da secreção da mucosa inflamada.

Ciclo evolutivo – Moscas, do tipo larvípara, depositam suas larvas de primeiro estádio em vôos rápidos, ao redor das narinas dos ovinos e caprinos. Cada fêmea pode pôr até 500 larvas, em várias posturas, durante sua existência. As larvas são esbranquiçadas e medem cerca de 1 mm de comprimento. As L1 migram para a cavidade nasal, seios frontais e seios maxilares onde realizam duas ecdises, transformando-se em larvas do terceiro estádio, larva madura. No verão o amadurecimento ocorre em 25 a 35 dias após a infestação e, no inverno, pode ir até nove meses. A larva madura, L3, medindo de 20 a 25 mm de comprimento, apresenta séries de espinhos na face ventral e faixas transversais escuras, cor de café, na face dorsal. A face dorsal é convexa e a ventral, plana; a extremidade anterior é afilada e a posterior, quadrada, onde estão duas placas estigmáticas típicas, em forma de "D", com um orifício central e muitas fendas ao redor. São estas larvas que retornam às fossas nasais para abandonar o hospedeiro e pupar no solo.

O período de pupa se completa em três a oito semanas. A pupa, cor de café, é encontrada na terra. A mosca adulta deixa o pupário forçando o opérculo do mesmo.

Quadro clínico – As fêmeas de *Oestrus ovis* provocam grande inquietação ao depositarem suas larvas nas narinas dos hospedeiros. Os ovinos procuram escondê-las contra o solo ou contra a lã do corpo dos outros ovinos e caprinos.

Enquanto as larvas migram pelas fossas nasais, causam irritação da mucosa. Surge coriza que se torna purulenta.

No início do inverno, enquanto as larvas são ainda muito pequenas, os sinais são pouco evidentes mas, à medida que se desenvolvem, os animais parasitados apresentam movimentos bruscos, marcha cambaleante e vertigem; freqüentemente os ovinos e caprinos caem, apresentam convulsões, ranger de dentes, salivação espumosa; os animais parasitados deixam de se alimentar, emagrecem, tornam-se sonolentos e tristes; enfraquecem e morrem.

Patogenia – Os estádios larvais, com seus espinhos e ganchos orais, irritam a mucosa provocando secreção de exsudato seroso, que depois se transforma em purulento, ocasionando uma miíase cavitária. Certas larvas se desenvolvem em pequenas cavidades ósseas e, quando maduras, não conseguem mais abandonar esses locais. Morrem e ao se desintegrarem liberam substâncias tóxicas ao hospedeiro. Nos casos mais graves, as larvas podem causar erosão nos ossos do crânio e atingir o cérebro, ocasionando lesões cerebrais e sintomas semelhantes aos da cenurose. Por isso se diz que as larvas *Oestrus ovis* causam o "falso torneio" dos ovinos.

Diagnóstico – O diagnóstico é às vezes muito delicado.

Clínico – Pelos sinais.

Laboratorial – Pela identificação das larvas eliminadas com o muco nasal e das obtidas por ocasião de necropsia.

Diferencial – A oestrose pode ser confundida com a cenurose, mas dela se distingue porque os ovinos parasitados por *Oestrus* apresentam *medo,* o que não ocorre no torneio verdadeiro.

A oestrose pode atacar os adultos enquanto a cenurose ataca somente animais jovens.

A bronquite verminótica é sempre acompanhada de tosse e o exame microscópico do muco nasal identifica a presença de ovos e larvas de *Dictyocaulus.*

Profilaxia – Não existem medidas profiláticas eficazes. É preconizado o uso de repelentes em torno das narinas dos ovinos e caprinos, a fim de afugentar as moscas, entretanto não são satisfatórios os resultados. São aconselhadas pulverizações periódicas com inseticidas das paredes e chão dos estábulos, para a destruição dos insetos.

Família GASTEROPHILIDAE

Conceitos básicos

- Moscas de tamanho médio semelhantes a abelhas tanto pelo aspecto como pelo zunido.
- Cor escura.
- Macroquetas ausentes.
- Peças bucais atrofiadas.
- Arista nua.
- Vibrissas ausentes.
- Célula apical aberta.
- Calípteras reduzidas.
- Tórax piloso.
- Gênero *Gasterophilus,* caracterizado por ter a fêmea o ovipositor alongado.
- Fase larval parasita o trato digestivo dos eqüinos.

Gênero *Gasterophilus Leach,* 1817

(gr. *gaster,* genitivo *gasteros,* estômago; *philos,* amigo),

Gasterophilidae com ocelos. Arista nua. Fêmea com ovipositor distendido.

Gasterophilus nasalis (Lineu, 1761) Schiner, 1861

Sinonímia – *Gasterophilus veterinus.*

Nome da doença – Gasterofilose (miíase cavitária).

A ocorrência desta espécie é registrada em todo o Brasil.

Morfologia – Esta espécie é de cor escura e pilosa. O tórax é castanho-escuro com reflexos dourados na face dorsal. As asas são pequenas, claras e transparentes. As patas castanhas têm fêmures pretos. O abdome é castanho anteriormente, preto na região mediana e preto com pilosidades amarelas na extremidade posterior.

O corpo da larva do terceiro estádio tem uma série de espinhos em cada segmento. A curvatura dos estigmas das placas é moderada (Figura 4.65).

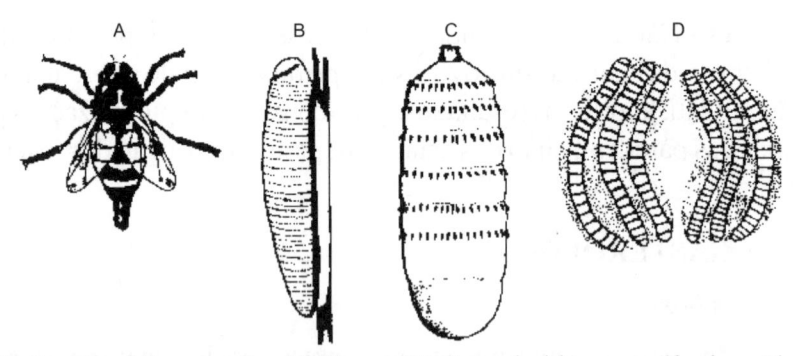

Figura 4.65 *Gasterophilus nasalis.* A) Fêmea. B) Ovo aderido a um pêlo de eqüino. C) Larva. D) Placas estigmáticas. Segundo Cameron, 1943, redesenhado por Ivan.

Dimensão – Mede de 12 a 13 mm de comprimento.

Biologia

Hospedeiro – Eqüinos.

Localização – Duodeno, região pilórica.

Nutrição – As formas adultas não se alimentam e são abundantes durante o verão ao redor dos eqüinos. As larvas são parasitos obrigatórios periódicos do duodeno, região pilórica.

Ciclo evolutivo – As fêmeas fecundadas, com o ovipositor distendido, em vôos rápidos em torno dos eqüinos, fazem a ovipostura na região submandibular. Cada fêmea põe em média 400 ovos durante sua existência. Os ovos operculados, com 1,5 mm de comprimento aproximadamente, são de coloração amarelo-castanha. A eclosão ocorre após cinco a dez dias. As L1 migram em direção à boca dos eqüinos e através da comissura labial atingem o tecido subepitelial da mucosa oral, permanecendo aí três a quatro semanas, em galerias, entre os dentes molares, realizando a ecdise para o segundo estádio evolutivo. As L2, migrando para a faringe, são deglutidas. Raras L2 completam aí seu ciclo, mas a grande maioria vai se localizar no duodeno, próximo ao piloro.

Nesse local sofrem ecdise para L3 e aí permanecem fixas durante 10 a 12 meses. As L3 têm aspecto cilíndrico, são de cor amarelo-cera e com a região posterior avermelhada. Apresentam uma série de espinhos por segmento. As L3 maduras abandonam espontaneamente o hospedeiro e, eliminadas com as fezes, vão pupar no solo.

O período de evolução da pupa é de 20 a 35 dias.

Os adultos vivem de 14 a 20 dias.

Quadro clínico – No início desta miíase não há sinais evidentes ou porque as larvas são ainda muito jovens (de dimensões reduzidas), ou porque seu número é pequeno. Entretanto, se o número de larvas for considerável pode provocar alterações digestivas como o apetite caprichoso e inconstante, ocasionando emagrecimento, cólica, palidez das mucosas, prostração e até a perfuração da mucosa do trato digestivo.

Patogenia – As moscas, ao se aproximarem dos eqüinos para a postura dos ovos, provocam correria e pânico, podendo resultar em lesões e fraturas.

Migração das larvas no tecido subepitelial da cavidade oral não provoca reação. A migração pela faringe, esôfago, estômago e piloro causa reação inflamatória local, com formação de anéis espessos em torno das larvas. As larvas comumente não perfuram esses órgãos.

O acúmulo de larvas no piloro pode obstruir ou dificultar a passagem do alimento e provocar uma reação local por parte do hospedeiro.

Diagnóstico

Clínico – Pelos sinais.

Laboratorial – A constatação de ovos nos pêlos do hospedeiro permite suspeição de gasterofilose; a presença de larvas nas fezes dos eqüinos permite afirmar a existência da afecção.

Profilaxia – Experimentos realizados por G. Danilescu comprovaram que água aquecida (50°) provoca a eclosão de larvas, o que vem a ser um indicativo para preservar os eqüinos contra a infestação por larvas de *Gasterophilus nasalis*.

Em vista do exposto, as medidas profiláticas sugeridas são:

• esfregar com uma escova ou pano, a cada quatro dias, as partes do corpo onde são depositados os ovos, com água a 50°C;

• eliminar os ovos aderidos aos pêlos dos eqüinos através de raspado ou tosquia, longe do local onde comumente ficam mantidos; este procedimento torna-se difícil quando os eqüinos permanecem no campo por vários meses;

• as paredes das estrebarias deverão ser lavadas, de quatro em quatro dias, com água aquecida (50°C);

- estabular os eqüinos durante as horas mais quentes do dia;
- recorrer ao uso de focinheira a fim de evitar o ataque das moscas;
- empregar inseticidas em pulverizações.

Família ANTHOMYIDAE

(gr. *anthos,* flor; *myia,* mosca)

Conceitos básicos

- Moscas de tamanho médio, semelhantes à mosca doméstica.
- Armadura bucal lambedora.
- Arista nua ou pilosa.
- Calípteras desenvolvidas.
- Larvas ornadas com longas cerdas pilosas.
- Domiciliares.
- Habitat: adultos nas flores; larvas fitófagas, outras saprófagas e, ainda, parasitos de outros insetos; quando ingeridas acidentalmente, parasitos do tubo digestivo do homem e dos animais.

Gênero *Fannia* Robineau-Desvoidy, 1830

(gr. *phanos,* translúcido)

Anthomyidae de pequenas dimensões, de cor cinza ou preta. Olhos glabros e holópticos no macho. Arista nua. Patas delgadas e longas. Abdome translúcido, daí o nome dado ao gênero. Larva de corpo deprimido e provida de ramificações plumosas laterais.

As larvas vivem em substâncias orgânicas em decomposição e quando ingeridas acidentalmente pelo homem e animais, ocasionam miíases intestinais.

Fannia caniculares (Lineu, 1761)

Morfologia – Mosca de cor cinza-escuro. Arista nua. Abdome com os segmentos basais translúcidos brilhantes.

Dimensão – Mede de 3 a 6 mm de comprimento.

Localização e habitat – As larvas são encontradas em plantas, no queijo e como parasitos acidentais do homem e dos animais domésticos, causando miíases intestinais quando ocasionalmente ingeridas.

Os adultos são encontrados com muita freqüência nos domicílios e daí serem conhecidos como pequena mosca doméstica. Geralmente são vistos voando ao redor de objetos pendentes do teto.

Família MUSCIDAE Leach, 1819

Conceitos básicos

- Moscas de tamanho médio.

- Ciclorrafos calipterados.

- Probóscida em geral desenvolvida: ou *mole,* adaptada a sorver substâncias líquidas ou semilíquidas, ou *rígida,* adaptada para picar e sugar.

- Arista plumosa.

Duas subfamílias são de interesse médico-veterinário: Muscinae e Stomoxydinae.

Subfamílias / Caracterização	Muscinae	Stomoxydinae
Comprimento	5,8 a 8,0 mm	6 mm
Probóscida	Mole e retrátil. Tipo lambedor ou embebedor.	Rija. Tipo picador. Hematófoga.
Labelas	Desenvolvidas.	Pouco desenvolvidas.
Arista	Plumosa.	Plumosa dorsalmente.
Tórax	Cinza-amarelado com quatro estrias longitudinais pretas, dorsalmente.	Idem.
Asas	Quarta nervura com cotovelo e a extremidade próxima da terceira.	Mais abertas. Quarta nervura não se aproxima da terceira.
Pernas	Escuras.	Escuras.
Abdome	Preto na face dorsal e amarelado lateralmente.	Cinza-amarelado com manchas pretas.
Biologia	Domiciliar.	Não domiciliar (estrebarias). Pousam nas partes altas das paredes.
Importância	Disseminadora de organismos patogênicos através dos pêlos, probóscida, regurgitamento e fezes. Hospedeiro intermediário de *Habronema* e *Draschia*.	Hospedeiro intermediário de *Hymenolepis* e *Habronema*. Vetor mecânico: *Bacilus anthracis*, anemia infecciosa e *Anaplasma*. Veiculadora de ovos de *Dermatobia*.

Subfamília MUSCINAE Meigen, 1838

Muscidae com peças bucais destinadas a aspirar substâncias fluidas difundidas na superfície do corpo, como suor, lágrimas, serosidades da pele, sangue que escorre de ferimentos e das picadas provocadas por outros artrópodes.

Gênero *Musca* Lineu, 1758

Muscinae de coloração cinza-escuro, com reflexos amarelados no abdome. Tórax com quatro faixas pretas longitudinais. Arista plumosa. Quarta nervura longitudinal da asa fortemente recurvada, formando um cotovelo, em ângulo reto. Primeira célula posterior, aberta.

Larva copráfaga e às vezes carnívora.

Musca domestica Lineu, 1758

A forma adulta apresenta a arista plumosa. A tromba ou probóscida é mole. Os olhos são glabros. Holópticos no macho e dicópticos na fêmea. As asas não são manchadas. Corpo cinza-escuro, sem brilho metálico. Tórax com quatro faixas pretas longitudinais e paralelas. Abdome amarelado com uma faixa preta longitudinal mediana. Patas escuras (Figuras 4.66 e 4.67).

Dimensão – Mede de 6 a 8 mm de comprimento.

Biologia

Localização – Larvas em matéria orgânica em decomposição.

Nutrição – A mosca doméstica alimenta-se de substâncias líquidas (doces, produtos de origem animal como fezes, urina, suor, catarro, pus, sangue etc.), e de substâncias orgânicas em decomposição, dissolvendo as sólidas com a saliva, e após, absorver o líquido através das labelas de sua tromba ou probóscida. Esse líquido vai se armazenar no papo, divertículo esofágico. Para atingir o intestino médio (estômago) é regurgitado até a tromba ou probóscida, quando podem sair algumas gotas desse líquido, conhecidas como "gotas de vômito", que ao secarem constituem minúsculos pontos pretos.

Por ser a capacidade de vôo da mosca doméstica de uma distância de 10 km em 24 horas, as "gotas de vômito" constituem um poderoso meio de disseminação de agentes patógenos, como vírus, bactérias, esporos de fungos, cistos de protozoários e ovos de helmintos, caso os tenha ingerido. Esses agentes também podem ser transportados pelas suas patas, asas, pêlos distribuídos por seu corpo e deixá-los ao pousar em alimentos, louças, talheres, mamadeiras etc.

Ciclo evolutivo – A mosca doméstica deposita seus ovos brancos e ovóides, de 1 mm de comprimento, com uma das extremidades mais larga, em matéria orgânica em decomposição, no esterco, no lixo etc. Cada fêmea põe, em média, 120 a 150 ovos, perfazendo um total de 500 a 600 ovos em quatro posturas.

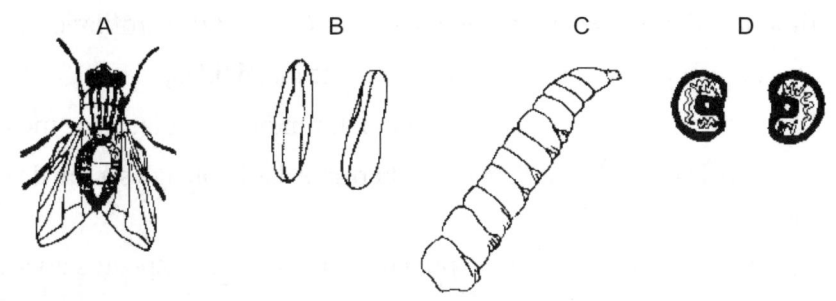

Figura 4.66 *Musca domestica.* A) adulto. Segundo Smart. B) ovos. C) larva. Segundo Howard. D) placas estigmáticas. Redesenhado por Ivan.

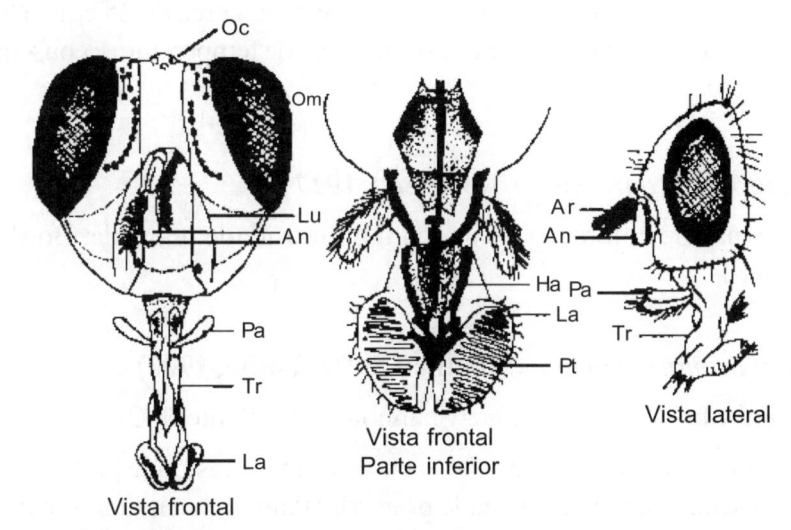

Figura 4.67 *Musca domestica.* Cabeça: An) antena. Ar) arista. Há) haustelo. La) labela. Lu) lúnula. Oc) ocelo. Om) omatídeo. Pa) palpo. Pt) pseudotraquéias. Tr) tromba.

As larvas recém-eclodidas são brancas, medem 2 mm de comprimento e dotadas de heliotropismo negativo. As placas estigmáticas anteriores estão localizadas entre o terceiro e o quarto anel e com as aberturas transversais. As placas estigmáticas posteriores apresentam os espiráculos serpenteados. Essas larvas alimentam-se e em 24 horas ocorre a primeira muda, e em 72 horas surge a pupa. Para pupar a larva procura lugar seco, arenoso ou terra fofa.

O pupário apresenta no início cor amarelo-clara, depois passa para vermelho e ao final tem a cor castanho-escura. Em regiões de clima quente a fase de pupa é de cinco dias, aumentando quando a temperatura cai.

A duração do ciclo evolutivo, de ovo a adulto é de, em média, oito a 12 dias, de acordo com a temperatura e alimentação da larva.

As formas adultas, poucos dias após a saída do pupário, copulam e a fêmea inicia a postura.

Profilaxia – Podem ser enumeradas as seguintes medidas profiláticas:

- combate à mosca adulta com o uso de inseticidas;

- emprego de "pega-moscas"" para diminuir a população de moscas;

- uso de telas milimetradas nas aberturas das habitações a fim de impedir a invasão da mosca;

- proteção dos alimentos, pois não devem ficar expostos ao ataque das moscas;

- combate às larvas e aos seus criadouros, como coleta de lixo para incineração ou que seja depositado em valetas cobertas com cerca de 25 cm de terra ou com plástico, provocando, assim, fermentação, elevação de temperatura e conseqüentemente morte das larvas.

Gênero *Sarcopromusca* Townsend, 1927

Muscinae de coloração escura com polinosidade prateada. Borda interna da calíptera ciliada.

Sarcopromusca pruna (Shannon & Del Ponte, 1926)

Sinonímia – *Orthelia pruna* (Shannon & Del Ponte, 1926)

A forma adulta é de coloração escura com polinosidade prateada. As antenas também são escuras com polinosidade prateada. Palpos castanhos. Tórax com quatro faixas pretas longitudinais intercaladas de polinosidades prateadas. Calípteras castanho-claras no macho e brancas na fêmea. Asas hialinas. Patas castanho-escuras. Abdome com manchas escuras e o quinto tergito, dourado.

Dimensão – Mede de 6 a 7 mm de comprimento.

Biologia

Localização – Larvas em fezes de bovinos, eqüinos, galináceos, terneiros (bezerros), caninos, suínos, homem e ovinos, segundo a ordem de atração.

Nutrição – A forma adulta é atraída pelo pus e exsudatos presentes em abscessos dos quais se alimenta.

Ciclo evolutivo – As sarcopromuscas agrupam-se sobre os nódulos localizados no dorso e no pescoço dos animais, para absorver o líquido seroso que verte através dos orifícios abertos na pele, permitindo que a *Dermatobia* revoando sobre elas, as apanhe para realizar a postura sobre o abdome, sem que as moscas deixem de se alimentar.

A ovipostura é em fezes frescas de animais já citados anteriormente, hábito este facilitado pela presença de espinhos robustos, em forma de pente, situados no sétimo e oitavo segmentos do ovipositor longo e fino, bem adaptado para enterrar os ovos em substrato mole.

Subfamília STOMOXYDINAE Bezzi, 1893

Muscidae com armadura bucal picadora. Tromba ou probóscida, não retrátil e fortemente quitinizada, formada pelo labro, hipofaringe e lábio penetrante. Palpos maxilares do comprimento ou mais curtos que a tromba.

Adultos parasitos temporários intermitentes, hematófagos, do homem e dos animais, principalmente bovinos e eqüinos.

Gênero *Stomoxys* Geoffroy, 1762

(gr. *stoma,* boca; *oxys,* pontiagudo)

Stomoxydinae com arista plumosa dorsalmente. Tromba ou probóscida pontiaguda na extremidade apical. Palpos maxilares filiformes, curtos, não atingindo a metade do comprimento da tromba. Asas longas, largas e pontiagudas.

Armadura bucal picadora, formada pelo lábio em goteira dorsal, que encerra o labro e a hipofaringe. Todas essas três peças penetram na pele no ato de picar. Palpos maxilares muito reduzidos.

Adultos picam o homem e animais, principalmente bovinos e eqüinos.

Larva coprófaga.

Stomoxys calcitrans (Lineu, 1758)

Nome vulgar – Mosca dos estábulos.

Esta espécie é semelhante à mosca doméstica, diferindo por ter a tromba ou probóscida rígida, picadora, dirigida horizontalmente para diante da cabeça, quando em repouso e perpendicular no ato de picar.

A *Stomoxys calcitrans* pousada apresenta a cabeça levemente erguida, ao contrário da *Musca domestica* que a apresenta para baixo (Figura 4.68).

Dimensão – Mede aproximadamente 6 mm de comprimento.

Biologia

Habitat – A *Stomoxys calcitrans* é encontrada durante os meses quentes, pousada nas partes altas das paredes de estábulos e habitações próximas a estrebarias.

A larva evolui de preferência em esterco de cavalo.

Nutrição – A *Stomoxys* adulta é hematófaga. As larvas são coprófagas.

Ciclo evolutivo – A fêmea, geralmente, faz a ovipostura em terrenos arenosos e úmidos, entre detritos e lixo, e os ovos expostos aos raios solares não tardam em liberar as larvas. Estas, normalmente coprófagas, podem agora ser polífagas.

A larva é lisa e semelhante à da *Musca domestica;* entretanto difere pela morfologia das placas estigmáticas e pelos ganchos bucais (Figura 4.68).

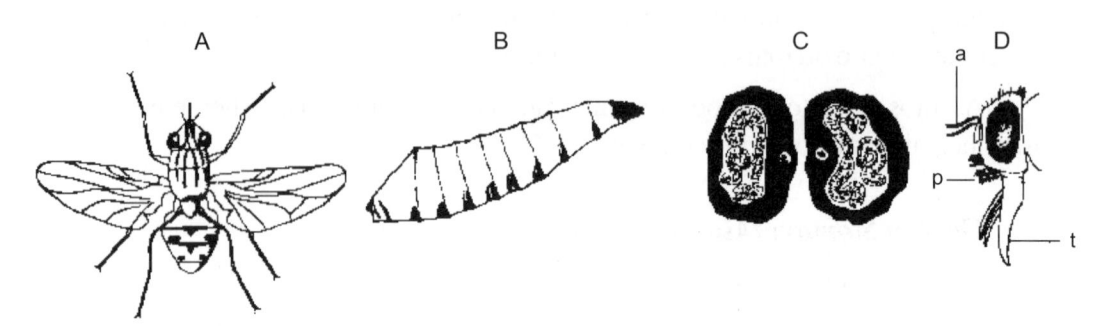

Figura 4.68 *Stomoxys calcitrans.* A) Adulto. B) Larva. C) Placas estigmáticas. D) Vista lateral da cabeça. a) antena; p) palpo maxilar; t) tromba. Segundo Soulsby, 1975, Delafond e Austen, redesenhado por Ivan.

Quadro clínico e Patogenia – A picada da *Stomoxys calcitrans* é dolorosa em conseqüência da espessura da tromba. Habitualmente os eqüinos são os mais atacados, e entre os sinais clínicos são observadas lesões, de uma dermatite característica, nos seus membros.

Para evitar a *Stomoxys,* os cavalos procuram entrar nas coleções d'água das pastagens até a água atingir a região ventral.

Esta mosca é o hospedeiro intermediário de *Habronema* e *Hymenolepis;* vetor mecânico do *Bacillus antrachis, Anaplasma* e o agente etiológico da anemia infecciosa dos eqüinos e, ainda, veiculadora de ovos de *Dermatobia.*

Profilaxia – Pulverização das paredes dos estábulos, cocheiras com inseticidas para combate ao adulto;

• proteger os eqüinos das picadas de *Stomoxys* com capas que cubram o dorso e pantalonas nas pernas;

• drenagem dos campos alagadiços;

• como já foi sugerido para a profilaxia da *Musca,* combater as larvas e seus criadouros, como coleta de lixo para incineração ou que seja depositado em valetas cobertas com cerca de 25 cm de terra ou plástico, para provocar a fermentação e conseqüente elevação de temperatura e morte das larvas.

Gênero *Haematobia* Robineau-Desvoidy, 1830

(gr. *haima,* sangue; *bio,* vida)

Stomoxydinae com arista plumosa dorsalmente. Palpos maxilares do comprimento da tromba ou probóscida. Olhos próximos (holópticos) no macho e afastados (dicópticos) na fêmea. Asas largas estreitando-se para a extremidade apical arredondada; primeira e terceira nervuras longitudinais providas de minúsculas cerdas na base; quarta nervura longitudinal mais recurvada que a dos *Stomoxys;* primeira célula posterior nitidamente aberta.

Haematobia irritans (Lineu, 1758)

Nome vulgar – Mosca do chifre.

Distribuição geográfica – Canadá, Estados Unidos, Europa, Austrália, Honolulu, Havaí, Chile, Colômbia e Venezuela. No Brasil, em 1980, é registrada em Roraima, no ano seguinte em Manaus, em 1990, em São Paulo e em 1991, chega ao Rio Grande do Sul.

Morfologia – É de cor preta, semelhante à *Musca domestica.* As peças bucais são semelhantes às da *Stomoxys calcitrans,* com exceção do lábio que é espesso e os palpos são quase tão longos quanto a tromba ou probóscida. A disposição das nervuras da asa são também semelhantes à da *Stomoxys calcitrans* (Figura 4.69).

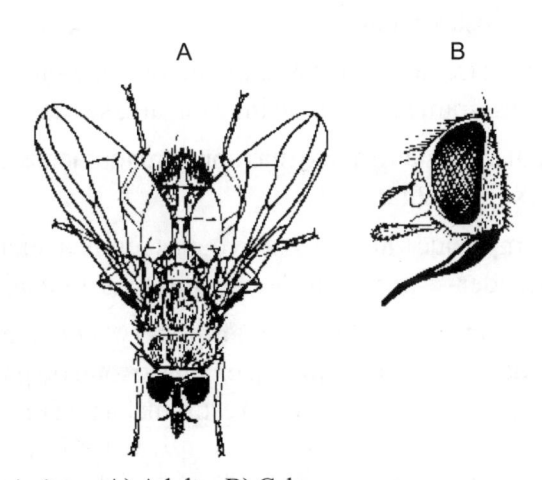

Figura 4.69 *Haematobia irritans.* A) Adulto. B) Cabeça.

Dimensão – Mede de 3 a 5 mm de comprimento.

Biologia

Hospedeiros – Bovinos. Também são atacados os caprinos, mais raramente os ovinos, os eqüinos e os caninos.

Localização – Aos bandos, sobrevoam os animais e pousam sobre a cabeça e o dorso, procurando sempre as partes mais protegidas do sol, e nele permanecem, a grande maioria, com a cabeça voltada para baixo, em direção ao solo. Atacam também o abdome e outras regiões do corpo. As fêmeas fecundadas posicionam-se nas partes inferiores do corpo onde podem sentir melhor os odores das fezes frescas, e só abandonam o hospedeiro para a ovipostura, retornando logo em seguida ao animal. Embora seja a *Haematobia* vulgarmente conhecida como "mosca do chifre", raramente é vista ao seu redor. Entretanto, segundo observações, quando a temperatura baixa, concentram-se, em grande número, nas proximidades da base dos chifres.

Nutrição – Machos e fêmeas alimentam-se de sangue várias vezes por dia e são necessários 10 a 20 minutos para uma completa refeição. Cada mosca dá 40 picadas, aproximadamente, no mesmo bovino. Durante este período, a *Haematobia* introduz e retira a probóscida no mesmo orifício para bombear o sangue e parte dele digerido pode ser eliminado enquanto ainda se alimenta.

Ciclo evolutivo – A ovipostura é feita na superfície lateral de fezes recentes, porque em poucos minutos estas ficarão sem o poder de atrair as moscas para a oviposição. Os ovos são depositados parceladamente, de quatro a seis, mas podem ser de até 24.

Cada fêmea põe em média um total de 400 ovos durante sua existência.

Os ovos, com 1,3 a 1,5 mm de comprimento, são de cor castanho-avermelhada. Em temperaturas de 24 a 26ºC, eclodem em 24 horas. A umidade relativa do ar de 100% é necessária para uma eclosão máxima.

As larvas, durante três a cinco dias, alimentam-se de substâncias orgânicas existentes nas fezes e após migram para a parte inferior, áreas secas, a fim de pupar.

O período pupal é de quatro a oito dias aproximadamente, findo o qual as moscas procuram o gado para se alimentar.

O espaço de tempo que vai de ovo a ovo, nas regiões quentes, é em torno de 10 a 15 dias, podendo estender-se por alguns meses nos países de clima frio.

Profilaxia – O controle das infestações por *H. irritans* é feita com o emprego sistemático de inseticidas (controle químico), exclusão total do pastoreio ou a aplicação de brincos inseticidas. Além destes, está sendo estimulada no Brasil a criação e liberação de um besouro de origem africana, o *Ontophagus gasella,* inimigo natural dessa mosca, por decompor o bolo fecal dos ovinos, onde crescem os bandos de *Haematobia*.

Devem ser adotadas, também, medidas de defesa sanitária animal como:

- controle do trânsito de animais;
- controle do estado sanitário dos animais em feiras e exposições;
- higiene com desinfestação dos veículos transportadores de animais;
- manejo higiênico das fezes dos veículos.

Gênero *Neivamyia* Pinto e Fonseca, 1930

(dedicado ao entomólogo Arthur Neiva)

Stomoxydinae com palpos longos, chegando à extremidade apical da tromba, quando em repouso. Arista plumosa. Corpo robusto.

Neivamya lutzi Pinto e Fonseca, 1930

(dedicada a Adolfo Lutz)

Morfologia – No macho a fronte tem um terço da largura máxima do olho.

Tromba com o comprimento igual à altura máxima do olho. Abdome de cor castanho-escura. Patas escuras.

Veiculadora de ovos de *Dermatobia hominis.*

Biologia

Localização – Os ovos são depositados em fezes de eqüinos, onde evoluem, e as larvas aí permanecem alimentando-se ativamente até a pupação.

Nutrição – A forma adulta é hematófaga. Ataca de preferência os eqüinos no final da tarde.

Ciclo evolutivo – Após a postura em fezes de eqüinos, o período de incubação é de nove a 10 horas. Depois surge a larva cujo tempo de duração vai de seis a sete dias.

O período pupal é de seis a sete dias.

Família CALLIPHORIDAE

(gr. *kalos,* beleza; *phoros,* portador)

Nome vulgar – Mosca varejeira.

Conceitos básicos

- Moscas de belo colorido metálico azul ou verde.
- Tamanho médio.
- Peças bucais funcionais, do tipo sugador.
- Arista plumosa em toda a sua extensão.
- Pós-escutelo pouco desenvolvido.
- Notopleura com duas cerdas.
- Cerdas abdominais geralmente pouco desenvolvidas.
- Larvas biontófagas, necrobiontófagas e necrófagas.

Gênero *Cochliomyia* Townsend, 1915

(gr. *cochlio,* caracol; *myia,* mosca)

Calliphoridae com cabeça, palpos e antenas amarelo-alaranjadas. Palpos curtos e filiformes. Mesonoto verde ou azul metálico, com três faixas longitudinais escuras. Calípteras pilosas. Patas pretas.

Cochliomyia hominivorax (Coquerel, 1858)

Sinonímia – *Callitroga hominivorax, Callitroga americana, Cochliomyia americana.*

Morfologia – A região inferior da parafrontália é provida de pêlos amarelos-escuros. Fêmea com a nervura costal (basicosta) de cor preta e desprovida de pêlos na base. Tórax de colorido metálico azul-esverdeado, com três faixas pretas longitudinais. Os metâmeros abdominais são desprovidos de pêlos. O hipopígio ou falossomo é curvo. O abdome apresenta o último metâmero visível, sem manchas laterais claras, quando a mosca é observada pelo dorso.

Larva (L3) apresenta os troncos traqueais fortemente pigmentados (Figura 4.70).

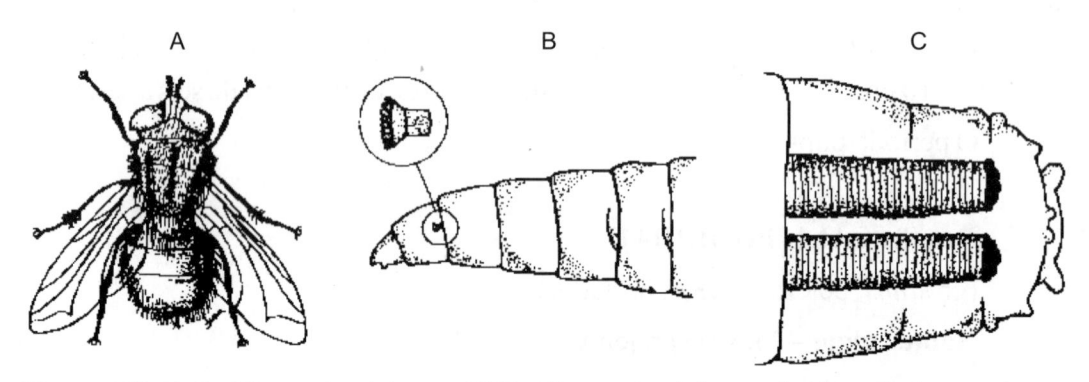

Figura 4.70 A) *Cochliomya hominivorax.* B) Região anterior da larva, vista lateral, observando-se o espiráculo antenal. C) Região posterior da larva, vista dorsal, observando-se as traquéias pigmentadas. (A) Segundo James. (B e C) Segundo Cesar Pinto, redesenhado por Ivan.

Dimensão – Mede de 8 a 10 mm de comprimento.

Distribuição geográfica – Esta espécie é a mosca mais importante como produtora de miíase do homem e dos animais das Américas, desde o sul dos Estados Unidos até o norte do Chile.

Biologia

Hospedeiros – Homem e animais.

Localização e nutrição – A *Cochliomyia hominivorax* só realiza posturas em ferimentos recentes da pele dos hospedeiros. As larvas nutrem-se do tecido muscular e os adultos de néctar de flores, suco de frutas e secreções de feridas.

Ciclo evolutivo – A fêmea de *Cochliomyia hominivorax* é fecundada uma única vez na vida. A cópula ocorre aos três ou quatro dias da saída do pupário e inicia a postura aos sete dias de idade. A fêmea armazena um total de aproximadamente 2.800 ovos e efetua várias posturas, em diferentes locais, de 350 ovos aglomerados, com intervalos de três a quatro dias. A postura é feita na margem das lesões recentes ou cavidades naturais dos animais de sangue quente.

Os ovos são brancos, elípticos e medem aproximadamente 1 mm de comprimento. As larvas do primeiro estádio surgem dentro de 12 a 24 horas e já se fixam nos tecidos, iniciando sua alimentação sobre o hospedeiro, ficando com os espiráculos voltados para fora, em contato com o ar. A larva L1, biontófaga, evolui e realiza duas ecdises, transformando-se em L3 depois de seis a sete dias. Nesse estádio abandona espontaneamente o hospedeiro para pupar no solo.

A pupa é do tipo coarctada. No verão, a fase de pupa é de seis a oito dias.

Em condições ótimas de temperatura e umidade relativa do ar, o ciclo evolutivo se completa de 21 a 23 dias.

Os adultos vivem de 60 a 70 dias.

Quadro clínico e Patogenia – A miíase inicia-se sempre sobre lesões recentes da pele dos animais. Há oviposura próxima às lesões e as larvas eclodidas vão se alimentar do tecido muscular.

As larvas possuem enzimas proteolíticas, responsáveis pela digestão dos tecidos do hospedeiro, resultando na sua dilaceração. As lesões têm o seu tamanho aumentado e exalam um odor repulsivo. Nos tecidos necrosados surgem miíases secundárias, determinadas por larvas de outras moscas. De acordo com a localização da miíase, poderá ocorrer peritonite, claudicação, cegueira, afecções dentárias etc. Os animais apresentam-se inquietos, deixam de se alimentar e emagrecem. A morte pode ocorrer por toxemia, hemorragia ou infecções bacterianas secundárias.

Cochliomyia macellaria (**Fabricius, 1794**)

Sinonímia – *Callitroga macellaria.*

Morfologia – A região inferior da parafrontália é provida de pêlos amarelos. Fêmea com a nervura costal (basicosta) de cor amarelo-alaranjada e provida de pêlos na base. Tórax de colorido azul-esverdeado com três faixas pretas longitudinais. Os metâmeros abdominais são providos de pêlos. O hipopígio ou falossomo é retilíneo. O abdome apresenta o último metâmero visível, com manchas laterais claras, quando a mosca é observada pelo dorso. Larva necrobiontófaga e responsável por miíase secundária.

Larva (L3) com os troncos traqueais posteriores claros, não quitinizados; são pigmentados até a metade do primeiro metâmero.

É necrobiontófaga e responsável por miíase secundária (Figura 4.71).

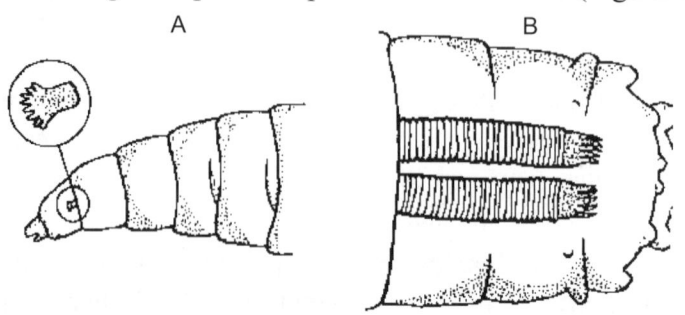

Figura 4.71 *Cochliomyia macellaria.* A) Região anterior da larva, vista lateral. B) Região posterior da larva, vista dorsal, observando-se as traquéias não pigmentadas. Segundo Lake et al., redesenhado por Ivan.

Gênero *Calliphora* Robineau-Desvoidy, 1830

Calliphoridae com tórax e abdome azul, sem reflexos metálicos. Arista plumosa.

Larvas necrófagas, entretanto podem evoluir acidentalmente em tecidos vivos, ocasionando miíases.

Dimensão – Medem de 6 a 8 mm de comprimento.

Gênero *Chrysomyia* Robineau-Desvoidy, 1830

(gr. *chrysos,* ouro, amarelo; *myia,* mosca)

Calliphoridae de tórax e abdome metálicos brilhantes.

Larvas necrófagas; entretanto, certas espécies podem ocasionar miíases.

Dimensão – Medem de 8 a 10 mm de comprimento.

Gênero *Lucilia* Robineau-Desvoidy, 1830

(lat. *lucesco,* brilhar)

Sinonímia – *Phaenicia.*

Calliphoridae de colorido metálico verde ou azul. Arista plumosa. Tórax sem faixas pretas longitudinais.

Larvas necrófagas e acidentalmente responsáveis por miíases cutâneas, cavitárias e intestinais do homem e animais domésticos.

Dimensão – Medem de 7 a 9 mm de comprimento.

Família SARCOPHAGIDAE

- Moscas de cor cinza-escuro, tórax com três faixas longitudinais pretas e abdome xadrez preto e branco.

- Arista plumosa na base e glabra (nua) na região apical.

- Olhos separados nos dois sexos.

- Armadura bucal lambedora.

- Célula apical da asa, fechada.

- Calípteras bem desenvolvidas.

- Larvas cilíndricas com antenas curtas, espessas e divergentes; ganchos orais separados e fortemente recurvados; placas estigmáticas em depressões e cada espiráculo com três fendas convergentes para a falsa abertura. Larvas essencialmente carnívoras, vivendo às custas de substâncias de origem animal em decomposição.

- Pupas ovais.

Gênero *Sarcophaga* Meigen, 1826

(gr. *sarko,* carne; *phagein,* comer)

Morfologia – Sarcophagidae de cabeça quadrangular. Tórax cinzento com três faixas longitudinais pretas bem nítidas no mesonoto. Abdome xadrezado (Figura 4.72).

Figura 4.72 Sarcophaga. Segundo James, redesenhado por Ivan.

Dimensão – As fêmeas medem de 13 a 15 mm de comprimento; os machos são menores.

Biologia

Nutrição – As larvas são essencialmente carnívoras.

Ciclo evolutivo – As sarcófagas são muito abundantes. As fêmeas larvíparas podem pôr até 50 larvas de cada vez, depositando-as nos locais onde existe substância de origem animal em decomposição, cadáveres (necrófagas) e em feridas (necrobiontófagas) ocasionando miíases secundárias. Essas moscas apresentam interesse não só em clínica, por determinarem miíases secundárias, como em Medicina Legal, por constituírem suas larvas a fauna cadavérica.

As larvas completam seu ciclo em 10 a 50 dias, dependendo da temperatura e da abundância do alimento. As larvas maduras caem ao solo e penetram na terra fofa para a pupação.

O período pupal é de 10 a 15 dias, no verão.

Família HIPPOBOSCIDAE

(gr. *hippos,* cavalo; *bosko,* comer)

Conceitos básicos

- Formas aladas ou ápteras.
- Corpo deprimido.
- Cutícula com revestimento coriáceo.
- Antenas formadas por um único artículo.
- Um par de olhos compostos; ocelos (olhos simples) presentes ou ausentes.
- Armadura bucal do tipo picador.
- Tórax formado por três metâmeros fusionados.
- Asas ausentes, caducas, rudimentares ou bem desenvolvidas.
- Patas com duas unhas recurvadas.
- Abdome volumoso (retangular nos machos e esférico nas fêmeas) e com metâmeros imperceptíveis.
- Fêmeas larvíparas.
- Parasitos de mamíferos e aves.
- Interessam à Medicina Veterinária os gêneros *Pseudolynchia* e *Melophagus.*

Gênero *Pseudolynchia* Bequaert, 1925

(gr. *pseudes,* falso; *linkos,* lat. *lynce,* lince)

Hyppoboscidae de cor escura. Ocelos ausentes. Asas amarelo-pálidas.

Pseudolynchia canariensis (Bequaert, 1925) Macquart, 1943

Morfologia – Hippoboscidae com asas bem desenvolvidas. A cabeça é mais ou menos esférica; os olhos compostos são pequenos e os ocelos são ausentes. O terceiro par de patas é mais desenvolvido (Figura 4.73).

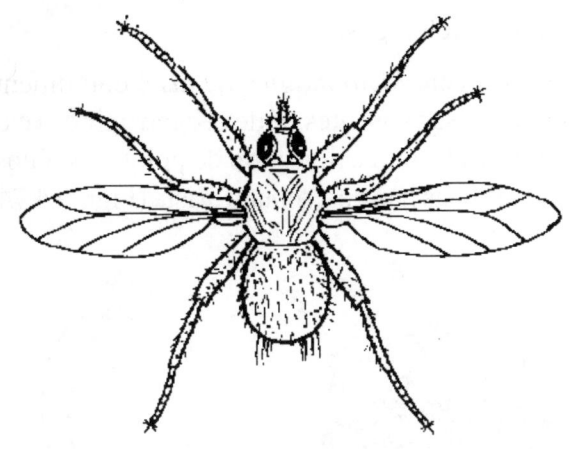

Figura 4.73 *Pseudolynchia canariensis.* Segundo Neumann, redesenhado por Ricardo.

Dimensão – O adulto mede de 10 a 13 mm de comprimento.

Biologia

Hospedeiro – Pombo.

Localização – Pele (ectoparasitos temporários).

Nutrição e ciclo evolutivo – A cópula é demorada e pode ocorrer também durante o vôo. As fêmeas são larvíparas. O desenvolvimento larval ocorre no útero. As larvas nutrem-se das secreções das glândulas uterinas e transformam-se em pupa, imediatamente à larviposição, em terra seca. Em laboratório, o período pupal é de 24 a 30 dias. Os adultos vivem em média 45 dias e sugam sangue duas vezes em 24 horas.

Quadro clínico e Patogenia – As moscas *Pseudolynchia canariensis* atacam principalmente os pombos novos na base das penas, durante 15 a 20 dias, causando irritação e, quando em grande número, podem provocar a morte.

Esta espécie é responsável pela transmissão aos pombos do hematozoário *Haemoproteus columbae.*

Gênero *Melophagus* Latreille, 1802

(gr. *melon,* ovino; *phagein,* comer)

Hippoboscidae de cor ferruginosa. Desprovido de asas e balancins. Cabeça deprimida, curta e encaixada no tórax; olhos pequenos e ocelos ausentes; antenas nuas e reduzidas a dois tubérculos. Patas revestidas de pêlos; unhas bífidas. Abdome oval e de cor escuro avermelhada.

Melophagus ovinus (Lineu, 1761) Latreille, 1802

Nome da doença – Melofagose.

Morfologia – A espécie *Melophagus ovinus* é comumente conhecida como falso carrapato dos ovinos. Asas ausentes. É de cor ferruginosa e o abdome cinzento-escuro. O tegumento duro e elástico é revestido de pêlos. Os olhos são pequenos e os ocelos ausentes. As antenas nuas não apresentam arista (Figura 4.74).

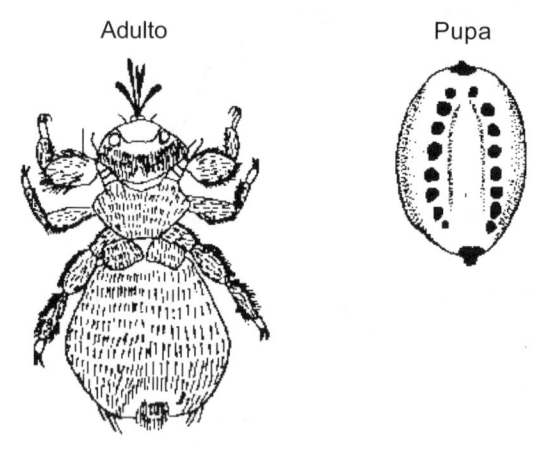

Figura 4.74 *Melophagus ovinus.* Segundo Ferris & Colle, redesenhado por Ivan.

Etiologia – A infestação ocorre pelo contato de um animal são com um parasitado.

Quadro clínico e Patogenia – A picada dos melófagos não é muito dolorosa mas as infestações maciças causam irritação aos ovinos, perturbando o descanso e a alimentação. A espoliação sangüínea não chega a prejudicar a saúde do animal parasitado, entretanto, as toxinas inoculadas retardam o crescimento e aumentam a receptividade a outras doenças. Os ovinos parasitados mordem o local afetado e roçam-se contra objetos sólidos. Quando os parasitos são em grande número, a lã apresenta-se empastada e conseqüentemente desvalorizada. O exame da pele do ovino com melófagos mostra pequeninas manchas vermelhas, do tamanho de uma lentilha, com o centro mais escuro. No corpo são encontrados os adultos e as pupas aderidas à lã.

Diagnóstico

Clínico – Pelos sinais.

Laboratorial – Pela constatação e identificação de melófagos adultos na pele e das pupas aderidas à lã dos ovinos.

Profilaxia – As medidas profiláticas compreendem aplicação de parasiticidas por meio de pulverizações nos ovinos infestados, e em caso de parasitismo intenso, recorrer à tosquia com exposição dos ovinos tosquiados ao sol para a queda dos melófagos.

Classe ARACHNIDA

Conceitos básicos

Artrópodes assim caracterizados:

- Corpo, em geral, dividido em cefalotórax e abdome.
- Áceros.
- Providos ou não de olhos.
- Apêndices cefálicos representados por um par de quelíceras (mandíbulas) e um par de palpos (maxilas).
- Peças bucais adaptadas à sucção de fluidos.
- Quatro pares de patas.
- Respiração filotraqueal ou cutânea.
- A grande maioria de evolução direta.

Diagnose para identificação das principais Ordens

1. Abdome distintamente segmentado 2

   Abdome não segmentado 5

2. Abdome com prolongamento caudal 3

   Abdome sem prolongamento caudal 4

3. Prolongamento em filamento.. Pedipalpida

   Prolongamento segmentado terminado em aguilhão .... Scorpionida

4. Palpos com pinça didáctila.................................... Pseudoscorpionida

   Palpos sem pinça didáctila, quarto par de pernas acentuadamente desenvolvido... Opilionida

5. Abdome unido ao cefalotórax por um pedicelo curto e estreito .... Araneida

   Abdome fusionado ao cefalotórax; corpo em forma de saco .... Acarina

ACAROLOGIA

Acarologia é a parte da Artropodologia que se refere ao estudo dos Ácaros.

SISTEMÁTICA DA ORDEM ACARINA

SUBORDEM	FAMÍLIA	SUBFAMÍLIA	GÊNERO	ESPÉCIE
Ixodides	Ixodidae	Ixodinae	*Ixodides*	*I. ricinus*
		Amblyomminae	*Amblyomma*	*A. cajennensse*
			Haemaphysalis	*H. leporispalustris*
			Anocentor	*A. nitens*
		Rhipicephalinae	*Rhipicephalus*	*R. sanguineus*
			Boophilus	*B. microplus*
	Argasidae		*Argas*	*A. miniatus*
				A. reflexus
			Ornithodorus	*O. rostratus*
				O. brasiliensis
			Otobius	*O. megnini*
Sarcoptiformes	Sarcoptidae		*Sarcoptes*	*S. scabili*
			Notoedres	*N. cati*
			Cnemidocoptes	*C. mutans*
				C. gallinae
	Psoroptidae		*Psoroptes*	*P. cuniculi*
				P.cervinus
				P. natalensis
				P. equi
				P.ovis
			Chorioptes	*C. bovis*
				C. texanus
			Otodectes	*O. cynotis*
Trombidiformes	Demodecidae		*Demodex*	*D. folliculorum*
Mesostigmata	Dermanyssidae		*Dermanyssus*	*D. gallinae*

Ordem ACARINA Nitzsch, 1818

Conceitos básicos

- Arachnida de corpo globoso, sem vestígios de segmentação.
- Abdome não segmentado e fusionado ao cefalotórax.
- Peças bucais constituindo um rostro, destinado a picar e sugar ou a morder.
- Respiração traqueal ou cutânea.

- Evolução com metamorfoses:

ovo – larva – ninfa – adulto.

- Vida livre ou parasitária.

Os acarinos são aracnídeos de vida livre e ou parasitária e, também, transmissores de doenças ao homem e animais. Durante sua evolução os acarinos passam pelos estádios de ovo, larva, ninfa e adulto. Podem ser parasitos durante qualquer fase de sua evolução. Parasitam mamíferos, aves, répteis, anfibios e artrópodes. Algumas espécies sugam sangue e há as que se alimentam da epiderme, pêlos, cabelos ou de substâncias em decomposição existentes no meio.

Dimensão – Os acarinos são aracnídeos de dimensões muito pequenas. As espécies de vida livre atingem até 5 mm, enquanto os ácaros da sarna não ultrapassam a 500 μ; as fêmeas de Ixodides ingurgitadas e grávidas atingem mais de 1 cm de comprimento.

Morfologia externa

Tegumento – O tegumento cuticular que reveste o corpo dos acarinos é coriáceo. Os acarinos podem ser revestidos, na face dorsal, de uma ou várias placas quitinosas. A cutícula pode apresentar espinhos, de distribuição específica, pêlos ou escamas.

Regiões do corpo – O corpo globoso dos acarinos, convexo dorsalmente e plano ventralmente, sem qualquer vestígio de segmentação, é distintamente separado em *gnatossoma* e *idiossoma* (Figura 4.75).

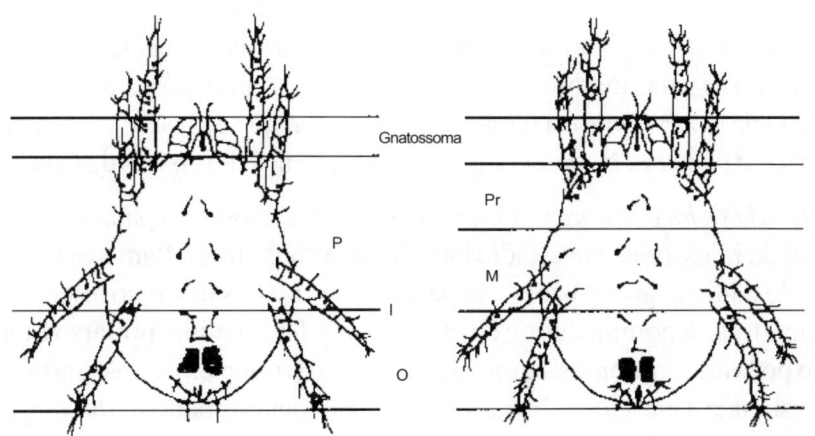

Figura 4.75 *Acarina.* Regiões do corpo: P) podossoma. Pr) pró-podossoma. M) metassoma. I) idiossoma. O) opistossoma.

Gnatossoma (capítulo) – O gnatossoma, inserido numa depressão – cameróstomo – é a porção anterior e essencialmente constituído de base e apêndices bucais. É através do gnatossoma que os alimentos vão ter ao esôfago. O gnatossoma não deve ser considerado cabeça pois os gânglios cerebróides estão localizados no idiossoma (Figura 4.76).

Apêndices bucais – A expansão quitinosa anterior é denominada *epistoma* ou *lábio anterior.* Há dois pares de apêndices situados lateralmente ao orifício oral, as *quelíceras* (mandíbulas) e os *palpos* (maxilas). As quelíceras realizam movimentos para frente e para trás. Quando bem desenvolvidas terminam em dígito móvel e quando atrofiadas transformam-se em estilete. Os palpos são dois, um de cada lado das quelíceras, e são formados fundamentalmente por artículos. Os artículos I dos palpos se soldam formando uma estrutura ímpar, alongada, mediana e ventral denominada *hipóstoma* ou *hipostômio.* O conjunto dos apêndices bucais é denominado de *rostro* (Figura 4.76).

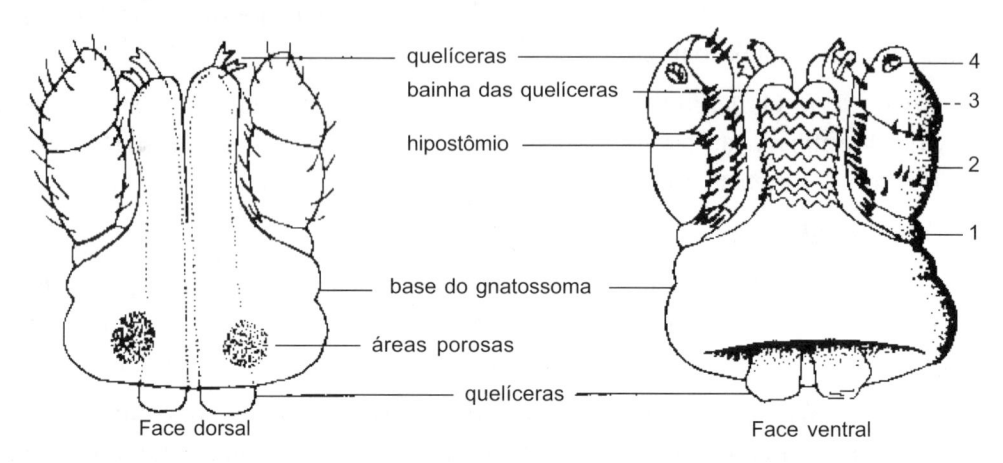

Figura 4.76 *Gnatossoma.* 1, 2, 3 e 4: artículos dos palpos.

Idiossoma – O idiossoma é constituído por uma única peça. A região do idiossoma que dá inserção às patas denomina-se *podossoma* e a região posterior *opistossoma* (Figura 4.75). O *propodossoma* é a região do *podossoma* que dá inserção aos dois primeiros pares de patas e o *metapodossoma* a que dá inserção aos dois pares de patas posteriores.

Apêndices locomotores – Os apêndices locomotores ou patas estão inseridos na face ventral do idiossoma. No estádio larval os acarinos apresentam três pares de patas e, nos demais estádios, quatro pares. As patas são formadas de cinco a sete artículos e às vezes apenas três, denominados de coxa, trocanter, fêmur, tíbia, protarso e tarso. O tarso é formado por vários artículos sendo que o último termina em pêlos, garras ou por uma ventosa destinada à adesão, com ou sem pedicelo, denominado *ambulacro, carúncula* ou *pulvilo.*

Morfologia interna

Sistema digestivo – A boca é limitada pelas peças bucais e sua cavidade, seguida da faringe muscular, que é um órgão de sucção, vai ter a um curto esôfago. Segue-se o estômago provido geralmente de divertículos. O reto termina no ânus que é uma fenda longitudinal, situado posteriormente, na face ventral ou na face dorsal. O sistema digestivo apresenta glândulas salivares.

Sistema circulatório – Este sistema é pouco desenvolvido na maioria dos acarinos. Os ixodídeos e os mesostigmata possuem um "coração" com apenas um par de ostíolos.

Sistema respiratório – O sistema respiratório dos acarinos de vida livre e nos parasitos temporários (ixodídeos) é traqueal. As traquéias partem dos estigmas (espiráculos) distribuídos por diferentes regiões do corpo. Nos acarinos parasitos permanentes, a respiração é cutânea.

Sistema excretor – Em alguns acarinos existem glândulas cutâneas, glândulas coxais responsáveis pela eliminação de líquidos capazes de transmitirem agentes infecciosos. Parece não haver um sistema excretor característico.

Sistema nervoso – O sistema nervoso é reduzido e consta de gânglios supraesofagianos e subesofagianos (gânglios cerebróides) ligados entre si por um colar periesofagiano. Dos gânglios supra-esofagianos partem filetes nervosos às quelíceras e aos palpos; dos gânglios subesofagianos partem filetes nervosos às patas e às vísceras.

Órgãos dos sentidos – Podem apresentar um par de olhos simples. O gosto e o olfato são dados através de cerdas, pêlos sensitivos, áreas porosas situadas na base do gnatossoma (exclusivas das fêmeas de ixodídeos).

Sistema reprodutor – São dióicos (sexos separados) e geralmente apresentam um dimorfismo sexual muito acentuado. Os machos são menores que as fêmeas e encontrados em menor número. Os acarinos são ovíparos e a fecundação é interna.

O sistema reprodutor masculino é formado por um ou dois testículos, canais deferentes pares, espermatóforo e um canal ejaculador. O órgão copulador não existe nos Ixodides e o macho, através do rostro, transfere os espermatozóides armazenados no espermatóforo, ao orifício genital feminino.

O sistema reprodutor feminino é constituído por um ou dois *ovários* dos quais partem os *ovidutos* que vão ter ao *útero*. O útero, pela *vagina,* abre-se na face ventral no orifício denominado *vulva,* anterior ao ânus, orifício de acoplamento e *tocóstoma,* anterior à vulva, orifício de postura.

Há espécies cujas fêmeas possuem ventosas genitais, enquanto outras apresentam tubérculos copuladores para fixação dos sexos durante a cópula. Os machos de determinadas espécies apresentam ventosas adanais.

Biologia

Ciclo evolutivo – Os acarinos constituem a única ordem dos aracnídeos que passa pelas fases de ovo, larva hexápode, ninfa octópode e adulto. As ninfas, de acordo com as espécies, podem realizar mais de um estádio ninfal. A oviposição pode ser fora do corpo do hospedeiro, como nos Ixodides e Mesostigmata, ou no corpo do hospedeiro, como nos Sarcoptiformes e Trombidiformes.

Diagnose para identificação das principais subordens de Acarina

1. Sem estigmas .... Sarcoptiformes

    Com estigmas 2

2. Na base do gnatossoma .... Trombidiformes

    Laterais 3

3. Com rostro curto .... Mesostigmata

    Com rostro longo .... Ixodides

Subordem IXODIDES Leach, 1815

(gr. *ixodes,* adesivo; ixôs, visco; *eidos,* semelhante)

Conceitos básicos

- Os Ixodides são acarinos conhecidos vulgarmente como carrapatos.
- São de dimensões relativamente grandes, portanto visíveis a olho nu em todos os estádios, inclusive os ovos.
- Um par de estigmas laterais após o terceiro ou quarto par de patas.
- Hipostômio com dentes recurrentes para a fixação.
- Parasitos obrigatórios.

Importância – Os carrapatos parasitam vertebrados, principalmente os mamíferos e, em ordem decrescente, as aves, os répteis e os anfíbios.

São artrópodes de maior relevância, sob aspecto médico-veterinário, pelas várias maneiras de injúrias que causam aos hospedeiros, como:

- injúria direta, ocasionada pela picada que produz irritação local, desvalorização dos couros e anemia por perda de sangue;
- inoculação de toxinas;
- transmissão de vírus, riquétsias, bactérias e protozoários responsáveis por graves doenças.

Morfologia – O corpo é formado pelo *gnatossoma* e *idiossoma.*

Gnatossoma (falsa cabeça ou *capítulo)* – A posição do gnatossoma, importante para a sistemática, pode ser terminal ou ventral. O gnatossoma é constituído de base e peças bucais (Figura 4.76).

A base do gnatossoma, cuja forma varia com as espécies, possui, em determinados ixodídeos (fêmeas), áreas porosas, provavelmente de *função sensorial.*

A armadura bucal consta de *quelíceras, palpos* e *hipostômio.*

Quelíceras (mandíbulas) – As quelíceras, situadas lateralmente e sobre o hipostômio, são de forma cilíndrica e alongada, terminando por dois dígitos, em pseudo-pinças, de movimentos laterais. As quelíceras estão protegidas por uma bainha revestida externamente por numerosos dentículos. A função das quelíceras é de abrir incisão na pele.

Palpos (maxilas) – Os palpos, situados lateralmente, são constituídos de quatro artículos, cuja forma e dimensão são específicas. Os palpos não são introduzidos no hospedeiro.

Hipostômio – O hipostômio, órgão perfurante e de fixação, é formado pela fusão dos primeiros artículos dos palpos, apresentando a face ventral com várias fileiras de dentes recurrentes que permitem uma perfeita fixação do carrapato ao hospedeiro e a face dorsal escavada em goteira.

Rostro – Rostro é a denominação dada ao conjunto de quelíceras, palpos e hipostômio.

Idiossoma – O idiossoma apresenta a face dorsal convexa e a face ventral plana. O contorno do idiossoma pode ser oval ou elíptico. O idiossoma das fêmeas, depois da sucção de sangue, aumenta exageradamente de tamanho.

A face ventral do idiossoma é a superfície inferior e nela estão implantadas as patas, três pares para os estádios larvais e quatro para os estádios ninfal e adulto. Cada pata é formada por seis artículos. A *coxa,* imóvel, é formada por duas partes ou cúspides, uma superior e outra inferior, podendo esta ter ou não espinhos. A morfologia dos espinhos é um caráter importante para a sistemática. À coxa segue-se o *trocanter, fêmur, tibia, protarso* e *tarso* com dois ou três artículos. No último artículo do primeiro par de patas dos Ixodidae, há uma depressão com pêlos sensoriais, denominada *órgão de Haller,* de função olfativa (Figura 4.81).

O ânus é de situação posterior.

O orifício genital está situado no terço anterior.

Ainda na face ventral está o único par de estigmas circundado por *peritremas* ou *placas estigmáticas,* cuja forma, importante para a sistemática, pode ser circular ou de vírgula. Os peritremas são laterais e nos carrapatos duros (com escudo) estão após as coxas IV e nos carrapatos moles (sem escudo) após as coxas III.

O orifício que conduz o ar às traquéias denomina-se *ostíolo.*

Os carrapatos sem escudo têm o gnatossoma na face ventral e as fêmeas têm a fenda por onde sai o *órgão de Gené* na ovipostura, ventralmente, na base do gnatossoma.

A face dorsal do idiossoma é a superfície superior. Nos carrapatos sem escudo a superfície apresenta protuberâncias denominadas *mamilos* que lhes dão aspereza. Os carrapatos duros possuem uma placa quitinosa, o *escudo*. O escudo, no macho, cobre toda a face dorsal; na fêmea, cobre apenas uma pequenina região anterior e na ninfa e larva cobre a metade da superfície dorsal. Na face dorsal dos carrapatos com escudo, entre este e a base do gnatossoma está a fenda por onde sai o *órgão de Gené* durante a ovipostura, e é encontrada apenas nas fêmeas dos Ixodidae.

A borda posterior dos carrapatos duros pode apresentar áreas retangulares denominadas *festões* que desaparecem nas fêmeas ingurgitadas. Os festões são muito importantes para a sistemática.

Aparelho reprodutor

Masculino – Dois *testículos,* dos quais partem os *canais deferentes,* um de cada testículo, que se unem para formar a *vesícula seminal.* Não há órgão copulador.

Feminino – Ovário duplo localizado ao nível do quarto par de patas, *ovidutos* que desembocam no *útero,* depois o *receptáculo seminal* e *vagina.* Em torno da vagina há glândulas que exercem sua atividade por ocasião da ovipostura.

Sistemática – Os pesquisadores Henrique Aragão e Flávio da Fonseca, da Fundação do Instituto Oswaldo Cruz (1961), realizaram uma revisão na sistemática de Ixodides brasileiros e apresentaram uma lista da sua fauna ixodológica.

Esta fauna é constituída por 57 espécies distribuídas por 10 gêneros: *Ixodes, Boophilus, Rhipicephalus, Amblyomma, Haemaphysalis, Anocentor, Argas, Otobius, Ornithodoros* e *Spelaeorhynchus*.

Dos gêneros, o dominante é o *Amblyomma* com 33 espécies, seguindo-se *Ixodes* com nove, *Ornithodoros* com seis, *Haemaphysalis* com 32, *Boophilus* com dois e os gêneros *Rhipicephalus, Anocentor, Argas, Otobius* e *Spelaeorhynchus* com uma só espécie cada um.

Os Ixodides compreendem duas famílias de interesse médico-veterinário, assim caracterizadas:

IXODIDAE	ARGASIDAE
• Parasitos de mamíferos.	• O gênero *Argas* parasita principalmente aves, os gêneros *Otobius* e *Ornithodoros* parasitam mamíferos e o homem.
• Escudo presente.	• Escudo ausente.
• Gnatossoma apical.	• Gnatossoma ventral-anterior nos adultos e ninfas; terminal-anterior nas larvas.
• Olhos nas bordas laterais do escudo.	• Olhos, quando presentes, ventrais.
• Estigmas após o quarto par de patas.	• Estigmas após o terceiro par de patas.
• Coxas comumente com espinhos.	• Coxas inermes.
• Último artículo tarsal com um par de unhas ou garras e pulvilo.	• Último artículo tarsal com um par de unhas, mas desprovido de pulvilo.
• Ovipostura contínua e de três mil a oito mil ovos.	• Ovipostura parcelada e de 600 ovos.
• Cópula no hospedeiro.	• Cópula fora do corpo do hospedeiro.
• Ingestão de sangue copiosa.	• Ingestão de sangue moderada.
• Um estádio ninfal.	• Dois estádios ninfais.

Família IXODIDAE Murray, 1877

Conceitos básicos

- Ixodides conhecidos vulgarmente como "carrapatos duros", devido a presença de escudo dorsal.

- Gnatossoma anterior.

- Órgão de Haller presente.

- Patas com pulvilos.

- Coxas comumente com espinhos.

- Fêmeas com áreas porosas na base do gnatossoma.

- Estigmas após as coxas IV.

- Sulco anal anterior ou posterior.

- Dimorfismo sexual acentuado (macho menor que a fêmea).

- Emersão do órgão de Gené dorsal, entre a gnatossoma e o idiossoma.

- Ovos encerados pelas glândulas da vagina e depois pelo órgão de Gené.

- Parasitos de grandes dimensões.

- Ovipostura única de grande número de ovos (nunca menos de 3000).

- Após a ovipostura a fêmea morre.

- Há um único estádio ninfal.

- Ingestão de sangue copiosa.

- Com três subfamílias: Ixodinae, Rhipicephalinae e Amblyomminae.

Ciclo evolutivo – A fêmea dos ixodídeos fixa-se no hospedeiro e assim permanece até o momento da fertilização. A princípio suga sangue moderadamente e depois copiosamente. Geralmente o acasalamento ocorre no hospedeiro, e é o macho que, na grande maioria das vezes, vai em busca da fêmea.

O acoplamento é pelas faces ventrais e os orifícios sexuais se correspondem. Como não há órgão copulador, o macho introduz seu rostro na vulva, para sua dilatação, e após deposita no receptáculo seminal um ou dois espermatóforos repletos de espermatozóides. A cópula é de aproximadamente 36 horas.

O espermatóforo é uma ampola quase esférica, com 600 μ de comprimento por 500 μ de largura, com dois prolongamentos, um delgado, longo e pregueado; outro de maior calibre, oco, farpado externamente e em comunicação com a ampola. Os espermatozóides escapam do espermatóforo pelo prolongamento oco.

A fêmea, depois de fecundada e ingurgitada (teleógina) desprende-se do corpo do hospedeiro, cai ao solo e procura um lugar abrigado para a ovipostura. Cada macho pode fertilizar várias fêmeas, que permanece no hospedeiro, durante o período de um mês aproximadamente.

O período de pré-postura está na dependência de condições climáticas: temperaturas baixas, menos de 15°C, retardam e temperaturas altas, 27°C, aceleram. A postura única, pelo tocóstoma, é de milhares de ovos e dura vários dias, finda a qual a fêmea morre e é então denominada *quenógina*. À medida que a fêmea realiza a ovipostura, desloca-se para trás, deixando os ovos aglutinados, devido a uma substância produzida pelas glândulas da vagina e órgão de Gené.

Do ovo eclode uma *larva* (hexápode) que sobe pelas hastes dos capins e aí permanece até a passagem do hospedeiro normal. Depois de se alimentar, sofre muda e origina o estádio seguinte, *ninfa* (octópode). A ninfa, depois de se alimentar, muda e se transforma em *imago*. O imago fêmea, depois da cópula, ingurgita-se de sangue *(telógina)* desprende-se do corpo do hospedeiro para efetuar a ovipostura no solo, dando início a um novo ciclo.

Quanto ao *número* de hospedeiros que o carrapato necessita para a sua evolução são considerados:

- carrapatos de um único hospedeiro: *Boophilus microplus* – os três estádios nutrem-se no mesmo hospedeiro, onde são realizadas as ecdises ou mudas.

- carrapatos de dois hospedeiros: *Rhipicephalus evertsi* – larva e ninfa nutrem-se num hospedeiro, onde ocorre a primeira muda; a segunda, se dá no solo e o adulto busca um novo hospedeiro: canino, eqüino, bovino.

- carrapato de três hospedeiros: *Rhipicephalus sanguineus* e *Amblyomma* spp. – cada estádio ocorre num hospedeiro e todas as mudas ocorrem fora do corpo do hospedeiro.

Subfamília IXODINAE Salmon e Stiles, 1901

Conceitos básicos

- Ixodidae desprovida de olhos.

- Rostro longo.

- Macho com a face ventral provida de placas.

- Sulco anal anterior (Figura 4.77).

Gênero *Ixodes* Latreille, 1796

(gr. *ixo*, visgo, semelhante a visgo, por extensão, tenaz)

Ixodinae com sulco anal anterior. Desprovidos de olhos. Rostro longo. Peritremas ovais. Macho com escudo dorsal deixando livre duas faixas laterais e com sete placas ventrais. Fêmea provida de três sulcos longitudinais dorsais; dois sulcos longitudinais sexuais iniciando na vulva e dirigindo-se posteriormente; e de dois sulcos anais, unidos adiante do ânus e dirigindo-se para trás (paralelos ou divergentes).

SEQÜÊNCIA DAS RELAÇÕES DOS CARRAPATOS COM SEUS HOSPEDEIROS

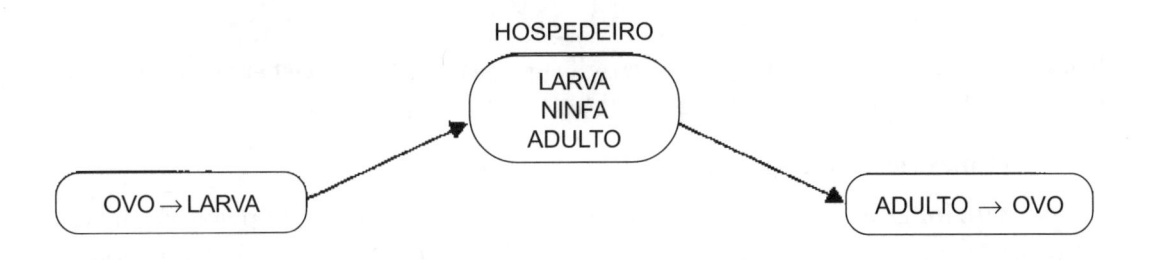

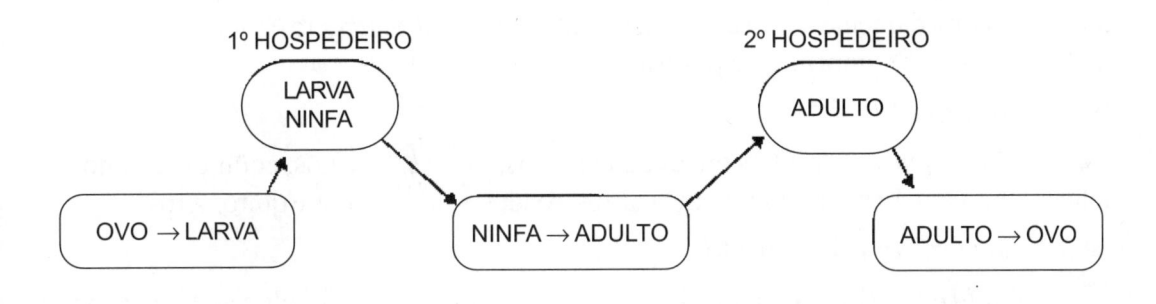

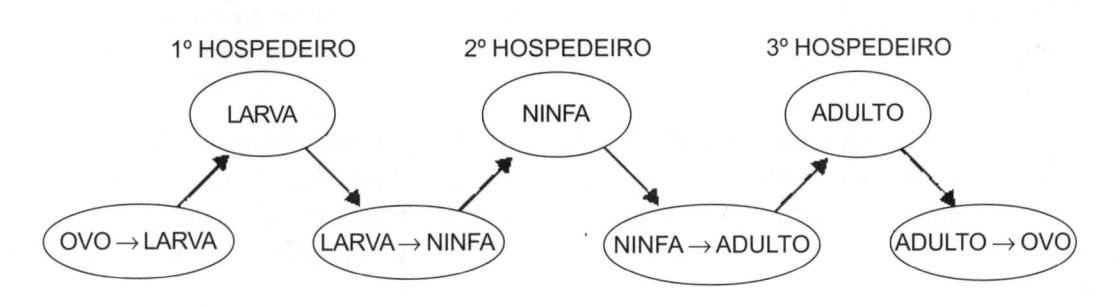

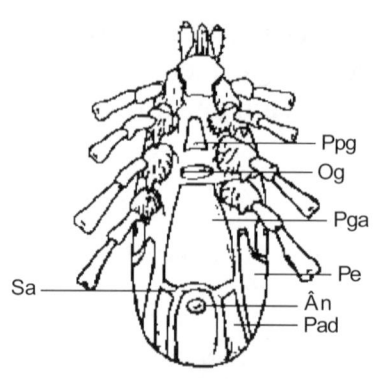

Figura 4.77 *Ixodes*: Ppg) placa pré-genital; Og) orifício genital; Pga) placa gênito-anal; Ân) ânus; Pe) placas epimerais; Pad) placas adanais; Sa) sulco anal.

Ixodes ricinus (Lineu, 1758)

Morfologia – O corpo ovalado avermelhado é semeado de pêlos. As faixas laterais, não cobertas pelo escudo, são estreitas e claras. O orifício genital está situado ao nível do terceiro par de patas. O hipostômio apresenta seis a oito fileiras de dentes recurrentes que aumentam de tamanho da extremidade anterior para a posterior. A vulva está situada ao nível do quarto par de patas.

Dimensão – O macho mede 2,5 mm de comprimento. A fêmea partenógina mede aproximadamente 4 mm de comprimento por 3 mm de largura e a teleógina mede de 10 a 11 mm de comprimento por 6 a 7 mm de largura.

Biologia

Hospedeiros – Adultos em aves, caprinos, ovinos, bovinos, eqüinos, caninos, felinos e homem. Larvas e ninfas em lagartos, roedores, insetívoros e quirópteros.

Localização – Tegumento.

Ciclo evolutivo – Esta espécie exige, para sua completa evolução, três hospedeiros e todas as mudas ocorrem no solo. O ciclo evolutivo completo, de ovo a ovo, é em média, de seis meses, entretanto, pode variar de acordo com as condições climáticas.

As teleóginas desprendem-se do corpo do hospedeiro e em sete dias põem cerca de 100 a 1000 ovos. Desses eclodem, após 40 a 45 dias, as larvas hexápodes que se fixam em animais de pequeno porte, já citados anteriormente, sobre os quais se alimentam de sangue, durante três a seis dias. Depois caem ao solo, para realizar a primeira muda, e aí permanecem cerca de um mês.

As ninfas octópodes procuram um novo hospedeiro para a tomada de sangue, e após uma semana caem ao solo para a segunda muda. Após dois meses, os adultos jovens (neandro e neógina) se fixam nos animais hospedeiros e os machos vão em busca das fêmeas para o acasalamento. Cerca de sete dias depois, as teleóginas se deixam cair ao solo para iniciar a postura.

Importância – A espécie *Ixodes ricinus* é transmissora da *Babesia bigemina, Babesia bovis* e *Anaplasma marginale* aos bovinos.

Profilaxia – Como a espécie *I. ricinus* é transmissora de babésias e anaplasma aos bovinos, a prevenção e o controle da "tristeza parasitária" são semelhantes aos preconizados para *Boophilus microplus*.

Subfamília RHIPICEPHALINAE Salmon e Stiles, 1901

Conceitos básicos

- Ixodidae provida de olhos.

- Rostro curto.

- Macho com placas adanais.

- Sulco anal posterior.

Gênero *Boophilus* Curtice, 1891

(gr. *boos,* boi, *philos,* amigo)

Rhipicephalinae com escudo não decorado (sem manchas e pontuações). Hipostômio com quatro a cinco séries de dentes recurrentes de cada lado. Peritremas circulares. Macho com dois pares de placas adanais e o corpo terminando em ponta curta e aguda – *apêndice caudal.* Festões marginais posteriores, ausentes.

Boophilus microplus Canestrini, 1887

Morfologia – Esta espécie, a única registrada no Brasil, tem o escudo de cor castanho-avermelhada. A extremidade posterior do macho apresenta um apêndice caudal. Os palpos são curtos, espessos e angulosos. O hipostômio tem quatro séries de dentes recurrentes de cada lado. Os peritremas são arredondados. A coxa I é bífida.

Comumente conhecida como "carrapato do boi", embora possa parasitar outros animais domésticos e selvagens, é transmissora da *Babesia bigemina, B. bovis* e *Anaplasma marginale* (Figura 4.78).

Dimensão – O macho mede de 1,75 a 2 mm de comprimento por 1,05 a 1,20 mm de largura. A fêmea mede de 2,34 a 2,85 mm de comprimento por 1,4 a 1,50 mm de largura. As fêmeas ingurgitadas podem atingir até 13 mm por 9 mm de largura.

Biologia

Hospedeiros – Bovinos e outros mamíferos domésticos e selvagens.

Localização – Tegumento.

Ciclo evolutivo – O *Boophilus microplus* exige um único hospedeiro para a sua evolução, no qual realiza todas as mudas. Os machos são encontrados fixos sob as fêmeas. Estas, depois de fertilizadas e completamente ingurgitadas, *teleóginas,* desprendemse da pele do hospedeiro e sob a ação da gravidade caem ao solo. Depois de dois a seis dias, deslocando-se para trás, iniciam a postura de aproximadamente 3000 a 4000 ovos, que ficam aglutinados. O período de postura dura de 15 a 20 dias, findo o qual a fêmea morre *(quenógina).*

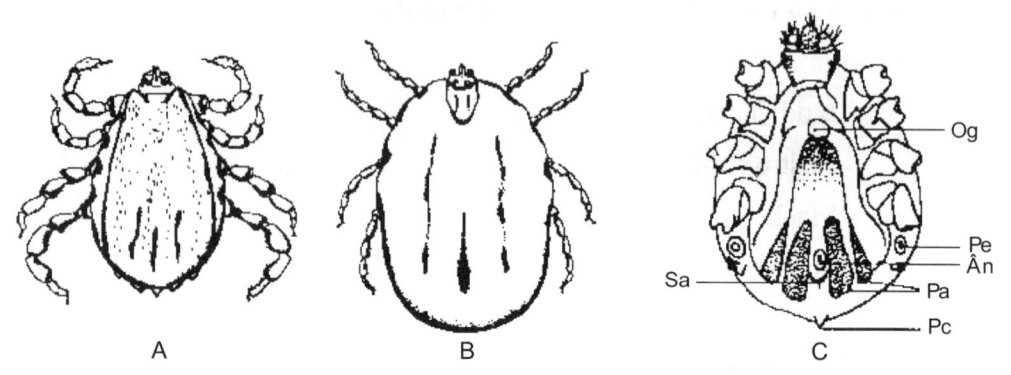

Figura 4.78 *Boophilus microplus.* A) Macho, face dorsal. B) Fêmea, face dorsal. C) Macho, face ventral: Og) orifício genital. Pe) peritrema. Ân) ânus. Pa) placas adanais. Sa) sulco anal. Pc) prolongamento caudal.

O período de incubação vai de seis a sete dias e está na dependência da temperatura e umidade relativa do ar.

As *larvas* (hexápodes) recém-eclodidas, *néo-larvas,* medem 0,5 mm de comprimento e não têm poder infestante. Após alguns dias, quatro a seis, sobem pelas hastes dos capins *(larvas infestantes)* e aguardam a passagem do hospedeiro. São muito ativas quando tocadas e passam para animais quando esses roçam a vegetação. As larvas infestantes são muito resistentes no meio externo; quando a umidade relativa do ar é de cerca de 90% e a temperatura de 15º C, sua longevidade é de 200 dias (Figura 4.79).

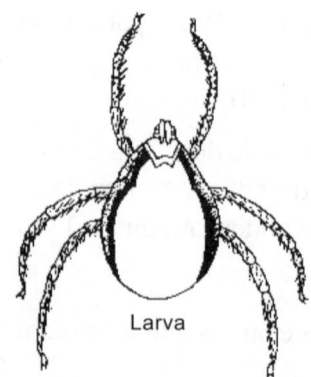

Figura 4.79 Larva de *Baophilus microplus.*

Depois da tomada de alimento (histiófagas) atingem a 1,5 mm de comprimento.

As larvas infestantes fixam-se nas regiões de pele mais fina como períneo, barbela etc., nutrem-se de linfa, crescem e originam um novo ínstar com quatro pares de patas, *ninfa.* O ínstar larval que alberga a ninfa é denominado *metalarva* (2º dia). As ninfas, sem orifício genital, voltam a se alimentar e são encontradas nas proximidades do local de fixação da larva. O ínstar ninfal, sem orifício genital, que está prestes a fazer a muda para originar o ínstar sexuado é denominado de *metaninfa* (7º dia). Há metaninfas pequenas e grandes. As pequenas originam machos, *neandros,* que rapidamente se quitinizam e vão em busca das fêmeas. Os machos sexualmente maduros são denominados de *gonandros* (8º dia). As metaninfas grandes originam fêmeas, *neóginas,* que imediatamente se fixam na pele do hospedeiro e iniciam o seu repasto sangüíneo. A fêmea semi-ingurgitada é denominada *partenógina* (8º dia) e a completamente ingurgitada é denominada *teleógina.* O termo partenógina deve-se ao fato de que a princípio acreditava-se que se tratava de fêmeas ainda não fertilizadas. Os gonandros são encontrados na pele do hospedeiro sob as fêmeas. As teleóginas desprendem-se da pele do hospedeiro e pela ação da gravidade caem ao solo para a ovipostura, recomeçando o ciclo que é aproximadamente de 21 dias (Figura 4.80).

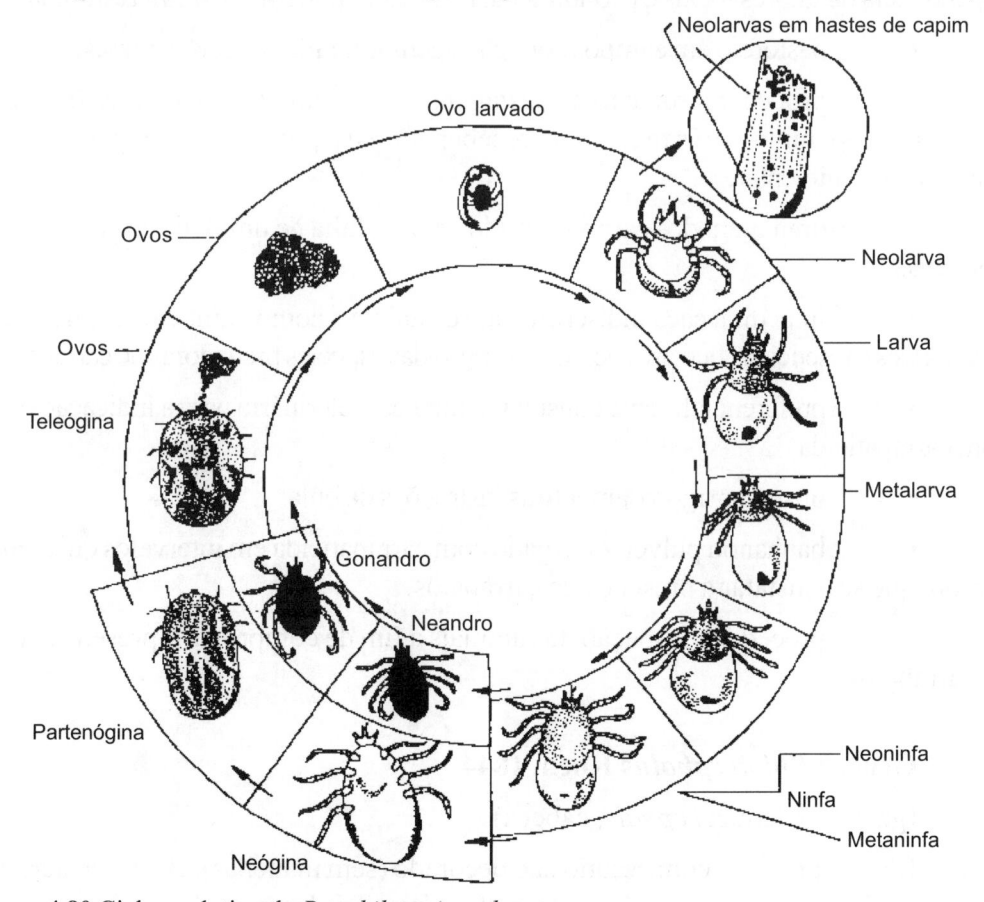

Figura 4.80 Ciclo evolutivo do *Boophilus microplus.*

513

Quadro clínico e Patogenia – Os animais parasitados podem se apresentar inquietos e por não se alimentarem devidamente, decorre o emagrecimento, baixa a produção de carne e leite e os couros ficam desvalorizados. Há a irritação da pele devido as picadas de carrapatos e anemia em conseqüência da perda de sangue, uma vez que cada fêmea absorve de 0,5 a 2 mililitros por dia. Como um bovino pode ser parasitado por milhares de carrapatos, as perdas diárias de sangue são muito elevadas. Por ocasião do repasto sangüíneo, os carrapatos inoculam substâncias tóxicas, alterando a saúde dos animais parasitados.

Diagnóstico

Clínico – Pelos sinais e constatação da presença de carrapatos.

Laboratorial – Coleta dos carrapatos para identificação microcóspica.

Importância – Hospedeiro de *Babesia bigemina* e *B. bovis,* agentes etiológicos da babesiose bovina (piroplasmose, tristeza parasitária dos bovinos, febre do Texas).

Profilaxia – As medidas profiláticas indicadas são as mais diversas e estão na dependência de fatores locais e econômicos. Entretanto podem ser assim resumidas:

- pastoreio em campos com pastagens mantidas baixas e limpas;

- proceder a rotação de pastagens, isto é, um piquete ou área de campo deverá ficar no mínimo três meses sem receber animais, pois é o tempo que uma larva resiste sem se alimentar;

- drenagem dos campos úmidos, pois a falta de umidade prejudica a vida das larvas;

- impedir a caça indiscriminada de animais como, também, a aplicação de agrotóxicos e inseticidas que provocam a extinção das espécies predadoras de carrapatos;

- preferencialmente consultar o médico-veterinário para a indicação de um bom carrapaticida;

- observar rigorosamente as instruções da bula;

- banhar ou pulverizar o gado com carrapaticida em intervalos quinzenais, sempre que se constatar a presença de carrapatos;

- proceder a inspeção dos animais a fim de comprovar a presença ou não de carrapatos.

Gênero *Rhipicephalus* Koch, 1844

(gr. *rhipis,* leque; *kephale,* cabeça)

Rhipicephalinae com escudo não decorado (sem manchas). Borda posterior do corpo com festões bem nítidos. Base do gnatossoma mais larga que longa, hexagonal na face dorsal e com ângulos laterais proeminentes. Hipostômio com três fileiras de dentes recurrentes de cada lado. Peritremas em forma de vírgula. Macho com duas placas adanais. Coxa do primeiro par de patas armada com dois espinhos. Com uma única espécie no Brasil.

Rhipicephalus sanguineus (Latreille, 1804)

Morfologia – Esta espécie é vulgarmente denominada de "carrapato vermelho do cão". O escudo dorsal é de coloração castanha com a margem esbranquiçada. As placas adanais são triangulares e duas vezes mais longas que largas (Figura 4.81).

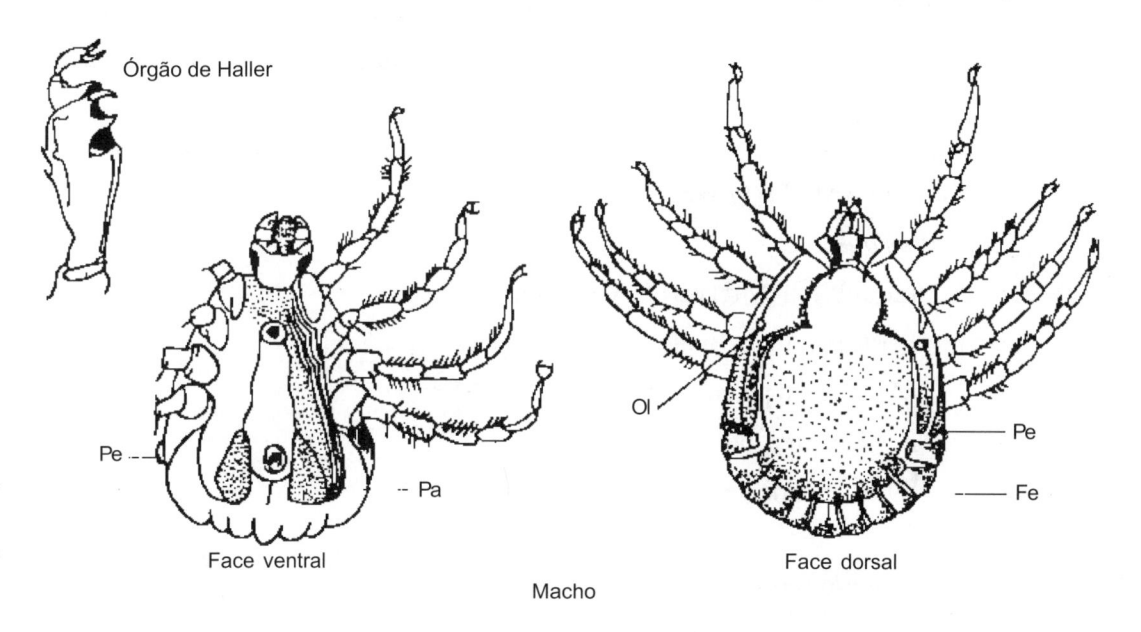

Figura 4.81 *Rhipicephalus sanguineus:* Pe) peritrema. Pa) placas adanais. Ol) olhos. Fe) festões.

Dimensão – Macho com 3,3 mm de comprimento por 1,5 mm de largura. Fêmea com 3 a 11 mm de comprimento por 1,5 a 2,7 mm de largura.

Biologia

Hospedeiros – Caninos, felinos e carnívoros silvestres.

Localização – Orelhas e membros anteriores.

Ciclo evolutivo – A espécie *Rhipicephalus sanguineus* exige para sua completa evolução, três hospedeiros e todas as mudas ocorrem fora do corpo do hospedeiro. As fêmeas põem aproximadamente até 4000 ovos.

Quadro clínico e Patogenia – Essa espécie causa irritação e espoliação sangüínea e conseqüente anemia.

Diagnóstico

Clínico – Pelos sinais e constatação da presença de carrapatos.

Laboratorial – Pesquisa e coleta dos carrapatos para identificação microscópica.

Importância – O *Rhipicephalus* é transmissor da *Babesia canis* responsável pela babesiose canina também conhecida como nambiuvu ou peste de sangrar. É transmissor da *B. equi* responsável pela disseminação da nutaliose eqüina.

Profilaxia – Banhar o animal com carrapaticida indicado pelo médico-veterinário, observando rigorosamente as instruções da bula:

- pulverizar carrapaticida na cama, paredes e chão do canil ou cocheira;

- proceder a inspeção semanal dos animais, para comprovar a presença ou não do *Rhipicephalus*.

Subfamília AMBLYOMMINAE

Conceitos básicos

- Ixodidae provida ou não de olhos.

- Rostro curto ou longo.

- Macho sem placas adanais.

- Festões presentes.

- Sulco anal posterior.

Gênero *Amblyomma* Koch, 1844

(gr. *amblys,* encoberto; *omma,* olho)

Amblyomminae com olhos brilhantes, pouco salientes ou hemisféricos. Escudo decorado. Rostro longo. Gnatossoma com a base retangular e atenuando-se gradativamente para a porção anterior. Hipostômio com três fileiras de dentes recurrentes de cada lado. Peritremas geralmente triangulares com os ângulos arredondados. Festões marginais posteriores, presentes. Machos desprovidos de placas adanais.

Amblyomma cajennense (Fabricius, 1787) Koch, 1844

(O nome da espécie refere-se a Caiena, onde foi descrita)

Nome vulgar – Carrapato estrela, carrapato do cavalo.

Morfologia – O corpo é oval, mais largo posteriormente. O escudo é escuro e no macho apresenta um desenho em forma de estrela prateada, o que lhes valeu o nome de "carrapato estrela". O escudo da fêmea é triangular, arredondado anteriormente e apresenta desenhos de cor castanho-avermelhada sobre um fundo mais claro. Coxa I com dois espinhos desiguais (Figura 4.82).

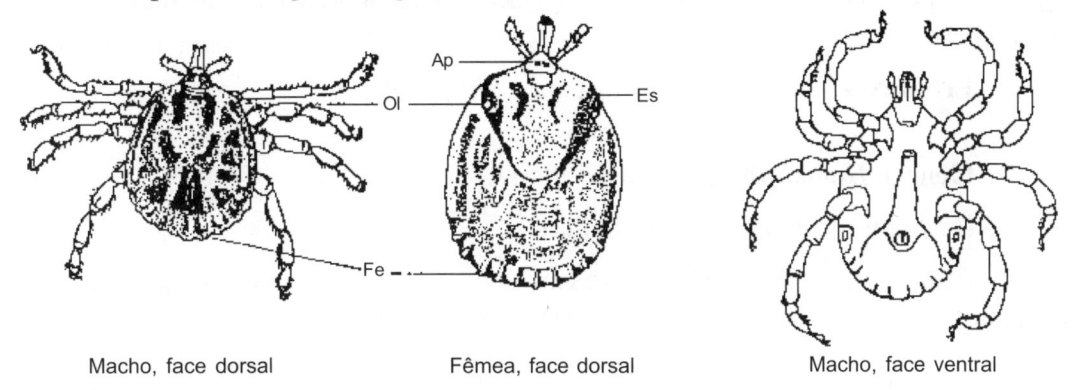

Macho, face dorsal   Fêmea, face dorsal   Macho, face ventral

Figura 4.82 *Amblyomma cajennense:* AP) área porosa. Es) escudo. Ol) Olhos. Fe) festões.

Dimensão – O macho mede de 3,9 a 4,9 mm de comprimento por 2,3 a 3 mm de largura. A fêmea não ingurgitada mede de 3,3 mm de comprimento por 2,6 mm de largura e a fêmea ingurgitada pode atingir até 12 mm de comprimento por 8 mm de largura por 6 mm de espessura.

Biologia

Hospedeiros – Eqüinos e suínos.

Ciclo evolutivo – O Amblyomma cajennense é carrapato de três hospedeiros e todas as mudas ocorrem no solo. Cada fêmea põe cerca de até 7700 ovos. Os ovos são avermelhados e as larvas eclodidas atacam mamíferos, nutrem-se de sangue, crescem e depois de três a cinco dias, destacam-se, e no solo mudam e originam ninfas octópodes. Estas se fixam em novo hospedeiro e nele permanecem de cinco a oito dias, nutrindo-se de sangue, depois se destacam, mudam, originando machos e fêmeas. Após quatro dias os adultos atacam um novo hospedeiro. Os machos caem depois da fertilização das fêmeas e estas, ingurgitadas, se desprendem para a ovipostura no solo.

Amblyomma cajennense apresenta pouca especificidade parasitária, sobretudo nos ínstares larval e ninfal que parasitam um grande número de animais domésticos e selvagens, inclusive o homem. As larvas são comumente designadas de micuins ou carrapatinhos.

Quadro clínico e Patogenia – As infestações maciças são responsáveis por irritação e por anemia em conseqüência à ação espoliadora que exercem nos animais parasitados. As picadas dos carrapatos ocasionam lesões na pele de difícil recuperação. Os carrapatos podem transmitir a febre maculosa.

Diagnóstico

Clínico – Pelos sinais e constatação da presença de carrapatos.

Laboratorial – Pesquisa e coleta dos carrapatos para identificação microscópica.

Importância – O *Amblyomma* é o transmissor da *Babesia equi,* agente etiológico da nutaliose.

Profilaxia – A mesma indicada para o *Rhipicephalus.*

Gênero *Haemaphysalis* Koch, 1844

(gr. *haima,* sangue; *physalis,* bolha)

Amblyomminae de rostro curto e sem olhos. Hipostômio com três a quatro fileiras de dentes recurrentes de cada lado. Escudo sem ornamentação.

Haemaphysalis leporispalustris Packard, 1867

Esta espécie é conhecida como carrapato do coelho silvestre.

Morfologia – Hipostômio com três fileiras de dentes recurrentes de cada lado. O macho, sem placas adanais e sem prolongamento caudal. Os festões estão presentes (Figura 4.83).

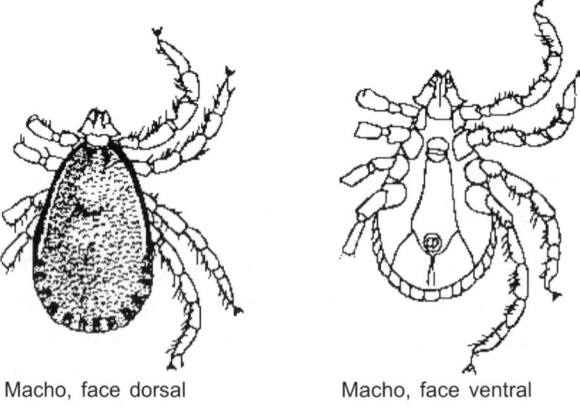

Macho, face dorsal   Macho, face ventral

Figura 4.83 *Haemaphysalis leporispalustris.*

Dimensão – Macho com 3,5 a 4 mm de comprimento por 2 mm de largura. Fêmea com 3,5 mm de comprimento por 2 mm de largura e a ingurgitada mede de 5 a 12 mm de comprimento por 3 a 7 mm de largura.

Biologia

Hospedeiros – Coelho silvestre. As larvas e as ninfas podem atacar as aves. Já foi constatada em felinos e eqüinos.

Localização – O carrapato adulto é encontrado nas orelhas, ao redor dos olhos e em outras regiões da cabeça do coelho; as larvas e ninfas ao redor das orelhas, dos olhos e no pescoço das aves.

Ciclo evolutivo – A espécie *Haemaphysalis leporispalustris* exige três hospedeiros para sua evolução e todas as mudas ocorrem no solo.

Quadro clínico e Patogenia – Os animais parasitados apresentam irritação e desassossego em conseqüência das picadas dos carrapatos. Podem transmitir riquétsias entre os coelhos silvestres.

Diagnóstico

Clínico – Pelos sinais e constatação da presença dos carrapatos.

Laboratorial – Coleta dos carrapatos para identificação microscópica.

Gênero *Anocentor* Schulze, 1937

(gr. *ano*, em cima; *kentor,* que pica)

Amblyomminae de rostro curto e com olhos. Escudo sem ornamentação e com sete festões.

Anocentor nitens (Neumann, 1897) Schulze, 1937)

Sinonímia – *Dermacentor nitens* e *Otocentor nitens.*

Nome vulgar – Carrapato da orelha dos eqüinos.

Esta espécie foi registrada pela primeira vez no Brasil por Aragão (1936). Mais tarde Souza Lopes e Macedo (1950) e Malheiro (1952) referem-se sobre sua grande distribuição geográfica no Brasil.

Morfologia – O contorno do corpo é elíptico. O escudo do macho é de cor castanho-escura. Peritremas ovais, proeminentes, com um pequeno número de fossetas relativamente grandes. Coxas de tamanho crescente do primeiro ao quarto par de patas. Hipostômio com quatro fileiras de dentes recurrentes de cada lado (Figura 4.84).

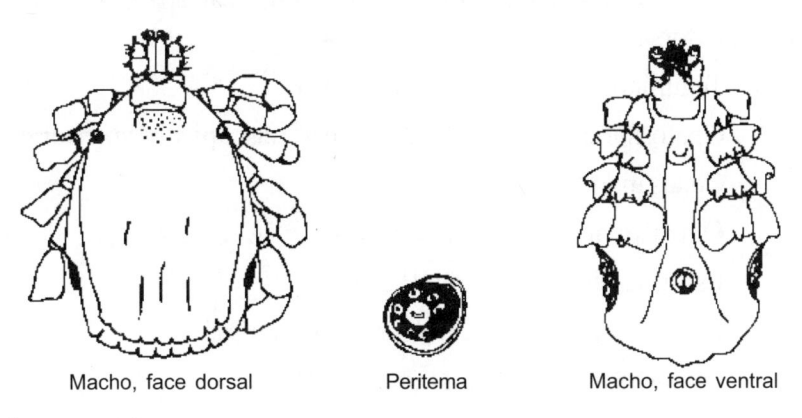

Macho, face dorsal   Peritema   Macho, face ventral

Figura 4.84 *Anocentor nitens.*

Biologia

Hospedeiros – Principalmente eqüinos, além de asininos, bovinos, caprinos e caninos.

Localização – Pavilhão da orelha. Entretanto são encontrados, esses carrapatos, em outras regiões, do corpo do hospedeiro quando a orelha estiver completamente tomada. A literatura estrangeira registra também sua localização nos divertículos nasais, na crina, no abdome e nas regiões anal e inguinal dos eqüinos.

Ciclo evolutivo – O ciclo evolutivo ocorre em um único hospedeiro. A fêmea põe cerca de 3000 ovos. Foi constatado que o macho vive aproximadamente cerca de 100 dias, a partir da data de sua fixação no hospedeiro. Os adultos copulam dois dias depois do nascimento e assim permanecem até o desprendimento da fêmea. O período de pré-postura é de três a 15 dias.

Quadro clínico e Patogenia – Todo o ciclo ocorre no pavilhão da orelha e no conduto auditivo do hospedeiro. Às vezes, a grande quantidade de larvas e ninfas, junto com o material secretado, obstrui o conduto auditivo. A fêmea segrega, durante o repasto sangüíneo, uma substância que ao secar lembra sangue coagulado. Isto origina supuração e predispõe ao ataque de moscas, resultando em miíase que, somada à invasão bacteriana, causa lesões, provocando mutilações na cartilagem da orelha dos eqüinos.

Diagnóstico

Clínico – Pelos sinais e constatação da presença de carrapatos.

Laboratorial – Coleta dos carrapatos da cartilagem da orelha, para identificação microscópica.

Importância – A espécie *Anocentor nitens* é transmissora da *Babesia caballi* e *B. equi*.

Família ARGASIDAE Murray, 1877

Conceitos básicos

- Ixidides conhecidos vulgarmente como "carrapatos moles", devido a ausência de escudo dorsal.
- Tegumento mole, coriáceo e rugoso.
- Gnatossoma ventral nos adultos e ninfas; apical e anterior nas larvas.
- Coxas inermes.
- Olhos, quando presente, ventrais.
- Estigmas entre as coxas III e IV
- Patas sem pulvilos, ambulacros ou ventosas.
- Dimorfismo sexual pouco acentuado.
- Emersão do órgão de Gené ventral, entre o gnatossoma e idiossoma.

- Fêmeas sem áreas porosas.
- Ovipostura parcelada, poucos ovos.
- Após a ovipostura a fêmea não morre.
- Há dois estádios ninfais.
- Ingestão de sangue, moderada.

Três gêneros são economicamente importantes: *Argas, Ornithodorus e Otobius*.

Gênero *Argas* Canestrini, 1890

(gr. *argas,* animal malévolo)

Argasidae desprovido de olhos. Corpo deprimido, oval e mais largo ao nível das patas IV, com as extremidades arredondadas, caracteriza-se por apresentar a face dorsal nitidamente separada da ventral por uma borda lateral bem acentuada, constituída de áreas quadrangulares ou retangulares. Tegumento não mamilonado, mas estriado devido as pregas em ziguezague, entre as quais estão as fossetas, cujo número, forma e posição variam com as espécies. Placas ventrais ausentes.

Argas mintatus Koch, 1844

Morfologia – É de coloração castanho-clara. O corpo oval, mais estreito anteriormente e com as faces dorsal e ventral bem separadas, apresenta áreas quadrangulares na margem. O tegumento, finamente pregueado, tem pêlos curtos e numerosas fossetas de dimensões variadas. Os peritremas são transversais em forma de meia-lua. O macho e a fêmea são morfologicamente semelhantes. Entretanto, podem ser diferenciados pela forma do orifício genital que é puntiforme e de situação mediana nos machos e nas fêmeas, tem a forma de uma fenda que se estende entre as duas coxas do segundo par de patas (Figura 4.85).

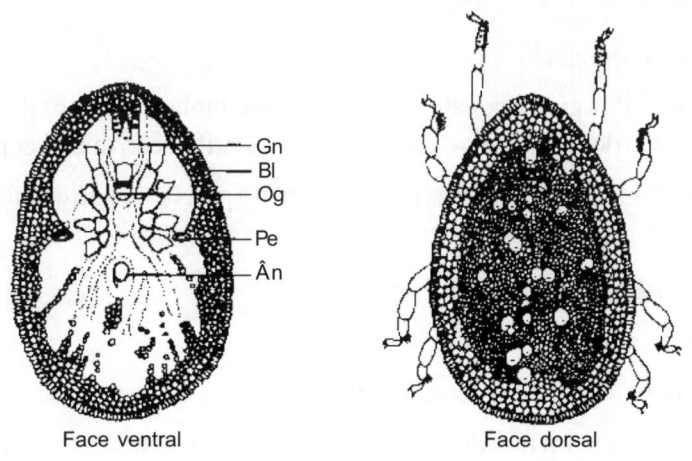

Face ventral   Face dorsal

Figura 4.85 *Argas miniatus:* Gn) gnatossoma. Og) orifício genital. BI) borda lateral. Pe) peritrema. An) ânus.

Dimensão – O macho mede de 4 a 5 mm de comprimento por 2 a 3 mm de largura. A fêmea tem uma dimensão de 7 a 10 mm de comprimento por 5 a 6 mm de largura.

Biologia

Hospedeiros – Aves (galinha, peru, pombo).

Localização – Tegumento.

Ciclo evolutivo – Os adultos permanecem durante o dia escondidos nas frestas dos galinheiros, sob pedaços de madeira e nos ninhos. A cópula é fora do corpo do hospedeiro. À noite saem de seus esconderijos em busca do hospedeiro (aves) para seu repasto sangüíneo que é de aproximadamente 30 minutos. Após a tomada de alimento retornam às tocas e as fêmeas iniciam a ovipostura que é de 100 a 150 ovos, depois de cada sucção de duas horas aproximadamente e uma vez por mês. As fêmeas põem durante sua existência um total de 600 ovos. A incubação está na dependência da temperatura e umidade relativa do ar. Após 21 dias eclodem as larvas hexápodes, arredondadas, que buscam as aves para se alimentar. Comumente fixam-se nas regiões de pele mais fina – como o peito e sob as asas. As larvas de *Argas miniatus* permanecem nas aves de cinco a 10 dias, durante os quais realizam o hematofagismo. Depois se desprendem e voltam aos esconderijos. Decorridos sete dias, mudam e se transformam em ninfas. Há dois estádios ninfais e cada estádio, à noite, procura o hospedeiro para se alimentar durante 30 a 60 minutos. Após 14 dias realizam outra muda, surgindo então os adultos.

Quadro clínico e Patogenia – As freqüentes picadas para a sucção de sangue perturbam as aves não permitindo seu descanso. Quando um grande número de argasídeos atacar as aves, pode ocorrer anemia em conseqüência da espoliação sangüínea. A postura é prejudicada, bem como a produção de carne. Além da espoliação sangüínea que causam através de suas picadas, podem inocular *Spirochaeta gallinarum* responsável por elevada mortalidade.

Diagnóstico

Clínico – Pelos sinais.

Laboratorial – Pesquisa e coleta de argasídeos nos ninhos e abrigos das aves durante o dia e, à noite, no corpo dos galináceos, para posterior identificação microscópica.

Profilaxia – Pulverizações com carrapaticida nas paredes, chão e ninhos das aves.

Gênero *Ornithodorus* Koch, 1844

(gr. *ornithos,* ave; *dorus,* dardo)

(*Ornithodorus* – grafia correta, segundo Walton, 1964)

Argasidae provido ou não de olhos. Corpo espesso, oval, sendo mais largo posteriormente. Tegumento mamilonado. Hipostômio de várias formas, porém nunca escavado. Idiossoma sem a face dorsal nitidamente separada da face ventral.

Ornithodorus brasiliensis Beaurepalre & Aragão, 1923

Morfologia – Esta espécie, desprovida de olhos, caracteriza-se essencialmente pela ausência de "dente" no tarso do primeiro par de patas (Figura 4.86).

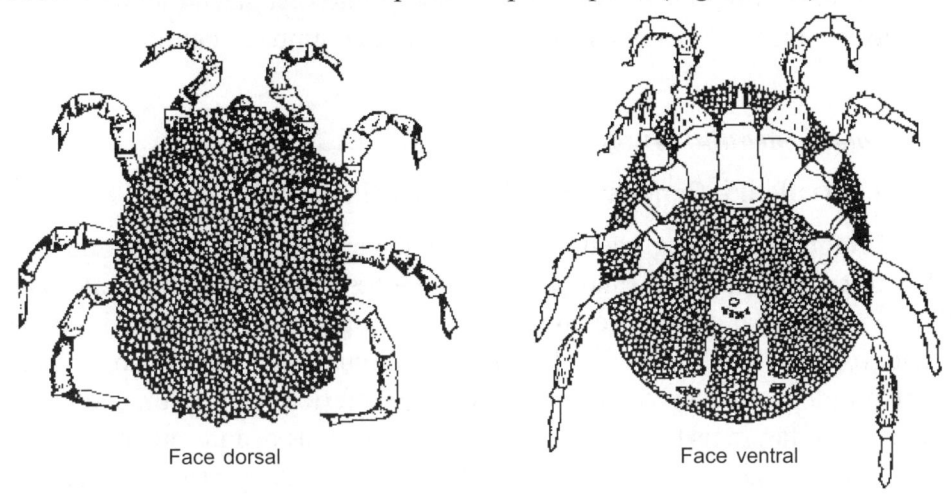

Face dorsal   Face ventral

Figura 4.86 *Ornithodorus brasiliensis.*

Dimensão – O macho mede de 4 a 6 mm de comprimento e a fêmea pode atingir até 14 mm de comprimento.

Biologia

Hospedeiros – Mamíferos, inclusive o homem.

Localização – Tegumento e solo.

Ciclo evolutivo – Os adultos são encontrados no solo, no piso dos estábulos e das casas rústicas. As larvas sugam sangue dos mamíferos durante dias, desprendem-se e mudam para ninfa. Passam por cinco estádios ninfais e entre cada muda realizam o hematofagismo.

Quadro clínico e Patogenia – As picadas do *Ornithodorus brasiliensis* são muito dolorosas, com a formação de equimoses, causam desassossego obrigando os animais parasitados a se coçarem e a se roçarem em objetos sólidos. Geralmente atacam as partes do corpo que ficam em contato com o solo.

Diagnóstico

Clínico – Pelos sinais.

Laboratorial – Pesquisa e coleta do carrapato no solo, no piso dos estábulos, dos galpões, das casas rústicas, e nos hospedeiros, para identificação microscópica.

Profilaxia – Pulverizar com carrapaticida, indicado pelo médico-veterinário, os animais parasitados e também o solo, o piso dos estábulos e das casas rústicas.

Gênero *Otobius* Banks, 1912

(gr. *ous,* genit. *otos,* ouvido; *bios,* vida)

Argasidae de tegumento verrugoso e hipostômio vestigial no adulto. Ninfas com tegumento espinhoso. Face dorsal com depressões e contínua à ventral.

Otobius megnini (Dugès, 1884)

Nome vulgar – Carrapato espinhoso da orelha.

Morfologia – O tegumento apresenta-se verrugoso no estádio adulto e com espinhos no estádio ninfal. Os olhos são ausentes. O estádio adulto, com uma constrição ao nível do quarto par de patas, o que lhes valeu o aspecto de violino. O hipostômio é bem desenvolvido e apical no estádio larval; à medida que ocorre a evolução, o hipostômio regride e migra para a face ventral. As larvas são esféricas e de coloração vermelho-castanha. As ninfas, mais largas na região mediana do corpo, apresentam o tegumento mamilonado e revestido de numerosos espinhos amarelos. As pernas são amareladas e o corpo acinzentado (Figura 4.87).

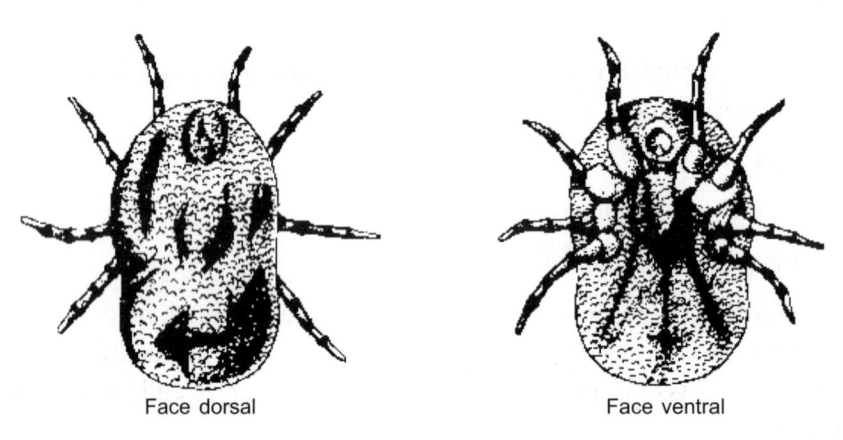

Face dorsal   Face ventral

Figura 4.87 *Otobius megnini.*

Dimensão – As larvas medem 3 mm de comprimento e as ninfas de 5 a 17 mm de comprimento.

Biologia

Hospedeiros – Ruminantes, eqüinos, suínos, caninos, felinos, animais silvestres e até o homem.

Localização – Os estádios larval e ninfal parasitam a orelha, onde se fixam nas áreas desprovidas de pêlos. O estádio adulto não é parasito e vive em esconderijos, como galhos de árvores, onde ocorre a cópula e a postura.

Ciclo evolutivo – Os adultos, em lugares secos de galhos de árvores, não se alimentam e após a cópula iniciam a postura parcelada de ovos durante um período de cerca de seis meses. O período de incubação vai de 10 a 20 dias e eclodem larvas que passam para o hospedeiro e migram até as orelhas, onde se fixam em regiões desprovidas de pêlos, tomando alimento durante seis a 15 dias. Mudam e surgem as ninfas do primeiro estádio. Nova muda e as ninfas do segundo estádio permanecem na mesma área até seis meses. Após o repasto, deixam o hospedeiro e vão à procura de lugares secos e altos para depois se transformarem em adultos.

Quadro clínico e Patogenia – Devido sua localização e picada dolorosa, esses carrapatos provocam dor e irritação. Como conseqüência, os animais parasitados ficam sujeitos à infestação pelo berne e freqüentemente há miíases, invasão bacteriana, às vezes perfuração do tímpano e não raramente meningite. As toxinas inoculadas pelo carrapato podem determinar paralisia.

Diagnóstico

Clínico – Pelos sinais.

Laboratorial – Pesquisa e coleta de larvas e ninfas do carrapato nas orelhas dos animais parasitados, e dos estádios adultos nos galhos das árvores, para identificação microscópica.

Profilaxia – Pulverizar com carrapaticida os lugares (secos e altos, galhos de árvores) freqüentados pelos adultos; regiões desprovidas de pêlos e orelhas dos hospedeiros onde são encontradas as larvas e as ninfas.

Subordem SARCOPTIFORMES

Conceitos básicos

- Estigmas e olhos ausentes.

- Respiração cutânea. Algumas espécies apresentam traquéias que se comunicam com o exterior por meio de áreas porosas distribuídas pela superfície do corpo.

- Quelíceras em pinça.

- Palpos simples.

- Coxas IV encaixadas no idiossoma.

Os Sarcoptiformes apresentam duas Seções assim caracterizadas:

Acaridiae

- Ácaros parasitos.
- Cutícula delgada.
- Ventosas tarsais presentes.
- Dimorfismo sexual acentuado.
- Com duas famílias: Sarcoptidae e Psoroptidae.

Oribatei

- Ácaros de vida livre.
- Cutícula coriácea.
- Ventosas tarsais ausentes.
- Dimorfismo sexual pouco acentuado.
- Há espécies que vivem no solo e são úteis porque digerem e decompõem a matéria orgânica. Outras espécies são coprófagas, alimentando-se de fezes de eqüinos e ruminantes, ingerem ovos de anoplocefalídeos, parasitos destes animais, desempenhando o papel de hospedeiro intermediário dos referidos cestódeos.

Famílias SARCOPTIDAE e PSOROPTIDAE

Família Sarcoptidae, com os gêneros: *Sarcoptes, Notoedres* e *Cnemidocoptes*.

Família Psoroptidae, com os gêneros: *Psoroptes, Chorioptes* e *Otodectes*.

As duas famílias podem ser identificadas pelas características enumeradas a seguir:

Família Sarcoptidae

- *Sarcoptes,* causa a escabiose ou sarna sarcóptica do homem e mamíferos. *Notoedres,* responsável pela sarna notoédrica do pavilhão da orelha e face do gato, coelho e rato; *Cnemidocoptes,* com a espécie C. *mutans,* responsável pela sarna da pele das patas das aves (pele escamosa) e C. *gallinae,* responsável pela sarna cnemidocóptica da plumagem das aves, ocasionando prurido.

- Todas as espécies de Sarcoptidae escavam galerias na pele, na qual penetram profundamente, provocando um espessamento da mesma, sem a formação de crostas.
- Corpo globoso.

Família Psoroptidae

- *Psoroptes,* responsável pela sarna psoróptica dos ruminantes, eqüinos e coelhos. *Chorioptes,* causa a sarna corióptica dos bovinos, ovinos, caprinos e eqüinos. *Otodectes,* agente etiológico da sarna otodéctica ou auricular do cão e gato.

- As espécies de Psoroptidae não escavam galerias na pele. São ácaros superficiais. Causam a formação de crostas espessas e não engrossamento da pele.
- Corpo ovóide.

• Face dorsal estriada com espinhos nos gêneros *Sarcoptes* e *Notoedres* e sem espinhos no gênero *Cnemidocoptes.*

• Rostro curto e largo.

• Patas posteriores encaixadas total ou parcialmente no idiossoma.

• Ventosas ambulacrárias com pedicelo simples e longo.

• Ânus terminal com exceção do gênero *Notoedres,* no qual é dorsal.

• Macho sem ventosas (copuladoras) adanais.

• Margem posterior do idiossoma do macho desprovida de lobos abdominais – lobos opistossomais.

• Face dorsal sem espinhos.

• Rostro longo e cônico.

• Patas posteriores, pelo menos as do terceiro par, salientes ao lado do idiossoma.

• Ventosas ambulacrárias com pedicelo longo e triarticulado em *Psoroptes* e pedicelo curto e simples em *Chorioptes* e *Otodectes* (Figura 4.88).

• Ânus terminal.

• Macho com ventosas (copuladoras) adanais para receber os órgãos (tubérculos) copuladores das fêmeas.

• Margem posterior do macho com lobos abdominais – lobos opistossomais em *Psoroptes* e *Chorioptes,* e pouco acentuados em *Otodectes.*

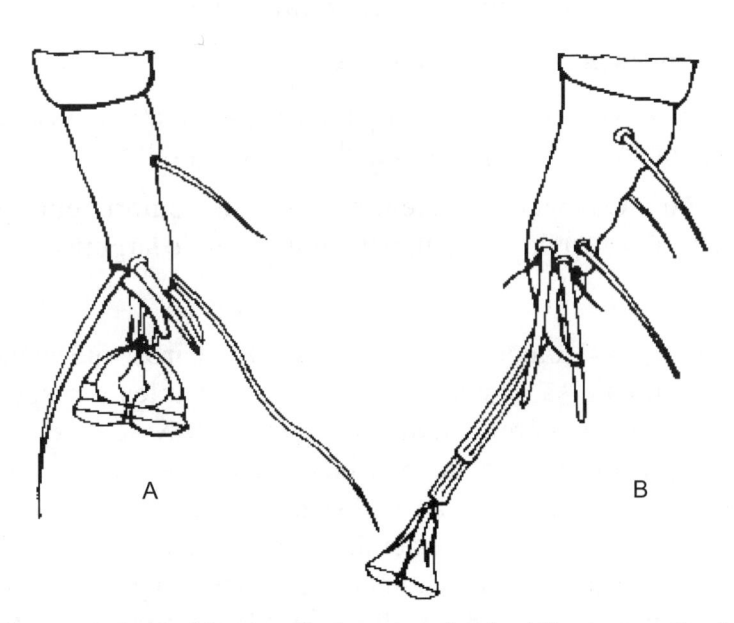

A   B

Figura 4.88 A) Ventosa ambulacrária em pedicelo curto e simples (*Chorioptes e Otodectes*). B) Ventosa ambulacrária em pedicelo longo e triarticulado *(Psoroptes).* Segundo Hirst, S., 1922, redesenhado por Ivan.

Família SARCOPTIDAE Travessart, 1892

Conceitos básicos

* Sarcoptiformes com corpo globoso.

* Rostro curto e largo.

* Patas curtas, grossas e cônicas.

* Ventosas tarsais em pedicelo simples e longo.

* Macho desprovido de ventosas copuladoras e lobos abdominais – lobos opistossomais.

* Tocóstomo transversal.

Gênero *Sarcoptes* Latreille, 1806

(gr. *sarkos,* carne; *kopto,* cortar)

Morfologia – Sarcoptidae com a face dorsal provida de espinhos agudos. Ânus terminal. Ventosas ambulacrárias nas patas 1, 2 e 4 dos machos e nas patas 1 e 2 das fêmeas. Com uma única espécie e numerosas variedades.

Sarcoptes scabiei (Lineu, 1758) Latreille, 1806

Nome da doença – Sarna sarcóptica ou escabiose.

Morfologia – O tegumento na face dorsal apresenta-se com estrias paralelas interrompidas por numerosos espinhos agudos (Figura 4.89).

Dimensão – Os machos medem de 220 μ de comprimento por 150 μ de largura, e as fêmeas 400 μ de comprimento, por 200 μ de largura.

Biologia

Hospedeiros – Homem e mamíferos. Os ácaros que causam a sarna sarcóptica dos animais são estruturalmente semelhantes à responsável, pela escabiose humana e devem representar variedades de *S. scabiei,* às quais estão adaptadas fisiologicamente a um ou mais hospedeiros, podendo, entretanto, viver temporariamente em outro hospedeiro. Assim a variedade de *S. scabei* do cão e denominada de *S. scabei* var. *canis* é geralmente restrita ao cão, mas pode viver no homem. A variedade que parasita o homem é responsável pela escabiose humana, *S. scabiei* var. *hominis,* difere das outras variedades porque é estritamente da espécie humana. As variedades são designadas conforme seu hospedeiro habitual, como por exemplo:

HOSPEDEIROS

	Habitual	Eventual
S. scabiei var. *hominis*	Homem	–
S. scabiei var. *canis*	Caninos	Homem
S. scabiei var. *bovis*	Bovinos	Homem
S. scabiei var. *ovis*	Ovinos	Homem, caprinos, suínos.
S. scabiei var. *caprae*	Caprinos	Homem, bovinos, ovinos, eqüinos, suínos
S. scabiei var. *equi*	Eqüinos	Homem, bovinos
S. scabiei var. *suis*	Suínos	Homem
S. scabiei var. *cuniculi*	Coelho	Porquinho da Índia

Localização – Tecido cutâneo e galerias intra-epidérmicas.

Nutrição – Os ácaros alimentam-se sugando os líquidos dos tecidos do hospedeiro, como a linfa e provavelmente as células do estrato córneo.

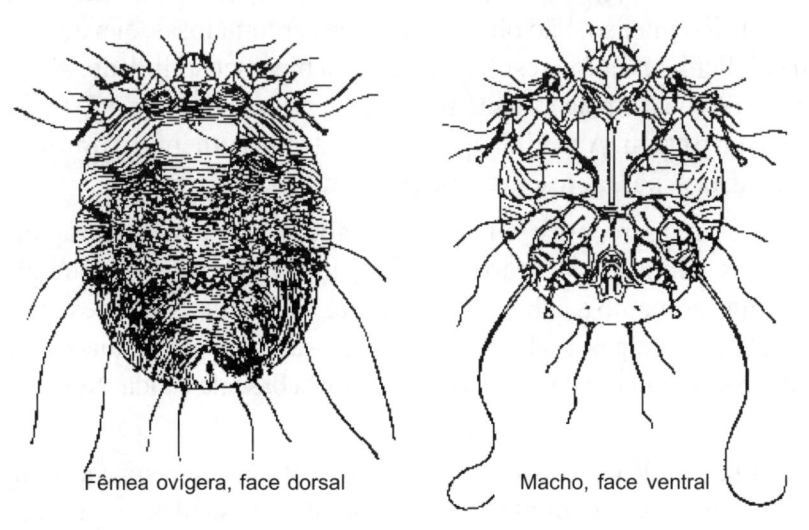

Fêmea ovígera, face dorsal   Macho, face ventral

Figura 4.89 *Sarcoptes scabiei*. Segundo Hirst, 1922, redesenhado por Evandro.

Ciclo evolutivo – A espécie *Sarcoptes scabiei* vive nas galerias intradérmicas escavadas pelas larvas, ninfas e adultos. Para a escavação empregam as quelíceras e ficam aderidas à pele do hospedeiro pelas ventosas das patas. A extensão das galerias é de até alguns centímetros. As fêmeas nunca abandonam as galerias, nas quais também são encontrados os machos e demais estádios evolutivos. As fêmeas percorrem de 0,5 a 5 mm diariamente.

As temperaturas elevadas aumentam a atividade dos ácaros.

Cada fêmea põe dois ovos por dia, durante dois meses, findos os quais morre. Os ovos são elípticos e de casca fina, o que permite distinguir a larva no seu interior. Os ovos medem 150 por 100 μ, são muito grandes em relação à fêmea que mede 400 por 200 μ. São em número de dois e podem ser observados no interior das fêmeas ovígeras.

O período de incubação é de três a cinco dias. Do ovo eclode uma *larva hexápode* que pode permanecer nas galerias onde eclodiu ou escava nova galeria. Esta larva realiza três mudas antes de se transformar em ninfa. Nove dias depois da eclosão surge a *ninfa octópode,* ainda sem órgãos genitais, que também pode escavar sua própria galeria. Há dois tipos de ninfas, quanto ao tamanho: ninfas grandes, que originam fêmeas, e ninfas pequenas, que originam machos. A ninfa, depois de dois dias, após outra muda, origina o adulto. A fêmea pubescente, em três dias, transforma-se em fêmea ovígera. O macho abandona a galeria e é encontrado na superfície da pele, onde vai em busca de fêmeas púberes.

A fêmea ovígera é maior e apresenta o *tocóstomo,* orifício de postura, representado por uma fenda transversal na face ventral, ao nível do primeiro par de patas.

O ciclo evolutivo de ovo à fêmea ovígera é de 10 a 14 dias.

O contágio dá-se pelo contato com um animal parasitado.

Quadro clínico – Os sinais decorrem da atividade das fêmeas ovígeras e dos demais estádios evolutivos. A principal manifestação clínica da sarna sarcóptica ou escabiose é o prurido intenso. São observadas áreas eritematosas, elevação eruptiva da pele e pápulas foliculares como resultantes de uma hipersensibilidade. A pele torna-se irritada pelo ato de coçar e pela invasão bacteriana, principalmente de *Staphylococcus.* Os pêlos arrepiam e caem. À medida que a área atacada aumenta, o prurido vai se tornando mais intenso. A pele apresenta-se espessa, rachada e rugosa.

No cão, a sarna sarcóptica tem início na cabeça, espalhando-se rapidamente por todo o corpo. Nos suínos inicia-se ao redor dos olhos e das narinas, generalizando-se. Nos ovinos atinge somente a cabeça e raramente ataca outras regiões. Nos caprinos começa pela cabeça e orelhas, podendo generalizar-se. Nos bovinos ataca comumente o pescoço, peito, região interna das coxas e raramente a base da cauda. Nos eqüinos ataca principalmente a cabeça e o pescoço.

Patogenia – Os ácaros são responsáveis por irritação e coceira que obriga o hospedeiro a roçar e morder as regiões afetadas. As pápulas e vesículas se formam devido ao exsudato da linfa. O tecido conetivo da pele se queratiniza tornando-a espessa e rugosa.

Diagnóstico

Clínico – Pelos sinais.

Laboratorial – Os ácaros da sarna são pesquisados no material procedente da raspagem da pele. As raspagens devem ser bem profundas e realizadas em várias partes do corpo, escolhendo-se as lesões de aparência recente. O material tratado pelo lactofenol ou potassa a 10% e ligeiramente aquecido é examinado ao microscópio.

Profilaxia – O primeiro objetivo é conseguido com banhos sarnicidas nos animais parasitados a fim de serem eliminados os *Sarcoptes;* convém evitar que animais sãos fiquem em contato com animais sarnosos.

Gênero *Notoedres* Railliet, 1893

(gr. *notos,* dorso; *hedra,* localização)

Morfologia – Sarcoptidae com a face dorsal provida de escamas moles e espinhos finos e longos. Ânus dorsal. A espécie *Notoedres cati* parasita o gato e o coelho. *N. muris* parasita o rato. Esta espécie apresenta, anterior ao ânus, um semicírculo irregular de espinhos escamosos, não encontrado em *N. cata* e *N. cati* var. *cuniculi,* que a torna estruturalmente diferente.

Hospedeiros – Gato, coelho e rato.

Notoedres cati (Hering, 1838)

Nome da doença – Sarna notoédrica, sarna da orelha do gato.

Morfologia – O corpo é globoso nos dois sexos; os machos são avermelhados; o tegumento é estriado como nos *Sarcoptes* e a face dorsal apresenta escamas moles e alguns espinhos delgados e longos. Ventosas ambulacrárias nas patas 1, 2 e 4 nos machos e nas fêmeas nas patas 1 e 2 (Figura 4.90).

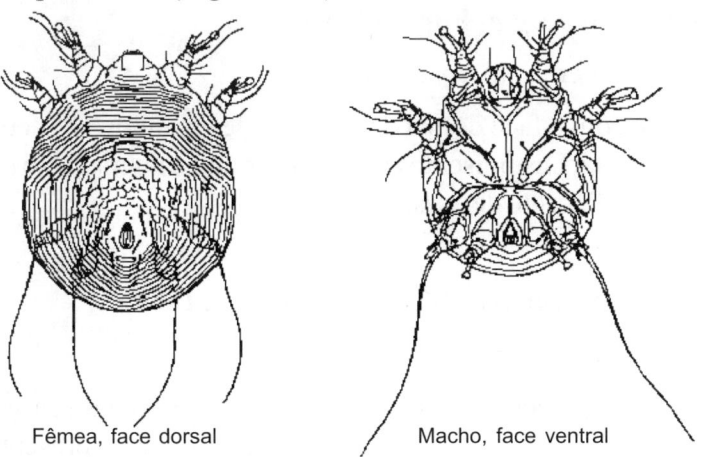

Fêmea, face dorsal   Macho, face ventral

Figura 4.90 *Notoedres cati.* Segundo Hirst, 1922, redesenhado por Evandro.

Dimensão – Macho com 150 μ de comprimento por 125 μ de largura. Fêmea com 220 μ de comprimento por 175 μ de largura.

Biologia

Hospedeiros – Gato e coelho.

Localização – Pavilhão das orelhas e face.

Nutrição – Semelhante a do *S. scabiei.*

Ciclo evolutivo – Semelhante ao do *S. scabiei.* A fêmea ovígera põe aproximadamente 60 ovos nas galerias por ela escavada durante três a quatro semanas, depois das quais morre. O ciclo evolutivo completo é de aproximadamente 20 dias.

Contágio – A infestação se dá pelo contato de um animal parasitado com um são.

Quadro clínico – As lesões iniciais principiam no pavilhão das orelhas e face, e em regiões de pele mais fina e pêlos escassos. São observadas pequenas vesículas avermelhadas e pápulas entre os dedos, nos órgãos genitais externos, ao redor do ânus e na cauda, que se apresenta tumefata.

Patogenia – Destruição do tecido cutâneo com a formação de pápulas e vesículas.

Diagnóstico

Clínico – Pelos sinais.

Laboratorial – Pesquisa de ácaros ao microscópio no material obtido de raspagens da pele das regiões afetadas e tratado previamente pelo lactofenol ou potassa a 10%, ligeiramente aquecido.

Profilaxia – Semelhante a indicada para *Sarcoptes.*

Gênero *Cnemidocoptes* Fürstenberg, 1870

(gr. *knemidos,* perna; *kopto,* cortar)

Sarcoptidae com a face dorsal desprovida de espinhos, mas com duas cerdas posteriores. Ventosas tarsais presentes em todas as patas do macho e ausentes nas da fêmea. Ânus terminal. Parasito de aves.

Cnemidocoptes mutans (Robin e Lanquetin, 1859)

Nome da doença – Sarna podal dos galináceos.

Morfologia – O macho apresenta o corpo ovóide e todas suas patas terminam por ventosas tarsais; a fêmea, com o corpo mais arredondado, apresenta a face dorsal estriada e suas patas desprovidas de ventosas tarsais (Figura 4.91).

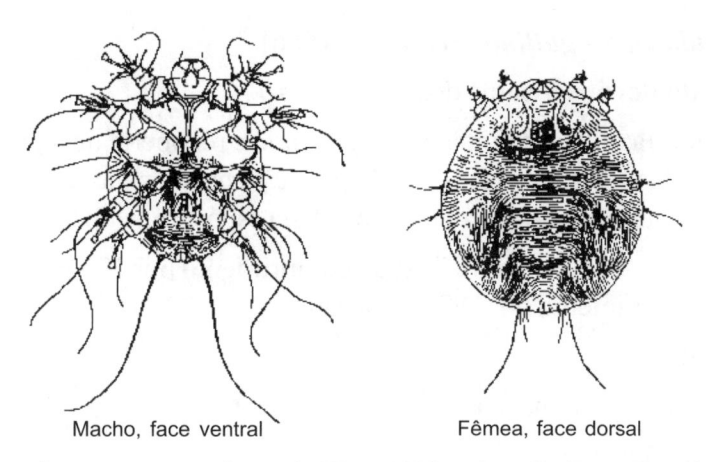

Macho, face ventral   Fêmea, face dorsal

Figura 4.91 *Cnemidocoptes mutans,* Segundo Hirst, 1922, redesenhado por Evandro.

Dimensão – Macho medindo 200 μ de comprimento por 120 μ de largura. Fêmea com 400 μ de comprimento por 350 μ de largura.

Biologia

Hospedeiros – Galináceos (galinha, peru, galinha d'angola e faisão).

Localização – Pele das patas.

Ciclo evolutivo – A fêmea é ovovivípara e sedentária, cuja condição determina a formação de um tecido alveolar, constituído de inúmeras pequeninas câmaras repletas de acarinos em todos os estádios de desenvolvimento.

Quadro clínico – As lesões parecem se limitar estritamente às pernas. Os acarinos atacam a pele das pernas das aves, causando dermatite. Há exsudação serosa e acentuado espessamento das escamas que se apresentam deformadas e eriçadas. A evolução da sarna podal é lenta. Quando o espessamento for intenso pode resultar em bloqueamento das articulações e conseqüente paralisia. Pode surgir artrite, o que dificulta a locomoção dos galináceos. Freqüentemente são observadas aves bicando as lesões. Perda de apetite, emagrecimento e morte.

Patogenia – A presença de fêmeas sedentárias determina uma proliferação epidérmica acompanhada de aumento de substância córnea.

Diagnóstico

Clínico – Pelos sinais.

Laboratorial – Pesquisa de ácaros nas câmaras de tecido alveolar das patas para identificação microscópica.

Profilaxia – Após o tratamento das aves doentes convém deixá-las isoladas, a fim de evitar que as sãs sejam contaminadas. Pulverizar com sarnicida os locais (solo, galinheiros, poleiros) freqüentados pelas aves parasitadas.

Cnemidocoptes gallinae (Railliet, 1886)

Nome da doença – Sarna dos galináceos.

Morfologia – A face dorsal da *C. gallinae* é recoberta de tegumento estriado uniformemente. Na fêmea, os epímeros do primeiro par de patas são livres. No macho existem duas pequenas ventosas copuladoras. Esta espécie é vivípara.

Dimensão – Macho com 175 μ de comprimento por 125 μ de largura. Fêmea com 350 μ de comprimento por 190 μ de largura.

Biologia

Hospedeiros – Galináceos.

Localização – Pele.

Quadro clínico – As penas são partidas na base e arrancadas pelos galináceos, advindo daí o hábito de comê-las. Emagrecimento e queda na postura. A incidência maior é na primavera pois coincide com a época do acasalamento.

Patogenia – Essa espécie ataca a base das penas dos galináceos ocasionando prurido e inflamação.

Diagnóstico

Clínico – Pelos sinais.

Laboratorial – Pesquisa de ácaros na pele de galináceos para identificação microscópica.

Profilaxia – Semelhante a referida para C. *mutans*.

Cnemidocoptes columbae (Railliet, 1885)

Nome da doença – Sarna dos pombos.

Morfologia – Na fêmea os epímeros do primeiro par de patas são ligados por uma peça transversal em forma de acento circunflexo e no macho têm a forma de "Y".

Dimensão – Macho com 155 μ de comprimento por 115 μ de largura. Fêmea com 285 μ de comprimento por 255 μ de largura.

Biologia

Hospedeiro – Pombo.

Localização – Epiderme, base das penas.

Ciclo evolutivo – Fêmeas vivíparas.

Quadro clínico – Dermatite. Queda das penas que se apresentam partidas na base. Eliminação de substância pulverulenta à mais leve compressão dos folículos.

Patogenia – Irritação e escamação da pele. Decomposição da parte intrafolicular da pena que se pulveriza.

Diagnóstico

Clínico – Pelos sinais.

Laboratorial – Exame do material obtido por raspado cutâneo, ao estereo-microscópio.

Família PSOROPTIDAE Canestrini, 1892

Conceitos básicos

- Sarcoptiformes de corpo ovóide.
- Rostro longo e cônico.
- Patas mais longas que as dos sarcoptídeos.
- Quarto par de patas do macho menor que o terceiro par.
- Macho com ventosas copuladoras adanais.
- Ventosas ambulacrárias em pedicelo longo e triarticulado no gênero *Psopoptes;* em pedicelo simples e curto nos gêneros *Chorioptes* e *Otodectes*.

Gênero *Psoroptes* P. Gervais, 1841

(gr. *psora,* sarna; *kopta,* cortar)

Morfologia – Psoroptidae com rostro longo e cônico. As patas são longas e espessas; ventosas ambulacrárias em pedicelo longo e triarticulado. O macho com dois lobos abdominais – opistossomais – na extremidade posterior e precedidos por ventosas copuladoras ventrais. A fêmea púbere possui tubérculos que se ajustam às ventosas

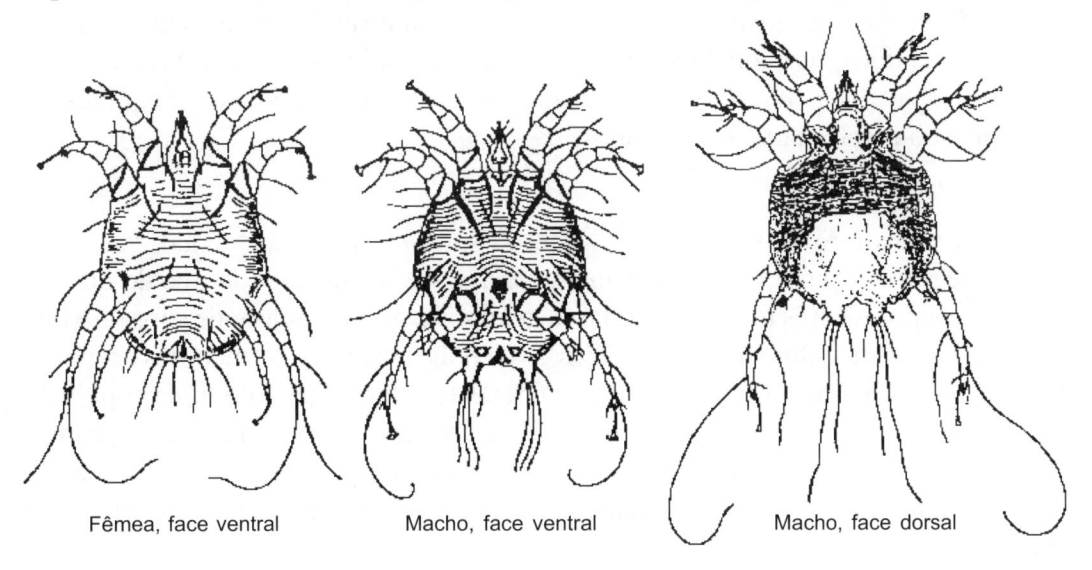

Fêmea, face ventral   Macho, face ventral   Macho, face dorsal

Figura 4.92 *Psoroptes.* Segundo Hirst, 1922, redesenhado por Evandro.

copuladoras do macho. Na fêmea ovígera desaparecem os tubérculos, surgindo o *tocóstomo* de situação ântero-ventral. Ânus terminal. Ventosas ambulacrárias situadas nas patas 1, 2 e 3 no macho e na fêmea, nas patas, l, 2 e 4. Este gênero é representado por ácaros responsáveis por dermatoses nos mamíferos, conhecidas como sarna psoróptica.

Diagnose para identificação das espécies de *Psoroptes*

1. Ácaro da orelha 2

    Ácaro do corpo 3

2. Macho adulto com a seta opistossomal externa medindo de 64-164 μm .... *P. cuniculi*

    Macho adulto com a seta opistossomal externa medindo de 145-354 μm .... *P. cervinus*

3. Macho adulto com alguma seta opistossomal espatulada .... *P. natalensis*

    Macho adulto com todas as setas opistossomais filiformes 4

4. Macho adulto com a seta opistossomal externa medindo 333 μm .... *P. equi*

    Macho adulto com a seta opistossomal externa medindo de 74-258 μm .... *P. ovis*

Nome da doença – Sarna psoróptica.

Dimensão – O macho com 500 μ de comprimento por 200 μ de largura. A fêmea com 600 μ de comprimento por 200 μ de largura.

Biologia

Hospedeiros e *Localização* – *P. cuniculi* – conduto auditivo do coelho, ovinos, caprinos e eqüinos; ocasionalmente pele do corpo de eqüinos. *P. cervinus* – pele do corpo de cervídeos. *P. natalensis* – pele do corpo de bovinos, zebuínos e eqüinos. *P. ovis* – pele do corpo de ovinos e eqüinos.

Nutrição – Soro.

Ciclo evolutivo – Os ácaros do gênero *Psoroptes* não escavam galerias. A fêmea ovígera inicia a ovipostura na pele, nove dias após a postura do ovo do qual se originou. Depois de três dias eclode a larva hexápode. A ninfa octópode surge em três dias. O estádio ninfal dura três dias. Há ninfas de dois tamanhos. As menores originam machos em seis dias e as maiores, fêmeas púberes em cinco dias. Depois da cópula do macho com a fêmea púbere, esta origina a fêmea ovígera em dois dias. A ovipostura ocorre um dia depois da fêmea ter atingido o ínstar de ovígera. A fêmea, durante sua existência que é de 30 a 40 dias, põe cinco ovos por dia, num total de 90 ovos. O macho vive aproximadamente 30 dias.

O ciclo evolutivo completo se realiza em oito dias, independente da estação do ano.

Os ácaros da sarna psoróptica são muito resistentes e podem viver 20 a 30 dias fora do corpo do hospedeiro, o que explica seu poder de infestação.

Quadro clínico – Dermatose (irritação da pele). Crostas. Lã e pêlos aglutinados. Queda da lã e dos pêlos. Os animais parasitados mordem e coçam a lesão. Anemia, caquexia e morte.

Patogenia – A introdução das peças bucais dos ácaros psorópticos na pele do hospedeiro e a sucção do soro provocam irritação e inflamação da mesma. A exsudação linfática, que coagula, origina as crostas sob as quais vivem os acarinos.

Diagnóstico

Clínico – Pelos sinais.

Laboratorial – Raspagem das regiões afetadas e exame microscópico para a identificação do ácaro. O material coletado deve ser tratado pelo lactofenol ou potassa a 10%, ligeiramente aquecido.

Profilaxia – As medidas profiláticas indicadas para a sarna sarcóptica devem ser empregadas, também, para a profilaxia da sarna psoróptica.

Gênero *Chorioptes* P. Gervais e van Beneden, 1859

(gr. *chorion,* pele; *kopto,* cortar)

Nome da doença – Sarna corióptica.

Morfologia – Psoroptidae com o rostro longo e levemente cônico. Patas longas e espessas. Ventosas ambulacrárias em pedicelo curto e simples. Macho com dois lobos abdominais na extremidade posterior – lobos opistossomais – e precedidos por ventosas copuladoras ventrais. Ventosas ambulacrárias situadas nas patas 1, 2, 3 e 4 do macho e nas patas 1, 2 e 4 da fêmea (Figura 4.93).

Os ácaros pertencentes ao gênero *Chorioptes* coletados de bovinos, eqüinos, caprinos e ovinos, após serem minuciosamente estudados quanto a morfologia e seu ciclo evolutivo, observados *in vitro* em todas as suas fases, ficou constatado que são morfo e biologicamente idênticos. Sweatman (1957) fazendo a revisão desse gênero, reconhece somente duas espécies: *Chorioptes bovis* (Hering, 1845) e C. *texanus,* Hirst, 1924 parasitos de animais domésticos. As espécies C. *equi* e C. *ovis,* em vista do exposto, passaram à sinonímia de C. *bovis.*

A espécie *Chorioptes bovis* tem uma distribuição geográfica cosmopolita e infesta bovinos, ovinos e eqüinos. A espécie C. *texanus* tem uma distribuição geográfica restrita e só foi citada duas vezes, uma em caprinos no Texas e outra no Canadá. A identificação diferencial das duas espécies é baseada na morfologia e comprimento das setas do opistossoma e dos lobos opistossomais do macho adulto (Figura 4.93).

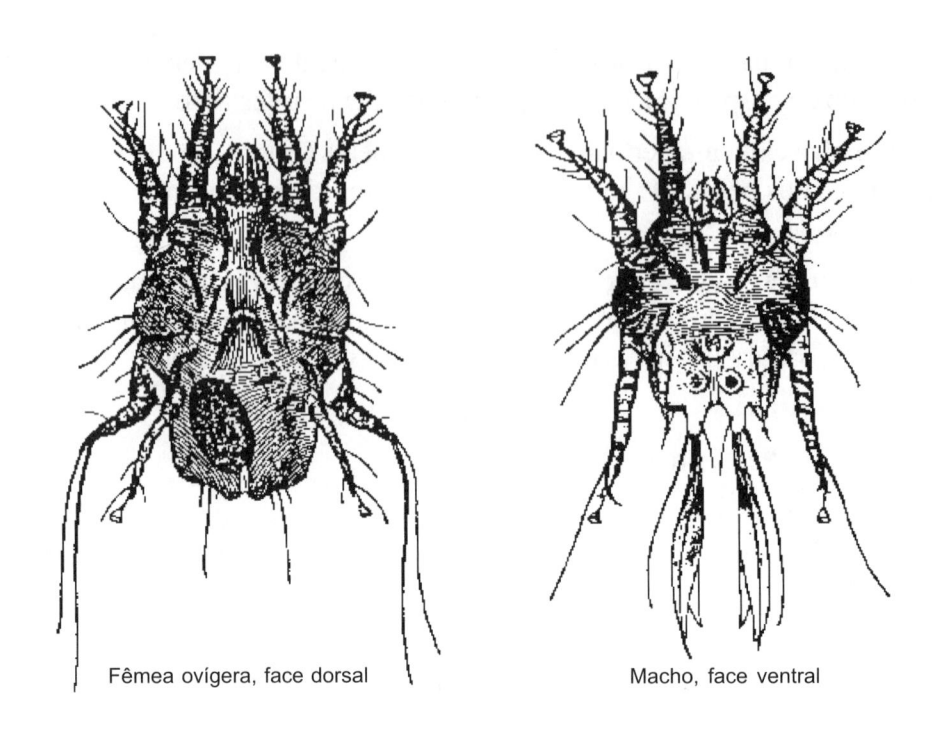

Fêmea ovígera, face dorsal   Macho, face ventral

Figura 4.93 *Chorioptes.* Segundo Hirst, 1922, redesenhado por Evandro.

Diagnose para identificação das espécies de *Chorioptes*

Comprimento das setas opistossomais de machos adultos (em μ)		
Espécies Setas	*Chorioptes bovis*	*Chorioptes texanus*
1	105 - 210 119	42 - 70 62,7
2	105 - 175 114,2	140 - 210 169
3	70 - 112 86	7 - 35 15
4	35 - 70 59,1	10,5 - 2,1 17,2

Pela tabela pode ser constatado que as setas opistossomais 1, 3 e 4 de *Chorioptes texanus* são significativamente menores do que as de *Chorioptes bovis*.

538

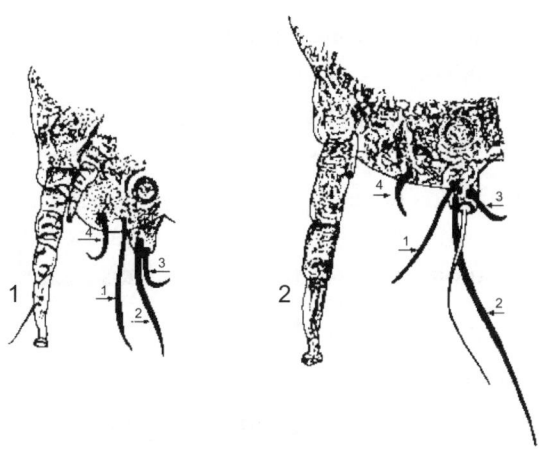

Morfologia das setas opistossomais 1, 2, 3 e 4. 1) *Chorioptes bovis.* 2) *Chorioptes texanus.* Segundo De Rosen, redesenhado por Evandro.

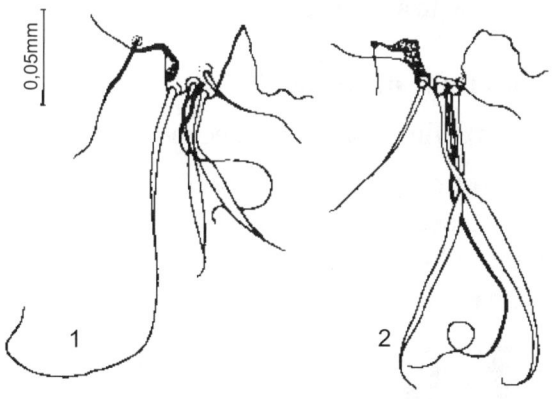

Vista ventral dos lobos opistossomais direitos. 1) *Chorioptes bovis.* 2) *Chorioptes texanus.* De Faccini e Massard, redesenhado por Evandro.

Distribuição geográfica – C. *bovis,* cosmopolita. C. *texanus,* Texas, Canadá, Israel e Brasil.

Dimensão – Macho com 400 µ de comprimento por 200 µ de largura e a fêmea com 500 µ de comprimento por 200 µ de largura, aproximadamente.

Biologia

Hospedeiros – C. *bovis* parasita bovinos, ovinos, caprinos e eqüinos; C. *texanus* parasita bovinos e caprinos.

Localização – C. *bovis* é encontrado parasitando o conduto auditivo e pele do corpo de bovinos; pele do corpo de caprinos e ovinos, principalmente no escroto, ao redor dos olhos e pernas; nos eqüinos, parasita essencialmente a região do boleto das pernas. C. *texanus* infesta a pele do corpo de bovinos e caprinos.

Ciclo evolutivo – Semelhante ao do *Psoroptes* e se completa em 20 dias.

Contágio – A afecção se transmite de animal parasitado a animal são e, também, através de objetos contaminados.

Quadro clínico – Geralmente há coceira o que obriga o animal a se coçar e morder as regiões afetadas. Dermatite, pústulas e crostas são observadas na pele do corpo dos hospedeiros infestados pelas espécies de *Chorioptes,* que causam irritação à pele e responsáveis pela formação de lesões pequenas, circunscritas, caracterizadas pelo exsudato seroso que ao secar origina a formação de crostas escamosas.

Diagnóstico

Clínico – Pelos sinais.

Laboratorial – Raspagem das regiões afetadas para a identificação microscópica do agente etiológico. O material da raspagem deve ser tratado pelo lactofenol ou potassa a 10%, ligeiramente aquecido.

Profilaxia – Semelhante a indicada para *Sarcoptes.*

Gênero *Otodectes* Canestrini, 1894

(gr. *ous,* genitivo *otos,* ouvido; *dektos,* que morde)

Psoroptidae com o rostro longo e levemente cônico. As patas são longas e espessas. As ventosas ambulacrárias em pedicelo curto e simples. O macho com a extremidade posterior do abdome ligeiramente bilobada; ventosas copuladoras adanais, presentes. Ventosas ambulacrárias situadas nas patas 1, 2, 3 e 4 do macho e nas patas 1 e 2 da fêmea (Figura 4.94).

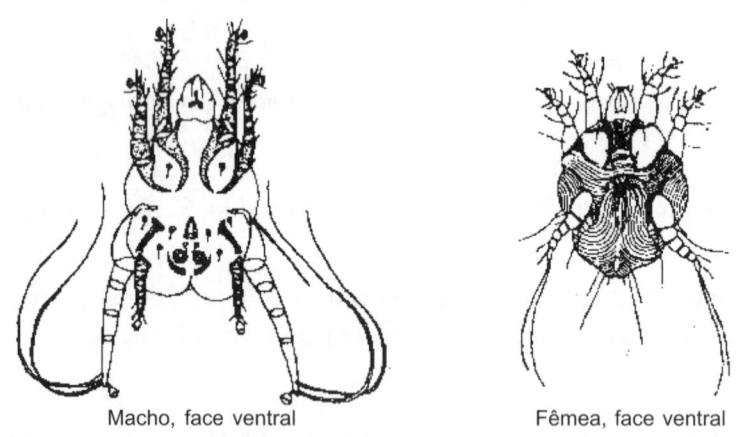

Macho, face ventral Fêmea, face ventral

Figura 4.94 *Otodectes cynotis.* Segundo Hirst, 1922, redesenhado por Evandro.

Otodectes cynotis (Hering, 1838)

(gr. *kyon,* genit. *kynos,* cão)

Nome da doença – Sarna otodéctica, sarna auricular.

Morfologia – Com as características do gênero.

Dimensão – Macho com 350 μ de comprimento por 250 μ de largura. Fêmea com 500 μ de comprimento por 350 μ de largura.

Biologia

Hospedeiros – Caninos, felinos e outros carnívoros.

Nutrição – Líquidas teciduais do hospedeiro.

Localização – Conduto auditivo.

Ciclo evolutivo – Típico dos psoroptídeos.

Contágio – De animal parasitado para animal são.

Quadro clínico – A sarna otodéctica ataca com mais freqüência cães de caça, entretanto pode ocorrer em todas as raças, em todas as idades e sexos. Crostas. O animal parasitado sacode a cabeça e roça as orelhas em objetos sólidos. Há corrimento escuro do conduto auditivo. Os animais afetados dão voltas em círculo e freqüentemente apresentam ataques epileptiformes. Pode ocorrer perfuração timpânica e conseqüente surdez. Morte.

Patogenia – A exsudação linfática, ao se coagular, transforma-se em crostas nas orelhas. Os ácaros, ao se alimentarem sugando os líquidos teciduais do hospedeiro, causam irritação. Pode haver invasão bacteriana.

Diagnóstico

Clínico – Pelos sinais.

Laboratorial – Exame microscópico do exsudato coletado do conduto auditivo para pesquisa e identificação de ácaros. O material coletado, como nas espécies anteriormente citadas, deve ser tratado pelo lactofenol ou potassa a 10%, ligeiramente aquecido.

Profilaxia – Isolar os cães doentes e proceder a uma rigorosa desinfestação dos canis.

Diagnose para identificação dos gêneros de SARCOPTIFORMES

FAMÍLIA	CARACTERIZAÇÃO	GÊNERO	CARACTERIZAÇÃO	LOCALIZAÇÃO DAS VENTOSAS AMBULACRÁRIAS NAS PATAS
Sarcoptidae	• Corpo globoso. • Rostro curto e largo. • Patas curtas e espessas. • Ventosas ambulacrárias em pedicelo longo e simples. • Macho sem lobos opistossomais e sem ventosas copuladoras adanais.	*Sarcoptes*	Face dorsal com numerosos espinhos.	Macho - 1, 2, 4 Fêmea - 1, 2
		Notoedres	Face dorsal com número reduzido de espinhos. Ânus dorsal.	Macho - 1, 2, 4 Fêmea - 1, 2
		Cnemidocoptes	Face dorsal sem espinhos.	Macho - 1, 2, 3, 4 Fêmea - --
Psoroptidae	• Corpo oval • Rostro longo e cônico. • Patas longas e espessas. • Ventosas ambulacrárias em pedicelo longo e triarticulado ou curto e simples. • Macho com lobos opistossomais e ventosas copuladoras adanais.	*Psoroptes*	Ventosas ambulacrárias em pedicelo longo e triarticulado. Macho com lobos opistossomais.	Macho - 1, 2, 3 Fêmea - 1, 2, 4
		Chorioptes	Ventosas ambulacrárias em pedicelo curto e simples Macho com lobos opistossomais.	Macho - 1, 2, 3, 4 Fêmea - 1, 2, 4
		Otodectes	Ventosas ambulacrárias em pedicelo curto e simples. Macho sem lobos opistossomais.	Macho - 1, 2, 3, 4 Fêmea - 1, 2

Subordem TROMBIDIFORMES

Conceitos básicos

- Acarina de corpo alongado.
- Tegumento mole.
- Quelíceras em estilete.
- Palpos bem desenvolvidos.

Nesta subordem estão incluídos os ácaros desprovidos de estigmas – Astigmata e os que possuem um par próximo ao gnatossoma – Prostigmata.

São de interesse à Medicina Veterinária os Trombidiformes Prostigmata com as famílias Demodicidae, Trombiculidae, Cheyletidae e Myobiidae.

Família DEMODICIDAE Nicolet, 1855

Conceitos básicos

- Trombidiformes muito pequenos.
- Corpo vermiforme.
- Abdome alongado e estriado transversalmente.
- Adulto com quatro pares de patas rudimentares.

Gênero *Demodex* Owen, 1843

(gr. *demas,* corpo; *dexis,* picada)

Demodicidae cujo corpo parece estar dividido, como o dos insetos, em cabeça, tórax e abdome. O gnatossoma, parecendo a cabeça, com rostro grande e saliente, é formado pelas quelíceras em estilete e aderidas aos palpos formados por três artículos. Podossoma sustenta quatro pares de patas curtas e grossas, formadas por três artículos cada uma. Tarsos com duas garras denteadas. Abdome, distinto do podossoma, é finamente estriado no sentido transversal. Orifício genital feminino ventral em fenda longitudinal, situado ao nível da coxa IV. Orifício genital masculino dorsal, localizado entre as coxas I e II, emergindo dele o pênis. Ovos fusiformes. O par de espiráculos está na face ventral na base do gnatossoma.

O gênero *Demodex* é descrito ou como tendo uma única espécie com variedades que parasitam o homem e vários mamíferos, como por exemplo *Demodex folliculorum* var. *canis,* ou simplesmente com espécies designadas de acordo com o hospedeiro que parasitam, como *Demodex canis* (Figura 4.95).

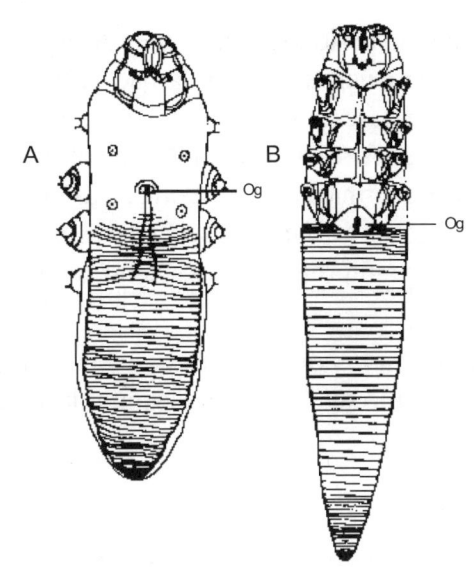

Figura 4.95 *Demodex.* A) Macho, face dorsal. B) Fêmea, face ventral. Og) Orifício genital. Segundo Baker et. al., 1958, redesenhado por Ivan.

Demodex folliculorum (Simon, 1843) Owen, 1843

Morfologia – Referida na descrição do gênero.

Dimensão – Fêmea com 250 a 440 µ de comprimento. No macho as dimensões variam de acordo com as espécies. Determinadas espécies medem 300 µ, outras variam de 170 a 250 µ.

Biologia

Hospedeiro – Caninos.

Localização – Folículos pilosos e glândulas sebáceas.

Ciclo evolutivo – Durante sua evolução, os demodicídeos passam pelas fases de ovo, larva hexápoda, na qual as patas são representadas por pequeninas protuberâncias, dois estádios ninfais octópodes e adultos.

Contágio – A transmissão é ainda discutida. Foi observado que cães sadios em contato durante muito tempo com cães infestados não contraíram a sarna. Experimentalmente é muito difícil infestar cães. Há autores que admitem que a sarna se instala quando o cão não está bem alimentado ou apresenta deficiência vitamínica. Outras doenças, principalmente a cinomose, predispõem os cães à sarna demodécica. Os banhos freqüentes e o uso de sabões alcalinos tornam a pele suscetível ao ataque dos ácaros. Os gatos são muito resistentes. Nos suínos geralmente a sarna demodécica não é grave.

Quadro clínico – Durante a evolução da sarna demodécica ocorrem três períodos. O primeiro caracteriza-se por depilações e pequenas pápulas no cotovelo, no jarrete e ao redor dos olhos. O segundo período surge depois de alguns meses, com o aumento das áreas afetadas que se tornam vermelhas e inflamadas, acompanhado de intenso prurido. A pele torna-se rugosa e descama. Há tumefação e blefarite. Esse período vai de dois a seis meses e os fenômenos recrudescem. O terceiro período é caracterizado pela generalização dos sintomas e é a forma pustular. Ocorre invasão bacteriana em conseqüência da dilatação dos folículos pilosos e glândulas sebáceas, surgindo as pústulas e grandes abscessos no abdome, na face interna das coxas e no focinho. O cão exala um odor repulsivo típico.

Patogenia – A patogenia decorre da presença de *Demodex* nos folículos pilosos e glândulas sebáceas ocasionando sua dilatação, permitindo assim invasão bacteriana.

Diagnóstico

Clínico – Pelos sinais.

Laboratorial – Exame microscópico para a pesquisa de *Demodex* do material colhido das raspagens das lesões da pele e do pus dos abscessos.

Profilaxia – Embora a transmissão da sarna demodécica ser ainda discutida, convém isolar os doentes e proceder a desinfestação dos lugares por eles freqüentados, com água fervente, solução com formol e seguida de caiação das paredes. É imprescindível oferecer sempre uma boa alimentação aos cães.

Espécies de *Demodex* e suas ações no hospedeiro

Espécies de *Demodex*	Ações
Demodex folliculorum var. *canis* ou *D. canis* Leydig, 1844	Agente etiológico da sarna demodécica dos cães, "lepra do cão", sarna folicular e sarna vermelha.
D. folliculorum var. *hominis* ou *D. folliculorum*	Responsável pelo cravo do homem.
D. folliculorum var. *phylloides* ou *D. phyiloides*	Parasito das glândulas sudoríparas dos suínos, originando pústulas que pela confluência e ruptura originam úlceras.
D. folliculorum var. *bovis* ou *D. bovis*	Responsável pela formação de nódulos e pústulas na pele de bovinos.
D. folliculorum var. *caprae* ou *D. caprae*	Causadora da sarna nodular pruriginosa de caprinos.

Subordem MESOSTIGMATA Canestrini, 1891

(gr. *meso,* mediano; *stigmata,* espiráculo)

Conceitos básicos

- Acarina de corpo deprimido.
- Escudo dorsal e placas ventrais presentes.
- Um par de estigmas na área lateral do corpo, ao nível das coxas III.
- Quelíceras constituídas de três segmentos.
- Hipostômio desprovido de dentes recurrentes.

Família DERMANYSSIDAE Kolenati, 1859

Conceitos básicos

Mesostigmata com patas semelhantes, em ambos os sexos, terminadas por um pulvilo e duas garras.

Os dermanissídeos – gamasídeos – compreendem vários gêneros, dos quais será estudado o gênero *Dermanyssus.*

Gênero *Dermanyssus* Dugés, 1884

(gr. *derma,* pele; *nysso,* picar, atormentar)

Dermanyssidae com quelíceras em pinça no macho e em estilete terminado em pinça, na fêmea. Parasitos temporários de aves.

Dermanyssus gallinae (de Geer, 1778)

Nome da doença – Acaríase dermaníssica.

Morfologia – O corpo é oval, com a extremidade posterior mais larga que a anterior; idiossoma com poucos pêlos curtos. As patas são robustas e semelhantes. O escudo dorsal tem a margem posterior arredondada. A cor é esbranquiçada quando em jejum e vermelha após o repasto sangüíneo (Figura 4.96).

Dimensão – O macho mede 600 μ de comprimento por 320 μ de largura e a fêmea mede de 700 μ de comprimento por 400 μ de largura.

Biologia

Hospedeiros – Galináceos, pombos, canários e outras aves criadas em cativeiro. Ocasionalmente também podem atacar diversos mamíferos como bovinos, caprinos, eqüinos, caninos, felinos, coelho e, raramente, o homem.

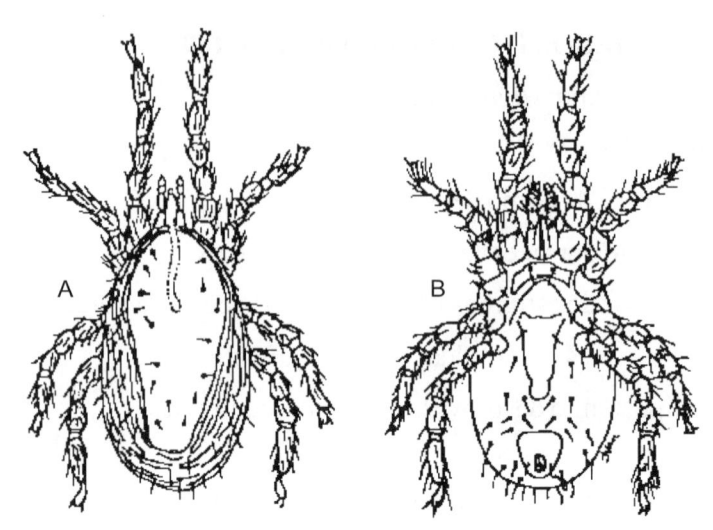

Figura 4.96 *Demanyssus gallinae.* A) Face dorsal. B) Face ventral. Segundo Hirst, 1922, redesenhado por Ivan.

Localização – Pele, às vezes conduto auditivo.

Nutrição – Sangue.

Ciclo evolutivo – Os dermanissos são muito ativos e durante o dia vivem escondidos nos galinheiros, pombais, viveiros, de onde saem à noite para o repasto sangüíneo nas aves e, ocasionalmente, nos mamíferos.

A fêmea realiza a ovipostura nas frestas e fendas dos abrigos e ninhos das aves. Do ovo eclode uma larva hexápode que não se alimenta. Após dois dias a larva muda para ninfa octópode. Esta ataca as aves para sugar sangue, volta aos esconderijos e muda para metaninfa que se converte em macho ou fêmea. Os dois estádios ninfais, bem como o adulto, fazem a tomada de alimento somente à noite, passando o dia fora do corpo do hospedeiro.

A duração do ciclo evolutivo de ovo a adulto é de sete dias. Cada estádio tem a duração de dois dias aproximadamente. Experimentos constataram que os adultos têm a capacidade de viver cerca de seis meses sem se alimentarem.

Contágio – Pelo contato de um animal parasitado com um sadio.

Quadro clínico e Patogenia – Os galináceos jovens são os mais freqüentemente atacados. O ataque dos dermanissos durante a noite com as freqüentes picadas causam irritação, desassossego, perturbando o sono e conseqüente baixa na postura. As aves se bicam e coçam; mudam constantemente de lugar com o intuito de se livrarem do que lhes causa incômodo.

Diagnóstico

Clínico – Pelos sinais e anamnese.

Laboratorial – Pesquisa, captura e identificação do *Dermanyssus* das fendas dos abrigos das aves durante o dia, e durante a noite, nas próprias aves.

Importância – A espécie *Dermanyssus gallinae* foi constatada pela primeira vez no Brasil em canários importados. A *D. gallinae* é disseminadora do vírus da encefalite eqüina. Acredita-se que o vírus seria mantido na natureza pela transmissão transovariana do *Dermanyssus* que o transmitiria às aves. Destas o vírus passaria para os mosquitos e estes o transmitiriam aos eqüinos.

Profilaxia – Como os dermanissos vivem durante o dia escondidos nas frestas e fendas das paredes e chão, é aconselhado aplicar parasiticidas nos locais onde as aves se abrigam e nos poleiros, intervalados com 15 dias.

Deve-se ter o cuidado de não aplicar nas aves e nem contaminar seus alimentos.

Caiar as paredes e o chão dos galinheiros, pombais, todos os locais onde as aves se abrigam. Dá bons resultados embeber um algodão ou esponja com essência de eucalipto e colocar na casca de um ovo; a abertura que serviu para a introdução do algodão será fechada com cera derretida. Os vapores da essência, através da porosidade da casca, se espalharão no ninho afugentando os ácaros.

CAPÍTULO 5

MALACOLOGIA

A Malacologia é o capítulo da Zoologia que se preocupa com o estudo dos moluscos.

Phylum MOLLUSCA

(gr. *malakos,* lat. *molluscu,* mole)

Os moluscos, como o nome indica, são animais de corpo mole e desprovidos de qualquer tipo de metamerização.

Conceitos básicos

• Metazoários, triploblásticos, celomados, de simetria bilateral (perdendo-se na classe Gastropoda por torção da massa visceral) e sem vestígio de metamerização.

• Corpo mole, coberto com pele fina e rica em glândulas mucosas, revestido pelo *manto,* responsável pela segregação da concha.

• Respiração branquial ou pulmonar.

• Circulação aberta.

• Reprodução exclusivamente sexuada.

Os moluscos compreendem sete classes das quais será estudada a Gastropoda, por ter representantes que desempenham o papel de hospedeiros intermediários para muitas espécies de helmintos, justificando-se assim seu estudo pela importância que apresentam para a parasitologia.

Classe GASTROPODA

(gr. *gaster,* estômago; *podos,* pé)

Conceitos básicos

• Moluscos de corpo assimétrico com três regiões distintas: *cabeça,* de situação anterior; *pé,* situado ventralmente e *massa visceral,* nua ou protegida por uma concha univalva.

- Faringe, geralmente, com séries de dentes, a *rádula*.

- Maioria marinha, entretanto, há espécies de água doce e terrestres.

- Vulgarmente são conhecidos como caramujo, caracol e lesma.

- Caracol – terrestre, respiração pulmonar, tamanho reduzido, concha fina.

- Caramujo – aquático (marinho ou de água doce), respiração pulmonar ou branquial.

- Lesma – terrestre, concha reduzida e oculta sob o manto ou ausente.

A classe divide-se em três subclasses:

Prosobranchia – Espécies marinhas e algumas de água doce. Concha operculada. Brânquias anteriores ao coração.

Opistobranchia – Espécies costeiras. Brânquias posteriores ao coração.

Pulmonata – Espécies de água doce e terrestres. Concha não operculada. Saco pulmonar substituindo o aparelho branquial.

Subclasse PULMONATA

Conceitos básicos

- Gastrópoda geralmente terrestres ou de água doce.

- Concha típica espiralada ou parcialmente reduzida ou totalmente oculta pela cobertura do manto ou com concha ausente.

- Cabeça distinta.

- Concha não operculada.

- Boca provida de mandíbulas e de rádula.

- Rádula com numerosas placas, geralmente uniformes.

- Desprovida de brânquias.

- Cavidade do manto transformada num saco pulmonar pela fusão com a região anterior.

- Com pneumóstoma – orifício contrátil.

- Coração com uma aurícula anterior ao ventrículo.

- Aparelho reprodutor hermafrodita.

Morfologia externa

Regiões do corpo – O corpo mole é contínuo e desprovido de qualquer vestígio de segmentação e de apêndices articuladas. Apresenta três regiões: cabeça, pé e tronco ou massa visceral. Entretanto, a grande maioria não tem linha de demarcação entre a cabeça e o pé, constituindo a legião céfalo-pediosa.

Cabeça – A cabeça é de forma cilíndrica, globulosa ou com expansões deprimidas e diretamente unida ao pé. Apresenta a boca, de situação anterior ou ventral. Os gastrópodes de água doce são providos de um par de tentáculos, não retráteis, com olhos de situação apical; os terrestres e algumas espécies marinhas, com dois pares de tentáculos retráteis e com os olhos situados na extremidade distal do segundo par de tentáculos.

Pé – A face ventral dos gastrópodes é constituído por uma abundante massa muscular, o *pé,* com um tegumento ciliado e produtor de muco, que permite seu deslizamento suave sobre superfícies sólidas ou com nadadeiras laterais para a natação.

Nos prosobrânquios o pé tem uma estrutura córnea, o *opérculo* que fecha completamente a abertura da concha, quando o animal nela se retrai.

Massa visceral – A massa visceral é de situação póstero-dorsal e contém as vísceras.

Tegumento – O tegumento dos pulmonados está intimamente unido à camada muscular subjacente, formando a camada músculo-cutânea com numerosas glândulas secretoras de muco viscoso. A porção do tegumento que reveste o tronco ou massa visceral é denominado *manto* ou *pallium* e só deixa livre a cabeça e o pé.

O manto segrega a concha e dá origem a uma prega que, pelo aumento progressivo vai constituir uma cavidade, a *cavidade palial.* Nesta cavidade estão alojadas as brânquias dos gastrópodes aquáticos. Nos terrestres a fenda de comunicação da cavidade palial diminui formando o orifício respiratório, *pneumostoma,* e a cavidade modifica-se em pulmão.

É na cavidade palial que terminam os órgãos excretores, o tubo digestivo e o aparelho reprodutor.

Opérculo – O opérculo, encontrado em alguns moluscos, é uma placa córnea ou calcária, disposta na porção dorsal da extremidade posterior do pé, destinado a fechar a abertura da concha quando o molusco nela se retrai.

Concha – A concha dos moluscos, de natureza calcária, constitui como o pé, um dos órgãos mais característicos e importantes para a sistemática. É segregada pelo manto da região visceral, à qual o gastrópode fica aderente, pela implantação, na concha, de uma das extremidades do *músculo columelar.* A concha deixa livres a cabeça e o pé, podendo, no entanto, abrigar completamente o gastrópode, que nela se retrai pela ação do músculo acima referido.

A concha dos gastrópodes é peça única, contínua, *univalva,* de forma cônica alongada e, por torção, enrolada em espiral sobre um plano *(Planorbis)* ou ao redor de um eixo, denominado *columela (Lymnaea).* O ponto de início da espiral é designado de *ápice. Peristoma* é a abertura da concha com bordas espessas e lisas. Se as bordas forem contínuas, o peristoma é *holóstoma* e o gastrópode é pulmonado mas, se houver uma chanfradura o peristoma é *sifonóstoma,* e o gastrópode é branquiado.

Pode a concha enrolar-se para a direita ou para a esquerda respectivamente, *dextrógira* ou *sinistrógira.* A fim de se reconhecer a direção da torção, coloca-se a concha com o ápice para cima e o peristoma voltado para o observador. Nas conchas dextrógiras, o peristoma fica voltado para a direita e nas sinistrógiras, para a esquerda (Figura 5.1).

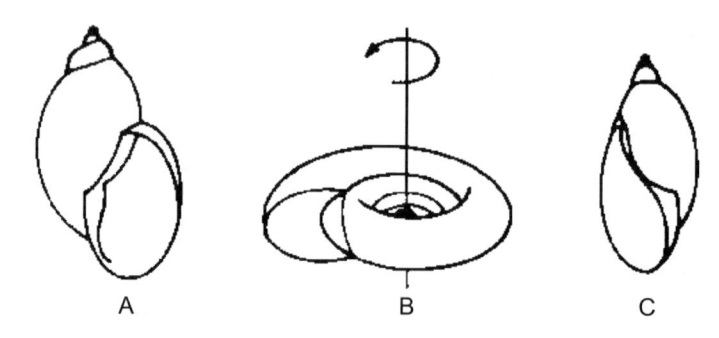

A   B   C

Figura 5.1 Direção do enrolamento da concha. A) Helicoidal e dextrógira (*Lymnaea*). B) Espiral plana e sinistrógira (Biomphalaria). C) Helicoidal e sinistrógira (*Physa).*

A estrutura da concha é a mesma para todos os moluscos e é constituída de três estratos:

- externo, *cutícula* ou *perióstraco,* fino, quitinoso e de cor variável.

- médio ou *mesóstraco,* estrato calcário, tem uma estrutura com longos prismas de carbonato de cálcio, cristalizado sob a forma de aragonita e perpendiculares à superfície;

- interno ou *hipóstraco,* madrepórico ou *nácar,* responsável pelo aspecto iridescente, é constituído de lâminas sobrepostas e alternadas de material calcário e orgânico, a *conquiolina,* determinando o crescimento em espessura.

Somente o estrato mais interno, o hipóstraco, origina-se de toda a extensão do manto; os outros dois estratos originam-se das suas bordas.

Para a formação da concha os sais de cálcio necessários ficam, como reserva, depositados no fígado. Pela circulação sangüínea chegam ao manto e pela ação de fosfatases transformam-se em carbonato.

Morfologia interna

Aparelho digestivo – O aparelho digestivo é completo. Não se estende em linha reta, mas, dobra-se em "V", ficando o orifício anal colocado próximo à boca.

O aparelho digestivo consta de intestino anterior, intestino médio e intestino posterior.

O intestino anterior é formado pela boca, faringe e esôfago; o intestino médio, pelo estômago, e o intestino posterior, pelo intestino propriamente dito.

A boca, vestíbulo da faringe, com uma maxila córnea dorsal e uma ventral, denominada *rádula,* por sua semelhança a um ralador. A rádula é provida de numerosas séries transversais de pequeninos dentes quitinosos, com a ponta voltada para trás. Nas séries transversais podem ser observadas filas regulares de dentes: a fila central com dentes centrais; as filas sagitais com dentes laterais e as filas mais distantes, com dentes marginais.

A rádula assemelha-se a uma língua e seus movimentos para frente e para trás são realizados graças a ação de músculos abdutores e adutores.

Os movimentos da rádula sobre alimentos sólidos, fazem com que sejam ralados, pulverizados e depois deslocados para o esôfago. O esôfago é longo e conduz os alimentos para o estômago arredondado que se comunica com a luz do hepatopâncreas, considerado glândula digestiva. O hepatopâncreas, além de responsável pela excreção, intervém na produção de enzimas digestivas, na absorção de substâncias nutritivas e no acúmulo de reservas nutritivas, e daí os produtos da digestão vão ter ao intestino.

Do intestino posterior os produtos da egestão são eliminados para o exterior através do ânus situado na cabeça próximo à boca.

Aparelho circulatório – O aparelho circulatório é constituído de um coração dorsal próximo à cavidade respiratória, e de um sistema de artérias e veias, de paredes próprias, que se difunde constituindo uma rede, que vai ter às lacunas existentes entre os diversos órgãos.

O coração alojado em uma bolsa, o *pericárdio,* possui uma aurícula e um ventrículo. A artéria que sai do ventrículo, com sangue oxigenado, bifurca-se em artérias que se ramificam e vão ter às lacunas existentes entre os diversos órgãos. A circulação é portanto, aberta. Nas lacunas, o sangue perde o oxigênio e adquire o gás carbônico e daí vai ao órgão respiratório para a hematose e, por um sistema de veias, volta à aurícula.

Aparelho respiratório – A cavidade palial, dos moluscos de interesse para a parasitologia, situada na porção anterior da massa visceral, constitui o aparelho respiratório. Nos pulmonados, comunica-se com o meio externo por uma abertura. A parte superior da cavidade palial apresenta uma rede de vasos sangüíneos onde se realizam as trocas gasosas entre o ar e o sangue. Este, agora rico em oxigênio, chega ao coração que o distribui às diferentes partes do organismo.

A maioria dos moluscos pulmonados aquáticos desloca-se até a superfície da água para respirar e encher seus pulmões de ar. Entretanto, podem efetuar as trocas através de toda a superfície do corpo – *respiração cutânea contínua* – pela qual o oxigênio do ar dissolvido na água se incorpora ao sangue.

Determinados prosobrânquios possuem brânquias ou ctenídeos inseridos numa cavidade do manto. As brânquias são percorridas por numerosos vasos sangüíneos responsáveis pela hematose.

Aparelho excretor – O aparelho excretor consta de uma nefrídia ou *órgão de Bojanus* – massa glandular de forma alongada, situada no fundo da cavidade palial, entre o reto e o pericárdio. O órgão de Bojanus se abre no orifício excretor, próximo ao ânus. A cavidade pericárdica representa o principal resíduo do celoma, com nefrídias, das quais geralmente só se apresentam as da esquerda.

Sistema nervoso – O sistema nervoso é formado por três pares de glânglios: *cerebral,* situado acima da boca; *podal,* no pé e *visceral,* na massa corpórea, unidos por conetivos, nervos longitudinais e nervos transversais.

Órgãos dos sentidos – Os órgãos dos sentidos são representados pelos: *olhos,* em número de dois, simetricamente dispostos na cabeça e às vezes na extremidade distal dos tentáculos; *órgãos estáticos,* representados por estatócistos dispostos próximos aos glânglios do pé; *órgãos táteis* distribuídos por diversas regiões do corpo, principalmente nos tentáculos; o *gustativo,* situado na cavidade oral; e os *órgãos olfativos,* localizados na cavidade palial.

Aparelho genital – Todos os pulmonados são hermafroditas e a cópula é recíproca, com troca de sêmen.

Há só uma glândula genital – *glândula hermafrodita* ou *ovotestis,* situada na porção superior da massa visceral, produtora de óvulos e espermatozóides simultaneamente; a posição dos oócitos é periférica e dos espermatozóides é central.

O aparelho genital é complexo e deve ser dissecado para conhecimento de seus detalhes, que constituem dados importantes para a sistemática.

A glândula ovotestis é formada por um número variado de folículos (100 na *Lymnaea stagnalis).* Da ovotestis parte um conduto hermafrodita estreito e sinuoso, condutor de óvulos e espermatozóides, até o ponto onde os sistemas masculino e feminino se separam. Há numerosos pequenos divertículos, na parede do conduto hermafrodita nos quais o sêmen fica armazenado, desempenhando, os divertículos, a função de vesícula seminal. Esse conduto conserva seu caráter hermafrodita até atingir a *glândula de albumina,* responsável pela produção de substância mucilaginosa que envolve os óvulos, a uma pequena bolsa de fertilização. Após o conduto hermafrodita se separa em conduto masculino e feminino.

O conduto masculino, *espermiducto,* cuja morfologia é importante para a sistemática, consta de *próstata, canal deferente, complexo peniano* formado pela *bolsa do pênis* com o *órgão copulador* e o *prepúcio,* e o *gonóporo masculino* situado no átrio genital comum; o longo *flagelo* unido à bolsa do pênis constitui o *espermatóforo* ao qual passam os espermatozóides.

O conduto feminino, *oviducto,* mais curto que o masculino, comunica-se logo no início com o canal da *glândula de albumina,* segue-se a *vagina* onde vai ter o canal da *espermateca,* receptáculo seminal, ou bolsa copuladora que recebe o sêmen da cópula, e o *gonóporo feminino.*

Reprodução – Os espermatozóides se acumulam em divertículos do conduto hermafrodita, ovispermático. É nessa porção do conduto que são encontrados, tanto os espermatozóides produzidos pelo gastrópode, quanto aqueles que foram aí depositados por ocasião da cópula. Por processo ainda desconhecido, os espermatozóides alienígenas têm prioridade sobre os autóctones para fecundar os óvulos. A autofecundação só ocorre quando não há espermatozóides alienígenas.

São ovíparos. Entretanto há espécies vivíparas.

Nos pulmonados terrestres a evolução é no ovo e a eclosão é num estádio embrionário adiantado, apresentando já bem diferenciadas as regiões do corpo.

O início da produção de ovos ocorre quatro a oito semanas após a cópula. Os ovos são postos isolados ou agrupados em mucosidade. São evidenciados de um a quatro períodos anuais de postura, perfazendo um total de aproximadamente 500 ovos, cuja dimensão oscila entre 3 a 5 mm. O período de incubação é de 20 a 50 dias e a grande maioria tem ciclo evolutivo direto. Os gastrópodes desprovidos de concha (lesma) apresentam maturidade sexual entre o primeiro e o segundo ano e os gastrópodes com concha, entre o primeiro e o quarto. Sua longevidade vai de um a sete anos.

Habitat – Os gastrópodes pulmonados têm preferência por solos que conservam a umidade e o calor. A concha constitui uma proteção contra a dessecação.

Durante o inverno, os pulmonados enterram-se em solos úmidos, recolhendo-se em sua concha, ficando protegidos pelo opérculo hibernal calcário produzido pela borda do manto. Os gastrópodes desprovidos de concha vivem escondidos, durante o dia, em fendas, buracos, árvores ocas e sob vegetação. Os gastrópodes têm predileção pela noite, tempo nublado e chuvoso para saírem de seus esconderijos. Vivem em lugares com solo úmido, enlameado, sombrio, estercado, sob amontoados de galhos, sob folhas caídas, recipientes vazios etc.

Como seus inimigos naturais podem ser citados os sapos, aves e suínos.

Importância – Os pulmonados têm importância como hospedeiros intermediários de um grande número de trematódeos, cestódeos e alguns nematódeos pulmonares.

PHYLUM MOLLUSCA		
CLASSE GASTROPODA		
SUBCLASSE PULMONATA		
ORDEM	**FAMÍLIA**	**GÊNERO**
Stylommatophora	Xanthonychidae	*Bradybaena*
	Physidae	*Physa*
Basommatophora	Lymnaenidae	*Lymnaea*
	Planorbidae	*Biomphalaria*
		Drepanotrema

A subclasse Pulmonata subdivide-se em duas ordens: Stylommatophora e Basommatophora.

Ordem STYLOMMATOPHORA

(gr. *stulos,* coluna; *omma,* olhos; *phorus,* portador)

Conceitos básicos

- Pulmonata com dois pares de tentáculos retráteis (quando estimulados se invaginam como um dedo de luva).
- Olhos no ápice do primeiro par de tentáculos.
- Orifício genital, masculino e feminino, único.
- Concha cônica, deprimida, fusiforme ou globosa.

Família XANTHONYCHIDAE

Sinonímia – Fruticicolidae, Bradybaenidae

Conceitos básicos

- Stylommatophora com a concha deprimida.
- Lábio refletido.

- Porção columelar parcialmente sobre o umbigo.

- Habitat terrestre.

- Vulgarmente são denominados de caracóis.

- São extremamente prejudiciais à floricultura e à horticultura.

Gênero *Bradybaena* Beck, 1817

(gr. *bradis*, lento; *bainein*, locomoção)

Bradybaenidae com a concha umbilicada, pequena, discoidal, com espira pouco proeminente, medindo de 1,5 a 2 cm de largura, de cor amarelada com uma faixa colorida de cor castanho avermelhada. Resiste bem a baixas temperaturas e à falta de alimento. Põe anualmente 300 ovos em duas ou três posturas, preferencialmente em lugares úmidos e sombrios, sob folhas e em escavações.

Bradybaena similaris (Férussac, 1821)

Morfologia – Já descrita no gênero (Figura 5.2)

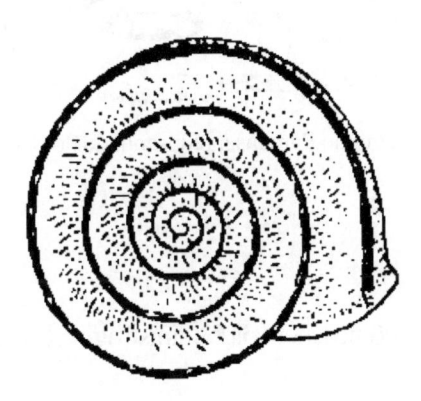

Figura 5.2 Bradybaena similaris.

Dimensão – Mede de 12 a 16 mm de diâmetro.

Distribuição geográfica – Espécie introduzida e amplamente distribuída no Brasil.

Hospedeiros – A *Bradybaena similaris* é o primeiro hospedeiro intermediário dos trematódeos *Eurytrema coelomaticum* e *E. pancreaticum* parasitos do pâncreas de ruminantes e suínos.

Ordem BASOMMATOPHORA

(gr. *basis,* base; *omma,* olhos; *phorus,* portador)

Conceitos básicos

- Pulmonata com um par de tentáculos retráteis.

- Olhos sésseis, situados na base dos tentáculos.

- Orifícios genitais, masculino e feminino, distintos.

- Concha cônica, discoidal ou pateliforme (forma de carapaça).

- Ovos postos em cápsulas gelatinosas aderidas a substratos submersos, plantas aquáticas ou pedras.

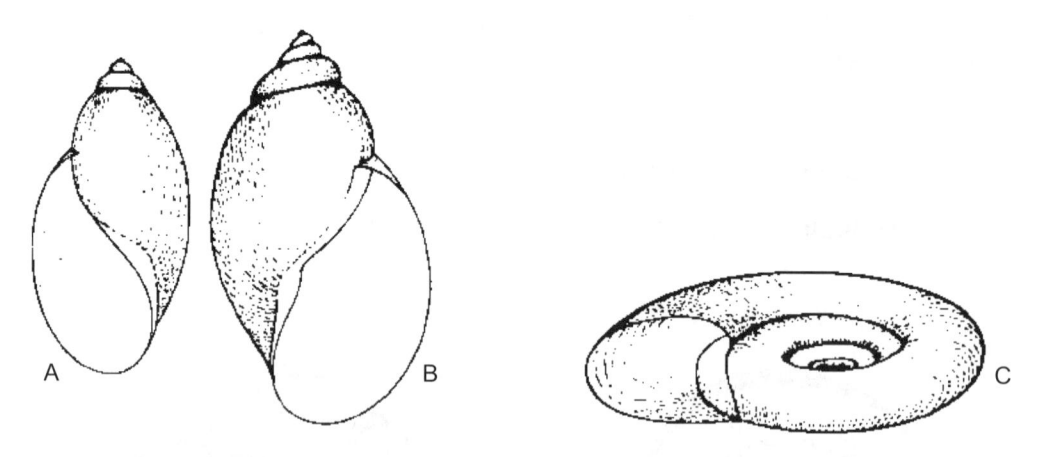

Figura 5.3 A) Physidae. B) Lymnaeidae. C) Planorbidae. Segundo Paraense, redesenhado por Evandro.

Família PHYSIDAE Fitzinger, 1833

Conceitos básicos

- Basommatophora com a concha fina, cônica, helicoidal, sinistrógira, brilhante.

- Tentáculos filiformes.

- Olhos na base interna dos tentáculos.

- Orifícios ano-genitais situados do lado esquerdo.

- Sangue incolor.

- Dentes da rádula com séries transversais dispostas em "V".

- Desprovido de pseudobrânquias.

- Manto com a borda digitada ou lobulada.

558

- Seus representantes vivem em águas estagnadas ou de curso lento em todo o Brasil e toleram bem ambientes contaminados.

Gênero *Stenophysa Martens, 1898*

(gr. *physalis,* bolha, vesícula)

Physidae pequenos e muito semelhantes ao molusco *Lymnaea* no aspecto morfológico, entretanto a abertura da concha é levógira (sinistrógira).

Stenophysa marmorata (Guilding, 1828)

Morfologia

A concha, de pouca espessura, é de coloração córnea, brilhante e transparente. A espira aguda é elevada. A protoconcha distinta é cônica arredondada e de coloração parda avermelhada. Apresenta cinco giros sem ombro e convexos, com espirais pouco perceptíveis e linhas de crescimento delgadas. A abertura é alongada com 1,4 a duas vezes mais longa que o restante do comprimento da concha em forma de crescente obóvea (Figura 5.4).

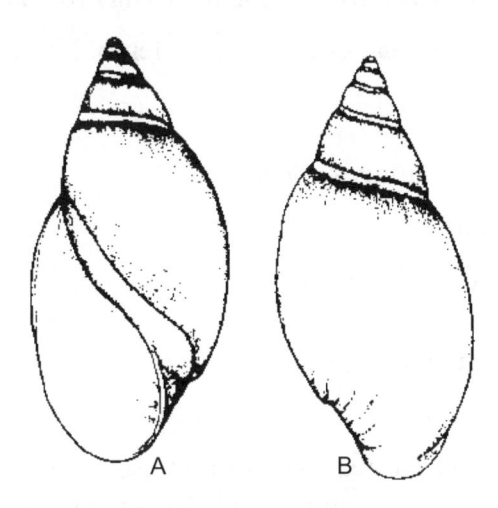

Figura 5.4 *Stenophysa marmorata.* A) Vista ventral. B) Vista Dorsal. Segundo Paraense, redesenhado por Evandro.

Dimensão – Mede de 6 a 9 mm de largura por 8 a 12 mm de comprimento (altura).

Stenophysa cubensis Pfeiffer, 1839

Morfologia – A concha, oval-oblonga, é delgada, brilhante, transparente e de coloração córnea. A espira cônica é elevada. Apresenta cinco voltas com ombro moderadamente saliente, convexos arredondados sendo o penúltimo expandido; as linhas espirais são pouco perceptíveis; linhas de crescimento delgadas nas voltas intermediárias. A abertura é alongada com 2,05 a 2,67 vezes mais longa que o restante do comprimento da concha em forma de crescente obóvea.

Família LYMNAEIDAE Refinesque, 1815

Conceitos básicos

- Basommatophora com a concha semelhante à dos Physidae, dextrógira, cônica, fina e alongada.
- Voltas convexas.
- Suturas rasas ou profundas.
- Abertura da concha arredondada ou oval.
- Orifícios ano-genitais situados do lado direito.
- Tentáculos planos e triangulares.
- Olhos situados na base interna dos tentáculos.
- Espécies hospedeiros intermediários da *Fasciola hepatica*.

Habitat – Águas estagnadas ou de curso lento. Nos grandes cursos de água vivem somente nas bordas.

Gênero *Lymnaea* Lamarck, 1799

(gr. *limné,* pântano)

Com as características da família.

Lymnaea viatrix Orbigny, 1835

Sinonímia – *L. viator*

Morfologia – A concha, pequena e lisa, apresenta visíveis somente as linhas de crescimento, formadas por quatro anfractuosidades convexas, separadas por depressões acentuadas. A abertura é circular ou oval e seu comprimento é maior que a metade da largura da concha. A columela é umbilicada e pode apresentar-se coberta parcialmente pela última volta. O lábio interno é quase vertical. A borda da columela é lisa. A rádula apresenta o dente central geralmente estreito e tricúspide, assimétrico. Os dentes laterais são em número de três ou quatro, com cúspides longas.

Dimensão – A concha mede de 7,5 a 8,5 mm de comprimento por 4 a 4,8 mm de largura; o comprimento da abertura da concha varia de 3,5 a 4,6 mm de comprimento por 2,3 a 3,2 mm de largura (Figura 5.5).

Hospedeiro intermediário da *Fasciola hepatica*.

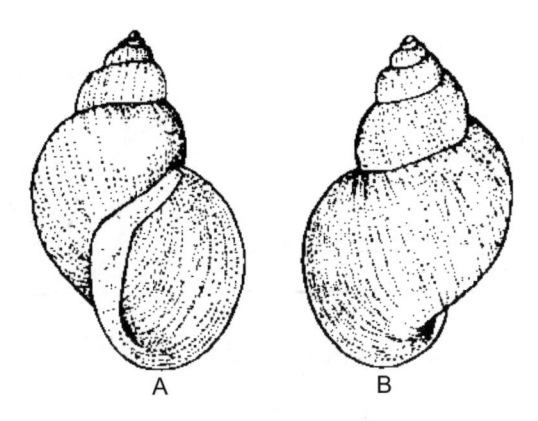

Figura 5.5 *Lymnaea viatrix.* A) Vista frontal. B) Vista dorsal.

Lymnaea columella Say, 1817

Sinonímia – *Pseudosuccinea columella, P. peregrina, Lymnaea peregrina.*

Morfologia – A concha oblonga é delgada, brilhante, transparente e de coloração córnea clara. A espira é curta e acuminada. A concha apresenta esculturas, por ter as linhas de crescimento interrompidas por finas linhas espirais, responsáveis pelo aspecto reticuloso da mesma. A abertura é ovalada, grande e angulosa na porção superior com uma ampla e regular curva na base. Lábio culumelar pregueado e cobrindo um orifício. Internamente a abertura apresenta a mesma cor externa e é brilhante. A rádula é curta e ampla com séries retas de dentes. A placa central é subtriangular, com pequenino dente assimétrico formado por uma cúspide mediana e uma lateral.

Dimensão – A concha mede de 13 a 19 mm de comprimento por 7 a 9 mm de largura; o comprimento da abertura da concha oscila entre 8 a 11 mm e a largura de 5,1 a 6,4 mm.

Família PLANORBIDAE Rafinesque, 1815

Conceitos básicos

- Basommatophora apresentando a concha plana e espiralada.
- Opérculo ausente.
- Tentáculos longos e finos (filiformes).
- Olhos situados na base interna dos tentáculos.
- Orifícios ano-genitais situados do lado esquerdo (Figura 5.6).

Habitat – Água doce. Fora da água, morrem.

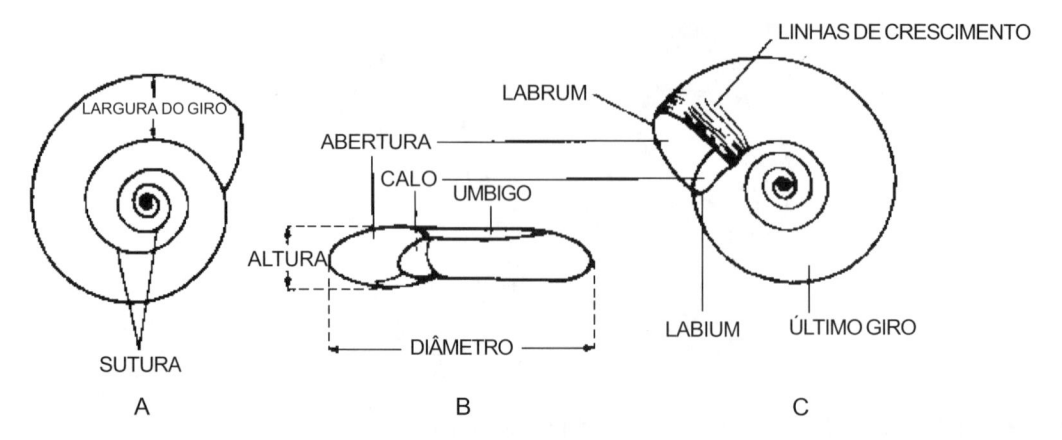

Figura 5.6 Nomenclatura empregada na descrição de conchas. A) Lado direito. B) Perfil. C) Lado esquerdo. Segundo Pessôa, 1974, redesenhado por Evandro.

Gênero *Biomphalaria* Preston, 1910

(gr. *bi,* dois; *omphalos,* umbigo; suf. *aria)*

Sinonímia – *Planorbis.*

Planorbidae cuja concha é subdiscoidal plana com espiral côncava, isto é apresentando uma depressão central nas duas faces, fez com que Preston comparasse a dois umbigos, daí a origem do nome.

Hospedeiro intermediário de *Paramphistomum.*

Biomphalaria tenagophila (Orbigny, 1835)

Morfologia – A concha apresenta carena nítida nas duas faces, sendo a da esquerda mais acentuada. O giro central tende para a esquerda. O lado direito é menos côncavo que o esquerdo. Periferia mais ou menos circular, tendendo para o lado direito. Nas conchas mais largas a abertura é deltóide e nas mais estreitas, cordiforme. Há populações que apresentam carena pouco acentuada ou até ausente. O rim é desprovido de crista. O ovoteste apresenta mais de 150 e menos de 350 divertículos (Figura 5.7).

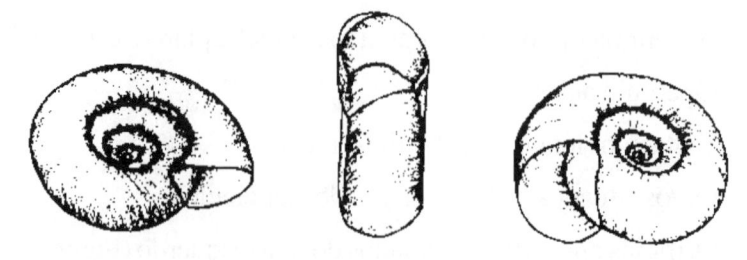

Figura 5.7 *Biomphalaria tenagophila.* Segundo Paraense e Deslandes, redesenhado por Evandro.

Gênero *Drepanotrema* Fischer & Crosse, 1880

(gr. *drepanon,* foice; *trema,* orifício)

Planorbidae com a abertura da concha falciforme.

Drepanotrema kermatoides (Orbigny, 1835)

(gr. *kerma* pequena moeda)

Morfologia – A concha com seis e meio giros arredondados à direita e deprimidos à esquerda, apresentam-se aumentando lentamente em diâmetro e bem visíveis nos dois lados. O lado direito é levemente côncavo, plano ou levemente convexo. O lado esquerdo apresenta-se ligeiramente côncavo. O giro central não é profundo. A sutura é ligeiramente acentuada nos dois lados. A periferia carenada é em direção ao lado esquerdo. A abertura, de acordo com o nome do gênero, é falciforme, com o lábio esquerdo reto ou moderadamente convexo, e o lábio direito convexo e levemente deprimido.

A região cefalopodal apresenta-se pigmentada de cinza-claro, desprovida das faixas pigmentadas das outras espécies congêneres. O ovoteste sempre com cerca de 40 divertículos (mais de 30 e menos de 50). A vagina apresenta a superfície plana. A espermateca é claviforme com o duto mais curto que o corpo e aumentando de largura em direção à base. A próstata apresenta 20 a 40 divertículos digitiformes. O prepúcio pode ser do mesmo comprimento que a bainha do pênis ou de até seis vezes mais comprido (Figura 5.8).

Dimensão – A concha mede até 12,5 mm de diâmetro e 1,8 mm de largura na abertura e 1,4 mm no início do giro externo.

Habitat – Banhados, açudes e arroios.

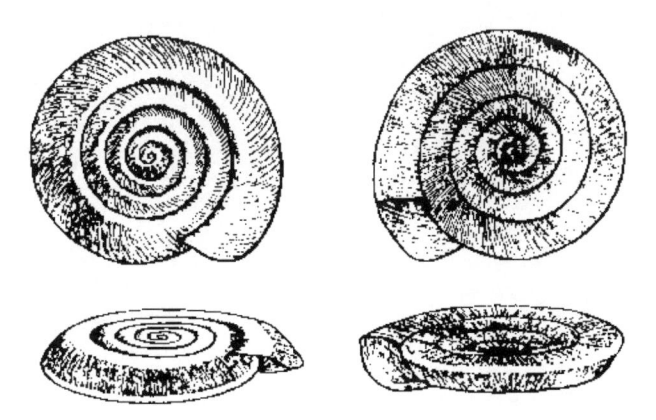

Figura 5.8 *Drepanotrema kermatoides.* Segundo Paraense e Deslandes, redesenhado por Evandro.

GLOSSÁRIO

ABREVIATURAS

Anat.	Anatomia
Biol.	Biologia
Cit.	Citologia
Eco.	Ecologia
Fisiol.	Fisiologia
gr.	grego
Hist.	Histologia
lat.	Latim
Med.	Medicina
Paras.	Parasitologia
Patol.	Patologia
Pop.	Popular
Quí.	Química
Suf.	sufixo
Zool.	Zoologia

* **a** ou **an** – Prefixo grego que significa *não, sem*.

Abdutor – (lat. *abdutore)* – Fisiol. Que abduz, afasta.

Abscesso – (lat. *abscessu)* – Med. Acúmulo de pus, numa cavidade formada em meio dos tecidos orgânicos, em conseqüência de processo inflamatório.

Adutor (lat. *addutore)* – Fisiol. Que aduz, traz.

Alopecia – (gr. *alopekia;* lat. *alopecia)* – Med. Queda ou ausência parcial ou total dos pêlos ou cabelos, congênita ou não.

Ambiente – Eco. Conjunto das condições que cercam os seres vivos.

Anamnese – (gr. *anamnesis,* recordação; *ana,* novamente; *mnesis,* memória) – Med. História pregressa da doença.

Anasarca – (gr. *ana,* através de; *sarkos,* carne) – Patol. Edema generalizado (infiltração de serosidade do tecido intersticial de todo o organismo).

Anatomia – (gr. *Anatomé,* incisão, dissecação) Anat. Ciência que trata da forma e estrutura dos seres organizados.

* andro – (gr. *andros)* – Elemento de composição que significa homem, macho.

Aneurisma – (lat. *aneurysma)* – Patol. Dilatação circunscrita de uma artéria.

* anfi – (gr. *amphi)* – Elemento de composição que significa de ambos os lados.

Anfidelfa – (gr. *amphi + delphys)* – Zool. Designação de fêmea de nematódeos com um ovário e um útero em cada extremidade do corpo.

Anorexia – (gr. *an; orexis,* apetite + *ia)* – Patol. Diminuição ou falta de apetite.

Anoxia – (gr. *an* ausência; *oxi,* oxigênio + *ia)* Patol. Deficiência de oxigênio nos tecidos ou nos órgãos.

Apatia – (do gr. *apatheia,* insensibilidade) – Patol. Estado de indiferença, insensibilidade.

Apical – (gat *apice)* – Anat. O vértice de um órgão, de uma estrutura.

* aria – (suf. = atividade) – Significa ação, coleção, atividade.

Artrite – (lat. *arteria + ite)* – Patol. Inflamação arterial.

Artiodáctilos – (gr. *artios,* par; *dactulos,* dedo) – Zool. Ordem de mamíferos ungulados, com número par de dedos e cujo eixo de simetria das pernas passa entre os dedos.

Ascite – (lat. *ascites,* gr. *askites)* – Patol. Acúmulo de líquido seroso na cavidade abdominal.

Assincrônico – (gr. *a + syn,* com, *chronos,* tempo) – Fisiol. Não ocorre ao mesmo tempo.

Astenia – (gr. *a,* ausência; *sthenos,* força) – Med. Perda parcial ou total das forças do organismo.

Ataxia – (gr. *Ataxia,* desordem) – Patol. Incoordenação de movimentos.

Auscultação – (lat. *auscultatio,* escutar) – Med. Processo de exame físico que consiste em aplicar o ouvido direta ou indiretamente em certas partes do corpo para conhecer os ruídos normais ou anormais dos órgãos e deles deduzir seu estado.

* **auto** – (gr. *autos,* por si próprio). Elemento de composição que significa por si próprio.

Balanite – (gr. *balanos,* lat. *balanus,* bolota; *ite,* inflamação) – Patol. Inflamação da glande.

* **bio** – (gr. *bios,* vida) – Elemento de composição que significa relação com a vida.

Bio-helminto – (gr. *bio* + *helminthes)* – Paras. Helminto heteroxeno, isto é, que necessita de um hospedeiro intermediário para completar seu ciclo evolutivo.

Biópsia – (gr. *bios* + *opsis,* visão) – Med. Retirada, para exame, geralmente microscópico, de um fragmento de tecido de organismo vivo.

Biotério – (gr. *bios* + *terion,* local onde; *tereo,* guardar) – Biol. Local onde se guardam animais vivos para serem utilizados em trabalhos laboratoriais.

Blefarite – (gr. *blefaron,* pálpebra + *ite)* – Patol. Inflamação da pálpebra.

* **bradi** – (gr. *bradys,* lento) – Elemento de composição que significa lento, vagaroso.

Caduco – (lat. *caducus)* – Zool. Estruturas que caem por si.

Calíptera – (gr. *kalyptra,* abrigo, cobertura) – Zool. Os halteres dos dípteros ciclorrafos podem se apresentar cobertos por dobras membranosas, denominadas álula, *squamae* ou calíptera.

Caquexia – (gr. *kachexia;* lat. *cachexia,* mau; *hexis,* estado) – Med. Estado geral de abatimento, de magreza, de desnutrição profunda.

Cerco – (gr. *kerkos,* cauda) – Zool. Extremidade distal do abdome de certos artrópodes; região caudal.

* **cifo** – (gr. *kyphos,* curvo) – Elemento de composição que significa curvado para frente.

Cifose – *(cifo* + *ose)* – Med. Curvatura anormal da coluna vertebral, de convexidade posterior.

Cisto – (gr. *kystis,* cisto) – Zool. Em certos protozoários, quando as condições do meio ambiente se tornam adversas, ele sofre encistamento, isto é, ele se desidrata, produz uma secreção periférica que se enrijece em contato com o ar. Os cistos constituem formas de disseminação.

Claudicar – (lat. *claudicare)* – Patol. Ter imperfeição, não ter firmeza nos pés.

Conspícuo – (lat. *conspicuus,* visível) – Zool. Distinto, visível, notável.

Constipação – (lat. *constipatione)* – Med. Retenção de fezes. Pop: Estado mórbido produzido por resfriamento, resfriado.

* **copro** – (gr. *kopros,* excremento) – Elemento de composição que significa ligação com fezes.

Coprocultura – (gr. *kopros;* lat. *cultura,* lavoura) – Paras. Processo para o desenvolvimento de microorganismos existentes em fezes.

Coprofagia – (gr. *kopros + fagein)* – Med. Ser que se alimenta de fezes.

* delfa, delfo – (gr. *delphys,* útero). Elemento de composição que significa útero.

* dermat – (gr. *derma,* pele) – Elemento de composição que significa pele.

Dermatite – (gr. *dermat + ite)* – Med. Inflamação da pele.

* dextro – (lat. *dexter)* – Elemento de composição que significa lado direito.

Dextrógiro – (lat. *dexter; gyrare,* girar) – Que gira para a direita.

* dia – (gr. *dia,* através) – Prefixo que significa através de.

Diafanizar – (gr. *dia; phanos,* transparente) – Tornar transparente.

Diagnose – (gr. *diagnostikos + ose*) – Biol. Conhecimento minucioso de um ser vivo ou de uma doença pelas características morfológicas ou pelos sinais e sintomas que os distinguem dos outros.

Diagnóstico – (gr. *diagnostikos,* discernimento) – Med. Conhecimento de uma doença através dos sintomas e sinais clínicos.

Diapedese – (gr. *dia* + gr. *pedesis,* fazer soltar) – Med. Saída dos glóbulos brancos do sangue, por entre as células epiteliais vasculares.

Diarréia – (gr. *dia;* gr. *rhoia,* fluxo, escoamento) – Med. Escoamento abundante de fezes líquidas.

Dicogamia – (gr. *dicha,* em dois, separadamente: *gámos,* união) – Biol. Fenômeno ocorrente nos hermafroditas nos quais a maturação dos gametas se dá em períodos distintos.

* dis – (lat. *dis,* à parte) – Prefixo que significa separação. (gr. dys, mau). Prefixo que significa mau, dificuldade, imperfeição.

Discrasia – *(dis;* gr. *krasis,* mistura) – Med. Composição anormal do sangue ou dos líquidos orgânicos.

Disfagia – *(dis;* gr. *phagein,* comer) – Patol. Dificuldade em deglutir.

Dispnéia – (gr. *dys,* mau; *pnoiá,* respiração) – Med. Respiração difícil.

Distal – (lat. *distans,* distante) – Anat. Porção distanciada da parte mediana do órgão, da estrutura.

* eco – (gr. *oikos,* casa) – Prefixo que significa as relações entre os seres vivos e o ambiente em que vivem.

Ecologia – (gr. *oikos,* casa; *logos,* estudo) – Eco. O biólogo alemão Ernest Haeckel em 1866, definiu ecologia como "a relação entre o animal e o seu ambiente orgânico e inorgânico, particularmente as relações amigáveis ou hostis, com animais ou vegetais com os quais está em contato".

Ecossistema – Eco. Conjunto de componentes bióticos e abióticos trocando matéria e energia no ambiente.

* ectas – (gr. ektasis, distensão) – Prefixo que significa alongamento.

Edeago – (gr. *aidoion,* genital; lat. *ago,* dirigir, fazer) – Zool. Porção distal quitinizada do duto ejaculador dos insetos.

Edema – (gr. *oidema,* tumefação) – Patol. Acúmulo anormal de fluido seroso nos tecidos.

Embolia – (gr. *embolion,* arremessar) – Med. Corpo estranho que se formou num vaso sangüíneo e que arrastado pela corrente circulatória vai obliterar outros vasos de menor calibre.

Êmbolo – (gr. *embolos,* tampão) – Med. Coágulo sangüíneo, que transportado pela circulação, pode ser responsável pela obliteração de vasos sangüíneos de menor calibre.

* en – (lat. *in,* gr. *en,* em, dentro) – Prefixo que corresponde à preposição em.

Endemia – (gr. *en,* dentro; *demôs,* povo) – Enzootia. Doença que se mantém com baixa incidência podendo alastrar-se epidemicamente à outra região.

Enfisema – (gr. *emphysema*, inflamação, tumefação) – Patol. Tumefação causada pela infiltração de ar ou pelo desenvolvimento de um gás no tecido celular.

* enter – (gr. *enteron,* intestino) – Elemento de composição que significa intestino.

Eosina – (gr. *eos,* aurora + *ina*) – Quím. Corante avermelhado utilizado na coloração de células e tecidos.

Eosinofilia – (gr. *eos; phileo,* gostar + *ia*) – Med. Leucocitose caracterizada pelo aumento de eosinófilos.

* epi – (gr. *epi*) – Prefixo que significa acima de, depois, sobre.

Epidemia – (gr. *epi,* sobre; *demos,* povo) – Med. Epizootia. Doença de curta duração, que surge rápida, ataca momentânea e simultaneamente grande número de indivíduos de determinada região, ultrapassando os limites esperados normalmente.

Epidemiologia – História natural da doença. Estudo das causas, natureza, quadro clínico, evolução e resultados de uma doença que pode afetar momentânea e simultaneamente um grande número de indivíduos de uma determinada região.

Epistaxe – (gr. *epi* + *staxis,* corrimento, gotejamento) – Hemorragia pelas fossas nasais, coanorragia.

Equimose – (gr. *ek,* fora; *chymos,* líquido, suco) – Med. Mancha cutânea escura, resultante de extravasamento de sangue.

Eritema – (gr. e lat. *erythema,* vermelhidão) – Patol. Rubor patológico da pele devido a congestão dos capilares.

Eructação – (lat. *eructactio*) – Patol. Emissão, súbita e ruidosa, pela boca, de gases contidos no estômago, Arroto.

Erupção – (lat. *eruptione,* saída rápida e violenta) – Patol. Manifestação rápida de pequenas lesões cutâneas protuberantes.

Espasmo – (gr. *spasmos,* lat. *spasmus*) – Med. Contração súbita, involuntária e convulsiva dos músculos, às vezes acompanhada de dor.

Espermateca – (gr. *sperma,* semente; *theke,* estojo) – Zool. Receptáculo seminal do aparelho genital feminino, presente entre os insetos, trematódeos e cestódeos, onde os espermatozóides aguardam a maturação dos óvulos.

Esplâncnico – (gr. *splagchnikos,* vísceras) – Anat. Vísceras, visceral.

Esplenomegalia – (*splen,* baço; *megas,* grande; suf. *ia*) – Patol. Aumento do volume do baço.

Esporozoíto – (gr. *spora,* semente; *zoon,* animal; *ita,* pequenino) – Zool. Elemento resultante de uma esporogonia dos protozoários.

Esquizonte – (gr. *schizo,* separar, dividir; *onto,* ser) – Zool. Estágio dos protozoários no qual ocorre a divisão.

* esteno – (gr. *stenós,* estreito) – Elemento de composição que significa estreito.

Estenose – (gr. *stenosis,* estreito + ose) – Patol. Estreitamento de qualquer canal, conduto ou orifício orgânico.

Estigma – (gr. *stigma,* estigma, sinal) – Zool. Orifícios ou espiráculos dos artrópodes por onde ocorre a entrada de ar que vai ter às traquéias.

Etiologia – (gr. *aitiologia;* lat. *aetiologia*) – Med. Capítulo da medicina que se refere a origem, a causa das doenças.

* exo – (gr. *exo,* fora) – Prefixo que significa fora, para fora, para o exterior.

Exsudato – (lat. *exsudare,* segregar) – Med. Conjunto de células e líquidos orgânicos, provenientes dos vasos sangüíneos, linfáticos e tecidos que se espalham nos tecidos vizinhos, com a finalidade de desempenhar papel defensivo durante a inflamação.

* fago – (gr. *phagein,* comer) – Elemento de composição que significa comer.

* fibro – (lat. *fibra,* filamento) – Elemento de composição que significa relação com fibra.

Fibrose – *(fibra + ase)* – Med. Formação de tecido fibroso.

* **filaxia** – (gr. *Phylaxis,* proteção) – Elemento de composição que significa proteção contra infecção.

Filogenia – (gr. *phylon,* tribo; *genéia,* evolução) – Biol. Evolução das unidades taxionômicas.

Flictena – (gr. *phlyktaina;* lat. *phlyctaina,* bolha) – Patol. Elevação circunscrita da epiderme com líquido seroso ou hemorrágico.

Foco – Local (área física) delimitado onde surge a doença, com fonte de infecção comum.

* **foro** – (gr. *phoros)* – Elemento de composição que significa suporte, portador de.

* **gamo** – (gr. *gamos,* casamento, união) – Elemento de composição que significa união.

Gastrozóide – (gr. *gaster,* estômago; *zoon,* animal, *óide,* semelhante) – Zool. Órgão dos Cnidários que desempenha o papel de estômago.

* **genia** – (lat. *geneia)* – Elemento de composição que significa origem, evolução.

* **geo** – (gr. *gê, ês)* – Elemento de composição que significa terra.

Geo-helminto – (gr. *geo + helminthes)* – Paras. Helminto monoxemo, isto é, que não necessita de um hospedeiro intermediário para completar seu ciclo evolutivo.

Glabro – (lat. *glabrum)* – sem pêlo, inerme.

Gonandro – (gr. *gonos,* semente; *andrós,* macho) – Zool. Indivíduo do sexo masculino, maduro.

* **gono** – (gr. *gonos,* semente) – Elemento de composição que significa sêmen, semente, esperma, produção, geração, órgãos sexuais.

Gonopódios – (gr. *gonos,* geração; *pous,* pés) – Zool. Saliências côncavas internamente situadas uma de cada lado do orifício genital das fêmeas de Anoplura, utilizadas para se prenderem aos pêlos dos hospedeiros durante a ovipostura, permitindo o alinhamento dos ovos.

Gonozóide – (gr. *gonos,* geração; *zoon,* animal; *oide,* semelhante) – Zool. Órgão dos Cnidários destinado a produzir elementos sexuais.

Habitat – Eco. Local onde o ser vivo vive.

* **hema, hemo, hemato** – (gr. *haíma)* – Elemento de composição cujo significado é sangue.

Hematúria – (gr. *haima, atos,* sangue; *ouron,* urina) – Patol. Emissão de urina contendo sangue.

Hemélitro – (gr. *hemi* metade; *elytron,* estojo) – Zool. Tipo de asa dos hemípteros, constituídas por duas porções, a basal dura, e a apical membranosa.

Hemoglobinúria – (*hemoglobina,* gr. *orron,* urina + *ia*) – Patol. Emissão da urina contendo hemoglobina livre.

Hepatite – (gr. *hepatos* + *ite*) – Patol. Inflamação do fígado.

* **hepato** – (gr. *hepar, hepatos*) – Elemento de composição que significa fígado.

Hepatomegalia – (gr. *hepato,* fígado; *megas,* grande + suf. *ia*) – Patol. Aumento do volume do fígado.

Hermafrodito – (filho de *Hermes,* deus da mitologia grega, que tinha as mais variadas atribuições, e de *Aphrodita,* deusa mitológica da beleza) – Mit. É o ser que reúne os dois sexos.

* **hiper** – *(hyper,* acima) – Prefixo que significa além, excesso, posição superior.

Hiperemia – (gr. *hyper* + *ia*) – Patol. Aumento da quantidade de sangue em circulação numa determinada região.

Hiperplasia – (gr. *hyper* + *plasis,* formação) – Biol. Aumento exagerado de um órgão em conseqüência da proliferação exagerada de células.

* **hipo** – (gr. *hypo,* inferior) – Elemento de composição que significa inferior.

Hipopígio – (gr. *hypo* + *pige,* nádega) – Zool. Placa inferior da abertura anal dos insetos.

* **holo** – (gr. *holós*) – Elemento de composição que significa completo, inteiro.

* **ia** – (gr. *ía*) – Elemento de composição que significa qualidade, afecção, doença, profissão, coleção.

Iatrogênico – (gr. *iatros,* médico; *gennon,* originar) – Med. Alteração patológica provocada no paciente, pelo médico, devido a um tratamento inadvertido ou errôneo.

Icterícia – (gr. *ikteros,* lat. *icterus,* amarelidão) – Patol. Cor amarelada da pele, das mucosas, da conjuntiva ocular, das escleróticas e da urina, em conseqüência do aumento da bilirrubina no sangue, e sua deposição nesses tecidos.

Idiossoma – (gr. *idios,* distinto; *soma,* corpo) – Zool. Nos acarinos o corpo, sem qualquer vestígio de segmentação, é separado em gnatossoma, que dá inserção às peças bucais e o restante é o idiossoma.

* **in** – (lat. *in,* não) – Prefixo que significa negação. Outras vezes significa em, dentro, para, contra, sobre.

Incidência – É o número de casos novos de uma doença, que atinge a um determinado número de indivíduos.

Inconspícuo – (lat. *in;* lat. *conspicuus,* visível) – Zool. Pouco distinto, pouco visível, pouco notável.

* **ismo** – (gr. *ismos;* lat. *ismus)* – Sufixo que significa teoria, doutrina, doença, princípio, escola, intoxicação.

* **ite** – (gr. *itis*) – Sufixo que significa inflamação.

Levógiro – (lat. *laevu,* esquerdo; *gyrare,* girar) – Que gira para a esquerda.

Lordose – (gr. *lordosis,* ação de curvar) – Patol. Curvatura da coluna vertebral de convexidade anterior.

Mácula – (lat. *macula,* mancha) – Med. Região corada de um tecido, sem elevação.

* **mero** – (gr. *meros,* parte) – Elemento de composição que significa parte, porção, segmento.

Merozoíto – (gr. *meros,* parte; *zoon,* animal; *ita,* pequenino) – Zool. Elemento resultante de uma esquizogonia dos protozoários.

* **meta** – (gr. *meta)* – Prefixo que significa além, mudança, posterioridade.

Metrite – (gr. *metra* + *ite*) – Patol. Inflamação do útero.

* **metro** – (gr. *metra,* útero) – Elemento de composição que significa útero.

Mialgia – (gr, *mys,* músculo; *algos,* dor) – Patol. Dor nos músculos.

Miastenia – (gr. *mys, astheneia,* fraqueza) – Patol. Fraqueza muscular.

* **mio** – (gr. *mys, myos,* músculo) – Elemento de composição que significa músculo. Antes de vogal empregar mi.

Neandro – (gr. *neos,* jovem, novo; *andros,* macho) – Zool. Indivíduo do sexo masculino jovem.

Necropsia – (gr. *nekros,* morto; opsis, vista) – Med. Exame médico das diferentes partes de um cadáver.

Nectozóide – (gr. *necton,* remo, que se move na água; *zoon,* animal; *oide,* semelhante) – Zool. Órgão de locomoção na água, dos Cnidários.

Nefrite – (gr. *nephros* + *ite*) – Patol. Inflamação do rim.

* **nefro** – (gr. *nephros*) – Elemento de composição que significa rim.

* **neo** – (gr. *neos,* novo) – Elemento de composição que significa novo, jovem, moderno.

Neoplasia – (gr. *neos* + *plasis,* formação) – Patol. Formação e crescimento de um neoplasma.

Neoplasma – (gr. *neo* + *plasma,* formação, aquilo que está modelado) – Patol. Tumor benigno ou maligno, neoplasia.

Nicho ecológico – Eco. Posição relativa do ser no ecossistema (sua função). Ex. a função das abelhas é a polinização.

Nódulo – (lat. *nodulus,* nó) – Patol. Aglomerado de células. Lesão cutânea primária, elevação sólida, circunscrita, de tamanho variável.

Obóveo – (lat. ob, oposição; gr. *oon,* ovo) – que tem forma de um ovo invertido.

* **óide** – (gr. *eidos*) – Elemento de composição que significa forma de, semelhante.

* **onto** – (gr. *onto*) – Elemento de composição que significa ser.

Ontogenia – (gr. *onto,* ser, indivíduo; *geneia,* evolução) – Biol. Evolução do indivíduo desde a fecundação até a maturidade para reprodução.

Oocisto – (gr. *oon,* ovo; *kystis,* vesícula) – Zool. A fusão do macrogameta com o microgameta forma o ovo ou zigoto, que em alguns esporozoários permanece certo tempo inativo, dentro da célula parasitada, tornando-se espessa sua parede.

* **opisto** – (gr. *opisthen*) – Elemento de composição que significa posterior, atrás.

Opistodelfa – (gr. *opisthen* + gr. *delphys*) – Zool. Designação dada à fêmea de nematódeos cujos ovários e úteros são de situação posterior.

Orquite – (gr. *orchis,* testículo; *ite,* inflamação) – Patol. Inflamação do testículo.

* **ose** – (lat. *osus,* gr, *osis*) – Elemento de composição que significa processo, processo mórbido, doença, aumento anormal.

Pápula – (lat. *papula,* borbulha) – Elevação circunscrita avermelhada da pele, sem serosidade nem pus e que seca depois de certo tempo.

* **para** – (gr. *para,* ao lado de) – Elemento de composição que significa do lado de, perto de, além de, contra etc.

Paraplegia – (gr. *pará; plêgê,* ataque) – Patol. Paralisia dos membros inferiores ou posteriores.

Parasitemia – (gr. *para* + *sitos,* alimento; *haima,* sangue) – Med. Carga de parasitas no sangue do hospedeiro.

Paresia – (gr. *paresis,* relaxação) – Patol. Paralisia incompleta. Diminuição da contratilidade muscular em conseqüência de uma lesão nos nervos.

Parestesia – (gr. *para;* gr. *aisthesis,* sensação) – Patol. Manifestação nervosa caracterizada por sensações anormais.

* **partenon** – (gr. *parthenon,* virgem) – Elemento de composição que significa virgem, não fecundado.

Partenogenese – (gr. *parthenon* + gr, *gênesis,* geração) – Biol. Desenvolvimento do óvulo.

Partenógina – (gr. *parthenon,* virgem; *gyne,* fêmea) – Zool. Fêmea de Ixodides que se supunha não fecundada.

* **pato** – gr. *pathos,* doença, sofrimento) – Elemento de composição que significa doença.

Patogênico – (gr. *pathos + genia*) – Med. Possibilidade de causar doença.

Patognomônico – (gr. *pathos + gnomonikos,* que indica) – Med. Diz-se de um sinal absolutamente próprio de uma doença e suficiente para caracterizá-la.

Patologia – (gr. *pathos + logos + ia*) – Capítulo da medicina que se preocupa com a origem, sintomas, sinais clínicos e natureza das doenças.

Pedogênese – (gr. *paidos*, criança; *gênesis*, geração) – Biol. Reprodução durante o estágio larvário.

Percussão – (lat. *percussione,* percutir) – Med. Processo de exploração que consiste em bater nas paredes de uma cavidade e apreciar os sons produzidos por órgãos nela contidos, daí tirando conclusões quanto ao estado deles.

Perissodáctilos – (gr. *perissos,* ímpar; *dactulos,* dedo) – Zool. Ordem de mamíferos ungulados, com número ímpar de dedos e cujo eixo de simetria da perna passa pelo dedo do meio que é sempre o mais desenvolvido.

Peritrema – (gr. *peri,* ao redor de; *trema,* orifício) – Zool. Espessamento quitinoso ao redor dos estigmas ou espiráculo dos carrapatos Ixodides.

Petéquia – (lat. *petecchie,* mancha) – Patol. Hemorragia cutânea com o aspecto de picadas de mosquitos.

Pigídio – (gr. *pyge,* nádega, anca; *idion,* diminutivo) – Zool. Placa sensorial modernamente designada sensílio, encontrada no tergo do nono metâmero abdominal das pulgas. O nome deve-se pela sua aproximação com o ânus.

* **pio** – (gr. *pyon,* pus) – Elemento de composição cujo significado é pus.

Piometria – (gr. *pyon + metra,* útero) – Patol. Acúmulo de pus no útero.

* **pneuma** – (gr. *pneuma,* ar) – Elemento de composição que significa relação com ar, gás, respiração.

Pneumatóforo – (gr. *pneuma, ar; phoros,* portador) – Zool. Órgão dos Cnidários responsável pela flutuação da colônia.

Pneumonia – (gr. *pneumon,* pulmão) – Patol. Inflamação do parênquima pulmonar.

* **poli** – (gr. *poly*) – Elemento de composição que significa muito.

Prevalência – É o numero de indivíduos atingidos por uma doença.

* **pro** – (gr. *pro;* lat. *pro,* antes) – Prefixo que significa anterior, antes.

Prodelfa – (gr. *pro + delphys*) – Zool. Designação dada à fêmea de nematódeos cujos ovários e úteros são de situação anterior.

Profilaxia (gr. *prophylaxis,* precaução) – Med. Conjunto de medidas responsáveis pela prevenção, erradicação ou controle de uma doença.

Prurido – (lat. *pruritus,* coçar) – Patol. Comichão, conseqüência da irritação de um nervo sensitivo periférico.

Pústula – (lat. *pústula*) – Patol. Pequeno tumor com pus, situado na pele, e que termina por supuração.

Quenógina – (gr. *kenos,* vácuo; *gyne,* fêmea) – Zool. Fêmea de Ixodides no estágio de pós-postura.

Quilo – (gr. *chylos;* lat. *chylus,* suco) – Fís. Líquido alcalino, esbranquiçado no homem e nos carnívoros e amarelado ou esverdeado nos herbívoros, a que ficam reduzidos os alimentos na fase final da digestão.

Quimo – (gr. *chymos,* suco) – Fís. Pasta a que ficam reduzidos os alimentos pela ação dos sucos gástricos.

* rin – (gr. *rhinos*) – Elemento de composição que significa nariz.

Rinite – (gr. *rhinos + ite*) – Patol. Inflamação da mucosa do nariz.

Seqüela – (lat. *seqüela,* conseqüência) – Med. Manifestação clínica ou sintoma em conseqüência de certas doenças.

Séssil – (lat. *sessile*) – Biol. Órgão sem suporte, fixado diretamente no ser vivo.

* sin – (gr. *syn*) – Prefixo que significa reunião.

Sinal – (lat. *signum,* marca) – Patol. Exteriorização de qualquer fenômeno observado pelo médico no exame do doente. O sinal tem caráter objetivo.

Sincicial – (gr. *syn;* gr. *kytos,* célula) – Cit. Citoplasma com numerosos núcleos, mas sem divisão celular.

Sinistrógiro – (lat. *sinistra,* esquerda + giro) – O que gira para a esquerda.

Sintoma – (gr. *symptoma;* lat. *symptoma*) – Med. Fenômeno biológico acidental, característico para revelar uma doença e que é sentido pelo doente. É de caráter subjetivo, como dores, náuseas etc.

Surto – (lat. *surctu,* surgir) – Med. Uma série de focos subseqüentes ou simultâneos com fonte de infecção comum ("estalido" de focos).

Teleógina – (gr. *telos,* longe, final; *gyne,* mulher, por extensão, fêmea) – Zool. Fêmea de Ixodides ao alcançar seu completo desenvolvimento, depois da cópula e estar completamente ingurgitada.

Tenesmo – (gr. *teinesmos,* lat. *tenesmus,* tensão, esforço) – Patol. Sensação dolorosa do esfíncter anal ou vesical, acompanhada de tensão com o desejo contínuo, mas quase em vão de defecar ou urinar.

Teníase – (gr. *tainia;* lat. *taenia,* cinto, fita, faixa) – Infecção por tênias.

tífl – (gr. *typhlós*) – Elemento de composição que significa cego.

Tiflectasia – *(tife + ectas + ia)* – Med. Distensão do ceco.

Tifleíte – *(tife + ite)* – Patol. Inflamação do ceco.

Tigmotropismo – (gr. *thigmo,* tocar + *tropos + ismos*) – Biol. Reação dos seres vivos ao contato com objetos ou com outros seres vivos.

Timpanismo – (gr. *tympanon;* lat. *tympanum,* tambor) – Patol. Aumento do volume do ventre em conseqüência do acúmulo de gases.

Tocóstomo – (gr. *tokos,* parto; *stoma,* boca, orifício) – Zool. Orifício de ovipostura presente nos Pseudophyllidea e Acarina.

Torneio – (prov. *torneiar,* fazer evoluções girando de um lado para outro) – Sinal clínico.

Toxemia – (lat. *toxicum,* tóxico; *hemo,* sangue + ia) – Patol. Intoxicação do sangue.

Trofozoíto – (gr. *trophe,* nutrição; *zoon,* animal; ita, pequenino) – Zool. É o estágio dos protozoários no qual ocorre a nutrição.

* trombo – (gr. *thrombos,* coágulo) – Elemento de composição que significa coágulo ou trombo.

Trombose – (gr. *thrombos + ose*) – Patol. Formação de coágulos no aparelho circulatório de um ser com vida.

* tropo – (gr. *tropos*) – Elemento de composição que significa afinidade, mudança, desvio.

Ungulados – (lat. *ungula,* unha) – Zool. Mamíferos cujas unhas transformam-se em cascos. Ex.: eqüinos, rinocerontes, suínos e ruminantes.

* uro – (gr. *oura,* cauda) – Elemento de composição empregado como prefixo ou sufixo e que significa cauda.

Urômeros – (gr. *oura,* cauda; gr. *meros*) – Zool. Metâmeros abdominais.

Urticária – (lat. *urtica,* ardor irritante) – Patol. Erupção cutânea pruriginosa.

Vector – (lat. *vectore,* condutor, portador) – Paras. Em parasitologia é o indivíduo transmissor de parasitos de um hospedeiro a outro; se nele se reproduzir é *vector biológico,* e se não ocorrer desenvolvimento é *vector mecânico, de transporte.*

Vermífugo – (lat. *vermis,* verme; *fugare,* fugir) – Agente que afugenta, expulsa os vermes intestinais; vermicida, anti-helmíntico.

Vesícula – (lat. *vesicula*) – Anat. Pequena bexiga ou cavidade.

* xeno – (gr. *xenos,* estranho) – Elemento de composição que significa estranho.

Xenodiagnóstico – (gr. *xenos* + gr. *diagnostikos*) – Med. Diagnóstico obtido através da presença do agente num vector infetado por um doente.

* **zoo** – (gr. *zoon*, animal) – Elemento de composição que significa ser vivo animal.

Zoonose – (gr. *zoon*, animal+ *ose*) – Med. De acordo com Virshow, significa doença dos animais transmissíveis ao homem.

BIOGRAFIA DE PARASITOLOGISTAS

BABÉS

VICTOR BABÉS (1854-1926). Médico anatomopatologista e bacteriologista romênio, nasceu em Viena. Trabalhou na Alemanha com Virchow e Rock e na França com Cornil. Foi Professor na Faculdade de Medicina de Budapesth e na Faculdade de Medicina de Bucarest onde criou o Instituto de Patologia e Bacteriologia. Descreveu o bacilo do mormo (1881) – demonstrou a penetração do bacilo da lepra através da pele intacta e, também, a da mucosa das amígdalas pelo bacilo da tuberculose. Constatou pela primeira vez a presença de parasitos em eritrócitos de bovinos africanos com hemoglobinúria (babesiose) e denominou-os de *Haematococcus;* entretanto Starcovici, 1893, mudou o nome para *Babesia* em homenagem ao brilhante cientista romeno. Descobriu, também, propriedades imunizantes do sangue dos animais imunizados que usou no tratamento da raiva e do mormo.

Escreveu vários trabalhos como: Tratado de Bacteriologia Cornil-Babés (1880-1900); Monografia da Lepra (1900); Manual de Anatomia Patológica e Atlas de Histologia Patológica do Sistema Nervoso (1905).

BLANCHARD

RAPHAEL BLANCHARD (1857-1919). Médico e naturalista francês, nasceu em Sant-Christophe. Foi Professor de História Natural na Faculdade de Medicina de Paris, disciplina que constitui a base da disciplina de Parasitologia que regeu por vários anos. Blanchard organizou em Paris, no ano de 1889, o I Congresso Internacional de Zoologia, no qual foram promulgadas as Regras Internacionais de Nomenclatura Zoológica, baseadas na 10ª Ed. do *Systema Naturae,* 1758, de Carl Von Linnaeus (médico e naturalista sueco, 1707-1778). Blanchard fundou em Paris o Instituto de Medicina Colonial e um Setor responsável pelo combate aos insetos vetores de agentes patógenos. Fundou os Archives de Parasitologie. Entre suas numerosas publicações estão: Tratado de Zoologia Médica, Mosquitos e Elementos de Zoologia. Blanchard congratulou-se com o Professor Titular de Parasitologia Manoel Pirajá da Silva, da Faculdade de Medicina da Bahia pelo seu trabalho sobre esquistossomose, publicando-o nos Archives de Parasitologie, vol. XIII, 1908. Blanchard foi representante da França no júri internacional que concedeu o Prêmio Schaudin a Carlos Chagas, em 1912.

BRUCE

DAVID BRUCE (1855-1931). Médico de nacionalidade inglesa, foi prestar seus serviços na ilha de Malta e África como cirurgião da Armada, recebendo o título de *Sir* pelos valiosos trabalhos sobre doenças do homem e dos animais e a identificação dos seus agentes etiológicos; identificou, também, o agente etiológico de uma doença que atacava caprinos e o homem, registrando-o como *Micrococcus melitensis* (gr. *melitaios;* lat. *melitaeus.* Malta), e em 1920 designado por Meyer e Shaw, para homenageá-lo, de *Brucella melitensis.* Pesquisou uma doença, na África, que atingia bovinos e eqüinos, denominada *nagana* que na língua da Zuzulândia indica "estado de depressão do animal doente", constatando como agente etiológico um tripanossoma e como vector a mosca tsé-tsé *Glossina palpalis.* O tripanossoma referido foi denominado por Plimmer e Bradford, em 1899, de *Trypanossoma brucei.* Dedicou-se também ao estudo da "doença do sono" provando que a transmissão do *Trypanossoma gambiense* é através da mosca tsé-tsé, *Glossina palpalis.*

CHAGAS

CARLOS RIBEIRO JUSTINIANO DAS CHAGAS (1879-1934). Nasceu na Fazenda Bom Retiro, em Oliveira, Minas Gerais, a 9 de julho de 1879 e faleceu a 8 de novembro de 1934. Filho e neto de fazendeiros, transferiu-se para o Rio de Janeiro onde ingressou na Faculdade Nacional de Medicina. Foi médico dos hospitais da Diretoria Geral de Saúde Pública. Chefiou a campanha contra a malária no litoral paulista, promovida pela Companhia Docas de Santos. Integrado na vida do Instituto de Manguinhos (atual Instituto Oswaldo Cruz), organizou e instalou as seções de Anatomia Patológica, Micologia, Físico-Química, aplicadas à biologia e fisiologia, o hospital destinado ao estudo das doenças infecciosas e tropicais e um laboratório para as pesquisas sobre culturas de tecidos. Pela sua experiência de combate ao *Plasmodium* foi designado por Oswaldo Cruz, diretor do então Instituto de Manguinhos, para chefiar a Comissão de Estudos sobre a Profilaxia da Malária no Vale do Rio das Velhas, em virtude de numerosos operários do governo estarem afetados pelo plasmódio, na região onde eram colocados os trilhos da Estrada de Ferro Central do Brasil e Pirapora. Chagas estabeleceu-se na cidade de Lassance e instalou seu laboratório, dotado de um microscópio, num vagão de trem. Desempenhando suas atividades na luta contra a malária, sua atenção voltou-se para o inseto hemíptero, vulgarmente conhecido como "barbeiro", aí existente em grande número e conhecido de Chagas só através da literatura. Como constatou que o barbeiro se alimentava de sangue, teve a intuição de pesquisar se seria capaz de transmitir algum agente patogênico, lembrando que muitos pacientes seus davam reações negativas à malária. Estudou, dissecou e examinou protozoários mastigóforos exibindo-se em diferentes formas. Chagas remeteu os "barbeiros" ao Instituto Manguinhos onde foram inoculados macacos, com o material positivo resultante. Chagas, agora no Instituto, descreveu uma nova espécie *Trypanossoma cruzi,* em homenagem a Oswaldo Cruz, seu mestre. Chagas retornou à região onde encontrara os "barbeiros" e passou a pesquisar as pessoas e os animais que habitavam as casas onde também eram encontrados os "barbeiros". Chagas, estudando o quadro clínico, a patogenia e a epidemiologia da doença que acabara de descobrir, denominou-a de "nova tripanosomíase humana", escrevendo um trabalho que foi lido na Academia Nacional de Medicina, por Oswaldo Cruz. Como o interesse manifestado por médicos de renome foi grande, Oswaldo Cruz organizou um grupo de médicos com destino a Lassance, a fim de observarem de perto o trabalho de Chagas. Constatada a "nova tripanosomíase", Miguel Couto sugeriu o nome de "doença de Chagas" para a tripanosomiase. Carlos Chagas ao ser o primeiro no mundo a descrever uma doença em todas as suas fases, citando seu agente etiológico, seu hospedeiro intermediário, vias de infecção, sua patogenia e profilaxia, recebeu o prêmio Schaudin, instituído pela Alemanha, a fim de premiar de quatro em quatro anos, o autor de melhor trabalho mundial em Protozoologia.

CRUZ

OSWALDO CRUZ (1872-1917). Nasceu em São Luís do Paraitinga, São Paulo, a 05 de agosto de 1872. Oswaldo Cruz concluiu o curso de medicina em 1892 na Faculdade Nacional, defendendo a tese "A água como veículo dos micróbios". Em 1896 foi a Paris onde trabalhou durante três anos no Instituto Pasteur. Ao retornar ao País, foi encarregado pela Diretoria de Higiene a combater o surto de peste bubônica que eclodira em Santos, São Paulo em 1899 e, em 1901, o governo chamou-o para assumir a direção científica do Instituto de Soro Terapêutico, fundado em 1900 para o combate da referida peste. Naquele Instituto foram descobertos os sinais do carbúnculo e impedir as grandes devastações que essa doença fazia ao gado. Coube, também, a Oswaldo Cruz a tarefa de extinguir a febre amarela no Rio de Janeiro. Essa tarefa trouxe-lhe muitas contrariedades, em virtude de agitação popular contra as atividades dos "mata-mosquitos". O presidente Rodrigues Alves o apoiou e Oswaldo Cruz pondo em ação seu plano antimalárico, conseguiu sair vitorioso.

Segundo Carlos Chagas, Oswaldo Cruz foi o criador da medicina experimental no Brasil.

Foi condecorado com a medalha de ouro oferecida pela Imperatriz da Alemanha ao representar em 1907, o Brasil no Congresso Internacional de Higiene.

A classe médica brasileira uniu-se em 1909 para oferecer a Oswaldo Cruz a medalha comemorativa dos seus grandes serviços prestados à Pátria e à humanidade. Oswaldo Cruz reerguera a cidade do Rio de Janeiro, livrando-a da febre amarela e do terror que a afastava do mundo.

Em 1914 foi condecorado com a Legião de Honra, pelo governo francês. Oswaldo Cruz concebeu, planejou e realizou o magnífico Instituto de Patologia Experimental que hoje tem o seu nome e célebre em todo o mundo – Instituto Oswaldo Cruz.

Oswaldo Cruz tinha como lema quatro palavras orientadoras de sua conduta: Saber, Querer, Poder e Esperar.

Oswaldo Cruz faleceu aos 44 anos, a 11 de fevereiro de 1917, depois de, segundo Rey, ter dado novo rumo à higiene e à investigação científica no Brasil.

JARDIM

JOSÉ JARDIM FREIRE (1915-1983). Dr. Jardim, como era conhecido, nasceu a 24 de outubro de 1915, na cidade de Niterói, Estado do Rio de Janeiro. Diplomado em Medicina Veterinária estagiou no Instituto Biológico de São Paulo. Lecionou a disciplina de Parasitologia e Doenças Parasitárias na Escola Fluminense de Medicina Veterinária. Foi professor de Zoologia Médica e Parasitologia da Escola de Agronomia e Veterinária da UFRGS. Exerceu o cargo de médico veterinário da Secretaria de Agricultura do Rio Grande do Sul onde organizou o Laboratório de Parasitologia apresentando vários trabalhos, entre eles "Fauna Zoo-Parasitária Riograndense (1858) e Fauna Parasitária Riograndense (1967-1968). Em 1945 foi agraciado com os Diplomas de Honra ao Mérito pelos trabalhos apresentados no concurso de monografias, intitulados *Solenopotes capillatus* Enderlein, 1904" e "Contribuição para o conhecimento dos Mallophaga e Anoplura riograndensis – Piolheira dos animais". Foi professor da disciplina de Entomologia do Curso de Pós-Graduação em Medicina Veterinária (1969 e 1970).

Sua vida caracterizou-se pela grande operosidade, traduzida por inúmeros trabalhos publicados.

Faleceu em Porto Alegre a 9 de junho de 1983.

Não poderia deixar de prestar minha homenagem ao bom colega e amigo pelo incentivo e confiança demonstrados ao ingressar na UFRGS.

LEUCKART

RUDOLPH LEUCKART (1822-1898). Médico veterinário e parasitologista de nacionalidade alemã. Diplomou-se em Medicina Veterinária no ano de 1847 e como estudante publicou o livro Manual de Zootecnia. Foi professor de Zootecnia na Universidade de Giessen e depois professor de Anatomia Comparada. Foi professor e diretor do Instituto Zoológico de Leipzing, onde iniciou suas pesquisas sobre o ciclo evolutivo de diferentes parasitos. Elucidou o ciclo evolutivo de *Trichinella spiralis* dando larvas a suínos; provou que o cisticerco dos suínos é a fase larval da *Taenia solium* e o cisticerco dos bovinos é da *Taenia saginata*. Constatou pela primeira vez que um animal muito pequeno pode ser o hospedeiro intermediário ao verificar que o crustáceo copépodo do gênero *Cyclops* continha na sua cavidade geral, larvas do nematódeo *Dracunculus medinensis*. No ano de 1867 realizou experimentos que consistiam em administrar a ratos larvas de insetos infectadas com formas larvais de nematódeos espirurídeos do rato. Elucidou o ciclo evolutivo do *Dipylidium caninum* ao comprovar que um parasito de um animal pode desempenhar o papel de hospedeiro intermediário de outro parasito do mesmo animal. Em 1882 ao ter sua atenção voltada para o ciclo evolutivo da *Fasciola hepatica* descobriu a evolução dos trematódeos. Publicou vários livros entre eles, "Os parasitos do homem (1862-1876)".

LINNEU

CARLOS LINNEU (1707-1778). Nasceu em Rashult, zona de lagos e florestas da Suécia. Filho do reverendo Nils, sacerdote protestante da igreja da aldeia. Quando criança passava o tempo junto ao pai no jardim ou a colher flores pelos montes, para saber se podia cultivá-las como se fossem de jardim. Na época, os suecos haviam adotado a recente moda européia de escolher o sobrenome que mais lhes agradassem. Como Nils tinha uma predileção toda especial pela tília (árvore ornamental da família das Tiliáceas, nativa e cultivada na Europa) adotou o nome sueco da Tilia, Linn. Veio também a moda de escrever os nomes latinizados ou na forma grega. Assim, o filho do pastor Linn ficou conhecido no mundo como Carolus Linnaeus ao invés de Carl Linn.

A mãe de Carlos Linneu, filha também de sacerdote, sonhava para o filho um futuro semelhante ao do pai e do avô. Supunha que o interesse de Carlos por plantas e animais podia servir-lhe de um simples lazer e não o início de uma carreira. No ano de 1717 foi para uma escola em Wexio, e animado pelo seu diretor que se dedicava à botânica, a cultivar essa ciência. Anos mais tarde, o médico Rothmann descobriu em Carlos Linneu uma inteligência incomum e orientou os seus estudos em fisiologia, fornecendo-lhe livros sobre plantas e medicina. Cursou a Universidade local durante um ano e, não satisfeito com que lhe ensinavam, passou à Universidade de Upsala. Uma ocasião, sentado num banco do Jardim Botânico da Universidade, a examinar as plantas e tomar anotações foi localizado pelo médico e botânico Dr. Celsius que, também, impressionado com sua inteligência, nomeou-o seu assistente na elaboração de um livro sobre plantas da Bíblia.

Carlos Linneu, sobrevivendo com alunos particulares, prosseguiu seus estudos sobre plantas e no ano novo colocou seu trabalho sobre a mesa de Celsius como modo de exprimir-lhe todo seu agradecimento. Seu estudo era tão brilhante que foi nomeado diretor de um Jardim Botânico particular.

No ano de 1732 viajou pela Lapônia, durante seis meses, investigando sua flora.

Em 1735 formou-se em medicina e neste mesmo ano foi publicado seu livro *O Sistema da Natureza* que se refere às relações que as plantas têm entre si e, em pouco tempo, foram publicadas 12 edições. Linneu foi chamado de "o grande sistematizador" porque ordenou e sistematizou tudo aquilo em desordem. Fez a classificação científica binominal, tanto para o reino vegetal como para o reino animal. Em 1755 foi convidado pelo rei da Espanha a residir no seu país. Linneu recusou a honra. Em 1761 a rainha da Suécia condecorou-o com um título de nobreza e passou a ser Carl von Linné.

Daí em diante só teve honrarias. Foi nomeado professor de medicina da Universidade de Upsala. Realizou várias expedições cientificas às ilhas Suecas do mar Báltico. Lecionava medicina e ao saber que um seu colega apesar de lecionar ciências tinha preferências pela medicina... e assim, houve a troca de disciplinas. Responsável por diversas missões à Lapônia e à Caucásia foi tão bem sucedido que lhe valeu muita inveja e, forçado a deixar a pátria, exilou-se na Holanda. O banqueiro João Cliffort, de Amsterdam, colocou à sua disposição seu vasto jardim para estudar suas plantas. E foi ali que realizou os seus mais importantes trabalhos: *Systema Naturae*. Fundamenta Botânica e Gênero *Plantarum*. Esteve na Inglaterra, na França e regressou à Suécia. O rei nomeou-o seu médico e seu botânico.

Seu filho Carlos (1741-1788), botânico e médico, sucedeu-lhe e publicou diversas obras de botânica.

Linneu, em 1777, não regressou de um passeio de trenó. Depois de intensas buscas foram encontrá-lo ao lado de uma cabana de camponês. Sofrera um derrame e uma semana depois faleceu, encerrando sua contribuição à ciência.

LOOSS

ARTHUR LOOSS (1861-1933). Médico e parasitologista de nacionalidade alemã. Looss descobriu casualmente o ciclo evolutivo do *Ancylostoma* ao lhe cair um líquido com larvas infectantes sobre a pele da mão. Constatou que essas larvas ocasionavam um forte prurido no local da penetração. Raspando a pele e examinando-a ao microscópio, observou a presença de larvas e principalmente, as cutículas envoltoras deixadas por elas. Tempos mais tarde constatou a presença de ovos de *Ancylostoma duodenale,* no exame parasitológico de suas fezes, deduzindo que se infectara via cutânea. Posteriormente, com experimentos em animais de laboratório, elucidou todo o caminho percorrido pelas larvas no organismo. O nematódeo que realiza o percurso descoberto por Looss, *faz o ciclo de Looss.* Escreveu uma monografia sobre "Anatomia e o ciclo evolutivo do *Ancylostoma duodenale* na Egyptian School Med., 1905-1911.

Arthur Looss foi professor da Escola de Medicina do Cairo e considerado um dos maiores helmintologistas da época, descreveu vários gêneros novos como *Bilharziella* (em homenagem a Bilharz), *Clonorchis, Dicrocoelium, Eurytrema, Trichostrongylus, Triodontophorus* e outros. Looss não aceitou (1907) a nova espécie *Schistosoma mansoni*. Pirajá realizando pesquisas no hospital da Faculdade de Medicina da Bahia identificou a presença de ovos com espinho lateral em exame parasitológico de fezes de doentes do referido Hospital, considerando-os de S. *mansoni*. Looss não aceitou o resultado das pesquisas de Pirajá e julgou que os ovos apresentavam "concreções intestinais".

Pirajá dando continuidade a suas pesquisas constatou, em necropsias que realizou, a presença de *Schistosoma mansoni* na veia aorta e suas ramificações.

Looss aceitou a nova espécie de *Schistosoma* e redigiu um capítulo "Bilharziose americana" no Tratado das Doenças Tropicais.

LUTZ

ADOLFO LUTZ (1855-1910). Médico, zoólogo e parasitologista brasileiro, filho de pais suíços, nasceu na cidade do Rio de Janeiro. Diplomou-se em medicina no ano de 1879, na Suíça onde foi educado. Freqüentou os principais laboratórios da Alemanha, França e Inglaterra, para complementar sua formação. De volta ao Brasil, exerceu a clínica na cidade de Limeira, São Paulo, durante seis anos, seguindo depois para Hamburgo. Regressando ao Brasil, foi convidado pelo governo inglês para dirigir o hospital Kalihi no Havaí, para pesquisar essencialmente, o problema da lepra. Em 1892 foi clinicar em São Francisco da Califórnia e após um ano, já no país, dirigia o Instituto Bacteriológico de São Paulo, hoje Instituto Adolfo Lutz, no qual esteve até 1908. Nesse ano, volta para o Rio de Janeiro ingressando no Instituto Oswaldo Cruz, onde trabalhou até sua morte. Dedicou-se à helmintologia e enviou para uma revista alemã um excelente trabalho sobre nematódeos do suíno e homem e, para Leipzig, para uma revista veterinária, um trabalho sobre parasitas intestinais dos suínos. No Havaí, ocupou-se essencialmente com a pesquisa sobre a lepra e moluscos. Esta última, mais tarde lhe foi muito útil, quando a empreendeu estudos sobre a esquistossomose mansônica. Identificou, pela primeira vez, em nosso país surtos de cólera e peste. Registrou em São Paulo os dois primeiros casos de blastomicose sul-americana, hoje conhecida como "doença de Lutz". Investigou as moscas das frutas, miíases do homem e animais, artrópodes hematófagos e transmissores de doenças.

Publicou cerca de 200 trabalhos com diferentes temas científicos.

Contribuiu para o desenvolvimento da medicina tropical, estudos sobre impaludismo, ancilostomose e, também, início para pesquisas veterinárias.

Conforme Arthur Neiva, é considerado apóstolo da ciência, mestre incomparável, seu nome deve ser venerado com respeitosa admiração e profundo reconhecimento.

NEIVA

ARTHUR NEIVA (1880-1943). Médico, higienista e biologista nasceu em Salvador, Bahia. No início do século XX, homens de valor, atordoados pelas novas diretrizes que a campanha contra a febre amarela imprimia aos conhecimentos de patologia humana, tinham desabafos, como este, registrado nas páginas do "Brasil-Médico": "Está se transformando a medicina em zoologia".

Foi neste ambiente de incompreensão que o governo Rodrigues Alves encarregou Oswaldo Cruz da extinção da febre amarela no Rio de Janeiro. Oswaldo Cruz soube cercar-se de auxiliares e colaboradores. Neiva demonstrou logo o acerto da escolha do Mestre. Iniciando-se em entomologia, logo tornou-se notável especialista em culicídeos. Em memorável campanha vence o *Anopheles*. Neiva, não obstante o trabalho exaustivo de médico e educador de homens rudes, encontrou tempo para estudos dos mais notáveis sobre a ecologia do inseto transmissor e sobre o protozoário parasito.

Os anofelinos foram meticulosamente estudados, observados seus hábitos e suas relações com o homem. Novos louros foram conquistados e novas pesquisas no terreno da parasitologia e da entomologia.

Neiva teve a atenção despertada para a extraordinária descoberta que Carlos Chagas evidenciara: o estudo do hemíptero transmissor da tripanossomose americana. Rapidamente tornou-se a maior autoridade neste grupo de insetos, estudando exaustivamente seus hábitos e evolução, caracterizando numerosas espécies.

Estudou também as vias de penetração dos tripanossomas nos vertebrados.

Entre seus numerosos trabalhos destaca-se "Vegetais anti-helmínticos empregados como vermífugos na Medicina Popular".

Suas contribuições à parasitologia, à medicina tropical, à higiene, são atestadas pela sua vultosa bibliográfica.

Sua capacidade de formar discípulos e orientá-los sem os conduzir, de maneira que adquirissem personalidade própria, é demonstrada por muitos dos seus discípulos.

Colhido inesperadamente pela morte, deixou trabalhos em impressão e outros por concluir.

NICOLLE

CHARLES NICOLLE (1866-1936). Médico bacteriologista e parasitologista de nacionalidade francesa. Aos 37 anos de idade assumiu a direção do Instituto Pasteur de Tunis, capital da Tunísia, onde exerceu suas atividades até a morte. Nicolle e Manceaux trabalhando com um roedor norte-africano, *Ctenodactylus gondi,* usado na pesquisa de *Leishmania* naquele Instituto, identificaram um organismo que conseqüente sua forma de arco denominaram de *Toxoplasma* e com a espécie *T. gondii* em 1928, Nicolle foi condecorado com o prêmio Nobel de medicina pelos seus relevantes trabalhos científicos.

PESSÔA

SAMUEL BARNSLEY PESSÔA (1898-1976). Médico, parasitologista e pesquisador paulista. Entrou para a Faculdade de Medicina terminando seu curso em 1921. Como aluno foi contratado como auxiliar acadêmico do Instituto de Higiene, pelo professor norte-americano Samuel Darling e, mais tarde, o professor norte-americano Wilson Smillie foi auxiliado por Pessôa nos trabalhos sobre a epidemiologia da ancilostomose, que lhe serviu de alicerce para sua tese de doutoramento – "Estudo dos componentes do óleo essencial de guenopódio. Sua aplicação na profilaxia da Ancylostosomose". Como médico dedicou-se ao serviço público, como pesquisador. Foi professor titular de parasitologia, voltando-se para a epidemiologia, profilaxia e tratamento das endemias parasitárias, tentando sempre conseguir melhores condições de vida às populações pobres. Numa conferência, em 1936, realizada na sociedade rural brasileira, Pessôa diz: "A Escola é a base para qualquer melhoria quanto a educação sanitária da população, pois só uma população educada é capaz de pôr em prática os princípios de higiene". É autor dos livros: *Problemas Brasileiros de Higiene Rural, Ensaios Médico-Sociais, Endemias Parasitárias da Zona Rural Brasileira* e *Parasitologia Médica*.

Não posso deixar de registrar meus agradecimentos ao Professor Pessôa que muito me incentivou a prestar concurso de Livre Docência.

PIRAJÁ

MANOEL AUGUSTO PIRAJÁ DA SILVA (1873-1961). Médico e professor de parasitologia, nasceu na cidade de Camamu, ao sul de Salvador, Bahia, em 28 de janeiro de 1873. Ingressou aos 18 anos, na faculdade de Medicina da Bahia, diplomando-se em 1896. Em 1902 foi nomeado assistente da primeira Clínica Médica da Faculdade, anteriormente citada. Dedicou-se à investigação microscópica e às formas parasitológicas das doenças. Em 1908 suas pesquisas atingem ao clímax, quando institui a diferença específica entre *Schistosoma mansoni,* ovo com espinho lateral e *S. haematobium,* ovo com espinho mediano, trabalho publicado na Revista Brasil Médico em 1908. Em 1909, na Europa, participa em Paris, de um Curso de Microbiologia do Instituto Pasteur. Freqüentando o Laboratório de Parasitologia da Faculdade de Paris conheceu Blanchard que publicou o referido trabalho nos "Archives de Parasitologie", 1908 e também no "The Journal of Tropical Medicine and Hygiene", 1909.

Em 1911, deixou a disciplina de Clínica Médica, pois fora nomeado para lecionar História Natural Médica da Faculdade de Medicina da Bahia (disciplina de Parasitologia, criada pela primeira vez no Brasil). Retornou à Europa a fim de se aperfeiçoar em parasitologia.

Em Paris, fez um curso sobre doenças dos países quentes e foi o primeiro classificado nas provas finais, tendo sido agraciado com medalha de ouro e o direito de exercer a profissão nas colônias francesas.

Voltou, durante esse período, novamente ao "Tropenistitut" de Hamburgo. De 1914 a 1935 foi professor de História Natural no Ginásio da Bahia. Em 1922, como Tenente-Coronel exerceu sua profissão na linha do exército. Em 1924, durante a epidemia da febre tifóide, prestou relevantes serviços a Salvador. O presidente da República do Brasil, Dr. Juscelino Kubitschek de Oliveira, em 1956, outorgou-lhe a Grã-Cruz da Ordem do Mérito Médico. Em 1957 a Universidade de São Paulo conferiu-lhe o título de "Doutor Honoris Causa" e em 1958, o mesmo título foi-lhe conferido pela Escola de Medicina e Saúde Pública da Bahia.

Pirajá faleceu em São Paulo no dia 01 de março de 1961 aos 88 anos, depois de ter dado ao Brasil uma projeção internacional e suas valiosas contribuições, registraram uma nova etapa para a nossa Parasitologia.

RAILLIET

LOUIS JOSEPH ALCIDE RAILLIET (1852-1930). Médico-Veterinário e Helmintologista francês. É conhecido como um dos criadores da Parasitologia moderna. Lecionou em Alfort, na Escola Veterinária. É autor do livro "Traité de Zoologie Medicale et Agricole". Descreveu várias espécies novas entre elas, pode-se referenciar entre muitas outras *Dipylidium caninum, Metastrongylus elongatus, Onchocerca volvulus, Mammonogamus laryngeus.* Entre os gêneros novos que registrou podem ser citados *Dirofilaria* e *Trichinella* em substituição ao gênero *Trichina* Ouven, 1835 cujo nome já havia sido empregado para outro gênero. Descreveu também as famílias Hymenolepididae e Thelaziidae e as superfamílias Oxyuroidea, Ascaroidea, Spiruroidea, Dioctophymoidea e Strigeoidea. Os nomes dos gêneros *Raillietia* Trouessart, 1901 e *Raillietina* Furhamn, 1920 foram dados em homenagem ao ilustre parasitologista francês.

REDI

FRANCISCO REDI (1626-1698) Médico Naturalista de nacionalidade italiana, nasceu em Arezzo e morreu em Pisa. O fundador da Parasitologia como é reputado. Foi também homem de letras, escrevendo poemas, considerados verdadeiras obras-primas como o "Bacco in Toscana". Redi demonstrou a inexistência da geração espontânea dos seres inferiores. Filippi dedicando-se ao estudo da *Fasciola hepatica* constatou sua larva no molusco *Planorbis,* designando-a de rédia em homenagem a Redi, pois até então os organismos encontrados nos canais biliares dos bovinos eram considerados resultantes de geração espontânea. Redi, com seus conhecimentos de zoologia e de fisiologia sobre os parasitos animais, até então denominados de entomozoários, anulou a idéia de que a reprodução sexuada era exclusiva dos animais vertebrados, provando a existência de indivíduos do sexo masculino e feminino de um verme que, em 1758, foi designado de *Ascaris* por Lineu. Descobriu o ácaro da sarna. Em 1898 Guiart, baseando-se na 10ª ed. do *Systema Naturae* 1758, de Carlos Lineu, relacionou 108 parasitas entomozoários (cestódeos, trematódeos, acantocéfalos e nematódeos) e ainda 41 ectoparasitos (insetos e acarinos); obra essa do naturalista italiano, considerada como o primeiro trabalho de Helmintologia e constituindo a base para a Parasitologia; Redi foi o primeiro parasitologista a secionar animais para pesquisa de vermes intestinais.

SOUZA LOPES

HUGO DE SOUZA LOPES (1909-1991). Médico Veterinário e Entomologista brasileiro, nasceu a 05 de janeiro de 1909 na cidade do Rio de Janeiro. Diplomou-se em 1933 como Médico Veterinário pela Escola Superior de Agricultura e Medicina Veterinária. Aluno de Lauro Travassos foi por ele convidado a especializar-se em Entomologia no Instituto Oswaldo Cruz (IOC), abrindo-se assim um novo horizonte para o jovem veterinário, onde foi orientado para estudar os dípteros sarcofagídeos. No laboratório de Lauro Travassos deu início a uma coleção de dípteros e no rodapé dos seus trabalhos a referência era "depositado na Coleção de Dípteros do Laboratório de Helmintologia do IOC".

Em 1989, segundo o Curador da Coleção Entomológica do IOC, Dr. Sebastião José de Oliveira, "Hugo bonzinho", como era carinhosamente chamado, sempre com entusiasmo admirável, cercado por estagiários e pós-graduandos, discutia as formas de competição entre bactérias e larvas de dípteros que as impossibilitavam de prosseguir sua multiplicação.

Publicou, de 1932 a 1992, 240 trabalhos científicos no Brasil e exterior.

Faleceu onde nasceu, na cidade do Rio de Janeiro, a 10 de maio de 1991, depois de uma vida cheia de coragem e persistência diante de tantos obstáculos, constitui em si mesma um exemplo e um grande estímulo.

A ciência perdeu um insubstituível pesquisador e não poderia ser deixado de lembrar sua personalidade, grande caráter e do companheiro e amigo de todos os tempos.

TRAVASSOS

LAURO PEREIRA TRAVASSOS (1890-1970). Comendador da Ordem do Mérito Médico, nasceu em Angra dos Reis, Rio de Janeiro a 2 de Julho de 1890 e faleceu a 20 de novembro de 1970. Fez o curso secundário no Colégio Alfredo Gomes, Rio de Janeiro e medicina da Faculdade de Medicina do Rio de Janeiro, onde se graduou em 1913.

Defendeu tese sobre helmintologia. Freqüentou o Instituto de Manguinhos (atualmente Instituto Oswaldo Cruz) ainda estudante. Seu primeiro trabalho foi sobre *Linguatula serrata*. Foi diretor da Divisão de Zoologia do Instituto Manguinhos; professor de Parasitologia na Escola Nacional de Veterinária e da Universidade do antigo Distrito Federal. Professor de Zoologia na Escola de Ciências da Universidade do Rio de Janeiro e de Helmintologia no Curso do Instituto Oswaldo Cruz. Foi professor da Universidade de São Paulo.

Em 1929, durante dez meses, ministrou curso de Helmintologia no Instituto de Medicina Tropical em Hamburgo.

Publicou um total de 443 trabalhos; sendo 301 sobre helmitologia, 95 sobre entomologia e 47 de diversos assuntos mas relacionados com as ciências naturais.

A coleção helmintológica por ele organizada e depositada no Instituto Oswaldo Cruz é uma das maiores do mundo com todas as indicações exigidas.

O seu último livro "Trematódeos do Brasil" foi concluído com a colaboração de seus discípulos Teixeira de Freitas e Ana Kohn.

O professor Paulo de Toledo Artigas escreveu: Lauro Pereira Travassos adotou um lema que repetia com freqüência "Só a morte vence o trabalho". Ele mesmo demonstrou a veracidade de tal divisa, pesquisando, publicando e fazendo discípulos até seu último alento. Skrjabin considerava Travassos o maior helmintologista do mundo.

Finalizando não poderia deixar de prestar minha homenagem e gratidão ao professor Travassos, do qual sinto-me orgulhosa de também ter sido sua discípula em Manguinhos.

Obrigada Professor Travassos por me haver transmitido o gosto pela Parasitologia.

VAN BENEDEN

PIERRE VAN BENEDEN (1809-1894). Médico e zoólogo de nacionalidade belga. Em Louvain exerceu suas atividades no Museu de História Natural. Descobriu o ciclo evolutivo da *Taenia solium* ao administrar a um suíno ovos dessa tênia e constatando cesticercos em sua carcaça por ocasião da necropsia. São clássicas suas obras *Zoologie medicale* e *Les parasites et commensaux de 1'homme et des animaux,* publicados em 1859 e 1860 respectivamente.

WUCHERER

OTTO EDWARD HENRY WUCHERER (1820-1873). Médico, nascido no Porto, Portugal, filho de pai alemão e mãe holandesa. Formou-se pela Universidade de Tubingen, Wurtemberg e durante algum tempo exerceu suas atividades em Londres, no Hospital de

S. Bartolomeu. Depois foi para Lisboa e daí à Bahia em 1843, naturalizando-se cidadão brasileiro. Dedicou-se à clínica e a exames laboratoriais. Foi o pioneiro na América na investigação da ancilostomose e da filariose, daí ser considerado o fundador da helmintologia no Brasil. Silva Araujo em 1877 deu o nome de *Wuchereria,* ao gênero da família Filariidae, em homenagem a Wucherer que constatou pela primeira vez a presença de microfilárias na urina do homem, cujo nematódeo adulto é responsável pela elefantíase, transmitido através de mosquitos.

REFERÊNCIAS BIBLIOGRÁFICAS

ARAGÃO, H.; FONSECA, F. Notas de Ixodologia. *Memórias do Instituto Osvaldo Cruz.* v. 59, nº 2, pp. 115-147. Jul., 1961.

ARAÚJO, F.A.P. et alii. Ocorrência de *Cryptosporidium parvim* e *Cryptosporidium muris* em búfalos *(Bubalus bubalus)* no Estado do Amapá, Brasil. Arq. Fac. Vet. UFRGS. Porto Alegre, v. 24, nº 1, pp. 85-90, 1996.

ARTHUR, D.R. *Ticks and Disease.* Evanston, Row, Peterson, 1962.

ASKEW, R.R. *Parasitic Insects.* London, Heinemann, 1973.

BAILEY, J.B. et alii. *Differentiation of the sibling species Biomphalaria occidentalis and Biomphalaria tenagophila by the eletrophoretic patterns of their hemoglobin.* Mem. Inst. Oswaldo Cruz, v. 81(3): 319-322. Rio de Janeiro, 1986.

BARTH, R. *Entomologia Geral.* Rio de Janeiro, Fundação Instituto Oswaldo Cruz, 1972.

BJÖRKMAN, C., UGGLA, A. *Serological diagnosis of Neospora caninum infection.* International Journal for Parasitology 29, 1497-1507. PO Box 7019, SE – 750 07 Uppsala, Sweden, 1999.

BOERO, J. J. *Parasitosis Animales.* Buenos Aires, Editorial Universitária, 1967. 3v.

BOFFI, A. V. *Moluscos Brasileiros de Interesse Médico e Econômico.* Ed. Hucitec, São Paulo, 182 pp., 1979

BORCHERT, A. *Parasitologia Veterinária.* Zaragoza, España, Acribia, 1964.

BORROR, D.J.; DELONS, D. *Introdução ao Estudo dos Insetos.* Rio de Janeiro, Agência Norte-Americana para o Desenvolvimento Interamericano, 1969.

BRUMPT, E. *Précis de Parasitologie.* Paris, Masson, 1936. 2 v.

BURCH, J.B. *How to know the Eastern Land Snails.* Pictured key. Nature Series, 1962.

CAMERON, T. W. M. *The Internal Parasites of Domestica Animals.* London, A. & C. Black, 1934.

CASTELLANOS, Z.A. DE & LANDINI, N.A. *Mollusca Gasterepoda Lymnaeidae. V. XV Moluscos Gasterópodos.* Fascículo 5. Limnaeidae. V. XV. Argentina, 1981.

CHANDLER, A. C.; READ, C.P. *Introducción a la Parasitologia.* Barcelona, Ediciones Omega, S.A., 1965.

CHITWOOD, M. B. & CHITWOOD, B.G. *Introduction to Nematology.* University Park Press, 1977.

COMSTOCK, J. H. *An Introduction to Entomology.* 9ª ed. Ithaca, Comstock, 1962.

DAWES, B. *The trematoda.* Cambridge. University Press, 1968.

DIAZ-UNGRIA, C. *Parasitologia de los Animales Domesticos en Venezuela.* Maracaibo, Venezuela, Universidad del Zulia, 1971.

DOGIEL, V.A. *General Parasitology.* Edimburgh, Oliver & Boyd, 1964.

DUBEY, J. P. A review of *Sarcocystis* of domestic animals and of other coccidia of cats and dogs. *Journal of the American Veterinary Medical Association,* v. 169, nº 10, pp. 1061-1078, 1976.

————. *Toxoplasma, Sarcocystis, Hammondia, Besnoitia* and other tissue cyst forming coccidia of man and animals. In: KREIER, J.P. (Ed.) *Parasitic protozoa.* New York, Academic Press, 1978. v.3, pp. 101-225.

————. *Neospora – the first decade of research.* International Journal for Parasitology 29, 1485-1488. Beltsville, MD 20705-2350, USA, 1999.

DUNN, A.M. *Veterinary Helminthology.* London, Willian Heinemann Medical Books, 1969.

EUZÉBY, J. *Les Zoonoses Helminthiques.* Paris, Vigot Frères, 1964.

FACCINI, J. L. H. & MASSARD, C. L. O *gênero Chorioptes Gervais, 1895, parasita de ruminantes no Brasil.* (Psoroptidae, Acarina). Rev. Brasil. Biol. 36(4): 871-872. Rio de Janeiro, RJ. 1976.

FIGUIER, I. *Les Insects.* Paris, Hachette, 1869.

FLECHTMANN, C. H. W. *Ácaros de importância Médico Veterinária.* S. Paulo, Nobel, 1973.

————. W. *Elementos de Acarologia.* S. Paulo, Nobel, 1975.

FORTES, E.; HOFFMANN, R. P. Hiperparasitismo de cestódeos de *Rhamdia sapo* Valenciannes, 1840 do lago Guaíba, Rio Grande do Sul, Brasil. *Rev. Bras. Med. Vet.* v. 9, nº 6, p. 114, 1987.

FRAIHA, H. et. alii. Lagoquilaríase humana e dos animais domésticos. *Zoon. Rev. 1nt.* Brasília, Brasil, 1989.

FREIRE, J. J. Fauna Zoo-parasitária Rio-Grandense. *Rev. Esc. Agr. Vet. U.F.R.G.S.* Porto Alegre. v. 2, nº 1, pp. 7-42, 1958.

———. Fauna Parasitária Rio-Grandense. *Rev. Fac. Agron. Vet. UFRGS.* Porto Alegre, v. 9, pp. 111-149, 1967/68.

———. *Revisão das Espécies da Família Ixodidae.* Rev. Med. Vet. 8 (1): 1-16, 1972.

FREITAS, M.G. et alii. *Apontamentos de Parasitologia. Trematódeos e Cestódeos.* Belo Horizonte, Rabelo [s.d.)

———. *Helmintologia Veterinária.* Belo Horizonte, [s.ed.], 1977.

———. et alii. *Manual de Entomologia Médica e Veterinária.* Belo Horizonte, [s.ed.], 1971.

GARAVELLI, H. J. *Compêndio de Parasitologia.* Buenos Aires, Lopez, 1978.

GELORMINI, N. *Enfermidades Parasitárias en Veterinária.* Argentina, El Ateneo, 1967.

GEORGI, J. R. *Parasitologia Veterinária.* 3ª ed. Rio de Janeiro, Interamericana, 1982.

GONZALES, J. C. *O Controle do Carrapato dos Bovinos.* Porto Alegre, Sulina, 1975.

GOULART, E. G; LEITE, I. C. *Parasitologia e Micologia Humana.* 2ª ed. Rio de Janeiro, Cultura Médica, 1978.

GUIART, J. *Compêndio de Parasitologia.* Scientifica, 1941.

HEGNER, R. et alii. *Parasitology.* New York, D. Appleton-Century, 1938.

HERMS, W.B. *Medical and Veterinary Entomology.* New York, Macmillan, 1915.

HOFFMANN, R. P. *Diagnóstico de Parasitismo Veterinário.* Porto Alegre, Sulina, 1987.

HOWE, D.K.; SIBLEY, L.D. *Comparison of the major antigens of Neospora caninum and Toxoplasma gondii.* International Journal for Parasitology 29, 1489-1496. St. Louis, MO 63110, USA, 1999.

HYMAN, L. H. *The Invertebrates. Acanthocephala.* New York, McGraw-Hill, 1915, v. 3.

———. *The Invertebrates. Platyhelminthes.* New York, McGraw-Hill, 1951, v. 2.

———. *The Invertebrates. Protozoa.* New York, McGraw-Hill, 1940, v. 1.

IMMS, A. D. *A. General Textbook of Entomology.* 9ª ed. London, Methuen, 1957.

Jones, A.W. *Introduction to Parasitology.* Reading, Massachusetts, Addison-Wesley, 1967.

KASSAI, T.; CORDERO DEL CAMPILLO; EUZEBY, J.; GAAFAR, S.; HIEPE, Th.; HIMONAS, C.A. *Standardized Nomenclature of Animal Parasitic Diseases (SNOAPAD).* Vet. Parasitol., v. 29. pp. 299-326, 1988.

KHEYSIN, Y. *Life Cycles of Domestic Animals*. Baltimore; Park Press, 1972. 264 p.

KREIER, J.P. *Parasitic Protozoa*. New York, Academic Press, 1977. 4 v.

KRULL, W.H. *Notes in Veterinary Parasitology*. Kansas, University Press, 1969.

KUDO, R.R. *Protozoologia*. México, Continental, 1969.

LAPAGE, *Veterinary Parasitology*. 2ª ed. Edimburg, Oliver & Boyd, 1968.

LEITÃO, J.L.S. *Parasitologia Veterinária*. 2ª ed. Lisboa, Fundação Calouste Gulbenkian, 1969. 2 v.

LEVINE, N.D. *A. Textbook of Veterinary Parasitology*. Minneapolis, Burges, 1977.

————. *Nematodes Parasites of Domestic Animals and of Man*. 2ª ed. Minneapolis, Burgess, 1979.

————. *Protozoan Parasites of Domestic Animals and of Man*. 2ª ed. Minneapolis, Burges, 1973.

————. *Veterinary Protozoology*. Iowa State University Press-Ames, 1985.

LINS, A. *Noções de Protozoologia*. Rio de Janeiro, Scientifica, 1942.

MACIEL, H. *Helmintos e Helmintoses do Homem no Brasil*. Rio de Janeiro, Imprensa Naval, 1936.

MALEK, E.A.; CHENG, T.C. *Medical and Economic Malacology*. Academic Press. 398 pp., 1974.

MANSON-BAHR, P.E.C.; BELL, D.R. *Manson's Tropical Diseases*. Bailliere Tindal, 1557 pp., London, 1987.

MARZOCHI, M.C. de A. et alii. Leishmaniose visceral na cidade do Rio de Janeiro - Brasil. *Cadernos de Saúde Pública,* RJ. v. 1, nº 1, pp. 5-17, jan./ mar., 1985.

MEGUIRE, A.; ANGELA, A.M.; McALLISTER, M.; WILLS, R.; TRANAS, J.D. *Experimental inoculation of domestic pigeons (Columbia livia) and zebra finches (Poephila guttata) with Neospora caninum tachyzoites*. International Journal for Parasitology 29, 1525-1529. Laramie, WY 82070, USA. 1999.

MENDES-VEITENHEIMER, I.L, et alii *Drepanotrema Kermatoides (Mollusca, Planorbidae), Hospedeiro de um Paranfistomídeo (Trematoda), no Rio Grande do Sul*. Mem. Inst. Oswaldo Cruz, v. 84 (1) 107-111. Rio de Janeiro, 1989.

MICHELSON, E.H. *The Intermediate Snail Host an Agenda for Future Study*. Mem. Inst. Osvaldo Cruz, 82(IV): 193-195, 1987.

MONNIG, H. O. *Veterinary Helminthology and Entomology*. 2ª ed. London, Baillière, Tindall and Cox, 1938.

MORGAN, B.B.; HAWKINS, P.A. *Veterinary Protozoology.* Minnesota. Burgess, 1952.

————. *Veterinary Helmintology.* Minnesota. Burgess, 1953.

NEVES, D.P. et alii. *Parasitologia Humana.* 9ª ed. Rio de Janeiro, Atheneu, 1995.

NEVEU-LEMAIRE, M. *Traité D'Entomologie Medicale et Veterinaire.* Paris, Vigot Frères, 1938.

————. *Traité D'Helmintilogie Medicale et Veterinaire.* Paris, Vigot Frères, 1936.

————. *Traité de Protozologie Medicale et Veterinaire.* Paris, Vigot Frères, 1943.

NUNES, V. L. B. et alii. Aspectos epidemiológicos da leishmaniose visceral em cães do Corumbá, Mato Grosso do Sul. *Pesq. Vet. Bras.* v. 8, nºs 1-2, pp. 17-21, 1988.

OLIVEIRA, C .M. D. de; FORTES, E. Lista de Novos Casos de Parasitismo Registrado em Animais Domésticos do Rio Grande do Sul, entre 1967 e 1982. *Arq. Fac. Vet. UFRGS.* Porto Alegre, v. 10/11, pp. 93-99, dez. 1982/83.

OLIVEIRA, C.M.D. de; GONZALES, J.C. Fauna Parasitária Riograndense. *Arq. Fac. Vet. UFRGS.* Porto Alegre, v. 18, pp. 19-59, 1990.

OLSEN, O. W. *Parasitologia Animal. El Parasitismo y los Protozoos.* Barcelona, Aedoz, 1977. v. 1.

————. *Parasitismo Animal. Platelmintos, Acantocefalos y Nematelmintos.* Barcelona, Aedos, 1977, v. 2.

OTTLEY, M.L., MOORHOUSE, D.E.; HOLDSWORTH, P.A. Equine and Bovine Onchocerciases. *Veterinary Bukketin.* v. 55, nº 8, pp. 571-588. Commonwealth Agricultural Bureaux, 1985.

PAMPLONA, Denise. Revalidação de Sarcopromusca Towsen, 1927 com redescrição de Sarcopromusca pruna (Shannon & Del Ponte, 1926), (Diptera, Muscidae) e chave para os gêneros próximos. *Revista Brasileira de Zoologia.* V.7, n.º 4, 1990. pp. 489-494.

PARAENSE, W. L & DESLANDES, N. *The Brazilian species of "Drepanotrema". VI "Drepanotrema kermatoides Orbigny, 1835".* Rev. Brasil. Biol., 18(3): 293-299. Rio de Janeiro, 1958.

PARAENSE, W. L. *Lymnaea viatrix: A study of topotypic specimens (Molusca: Lymnaeidae).* Rev. Brasil. Biol. 36 (2): 419-428. Rio de Janeiro, 1976.

————. *Lymnaea viatrix and Lymnaea columella in the neotropical region: a distributional outline.* Mem. Inst. Oswaldo Cruz, v. 77 (2): 181-188. Rio de Janeiro, 1982.

————. *Lymnaea columella in northern Brazil.* Mem. Inst. Oswaldo Cruz, v. 78 (4): 477-482. Rio de Janeiro, 1983.

————. *Lymnaea columella, two new Brazilian localities in the states of Amazonas and Bahia.* Mem. Inst. Oswaldo Cruz, v. 81 (1):121-123. Rio de Janeiro, 1986.

————. *Physa marmorata Guilding, 1828 (Pulmonata: Physidae).* Mem. Inst. Oswaldo Cruz, v. 81 (4): 459-469. Rio de Janeiro, 1986.

————. *Biomphalaria tenagophila guaibensis ssp.n. from southern Brazil and Uruguai (Pulmonata: Planorbidae) I Morphology.* Mem. Inst. Oswaldo Cruz, v. 79 (4): 465-469. Rio de Janeiro, 1987.

PEDROSO, D. *Aspectos da Bio - Ecologia, Morfologia das Fases Jovens e Controle de Sarcopromusca pruna* (Shannon e Del Ponte, 1926) *(Diptera: Muscidae).* Tese de Doutorado, 1990.

PESSÔA, S. M.; MARTINS, A. V. *Parasitologia Médica.* 11ª ed. Rio de Janeiro, Guanabara Koogan, 1982.

PFUGFELDER, O. *Zooparasiten und die Reakionen ihrer Wirtstiere.* Jena, Gustav Fisher, 1950.

PICTORIAL *Keys Arthropods, Reptiles, Birds and Mammals of Public Health Significance.* Atlanta, Georgia, U.S. Department of Health, Education and Welfare Public Health Service, 1955.

PINTO, C. *Zoo-Parasitos de Interesse Médico e Veterinário.* 2ª ed. Rio de Janeiro, Scientifica, 1945.

READ, C. P. *Animal Parasitism.* New Jersey, Prentice-Hall, 1974.

REY, L. *Parasitologia.* 2ª ed. Rio de Janeiro, Ed. Kosmos, 1973.

RICHARSON, U.F.; KENDALL, S.B. *Veterinary Protozoology.* Edimburg. London, Oliver and Boyd, 1954.

ROMMEL, M. Vergleichende Darstellung der Entwicklungsbiologie der Gattungen *Sarcocystis, Frenkelia, Isospora, Cystoisospora, Hammondia, Toxoplasma und Besnoitia. Z. Parasitenkunde.* v. 57, pp. 269-283, 1978.

ROSEN, S. et alii. *Chorioptes texanus (Hirst, 1924) Psoroptidae an cattle in Israel. Acarologia.* v. XXX, fasc. 4. Gedera, Israel, 1989.

ROSS, H. H. *A Textbook of Entomology.* 2ª ed. New York, John Wiley, 1956.

SCHELL, S. C. *How to Know the Trematodes.* Dubuque, Iowa, W.M.C. Brown, 1970.

SCHMIDT, G. D. *How to Know the Tapeworms.* Dubuque, Iowa, W.M.C. Brown, 1970.

SILVA, N. R. S. et alii. *Protozooses dos Animais Domésticos.* Porto Alegre, 1980.

————. et alii. *Infecção mista por Cryptosporidium parvum e Cryptosporidium muris* em eqüinos de Porto Alegre, RS. Brasil. *Arq. Fac. Vet. UFRGS.* Porto Alegre, v. 24, nº 1, pp. 81-84, 1996.

SKRJABIN, K. I. *Keys to the Trematodes of Animals and Man.* Urbana, III, University of Illinois Press, 1964.

SMITH, A. L. *Principles of Microbiology.*7ª ed. Saint Louis, The C.V. Mostly Company, 1973.

SMYTH, J. D. *Introduccion a la Parasitologia Animal.* México, Continental, 1965.

SODEMAN, W. A. JR. et. alii. Biomphalaria *Straminea and other Planorbis in the Dominican Republic.* Mem. Instituto Oswaldo Cruz, v. 80(4); 453-456, Rio de Janeiro, 1985.

SOULSBY, E. J. L. *Helminths, Arthropods & Domesticated Animals.* Baltimore, Williams and Wilkins, 1968.

SPEER, C.A.; DUBEY, J.P.; MACALLISTER, M.M.; BLIXT, J.A. *Comparative ultrastruture of tachyzoites, bradyzoites, and tissue cysts of Neospora caninum and Toxoplasma gondii.* International Journal for Parasitology 29, 1509-1519. Montana State University, Bozeman MT 59717-3610, USA. 1999.

STEVENS, J.R. et alii. Isoenzyme characterization of *Trypanossoma evansi* isolated from capybaras and dogs in Brazil. *Acta Tropical.* v. 46 pp. 213-222. Elsevier Science Publishers B.V., 1989.

STORER T.I.; USINGER, L.L. *Zoologia General.* 3ª ed. Barcelona, Omega, 1960.

SWEATMAN. G. *K. Life History, non specifity, and revision of the genus Chorioptes, a parasitici mite of herbivores.* Can. J. Zool. 35: 641-687. 1957.

SWEATMAN. G. K. *On the life history and validity of the species in Psoroptes a genus of manges mites.* Can. J. Zool. 36(1958) pp. 905-929.

TRAVASSOS, L. *Introdução ao Estudo da Helmintologia.* Rio de Janeiro. Editora da Revista Brasileira de Biologia, 1950.

TRAVASSOS, L., Teixeira de Freitas, J.F. e KOHN, A. *Trematódeos do Brasil.* Memórias do Instituto Oswaldo Cruz. Tomo 67, Rio de Janeiro, RJ. 1969.

URQUHART, G. M. et alii. *Parasitologia Veterinária.* Guanabara Koogan. 1990.

WARDLE, R.A. et alii. *Advances in the Zoology of Tapeworms,* 1950-1970. Minneapolis, University of Minnesota Press, 1974.

WHITLOCK, J.H. *Diagnosis of Veterinary Parasitisms.* Philadelphia, Lea & Febiger, 1960.

WILEY, J.A. *Textbook of Entomology.* London, Chapman & Hall, 1956.

YAMAGUTI, S. *Systema Helminthum, Acanthocephala.* New York, Interscience, 1963.

————. *Systema Helminthum, Cestoda.* New York, Interscience, 1959.

————. *Systema Helminthum, Nematoda.* New York, Interscience, 1961.

————. *Systema Helminthum, Trematoda.* New York, Interscience, 1958.

YORKE; MAPLESTONE. *The Nematode of Vertebrates.* New York, Hofner, 1962.

ÍNDICE REMISSIVO

Impressão e Acabamento:

EXPRESSÃO & ARTE
EDITORA E GRÁFICA

Fones: (11) 3951-5240 | 3951-5188 | 3966-3488
E-mail: atendimento@expressaoearte.com
www.graficaexpressaoearte.com.br